개정신판

# 교육연구 및 통계방법

# Educational Research and Statistics

저자 김정환

Educational Research

nonparametric statistical analysis

parametric statistical analysis

도서출판 원미사

# 머리말

개정신판에서 내용을 명료하고 체계적으로 구성하려고 힘썼지만, 아쉬움과 함께 다시 도전해야겠다는 생각을 하게 된다. 이러한 생각이 앞으로 더 영글어질 수 있다는 희망을 갖게 한다. 한 권의 책에 연구방법과 통계분석 방법을 묶음으로써 사용자의 필요를 조금 더 충족시킬 것이라는 기대도 해 본다.

제 1부의 교육연구법에서는 연구의 기초에서 수행과정 및 완성에 이르기까지 필수불가결하며 다양한 접근원리와 실제적인 연구수행 방법에 중점을 두었다. 또한 교육현장에서 관심을 갖기를 바라는 마음으로 단일 피험자 설계와 질적 연구방법의 하나인 문화 기술적 연구방법도 비교적 구체적으로 설명하였다.

제 2부의 교육통계방법에서는 통계학의 기본개념, 원리와 과정 및 실제적인 계산방법과 해석방법을 다루었다. 기본통계 방법 뿐 아니라 비교적 깊이 있는 기법까지 다루려고 힘썼다. 구체적으로는 기술 통계 방법인 상관관계 분석방법과 추리통계인 t-검정법과 단순분산분석, 공분산분석, 반복측정설계법, 이원분산분석 및 단순회귀분석 기법 및 중다회귀분석 등을 다루었다. 제 3부에서는 기본적인 비모수 통계인 카이자승법을, 제 4부는 연구 수행에 필수적인 검사도구의 양호도 검정방법을 다루었다.

이 책이 나오기까지 성실하게 노력해준 한국교원대학교 교육심리학 전공 대학원생들의 노고에 깊이 감사드린다. 기도하시는 어머님과 천국에 가신 장모님의 애정을 잊을 수 없다. 사랑하는 아내, 직장생활을 하는 주윤과 만학을 하며 부모의 도움을 미안한 맘으로 받으며 탐구에 힘쓰는 주완에게도 고마움을 표한다. 끝으로 성의껏 도움을 아끼지 않으신 원미사의 박준식 사장과 양현주 실장에게 심심한 사의를 표한다.

청남골 연구실에서

著者 識

# 차 례

## 제 1 부 교육연구법

## 제 2 부 모수통계방법

## 제 3 부 비모수 통계방법



## 제 4 부 연구도구의 양호도

# 제 1 부

# 교육연구법

CHAPTER 01

# 교육연구의 기초

연구란 어떤 목적을 달성하기 위하여 정보나 자료를 수집해서 분석하는 체계적인 과정(절차)이라 할 수 있다. Mouly(1963)는 연구의 본질이 계획적인 자료수집과 분석, 설명 등을 통해 문제해결에 도달하는 과정이며, 교육연구는 체계적이고 과학적인 방법을 적용하여 교육문제를 해결하는 데 목적이 있다고 했다. Best(1977)는 과학적인 분석방법을 적용하는 보다 형식적이고 체계적이며 집중적인 과정이 교육연구라고 정의한다. 이들 연구에 관한 정의를 살펴보면, 연구를 수행하기 위한 목적이 분명해야 하며, 그 목적 달성에 필요한 자료의 수집과정에 계획성과 합리적 · 과학적인 방법이 절대 필요하다.

과학적인 연구활동 자체는 가치 중립적(Kerlinger, 1977)이라고 하지만, 교육연구와 교육적 지식 및 가치의 관계는 불가분의 관계이다(Borg, 1983). 교육연구를 통해서 새로운 교육적 지식이나 가치가 개발될 수 있으며, 이렇게 개발된 지식이나 가치는 교육실천 과정의 개선에 적용된다.

그러나 과학적인 교육연구 결과가 교육의 질을 향상시키고 발전시키는 데에 기여할 가능성을 내포하지만, 교육현장에 공헌하는 정도가 미미한 현실을 간과할 수 없다. 이러한 이유의 하나는 연구자체가 교육현장과의 연계성이나 적용 가능성을 충분히 가지고 있지 못하기 때문이다. 따라서 연구결과가 다음 연구에 필요한 시사 또는 새로운 지식생성에 관한 확실한 기초를 제공할 수 있어야만, 연구를 위한 연구나 현실과 동떨어진 교육연구 개발사업의 한계를 벗어나게 될 것이다.

그러나 무엇보다 심각한 문제는 교육현장에서 실제로 과학적인 연구를 수행해야 할 교사들의 연구에 대한 지식이나 소양부족이다. 연구설계나 연구수행에 필수 불가결한 기법, 예를 들면 자료분석에 절대 필요한 통계기법에 대한 교사들의 지식은 부족한 상태에 있다. 바르고 객관적이며 신뢰로운 연구이면서 동시에 교육현장에 적용할 수 있고 많은 시사를 줄 수 있는 연구를 수행할 수 있는 교사가 되기 위해서는 반드시 연구에 대한 기본적인 지식을 갖추어야 한다.

이 장에서는 교육자임과 동시에 과학적인 교육 연구자인 교사 및 교사 지망생이 갖추어야 할 과학의 성격, 과학자의 태도, 교육연구의 목적, 교육연구의 특성, 과학적인 연구방법의 기본전제 및 연구의 유형을 탐구하기로 한다.

# 1 과학적인 교육연구

## 1) 과학의 성격

연구는 근본적으로 문제해결 또는 탐색과정에 과학적인 사고와 방법 및 과정을 동원하는 활동이며, 이러한 제반 활동의 주체는 바로 연구자이다. 연구자는 과학자로서의 역할과 기능을 수행해야 한다. 이에 과학의 성격을 음미해 볼 필요가 있다. 과학은「대부분의 사람들이 철학적으로 타당하다고 믿는 지식을 획득하는 하나의 수단(Harrison, 1979)」이며, 인간을 포함한 모든 자연현상을 합리적이고 객관적으로 탐구하는 학문활동이다. 또한 과학은 문제해결에 적용할 수 있는 방법이며, 객관성과 경험적인 증명 및 지속적인 자기 수정과 개선의 과정이다.

한편 과학자는 "풀어야 할 문제나 의문"에 대해 보다 타당한 해결 방법을 모색하는데, 우선 당면문제나 의문에 대한 생각을 정리하고 명료화하여 글(말)로 표현한다. 다음으로 경험적으로 탐구할 수 있는 가설을 세운 후, 관련자료를 수집하고 해결방법을 찾을 수 있는 단계를 계획한다. 그리고 나서 가설을 입증 또는 반증할 실례를 발견할 때까지 과학적 연구를 수행하는데, 필요에 따라 계획을 수정・개선하기도 한다.

Kerlinger(1985)는 과학과 상식의 차이점을 비교하면서 과학의 성격을 진술하고 있다(여기에서 과학은 자연과학과 사회과학 모두를 포괄한다).

첫째, 개념적인 계획 또는 구상과 이론적인 구조가 명백히 다르다. 일반인은 이론과 개념을 비체계적으로 사용한다. 반면 과학자는 논리적인 구조를 체계화하고, 내적인 항상성을 경험적으로 검증하여 객관적으로 추론하는 과정을 밟는다.

둘째, 이론과 가설을 검증하는 방법이 다르다. 일반인은 선택적이고 주관적인 양식에 의존한다. 따라서 우연히 증거와 가설이 일치할 경우 가설을 받아들인다. 그러나 과학자는 계획적, 체계적이고 경험적인 검증과정을 밟으며, 이를 위해 이론적인 배경이나 선행연구 결과 등 관련 자료를 수집・분석한다.

셋째, 통제의 개념에 있어서 과학과 상식간에는 차이가 있다. 일반인은 어떤 현상을 관찰하여 설명할 때, 그 현상에 관련될 것이라고 주관적으로 생각하는 사실들만 수용하려고 한다. 그러나 과학자는 연구대상 이외 변수들의 영향을 제거시키는 통제를 통해 변수들간의 관계를 규명한다.

넷째, 현상이나 사건을 파악하여 설명하는 방법에 있어서 과학과 상식간에는 차이가 있다. 일반인은 단순하고 주관적인 상식을 동원하여 현상을 파악하거나 설명하려 한다. 반면에 과학자는 현상이나 사건을 구성하는 변수들의 관계를 객관적으로 밝히려고 노력하며, 검증할 수 없는 형이상학적 설명은 배제한다.

## 2) 과학자의 기본 태도

교육연구를 수행하는 연구자(과학자)로서 교사가 갖추어야 할 태도를 정리해 본다.

먼저, 객관성을 유지하는 것이 중요하다. 객관적 태도는 합리적으로 판단, 분석, 비교하여 공정하게 처리하는 태도를 의미하며, 연구과정에서의 객관성은 "실험" 또는 "발견"의 결과를 반복적으로 획득할 수 있는가의 여부에 의해 결정된다. 다시 말해서 연구에서 이루어지거나 관찰된 결과에 관한 전문가들의 의견일치 정도가 바로 객관성이다. 따라서 객관성은 과학적인 수행절차와 방법이며 신빙성 있는 설명이다.

둘째, 실험적·경험적으로 검증하는 태도가 중요하다. 연구 수행자는 체계적이고 계획적이며 통제된 연구 수행 과정을 거쳐서 문제를 명료화하거나 규명하려는 실험적 검증태도를 생활화해야 한다. "경험적'이라는 말은 현실세계와 주변현상에 관련되는 문제를 실제적인 경험과 관찰에 의해 증명한다.

셋째, 정확성을 추구하는 태도 역시 중요하다. 연구자의 제한된 능력, 방법 및 스스로 만든 도구에 의존하여 자연환경을 이해하기 때문에, 새로운 지식과 방법이 고안되면 현재의 연구결과가 교체되거나 수정되며, 경우에 따라서는 소멸될 수도 있다는 점을 인식해야 한다.

## 3) 과학적인 교육연구의 특성

교육에 관련된 모든 유형의 과학적인 연구에서 찾을 수 있는 공통적인 특성을 다음과 같이 정리할 수 있다.

### (1) 객관성

일반적으로 객관성은 왜곡되지 않고 공개적이며, 주관을 배제한다. 절차(과정)적인 면에서 객관성은 순수하게 해석될 수 있는 자료수집 및 분석절차를 의미한다. 표준화 검사가 객관적인 이유는 지침에 따라 검사하면 어느 누가 검사하더라도 동일한 결과(채점이나 해석)를 산출할 수 있기 때문이다.

### (2) 정확성

연구에서는 정확한 의미전달을 위해서 전문용어를 사용한다. 측정에서 자주 사용되는 타당도와 신뢰도, 연구설계, 무선표집, 통계적 의의도 등이 이러한 전문용어의 예이다. 양적 연구에서 정확한 표현은 수학적 방정식 또는 통계적 분석이며, 질적 연구에서 가장 정확한 표현은 명확한 의사소통을 위한 구체적이고 포괄적인 진술이다. 정확한 언어적 진술은 그 연구 결과의 반복 수행정도나 일반화 가능성에 도움을 준다.

### (3) 증명 가능성

연구설계는 증명될 수 있는 방법으로 수립되고 시행되며, 후속연구를 통해 연구결과를 확인 또는 수정한다. 이론 검증연구의 경우, 대상을 달리하거나 상황을 달리하여 본 연구결과에서 도출한 이론을 수정·개선할 수 있다.

### (4) 간단·명료한 설명

연구의 궁극적인 목적은 복잡한 실체(현상)를 단순하게 설명하는 데 있다. "높은 학습동기 유발은 학업성취도를 향상시킨다"는 표현은 간명한 표현의 좋은 예이다.

### (5) 경험중심

연구는 강력한 경험적 태도와 접근법을 주요 특징으로 한다. 연구자에게 '경험적'이라 함은 의견이나 권위보다는 체계적인 연구방법에 의해 획득된 증거를 의미한다. 따라서 경험적 증거는 객관적이고 타당하며 신뢰로운 자료이다.

### (6) 논리적 추리

모든 연구에는 논리적 추리가 요구된다. 추리는 논리적인 사고과정이며, 일반적인 진술로부터 구체적인 결론을 유도하거나(연역법), 구체적인 진술로부터 일반화를 이끌어 내는(귀납법) 과정이다.

### (7) 확률적 사고

모든 과학적 연구(학문)는 확률적이다. 확률적 사고에는 자료처리 과정상 수량적인 방법 사용의 필요성까지 내포하고 있지만, 수량적 처리가 불가능할 경우 정확한 논리적 사고과정을 거쳐야 한다.

#### (8) 문제해결 지향

연구는 변수들간의 관계를 확인하여 연구문제에 대한 해결방법을 찾는 특성이 있다. 이 특성은 "증명"의 특성과 연관되기도 한다.

#### (9) 사실에 기초

사실이라 함은 직접 찾아내고, 관찰할 수 있으며, 감각적으로 느낄 수 있는 실증적인 것을 뜻한다. 과학의 본질적인 기능은 정밀하게 사실을 입증하는데 있다. 과학적인 탐구활동은 사실을 발견, 기술, 설명하며 관련짓는 역할을 한다.

#### (10) 최신 자료

연구는 새로운 원자료를 수집하거나 목적 달성에 부합되는 현존 자료를 사용하기도 한다. 기존 자료를 단순히 재구성하거나 재진술하는 것은 학습경험으로서의 가치는 있을지 몰라도 연구로서의 생명력은 약하다.

#### (11) 모집단 특성의 합리적 추론

연구는 미래의 상황(교육적 상황)을 예언하는 네 도움이 되는 일반법칙, 원리나 이론의 개발과 탐색에 역점을 둔다(Best, 1977). 연구를 수행할 때는 특정 목표나 집단 또는 상황보다는 전체 모집단의 특성을 추론하는 데 중점을 둔다.

#### (12) 바른 연구자세(태도)

연구는 인내하고 서두르지 않는 활동이며, 때로는 용기가 필요한 활동이다.

#### (13) 정확한 기록과 보고

연구의 결과는 공인된(일반화된) 형식을 갖춘 보고서로 발표됨으로써 일단 완결된다. 용어를 명백히 규정하고, 연구의 제한점을 상세하게 진술하며, 연구절차도 구체적으로 제시해야 한다. 연구결과는 객관적으로 진술되어야 하며, 참고문헌도 일반화된 형태로 기록되어야 한다.

### 4) 과학적 방법의 기본 전제

자연현상과 인간의 행동특성 등에 관한 과학적 전제는 연구 절차의 기초가 되며, 연구방법론 구안 및 연구결과 해석의 기초가 되기 때문에 중요하다(장상호, 1976).

### (1) 객관적 실체 또는 현실의 존재

인간은 객관적으로 존재하는 현실 세계에 생활하며, 이러한 객관적인 현실 세계는 과학적 탐구에 의해 밝혀진다는 전제이다. 객관적 세계에 대한 신념 속에서 과학자는 사실과 법칙을 입증하기 위해 현실 세계에 존재하는 객관적이며 경험적인 증거들을 제시한다.

### (2) 자연의 균일성과 규칙성

"자연 세계에는 유사한 현상이 빈번히 발생하고, 한 번 발생한 현상은 유사한 상황에서 다시 발생할 것"이라고 보는 전제다. 바로 자연현상에 대한 규칙성, 법칙성의 전제다. 자연현상의 법칙성 때문에 현상에 대한 결정요인의 분류와 탐색이 가능하다(장상호, 1976).

① 자연현상이나 객체를 어떤 준거에 맞추어 분류한다: 구조, 기능이나 형태에 의한 분류.

② 자연현상은 비교적 장시간 동안 변하지 않고 지속된다: 이 점에 근거하여 발견된 법칙이나 원리, 이론을 일반화할 수 있고 유사 상황에 적용할 수 있다.

③ 자연현상에는 발생하는 원인이 있다는 전제다. 원인(실험처치)으로 인해 종속변수의 변화(결과)가 생긴다.

### (3) 지적 활동의 신뢰성

과학자(연구자)는 지각, 기억, 추리, 판단, 비판 등 심리적(지적) 활동을 통해서 자연의 원리나 법칙, 지식을 얻을 수 있다는 전제다.

### (4) 인간은 자연계의 일부

이 전제는 객관적인 행동과학의 설립과 발전에 절대 필요하다. 그러나 인간의 자연의지, 즉 인간은 마음대로 행동할 수 있기 때문에 인간의 행동을 예언하는 것은 불가능하다는 논박을 받기도 하는 전제이다. 그러나 자유 대신 선택이라는 관점에서 보면, 광범위한 선택 조건들 중에서 개인이 선택할 조건이 갖추어지면 그 개인은 자유롭게 된다고 볼 수 있다. 이것이 바로 방법론적 결정론이며, 이것은 인간 및 사회현상을 이해하는 데 기능적 역할을 하게 된다.

### (5) 대부분의 객관적 현상은 궁극적으로 해명된다.

인간이 자연의 경이로움에 압도되어 신비주의나 불가지론에 빠지는 경우도 있지만, 과학적 노력에 의해 자연의 신비가 결국에는 밝혀진다는 전제다.

### (6) 자명한 것은 없다.

자연의 다양한 현상은 정확히 설명, 예언, 기술, 통제된다고 보지만, 오차가 없는 경우는 존재하지 않는다. 그 때문에 확률적인 진리만이 존재한다.

### (7) 진리는 상대적이다.

상대적으로 안정되고 지속적인 지식체계가 있을 수도 있으나, 제한된 배경, 방법, 또는 조회체제 내에서 증명된 지식체계이기 때문에 완전하다고 볼 수 없다.

### (8) 관찰은 지식의 원천임과 동시에 궁극적인 판정관이다.

관찰은 경험과학의 기본전제이며, 합리주의와 경험주의가 대립되는 분기점이기도 하다. 합리주의는 인간의 이성과 직관, 즉 관념이 지식의 기초라고 본다. 그러나 경험주의는 감각적 인상에 의한 객관적인 현상 파악을 중요시한다. 그러나 이 두 가지 방법은 상호보완적이라고 보아야 할 것이다.

## 2 교육연구의 목적과 필요성

교육연구의 접근방법은 질적 연구와 양적 연구로 나누어질 수 있으며, 과학적인 연구는 양적 연구에 속한다. 교육연구의 목적은 교육상황에서 행동을 기술, 설명, 예언하고 더불어 교육의 절차와 그 실천 계획을 수립하는데 사용될 수 있는 법칙을 만들어 내는 데 있다. 이러한 목적을 성취하기 위하여 연구자(과학자)는 현상(교육현상을 포함한 자연현상)을 체계적으로 관찰, 조사, 분석, 비교하여 숨겨져 있는 법칙을 찾아낸다. 여기에서 법칙은 변수와 변수간의 규칙적인 관계를 설명하는 것이고, 이 법칙들을 상호 관련시켜서 이론을 정립하게 된다. 이론의 예를 하나 들어보자. 대학 성적과 관련되거나 대학 성적에 영향을 주는 현상에 관한 체계적인 설명을 보자(Kerlinger, 1986).

지능, 적성 및 성취동기 유발은 대학 성적과 직접 관련된다(직접 영향 미친다). 그러나 가정의 과정환경 변수나 사회계층 변수는 성취동기 유발에 영향을 주면서 간접적으로 대학성적에 영향을 준다. 지능도 적성에 영향을 미침으로써 대학 성적에 간접적으로 관계된다. 지능과 가정의 과정환경 및 사회계층 변수들은 서로 상호 작용적(공변적) 관계를 나타낸다. 검증 가능성, 특히 체계적이고 양적인 자료 수집 분석 가능성까지 내포하는 이론이다.

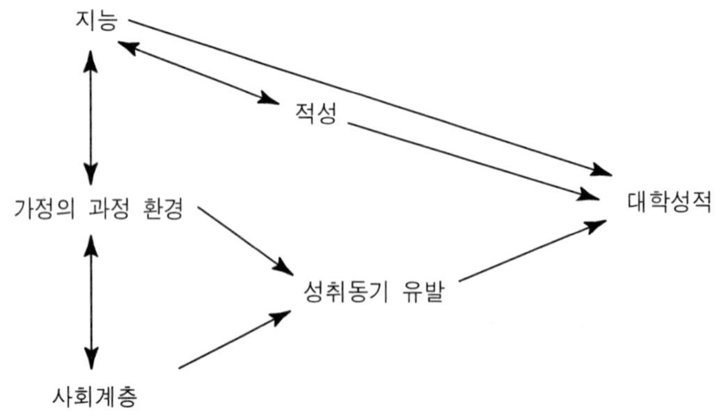


교육연구의 필요성을 다음과 같이 정리할 수 있다(Travers, 1983).

① 교직의 전문성을 높이기 위해서는 교육연구가 필요하다.

② 팽창하는 지식과 기술에 적응하고, 이를 효과적으로 가르치기 위해서 교육연구가 필요하다.

③ 교육의 발전과 효율성을 높이기 위해서는 교육연구가 필수적이다.

④ 국가발전에 공헌하는 시민교육을 수행하기 위해서 교육연구가 필요하다. 과학적인 교육연구의 기능을 구체적으로 살펴본다(Borg, 1983).

첫째, 교육현상에 대한 기술이다. 둘째, 교육현상을 예언하는 일이다. 셋째, 교육현상을 통제하는 일이다. 넷째, 교육현상에 대한 설명이다.

## 3 교육연구의 유형

교육연구는 연구방법에 의해 주로 분류되지만, 내용에 의한 분류, 자료수집 방법에 의한 분류, 자료처리 방법에 의한 분류, 사용되는 도구에 의한 분류 등 분류기준이나 학자의 견해에 따라 그 유형이 다양하다. 연구방법을 결정하기 위한 결정 다이어그램을 함께 생각해 보자.

여기에서는 교육연구 유형분류에 도움이 될 수 있는 유형학 이론(Typologies)을 말한다(Borg, 1983).

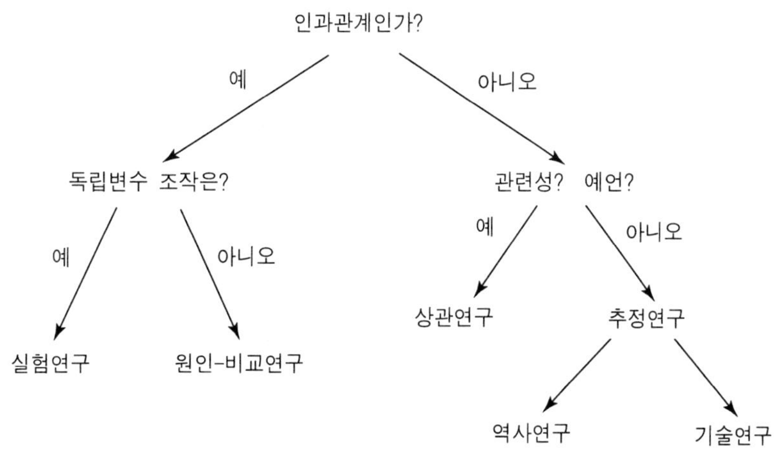


## 1) 주제

교육현상의 어느 측면을 탐색하느냐에 따라 분류될 수 있다. Borg(1983)가 예시하는 주제 몇 가지를 소개한다. 학습과정, 인지력, 교수법, 학생의 인성과 동기유발, 학교분위기, 행정가의 지도성, 재정문제, 특수한 학습자를 위한 프로그램 개발・연구, 교사교육, 교육과정 연구・개발, 교과지도법 등.

## 2) 취지

어떤 의미로 보면, 연구에는 크게 두 가지 취지가 있다. 먼저 기술연구는 일정한 표본(피험자)이 한 두 가지 이상의 변수에 대하여 갖는 특성을 기술하는데 중점을 둔다. 한편 관계연구는 하나의 변수와 다른 변수의 공변이나 상관, 두 변수의 차이 및 한 변수에 대한 다른 변수의 예언력을 탐색한다.

## 3) 가설검증

연구의 성질상 확증연구와 탐색연구로도 구별될 수 있다. 확증연구는 주로 이론적인 배경에 기초하여 가설을 설정해서 검증하는 연구가 주를 이룬다. 탐색연구는 연구자가 탐색코자 하는 구인이나 변수간의 관계에 대한 충분한 이해가 수반되어야 한다. 확증연구는 이론적인 배경을 유지하며 일련의 잘 측정되고 정선된 변수들간의 관계나 차이에 대한 검증에 역점을 두는 반면, 탐색연구는 현상을 좀 더 잘 이해하기 위해서 그 현상 탐색에 필요한 변수들간의 관련성이나 사실 자체의 탐색에 중점을 둔다.

### 4) 기초연구, 적용연구 및 평가연구

기초연구는 깊이 있는 이해에 필요한 기본구조와 과정을 밝히는 데 목적을 둔다. 적용연구는 교육실제 변수들간의 차이나 관계를 명료화하는 이론 연구에 중점을 두면서 직접 교육현장에 활용할 수 있는 지식 개발에 초점을 두고 밝힌다. 평가연구는 교육연구 및 개발사업과 함께 주로 적용연구에 포함된다(Borg, 1983).

Best(1977)는 연구에 대해 다음과 같이 체계적으로 설명하고 있다(p. 11-14).

첫째, 기초연구 또는 순수연구의 목적은 광범위한 일반화 가능성이나 원리를 발견하여 이론을 개발하는 데 있다. 기초연구에서는 그 결과가 사회에 어떤 영향을 미치는가 또는 사회문제 해결에 얼마나 공헌할 것인가 등에는 별로 관심이 없다. 지식발전을 위한 독창적인 연구라고 볼 수 있다.

둘째, 적용연구이다. 적용연구는 표본기법을 사용하여 그 모집단의 특성을 추론하는 것까지 포괄하며, 기초연구의 특성 대부분을 공유하는 연구이다. 연구의 목적은 실제적인 문제상황에서 이론적인 개념을 검증해서 그 개념을 향상, 발전시키는 데 있다.

셋째, 실천(Action)연구이다. 이 연구는 직접적인 적용에 중점을 둔다. 이론의 개발이나 일반적인 적용에는 관심이 없다. 지금의 당면문제를 해결하는 데 주된 관심이 있다.

넷째, 교육과정 평가 연구다. 교육과정 평가 연구는 평가와 연구의 유사성 때문에 그 개념이 모호해지는 경우가 있다. 평가와 연구는 모두 검사결과에 대한 논리적 분석을 통한 탐색 과정을 포함한다. 연구는 새로운 진리나 원리를 찾으려 하고, 평가는 추천과 의사결정에 필요한 판단을 찾으려 한다.

실제로 모든 연구는 특정한 상황에서 발생하는 현상을 관찰, 기술 및 분석하는 것이며, 아래의 세 유형 중 어느 하나 또는 그 조합에 속한다(Best, 1979, p. 15).

① 역사적 연구: 현재를 이해하고 미래를 예측하기 위하여 과거사를 탐색, 기록, 분석 및 해석하는 사업이다.

② 기술적 연구: 현재의 조건을 기술, 기록, 분석, 해석하는 사업이다. 비교연구도 포함되며, 현존하는 비조작적 변수들간의 관련성 탐색까지 포함한다.

③ 실험적 연구: 일정한 처치 조건하에서 특정한 변수(독립변수)를 조작하면 다른(종속) 변수에 어떤 효과가 있는지를 탐색하며, 특히 변수간 관계에 중점을 둔다.

### (1) 기초연구

기초연구의 목적은 이론을 검증하는 데 있다(Kerlinger, 1979). 기초연구는 자연적 및 사회적 현상을 인식, 설명, 예언하는 데 중점을 두며, 이론, 원리나 법칙 등으로부터 시작된다. 기초연구의 출발점이라 할 수 있는 이론이나 법칙에 대한 진술은 추상적일 수 밖에 없는데, 그 이유는 이론과 법칙을 여러 구체적인 상황에 적용하기 위해서는 어느 정도 추상성이나 포괄성을 지녀야 하기 때문이다. 따라서 기초연구의 이론에는 추상성이 내포되어 있다.

기초연구의 목적은 다음과 같다.

첫째, 기본적인 원리와 과학적인 법칙에 관한 지식을 새롭게 한다. 또한 지식 확장이다.

둘째, 과학적인 탐구력과 방법론을 향상시키고, 간접적으로는 적용연구의 방법론을 향상시킨다. 기초적인 연구방법론, 특히 측정과 통계는 적용 및 평가연구에 기여할 수 있다. 기초연구는 이론을 검증함으로써 교육분야와 같은 적용연구에 큰 도움을 준다.

### (2) 적용연구

적용연구는 교육현장에서 주로 수행되며, 실제적인 지식의 적용・개발에 관심을 둔다. 의학, 공학 및 교육학 등은 과학적인 지식을 사용하는 적용분야이지 결코 그 자체가 과학은 아니다. 적용연구의 목적은 일반적인 문제해결에 관련된 지식을 생산하는 것이다. 또한 적용연구는 과학적인 이론의 유용성을 검증하고, 정해진 영역 내에서 실제적, 경험적, 분석적 관계를 결정짓기도 한다. 예를 들면, 과학자는 교육을 포함한 많은 측면에서 인간의 지능을 탐색하고 이해하려고 노력한다. 한편 교육연구자는 성취도와 지능의 관계를 결정하기 위한 연구를 수행할 것이다.

적용연구도 기초연구와 마찬가지로 추상성과 일반성을 지니고 있다. 그러나 일반적이고 보편적인 지식보다는 교육이론과 실천에 관한 지식에 중점을 두는 편이다.

교육현장에서 교사주체로 수행되는 연구의 특징을 다음과 같이 정리할 수 있다.

① 이론 탐색이나 일반적인 적용보다는 직접적인 적용에 힘쓴다.

② 적용결과는 구체적인 효과나 구체적인 적용가능성에 따라 평가되어야 한다.

③ 연구의 목적이나 취지는 학교교육 실천을 개선하는 데 있다.

④ 연구의 기능은 객관성 유지, 체계적인 연구수행과정, 합리적인 사고습관, 다른 사람들과 협조하며 일하는 능력, 그리고 전문성 측면에서 교사의 성장과 발전을 조화롭게 결합하는 데서 찾을 수 있다.

현장적용연구의 중요도에 따라 연구를 개인연구와 연구학교 연구로 나누어 볼 수도 있다. 개인연구는 교사 개인이 자율적으로 자신의 관심분야나 필요성에 따라 교육분야의 문제를 규명하는 경우이다. 연구학교 연구는 정해진 주제를 일정한 기간동안 여러 교사가 공동으로 참여하여 수행하는 것이다.

### (3) 평가연구

평가연구는 주어진 장소에서의 특별하고 실제적인 측면에 집중한다. 실제적 측면이라 함은 프로그램, 생산품 및 과정 등의 측면을 의미한다. 이 연구는 특별히 설정된 준거에 의해 실제의 장점·특기 등을 평가하는데 중점을 둔다. 평가연구를 수행하기 위해서 방법론, 관련지식은 물론 인간관계와 의사소통기능 등에 대한 훈련이 필요한 경우도 있다. 평가연구는 실제적 측면에 대해서 구체적이며 유의미하게 진행되어야 하며, 연구결과는 구체적인 해석 가능성을 갖추어야 한다. 평가연구는 의사결정에 직접적이고 즉시적인 영향을 미친다는 점에서 적용연구와 다르다.

평가연구는 구체적이고 실질적인 지식에 도움을 주며, 연구 방법론적인 면에서도 기여하는 측면이 있고, 앞으로의 연구를 자극하기도 한다. 왜냐하면 평가연구를 통해 새로운 변수가 자주 발견되고, 다른 연구에 활용할 수 있는 가설도 제시하기 때문이다.

# 4 교육연구의 중요성과 한계

## 1) 교육연구의 중요성

교육연구는 다양한 측면에서 교육자와 그들이 소속해 있는 기관에 영향을 미친다. 아래에 열거한 활동 목록들은 교육프로그램과 교육기관에서 일반적으로 사용하는 교육연구의 결과들이라 하겠다.

① 실제적인 문제의 접근방법에 대한 아이디어를 산출하는 교육적인 과정에 관하여 새로운 또는 색다른 관점 획득이 가능하다.

② 어떤 선택의 정책이나 의사결정을 돕거나 그 결정사항에 대한 합리화를 하기 위하여 교육연구 결과를 이용한다.

③ 몇 십 년 전부터 사용하던 것에 비하여 훨씬 앞선 개선책이라는 것을 인식할 수 있다.

④ 연구문헌 고찰에 기초하여 구안해서 바람직한 효과를 가져올 가능성이 입증된 프로그램을 적용한다.

⑤ 형식적인 지엽적 평가 보고서를 기초로 하여 다음 단계의 프로그램 개발을 결정한다.

⑥ 이미 발표된 연구 결과를 비판적으로 읽는다.
⑦ 조직된 단체의 입장에서 내세우는 교육적인 주장과 객관적인 연구에 기초한 교육적 주장을 구별한다.
⑧ 교수-학습 또는 교육적인 필요나 요구를 직관적이기보다는 체계적으로 밝힌다.
⑨ 교육 실제에 대하여 보다 신뢰로운 지식과 시사를 제시해 주기 위하여 이론에 기초한 가설이나 가정을 검정한다.
⑩ 프로그램 적용효과를 검정하기 위하여 표준화 검사를 실시해서 나온 결과를 해석한다.
⑪ 자료의 타당도와 신뢰도를 신장시키는 방법으로 표준화 검사(집단 또는 개인 검사)를 실시한다.
⑫ 연구과제 수행에 참여하기 위하여 요구조건에 반응한다.

### 2) 교육연구의 한계

연구를 통해서 쌓은 지식은 교육 실제와 연구의 특성 때문에 많은 제약이 따른다. 교육연구는 인간을 대상으로 수행되기 때문에 윤리 및 법적인 고려사항, 교육의 공적 특성, 교육실천의 복잡성 및 방법론적 한계점 등을 감수해야 한다.

① 인간을 다루기 때문에 생기는 문제다. 연구자는 연구대상의 권리와 안전을 보장해야 한다. 특히 연구대상에게 육체적으로나 정신적으로 불편이나 피해를 주지 않아야 한다. 또한 그들의 사생활도 보호해 주어야 한다.
② 교육연구는 외부 환경에 의해 영향을 받는 공공사업이다. 학교 주변환경의 급진적인 공업화 등 갑작스러운 변화로 인하여 학교에서 수행되는 연구 프로그램을 포함한 전반적인 프로그램을 변경하거나 중단하고 새로운 프로그램을 투입해야 할 경우가 있다.
③ 연구문제의 복잡성이다. 교육연구의 대상은 학생, 교사, 학부형, 지역사회 인사, 행정가, 지역사회 단체 등 복합적인 경우가 많다. 이들 각 연구 대상은 동일한 자극에 대한 반응이 각각 다를 수 있다. 교육 연구자는 많은 변수를 동시에 취급하고, 그에 따라 연구결과가 모호하게 산출될 수 있다.
④ 방법론적인 어려움이다. 교육연구에서는 복합적인 인간의 특성, 예를 들면, 감정, 지적인 능력, 문제 해결력, 고차원의 사고력, 지도자 유형, 집단 상호작용, 준비태세 등을 측정한다. 이러한 문제는 개념적인 정의뿐만 아니라 타당도와 신뢰도 등의 문제와 관련이 깊다.

# 01 연 | 구 | 문 | 제

1. 과학의 성격에 비추어 본 과학자가 갖추어야 할 기본 태도를 논의하시오.
2. 과학적인 교육연구의 특성을 설명하시오.
3. 연구에서 이론의 중요성을 논의하고, 이론과 변수의 관계를 설명하시오.
4. 기초연구, 적용연구 및 평가연구의 속성에 따른 차이를 설명하시오.
5. 연구방법을 결정하는 데 필요로 하는 요소에 대하여 논의하시오.
6. 교육연구가 갖는 문제 또는 제약받는 문제에 대하여 논의하시오.
7. 다음은 연구결과의 예이다. 이 결과들은 어떻게 사용되어질 수 있나? 다음의 반응 중 하나를 선택하여 그 예를 들어보시오.
   1) 독자가 문제를 생각하거나 인식하는 방법에 영향을 주기 위하여
   2) 실천할 수 있는 의사결정을 하기 위하여
   3) 새로운 연구문제를 이끌어내기 위하여
   a. 교사는 결손 가정의 아동이 정상 가정의 아동들에 비해 학교에서 일탈 행동을 더 많이 하는 경향이 있다는 보고서를 읽는다.
   b. 1학년에서부터 4학년까지 실시되는 독해력 검사에서 3, 4학년보다도 1, 2학년 학생들을 대상으로 타당화한 것이라고 보고하고 있다.
   c. 교장은「학생들에게 실시한 의견조사결과 학부모들이 새로운 성적표와 학년 체제에 대해 이해하지 못하고 있다는 것을 시사하는 보고서」를 읽었다.
   d. 교육과정 개발자는 성인 기초교육 담당교사들이 독서 전략을 가르치도록 돕기 위해서 조종사 모듈 전략을 실제로 적용해 보았다. 그 도에서 무선적으로 표집된 교사들에게 실험한 결과, 그 전략으로부터 이익을 받는 학생들을 구분하고, 상대적으로 어려워하는 학생의 문제를 해결할 수 있는 대안적인 기술의 근거가 성립되는 방향으로 그 모듈이 개정되어야 한다는 것을 제시하고 있다.
   e. 선행 연구에 따르면 학제는 계층적 권위에 따라 구조적으로 조직되어 있다고 보고하고 있다. 교육 행정학 교수가 경험적 연구 결과는 없었지만 몇몇 교육장과 교장들이 학교 현장에서 교장과 교사들의 자발적인 행동 요소를 보았다고 회고했다.

CHAPTER 02

# 연구문제와 가설

연구는 문제를 발견하는 데서부터 시작된다. 학위논문이나 전문적인 잡지의 주제를 선정하기 위하여 장시간 동안 문헌이나 정보를 탐색·분석·비판하면서 숙고하는 것은 곧 문제 발견의 어려움을 의미한다. 문제 발견 과정이 어려운 이유는 보다 깊이 사고하고, 분석, 판단, 종합하는 능력은 물론 해결 가능성까지 고려해야 하는 고차원의 지적인 활동이기 때문이다.

연구문제의 경험적 탐구 또는 과학적 탐색 가능성을 살펴보면, 모호한 명제와 가치관련 문제에 대하여 객관적인 자료를 수집·분석할 가능성이 낮기 때문에, 연구문제는 경험적인 탐구의 필요성을 함축하는 형태로 진술된다. 양적인 연구문제는 일반적으로 질문형태나 가설형태로 진술된다. 학교장의 경영유형과 교사의 교직 만족 정도는 어떻게 관련되는가? 행정가의 경영유형과 교사의 교직 만족 정도는 검사나 질문지 등 객관적인 방법에 의해 자료를 수집·분석할 수 있다. 질적 연구문제는 단순한 진술이나 질문에 의해 나타낼 수 있지만, 가설형태는 아니다. 연구가설은 연역적인 추리를 함축한다. 질적 연구는 특별한 상태나 역사적인 현상의 이해를 돕는 귀납적 추리법을 쓰는 것이 일반적이다. 질적 연구문제는 무엇을(what), 어떻게(how), 왜(why) 등의 용어를 사용하여 진술되어지며, 양적 연구문제보다는 일반적이고 광의로(broadly) 진술된다. 질적 연구문제는 구체적인 현상이나 상태, 인물, 또는 역사적 사건 등을 탐색하는 데서 찾을 수 있다.

## 1 양적 연구

### 1) 구인, 변수 및 조작적 정의의 연역적 논리

연구문제를 이끌어 내기 위해서는 추상적인 구인을 선정하고, 다음으로 선정된 변수들이 구인으로부터 논리적으로 추리(연역)되어야 한다. 그리고 나서, 변수들을 탐색할 수 있는 관찰방법이 결정되어야 한다. McMillan과 Schumacher(1989)는 다음과 같이 구인, 변수 및 관찰의 관계를 도식으로 설명해 주고 있다.

구 인
↓(논리적 추리)
변 수
↕(경험적으로 검정되어야 할 관계)
관 찰(조작적인 정의: 검정도구)

[그림 2-1] 양적 연구에서 구인, 변수 및 관찰간 연역적 논리

### (1) 구인

고차원의 개념을 구인(Construct)이라 칭한다. 구인은 어떤 특징적인 현상의 기저에 숨은 생각이나 아이디어를 나타낸다. 구인은 직접 관찰되거나 측정될 수 없는 복잡한 추상성을 갖는다. 구인의 예를 들어보면, 동기유발, 지능, 사고력, 창의력, 공격성 및 자아개념 등이다. 관찰될 수 있다는 것은 가설적인 구인의 결과로 나타나는 행동특성이다. 구인을 창안한다는 것은 개념을 구성하여 의미를 부여하는 것이다. 이렇게 구안된 구인을 검증하기 위하여 그러한 구인의 특성을 나타내는 구체적인 변수를 찾아서 관찰, 측정, 분석하게 된다. 구인은 심리학적, 사회적 변수들의 종합적인 속성을 나타내는 장점이 있다.

### (2) 변수의 개념과 종류

변수는 개념, 구인, 또는 객체를 분류하는 데 쓰는 명사이다. 그 속성에 따라 여러 가지 수준으로 분류할 수도 있고, 다양한 값을 취할 수도 있다. 변수는 구인의 속성을 나타내며, 상이한 값을 가질 수 있는 현상, 범주, 행동 또는 속성이다.

장상호(1976)는 Fox의 논리에 따라 변수의 분류원칙 네 가지를 기술하고 있다.

첫째, 동질성(Homogeneity)이다. 범주의 유목들이 변수의 속성과 관련하여 논리적 관계를 갖는다는 의미이다. 예를 들면, 교사의 경력 변수를 ① 10년 미만; ② 10년 이상~20년 미만; ③ 20년 이상 30년 미만; ④ 30년 이상 등으로 분류한다면 경력이라는 상위개념

에 포함되어서 논리적으로 일관성을 갖는다.

둘째, 상호배타성(Mutual exclusiveness)이다. 특정 변수를 분류할 때 각각의 수준이 중복되지 않음을 의미한다.

셋째, 포괄성(Inclusiveness)이다. 선정된 범주들이 변수와 관련하여 모든 가능한 변화를 포용할 수 있는 것을 의미한다. 위의 예에서 교사 경력 변수가 교육에 종사한 경력을 처음 시작부터 30년 이상 40년, 50년, 60년 이상을 포함하므로 교사 경력 전부를 포괄한다.

넷째, 유용성(Usefulness)이다. 각 범주가 관련된 변수에 의미 있는 차원을 마련해주는 정도를 의미한다. 범주를 지나치게 세분화하면, 많은 정보를 획득할 수 있는 반면, 연구의 경비, 노력, 시간 등이 많이 소모될 수 있다.

### (3) 변수의 분류

① 연속변수 대 비연속변수

연속변수는 이론적으로 그 변화의 수준이 무한대로 세분될 수 있지만, 비연속변수는 그 측정단위가 불가분의 성질을 갖는다. 예를 들면, 연속변수로는 연령, 지능, 적성, 성취도 등이며, 측정도구가 허용하는 범위에서 그 수준을 얼마든지 세분할 수 있다. 비연속변수는 성별, 지역, 가족 수 등이며 하위 수준의 소수점 이하를 허용하지 않는다. 연속변수는 측정될 수 있으며, 그 속성을 수치화 할 수 있다.

② 양적변수 대 질적변수

양화 가능성에 따라 양적 또는 질적 변수로 나누어진다. 양적 변수는 그 속성의 수준을 어떤 단일 차원에 따라 정도의 차를 서열화 할 수 있다. 그러나 질적 변수는 그 수준을 의미 있게 서열화 할 수 없다. 양적 변수는 연령, 경력, 신장, 태도 점수변수를 들 수 있다. 질적 변수로는 교수방법, 학습유형 등이 포함된다.

③ 독립변수 대 종속변수

연구에서 두 개 이상의 변수가 사용될 때, 그 중 어떤 것은 다른 것을 설명, 예언해주거나, 원인이 되는 기능을 하는데, 바로 이것이 독립변수이다. 설명 또는 예언되거나, 원인에 대한 결과가 되는 변수를 종속변수라고 한다.

실험연구에서는 독립변수를 연구자의 의도에 따라 조작할 수 있으며, 그에 따라 종속변수가 측정된다. 독립변수는 조작변수 또는 실험변수, 예언변수, 종속변수를 준거변수라고도 한다. 한 변수가 연구의 특성에 따라 독립변수도 종속변수도 될 수 있다.

④ 실험변수 대 측정변수

실험변수는 연구자가 그 변수가 드러날 수 있도록 임의적으로 사태를 창안하여 기술하고 조작적으로 정의한 변수다. 동기유발 방법, 교수법 등은 연구자가 조작할 수 있는 변수이다. 측정변수는 이미 주어진 상태를 측정학적 법칙에 따라 분류・관찰・기술하는 방법으로 측정하는 변수이다.

⑤ 체계적변수 대 비체계적변수

실험연구에서 연구자가 독립변수를 조작하여 종속변수에 어떤 영향을 미치는가 하는데 관심이 있다고 하자. 행동과학 연구에서는 의도적인 실험변수 외에 실험에서 불필요한데도 종속변수에 영향을 미치는 다른 변수들, 소위 외연변수들의 영향이 무선화 되도록 하거나 연구의 목적에 따라 통계적으로 통제할 수 있다.

⑥ 유기체변수 대 환경변수 대 반응변수

유기체변수는 연구 수행 전에 피험자가 지닌 생리적, 물리적 또는 심리적, 정신적 특성을 말한다. 연령, 교육수준, 지능 등의 변수가 여기에 속한다. 환경변수는 유기체 주변(외부)의 변수들을 통칭한다. 이 환경변수는 연구자의 의도에 따라 조작되거나 측정된다.

반응변수는 유기체가 발하는 반응이다. 성취도, 문제 해결 능력, 적응정도 등에 이르기까지 다양하다. 환경변수와 반응변수는 그들의 변화조건에 대한 연구자의 가정에 따라 구별된다.

### (4) 관찰: 조작적 정의

관찰은 연구자가 관심을 갖는 변수를 연역적으로 추리하기 위하여 사용하는 자료수집 과정 또는 방법이다. 양적 연구에서 "관찰"은 변수들간의 관계를 연역적으로 추리하는 데에 필요 불가결한 "도구"로서, 타당도와 신뢰도가 검정된다. 양적인 연구에서 변수가 조작적으로 정의되어야 한다는 것은 실제로 범주화되고, 측정 또는 조작될 수 있어야 함을 뜻한다.

개념 규정은 연구에서 너무 추상적이기 때문에 보다 구체적으로 관찰, 측정할 수 있는 변수로 규정되어야 한다. 즉 조작적 정의가 필요하다.

조작적 정의라 함은 변수를 분류, 측정 또는 조작하는 데에 필수 불가결한 행동을 구체화하여 그 특성정도에 따라 합리적으로 수치를 부여하는 과정이다. 조작적 정의는 개념 또는 구인과 관찰간의 연결을 돕는 역할을 한다. 실험적으로 조작될 수 있는 정의는 연구자로 하여금 변수를 어떻게 조작할 것인가를 시사해 준다.

## 2) 연구문제 선정준거

연구문제를 선정할 때에 고려되어야 할 준거를 Good(1963), 김종서(1987), 교육연구평가회(1990) 등을 참조하여 아래와 같이 설명할 수 있다.

### (1) 참신성

연구하려는 분야에 관한 문헌이나 선행연구를 수집하여 철저히 분석, 비교, 검토한 후, 타인이 손대지 않는 새로운 문제를 선정하는 것이 좋지만, 새로운 문제를 찾기란 쉽지 않다. 본인이 선정한 문제와 유사한 선행연구가 있을 경우, 그 보다 체계화하여 연구할 수도 있을 것이다. 선행연구를 반복하여 탐구하기 위해서는 명료하고, 합리적인 이유가 있어야 한다. 선행연구조건과 다른 연구조건에서 연구를 수행하는 것도 가능하다.

### (2) 중요성

이론적 측면에서, 이 연구결과가 관련분야의 학문 발전에 기여할 수 있는지의 문제와, 실용적 가치측면에서 현실적인 문제해결에 도움이 될 가능성을 고려해야 한다. 또한, 방법론 가치측면에서, 이 연구는 평범한 방법을 탈피하여 새로운 방법적 시도를 하는지의 여부도 고려되어야 한다.

### (3) 과학적 탐구 가능성

이 연구는 체계적이고 구체적인 절차를 밟아 객관적으로 검증될 수 있는가? 또는 의견조사에 의해 필요한 자료를 수집할 수 있는가? 도구 구인, 제작의 어려움은 없는가?

### (4) 협력관계 유지 가능성

학문분야가 점점 세분화됨에 따라, 구체적인 연구문제의 탐구과정에서 타학문 분야의 전문가에게 자문을 구하거나 협조를 받아야 할 경우가 많아지고 있다. 본 연구를 추진하면서 다른 분야의 전문가나 관련기관의 도움을 받을 수 있을는지의 문제도 연구 수행과정에 대단히 중요하다.

### (5) 연구자의 호기심 / 흥미와 열망

선정된 연구문제가 참신하고 중요하더라도 그 문제를 해결하고 싶은 욕망이나 호기심 또는 관심/흥미가 결여된다면, 그 문제의 성공적인 해결을 기대하기가 어렵다. 강한 도전감을 가지고 동기 유발되어 끈기 있게 연구를 추진해야 한다.

### (6) 연구자의 성격특성과 능력

연구활동에 절대적으로 필요한 성격특성을 생각해 보자. 권위에 대항할 수 있어야 하고, 사사로운 감정이나 정서에 의해 동요되지 않아야 하며, 흥미 없는 분야에 불필요하게 정력을 낭비하지 않고, 자기의 관심분야에 정성을 쏟을 수 있어야 한다. 그리고 지적 측면에서, 보다 깊고 넓게 생각하고 추리할 수 있으며, 뛰어난 사고력과 창의성을 갖추는 일도 중요하다.

#### (7) 기타

연구수행을 위한 설비와 작업조건, 모험심, 경제적 뒷받침, 시간에 대한 고려가 있어야 한다.

### 3) 연구주제 선정 방안

#### (1) 이론 탐색 또는 확대

이론을 명료화하기 위해서는 명제와 법칙을 언급해야 하는데, 이들 두 요소가 이론으로 발전되고 이론의 기본조건이 되기 때문이다. 명제(proposition)는 두 개 이상의 개념이 논리적으로 결합되어 자연현상의 어떤 특정한 상태에 관한 진술문으로서, 그 의미에 대한 眞 또는 僞의 판정을 할 수 있는 특징이 있다. 명제는 두 종류의 수준에서 그 진위가 결정된다. 첫째, 그 명제가 논리적 형식 또는 약점에 의해 진위 여부가 결정된다. 그 명제가 진술하는 경험적 현상이 발생하느냐의 여부에 따라 진위가 결정된다.

법칙이란 사실들간의 일반적인 관계의 진술이다. 이 때 사실들간의 규칙적인 관계가 유지된다. 어떤 원인에 따라서 결과가 규칙적으로 나타나며, 일반적인 상황에서도 인과관계가 성립될 때 규칙이 성립된다. 즉, 명제에 관련지어 보면, 어느 한 명제의 적용범위가 광범위하고 그 경험적 의미가 일반적으로 확정되었을 경우, 그 명제는 법칙이라 할 수 있다. 그 경험적인 의미가 잠정적 수준에 있을 때 가설이라 부른다.

이론은 구인들을 관련시키는 법칙들과 구인들을 구체화하여 일군의 현상을 설명하기 위한 체제라 할 수 있다(Borg 등, 1983). 이론은 일련의 이론적인 구인들을 구체화하여 현상에 대하여 설명한다.

이론이 갖추어야 할 네 가지 특성에 대하여 Ary, Jacobs 및 Razavieh(1979)는 다음과 같이 기술한다.

① 현상의 발생원인을 간명하고 직접적인 언어로 설명할 수 있어야 한다.
② 과거에 이루어진 이론적 증거를 새로운 관찰방법에 의해 확인할 수 있어야 한다. 과거에 경험적으로 존재하던 고립적인 요소들을 명료화하고 의미까지 부여한다.
③ 이 이론이 현상을 얼마나 의도적으로 설명할 수 있는지를 명료화하여 그 자체의 검증력을 제시해줄 수 있어야 한다.
④ 앞으로의 작업을 자극시켜야 한다. 과학자는 이론에 기초하여 특정한 상황하에서 발생할 사건/현상을 연역/추론한다.

이론의 특성에 비추어 본 목적 또는 취지를 생각해 보자.

① 특정한 영역에서 현존 지식을 요약하고 규칙적으로 배열한다.
② 관찰된 현상과 관련성에 대하여 잠정적인 설명을 한다.
③ 앞으로의 탐색 가능성을 제공함으로써 새로운 지식의 향상을 자극한다.
④ 발견된 낱낱의 사실이나 결과를 명료화하여 의미를 부여한다.
⑤ 과학적인 탐구활동을 자극하며 이끌고, 그 발견결과를 설명한다.
⑥ 이론의 법칙은 현상을 예언하고 통제할 수 있도록 한다.

### (2) 이론 적용

적용연구는 어떠한 이론과 실천이 가장 효과적인지를 입증하기 위하여 이론을 현장에 적용하여 비교 분석하는 연구까지 포함한다.

### (3) 선행 연구에서 발견된 상반된 결과들의 해결을 위한 연구

똑같은 주제나 과제를 연구한 결과들이 연구자에 따라 다르게 제시된 경우에는 직접 검증해볼 수도 있다. 동일한 연구의 결과에 대한 정확성, 효용성 등을 추적하여 비교할 수도 있으며, 반복연구를 수행하여 실제로 검증할 수도 있다.

### (4) 선행 연구결과의 잘못된 방법론 수정연구

선행연구 결과들을 탐색하다 보면, 잘못 사용된 방법론을 발견하게 된다. 중요한 변수의 영향을 간과하거나, 잘못된 연구설계를 사용, 피험자를 무선적으로 선정/표집하지 못한 경우 등을 찾을 수 있다. 연구주제의 선정, 진술된 가설 등에 어떠한 과오가 있는지를 비판적으로 탐색한다.

### (5) 상반된 견해들의 해결방안 구안

전문잡지에 제시된 저자들의 견해/의견이나 신념들이 증명되지 않거나 이론적 또는 실제상 거의 이해되지 않는 경우가 있을 때, 과학적으로 입증해야 한다.

### (6) 행동실천연구

교육자들에게는 모든 교육경험이 연구문제의 프로파일 자료로서의 역할을 해준다. 그런 문제는 곧 실천연구로 이어진다. 교육자는 현실문제를 직시하고, 보다 향상될 수 있는 방법을 탐색한다.

### (7) 개인적인 경험과 통찰

질적인 방법을 통해서 좀 더 깊이 탐색할 수 있다. 연구문제를 들어보면, 특수아를 지도한 경험이 있는 교사는 단순한 문화인종학자보다는 특수아의 교우관계나 사회생활의 특성을 심층적으로 탐색할 수 있을 것이다.

#### (8) 일반화 가능성 탐색

이미 수행된 연구 결과를 상이한 모집단이나 조건에 일반화할 수 있는 가능성 탐색, 단순한 반복 연구일 수도 있으며, 이전의 연구에 포함되지 않거나, 탐색되지 않았던 변수들을 포함시켜 수행할 수도 있다.

#### (9) 이해의 확대

선정된 사회적 상황을 구체적으로 기술함으로써, 관찰된 현상에 대한 이해를 돕는다(질적 연구). 현상에 대한 구체적인 통찰/이해를 함으로써 앞으로의 유사한 현상에 대하여 합리적인 기대까지 할 수 있다.

장상호(1976)는 새로운 연구문제를 발견하는데 도움이 될 수 있는 원칙을 다음과 같이 제시한다.

① 기존 연구결과를 다른 견지에서 보려고 노력하라.
② 기존 이론이나 견해의 함의가 무엇인지를 추궁하라.
③ 사례간의 관계를 유추해 보라.
④ 우연히 새로운 발견을 했으면, 그것을 개념화하고 그 현상이 어느 정도로 일반화될 수 있는가를 궁리하라.
⑤ 어리석은 질문도 쉽게 포기하지 말고 깊이 생각하여 정리해 보라.
⑥ 잘 인정된 연구결과를 적용하는데 봉착할지도 모르는 예외적인 상황에 민감하라.
⑦ 이해하고자 하는 현상이 있으면 그것을 직접 관찰하고 다시 한 번 추상적인 수준에서 검토해 보라.
⑧ 의심나는 현상이 발견되면 그 방면의 전문가에게 그것에 대하여 질문하라.
⑨ 불일치 하는 이론이나 견해를 극대화하거나 극소화시켜 보라.
⑩ 해명되지 않은 문제를 공책에 적어두고 잠시 휴식을 취하라.

### 4) 연구문제 진술

양적 연구문제는 일반적으로 질문형식으로 진술되며, 질문형태는 직접적인 연구수행을 시사한다.

#### (1) 연구문제 진술상 고려해야할 사항

① 수사적인 용어나 표현을 피하고 간단・명료하게 진술하라(건조체, 간결체).

② 연구문제는 경험적 검증 가능성을 내포해야 한다(과학적 연구).

③ 연구문제는 탐구할 가치를 내포해야 한다(연구목적과 연계).

- 지식향상 또는 실제적인 요구조건을 발전시킬 수 있어야 한다.
- 현존이론과 관련 선행연구분야에 비추어 합당한 진술이어야 한다.
- 뒤에 따르는 가설과 논리적이고 명료하게 연계되어야 한다.

④ 진술 후에 명백히 정의를 내리며, 문제의 성격, 배경, 범위도 밝히는 것이 좋다.

### (2) 구체적인 연구문제의 종류

① 기술 연구문제

기술연구문제는 전형적으로 "무엇인가?"로 진술되며, "조사연구설계" 가능성을 내포한다. 기술연구는 현상에 관한 정보를 수집하기 위해서 설계된다. 실험연구에서 있을 수 있는 실험변수의 효과검증이나 인과-비교를 위한 처치를 하지 않는다. 기술연구는 가설검증 지향적인 연구와는 구별된다.

② 관계/관련성

두 개 이상의 변수간의 관련성에 관한 연구문세이다. 그렇다고 해서 항상 변수들간의 구체적인 관련성에만 국한되는 것이 아니라, 예언에 관련된 문제도 포함된다.

③ 차이연구

두 개 이상의 집단이나 처치/실험 결과에 어느 정도 차이가 있는가? 라는 질문이 이 부류에 속한다. 비교연구에 흔히 사용된다. 실험연구에서도 사용될 수 있으며, 기본적인 조사연구(연령별, 지역별, 성별, 교육정도 등의 차이에 따른 특정변수 탐색)에서도 찾을 수 있다.

## 5) 연구가설

연구가설은 둘 또는 그 이상의 변수들간의 기대되는 관련성에 대한 잠정적인 진술이다. 주로 예언적인 결과/진술로서 체계적인 증명과정이 요구되는 추측/해결안이다. 문제진술과 가설진술은 유사하지만, 다른 점은 다음과 같다.

① 가설은 문제진술에 비하여 보다 선언적 진술이다.

② 가설은 문제진술보다 구체적이며 명료하게 검증될 수 있는 진술이다.

③ 가설은 문제진술보다 기대되는 결과에 대하여 시사를 명료히 해준다.

실제의 예를 들어 비교해 보자. 연구문제는 "반복학습과 기억능력간에는 관계가 있는가?" 인데, 연구가설은 "반복학습과 기억력 점수 사이에는 정적인 상관성이 있다."이다.

### (1) 가설 설정의 준거

① 두 개 이상의 변수들간 관계나 차이에 대하여 기대/예견하는 진술이어야 한다.

② 진위가 과학적으로 검증될 수 있으며 합리적이어야 한다. 가설에 함유된 변수들을 객관적으로 정확하게 관찰, 측정, 분석할 수 있어야 한다.

③ 이론이나 선행연구에 기초하여 어떤 현상을 잠정적으로 설명할 수 있어야 한다. 일반적으로 가설은 문헌탐색 또는 이론적 배경이 검토된 후에 진술되는 것이 합리직하다.

④ 간단 명료해야 한다. 현재형이나 미래형으로 진술하는 것이 일반적이다.

⑤ 가능한 한 구체적으로 진술되고, 그 도출과정에 논리적 일관성이 있어야 한다.

⑥ 검증자료가 수집・분석되기 전에 정해지고 진술되어야 한다.

### (2) 가설의 종류

① 연구가설 : 변수들간의 관계나 차이에 대하여 이론적, 논리적으로 유도해낸 진술이다. 교육자치제와 교직전문성과의 관계에 대한 지역별 교사의 의견에 차이가 있다.

② 통계가설 : 영가설/원가설과 대립/상대적 가설로 분류된다.

$H_0$ (영가설) : $\mu_1 = \mu_2 = \mu_3$

$H_a$ (상대가설) : $\mu_1 \neq \mu_2 = \mu_3 ; \mu_1 = \mu_2 \neq \mu_3$ ;

$\mu_1 \neq \mu_3 = \mu_2$; 또는 $\mu_1 \neq \mu_3 = \mu_2$

가설검증의 핵심적인 역할이 논리이다. 연역적 논리와 귀납적 논리이다. 연역적 논리에 의하여 과학적 연구가설 설정과 수용/기각은 모집단에 관하여 예언 또는 설명을 하는 상호배타적이고 포괄적인 통계적 가설로 진술된다. 영가설($H_0$)과 상대가설($H_a$)로 표현되는 이러한 예언(또는 설명)은 전집 평균치, 중앙치, 분산 등에 관하여 행하여진다.

둘째, 논리의 연쇄적 과정에서 연역적 또는 귀납적 사고에 오류가 발생한다면 검증되어야할 통계적 가설이 원래의 과학적인 연구가설과 거의 또는 전혀 관계가 없을 가능성이 있으며, 이 연구가설에 관한 추론이 부정확할 수도 있다.

Kirk(1983)는 연역과 귀납적 사고과정을 통한 연구가설의 평가모형을 다음과 같이 제시한다[그림 2-2].

### (3) 가설의 양호도 평가

가설의 질을 평가하기란 쉬운 일이 아니며, 가설 설정 준거와 겹치는 경우도 있다.

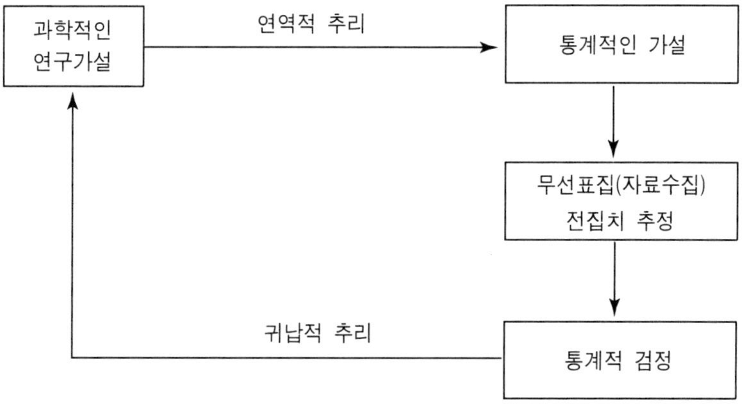


[그림 2-2] 연역 · 귀납적 추리에 의한 연구가설 평가모형

① 가설은 간명하게 진술하고 과학적으로 검증될 수 있어야 한다. 검증도구의 척도(예: 명명척도, 서열척도, 동간척도, 비율척도)까지 함의적으로 시사하면 더욱 바람직하다.

② 일반화될 수 있어야 한다. 하나의 가설이 더 많은 현상을 예언 또는 설명할 수도 있고, 일반화(특히 적용 가능성 시사)할 수 있을수록 바람직하다고 말할 수 있다.

③ 단순한 가설이 좋다. 어느 하나의 현상에 대하여 두 개의 가설이 비슷한 정도로 설명 또는 예언할 수 있다면, 상대적으로 단순한 가설이 더 좋다.

④ 가설은 기존 지식체계에 새로운 것을 첨가시킬수록 좋다. 가설의 신선하고 새로운 특징을 말한다.

⑤ 관련된 영역을 고려할 때, 기각된 가설의 유용성도 중요한 가치를 함유한다.

### (4) 가설의 기능

① 연구수행 결과 발견된 제반 사항을 설명해준다.

② 새로운 사실을 발견할 수 있도록 자극한다.

③ 연구문제를 규정하고 탐색하는 최적한 방법을 시사한다. 구체적인 형태의 자료수집 가능성을 시사한다.

④ 연구결과를 보고할 수 있는 방향을 시사한다.

⑤ 연구의 범위를 정해준다.

### (5) 가설검증

가설설정 작업이 끝나면 본격적으로 연구실행 계획, 검증 및 평가계획을 세워 연구를 추진해야 한다. 가설검증과정에서 고려되어야할 사항을 살펴본다(교육연구평가회, 1990).

① 가설항목별로 증거를 수집하고 난 후에 종합적으로 검증해야 한다.
② 가설 하나에 여러 결과가 예상될 때는 종속변수별로 검증한 후에 그 한 가설을 종합 검증한다.
③ 직접 검증할 수 없거나 자료수집이 어려울 때 간접적으로 검증할 수도 있다.
④ 검증도구는 가능하면 이미 있는 것, 예를 들면 각종 표준화된 도구들을 사용하도록 노력한다.
⑤ 간단한 가설 검증이더라도 검사자의 신뢰도, 검증의 오차 등을 고려하여 일정기간 동안 여러 번 검증한다.
⑥ 실험과정에서 관련 자극변수가 많이 작용되었으리라고 판단되는 현장연구 등을 통해서 같은 주제로 연구된 선행연구 결과들을 분석하면서 여러 번의 검증을 통해 평가되어야 한다.

## 2 질적 연구

질적 연구문제는 일반적인 주제와 인종문화연구, 역사분석, 법규문서 분석연구 등 방법론 선정으로부터 시작된다. 주제와 방법론은 밀접하게 관련되므로 함께 고려되어야 한다. 대부분의 질적 연구의 관심은 최근의 참고문헌과 개인적인 경력을 탐색하여 얻어진 경험에서 시작된다.

### 1) 관찰 · 진술 및 개념의 귀납적인 논리

질적 연구는 근본적으로 귀납적인 추리를 통해서 연구설계를 하면서 현상을 탐색하거나 발견하게 된다. 많은 자료의 수집과 분석이 있은 후에 연구문제가 명료하게 진술된다.

질적 연구에서는 귀납적인 논리에 의해 점점 통합적이고 추상적인 형태로 자료를 분석, 제시함으로써 발견결과를 정리하고 종합할 수 있다. 설명식 진술을 한다. 대화적 진술결과에 대한 귀납적인 추리를 통해서 개념이 생성된다. 질적 연구에서는 의사 결정이 이전의 자료수집에 의존하는 식의 즉각적인 설계법을 사용한다. 연구문제의 형태는 좀 더 깊이 탐구하기 위하여 특수한 사례를 선정함으로써 구체화된다. 질적인 연구문제를 구안하여 탐구하는 귀납적인 과정을 아래의 그림에 제시한다.

개념
↑ (논리적 추리)
기술적 진술
↑ (경험적 및 논리적 분석)
질적인 관찰 : 사례

[그림 2-3] 관찰 · 진술 및 개념의 귀납적 논리

### (1) 질적 관찰 : 사례

사례라 함은 그 현상과 과정이 참여자에 의해 기술되는 현상을 관찰연구자가 선정하는 특별한 경우이다. 연구자가 문제의 특별한 사례 및 방법론을 선정한다. 특별한 사례를 연구할 때에는 변수보다는 특정 사례 중심이며, 광범위한 현상의 이해를 목적으로 한다. 자료수집 전략은 현상에 관한 전반적인 견해를 획득하기 위하여 조정되며, 특정한 측면을 깊이 탐구하는 데에 집중한다. 연구자는 실험연구, 비실험연구, 또는 사후검사 설계보다는 사례연구 설계법을 이용하여 현상을 깊이 있게 연구하기 위하여 필요한 현상을 탐구한다.

### (2) 설명체 기술/진술

기술식 진술을 귀납적으로 생성하기 위해서는 특정한 종류의 자료는 현장 기록, 역사 및 법규자료에 대한 사본이어야 한다. 대화체 진술은 가끔 풍부한 진술로 일컬어지는데, 최소한 네 가지 요소들, 즉, 인물들, 사건들, 참여자의 언어 및 참여자의 의의 등을 갖추어야 한다.

① 참여자들은 서로 다른 개별적 경력을 가지며, 다양한 상황에서 서로 다른 물리적(육체적), 정서적 및 지적 특성을 표출한다.

② 사건이라 함은 사회적 배경에 관한 서술을 이룬다.

③ 기술할 때 연구자보다는 참여자의 언어를 중요시한다. 언어라 함은 언어적, 비언어적 표현, 그림, 만화 및 상징 등 다양한 형태의 의사소통 형태를 의미한다.

④ 기술(진술)은 참여자의 의미를 중요시한다. 참 실체에 대한 사람들의 견해, 사람들이

세상을 지각하는 방법 등을 의미한다.

#### (3) 개념

개념이란 관찰된 사건들 및 상황들간의 공통성을 진술하는 용어이다. 사회과학 개념들은 기술적인 서술과 원자료에서 다양한 형태의 명제들로부터 생성된다. 귀납적인 분석기법에 의해서 "특정한 관찰에 의해 이루어진 추상적인 개념"이 구안된다. 그 특정한 관찰은 서술되어 모아지고 분류된다. 그러나, 개념은 인물들, 사건들, 참여자의 언어 및 참여자의 의미가 축적된 자료 이상의 의미를 갖는다. 연구자는 개념의 함축적인 의의를 도출해낸다.

### 2) 문제의 재구성

질적 연구문제는 연구의 시작단계에서부터 진술되지만, 자료수집을 시작하면서 재구성되고, 자료를 수집하는 동안 필요에 따라 지속적으로 재구성된다. 연구문제의 지속적인 재구성은 즉시적인 설계를 반영한다. 연구문제를 재구성하는 것은 총체적인 현상을 획득하기 위한 자료수집 전략을 변경하는 것과 관련된다. 그리고 나서 특정 측면을 깊이 있게 연구하는 것이다. 구체적인 연구문제가 대두되고 자료수집의 종결단계에 다다르기 위해서 압축된다. 대부분의 발표된 연구물에서 밝혀진 압축된 연구문제들은 연구수행 초기에 기술된 연구문제와는 매우 다르다.

#### (1) 예시 문제

질적 연구는 예시문제 진술로부터 시작된다. 이 예시 문제는 자료를 수집하는 동안 재구성된다. 예시문제를 진술하는 것은 내담자들의 입장에서 보는 현상과 과정에 관해 이미 획득된 지식의 정도나 공공 자료에 관한 지식정도에 따라 달라진다. 예비적인 문헌탐색을 통해서 예시문제의 진술은 향상된다.

예시문제는 일반적으로 광의의 일반적인 질문형태로 진술된다. 질문은 상황의 무엇, 방법 및 이유 등에 기초하여 진술된다. 무엇이란 누구, 언제, 어디 및 사회적 현상의 발생장소에 관련된다. 방법은 검토되는 과정과 이 과정에 영향을 미치는 현상에 관련된다. 이유는 참여자의 의미, 관찰된 사건과 사회적 현상에 대한 참여자들의 설명에 관계된다.

예시문제는 초기의 자료수집을 하는 동안 자주 재구성된다. 인종민족학자들은 관찰로부터 면담으로 변경할 수도 있다. 면담자들은 본래 계획된 것과는 다른 주제를 예시적으로 진술하기 위하여 질문을 조정하는 경우도 있다.

#### (2) 축약된 문제진술

축약된 연구문제는 자료수집과정이나 자료수집 후에 진술될 수 있다. 축약된 연구문제는 연구수행 전 기간에 걸쳐서 주된 탐구과제가 된다. 연구문제는 서술적인 용어로 진술되기도 하며 그렇지 않는 경우도 있다.

### 3) 질적 연구의 취지와 문제진술

질적 연구에는 연구의 취지와 연구문제가 진술되는데, 이 취지와 문제의 진술은 귀납적인 논리를 함축한다.

#### (1) 민족/인종 문화적 문제진술과 질문

인종 문화적인 문제는 선정된 사회적 상황에서 참여자들과 상호작용을 통해서 획득될 수 있는 자료에 대한 최근의 현상에 집중한다. 교육적인 인종학적 연구는 사회적 현상과 집단에 관하여 분석적인 기술을 한다.

인종학적 연구의 취지는 참여를 통해서 참여자의 관점으로부터 사회적 현상을 이해하는 데에 중점을 둔다. 참여자의 이야기 또는 참여경험을 서술하여 참여자의 맥락/사정/현상을 분식힘으로써 이해를 하게 뒤다. 인종학적 연구자는 훈련받은 주관적 연구자로서, 수집된 자료와 연구문제의 질을 자율적으로 검토하고 비판해서 결론을 이끌어낸다.

#### (2) 역사적 문제진술과 질문

과거의 사건에 치중하며, 역사적인 기록을 수집해서 분석한다. 일반적인 역사적 연구자료의 출처는 서면/기록 자료인데, 매우 다양한 유형으로 분류된다. 이 서면자료가 제 1 차 자료와 제 2 차 자료로 분류된다. 제 1 차 자료는 그 현상의 기록자가 그 현상이 발생했을 때 그 현장에서 직접 기록한 자료이다. 제 2 차 자료는 그 현상 기록자가 그 현상의 발생 현장에 없었고, 그 현장을 직접 관찰하거나 관찰하지 않는 다른 사람의 자료를 토대로 하여 기록한 자료이다.

기록 정보를 결정하기 전에 연구자는 최소한 두 가지 기본 조건을 고려해야 한다. 먼저, 필요한 제 1 차 자료의 수집 가능성을 알아보아야 한다. 다음에는 그 자료의 복사 또는 인용 가능성 문제이다.

역사적인 자료의 질을 평가하는 일은 곧 객관적이고 합리적인 역사적 비판이라 할 수 있으며 두 가지로 나누어진다. 먼저, 외연적 평가는 자료의 진실성, 저자 또는 기록자, 기록 연대와 조건 등 자료의 특성 평가에 중점을 둔다. 둘째, 내적 평가는 그 자료에 들어 있는 정보의 정확성과 기치 등 질 평가에 역점을 두며, 그 역사적 자료의 자자나 기록자의 자질에 대한 평가까지 포함한다.

### (3) 법규적 문제진술과 질문

과거의 법적 판결에 치중하며, 법전이나 판정결과를 중심으로 진행된다. 법적 원리를 수정하거나 법적 원리를 새로 만들어야할 때 이 연구는 시작된다.

## 3) 질적 연구에 관련된 공통 질문

(1) 질적 접근법과 양적 접근법이 함께 적용될 수 있는가?

(2) 질적 접근법이 실제로 과학적인가?

(3) 질적 접근법이 교사나 다른 예술가가 수행하는 연구와 어떻게 다른가?

(4) 질적 연구결과에서 발견된 결과는 얼마나 일반화 할 수 있는가?
연구의 생명은 일반화 가능성에 있다. 질적 연구도 이 가능성을 충실히 고려해야 한다.

(5) 자료에 대한 연구자의 의견과 편견은 어떠한가?

(6) 연구자의 출현으로 인해 피험자의 행동이 변하지 않았는가?

(7) 연구자는 현재의 연구와 비슷한 상태에서 연구하여 동일한/유사한 결과를 이끌어낼 수 있는가?

(8) 질적 연구의 목표는 무엇인가?

(9) 질적 접근법이 양적 연구와 어떻게 다른가?
연구의 기본 가정과 기법 및 추진전략에 있어서 이 두 접근법 사이에는 상당한 차이가 있다.

# 02 연 | 구 | 문 | 제

1. 과학적 탐구에서 이론의 역할을 설명하시오.
2. 연역적 이론과 귀납적 이론의 차이를 논의하시오.
3. 조작적 정의들의 특성을 설명하시오.
4. 다음은 연구주제의 예입니다. 연구를 수행하기 위하여 필요한 결정사항을 밝히고, 각각을 탐구할 수 있는 연구문제로 재 진술하시오.
   1) 사회과목학습에 대한 다양한 방법의 효과
   2) 태도에 미치는 협동교수법 대 경쟁교수법의 효과
   3) 가족 특성과 취학 경향
   4) 학업성취도에 관련된 WISC의 타당도
5. "성취가 낮은 학생들은 긍정적으로 행동교정 프로그램에 빈번하게 반응힌다. 보상의 형태와 학습의 양 사이에 어떠한 관계가 있는가?" 대해 직접적인 가설을 쓰고 가설에 있어 변수들의 유형을 밝히시오.
6. 아래 열거된 각 연구문제에 근거하여 가설을 세우시오.
   1) 개별화되고 구조화된 사회과목이 고등학생에게 미치는 효과는 무엇인가?
   2) 과제에 대하여 교사가 긍정적(적극적)으로 도입할 때와 교사가 중립적으로 도입할 때 학생들의 과제수행에 어떠한 차이가 있는가?
   3) 중등학교 학생들의 유급은 학생개인의 적응력을 향상시키는가?
   4) 중학교 학생들은 전통적 교수법을 쓰는 수업시간에 더 많은 토의를 하는가 아니면 인지적 발달 교수법을 쓰는 수업시간에 더 많은 토의를 하는가?
   5) 가벼운 정도 지진아, 보통지진아, 지진아가 아닌 아동들을 가르치는 교사들간에 업무스트레스에 대한 인식에 차이가 있는가?
7. 아래 열거된 각 연구제목에 대해 가장 적당한 독립변수와 종속변수를 진술하거나 변수들을 기술하시오.
   1) 공정한 등급제가 학습자의 성취도를 향상시키지만 학생의 사회성을 향상시키지 않는다.
   2) 초등학교 아동들의 교실행동 ; 규칙에 대한 인식
8. 양적 연구와 질적연구의 다른 점을 자료수집, 분석, 해석 등에 걸쳐 기술하시오.

CHAPTER 03

# 문헌고찰

문헌과 선행연구 고찰이 체계적으로 주의 깊게 잘 이루어지면 선정된 연구문제를 충분히 이해하게 되고, 그 연구가 어떻게 추진되어 왔는지의 현황을 파악할 수 있다. 관련된 문헌이나 연구결과를 비판적으로 고찰함으로써 현재 수행코자하는 연구주제의 위치, 방향 등을 명료하게 결정할 수 있다. 문헌 고찰을 하는 두 번째 목적은 연구의 이론적 기초와 가설설정의 근거 확보이다. 이론적 근원을 찾아서 분석・종합・평가하여 연구에 필수불가결한 논리적 근거를 세운다. 풍부한 이론적 배경을 갖추고 이루어진 직관적, 창의적인 사고의 결과는 합리적이다. 세 번째 목적은 연구문제 해결에 적합한 접근 방법을 탐색한다. 관련분야의 연구 방법을 개선하여 적용하거나 새로운 방법을 고안하기 위해서는 선행연구수행 과정이나 방법을 보다 철저히 분석하는 일이 중요하다. 네 번째 목적은 연구결과의 해석에 도움이 되거나 비교할 수 있는 근거를 확보하기 위해서이다.

## 1 문헌연구의 기능

문헌의 해석적 고찰은 연구문제를 요약 및 종합하는데 중점을 둔다. 문헌 고찰은 사려깊게 정의된 주제에 따라 현재까지의 지식 체계를 비판하는데 역점을 둔다. 관련연구라 함은, 연구에서 다루고자하는 동일한 변수나 유사한 문제를 탐색했던 지금까지의 연구나 이론에 관한 참고 문헌, 이론을 경험적으로 검증하는 연구물 및 유사한 실제에 관련된 문헌 등을 말한다.

문헌고찰을 통해서 다음의 항목들을 가능하게 할 수 있다.

① 연구문제의 범위나 깊이를 정할 수 있다. 특히 광의의 주제 중 어느 한 측면이나

구체적인 주제를 정한다.

② 역사적 관점과 관련분야의 관점에서 현 연구의 위치를 확인할 수 있다.

③ 무의도적이고 불필요한 반복 연구를 피할 수 있다.

④ 실현 가능성 있는 방법과 측정방안을 선정할 수 있다.

⑤ 발견된 지식을 지금까지 사용되는 지식체계에 관련시킬 수 있으며, 앞으로의 연구에 대한 시사점을 찾을 수 있다.

## 2 문헌고찰을 위한 자료

문헌고찰에 필요한 자료는 흔히 제 1차 자료와 제 2차 자료로 나누어진다. 제 1차 자료는 이론가나 연구자가 직접 수행한 원래의 연구결과이다. 구체적이고 전문적인 연구과정과 결과를 일반적으로 찾을 수 있다. 전문학술지, 연구보고서, 학위논문 및 전공 논문 등을 들 수 있다. 제 2차 자료로는 잡지, 교과서, 백과사전 등을 포함한다.

### 1) 문헌고찰

문헌 고찰은 일반적으로 계열적으로 수행된다. 그 수행과정에 포함되는 요소/항목을 다음과 같이 요약할 수 있다.

① 진술된 문제를 분석한다. 관련분야의 개념, 변수 등을 철저히 살펴본다.

② 제 2차 자료를 탐색하여 읽는다. 주제에 대한 보편적인 고찰에 도움이 된다.

③ 참고문헌이나 database의 목록을 선정한다.

④ 진술된 문제를 탐색언어로 바꾼다. 진술된 문제가 분석되고, 개념이나 변수는 어구사전이나 목록을 통해서 구체적인 관련분야에서 고찰된다.

⑤ 지침을 탐색하고 컴퓨터 탐색까지 한다.

⑥ 관련된 제 1차 자료를 읽는다.

⑦ 관련된 자료를 조직적으로 정리한다.

⑧ 고찰된 내용을 요약하여 기록한다.

문헌고찰 과정에서 교과서, 저서 등 일반적인 문헌과 실질적인 선행연구를 구별하여 수행할 수 있다. 일반적인 문헌연구를 토대로 하여 논리적인 전개를 해 나갈 수 있다.

선행연구를 비판적으로 분석 검토하는 과정에서 본 연구에 직접 관련되는 측면을 집중적으로 파악함으로써 연구가설 설정, 연구설계 측면 등에 관한 실제적인 시사점을 이끌어내어 창의적으로 연구를 수행할 수 있는 근거를 확보할 수 있다. 그러나 실제적인 선행연구결과를 독립적이고, 백과 사전적으로 정리하는 것은 의미가 별로 없다. 비판적이고 분석적으로 검토하되, 최종적인 정리단계에서는 논리적 통합과정이 필수적이다. 문헌고찰을 수행한 후 전반적인 토의 과정, 즉 선행연구 및 문헌검토결과의 토의부분에서 본 연구와 관련하여 구체적으로 어떤 측면의 시사나, 새로운 문제 또는 해결해야 될 문제의 근거를 발견함으로써 그에 기초하여 아래와 같은 가설을 선정할 수 있다는 논리적 전개과정이 있어야 한다.

### 2) 문헌고찰 절차

① 제 Ⅰ 단계 : 목록작성 자료 수집

참고문헌 정리작업을 염두하며 정리하라. 미국심리학회(APA)나 투레비안 체제를 따르는 것이 일반적이다. 참신하며 가능한 한 최신자료를 수집한다.

② 제 Ⅱ 단계 : 요약 및 기록

먼저 관련 교과서를 중심으로 하여 충분한 기초를 닦는다. 다음으로 전문적인 학술지, 제 1 차 및 제 2 차 자료를 탐색한다. 객관적이고 냉정한 판단력, 비판력의 기초를 닦는 일이 중요하다. 전문가의 의견이나 평(評)도 경청하여 요약한다.

③ 제 Ⅲ 단계 : 분석 · 종합 · 정리 · 비판

연구문제와 관련하여 비교 종합 비판하여 정리하는 일이다. 자료의 장점, 단점, 시사점을 명백히 하는 일이 중요하다. 연구결과가 객관적인 자료를 기초로 한 의견이나 진술인지 개인적인 의견인지를 분명히 구별하는 일이 중요하다. 의문이나 문제가 발견되면 저자와 직접 대화하거나 문의하는 일도 잊어서는 안 된다.

### 3) 질적인 연구 수행을 위한 문헌 고찰

#### (1) 예비적인 문헌고찰

연구의 주제, 즉, 인종문화연구, 역사문헌 연구 등에 따라 다소 다르다. 인종문화연구의 예를 든다. 배경이론 구안에 목적이 있다면, 예비문헌 고찰을 통해서 예시적인 연구문제를 고안하기 위한 개념적인 구조 설계 가능성을 찾아야 한다. 좀 더 광의의 영역을 고찰하고, 관찰과 면담방안 가능성을 고려해야 한다.

### (2) 문헌의 지속적인 고찰 및 비판

문헌은 인종문화연구 수행자에게 이미 착상된 아이디어를 결코 제공하지 않지만, 연구자 스스로의 입장과 관찰된 사회적 배경현상에 대한 이해를 돕는다. 관련문헌고찰을 통해 관찰된 사회적 현상을 유추할 수 있고, 여러 진술들을 종합할 수도 있으며, 자료분석전략을 세울 수도 있다.

### (3) 문헌의 대안적 제시

질적 연구문헌은 토의와 통합부분이 서로 별개로 나누어져 있다. footnotes는 배경자료를 좀 더 구체적으로 제시해 주기도 한다.

## 3 메타분석(Meta analysis)

메타분석법은 1970년대에 이르러 급격히 발전된 연구방법이지만 메타분석적 전통은 이미 오래 전부터 태동되었다고 볼 수 있다(황정규, 1988). 예컨대 Underwood(1957)는 기억과 방해의 관계를 알기 위해 16개의 연구들을 통합하는 작업을 했다. 그는 실험에서 재생해야 할 항목 수와 정확하게 재생한 백분율을 그림으로 제시함으로써 메타분석적 접근을 시도했다. Rosenthal(1976)은 행동과학연구에서 실험자 기대효과에 관한 연구를 수백 개 검토하고 그것을 통합하였고, Glass(1981) 등은 메타분석에 관한 기본적인 이론의 틀을 제공했으며, 또한 1978년에 메타분석에 지침이 될 결정적인 논문들을 발표하여 메타분석을 이론적 및 방법론적 측면에서 획기적인 기초를 마련하게 되었다. 특히 80년대에 들어오면서 교육학, 심리학 등을 중심으로 메타분석방법이 다소 표준화되어 가는 경향이다. 그러한 분석방법 중에서도 통계적 계량화를 시도하는 메타분석법을 중심으로 어느 정도 표준화가 이루어지고 있다. 그러나 이것 역시 같은 종류의 제한된 기존 연구결과에 대한 분석자체에 한정되고 있어 메타분석을 위한 새로운 문제 또는 가설의 정립, 관계자료의 수집 및 평가 등에 대한 적용에는 아직 많은 문제점이 가로놓여 있다.

### 1) 메타분석의 개념

선행연구의 결과를 종합하는 전통적인 방법은 개별 연구의 결과들을 나열하고 결론을 도출하는 것이었다. 이 방법은 종합하는 연구자의 편견이 작용하기 쉽고 종합할 문헌들이 증가할수록 연구에 대한 전체적인 개관이 어렵다. 이와 같이 연구의 수가 많아지면서 연구자가 이를 감당하기 어렵게 됨에 따라 보다 발전된 연구결과를 종합하는 연구법으로서 메타분석법이 대두되었다.

G. Glass(1976)는 경험 과학적 자료를 수집하여 분석하는 수준을 제1차 분석, 제2차 분석, 메타분석(meta-analysis)의 세 가지 수준으로 구별하였다. 제1차 분석은 연구에서 얻은 원자료를 직접 분석하는 것이며, 대부분의 연구는 여기에 속한다. 제2차 분석은 제1차 분석에서 다루고 있는 자료를 재분석하는 경우로, 보다 세련된 기법을 적용함으로써 그 본래의 연구주제 또는 문제에 관한 해답을 추구하는 것은 물론 새로운 문제 등에도 해답을 얻기 위한 분석이이다. 한편 메타분석은 '분석의 분석'을 한다는 점에서, 연구결과들을 통합할 목적으로 많은 수의 개별적 연구결과를 통계적으로 분석하는 이론 및 방법이라고 할 수 있다. S. Zhao(1991)는 메타자료분석은 일정한 자료들의 분석결과를 다시 분석하는 것, 즉 처리된 자료를 다시 처리하는 것으로, ① 사용된 각 분석방법과 그 과정상의 기본 전제들을 면밀히 검토하고, ② 각 자료들의 질과 유용성 등을 기준으로 비교평가하며, ③ 같은 연구현상에 관한 분석결과 또는 발견사항들을 종합하는 것으로 이루어진다고 했다.

### (1) 메타분석의 기본 전제 및 기능

메타분석을 효과적으로 적용하기 위해서는 다음과 같은 기본 전제를 바탕으로 한다(이지훈, 1993).

첫째, 엄격하고 객관적인 방법과 기법 사용을 전제한다. 즉, 메타분석은 1차적 연구분석이 갖는 엄격한 기준, 방법, 절차 등을 그대로 분석상의 원형으로 삼고 있다.

둘째, 분석결과의 해석에 있어 일정한 근거에 의한 어느 정도의 판단과 추리는 필수적이다. 각각의 타당한 개별연구를 추적하여 발견하고, 그 결과들을 정리 통합하며, 또한 올바른 결론이나 일반화를 유도하는 일정한 판단과 논리적 추리는 필수적이다.

셋째, 연구문제 또는 가설에 관련된 많은 기존연구가 존재할 것이 전제된다. 메타분석은 동일한 관련연구가 많아야만 분석대상으로서 기존연구들을 선정함에 있어 어떤 선정상의 편견 또는 오차의 개입을 가능한 배제할 수 있다.

메타분석의 목적이나 기능은 다음과 같이 제시할 수 있다.

① 연구문제 또는 가설 등에 관련된 일련의 연구결과를 체계적으로 요약, 정리한다.

② 연구문제 또는 가설 등을 전제로 분석결과가 서로 일치 또는 유사할 경우 보다 넓은 일반화 또는 결론의 유도를 가능케 함으로써 지식의 축적을 촉진한다.

③ 분석결과가 서로 불일치하거나 대립될 때는 오히려 새로운 설명 메커니즘의 도출을 가능케도 한다.

④ 불필요한 연구나 분석의 반복을 피할 수 있게 된다.

⑤ 앞으로 진행될 연구에 있어 이미 다른 연구자들이 범한 과오를 회피할 수 있게 하고, 또 만일 그러한 문제를 당면하게 되면 해결할 수 있는 방안을 강구해주기도 한다.

### (2) 메타분석의 특징

선행연구의 결과들을 통계적으로 종합하는 메타분석의 특징은 다음과 같다(황정규, 1988).

첫째, 메타분석은 계량적이다. 메타분석은 다른 방법으로는 거의 파악하기 불가능한 다량의 연구자료에 대해 정보를 조직하고 거기서 모종의 의미를 도출하기 위하여 계량적, 통계적인 방법을 사용한다.

둘째, 메타분석은 연구의 질에 의해 연구결과를 미리 판단하지 않는다. 메타분석에서는 분석에 포함시킬 연구를 선험적, 비경험적 기준이나 주관적 판단에 의해 연구의 질을 미리 결정하거나, 포함시켜야 할 연구와 제외시켜야 할 연구를 미리 결정하지 않는다.

셋째, 메타분석은 일반적인 결론을 찾으려고 한다. 메타분석에 포함되는 연구들은 수량도 많을 뿐만 아니라, 연구의 특징도 다양하다. 이렇게 잡다한 연구물들을 통해 얻으려는 것은 일반적인 결론이다.

## 3) 메타분석의 과정/절차

어떤 연구를 막론하고 과학적 연구를 지향한다면 보다 효과적인 연구를 수행하기 위하여 일정한 과정, 즉 연구단계를 거치는 것이 일반적이다. 메타분석 방법도 일반적인 과학적 연구 방법의 절차에 따라 다음과 같은 5가지의 중요한 과정적 단계에 따라 이루어진다. ① 문제 또는 가설의 설정, ② 자료의 발견과 수집, ③ 자료의 평가 및 정리, ④ 자료의 분석과 해석, ⑤ 분석결과의 제시 등이다.

### (1) 문제/가설 설정

이 단계에서는 분석을 위한 기본 초점으로 선택된 주요 개념 또는 변수에 대한 타당한 개념 정립을 한다. 개념정립은 이론 또는 개념적 정의와 조작적 정의를 다같이 정립해 보는 것이 바람직하다. 더불어 선택된 개념 및 변수에 대하여 어떤 구체적 지표를 전제로 어떻게 조작하는 것이 타당할 것인지를 검토할 필요가 있다. 근본적으로 분석을 위한 적절한 기존연구, 즉 자료의 적절성 여부를 선별할 수 있는 기준을 정립한다.

메타분석의 문제 정립에 있어 고려해야 할 사항으로 다음의 두 가지를 들 수 있다(이지훈, 1993).

첫째, 개념적으로 넓게 규정하는 것이 바람직하다. 메타분석의 주된 목적은 기존연구결과를 체계적으로 정리, 종합하는 데 있는 만큼 동일 내지 유사연구문제가 갖는 분야의 각종 연구결과들을 신축성 있게 수용, 포괄할 수 있어야 하기 때문이다.

둘째, 기존연구결과의 세심한 검토이다. 메타분석 자체가 기존의 각종 연구를 그 분석대상으로 하기 때문에 기존연구들의 면밀한 분석은 당연하다.

문제정립과 더불어 가설 설정도 두 가지로 구별하여 생각할 수 있다. 하나는 기존연구들이 분석해 온 일정한 가설을 있는 그대로 동일하게 채택하는 것이고, 다른 하나는 기존연구의 어떤 특정가설을 핵심으로 하되 관련 유사 가설들까지도 수용하는 보다 넓은 시각의 가설을 설정하는 것이다. 타당하고 구체적인 개념 및 변수관계를 많이 파악할수록 그만큼 적절하고 객관적인 가설설정이 용이하게 이루어진다.

### (2) 자료 발견과 수집

어디서 어떤 기존연구, 즉 연구자료를 발견하여 수집하느냐가 중요하다. 이것은 곧 연구를 위한 기존연구 자료원의 규정과 그에 따른 타당한 모집단을 규정할 것이 요청된다. 모집단의 규정은 대체로 두 가지 측면에서 검토될 수 있다. 하나는 연구문제에 관련된 가능한 '모든' 기존연구 결과를 대상으로 하는 것이고, 다른 하나는 분석된 결과를 어느 정도까지 일반화할 것인가 등 그 범위에 대하여 규정하는 것이다.

그런데 제1차 연구의 경우에는 어떤 연구든지 연주주제에 관련해서 필요한 자료를 수집해야 한다. 이때 자료를 수집해야 할 대상으로서의 표적집단이 있기 마련이다. 수집 가능한 모집단을 상정하고 그것을 대표할 수 있는 적은 수의 표본에서 자료를 얻는다. 이에 반하여 메타분석의 경우에는 이 표적집단이, 관심분야의 연구주제를 다룬 '연구' 그 자체이다. 경험과학적 연구를 수행한 모든 연구물이 그 대상이다. 제1차 연구가 모집단을 상정하고 그것을 대표할 수 있는 피험자를 표집하는 것에 반해, 메타분석은 이미 수행된 연구의 모집단 전체를 가능한 한 완전히 수집하려는 입장이다. 그래서 메타분석의 자료기초는 대표성보다는 완전성과 망라성에 있다.

일정한 연구문제 등에 관련된 여러 기존연구들을 발견할 수 있는 원천과 접근 방법에 대해 검토해보자(Cooper, 1984).

우선 자료의 원천은 비공식적 원천, 제1차적 원천, 제2차적 원천 등으로 나눌 수 있다. 첫째, 비공식적 원천에 의한 관계기존연구결과를 수집한다. 여기에는 연구자 자신이 이미 개인적으로 가지고 있는 연구자료를 들 수 있다. 그리고 동일한 학문연구영역에 종사하는 연구자들에 의한 연구자료의 제공이다. 밀접한 학문적 관계를 갖는 연구원간의 자료 제공을 말한다. 둘째, 1차적 원천에 의한 기존 관련연구의 수집이다. 연구자 자신이 갖고 있는 각종 연구자료와 특히 전문학술지 등을 통하여 얻는 기존 관련연구자료이다. 셋째, 2차적 원천에 의한 기존관련연구의 수집이다. 일정한 학문분야에 대한 관계연구논문, 또는 저서 등을 주로 간략한 요약을 첨부해 주제별로 총 정리해 놓은 형태의 것으로 주해, 참고 문헌집을 들 수 있다. 메타분석을 위해 수집된 기존자료의 타당성을 높일 수 있는 방법, 즉 타당한 자료에 접근하는 방법에는 다음과 같이 두 가지를 들 수 있다. 첫째, 수집된 기존연구의 규모와 그 선정방법을 통한 것이다. 둘째, 수집된 기존연구들이 갖는 접근 가능한 표본의 구성단위가 표적모집단의 구성단위의 대표성을 갖게 하는 것이다.

### (3) 자료 평가 및 정리

일단 자료가 수집된 후 각각의 기존연구의 자료, 구체적으로는 각 자료를 나타내는 지표들의 타당성 및 신뢰성에 대한 평가를 한다. 이때 특히 자료의 적합성 여부에 대한 기준 선택이 문제된다.

① 기존연구의 질 평가

수집된 기존 연구들의 질에 관한 평가는 그 평가기준을 어떻게 설정하느냐에 따라 여러 가지로 나타날 수 있다. 여기서는 연구의 질에 관한 평가를 연구자체에 대한 평가의 시기를 기준으로 사전 및 사후평가로 구별하여 검토한다(Cooper, 1984). 첫째, 수집된 기존연구에 대한 사전평가를 한다. 수집된 각 기존연구 자체에 대해 분석을 시도하기 전에 일정하게 정하여진 기준을 근거로 연구의 질적 적합성 여부를 평가하는 것이다. 둘째, 수집된 기존연구에 대한 사후평가를 한다. 수집된 기존연구를 일정한 예비적 분석을 해본 후 그 결과에 따라 연구의 질적 적합성 여부를 결정한다. 기존 연구가 갖는 가설, 연구설계, 연구방법, 분석결과 등 각 연구의 구성적 차원을 비교·검토 후 그에 따라 평가하는 것이므로 구체적이고 분석적인 경향을 띤다.

② 선정된 메타자료의 정리

자료로서 수집된 기존연구들을 그 질 및 연구방법 등을 근거로 평가하였다면 이제 그들을 일정하게 정리함으로써 효과적인 분석을 할 수 있도록 준비한다. 일반적인 통계적 분석을 위해서는 그에 필요한 기본적인 정리절차로서 '코딩'을 해야 한다. 그러나 그 수에 있어 얼마 되지 않으면(15개 이내) 코딩하지 않고 가능한한 있는 그대로 그 전체 연구자료를 충실히 이용하기 위하여 그들 전부를 반복해서 주의 깊게 읽거나 검토함으로써 전체자료를 효율적으로 분석하는 것이 바람직하다. 반면에 선정된 기존연구의 수가 많을 때는 부득이 코딩을 하지 않을 수 없다.

메타분석을 위한 코딩을 할 때, 발췌 정리할 필요가 있는 각 연구에 관한 중요정보를 예시하면 다음과 같다(Cooper, 1984). 첫째, 각 기존연구가 갖는 그 연구의 특징적 배경에 관한 것이다. 이것은 주로 연구수행자, 연구의 자료원, 수집과정, 연구발표지, 발표시기 등이다. 둘째, 각 기존연구가 갖는 연구설계에 관한 것이다. 이것은 연구설계의 종류, 특징, 중요 관계변수로서 독립 및 종속변수, 변수의 조작 및 측정방법, 타당도 및 신뢰도 등이다. 셋째, 각 기존연구가 전제하고 있는 분석대상에 관한 것이다. 주요 분석대상과 분석단위 및 수준, 모집단과 표본의 규모와 성격, 분석단위의 구성, 가령 개인이 분석단위인 경우 연령, 성, 교육정도 등의 분포상태 등이다. 넷째, 각 기존연구의 분석결과에 관한 것이다. 가설의 확인여부, 그 확인정도, 새로운 발견사항, 각종 중요 통계수치로서 각종 영향, 설명, 예언, 상관, 유의성 정도 지수 등과 그들의 산출을 위한 각종 통계기법 등에 관한 것이다.

③ 자료의 미비점에 대한 처리

메타분석을 위한 기존관계연구들을 수집할 수 있는 적절한 자료원의 부족과 그 제약도 문제이지만, 온갖 노력을 하여 일정하게 수집된 각 기존연구로서의 분석코자 하는 자료자체가 갖는 그 미비 또는 누락 상태 등에 대한 처리도 중요하다. 수집된 관계연구 등이 갖는 미비점이 있을 경우에 처리하는 방법을 아래에 제시한다(Cooper, 1984).

첫째, 가설검정결과에 대한 불명료한 표현에 대한 것이다. 경우에 따라서는 어떤 기존연구는 그 가설검정결과를 단순히 '유의성이 없다'는 말로만 표시하고 막연히 끝내버리는 경우를 보게 된다. 이와 같은 검정결과를 제시하는 연구들에 대한 일반적인 처리기준으로, 우선 가설에 대한 영향이 별로 없다는 것에 대해서는 '무영향'으로 처리하고 검정의 유의성이 없다는 것은 일방검정을 전제로 확률 $p<0.05$ 수준에서 유의성이 없는 것으로 처리하는 것이 통례이다.

둘째, 각 기존연구들이 사용한 통계적 분석기법이 서로 다를 때에 대한 것이다. 메타분석자는 우선 각 기존연구가 갖는 일정한 기법에 의한 통계적 분석결과가 그 연구의 전체 분석과정에 그대로 연결되고 있는가 여부를 검토하여야 한다. 또한 각 연구가 사용하고 있는 상이한 기법, 가령 상관계수 지수(r) t, F검정 등을 각각 적용했을 때, 이들을 서로 치환하거나 각 통계수치를 결합하는 구체적인 통계적 처리 방법에 따라 처리해야 한다.

셋째, 기존연구 결과의 부정확한 발표상태에 대한 것이다. 동일한 연구결과인데도 어떤 지나친 극단적 사례 또는 수치가 서로 비교되는 연구항목간에 발견될 때는 반드시 재검토를 세심하게 해야 한다.

넷째, 기존연구자료의 편파적 수집과 분석에 대한 것이다. 이와 같은 편견을 배제하기 위해서 메타분석자는 전제한 가설 등에 너무 집착하지 않는 객관적이며 개방적인 자세로, 또한 자료의 원천, 수집절차, 평가기준 및 분석방법 등에 대한 것들을 명백히 밝히는 등 객관성을 갖도록 노력해야 한다.

### (4) 자료 분석과 해석

먼저, 수집된 자료 또는 구체적인 지표들을 연구문제 및 가설 등을 근거로 일정한 패턴 또는 결론의 유도를 위해 정리 종합한다. 이때 분석된 결과는 가능한 한 계량적으로 제시한다. 해석은 분석된 결과를 기존의 이론 또는 연구가설 등을 근거로 어떤 체계적인 형태를 갖추도록 한다. 이 단계에서는 특히 일정한 근거를 중심으로 한 논리적 일반화 또는 추리가 중요시된다.

메타분석 방법은 그 특징에 따라 여러 가지가 있지만 통계적 계량화 여부를 중심으로 크게 비계량적 분석과 계량적 분석으로 나뉜다. 여기서 체계적인 계량적 분석을 중심으로 알아보도록 한다. 각 기존연구들이 어느 정도 계량적으로 이루어졌다고 하여도 각각의 이들 기존연구들과 이들을 계량적으로 다시 통합하려는 메타분석간에 서로 조화를 이룰 수 있도록 밀접한 기본전제가 있고 또 그에 적절히 부합되어야 한다. 따라서 효과적인 통합적 메타분석을 하기 위해서는 다음과 같은 몇 가지 기본전제 조건이 필요하다(Jackson, 1980).

첫째, 분석되는 기존연구들의 가설과 통합을 시도하는 메타분석의 가설은 서로 동일해야 한다. 둘째, 기존연구들이 각기 갖는 방법론상의 기본전제들이 서로 크게 어긋남이 없이 서로간의 통합에 적합하다는 메타분석자 자신의 논리적 판단이 서야 한다. 셋째, 기존연구들을 통합하더라도, 각 연구가 갖는 특별히 독립된 별개의 측정 및 그 지표들은 각기 별도로 취급해야 한다. 넷째, 기존연구들의 분석결과에 대한 계량적인 일정한 표준화측정을 가능하도록 하기 위해서는 그에 충분한 관계자료가 있어야 한다. 이에 더하여 이상적이라면 그러한 자료에 대한 임의표본추출이 가능해야 한다.

계량적 방법을 사용하여 실험연구, 상관연구, 조사연구 등의 양적, 경험적 연구결과를 통합하는 방식에는 크게 세 가지 유형이 있다(황정규, 1988). 첫째, 경험적인 연구결과들을 통계적인 유의도로 표시하거나 이것에 관련된 확률로 제시하는 경우에 이용될 수 있는 방법이다. 이 유형의 연구는 '통계적으로 유의함'이나 '통계적으로 유의하지 않음'이라는 것으로 분류하고 있다. 둘째, 실험의 효과를 기술하기 위해 표준화 평균차 혹은 효과의 크기를 이용하는 방법이며, 이 방법이 가장 통계적으로 타당하다고 여겨진다. 셋째, 여러 가지 상관관계의 결과를 통합하는 방법으로, 비록 상관으로 표시되지 아니한 연구결과도 상관으로 변환하여 통합할 수 있다.

① 유의도 검증 통계치의 통합

이 방법은 각 연구결과의 유의도 검증 통계치를 통합하여 한 개의 영가설로 대체하려는 방법이다. 통합하는 방법은 통계적으로 유의하지 않은 연구나 유의한 연구를 막론하고 그것을 함께 통합했을 때 전체적으로 일정 유의도 수준에서 영가설을 수용할 것인가 아니면 기각할 것인가를 결정하려는 방법이다.

② 표준화 평균차(효과의 크기)

비교실험을 한 연구결과를 통합하기 위해 사용하는 가장 타당한 방법이 '효과크기(effect size)'이다. 효과크기란 실험집단의 평균과 통제집단의 평균차를 통제집단 표준편차로 나눈 값이다. 효과크기의 의미는 실험집단의 평균이 통제집단의 평균에 비해 표준점수척도로 보았을 때 어느 정도로 효과가 있는지를 제시한다. 효과의 크기가 나타내는 의미는 어떤 실험변수의 작용이 가해졌을 때, 그 변수의 작용이 가해지지 않았을 때보다, 어느 정도 효과가 있는지를 표준점수 척도로 변환한 것이다(이지훈, 1993).

효과크기의 측정방법에 대해 보다 구체적으로 알아본다. 우선 전제된 가설에 대한 연구결과의 유의성에 대한 통합적 검정과 더불어 통합적인 효과크기 내지는 인과관계 같은 것을 파악하는 것은 매우 중요하다. 효과크기의 정도를 측정 가능케 하는 구체적인 기법과 그 지수는 다양하지만, 여기서는 'd'라는 지수를 들어 검토해 보기로 한다.

d지수에 의한 효과크기에 관한 측정은 일정한 가설을 전제로 하되 주로 두 개의 조건 또는 두 개의 집단간의 차이 등을 비교 측정할 때 적용하는 것이 일반적이며 t 또는 F 검정치 등을 근거로 하여 이루어지는 것이 특징이다. d지수를 유도할 수 있는 수식은 다음과 같다.

$$d = \frac{\overline{X_1} - \overline{X_2}}{S}$$

위 식에서 $\overline{X_1}$와 $\overline{X_2}$는 두 개 집단이 갖는 각각의 평균이고, S는 두 집단의 표준편차들에 대한 평균을 구한 것을 가리킨다. 이 식은 두 집단이 '거의 동일한' 표준편차를 갖는 것을 전제하고 있다. 만일 두 표준편차가 거의 동일하지 않을 경우에는 어느 한 집단, 통상 통제집단의 표준편차만을 사용할 수도 있다. 예를 들면, '학습자들의 학습동기가 학업성취를 향상시킨다'는 가설을 검증하기 위해 4개의 별도 실험을 한 결과는 다음과 같다.

| 연구 | 실험집단 | | 통제집단 | | 표준편차 | t 값 |
|---|---|---|---|---|---|---|
| | N | X | N | X | (S) | |
| A | 41 | 17 | 41 | 11 | 10 | 2.72** |
| B | 33 | 175 | 29 | 225 | 100 | -1.95 |
| C | 98 | 12 | 104 | 9 | 7 | 2.03* |
| D | 11 | 31 | 11 | 23 | 12 | 1.56 |

*p〈0.05 양방검정; **p〈0.01 양방검정

그러면 위에 제시한 4개의 가정적 연구결과에 적용하면, 먼저 A연구의 경우

$$d = \frac{17 - 11}{10} = \frac{6}{10}$$ 이 된다.

이러한 계산을 B, C, D의 연구에도 동일하게 실행하면 각각의 d값이 계산된다. 이에 따라 각 $d$값에 '+' 또는 '−'의 기호를 붙여 서로를 구별한다. 이 때 '+d'값은 실험집단(또는 사후측정치)에 대한 효과크기의 정도를 나타내는 것이고, '−d'값은 통제집단(또는 사전측정치)에 대한 효과크기의 정도를 나타내는 것으로 배정한다. 계산의 결과에 따라 기호를 붙여볼 때, A, C, D의 연구는 +d값을 갖고 B는 −d값을 갖는 것으로 나타나고 있다.

이제 각 연구의 효과크기 정도를 나타내는 d값들을 다시 통합하는바, 통합적 효과크기 정도를 측정하는 수식을 제시하면 다음과 같다.

$$d = \frac{\Sigma d}{n}$$

위 식에서 d는 각 연구의 효과크기 정도에 대한 지수이고, n은 연구의 개수를 나타내는 것이다. 위의 식에 입각하여 4개 연구의 각 효과의 크기를 통합하는 평균 d 값을 산출하면 다음과 같다.

$$d = \frac{.60 + - .50 + .43 + .67}{4} = .30$$

이와 같이 산출된 4개의 연구 A, B, C, D에 대한 효과크기의 정도들을 정리하여 보면 다음 표와 같다. 아래 표의 평균 d값에 의할 때 연구 A, B, C, D를 통합해 보면, 가설 '학습자들의 학습동기가 학업성취 향상에 미치는 효과크기의 정도는 대략 0.30 이라는 표준편차단위만큼 효과가 있다는 것을 알 수 있다. 그러면 0.30 이라는 통합적 효과크기를 나타내는 표준편차단위를 어떻게 해석하느냐이다. 이러한 구체적인 해석방법으로는 다음과 같은 몇 가지로 구분된다(Wolf, 1986).

첫째, 신뢰도구간설정에 의한 해석이고, 둘째 동일한 다른 연구결과를 비교기준으로 삼는 것이며, 셋째 Cohen(1977)이 제시한 개괄적 기준으로서 d = 0.2는 적은 효과, d = 0.5는 중간정도의 효과, d = 0.8은 많은 효과 등이라고 평가하는 것이고, 넷째 $U_3$으로 소위 Cohen의 비중복백분위(percentiles of nonoverlap)가 있다.

$U_3$은 효과의 정도가 높은 집단, 즉 높은 평균을 갖는 집단의 50분위수의 위치에 해당하는 것을, 효과의 정도가 적거나 없는 집단, 즉 낮은 평균을 갖는 집단의 경우로 전환하면 '어떤 백분단위'의 위치에 해당하는가를 가늠케 한다. 즉, $U_3$은 높은 효과의 정도를 나타내

| 연구 | 집단 평균 | | 표준편차 | d값 | $U_3$(%) |
|---|---|---|---|---|---|
| | 실험집단 | 통제집단 | | | |
| A | 17 | 11 | 10 | 0.60 | 72.6 |
| B | 175 | 225 | 100 | -0.50 | 30.9 |
| C | 12 | 9 | 7 | 0.43 | 66.6 |
| D | 31 | 23 | 12 | 0.67 | 74.9 |
| $\bar{d}$ | | | | .30 | 61.79 |

는 집단의 평균이 낮은 효과를 나타내는 집단에서는 어느 백분율에 해당하는가를 나타낸다. d 값들은 본래 정규분포를 전제로 하고 있어, 산출된 각 d값은 정규분포표 내에서 그에 상응하는 수치, 즉 Z값을 찾아서 그것에 0.50을 보태면 각 $U_3$ 값을 얻게 된다. 이때 0.50이라는 수치는 높은 효과를 갖는 집단의 평균에 대비한 낮은 효과를 갖는 집단의 평균을 규정한다. 보다 구체적으로 살펴보면, 위 d값들의 평균은 .30로서 이것이 갖는 정규분포표에서 Z값은 .1179이다. 따라서 그 $U_3$값은 .1179 + 0.50 = .6179가 되므로 이것을 다시 백분율로 고치면 61.79%가 된다. 이것을 해석하면, 학습자들의 학습동기가 실험집단의 평균인, 즉 50분위수의 위치에 처하는 학습자들은 적어도 통제집단에 속하는 61.79%, 즉 61.79분위수의 위치에 처하는 학습자만큼 높은 학업성취 달성을 뜻한다.

③ 상관연구 결과의 통합

상관은 반드시 X변수와 Y변수간의 관계정도를 의미하며, 여러 가지 종류의 상관추정치들을 하나의 공통 상관계수(피어슨의 적률상관계수)로 전환할 수 있기 때문에 이들을 통합하는 일은 비교적 간단하다.

상관 연구를 통합한 연구의 예로 White(1982)가 학생의 사회 경제적 지위(SES)와 학업성적 사이의 상관연구를 통합하였다. 그는 출판된 연구보고서, 미출판된 연구보고서를 검토하여 600개 이상의 상관관계계수를 수집했으며, 이것을 토대로 SES의 여러 가지 지표, 학업성적의 유형, 피험자의 연령 등에 따라 그 상관계수의 크기가 어떻게 달라지는지를 분석하였다. 그 결과 SES와 학업성적간의 평균상관은 .25, 표준편차는 .20이었으며, 상관계수의 분포는 정적 분포를 이루었다. 이에 따라 각 요소별 상관정도를 파악할 수 있으며, 연구결과를 통합하여 결론을 내릴 수 있다.

④ 분석 결과의 제시

이 단계는 연구 분석된 중요한 결과를 공중을 대상으로 주어진 형식에 맞추어 발표하는 것이다. 다시 말해서 논문을 작성하는 것이다.

### 4) 메타분석 논의

메타분석법은 선행연구 결과들을 통계적으로 종합하는 유용한 방법이라고 할 수 있으나, 이 분석방법에 대한 여러 가지 비판이 있다. 이와 같은 비판은 다음의 몇 가지 유형으로 대별될 수 있다(황정규, 1988).

첫째, 동질성의 문제이다. 혹자는 사과와 오렌지를 합해 놓고 거기에서 통합된 결론을 추론하는 것은 비논리적이라고 주장한다. 이 같은 주장은 '동일한' 연구들만을 통합해야 한다는 논리인데, 연구주제, 연구의 특징, 관련변수, 연구절차, 연구결과들이 '동일하다'면 비교할 필요가 없는 것이다. 비교하고 통합해야 할 연구들은 '이질적인' 연구들이며, 메타분석은 '상이한' 연구들을 통합할 수 있는 이론과 공통수단을 제공함으로써 같은 기초 위에서 결론을 추출하고 해석할 수 있는 길을 모색하는 데 그 특징이 있다.

둘째, 타당성이 낮은 연구결과를 질적으로 우수한 연구와 혼합함으로써 왜곡된 결론을 도출할 가능성이 있다는 비판이다. 부분적으로 빈약한 연구설계를 가지고 연구한 결과들을 통합함으로써 한 쪽 연구가 가진 연구의 질의 빈약성을 다른 쪽 연구가 보상할 수 있도록 한다는 데 메타분석의 장점이 있다.

셋째, 연구의 독립과 종속의 문제이다. 메타분석은 동일한 연구에서 여러 개의 효과크기를 산출할 때가 많은데, 이 경우에 각각의 효과크기를 분석단위로 할 것이냐, 아니면 그 중 어느 하나의 효과크기만을 분석단위로 할 것이냐 하는 문제에 직면하게 된다. 하나의 효과크기만 선정하여 사용하면 애써 얻은 유용한 정보를 잃게 될 것이며, 각각의 효과크기를 분석단위로 삼게되면 모든 효과크기에 각각 1개의 df를 부여함으로써 비독립적인 자료를 독립적인 자료인 것처럼 다룬다는 비판을 면하기 어렵다. 하여튼 메타연구는 각각의 효과크기 자체를 연구의 단위로 보기 때문에 결정적인 제한점은 아니다.

넷째, 어떤 형식으로 보고된 연구결과들을 메타분석에 포함시키느냐에 따라 통합결과가 달라진다는 비판이다. Glass et al.(1981)에 따르면, 잡지의 평균 효과크기는 .64이고, 학위논문의 평균효과크기는 .48로서 잡지에 보고된 연구결과들이 학위논문에 보고된 연구결과들보다 평균 .33 표준편차만큼 큰 값을 나타냈다. 그러나 Smith(1980)의 분석에 따르면, 잡지와 학위논문의 연구결과가 정반대로 나타났다. 출판형태에 따른 연구결과가 무선적이지 않기 때문에, 각 연구결과들을 통합한 결론을 도출해 내는 것이 의미가 있는 것이다.

다섯째, 정보의 상실에 관한 비판이다. 한 개의 연구를 평균효과의 크기와 같은 단일한 값으로 요약한다는 것은 그 연구가 지니고 있는 여러 가지 다양한 정보를 너무 단순화시킴으로써 많은 정보를 상실해 버린다는 비판이 제기될 수 있다. 그러나 메타분석이 많은 정보 중에서 가장 핵심적인 측정치를 토대로 이루어진다는 방법론적 특징을 감안한다면 그다지 문제가 되지는 않을 것이다.

여섯째, 유의도 수준에 따른 오류가능성의 문제이다. $p < .01$로 보고된 연구결과의 유의도를 $p = .01$로 결정하고 메타분석을 할 경우가 많은데, 이러한 연구들이 계속 누적될 경우 추리에 심각한 오류를 발생시킬 수 있다. 또한 메타분석에서 이용되는 '연구의 수가 증가할수록' 영가설을 기각할 확률도 점점 커진다. 그런데 연구의 수가 증가해도 효과크기의 추정치는 증가하지 않는다. 따라서 확률의 가산법보다는 표준점수 평균차에 의한 추정법이 보다 신뢰할 수 있는 방법이라고 할 수 있다.

이상과 같은 비판 또는 문제점이 있기는 하지만 메타분석법은 나름대로 연구방법으로서 큰 장점을 가지고 있다(이종승, 1988). 첫째, 이러한 분석 방법을 통하여 선행연구의 개관 혹은 종합이 좀 더 체계적으로 정확하게 이루어질 수 있으며, 연구의 반복이 가능하다는 것이다. 둘째, 개별연구의 표집을 통합하여 좀더 큰 표집을 가지고 가설을 검증하게 되므로 통계적 검증력을 높일 수 있다는 점이다. 셋째, 여러 개별연구 결과들을 종합하여 평균효과크기 혹은 평균 상관계수를 산출하기 때문에 단일 연구 결과에 비해 좀 더 신뢰로운 추정치를 얻을 수 있다는 점이다.

## 4 컴퓨터를 이용한 자료 탐색의 장점

① 셋 또는 그 이상의 중요한 서술어를 사용하여 참고문헌을 찾을 수 있다.
② 다양한 자료(database)들을 탐색할 수 있다.
③ 선택적으로 자료를 제한할 수 있다.
④ 몇 가지 필요한 정보(저자, 연대, 책명, 출판사 등)만 가지고 자료를 찾을 수 있다.
⑤ 필요한 자료가 인쇄되며, 시간적인 효용성이 있다.

## 5 문헌고찰의 적합성 평가 준거

McMillan과 Schumacher(1989)는 서술식 문헌 고찰의 적합성 평가에 필요한 3가지 준거를 문헌의 선정, 문헌비판 및 문헌 요약과 전반적인 해석 부분으로 나누어 제시하고 있다.

### 1) 문헌 선정

① 고찰의 취지(예비고찰 또는 철저한 고찰)가 제시되어 있는가?

② 고찰의 변수가 합리적인가?

- 왜 다른 문헌은 제외되고 이들 문헌들만 고찰되었는가?
- 고찰된 문헌의 산출 연도는 언제인가?

③ 제 1차 자료가 중요시되었으며, 필요한 제 2차 자료가 제시되어 있는가?

④ 최근의 개발된 문제가 고찰과정에서 중요시되었는가?

⑤ 연구문제에 관련된 문헌이 선정되었는가?

⑥ 각 참고자료로서 필요 불가결한 자료들이 완비되었는가?

### 2) 문헌비판

① 주제나 아이디어에 의해 고찰결과가 구조화되었는가?

② 주된 연구나 이론이 구체적으로 토의되었으며, 소수의 연구에 대한 한계를 첨부하여 토의되었는가?

③ 연구들이 비교/대조되고 대치되는 결과들을 요약・제시하고 있는가?

④ 제3자가 읽을 수 있도록 중요한 연구의 설계와 방법론에 대한 적합한 비판이 가해졌는가?

⑤ 문제와 관련된 참고문헌의 중요성이 명시되어 있는가?

### 3) 문헌요약 및 해석

① 요약은 연구문제에 관련된 전반적인 해석과 이해를 도모하고 있는가?

② 시사점은 다음에 오는 연구문제나 가설의 이론적 또는 경험적인 근거를 제시하는가?

③ 방법론적인 시사점은 뒤따르는 연구설계에 합리적인 근거를 제시하는가? 문헌고찰이 잘 되어 있느냐의 여부는 연구문제에 관련된 지식의 위치에 대한 이해를 도모해 주는 정도와 연구추진의 합리적인 근거를 제시해 주는 정도에 따라 달라진다.

## 6 문헌고찰 과정상 유의할 사항

Best(1979)의 견해를 중심으로 문헌 고찰 과정에서 연구자가 갖추어야 할 태도를 정리해 본다.

① 가능한 한 모든 견해와 접근방법에 개방적이어야 한다.

② 학문적인 발행물에만 국한하지 말아야 한다. 관련된 주제가 수록된 대중잡지나 신문 등도 분석하여 그 문제영역의 위치를 명료화할 필요가 있다.

③ 초록집만 읽는 버릇을 버리고 잡지(내용)전체를 정독하라. 전체의 내용을 정독하여 그 잡지의 장점, 단점 등을 철저히 분석하라.

④ 문헌의 style(型)에 구애받지 말고 내용을 중요시하라.

⑤ 연구결과와 저자의 견해를 식별할 줄 알아야 한다.

⑥ 문헌의 인용은 가능한 한 제 1차 자료와 원문에서 찾아라. 연구자 자신이 원전을 보고 저자의 진술이나 연구결과가 무엇인지를 확실히 이해한 다음에 인용하라.

⑦ 현재까지 수행한 문헌고찰 결과를 재검토하여 원하는 체제로 정리하는 일이 중요하다.

⑧ 학술논문이나 연구논문의 자료를 기록할 때는 연구방법(모집단, 표본, 가설, 기본설계, 분석방법에 쓰는 통계기법, 연구결과, 결론 등을 명확히 기록해야 한다.

⑨ Data Base를 간수하려고 할 때에는 컴퓨터를 활용하는 것이 바람직하다.

## 03 연 | 구 | 문 | 제

1. 문헌연구의 기능을 설명하시오.
2. 문헌고찰의 기본 절차를 논의하시오.
3. Meta 분석의 원리와 절차를 설명하시오.
4. Meta 분석의 타당성을 높일 수 있는 방법을 토의하시오.
5. 전문적인 문헌데이터베이스에 컴퓨터를 사용하는데서 오는 장점을 기술하시오.
6. 아래에 연구에 관련된 문제와 각 개념의 주요 단어가 있다. 주요 단어는 문헌 검색의 중요성에 따라 배열되었다. 사회과 학습에서 교사의 질문 기법이 4학년 학생의 학습에 어떻게 영향을 미치는가?

   ① 질문 기법 ② 질문하기 ③ 질문 행동 ④ 질문 ⑤ 성취
   ⑥ 요령 ⑦ 상기 ⑧ 사회 학습
   ⑨ 역사 ⑩ 초등 이상 ⑪ 초등 교육

   1) ①번에서 ⑪번에 이르기까지 연구 문제와 가장 잘 부합되는 주요 단어를 결합시키고 적절한 문헌을 찾기 위해 간단히 컴퓨터 탐색을 하라.
   2) 동일한 개념에 대해 다른 주요 단어를 결합시키거나 또는 사용한 것, 그리고 ①에서 ⑪번까지의 번호 중에서 주요 단어를 연결시키고, 사용한 것을 찾기 위해 좀 더 철저한 컴퓨터 탐색을 하라.

7. 비평가가 그의 관련된 출처를 아래와 같은 방법으로 분류했다.

   ① 행동 개선 프로그램의 평가 : 교수 접근법, 교사의 질문 유형에 준 영향
   ② 행동 개선 프로그램과 처리에 내포된 의미에 대한 기술
   ③ 행동 개선 프로그램과 처리에 내포된 의미에 대한 평가
   ④ 자극-반응 학습 이론
   ⑤ 동물에 대한 조작적 조건화의 연구

   "교수 평가, 학생 행동, 그리고 행동 수정 프로그램의 학습"에 대한 문제의 고찰을 위해 이들을 조직하라.

CHAPTER 04

# 과학적 연구설계

연구의 궁극적인 목적은 연구문제를 탐구하여 그 해결방법을 찾는데 있다. 그 문제를 보다 합리적으로 접근하여 과학적으로 탐색하기 위해서 타당한 자료나 정보를 신뢰롭고 객관적으로 수집하는 일이 중요하다. 정보를 수집하는 방법은 다양하다. 연구수행과정에서 발생할 수 있는 예견되지 않는 많은 문제를 인식하고, 그 예방방안을 구안하거나, 그 영향을 최소화하기 위하여 보다 체계적인 자료수집 방법을 수립하여야 한다.

연구설계는 연구문제 탐구에 필요한 피험자를 선정하고, 연구의 입장이나 목적을 명료하게 하여 자료를 수집하는 절차라 하겠다. 과학적인 연구설계에서는 피험자의 표본 방법, 검사법, 질문지법, 관찰법, 면접법 등 각종 자료 수집기법을 포함한다. 순수 실험 연구에서는 실험처치 방법까지 포함한다.

설계를 통해서 연구대상을 구체화하고, 언제, 어떤 상황에서 연구가 수행되는지를 밝힌다. 건전하고 과학적인 연구설계를 통해서 신뢰롭고 객관적이며 타당한 결과를 산출한다. 신뢰성이란 연구결과의 합리성으로서, 연구설계 과정에서 잠재적인 왜곡이나 편견의 원인을 예방, 배제 또는 최소화하는 정도라고 할 수 있다. 왜곡, 또는 편견은 체계적인 오차의 일종으로, 연구결과에 의도하지 않는 영향을 미치며, 연구의 질을 저하시킨다.

연구설계의 내적 타당도는 관찰, 측정, 분석 및 결과해석이 현실과 일치하는 정도이다. 연구를 비슷한 상황과 대상에 다시 수행하여 획득된 결과가 처음의 연구결과와 비슷하거나 동일하면 내적 타당도가 입증된 셈이다. 외적 타당도는 연구결과가 얼마나 일반화될 수 있는가의 정도이며, 전집/모집단 타당도와 생태적 타당도로 구별된다.

과학적 연구설계를 양적 연구설계라고도 한다. 설계는 연구의 기본 구조이다. 가설, 변수들, 집단의 구별(실험집단과 비교집단) 및 사전 상황의 동질성, 실제적인 제약조건 등이 설계구안에 관련된다. 어떤 피험자들이 사정/평정되며, 무엇에 의하여 사정되고(도구) 그들 피험자들이 어떻게 평정되며(자료수집 절차), 실험처치는 어떻게 이루어지는가? 상반되는 가설에 의해 결과가 설명될 가능성은 발생하지 않는가? 상반되는 가설은 진술되는 연구의 목적이나 가설에 얼마나 의미가 있는가? 상반되는 가설은 잠재적 오차가능성과 어느 정도로 관련되는가? 등을 고려해야 한다.

McMillian과 Schumacher(1989)는 다음의 질문을 고려하라고 충고한다.

① 사용되는 연구도구가 얼마나 신뢰롭고 타당한가?
② 연구자가 피험자들이나 주제에 대한 편협성을 최소화하는가?
③ 피험자들은 본인들이 연구대상이라고 얼마나 의식하고 있는가?
④ 피험자들이 진실하게 응하고 있는가?
⑤ 실험집단과 비교집단이 기술되는 대로 처리되는가?
⑥ 성차에 따른 처치과정상 문제는 없는가?
⑦ 연구를 매듭짓기 전에 중도에서 탈락된 피험자는 얼마나 있는가?
⑧ 처치상황은 매우 자연스러워서 환경의 영향을 극소화할 수 있는가?

연구 수행과정에서 체계적인 오차를 줄이기 위해서 다음과 같은 기법이 사용된다.

① 피험자의 무선적 표집과정
② 실험조건 또는 실험요인의 일관성 유지
③ 연구결과에 영향 미칠 가능성이 큰 변수들을 독립변수로 선정, 활용
④ 통계적 조정/통제: 공변량 분석, 부분 상관, 준부분 상관관계 기법
⑤ 외연변수(종속변수에 영향을 미치지만 연구자의 목적 외의 독립변수) 통제

## 1 피험자 모집단과 표본

양적 연구 설계의 첫 단계는 피험자를 선정하는 일이다. 피험자는 연구에 참여하는 사람, 연구의 대상이다. 집단으로서 피험자들을, 표집 또는 표본이라고 칭한다. 연구대상은 일반적으로 매우 큰 집단인 모집단/전집으로부터 표집된다. 경우에 따라서 전집이 연구의 대상일 수도 있지만, 대부분의 연구에서는 표본을 대상으로 탐구하여 나온 결과를 전집에까지 확대해석 또는 일반화한다. 즉, 표본연구의 장점은 시간과 경비 및 노력을 절약하는 데 있다. 표본의 전제조건은 피험자들이 전집으로부터 무선 표본 되어야 한다. 무선표본이란 전집의 각 피험자가 표본 될 가능성/확률/기회가 동일해야 함을 의미하며, 확률표본이라고도 한다.

많은 교육, 심리, 사회연구, 특히 실험연구와 준실험연구에서는 확률표본이 불가능하거

나 적합하지 않는 경우가 있다(McMillan & Schumacher, 1989). 오히려 가능성 있는 표본 방법을 많이 사용한다. 이 표본 방법을 편의상 표본이라고 하는데, 연구에 참여할 수 있는 대상을 표집하는 방법이다. 이 표본방법이 갖는 두 가지의 제약이 있다. 전집의 대표성이 약하기 때문에 일반화하는 데에 주의해야 한다. 두 번째의 제약은 편의에 따른 표본과정이 왜곡될 수 있다. 특히 연구에 자발적으로 참여하는 피험자만을 대상으로 할 때에 많이 발생하므로 주의해야 한다. Rosenthal과 Rosnow(1975)는 자발 참여자 집단은 그렇지 않은 집단에 비하여 더 높은 수준의 교육, 더 높은 사회계층, 더 지적인 집단, 더 사회적 활동이 강하며, 보다 덜 전통적이며, 덜 권위적이며, 덜 수동적이며, 더 이타적이며, 더 외향적인 경향이 있다고 지적한다.

### 1) 확률표본

전집으로부터 왜곡되지 않은 표본 방법이 무선표본 방법이며 최선의 방법이다. 단순무선표본 방법은 전집으로부터 각 피험자가 표본될 확률이 동일한 경우이다. 난수표나 컴퓨터 프로그램을 사용하는 방법이 대표적인 단순 무선표본법이다.

① 체계적인 표본

단순 무선표본법과 유사하다. 다른 점은, 연구자가 숫자를 무선적으로 정하고 나서, 선정된 숫자를 배정 받은 피험자들의 이름 목록으로부터 체계적으로 피험자를 선택하는 방법이다. 예를 들면, 숫자 7이 선정되었고 20%의 표집을 할 필요가 있다면 매 다섯 번째의 피험자가 선정되는 것이다. 이 방법은 전집의 피험자들이 순서로 정리되고, 피험자의 목록이 무선 순위에 의해 결정되었을 때에만 사용될 수 있다.

② 유층 무선 표본

- 연구자가 선정한 변수에 기초하여 전집을 하위집단 또는 유층별로 먼저 나눈다. 예를 들면, 연구의 목적에 따라 지역별 또는 교육수준별로 나누어 각 하위집단으로부터 무선적으로 표본된다.
- 비율표본은 유층 무선 표본법에서 주로 사용하는 방법으로 각 하위집단의 전집 크기에 비례하여 표본 수를 정하는 경우이다.
- 비비율적 표본은 하위/층별 전집의 크기에 관계없이 각 층별로 동일한 수의 표집을 정하는 경우이다.

③ 군집표본

유층 무선표본법과 비슷하다. 그러나 연구자는 편의성, 즉 자연발생적으로 이루어진 집단, 예를 들면, 학교구, 지역, 이웃 등을 고려한다. 이러한 특성화된 집단으로부터 피험자들이 무선적으로 표본된다. 이 특성화된 집단이 곧 군집이다. 이 표본의 약점은 전집으로부터 무선 표본이 되지 않을 위험성이 있다. 유층별 군집표집 방법도 가능하다.

### 2) 비확률 표본

비확률 표집의 일반적인 형태는 우연한 표집, 의도적 표집 및 할당제 표집 등이다.

① 우연한 표본(Accidential Sampling)

표본할 수 있는 대상만 표본하는 방법으로, 가장 취약한 과정이다. 우연한 표본 과정에서 발생하는 오차를 추정한 방법이 없다. 따라서 이 방법에 의해 표본된 자료에서 발견된 결과의 해석에 매우 주의해야 한다.

② 의도적 표본(Purposive Sampling)

이 표본 과정에서 연구자는 전형적인가 또는 대표적일 수 있는가 등 연구자의 판단에 근거하여 의도적으로 표본한다. 이 표본 방법의 기본 가정은 전집으로부터 구성 요소의 선정과정에서 잘못된 판단은 시로 균형 맞춰 상쇄된다. 의도적 표본에 제기되는 의문은 전형적인 표본을 하기 위해서 연구자 판단의 신뢰성이 어느 정도라야 하는가에 있다.

③ 할당제 표본

할당제 표본은 다양한 전집으로부터 전형적인 사례를 표본하는 것까지 포함한다. 할당은 일반화하려는 전집에 대하여 밝혀진 특성에 기초하여 이루어진다. 할당제 표본이 단계는 먼저, 연구문제에 밀접하게 관련될 뿐만 아니라 유층화의 기초로서 사용될 변수의 수를 결정한다. 둘째, 가용 자료를 이용하여 전집의 각 유층 요소의 크기를 구체적으로 확인한다. 셋째, 각 유층요소의 크기에 비례하는 전집 구성요소에 대하여 할당비율을 계산한다. 넷째, 계산된 할당비율에 맞추어 각 유층 요소(하위 계층의 일종)로부터 전형적인 사례를 선정한다. 이 할당제 표본의 가장 취약한 점은 이 네 번째 단계에서 발생하는 바, 각 유층으로부터 표본된 개인들이 모집단을 대표한다는 것을 알 수 없다.

### 3) 표본크기

연구자는 연구문제를 탐구하는 데에 충분한 자료를 제공할 수 있는 표본의 크기를 결정해야 한다. 표본의 일반적인 원리는 가능한 한 표본 수를 늘리는 것인데, 피험자 수가 많을수록 모집단을 대표할 가능성이 크기 때문이다. 그러나 완전한 무선표본을 하면 피험자 수가 많지 않더라도 전집을 대표할 수 있다는 것도 인식해야 할 것이다.

표본크기를 정할 때는 다음 사항을 고려할 필요가 있다.

① 연구 유형 : 상관관계 연구는 최소한 30명, 집단 비교연구는 각 집단별 최소한 15명을 표집해야 하겠지만, 철저한 실험연구에서는 집단별 10명 미만도 가능하다.

② 연구 가설 : 조그마한 차이를 기대하는 연구라면 표본 수를 충분히 늘려야 한다. 꼭 통계적 의의에 관심을 두는 경우에는 표본 수를 충분히 늘리면 된다.

③ 경제적 제약 : 무조건 피험자 수를 늘리게 된다면 연구수행 과정(자료수집, 처리 등)에 불필요한 경비, 시간, 노력이 소모되는 폐단을 예방할 수 없다.

④ 결과의 중요성 : 탐색 또는 예비연구에서는 소규모의 표본도 가능하다. 왜냐하면 상당히 큰 오차정도도 수용할 수 있기 때문이다. 그러나 결정을 위한 연구나 경비가 많이 소요되는 연구에서는 오차를 최소화하기 위하여 충분한 표본크기라야 한다.

⑤ 연구에서 사용되는 변수의 수 : 많은 수의 독립변수 또는 종속변수가 사용되는 연구이거나 통제될 수 없는 외연변수 수가 많을 때는 피험자 수가 충분해야 한다.

⑥ 자료수집 방법 : 자료수집 방법이 정확하지 않거나 일관성이 없다면, 자료수집 과정상의 오차를 줄이기 위해서 표본 수를 늘리는 것이 합리적이다.

⑦ 정확성이 필요할 때 : 표본 수가 많을수록 더 정확하다.

⑧ 전집의 크기 : 전집의 크기가 대규모일수록 충분한 수의 피험자를 표본하여 연구하여야 한다.

### 4) 표본 편파성 예방

표본 편파성은 체계적이며, 일반적으로 연구자의 잘못으로 인해 발생한다. 주된 편파 원인은 자발 참여자들을 피험자로 쓰는 경우인데, 연구의 모집단은 자발 참여자와 비자발 참여자들로 구성되어 있다. 따라서 자발 참여자들에 기초한 연구결과는 모집단 구성원 모두에게 일반화하기 어렵고, 자발 참여자의 모집단에게만 일반화할 수 있을 뿐이다.

또 다른 편파 원인은 단지 활용할 수 있기 때문에 참여시킨 집단 구성원들을 활용하는 데서 찾을 수 있다. 예를 들면, 교사가 자기의 담당학급을 실험반으로 쓰고 다른 한 학급을 비교반으로 사용하려 한다면 여러 측면에서 표본문제가 제기될 수 있다.

셋째, 피험자의 탈락문제이다. 실험 진행과정에서 피험자가 탈락함으로써 생기는 심각한 현상은 탈락된 피험자가 무선적이지 않는 데 있다.

### 5) 표본크기 결정 및 계산

정상분포 곡선을 생각해보자. 평균치들의 평균치는 전집의 평균치와 동일하다고 생각될 수 있다. 즉, $M_{\overline{X}} = \mu$이다. 이러한 평균치들의 표본분포에서 계산된 표준편차는 평균의 표준오차라 하며, $\sigma_{\overline{X}}$라고 표시한다. 이 표준오차는 정상분포 곡선에서 일정한 관계를 맺는다.

$M_{\overline{X}} \pm \sigma_{\overline{X}}$ 사이에 전체 사례수의 68%

$M_{\overline{X}} \pm 1.96\sigma_{\overline{X}}$ 사이에 전체 사례수의 95%가 위치한다.

$M_{\overline{X}}(=\mu)$를 중심으로 하여 일정한 범위 안에 한 표본 평균치, $\overline{X}$가 포함될 확률을 계산하는 것은 모수치(모집단 평균치), $\mu$를 중심으로 그 만큼의 오차 범위를 갖는 $\overline{X}$가 획득될 확률을 계산하는 것과 동일하다.

$\pm\sigma_{\overline{X}}$, $\pm 1.96\sigma_{\overline{X}}$, $2.58\sigma_{\overline{X}}$ 등은 전집 평균치($\mu$)를 기준으로 한 오차의 범위를 나타낸다. 표본 크기를 통계적으로 계산하는 방법의 논리는 이러한 원리에 기초한다.

표본크기, 신뢰한계 및 수용오차의 범위간에는 일정한 함수관계가 성립된다. 따라서 이들 중 두 가지가 정해지면 나머지 하나의 값은 저절로 정해지게 된다.

**구체적인 표본크기 추정 방법**

연구수행에 필요한 표본의 크기를 추정하는데 있어서, 몇 가지의 요인을 고려해야 한다: 제 1종 오류, 제 2종 오류 및 두 평균치간 검토되어야 할 차이의 크기(일반적으로 전집 표준편차로 나타냄)이다. 연구를 수행하기 전에 연구자는 표본 크기에 영향을 미치는 세 요인의 바람직한 수준을 생각하여 진술할 수 있어야 한다. 예를 들면, 제 1종 오류는 일방검정이나 양방검정도 고려하여 .05 또는 .01 등의 수준으로, $\beta$의 크기는 .10 또는 .20 등으로, 두 평균간의 점수의 차이를 3점 또는 5점 등으로 정해야 한다. 평균점수간 차이를 고려할 때, 통계적으로 유의미한 차이와 함께 실제적인 차이도 고려해야 한다.

예를 들어보자. 어느 교육청 관할하의 고교 3학년 학생을 대상으로 하여 수능 성적이 전국 평균 점수에 비하여 어느 정도의 차이가 나야만 실제로 차이가 난다고 볼 것인가를 숙의한 끝에 4점 정도로 잡았다. 전국 평균치는 100점 만점으로 환산하여 52점($\sigma$ = 12.0)이다. 이 학구 학생들의 평균이 최소한 56점 정도는 되어야 의미 있게 높다고 보는 것이다(일방 검정).

$H_0 : \mu = 52$

$H_a$ : $\mu$ = 56

$\alpha$ = .05(일방 검정)

$\beta$ = .10

아래의 공식을 적용하기 위해서는 이들 각 각에 대한 정보가 필요하다.

$\sigma^2=12^2=144,\ z_\beta=-1.28,\ z_\alpha=1.65,\ D^2=4^2=16.$

$$N=\frac{144(-1.28-1.65)^2}{4^2}=77.26$$

$$N=\frac{\sigma^2(z_\beta-z_\alpha)^2}{D^2}$$

$N$ = 원하는 사례수, $\sigma^2$ = 전집 분산,

$z_\beta$ = 상대가설($\beta$)하의 표본분포의 더 작은 비율의 영역에 해당하는 z 점수

$z_\alpha$ = 영가설($\alpha$)하의 표본분포의 더 작은 비율의 영역에 해당하는 z 점수

$D$ = 상대가설 평균치와 영가설 평균치의 차이

따라서, 통계적으로(실제로도) 의미 있게 4점 정도 높은 점수를 이끌어내기 위해서는, 최소한 78명을 대상으로 하여 이 검사를 실시해야 한다. 위의 공식에서$(z_\beta - z_\alpha)^2$는 항상 괄호 안의 두 절대치를 더하게 된다는 사실을 기억할 필요가 있다.

### 6) 가설검정과 표본크기

평균에 관한 가설검증을 할 때에 연구자는 얼마만큼의 차이가 있다고 가정할 때, 어느 정도의 오류 위험 가능성을 고려하면서 적정한 표본 수를 결정하는 것이 현명하다.

가설 검증과정에서 필요한 표본수(n)를 결정하기 위하여 다음의 사항을 결정할 수 있어야 한다(임인재, 1979).

① 전집에서 어느 정도 차이(d)를 가졌을 때 이를 찾아내려고 하는가를 사전에 결정할 수 있어야 한다.

② 전집변량($\sigma^2$)을 추정할 수 있어야 한다. 대부분의 경우, 선행연구결과에 의하여 최소치와 최대치의 범위 등을 추정할 수 있다.

③ 영가설($H_0$)이 진리일 때에 상대가설($H_a$)이 진리라고 결론을 잘못 내릴 위험률 정도 ($\alpha$수준)를 결정해야 한다. 과학에서는 절대적 진리란 거의 불가능하기 때문에 어느 정도의 위험률($\alpha$수준)을 항상 고려해야 한다.

④ 전집에서 선정된 차이(d)와 그 이상이 될 때 차이가 없다고 결론을 잘못 내릴 위험률 ($\beta$)을 결정해야 한다. $\beta$(제 II종오류)는 연구가설이 진리일 때에 영가설을 수용함으로써 발생하는 오류의 확률이다.

이 네 가지(d, $\sigma^2$, $\alpha$, $\beta$)가 비통계적인 방법에 의해 결정되었을 때 단순한 대수법에 의하여 필요한 사례수(n)를 구할 수 있다. 구체적인 계산방법은 다른 통계학 교재를 참고하기 바란다.

## 2 도구개발

연구자는 연구문제 해결에 필요한 도구를 개발하는 일이 중요하다. 도구를 개발해야 할 때에는 몇 가지의 기본적인 단계를 밟아서 추진하는 것이 합리적이다.

① 관심을 기울이는 특성이나 행동 측정 방법을 익혀야 한다.

② 도구를 사용해서 이루어야 할 목표를 구체적으로 명료화한다. 하나의 문항을 통해서 하나의 목표를 달성할 수 있어야 한다.

③ 그 행동특성을 측정하기 위한 최선의 접근법에 대하여 충분히 읽은 후에, 각 목표 달성에 필요하다고 생각되는 항목들을 놓고 충분히 검토해야 한다.

④ 그 분야의 전문가에게 문항검토를 의뢰하여야 한다. 문항들이 명료한가? 왜곡되지 않았는가? 모든 독자들에게 동일한 의미를 주는가? 새로운 문항인가?

⑤ 예비검사를 실시하여 도구를 개선해야 한다.

⑥ 도구의 각 문항 점수나 빈도분포의 적합성을 필요에 따라 점검해야 한다.

⑦ 예비검사를 통해서 밝혀진 결과에 따라 문항을 고치거나 버리거나 대체해야 한다.

연구의 생명이라고 할 수 있는 변수에 관한 정보 수집은 필수적이다. 여기에서는 대표적인 양적 연구의 정보수집 방법을 살펴보기로 한다.

### 1) 질문지법

이 방법은 한꺼번에 많은 피험자들에게 실시할 수 있으며, 경비도 비교적 적게 드는 용이한 자료 수집방법으로, 표준화된 형태로 만들 수 있다. 응답이 비교적 간단하며, 구체적인 목적을 위해 쓰여지며, 대부분 질문형식이다.

### (1) 질문지 제작 및 진술

목표와 부합되는 문항을 객관적이고 용이한 체제에 맞추어 제작 진술해야 한다.

① 문항을 명료하게 제작하라.
② 한 문항에 한 가지의 아이디어나 내용만 포함시키라.
③ 반응자가 이해하여 정확하게 응답할 수 있도록 제작하라. 신뢰로운 정보수집에 중요요건이다.
④ 응답자에게 관계되는 문항을 제작하라.
⑤ 단순한 문항일수록 바람직하다. 길거나 복잡한 문항을 절대 피하라.
⑥ 부정적인 문항은 피하라. 오해의 가능성이 많기 때문이다.
⑦ 왜곡될 가능성이 있는 문항제작을 피하라.

### (2) 일반적인 체제

아래의 원리에 따라야 한다.

① 문법, 철자, 어법에 맞아야 한다.
② 명료하게 인쇄하여 읽기 쉽게 제작하라.
③ 지침을 간단히 하여 이해하기 쉽도록 하라.
④ 각 쪽에 적합한 수의 문항을 배열하라.
⑤ 약어는 삼가 하고, 문항의 길이를 짧게 하라.
⑥ 응답할 공간을 충분히 제공하라.
⑦ 논리적 계열에 맞추어 구성하라.
⑧ 문항이 어려우면 보기를 들어 제시하라.
⑨ 중요한 문항은 가능한 한 먼저 제시하라.

질문지의 형식은 응답방법에 따라 구조적 질문지와 비구조적 질문지로 분류된다. 구조적 질문지는 미리 반응을 할만한 여러 개의 선택지를 제시하여 그 중에서 선택하도록 하거나 서열을 매기도록 하는 방법이다. 비구조적 질문지는 주어진 질문에 대하여 응답자가 자유롭게 반응하도록 하는 문항형식이다. 구조적 질문지는 결과 분석이 쉽고(응답자 반응의 상호비교), 해석도 비교적 용이하다. 그러나 선택지를 구안할 때 상호 배타적이며 포괄적인 목록이 되도록 노력해야 하는 어려움이 있다. 또한 응답자가 선택하는 이유를 제시하지 못하며, 제한된 답지 중에서 골라야 한다는 약점이 있다.

비구조적 질문지는 응답자의 자유롭고 독창적인 반응을 이끌어 내는 장점이 있다. 태도, 흥미, 가치관 등 질적 문제 조사나 구조적 질문지 작성을 위한 예비/사전조사에 많이 활용되기도 한다. 그런데 비구조적 질문지법은 결과의 분석, 요약, 해석의 어려움이 많이 따른다. 또한 응답에 소요되는 시간과 노력이 필요하기 때문에 주의하지 않으면 무성의한 반응이나 무응답을 초래시킬 위험이 따른다.

### (3) 질문지법의 장점과 단점

먼저, 질문지법의 장점은 다음과 같다.

① 경제적이며 간편하다.
② 연구자가 응답자에게 영향을 줄 수 있다. 연구자의 의도에 따라 질문지가 구안되었기 때문에 대리인에 의해 조사되더라도 연구자의 연구 의도에서 벗어나지 않는다.
③ 다른 조사법에 의해 수집하기 어려운 개인적인 생활경험이나 심리적 특성을 질문지에 의해 조사할 수 있다.

둘째, 질문지법의 단점은 다음과 같다.

① 질문지에 응답한 내용의 진위 확인이 어렵다. 이런 단점은 관찰법이나 면접법을 통한 조사에 의해 보완해야 한다.
② 질문지의 회수율이 낮다.
③ 응답자의 문장이해력이나 표현능력이 부족하면 적용하기 힘들다.

### (4) 문항유형

문항의 유형은 목적달성 및 사용상의 장점, 제약점 등을 충분히 고려하여 결정되어야 한다. 문항을 통해서 얻고자 하는 주요 내용을 정리하고 난 후에 문항을 제작해야 한다.

① 개방형태와 폐쇄형태 - 문항이 자유응답과 폐쇄형태의 장・단점을 연구목적(연구문제에 대한 해답 가능성), 자료수집, 처리상의 문제까지 고려하여 결정되어야 한다.
② 척도문항(scale items) - 어떤 것의 다양한 수준이나 정도를 진술한 값을 연속적으로 제시하여, 응답자의 생각이나 의견 정도, 또는 판단정도 등을 응답하도록 하는 경우이다.

예) 컴퓨터 교육을 유치원에서 실시하는 것을 얼마나 중요하다고 생각하십니까?

| | | |
|---|---|---|
| ⓐ 매우 중요하다. | | ⓐ 전적으로 동의한다. |
| ⓑ 중요한 편이다. | | ⓑ 동의하는 편이다. |
| ⓒ 보통이다. | 또는 | ⓒ 결정하기 어렵다. |
| ⓓ 별로 중요하지 않다. | | ⓓ 동의하지 않는다. |
| ⓔ 전혀 중요하지 않다. | | ⓔ 전혀 동의하지 않는다. |

일반적으로 Likert 척도법을 많이 쓴다. 5단계법, 7단계법을 사용하는 것이 일반적이지만, 3단계법을 쓰는 경우도 있다. 첫째 유형은, 가치나 방향을 포함시킴으로써 피험자의 의견의 일치정도에 따라 응답하는 경우다. 둘째 유형은 어근이 중립적인 경우이다. 이 Likert 척도법은 융통성의 장점이 있는 바, 문항이 질문내용에 적합하게 구성되기 때문이다.

Likert 척도법의 변형으로 어의 변별법이 있다. 주로 형용사 쌍으로 구성되어 있으며, 피험자의 판단에 따라 반응하도록 되어 있다. 쉽게 제작될 수 있으며, 피험자도 쉽게 응답할 수 있는 장점이 있다.

나의 부모

인자하다 ______ ______ ______ ______ 냉혹하다
공평하다 ______ ______ ______ ______ 불공평하다
이타적이다 ______ ______ ______ ______ 이기적이다

③ 서열 문항 - 이런 문항은 연구자로 하여금 어떤 연구 문제 해결을 위한 차선책이나 가장 중요한 것(타당한 것), 가장 중요하지 않은 것(타당하지 않은 것)을 알아서 분석하려 할 때에 필요한 문항이다.
④ 선택 문항 - 일종의 선택형 문항이다. 어느 하나 또는 있는 대로 V표를 하시오'라고 지시하기도 한다.
질문지가 구성되면 예비검사를 통해서 다시 검토 수정한 후에 사용한다.

## 2) 면접법

면접은 인간이 정보를 얻어내기 위해 사용하는 방법 중에서 가장 오래되고 가장 빈번히 사용해 온 방법이다. 면접은 본래 의사의 임상진단이나 상담에 사용되었는데 제 1차 세계대전 후 심리학자들에 의해서 과학적 조사연구를 위한 자료 수집 방법으로 이용되었으며, 최근에는 특히 사회조사 연구의 도구로서 널리 사용되고 있다.

면접은 연구자가 알고자 하는 주제에 관한 자료를 수집하기 위해서 언어를 매개로 하여 면접자와 피면접자간에 이루어지는 상호작용을 말한다. 면접은 질문지를 통한 자료수집 방법과는 달리 좀더 다양하고 깊이 있는 자료를 얻는데 목적이 있다. 또한 면접은 행동관찰이나 객관적인 검사가 갖고 있지 않은 특성을 지니고 있다. 면접의 특성 중의 하나는 질문에 대해 응답을 하게 된 이유나 맥락을 구체적으로 알아볼 수 있다는 점이다. 또한, 여러 상황에서 융통성있게 적용시킬 수 있도록 정교하게 고안된 조사표를 사용하면 면접

을 통하여 많은 양의 정보를 얻을 수 있으며, 다른 방법을 사용하기가 부적절한 경우에도 면접을 사용할 수 있다.

면접은 관찰과 병행해서 사용하게 된다. 그 까닭은 관찰에 의하여 자료를 수집할 관찰자와 피관찰자 간에 어느 정도 대화가 필요하며, 면접을 할 때에도 피면접자의 표정이나 태도를 관찰하는 등 서로 보완적인 관계가 있기 때문이다.

모든 조사와 연구의 기술에서와 같이 면접법도 장단점을 지니고 있고, 이에 대한 올바른 이해를 가지고 있어야 효과적인 활용방안을 세울 수 있다.

### (1) 면접법의 장점

① 피면접자는 사적이고 기밀에 속하는 정보를 좀처럼 표현하려고 하지 않는다. 사적이거나 기밀에 속하는 사실에 대하여 면접할 때는 신뢰감을 쌓기 위해 끈기 있는 노력이 있어야 한다.

② 읽고 쓸 능력이 없는 피험자에게는 질문지법을 직접 적용할 수 없다. 그러나 면접법은 의사소통의 장애자가 아니면 누구에게도 적용할 수 있다.

③ 조사자는 피조사자를 현장에서 직접 대면함으로 그의 인상, 표정을 통하여, 제시된 사실의 진실성 여부를 판단할 수 있다.

④ 면접은 피면접자에게 정보를 제공하고 어떤 태도를 키울 수 있는 기회를 마련할 수도 있다. 이러한 주고받는 기회는 처치 또는 치료적 면접에 있어서 특히 중요한 것인데, 서로의 생각과 정보를 교환할 수 있기 때문이다.

⑤ 면접조사법은 직접 상대방을 만나서 회답을 구하는 것이기 때문에 피조사자의 회답에 제 3자가 개입하는 것을 예방하고 본인만의 진정한 의견을 구할 수가 있다.

### (2) 면접법의 단점

① 일정한 훈련을 통해서 면접방법을 숙달해야 하기 때문에 필요할 때에 즉각 면접조사자를 구하기가 어렵다.

② 면접에는 시간이 걸리고, 특히 피조사자가 광범위한 지역에 걸쳐 있는 경우에는 여러모로(여비, 수당 등) 많은 비용이 들게 된다.

③ 면접자가 미숙할 경우에는 편견, 그릇된 판단 등이 작용해서 자료가 정확성, 객관성을 상실할 수 있다.

④ 면접자료를 익명으로 한다고 하더라도 최소한 면접자에게는 피면접자의 정체가 드러나는 것이므로 사람에 따라서는 진실을 말하기 어려운 경우도 생긴다.

⑤ 면접을 위한 장소, 그 밖의 조사계획을 위한 준비가 필요하다.

⑥ 상대방을 방문하는 경우에는, 미리 시간 약속을 해야 하고, 또 찾아가서 혹 못 만나

는 경우에는 조사자의 시간 부담이 커지게 된다.

⑦ 자료를 처리하기가 까다롭다.

⑧ 면접자간에 차이가 있을 수 있다.

⑨ 면접자 자신 속에서도 차이가 있을 수 있다.

### (3) 면접법의 유형

면접에 관해 전반적인 계획을 세우고 질문할 구체적 문항의 구조, 내용, 순서를 결정하는 일은 면접에 있어 매우 중요한 부분이다. 면접의 구조화란 면접에 관한 계획이나 문항이 사전에 결정되는 정도를 말하는데, 이 구조화의 정도에 따라 면접법의 유형은 세 가지로 구분할 수 있다.

① 구조화 면접

미리 준비된 질문의 내용과 순서를 지키면서 진행되는 면접이다. 이 면접에서는 연구문제에 관한 정보를 획득하기 위해 세심하게 제작된 면접조사표를 사용한다. 이 면접조사표에는 질문의 형태와 단어의 사용 및 질문하는 순서가 고정되어 있다.

구조화된 면접은 면접상황에 대한 적응도가 낮으며 융통성이 없는 단점이 있는 반면, 모든 피면접자가 동일한 순서로 동일한 문항에 응답하므로 응답자료를 분류하고 코딩하는 데 편리하다. 또 문항을 미리 구상해 봄으로써, 면접자가 질문할 때 발생할지도 모를 오류를 최소화할 수 있다. 그러나 동일한 질문이라고 하더라도 피면접자 각자가 지각하는 언어의 의미는 다를 수 있기 때문에, 일정한 양식의 면접조사표를 가지고 피면접자에게 일률적으로 적용한다는 것 자체가 반드시 신뢰로운 결과를 가져온다고 볼 수 없다.

#### ◈ 구조화된 면접법의 예

### (1) 면접조사표

<table>
<tr><td colspan="2">학교명</td><td colspan="2">학교</td><td>학년 반</td><td>성 명</td><td>남<br>녀</td></tr>
<tr><td>부</td><td>유·무</td><td>모</td><td>유무</td><td>형 제</td><td colspan="2">형 명, 제 명, 자 명, 매 명</td></tr>
<tr><td colspan="2">면접일시</td><td colspan="2"></td><td>면접</td><td colspan="2"></td></tr>
</table>

1-1 당신은 일반적으로 매주 얼마나 공부를 합니까?

㉠ 매우 많이 한다. ㉡ 많이 하는 편이다.

㉢ 그다지 하지 않는다. ㉣ 전혀 안 한다.

1-2 당신은 공부하는 것을 얼마나 좋아합니까?

㉠ 매우 좋아한다. ㉡ 좋아한다.

㉢ 그다지 좋아하지 않는다. ㉣ 전혀 좋아하지 않는다.

2-1 당신의 취미는 무엇입니까? 구체적으로 한 가지를 써주세요.

( )

2-2 당신은 그 취미를 스스로 정말 좋아서 하고 있습니까?

㉠ 매우 좋다. ㉡ 좋다.

㉢ 그다지 좋지 않다. ㉣ 전혀 좋지 않다.

### (2) 결과 고찰

이 조사는 아동·학생의 행동에 미치는 요인을 추구하는 것이 목적이었다. 따라서, 조사의 결과는 우선 각 개인마다 고찰한다. 예를 들면, 어떤 개인은 〈공부를 잘 하고 있다〉고 답했다. 그러나 자신으로서는 〈공부하는 것이 그다지 좋지 않고〉 〈공부를 하지 않으면 안된다고는 별로 생각하고 있지 않다〉 그런데 〈아버지는 공부하기를 매우 희망하고 있다〉 라고 답했다고 하지. 그러면 그 아동이 공부를 잘하고 있는 것은 아버지의 요구/압력이 강하기 때문이라고 추측할 수 있다. 결과는 다음과 같이 카드에 정리하면 편리하다.

No ________ 정리 카드

성명 ________

| 문항<br>항목 | 1 | 2 | 3 | 4 | 5 |
|---|---|---|---|---|---|
| 공 부 | | | | | |
| 취 미 | | | | | |
| 부 모 | | | | | |

개인별 고찰이 끝나면, 다음으로 항목별로 전체 피조사자를 종합해서 정리할 수가 있다. 예컨대, 각 항목별로 〈매우 …이다〉 라고 답한 것에는 4점, 〈상당히, …이다〉 에는 3점, 〈그다지 …이다〉 에는 2점 〈전혀 …이다〉 에는 1점을 배정하여, 전체 피조사자의 합산점을 계산하여 그 문항의 득점으로 할 수 있다.

전 항목에 걸쳐서 아동·학생의 행동에 영향을 미치는 요인을 알기 위해서는 항목별 정리표의 득점을 '문항'별로 종으로 합계해서 그의 총득점을 비교하면 된다.

| 항목 \ 문항 | 1 | 2 | 3 | 4 | 5 |
|---|---|---|---|---|---|
| 공 부 | | | | | |
| 취 미 | | | | | |
| 부 모 | | | | | |

가능한 한 피조사자의 학업성적, 학교에서의 행동 등을 담임교사에게 물어서 조사하여 그 조사결과와 병합하여 검토해 보는 것도 좋을 것이다.

② 비구조화된 면접

면접계획을 세울 때 면접 목적만을 명시하고 면접할 내용이나 면접방법은 면접자에게 일임하는 방법이다. 필요한 정보를 알아내기 위한 문항구성이나 질문의 순서와 방법이 면접자의 재량에 속하기 때문에 상황에 따라 융통성 있는 면접을 할 수 있다. 구조화된 면접과 마찬가지로 세심한 계획이 요구된다. 이 면접은 성격상, 개방형 질문을 사용하여 새로운 사실 또는 가설을 발견하고자 할 때 흔히 쓰인다.

◈ 비구조화된 면접법의 예

〈문 1〉

동철이는 창경원에서 동무들과 함께 놀다가 창경원의 꽃을 일부러 꺾어 버렸습니다.

(이해확인)

1. 동철이는 무엇을 했지요? 2. 어디서 꽃을 꺾었지요?

(질 문)

1. 동철이는 나쁜 일을 했나요, 좋은 일을 했나요? 2. 왜 그럴까요?
3. 왜 창경원의 꽃을 꺾어서는 안 되나요?

비구조화된 면접의 장점은 면접결과의 타당도가 높다. 일상생활의 대화처럼 이끌면서 응답자의 생각의 흐름에 맞추어 필요한 자료를 자연스럽게 얻을 수 있다. 응답자의 개인적 상황을 고려하여 질문할 수 있어 공감대를 형성하기가 쉬우며, 그 결과 응답자의 협력을 얻어 보다 정확한 자료를 얻을 수 있다. 그러나 이 면접방법을 사용하려면 고도의 면접기술이 필요하고, 면접을 통해서 얻은 자료를 분류하고 부호화하기 어려운 단점이 있다.

③ 반구조화된 면접

사전에 면접에 관해 치밀한 계획을 세우되, 실제 면접상황에서는 면접을 융통성 있게 진행시키는 방법을 말한다. 대개 중요한 질문은 구조화되고 그 밖의 질문은 비구조화되는 것이 보통이다. 구조화된 면접방법과 비구조화된 면접방법이 갖는 장점만을 택한 이 방법은 사실과 가설을 확인할 수 있을 뿐 아니라 새로운 사실이나 가설을 발견할 수도 있어 실제로 가장 많이 이용되고 있다. 그러나 면접진행에 있어서 사전계획의 영향을 많이 받기 때문에 비구조화된 면접보다는 융통적이지 못하다.

또한 구조화된 면접에 비해 고도로 훈련된 면접자가 필요하다. 즉, 면접자는 응답자들이 공통으로 가지고 있는 속성이나 경험에 대해 가능한 한 많이 알고 있어야 한다.

◈ 반구조화된 면접법의 예
구조화된 면접법에서 든 예의 조사표에 타항목 예를 들면 진학이나 취직에 관한 문항도 만들어 제시하면 반구조화된 면접법의 예가 될 수 있다.

이상 세 가지 방법 중에서 어느 것이 더 좋은 방법인가를 단적으로 말하기는 어려우며 조사목적, 상황, 범위 및 대상 등을 고려하여 선택해야 할 것이다. 조사의 준비단계에서의 면접은 문제점의 발견에 관심을 두기 때문에 비구조화된 면접이 더 적절하며, 대규모 조사의 경우 또는 숙련된 면접자가 없을 때에는 구조화된 면접이 유리할 것이다.

### (4) 면접법의 절차

① 면접자 선정

면접자의 선정기준은 조사하려는 내용이나 피면접자의 속성에 따라 다르다. 즉, 피면접자에 대한 접근 용이도나 조사목적 및 질문 내용 등에 비추어 결정할 문제이다.

② 면접자의 훈련

연구자 자신이 면접자가 될 경우에는 별다른 문제가 없지만 다른 사람을 면접자로 기용할 경우에는 반드시 사전에 면접에 관한 훈련을 받도록 해야 한다. 특정 연구를 위한 면접을 수행하기 위해서는 면접자의 배경이나 경험과 관계없이 훈련이 필요하다. 훈련의 내용, 기간, 강도는 연구에 따라 다양하다.

③ 면접실시

a. 방문시간

면접자가 면접대상자를 찾아갈 때는 사전에 약속을 해두는 것이 좋다. 방문시간은 피면접자의 신분과 직업, 또는 계절을 고려하여 정하는 것이 보통이다.

b. 면접의 진행

면접이란 사람과 사람이 접촉하는 것이므로 첫인상이 중요하다. 먼저 정중한 자세로 인사한 후 방문목적을 밝힘으로써 피면접자의 경계심을 누그러뜨리면서 면접자를 신뢰하고 솔직하게 의견을 표현할 수 있는 분위기를 조성해야 한다.

면접은 상대방의 마음을 읽고 그 분위기를 파악하는 등 기본적인 여건을 조성할 수 있어야 한다. 면접을 실제로 착수하는 단계에서는 응답자의 협력을 구하는 기술이 필요하다. 응답자와 대면하였을 때, 협력을 구하는 요령은 다음과 같다.

첫째, 면접자가 응답자에게 면접을 청할 때에는 신분소개, 연구의 목적, 피면접자의 선정방법 등 기본적인 사실을 소개해야 한다. 둘째, 응답자가 면접자에게 인간적인 흥미를 가질 수 있도록 공감대를 형성해야 한다. 셋째, 응답자로 하여금 조사의 중요성 내지 가치를 깨닫게 한다. 넷째, 피면접자가 면접에 대해서 가지고 있는 심리적 장애를 제거해야 한다. 다섯째, 응답자가 부재중이거나 바쁠 때는 면접을 할 수 없거나, 한다고 해도 역효과가 나기 쉽다. 여섯째, 응답자가 면접을 거절할 경우에는 거절의 원인을 분석하여 적절한 대책을 강구해야 한다. 일곱째, 피면접자는 의식적으로나 무의식적으로 거짓말을 하게 될 때가 있으므로 면접자는 이러한 경우를 고려하여 정확한 답변을 얻도록 해야 한다.

면접자는 기본적으로 중립적 태도, 공정성, 자연스러운 태도, 대화적인 태도, 친절한 태도를 견지해야 한다. 면접자의 금기사항은 한 가구에서 두 사람 이상을 면접해서는 안되며, 친구를 상대로 면접해서도 안된다. 또한, 피면접자 대신 타인이 대답을 하도록 허용해서는 안되며, 면접결과를 남에게 알리거나 응답자의 응답내용을 고쳐서는 안된다.

c. 캐묻기

'캐묻기(probing)'는 응답자의 대답이 불충분하거나 정확하지 못할 때 추가질문을 하여 충분하고 정확한 답을 끌어내는 면접기술의 일종이다. 답변의 정확성을 확인하는 방법으로 '캐묻기' 가 활용되는 경우에는 대개 응답자에게 예를 들어달라고 요청하게 된다. 이때 열거된 예는 면접자에 의해 코딩되는 것이 아니라, 다른 사람(대개는 자료처리자)에 의해 코딩된다.

d. 면접의 기록

아무리 훌륭한 화술을 가지고 피면접자를 우호적인 면접상황으로 끌어들였다 하더라도 면담한 내용을 정확하게 기록하지 못한다면 그 면접은 쓸모 없는 일이 되고 만다. 면접결과는 가급적 정확하게 면접과 동시에 기록하되, 만약 기록하는 행위에 대해 피면접자가 불안해하거나 거부감을 느낀다면, 면접내용을 기억해 두었다가 돌아와서 즉시 기록해야 한다. 그러나 기억이 어려울 경우에는 요점만을 기록하여 두고 면접이 끝난 후에 정리하면 된다. 특히 '모르겠다' 는 반응을 보이거나 응답 자체를 회피하는 사항(무응답 등)에는 간단한 주석을 달아둔다.

기록과 관련해서 주의해야 할 사항을 요약하면 다음과 같다.

ⓐ 남이 읽을 수 있도록 글씨를 바르게 써야 한다. ⓑ 어떤 항목에 대한 응답이 관찰에서 한 응답과 상치된다 하더라도 고쳐서는 안된다. ⓒ '모른다'라고 하는 응답이 나오면 재차 물어서 답변을 끌어내어 기록한다. ⓓ 질문에 대한 응답 이외의 제안이나 의견도 반드시 기록한다. ⓔ 기록하고 있는 도중에도 계속 말하게 해야 한다. 그러려면 기록하면서도 응답자를 바라보고 있어야 한다. ⓕ 응답자로 하여금 기록하게 해서는 안된다. ⓖ 면접조사표의 기록란에 정확하게 기재해야 한다.

### (5) 실시상의 유의할 사항

ⓐ 면접자는 시초에 뭔가 불안스러움을 지니고 있으므로 출발에서부터 상대방의 마음을 편하게 해 주는 주의를 특별히 기울일 필요가 있다. ⓑ 면접초기에 상대방에게 비밀을 보장할 것을 굳게 다짐해 주어야 한다. ⓒ 상대방이 호의를 가질 수 있도록 대하고 화제에 흥미를 갖도록 친화관계를 수립해야 한다. ⓓ 화제의 순서를 상대방이 이해하기 쉬운 내용에서 시작하고, 거북하게 느끼는 내용은 상대방의 신뢰감이 생길 때까지 뒤로 미룬다. ⓔ 피면접자의 반응에 대한 진실성, 면접취지의 이해정도 등 정신상태를 파악해야 한다. ⓕ 면접중에 기록한다. ⓖ 조사 항목이 많은 경우 조직적으로 기입해야 한다.

ⓗ 보충적 탐색을 하여야 한다. ⓘ 질문의 요점은 명확하여 표준에 맞게 한다. ⓙ 각 질문의 형식은 대상자의 사회계층 및 형태에 따라서 조절되어야 한다. ⓚ 편파성을 갖지 않도록 한다. ⓛ 상대방이 답하기 어렵거나, 또는 비밀을 요하는 사항을 질문할 때에는 구차한 설명 없이 솔직히 질문하는 것이 중요하다. ⓜ 상대방이 부정하고 싶어하는 질문은 피하도록 한다. ⓝ 중복된 질문은 피한다. ⓞ 1회의 면접으로 최대한의 자료를 얻고자 할 때, 또는 상대방의 망설임을 방지하기 위해서는 틈을 주지 않는 빠른 질문이 필요하고 또 효과적이다. ⓟ 정확성을 살피기 위해 반증이 필요하다. ⓠ 피면접자의 처음 반응이 정확하지 못한 것 같거나 불충분하다는 것이 명백할 경우에는 다시 추가해서 질문할 필요가 있다.

ⓡ 상대방의 반응이 진실성을 결여했을 때에는 단호하게 면접을 중단해야 한다. ⓢ 면접조사에 있어서 얻을 수 있는 자료에는 한계가 있으므로 면접시간이 1.5시간 이상 2시간 정도이면 서로 피로해서 반응 및 기록의 질이 저하된다. ⓣ 상대방이 말하는 내용에 관해서 도덕적 평가나 비판을 하는 것은 피해야 한다. ⓤ 실제 행위와 태도를 이해하기 위해서는 상대방의 지식과 사회적, 문화적 배경을 알고 있어야 한다. ⓥ 어린이 면접에 있어 그들의 놀이에 같이 참가하면서 도중에 알맞게 질문하는 것이 좋다.

## 3) 관찰법

① 독립적으로 훈련받은 관찰자의 관찰 - 관찰자는 처치 상황에 참여하지 않고 독립적

으로 관찰한다.

② 훈련받은 참여자의 관찰 - 직접 처치상황에 참여하여 관찰한다. 활동을 종료한 후에 기록하는 경우에는 관찰의 신뢰도가 문제시되지만, 관찰된 행동의 역동성을 이해하기 쉬운 경우도 있다.

③ 문화 인종적 탐색(몰입하여 관찰) - 관찰자가 선입관을 배제하고 현장에 들어가 직접 관찰한다. 가설을 설정하고 설명하기 위하여 관찰하는데, 가설과 반대되는 자료가 수집되면 가설을 수정하기도 한다.

④ 역할 놀이를 통해서 관찰하기도 한다.

⑤ 전혀 훈련받지 않은 관찰자(교사, 행정가 등)의 관찰자료를 사용하기도 한다.

⑥ 눈에 띄지 않는 관찰법은 아래에 좀 더 자세히 설명한다.

### 4) 검사법

검사라는 용어는 각 피험자에게 인지적인 과제를 완성하도록 요구하는 표준화된 문항 체제라는 의미이지만, 개발 또는 실제적인 문항보다는 사용과정에 있어서 다르다. 응답결과는 피험자의 특성을 나타내는 수치로 요약 표시된다. 인지적인 과제라 함은 성취도검사, 배울 수 있는 능력(적성), 등 지적능력검사와 흥미, 태도 및 가치관 검사 등 정의적 특성검사까지 포함한다.

표준화 검사에 대하여 살펴본다. 표준화 검사는 도구의 실시(사용) 및 채점과정에 표준화(단일화)된 절차를 중요시하는 규준지향검사의 일종이다. 그 결과는 규준집단의 점수와 비교하여 해석되며, 규준집단의 특성이 중요한 역할을 한다. 이 검사는 측정 전문가들에 의해 규준, 신뢰도 및 타당도 등을 충분히 고려하여 제작되며 상업화되기도 한다.

검사과정이 표준화되어 있기 때문에 객관적이며, 누가 검사를 하든 왜곡되는 위험이 낮다. 이 검사도구는 비교적 광범위하고 일반적으로 사용되므로 구체적인 연구에는 적합하지 않을 수도 있다.

표준화 검사가 최소한 갖추어야 할 조건은 다음과 같이 정리할 수 있다(박도순, 1987).

① 표준화된 절차에 따라 제작되어야 한다. 표준화된 절차란 검사 제작과정에 전문가가 참여하여 엄밀하고 충분한 실험과정을 거쳐서 만들어진다는 뜻이다.

② 표준을 갖추고 있어야 한다. 표준화 검사는 개인의 성취도나 행동 특성을 어떤 규준에 비추어서 평가, 해석하기 때문이다.

③ 체계적인 절차에 의해 제작되어야 한다. 특히 신뢰도, 타당도, 객관도가 높아야 하기 때문이다.

표준화 검사는 종류가 다양한데, 측정하려는 것이 무엇인가에 따라 분류해 보면, 지능검사, 적성검사, 학력검사 및 성격검사 등 네 가지로 묶어 볼 수 있다. 일반적으로 다음과 같이 분류된다.

첫째, 검사 목적에 따라, 개관검사, 분석검사, 진단검사로 분류된다.

둘째, 문항 구성에 형식에 따라 언어검사, 비언어검사 및 수행 검사로 분류된다.

셋째, 측정 양식에 따라 속도검사와 역량검사로 분류된다.

넷째, 실시방식에 따라 개인검사와 집단검사로 분류된다.

표준화 검사의 제작과정을 간단히 설명하면 다음과 같다.

① 평가의 목적과 대상 및 제작된 검사를 나중에 활용코자 하는 학년, 연령 등의 범위를 정해야 한다.

② 목적과 대상에 가장 합당한 문항 형식을 선택하고 선정된 문항형식에 맞추어 다수의 문항을 제작해야 하며, 그 과정에 있어 타당성이 중요시된다. 최종적으로 제작될 문항수의 두 배수 이상이 바람직하다.

③ 보다 많은 문항들로 편집된 예비고사를 제작하고, 활용하려고 하는 대상을 대표할 수 있는, 다수의 문항을 골라 그들에게 예비검사를 실시하여 각 문항의 곤란도와 변별도를 분석해야 한다.

④ 문항 분석결과에 따라 선택된 문항으로 구성된 최종 검사를 제작하고, 실시 방법, 채점방법을 결정해야 한다.

⑤ 검사가 제작되고 실시방법과 채점방법이 결정되면 규준을 만들기 위해서 검사의 활용 대상인 전집을 대표할 수 있는, 다수의 표집을 대상으로 다시 검사를 실시해야 한다.

⑥ 실시된 검사는 정해진 채점방법에 의거하여 채점해야 하며 평균점, 표준편차 등 통계적 조작을 통해서 규준을 정해야 한다.

⑦ 통계적 기법을 사용하여 검사자체의 타당도와 신뢰도를 산출하고 검증해야 한다.

표준화 검사의 활용 목적은 학습능력의 진단과 교정, 생활지도와 상담, 학습집단 조직 및 지도, 학업성취도 평가, 진학 및 진로지도, 사회성지도, 학습부진아의 발견과 교정, 성격파악, 흥미태도조사, 학교교육개선, 교사자질 반성 향상, 학교와 지역사회의 관계 파악 등 다양하다.

## 5) 정의적 특성 검사

정의적 행동특성은 첫째, 그 행동이나 사고가 감정이나 정서를 내포하고 있다. 둘째,

그 행동이나 사고가 전형성(典型性)을 띠며, 사람마다 비교적 일관되고 안정된 성향을 띤다. 셋째, 어떤 감정이나 정서가 향하는 대상이 있다. 넷째, 강도(强度)를 갖는다. 강도란 감정의 세기 또는 정도를 말한다. 다섯째, 방향(方向)을 가지고 있다.

이러한 정의적 특성을 측정하는 도구에는 태도검사, 흥미검사, 가치관검사, 학업자기개념검사, 귀인검사, 불안검사, 학습동기검사, 인성검사, 신념검사, 도덕성 검사 등 다양한 비인지적 특성검사가 있다. 인지적 특성보다 더욱 미묘하면서도 중요한 특성이 곧 정의적 특성이라 할 수 있다. 이들 정의적 특성 검사도구로는 검사법, 관찰법, 평전척도법, 검목표법, 일화기록법 등을 사용할 수 있다. 다만, 연구의 목적과 특성, 피검자의 특성 등을 고려하여 연구자가 정의적 특성 검사도구를 결정해야 한다.

정의적 특성 검사의 반응군의 유형 때문에 역작용을 일으킬 가능성이 크다. 반응군의 유형을 검토해본다. 먼저, 모호한 문항의 경우 단순히 사회적 선호도 때문에 피험자의 특성이 나타나지 않는 경우가 많다. 둘째, 피험자가 거짓으로 반응할 가능성이 크기 때문에 발생하는 문제의 심각성이다. 셋째, 신뢰도가 인지검사에 비하여 매우 낮다. 넷째, 구인 타당도에 의존하는 경우가 많은데, 구인 타당도는 구하기 어려운 경우가 많다. 다섯째, 정답이 없다는 약점이다. 이러한 단점뿐만 아니라 제약이 많더라도 비인지적 검사가 지극히 중요한 것은 바로 학습과정의 통합적인 부분을 설명해줄 뿐만 아니라 교육연구의 중요한 영역을 차지하기 때문이다.

## 3 설계의 타당도

실험 과정에서 자칫하면 독립변수 이외의 다른 변수들이 체계적으로 실험결과에 영향을 주어 그 결과가 전혀 믿을 수 없게 되는 경우가 많다. 이와 같은 잘못을 예방하려면, 실험설계를 구상할 때부터 실험의 타당성을 위협하는 여러 요인들을 충분히 고려하여, 실험설계의 내적 타당도와 외적 타당도를 높여야 한다. 내적 타당도란 이 실험처치가 정말로 그와 같은 실험 결과를 가져왔는가에 관련된다. 독립변수가 다른 변수와 혼합되지 않았다면 내적으로 타당한 실험이 된다. 외적 타당도는 실험결과의 일반화 가능성을 따지는 문제이다. 현재의 실험조건을 떠나서 다른 대상, 다른 사태에 어느 정도 일반화시킬 수 있는가를 검토하는 것이다. 이 두 가지 형태의 타당도는 상충하는 면이 있어서 어느 하나가 높아지면 다른 하나는 상대적으로 낮아지는 경향을 보이지만, 원칙적으로 내적 타당도가 없는 실험에 대해서는 외적 타당도를 따질 필요도 없다.

실험설계의 기본적인 특징

① 실험의 결과 얻어진 처치효과가 우리가 보려고 한 진정한 효과의 불편 추정치라는 것을 보증할 수 있도록 실험설계를 세워야 한다.
② 진정한 효과의 측정치로 간주할 수 있는 실험의 결과 얻어진 처치효과의 정밀성을 양적으로 기술할 수 있도록 실험을 설계해야 한다.
③ 실험의 결과 얻어진 처치효과가 그 실험의 보다 광범위한 목적이 요구하는 정도만큼의 정밀성을 확보하도록 설계해야 한다.
④ 진정한 효과에 관한 어떤 특수한 가설을 객관적으로 검증할 수 있을 만큼 충분한 자료를 갖출 수 있게 실험을 설계해야 한다.
⑤ 실험은 충분히 효과적이어야 한다. 일반적으로 최소의 비용으로 요구조건을 충족시켜야 한다. 비단 재정비용뿐 아니라 노력시간 등에 있어서도 능률적이어야 한다.

위의 다섯 가지 요건이 반드시 유일한 것은 아니다. 실험을 계획하는 첫 단계에서는 연구문제를 대개는 불명료하고 일반적인 용어로 진술하는 것이 보통이다. 그러나 계획이 발전됨에 따라 문제는 변형되고 재진술되며, 더욱 분명해지고, 더 상세해지고, 또 실험방법에 적합한 형식으로 정리되어 간다. 실험을 계획함에 있어서 내려야 하는 아주 중요한 결정들 중에 대략 다음과 같은 문제들이 있다.

① 처치가 어떤 것인지를 정의하는 일
② 연구 대상이 될 피험자의 모집단의 선정과 정확한 정의가 요구된다.
③ 준거를 선정하는 일
④ 통제할 요인의 확인과 각 요인마다 통제할 수준을 결정하는 것
⑤ 문제를 최종적으로 재진술하는 것
⑥ 구체적인 실험과정을 정하는 일

그런데 이들 결정은 서로가 상호의존관계에 있는 것들이기 때문에 위의 결정은 사실상 하나의 덩어리로서 처리해야 할 것이다. 실험 연구에 있어서 종속변수에 관한 집단간의 차는 실험처치로 인해서만 발생하는 것이 아니다. 부분적으로는 실험오차나, 통제하지 못한 변수에 의하여 나타난다. 실험연구에 있어서 가장 중요한 것이 이와 같은 오차변수와 통제하지 못한 변환의 효과를 소멸시키는 일이다. 환언하면 실험의 타당성, 즉 실험결과 나타난 차는 오직 실험변수의 작용만에 의하도록 실험설계를 하는 일이다.

### 1) 설계의 내적 타당도

내적 타당도는 연구자가 외연변수를 통제할 수 있는 정도를 의미한다. 연구의 피험자,

도구 및 절차 등을 포함하는 설계가 잘 되어서 연구결과에 비합리적으로 영향을 미칠 수 있는 오차원을 효과적으로 통제할 때에 내적 타당도는 매우 강력하게 된다. 만약 외연변수를 통제하지 못하면 연구에서 나온 결과가 "연구자가 계획하고 의도한 변수에 기인한 것인지 외연변수의 영향 때문인지 알 수 없게 되고", 내적 타당성이 약화되는 경향이 있음을 알 수 있다. 내적 타당도의 위협요소를 살펴보기로 한다.

### (1) 역사(시간효과)

연구수행과정에서 의도한 변수 외의 다른 사건 또는 사상들이 결과에 영향 미치는 경우를 일컫는다. 사건들이 피험자 집단내에서 발생하기도 한다. 통제집단 없이 단일실험집단을 사용하는 실험연구에서 이 위협요인(역사) 문제가 매우 심각하다. 연구의 예를 들어본다. 일년동안 보충지도 방법 유형에 따른 성취도 향상이 어느 정도인가를 탐구할 때, 일반적인 평상시의 지도결과로 인하여 성적이 향상되는 경우도 있으며, 또 다른 요인은 시간의 흐름에 따라 학습자(피험자)들의 자율학습의 결과도 영향을 미칠 수 있게 된다. 이 때에는 보충지도 방법의 결과라고 단정하기 어렵게 된다.

### (2) 성숙(피험자내의 변화)

성숙은 연구과정에서 피험자들 내의 변화를 말한다. 더 나아가 피험자들의 생물학적, 심리학적 변화가 연구결과에 영향을 미친다. 나이가 들어가고, 좀 더 강해지며, 인지적으로 더욱 발달해가면서 자신감까지 갖게 되어 연구결과에 변화를 가져오는 경우이다. 연구과정에서 피험자들이 매우 시장하거나, 피곤하거나, 갑자기 관심이나 흥미를 잃어 연구결과에 영향을 미치기도 한다. 성숙은 단일집단 연구에서 주로 발생하며 고정집단 비교연구에서도 발생한다.

### (3) 검사(검사 받는 데에 익숙해지는 경우)

사전-사후 검사 연구결과에서 보면, 사전검사 후에 연구에 필요한 처치(실험연구에서는 실험처치)가 이루어진다. 이 때 처치효과뿐만 아니라 사전검사를 받은 경험효과(test-wise)로 인해 사후검사 점수가 올라가는 경우가 있다. 이러한 검사효과는 성취도 검사, 태도검사 등에서 흔히 발생한다.

### (4) 측정 도구(도구의 변화)

연구자료 수집에 사용되는 도구를 변경한 결과로 연구결과에 변화를 초래할 수 있다. 사전-사후 검사 연구설계에서 사후검사 문항들이 너무 쉬운 경우나 너무 어려운 경우, 사전-사후 검사 점수의 차이를 초래할 수도 있다.

### (5) 통계적 회귀(극단적인 피험자 선정)

전후검사 또는 재검사 연구설계에서 주로 나타난다. 극단적인 피험자들로 구성된 집단을 실험에 투입할 때 발생할 가능성이 크다. 통계적 회귀현상은 두 측정치 또는 변수들간의 완전한 상관관계가 성립되지 않기 때문에 발생한다. 피험자들의 첫번째 검사점수가 극단적으로 높거나 극단적으로 낮은 경우에는, 두번째 검사점수는 그 극단적인 점수로부터 평균치에 가까운 점수로 접근하게 된다.

### (6) 선정 차이

집단간 비교연구 설계를 할 때에 처음부터 집단간의 체계적인 차이로 인해서 연구결과에 변화를 초래하는 위협요소이다. 집단선정의 위협은 집단을 무선적으로 표집 또는 선정하지 않을 때에 많이 생긴다. 이 위협은 연구자가 피험자 집단을 선정하는 방법에서도 발생한다. 일반적인 문제로, 연구에 참여한 피험자들이 자발적인 참여자인 경우에, 강제로 참여시킨 집단에 비하여, 어느 특정한 이유 때문에 보다 더 동기유발되거나 적극적일 수 있다. 이러한 집단의 성격이 연구결과에 변화를 주게 되면 내적 타당도가 약화된다.

### (7) 피험자 손실

연구를 수행하는 과정에서 피험자가 탈락하면 연구결과에 영향을 미친다. 이러한 현상은 연구기간이 비교적 장기간에 걸쳐지는 종단적인 연구에서 많이 발생한다. 예를 들면, 실험연구에서, 실험집단의 하위 능력자들이 중도에서 탈락하고, 비교집단에서는 비교적 우수한 피험자가 탈락되었을 경우, 비록 사후검사점수에 있어 실험집단이 비교집단보다 통계적으로 뿐만 아니라 실제로도 의의있게 높지만, 이 결과는 피험자들의 탈락 때문일 가능성이 크다.

### (8) 처치의 확산

처치조건이 통제조건보다 바람직하다고 인식되면, 비교집단의 피험자들은 처치조건에 접근하려고 하며, 처치방법이 비교집단에까지 확산된다. 처치의 확산은 실험집단과 비교집단의 피험자들 및 연구 참여자들이 물리적으로 접근해 있거나, 심리적으로 경쟁적인 입장에 있을 때에 보다 더 발생하기 쉽다.

이러한 내적 타당도의 위협요소에 포함될 수 있는 또 하나의 위협요소로 John Henry 효과가 있다. John Henry 효과란 비교집단의 피험자들이 실험집단의 피험자들과 경쟁한다고 지각하게 되어서, 통제집단의 평균점수가 평소의 수준보다 높아지는 경우이다. 이 때, 진정한 의미의 실험집단 평균과 비교집단 평균을 비교한다는 것은 그 의미를 잃게 된다.

### (9) 실험자의 편협성

실험자/연구자 오염으로서, 피험자들을 집단마다 또는 피험자에 따라 다르게 취급하는 데서 발생하는 문제이다. 연구자가 피험자에게 의도적으로 또는 무의도적으로 영향을 미치는 현상이다. 예를 들면, 실험집단에게 목청을 달리하여 지시하거나, 실험집단에 통제집단보다 더 확신감을 주며, 다른 강화나 태도를 보이기도 하고, 피험자 행동을 선택적으로 관찰·기록·분석함으로써 연구결과에 변화를 가져온다.

### (10) 복합적인 위협요소

① 선정 - 성숙의 상호작용

선정과 성숙이 상호 작용하여 연구결과의 변화를 초래하는 경우이다. 경우에 따라서는 이들 두 위협요소가 처치과정과 상호 작용하여 결과의 변화를 가져오는 경우도 있다. 연구의 예를 들자. A 교육청 관내에서 선정된 학생집단에게 새로운 정서안정 프로그램을 실시했다. B 교육청 관내에서 처음 집단보다 평균 6개월 위인 피험자 집단을 선정하였다(비교집단). 처치집단의 정서안정 검사 점수가 비교집단보다 높았다. 이 결과는 처치효과로 인한 차이인가? 또는 이 프로그램은 나이 많은 피험자들보다 더 어린 피험자들에게 더 효과적인가? 이러한 경우가 곧 선정과 성숙의 상호작용 위협요소 때문에 내적 타당도가 낮아지는 문제이다.

② 선발 - 역사의 상호작용

실험집단과 비교집단이 처치의 전후 검사 사이에 서로 다른 역사적 외부 사건을 경험하게 되면, 서로 달리 경험한 역사적 사건이 처리후의 점수에 서로 다르게 영향을 미치게 되어 두 집단간 차이가 생길 가능성이 있다. 그러므로 무선배정의 원리를 따라야 이러한 위협가능성을 줄일 수 있다.

③ 선발 - 소멸의 상호작용

무작위 배정된 실험집단과 비교집단이 처치 전부터 서로 다르기 때문에, 각 집단의 소멸비율도 다르게 되어 처치결과에 영향을 미치게 된다.

④ 선발 - 검사의 상호작용

비무선 배정의 결과로 인하여 처음부터 서로 다른 실험집단과 비교집단이 사전검사를 받음으로써 상이한 정도로 영향받게 된다.

⑤ 선발 - 회귀의 상호작용

비무선적으로 배정되어 실험에 참여하는 두 집단이 처치결과로 나온 점수에 관해서 서로 다르게 극단적인 태도를 취하게 됨에 따라서 결국에는 평균에 가까운 점수에로 회귀하는 정도가 다른 경우에 발생한다.

⑥ 처치 - 소멸 상호작용

실험에 임하는 두 집단에 주는 서로 다른 처치는 각 집단내의 상이한 소멸 또는 상이한 손실을 초래하게 되는 경우에 실험효과가 분명하지 않을 가능성이 있다. 예를 들면, 어느 한 집단에서 피험자가 탈락되고 다른 집단에서는 탈락되지 않는 경우나 상이한 피험자들이 다양한 처치여건에서 탈락되는 경우에 나머지의 피험자들에게 가해진 처치효과는 왜곡된 결과일 수 있다.

## 2) 설계의 외적 타당도

연구결과의 일반화 가능성 정도가 곧 외적 타당도이다. 양적 연구 설계에서는 전집외연(외적) 타당도와 생태적인 외연(외적) 타당도로 나누어 살펴볼 수 있다.

### (1) 모집단/전집 외연 타당도

실험에 참여한 피험자들은 특정한 특성을 가지며, 연령, 인종, 능력, 성차 등의 변수들과 관련지어 기술될 수 있다. 즉 연구결과는 실험에 참여했던 피험자들과 똑같은 특성을 가진 다른 사람들에게 일반화 할 수 있는 정도가 곧 모집단 외적 타당도이다. 일반적으로 더 큰 집단에까지 일반화하는 정도라고 말할 수 있다.

① 첫째 유형

처치집단으로부터 특정한 모집단에 일반화할 수 있는 정도이다. 어느 특정한 고등학교 2학년을 대상으로 하여 컴퓨터 보조수업 프로그램 수업을 6개월 동안 실시한 결과가 강의식 교사중심 수업결과 보다 그 교과목의 성취도에 있어서 의의있게 높았다. 이 연구결과를 전국의 고등학교 2학년, 또는 이 처치대상 학교와 비슷한 상태의 고등학교 2학년, 또는 인접 고등학교 2학년에만 적용될 수 있는지(일반화 될 수 있을는지)를 판단하는 유형이다.

② 둘째 유형

개별적인 특성변수들이 처치효과와 상호작용하는 정도이다. 실험처치 효과가 피험자의 개별적인 특성들, 기본적인 능력, 성차, 내향성 - 외향성, 긴장 정도, 독립성 - 의존성 등의 차이 때문에 달라질 가능성 정도다. 이 때문에 실험효과를 어느 정도 확신할 수 있으며, 어느 집단에 일반화할 것인지의 문제가 발생한다. 이러한 변수들의 상호작용에 관한 체계적인 연구를 적성 - 처치 상호작용 연구라고 한다.

### (2) 생태적 외연 타당도

연구를 수행한 환경조건으로부터 얼마만큼 다른 환경조건에까지 처치결과를 일반화할 수 있을까의 문제이다. 연구조건은 독립변수와 종속변수의 특성, 물리적 환경조건, 실험 시간이나 연대, 사전검사나 사후검사에의 민감도, 연구자의 출현으로 인한 효과 등까지 포괄한다.

실험처치 과정을 명료하게 진술해줌으로써 다른 피험자 집단에 실시하여 처음 처치결과와 비슷한 결과를 산출함으로써 연구의 타당성이 입증될 수 있을 것이다.

실험처치의 생태적 타당도에 미치는 요인들을 요약해 본다.

① 중다 - 처치 간섭

피험자들이 두 가지 이상의 처치 상태에 투입됨으로 인하여 연구결과가 어떤 처치효과에 기인한 것인지를 변별하기 어렵다. 한 피험자가 여러 가지 실험 처치를 받는 경우에, 이전의 처치에 의한 경험이 이후의 처치를 받을 때까지 계속 남아 있음으로써 일어나는 효과를 말한다.

② 호돈 효과(Hawthorne Effect)

피험자들이 단순히 연구 대상이라고 의식하기 때문에 다르게 행동하거나 반응하여 실험/연구결과에 영향을 미치는 경우이다. 실험상황에서 피험자가 불안하여 행동이 위축되거나 긴장되어 실험처치결과가 실험효과를 왜곡시킴으로써, 자연스러운 사태나 다른 상태에까지 일반화하기 어려운 경우이다(실험상태에 대한 반동현상).

③ 실험자 효과

실험자가 바뀌면 그 효과가 변하거나 나타나지 않을 수도 있다.

④ 새로운 처치효과

새로운 처치를 하기 때문에(지금까지 받아온 방법과는 다르기 때문에) 호기심이 일시적으로 촉발되거나 일시적으로 집중해서 처치효과가 생기는 경우이다.

⑤ 사전 검사 민감성

사전 검사 자체가 원인이 되어 처치효과를 산출하는 경우이다. 사전검사에서 풀었던 문제들에 주의를 기울여 기억하거나 연습효과로 작용했기 때문에 처치에 관계없이 사후검사 점수가 올라가는 경우이다.

⑥ 사후검사 민감성

처치결과가 사후검사로 인하여 좌우되는 경우이다.

⑦ 역사와 처치의 상호작용 효과

지금까지의 방법에 나태심을 가지고 있는 상태에 있는 피험자에게 새로운 처치방법을 실시하면, 분명히 새 처치방법의 효과가 나타난다. 그러나 시간이 지나감에 따라 그 새로운 처치법도 별 것이 아니라고 생각되어 그 효과가 감소해지는 경우가 생긴다.

⑧ 종속변수의 측정

처치결과의 일반화는 그 효과를 측정하기 위하여 고안된 사전 - 사후 검사에 의해 제약을 받는다. 예를 들면, 프로그램 학습방법이 우수하다는 것은 사지선택형 객관식 검사점수에 의해 밝혀졌다. 출제문항이 주관식일 경우에는 어떠했을까?

⑨ 시간과 처치의 상호작용

똑같은 사후검사를 서로 다른 시간대에 실시하면 처치효과가 상이하게 나타날 가능성이 있다. 실험직후에 실시한 사후검사 결과는 어느 정도 시간이 지난 후 검사결과와 비교하여 차이가 나타날 가능성은?

⑩ 검사실시와 처치간의 상호작용

처치 전에 실시하는 검사 때문에 피험자가 처치에 관심을 집중하여 평소보다 더 노력하거나 처치과정에 너무 무관심 또는 소극적으로 임하여 처치결과가 과대평가 또는 과소평가 되어서 다른 상황에 일반화하기 어려운 경우가 있다. 실험배치의 반동적 효과라고도 볼 수 있다.

⑪ 피험자 선발과 처치간의 상호작용

처치에 민감한 피험자 또는 무관심한 피험자 등 피험자들의 특성상 차이, 처치시기, 처치도구가 달라짐에 따라 처치결과가 달라져서 일반화하는 데에 어려움이 있을 수 있다. 지역사회 환경, 학교의 입지조건, 교풍, 학교의 행정, 조직 등의 연구상황을 고려하지 않고 연구집단(통상 실험집단)을 선정했을 때 나타나는 실험집단과 변수 처치간의 상호작용으로 인해 결과가 달라질 수 있다.

⑫ 오염

편견의 한 형태로써, 연구자가 실험에 참여한 피험자에 대하여 사전 지식을 가질 때 발생한다. 피험자에 대하여 이미 알고 있으므로 해서 연구자는 피험자의 반응에 영향을 주는 단서를 피험자에게 제공할 수도 있고, 연구자 자신의 판단과정에 대한 객관성이 영향을 받을 수도 있다.

경우에 따라서, 설계의 타당도 저해요인을 실험오차에 중점을 두고 설명하는 경우도 있다. 실험효과에 방해가 되는 요소의 작용을 의미하는데, 요약하면 아래와 같다.

甲이라는 학교에서는 A방법의 실험효과가 B방법의 실험효과보다 훨씬 좋았으나 乙이라는 학교에서는 효과가 없거나 도리어 B방법이 우수할 수도 있다. 이와 같이 실험 내용의 반복에 따라 나타나는 오차를 R형 오차라고 한다.

| | 개 념 | 특 징 |
|---|---|---|
| S형오차 | 실험대상을 잘못 선정하는데서 나타나는 오차 | S형 오차를 없애기 위해 대상 선정방법을 단순무선 표집에 의해 실시한다. |
| G형오차 | 집단의 통제가 엄격히 이루어지지 못했거나 통제할 수 없는 요인의 개입으로 나타나는 오차 | 주로 관련자극 변수를 통제하지 못함으로써 생기는 오차인데, 교사의 질, 교육시간의 할당이 그 예이다. |
| R형오차 | 같은 실험내용을 다른 집단에게 반복할 때 나타나는 오차 | 실험집단의 상황적 여건(학교의 전통, 학부모의 관심)을 고려하지 않고 같은 내용을 반복 실험해서 생기는 오차이므로 이를 줄이기 위해 하위집단에서 실험을 여러 번 실시해야 한다. |

## 4 연구계획서 작성방법

연구 계획서 작성 작업은 매우 중요하고 신나는 일이다. 연구 계획서에는 연구자가 탐구하려는 주제와, 어떻게 탐색할 것이며, 이 연구를 추진해야 할 가치에 대하여 확실하게 제시되어 있어야 한다. 연구자의 영감과 통찰력이 새로운 지식 발견을 위한 계획과정의 각 단계마다 스며들어야 한다.

여기에서는 양적 연구설계 방법에 의한 연구수행을 위해 필요로 하는 연구계획서 작성방법을 소개한다.

### 1) 필요성과 목적

필요성은 논리적으로 일목요연하게 진술한다. 목적은 항목별로 진술되어야 한다.

### 2) 연구문제

구체적으로 탐구되어야 할 내용을 질문형식으로 진술한다. 연구문제의 합리적인 조건을 아래에서 살펴본다.

첫째, 참신성 : 선행연구를 반복하는 경우에는 뚜렷한 이유가 있어야 한다.

둘째, 중요성 : 이 연구의 결과가 관련된 학문분야에 공헌할 가능성을 함축해야 한다. 현실문제 해결, 현장적용이나 일반화 가능성을 내포해야 한다.

셋째, 검증가능성 : 과학적으로 검증할 수 있어야 한다. 객관적으로 자료수집 또는 실험에 의하여 분석할 수 있는 가능성이 요구된다.

### 3) 용어의 정의

연구에서 사용되는 특수한 용어를 규정한다. 연구에서는 의사소통이 중요하므로 동일한 연구분야에서 특이하게 사용해야 하는 개념이나 용어에 대하여 명백히 규정해야 한다.

### 4) 이론적 배경/문헌 연구

연구자는 관련영역에 대하여 심층적으로, 철저히 선행연구나 관련문헌을 분석하여야 한다. 선행연구 고찰을 통하여, 연구문제의 범위와 깊이를 결정하고, 관련연구분야에서 현 연구의 위치를 확인할 수 있어서 무의도적이고 불필요한 반복연구를 예방하고, 실현가능한 방법과 측정방안을 선정할 수 있게 된다.

### 5) 연구설계/연구방법

양적 연구에서 설계와 방법은 피험자표본 방법, 도구, 실험절차나 자료수집절차 및 자료분석 방법 등을 포함한다.

(1) 표본방법에는 확률적 표본 방법으로 단순무선표본, 유층 표본법, 군집 표본법 및 체계적 표본법 등이 있으며, 비확률적 표본방법으로는 우연적 표본법, 의도적 표본법 및 할당(quota) 표본법 등이 있다. 가장 중요한 것은 불편추출 원칙을 따르는 단순무선표본 방법이다.

(2) 도구의 개발에는 타당도와 신뢰도를 반드시 고려해야 하며, 객관도와 실용도도 고려해야 한다.

(3) 실험연구를 수행하기 위해서는 구체적인 실험설계 모형을 제시해야 한다.

### 6) 기대 효과

계획서를 작성하기 위하여 분석한 이론적 배경을 기초하여 본 연구 수행결과에 대하여 합리적으로 추측하게 된다. 지나친 과정이나 상상에 따르는 진술을 삼가야 한다.

### 7) 예산과 연구일정

예산의 경우, 본 연구 수행에 필요한 연구자와 최소한의 연구인력(연구조교나 공동연구자), 연구 수행에 필요한 기자재 등 도구, 연구수행 공간(장소) 사용 등에 필요한 경비가 포함된다.

연구일정에는 본 연구를 추진하여 완성하기 위한 구체적인 연구 시간표를 의미한다. 여기에 포함된 정보는 연구 수행자와 검토자에게 매우 유용하다.

# 04 연 | 구 | 문 | 제

1. 과학적 연구설계가 갖추어야 할 기본 요건을 항목별로 기술하시오.
2. 연구대상을 선정할 때 그 모집단을 항상 고려해야 합니다. 연구 대상 표집 방법에 대하여 논의하시오. 표본의 크기 결정, 표본 편파성 예방 등에 대하여 논의하시오.
3. 다음의 각 연구도구 개발 원리와 개발과정에 고려할 사항에 대하여 논의하시오.
   1) 질문지법
   2) 면접법
   3) 관찰법
   4) 검사법
4. 실험 설계의 기본적인 특징을 기술하시오.
5. 연구설계의 내적 타당도의 의미를 설명하고, 내적 타당도의 저해요소를 5가지만 들어서 기술한 후, 각 저해요소의 영향을 최소화할 수 있는 방법을 설명하시오.
6. 연구설계의 전집 외연 타당도를 두 유형으로 나누어 기술하시오.
7. 연구설계의 생태적 타당도를 설명한 후, 그 저해요소를 7가지만 들어 구체적으로 기술하고, 각 저해요소의 영향을 최소화할 수 있는 방법을 생각해보시오.
8. 실험(연구)의 내적 및 외적 타당도의 잠재적 위협이 될 요소들을 진술하시오.
   1) 두 연구자는 체육 교육이 남녀 각반(各班)일 때 또는 남녀 합반(合班)일 때에 따라 영향을 받는지에 대해 조사할 연구 계획을 세웠다. 대학 교수(강사)가 이 연구에 협조하였다. 같은 테니스반을 모두 남성으로 구성, 모두 여성 그리고 혼성으로 구성된 세 개의 부분으로 나누었다. 연구자는 한 사람을 강사로 하였고 강사에게 연구에 대해 알려 주고, 각 나눈 반에 같은 교수 방법을 사용해야 한다고 강조하면서 교수 변수를 통제하였다. 한 집단은 오전에 또 한 집단은 정오에, 나머지 한 집단은 오후에 교육된다. 학생들은 과정의 계획에 따라 같은 순서로 그 과정에 등록한다. 예비 시험은 그룹 내에 존재하는 차이를 조절하기 위해 제시된다.

2) 어린이의 前사회적 행동에 대한 보육의 효과를 조사 연구하였다. 이 연구에 부모들은 자발적으로 참가할 것을 동의한다(조사자가 보육 비용 일부를 지불한다). 어린이들이 자발적으로 그들의 선택에 의해 보육에 참가하든지 하지 않든 무선적으로 할당되었다. 운동장에서 어린이를 관찰함으로써 아홉달 동안 보육에 참가하기 전과 참가한 후의 前사회적 행동의 정도를 관찰자는 측정한다.

3) 감독자는 다가오는 선거에 사채 발행이 통과될지 여부에 대해 알고 싶어한다. 부동산 납세자에 대한 기록을 시・도에 있는 관공서에서 얻었다. 이 자료에서 3,000명 중의 10%를 무선표집하여 선거일 2주전에 전화를 걸어 YES에 투표할 것인가 아니면 NO에 투표할 것인지의 여부를 묻는다.

4) 서울특별시 교육위원회는 고등학교 2학년생의 과학에 대한 태도 평가를 계획하였다. 질문지가 만들어져 고교 2학년 과학 담당교사에게 1월에 배부되었다. 각 교사들은 6주 이내에 질문지를 내주고 각 질문에 대한 평균 점수를 계산하고 질문지와 결과를 교육 위원회에 제출할 것을 요구받았다. 그 과정의 변수를 최소화하기 위해 그 질문지에 대해서는 단지 한 수업 시간에만 치뤄져야 한다고 말했다. 그 질문지의 60%가 돌아왔다.

9. 다음의 연구 문제들은 어떤 도구(질문지법, 면접법 또는 관찰기법 등에서)가 가장 적합한 것인지를 설명하시오.

1) 1500명의 커플이 그들의 결혼시에 문제가 있다고 믿는 이유
2) 유아에 대하여 5학년 학생의 태도
3) 학교 교육 과정에 대한 부모의 관심 여부
4) 학교 교칙에 대한 평균 연령과 경험
5) 폭력적인 T.V. 프로그램의 시청으로 인한 호전성이 행동에 미치는 영향
6) 기숙사의 충고자의 필요성에 대한 대학생의 통찰
7) 부모에 대한 미취학 아동의 태도
8) 학력 보장 교육에 대한 교사의 태도

CHAPTER 05

# 실험연구설계

실험연구는 교육실천에 관련된 논쟁문제를 해결할 수 있는 최선의 방편으로서, 교육개선의 타당성을 입증하는 유일한 방법이기도 하다(Campbell 등, 1963). 실험은 무선적으로 피험자가 배정된 상이한 집단에 독립변수를 투입함으로써 그 영향을 받아서 종속변수가 어떻게 변화하는가를 탐색하는 과정이다. 실험연구에서 연구자가 최소한 하나 또는 그 이상의 독립변수를 조작하고, 다른 관련/외연변수를 통제하며, 하나 또는 두 개 이상의 종속변수에 미치는 영향/효과를 관찰한다. 독립변수를 실험/처치변수라고도 하며, 어떤 변화를 일으키는 원인이 된다. 준거변수는 종속변수, 효과 또는 사후검사 결과를 의미하며, 독립변수를 조작한 결과로 인하여 발생한 집단간의 차이를 나타낸다.

실험은 계획적 · 체계적 · 객관적인 조작과 통제를 가하는 과정이며, 이러한 절차의 완벽성 또는 치밀성 정도에 따라 연구성과의 질(Quality)이 결정된다. 실험연구의 장점 중 하나는 「관심을 둔 행동 또는 경험에 관계되는 변수를 분리시켜 탐색하기 위해서 다른 측면을 의도적으로 통제하여 관찰할 수 있다」는 점이다.

실험 타당도는 내적 및 외적 타당도로 분류된다. 내적 타당도는 결과 해석에 필요한 최소한의 통제 정도이며, 외적 타당도는 결과의 일반화 정도를 말한다. 실험 타당도는 구체적인 실험의 맥락에서 고려되어야 한다. 타당도를 높인다는 것은 전부(all) 또는 전무(nothing)의 성격이 아니며, 타당도의 저해 가능성은 설계과정 및 실험수행과정을 통해서 인식되고 처리되어야 한다. 실험연구는 진실험 연구와 준실험 연구로 나누어진다.

## 1 진실험 연구의 특성

진실험 연구의 특성은 서로 다른 집단에 배정되는 피험자들의 통계적 동등성을 확보하는 일이다. 이는 피험자들을 실험집단과 비교집단에 무선 배정하여 이루어진다. 외연변수의 영향을 최대한 배제할 수 있는 연구설계를 계획한다.

실험연구의 특성을 정리한다(McMillan과 Schumacher, 1989).

첫째, 실험집단과 비교집단의 피험자 특성에 대한 통계적 동등성이 중요하다. 이는 동일한 전집으로부터 피험자들을 무선표집하여 실험집단과 비교집단에 배정함으로써 연구의 내적 합치도를 위협하는 요소가 배제되고, 결과해석에서도 외연요인의 효과가 최소화되기 때문에 어려움이 줄어든다.

둘째, 최소한 두 집단 또는 두 조건이 갖추어져야만 비교분석을 할 수 있다. 하나의 조건에서 한 집단만을 대상으로 실험을 수행하기란 쉽지 않다.

셋째, 독립변수를 조작하는 일이 실험연구의 중요한 특성 중 하나인데, 이는 연구자가 피험자들에게 특별한 통제나 조건을 가하는 일이다. 독립변수를 조작한다는 것은 피험자들을 연구 목적에 따라 서로 다른 조건이나 통제하에 두는 것을 의미한다.

넷째, 종속변수를 측정한다는 것은 독립변수의 영향으로 인한 종속변수 특성의 변화된 값에 주된 관심을 둔다는 의미이다. 서로 다른 독립변수의 특성에 따라 종속변수의 변화 결과가 측정치로 나옴으로써 실험연구가 성립된다.

다섯째, 변수조작이라 함은 독립변수가 어떤 형태나 값을 취하고, 어떤 집단이 어느 값 또는 형태를 택할 것인지를 연구자가 결정하는 것을 말한다. 실험연구 설계는 배정된 변수도 포함될 수 있지만, 최소한 하나 이상의 변수가 조작될 수 있어야 한다.

여섯째, 숫자 값이 활용될 수 있는 실험연구의 특성, 즉, 추리통계를 사용하는 점이다. 추리통계를 사용하여 전집 값을 표집치/대표치에 의해 확률적으로 진술한다. 전집을 대상으로 하여 무선 표집하여 수집된 자료의 측정치도 허용되는 오차(흔히 제 1종 오류)내에서 전집을 추리하는 데 매우 효과적이다.

일곱째, 연구자가 의도한 독립변수는 아니지만, 항상 실험/처치의 결과에 영향을 미칠 가능성이 있는 다른 독립변수(흔히 외연변수라고 칭한다)를 합리적이고 과학적으로 통제하는 일이 중요하다.

마지막으로, 순수한 실험 연구는 인과관계 연구가 주를 이룬다. 원인이 되는 독립변수와 효과/결과가 되는 종속변수의 변화가 분명하다.

실험설계의 일반적인 준거를 다음과 같이 정리할 수 있다.

① 적합한 실험통제 : 실험조건을 충분히 통제함으로써 합리적으로 실험결과를 해석할 수 있다. 외연변수의 영향을 과학적이고 합리적으로 배제해야 한다. 가장 바람직한 실험 설계란 다른 조건이 모두 동일하다면 실험처치의 타당성이 높으며, 일반화 가능성이 큰 설계라고 말할 수 있다.

② 인위성 배제 : 실험결과를 실험조건 외의 다른 환경이나 조건에 일반화하기 위해서

는 지나친 인위적 통제를 하지 않아야 한다.

③ 비교의 기초 : 실험 효과의 여부를 결정하기 위하여 비교하는 방법이 있어야 한다. 비교는 특정한 외연 준거를 갖는 두 개 이상의 실험 집단 사이에서 가능하다.

④ 적합한 정보를 제공할 수 있는 자료 : 정보는 실험 가설 검정에 적합해야 한다.

⑤ 오염되지 않는 자료 : 자료는 실험효과를 적합하게 반영해야 한다. 자료는 실험과정에서 취약한 측정오차에 의해 영향을 받아서는 안 된다.

⑥ 실험변수와 무관한 불필요한 외연변수는 철저하게 제거 또는 통제되어야 한다.

⑦ 대표성 : 연구대상이 전집을 대표할 수 있어야 하며, 따라서 무선표집이 가장 합리적이다. 이는 실험결과의 일반화에 절대로 요구되는 준거이다.

⑧ 간결성 : 다른 모든 특성이 동일하다면, 설계는 단순할수록 좋은 것이다.

## 2 실험 조건 통제

통제라 함은 연구자가 독립변수 이외에 종속변수에 영향 미칠 가능성이 있는 변수들의 영향을 제거하는 것을 뜻하며, 그 이유는 다음과 같다.

첫째, 의도한 독립변수의 결과를 객관적으로 입증하기 위하여 독립변수 외의 변수/외연변수가 종속변수에 영향을 미치는 것을 배제하기 위해서이다. 둘째, 처치 방법 또는 수준의 변화에 따른 종속변수의 효과를 분석하기 위해서 통제한다.

① 처치(실험)효과를 극대화하기 위하여 외연변수(연구목적 외의 독립변수) 배제

피험자들에게 똑같은 실험조건을 제공하여 종속변수에 미치는 효과를 정확하게 분석하기 위하여 물리적으로 실험현장을 조작한다. 기계적 방법, 수술 방법, 약물을 이용한 조작, 변화 방법 등도 포함된다.

② 선택적인 조작 방법

피험자들의 상태(지적, 정의적 상태)를 실험 및 비교집단에 무선 배정하여 오직 의도한 독립변수의 효과를 구명하는데 통제의 목적이 있다. 두 집단이 독립변수 외에는 아무런 차이가 나지 않도록 배정하는 조작 방법이다.

③ 통계적 통제 방법(공분산분석, 부분상관관계, 준부분상관관계)

여러 가지 독립변수들이 복합적으로 작용하여 특정한 효과를 나타낼 때에 주로 사용하는 통계적 기법이다. 특히 인위적으로 조작(통제)할 수 없을 때에 사용된다. 공분산분석

기법, 부분상관 또는 준부분상관 기법 등을 이용한다.

④ 기타 통제 방법

a. 짝짓기 방법(Matching method) : 동질적이거나 매우 비슷한 특성을 갖는 피험자들을 선정하여, 그 선정된 피험자들 중 1명은 실험집단에, 다른 1명은 비교집단에 무선적으로 배정한다. 이 방법은 한가지 이상의 변수들을 짝짓기란 매우 어렵다.

b. 균형 맞추기 방법(Balancing method) : 집단들(실험 및 통제)의 평균과 변량을 거의 동일하게 하여 실험집단과 통제집단에 피험자들을 배정하는 경우이다. 양 집단사이에 합치되는 균형이란 맞추기가 불가능하기 때문에 어느 정도의 차이를 아무런 통제 없이 묵과할 수 있을지를 결정해야 한다.

⑤ 무선화 방법

동일한 모집단으로부터 피험자들을 무작위로 선정 또는 표본하여 실험집단과 통제집단을 구성하는 방법이다. 무선화 방법은 체계적인 왜곡 문제와 외연 변수의 영향을 최소화할 수 있는 가장 효과적인 방법이다. 무선화의 원리는 무선배정이나 무선 표본을 통해서 실험집단과 비교집단으로 구성될 때에 두 집단간 실험처치 이전의 차이는 단순한 우연에 기인할 뿐이라는 것이다. 이러한 우연한 차이를 표집오차 또는 오차변량이라고 하며, 그 차이 정도는 추정될 수 있다.

## 3 실험연구의 장 · 단점

### 1) 장점

① 실험 상황을 엄정하게 통제하여 종속변수에 영향을 미치는 실험변수(독립변수)의 관계를 명백하게 한다 : 종속변수와 독립변수의 순수한 관계 탐색이 가능하다.

② 독립변수에 대하여 단독으로 뿐만 아니라 다른 변수들과 결합하여 조작할 수 있다.

③ 이론의 여러 측면을 연구의 목적에 따라 검증할 수 있다.

④ 실험결과를 되풀이하여 수행하면 실험적 타당도를 검증할 수 있다.

### 2) 단점

① 너무 인위적이다.

② 일반화 가능성이 약하다.
③ 인간을 실험 대상으로 하는데서 오는 윤리적인 문제가 발생할 수 있다.

### 3) 실험연구 주제의 실례

① 새로운 교수법과 전통적인 강의식 교수법이 수학 성취도에 미치는 영향 탐색
② 민주주의적 및 관료주의적인 행정유형이 교사의 교직관 형성에 미치는 영향
③ 화법 훈련이 발표력 신장에 미치는 영향
④ 가족 상담법이 부모의 자녀 교육 방법 개선에 미치는 영향 분석
⑤ 참여 학습지도 방법에 따른 아동의 사회성 신장 방안 탐색

## 4 기본 실험 설계

실험은 '어떤 모집단에 가해지는 특정한 처치로 인하여 특정한 준거변수의 평균치에 미치는 효과의 정도를 표집치(실험집단과 비교집단 측정치)에 의해 추론하는 과정'이라고 할 수 있다. 이러한 기본적인 아이디어가 연구목적이나 특성을 고려하여 다양하고 복잡한 유형의 설계에 의해 실현된다.

### 1) 단순 무선화 설계(Simple randomized design)

사후검사 통제집단 설계(Posttest-Only Control Group Design)라고도 한다. 동일한 모집단으로부터 무선적으로 몇 가지 표본을 추출하고, 이들 여러 표본된 집단들이 동일하다는 전제하에, 각 집단에 상이한 실험처치를 해서 그 효과를 분석하는 설계이다. 교육현장에서 이용되는 가장 일반화된 설계의 하나이다. 무선 배정하여 실험집단과 통제집단으로 구별해서 실험을 실시하기 때문에 피험자 탈락 외에는 대부분의 내적 타당도 위협요소들을 통제할 수 있다. 피험자 탈락 문제는 사전 검사가 없기 때문에 통제할 방법이 없다. 이 설계는 피험자가 처치 도중에 탈락될 위험이 없을 때 사용하는 것이 바람직하다. $R$은 무선 표집을, $X$는 실험 처치를, $O$는 관찰(검사)을 의미한다.

$$R \quad X \quad O_1$$

$$R \quad \quad O_2$$

① 설계 절차

a. 같은 모집단으로부터 피험자들을 무선표집하여 각각 배정한다.

b. 한 집단에는 실험 (처치)을 하고, 다른 집단에는 처치를 하지 않는다.

c. 두 집단 모두 사후검사를 실시한다.

이 설계는 두 집단 이상의 비교집단들에 확대하여 적용할 수 있다. 이 설계에 따른 자료수집을 서열척도나 동간척도법에 의해 실시했을 때에는 사후검사 결과의 분석은 t검증(두 집단측정치 비교)이나 분산분석 기법(두 집단 이상의 측정치 비교)이 이용된다.

② 설계를 사용할 수 있는 경우

a. 연구자가 적합한 사전검사 방법을 고안할 수 없거나 찾을 수 없을 때

b. 사전검사로 인하여 피험자들의 불필요한 민감한 반응을 불러일으킬 가능성이 있을 때

이 설계의 약점은 피험자 집단을 동일한 특성의 모집단으로부터 무선적으로 추출한다는 전제조건이 따르지 않을 가능성이다. 이러한 전제조건이 없다면, 시발점에서 집단간 차이가 실험처치 과정 및 결과에까지 이어질 위험이 있으므로 실험처치 효과를 확실히 밝히기 어렵다. 다만, 가능한 한 표집을 크게 함으로써 분포의 정상 상태를 유지하여 시발점의 차이를 최소화할 수 있다.

③ 연구의 예

초등학교 3학년을 담당하는 차 교사가 학습자의 읽기 능력 신장을 위한 보조학습자료 적용 효과를 연구한다. 두 종류의 보조 수업자료를 사용하려고 한다. 따라서, 통제집단에게는 전통적인 읽기 자료를 사용한다. 실험변수를 두 하위수준으로 분류한다.

〈연구 주제: 초등학교 3학년의 읽기 수행력에 미치는 두 보조자료의 적용효과 분석 연구〉

20명의 학생들을 통제집단과 두 실험집단에 무선적으로 배정한다. 매일 두 실험집단이 보조 읽기 자료를 30분 정도 읽도록 한다. 통제집단은 전통적인 읽기 자료를 매일 30분씩 읽도록 한다. 8주간의 읽기 수업을 마친 후에 이들 60명의 학습자들에게 읽기 검사를 실시한다. 그 결과에 대하여 통계적인 분석(분산분석)을 한다. 이 실험을 그림으로 아래와 같이 나타낼 수 있다.

| 무선배정 | | 사후검사 |
|---|---|---|
| $R$ | 20명에게 제 1유형의 보조자료 투입($X_1$) | $O_1$ |
| $R$ | 20명에게 제 2유형의 보조자료 투입($X_2$) | $O_2$ |
| $R$ | 20명에게 전통적인 보조자료 투입( − ) | $O_3$ |
| | (8주의 교수 − 읽기 보조자료 적용) | 읽기 수행력 검사 |

### 2) 처치×수준 상호작용 설계(Treatment×Level Design)

실험 처치의 효과에 관련이 깊은 변수들을 고려하여 이들 변수들의 수준이 여러 표집에 고루 분포되도록 한다. 그럼으로써 다른 변수들이 실험효과에 영향을 미치는 정도를 동일하게 할 수 있다. 따라서 독립변수의 수준에 따른 처치효과를 보다 정확하게 분석할 수 있다.

실제적인 연구의 예를 들어보자. 학습지도 방법에 대한 연구를 수행하려고 한다. 연구문제는 「CAI에 의한 지도법과 전통적인 강의식 지도법이 성취도에 어떻게 영향을 미치는가?」로 정했다. 우선, 학업 성취도 결정에 영향 미치는 변수로 학습지도 방법 외에 밝혀진 것들을 확인한다.

적성, 동기유발 정도, 가정환경 변수(과정변수과 지위변수), 학년 차이, 성별을 생각할 수 있다. 이들 다섯 변수들을 필요하다고 생각되는 수준(예를 들면, 상, 중, 하)으로 분류한다. 앞에서 분류한 수준의 피험자들이 실험집단과 비교집단에 골고루 포함되도록 배려한다. 그런 후에 두 가지 지도법을 일정한 기간동안 투입한 후에 사후검사를 실시하고 분석한다. 이 연구를 통해서 다음의 사항을 분석할 수 있다.

① 전반적으로 실험집단과 비교집단의 성취도를 비교하여 실험변수 효과를 분석한다.
② 각 독립변수의 수준에 따른 실험변수의 효과를 분석한다.
③ 각 변수(독립)의 상호작용 효과도 분석한다.

### 3) 처치×피험자 설계(Treatment×Subject Design)

한 모집단에서 여러 개의 표본을 추출하여 실험할 때, 각 표집의 무선화를 보장하기란 쉽지 않다. 표본의 영향이 실험처치 효과에 포함되면 곤란한 경우가 있다. 이 때는 표본을 한번만 하여 여러 개의 실험처치를 하여서 그 효과의 차이를 비교할 수 있다.

① 표본의 차이로 인한 오차 문제를 예방할 수 있다.
② 실험에 여러 번 참여하는 데서 오는 전이효과의 영향을 어떻게 최소화할 것인가가 문제이다. 처치를 부과하는 순서를 적절히 바꾸어서 상쇄하는 방법에 의해 전이효과 문제를 통제할 수 있다.
③ Latin 정방형 설계는 이 방법을 응용한 좋은 예다.

<u>무선 반복설계</u>(Random Replication Design)

무선반복설계는 한 모집단에 속하는 여러 개의 하위 모집단이 있다. 이 여러 개의 하위 모집단으로부터 임의로 필요한 수의 하위모집단을 결정해서 무선적으로 표본을 한다. 이

표본 각각에 실험처치를 반복한다. 무선 반복적으로 여러 번 실험하여 그 평균치를 비교하여 효과를 분석하는 방법이다.

### 4) 전후검사 통제집단 설계(Pretest-Posttest Control Group Design)

$$R \quad O_1 \quad X_1 \quad O_2$$

$$R \quad O_3 \quad \quad O_4$$

일반적인 연구절차를 다음과 같이 진술할 수 있다.

① 동일한 모집단으로부터 피험자들을 무선 표본하여 실험 및 비교집단에 무선 배정한다.

② 실험집단과 비교집단(통제집단)에 각각 같은 사전 검사를 실시한다.

③ 모든 조건을 동질화하되, 실험집단에만 실험처치를 한다.

④ 실험을 끝낸 후, 두 집단에 동일한 사후검사를 실시한다.

⑤ 적합한 통계적 방법을 사용하여 실험효과를 분석한다.

이 설계의 장점은 내적 타당도 저해요인을 다음과 같이 통제할 수 있다는 점이다.

① 피험자를 양 집단에 무선 배정함으로써, 통계적 회귀와 선정요인을 통제한다.

② 사전검사를 실시하여 피험자 탈락 문제를 통제한다.

③ 무선화 및 통제집단법을 사용하여 성숙문제를 통제한다.

④ 통제집단을 활용하여 역사, 검사 및 도구문제를 통제한다.

이 설계의 실험외적 타당도에는 상당한 제약이 따른다. 검사 실시의 반동효과로 인해 연구결과의 일반화가 어려우며, 사전검사의 특성, 처치의 특성 및 연구기간과 관계된 약점이 있으며, 피험자 선정과 실험처치간 상호작용 문제가 발생한다. 피험자가 연구에 참여한다고 의식하게 되어 평소와는 다른 태도를 보이게 되고, 실험처치과정에 영향을 줄 수 있다.

처치효과를 분석하고 연구가설을 검증하기 위해서 자료를 다음과 같이 분석할 수 있다.

① 각 집단의 사전검사 점수와 사후검사 점수를 비교하는 방법이다.

② 각 집단의 사후검사 점수로부터 사전 검사 점수를 제하고 난 후의 점수만을 가지고 실험집단과 비교집단간 비교를 한다.

③ 단순히 두 집단의 사후검사 점수를 비교한다. 사전검사 점수는 출발점에서 두 집단의 종속변수 점수(특성)가 동일한지의 여부를 확인하기 위해서 필요하다. 만약 두 집단의 사전검사 점수가 동일하다면 사후검사 점수에 대하여 직접 두 집단간의 차이

를 비교할 수 있다.

전후검사 통제집단 설계의 변형된 경우는 하나 또는 그 이상의 부가적인 사후검사를 포함한다.

$$R \quad O_1 \quad X_1 \quad O_2 \quad O_3$$
$$R \quad O_4 \quad X_2 \quad O_5 \quad O_6$$

이 변형된 설계는 독립변수로 인한 직접적이고 즉시적인 효과와 비교적 장기적인 효과를 분석하는 데 도움이 된다. 시간의 경과를 충분히 고려하여 사후검사를 두 번 이상 실시하여 검사시간으로 인한 일반화 저해요소를 가려낼 수 있다. 부가적인 사후검사를 몇 번이나 수행해야 할 것인지는 탐색되는 변수들에 따라 결정되어야 바람직하다.

독립변수의 분산을 두 개 이상 비교할 수도 있다.

$$R \ O_1 \quad X_a(\text{방법}_a) \quad O_2$$
$$R \ O_3 \quad X_b(\text{방법}_b) \quad O_4$$
$$R \ O_5 \qquad\qquad\qquad O_6$$

이 경우, 통제집단 없이 a 방법과 b 방법의 효과에서 오는 차이를 비교할 수도 있다. 보다 강력한 방법은 통제(비교)집단과 비교 분석하는 것이다.

① 내적 타당도 문제

a. 실험집단과 통제집단이 서로 다르게 동떨어져서 검사와 처치를 받게 되면, 이들 서로 다른 두 집단들은 내적 변화(내적 오차 분산)로 인한 차이를 유발할 수도 있다.

예 : 서로 다른 검사 조건, 교사의 성격 또는 지도감독자의 음성, 훈시 등의 차이 때문에 차이가 발생할 수도 있다.

해결방법 : 개별적으로 검사 또는 처치(소집단방법), 피험자의 무선배정, 실험・통제 조건에 투입한 시간과 장소의 무선화.

b. 실험주기 내의 도구의 차이를 통제하기 위하여, 각 집단에 기계적 도구, 교사들, 관찰자들, 평가자들을 배정한다(규격에 맞추어 모든 실험행위 수행). 관찰자 또는 평가자가 참여할 경우, 피험자들이 의식하지 않도록 해야한다.

c. 서로 다른 선정은 무선 선정법에 의해서 성숙과 사전검사효과를 동일하게 한다.

② 외적 타당도 문제

a. 사전 검사와 처치간의 상호작용 문제 : 사전검사가 피험자에게 매우 민감하여 처치과정에 상이하게 반응하면, 외적 타당성에 영향을 미칠 수 있다.

b. 선정과 처치간의 상호작용 : 피험자들이 일반화하려고 하는 모집단과 근본적으로 차이가 있을 때, 왜곡 가능성을 유의하고, 무선 선발 배치하는 것이 효과적이다.
c. 실험과 역사간의 상호작용
d. 실험실시에 대한 반동 효과작용 : 피험자의 태도변화로 인한 결과일 가능성을 배제할 수 없다.

### 5) 짝짓기를 통한 사전-사후 통제집단 설계 (Pretest-Posttest Control Group Design with Matching)

사전 - 사후 통제집단 설계의 변형된 설계로서 자료의 통계적 분석을 좀 더 정확히 하기 위하여 두 집단의 피험자들을 짝짓기 식으로 배정한다. 실험집단과 통제집단의 피험자들을 서로 짝지음으로써 종속변수나 관계되는 변수의 출발지점에서의 근본적인 차이를 줄이는 데에 이 설계의 목적이 있다. 이 설계는 소표본 연구를 수행할 때에 더욱 효과적인바, 소표본 연구에서는 양 집단간 피험자들을 짝지음으로써 표본오차 문제를 줄일 수 있기 때문이다. 표본오차가 줄어지면 그만큼 오류가 줄어지고 정확성이 증가한다. 이 연구를 수행하는 일반적인 절차(단계)는 다음과 같다.

① 종속변수에 대한 검사나 종속변수와 밀접하게 관련되는 변수에 대한 검사를 피험자에게 실시한다.
② 앞 단계에서 실시한 검사 점수에 기초하여 피험자들의 짝을 맞추어서 실험집단과 비교집단에 배정한다. 동일한 점수를 맞은 피험자들 두 명 중 한 명은 실험집단에 다른 한 명은 통제집단에 짝 맞추어 배정한다. 이 때 무선적으로 두 집단에 피험자를 배정하여야 한다.
③ 실험집단에는 실험처치를 하고, 비교집단에는 비교되는 방법을 사용하여, 실험을 실시한다.
④ 양 집단 종속변수에 대한 검사를 실시한다.
⑤ 통계적인 검증절차에 맞추어 양 집단의 종속변수 점수 또는 수행력 등 주로 사후검사 점수를 비교한다.

짝짓는 방법은 종속변수 또는 관련변수에 대한 사전 검사 점수를 토대로 하여 모든 피험자들에 순위를 매긴 후에, 상위 서열에 있는 두 명의 피험자를 대상으로 하여 무선적으로 한 명은 실험집단에, 다른 한 명은 통제집단에 배정한다. 이 짝짓는 설계법을 좀 더 변형시켜서 관련된 변수에 대한 표본을 유층별로 나누어서 각 하위유층에서 무선 표본하는 방법을 사용할 수도 있다.

① 빈도 분포 통제(Frequency Distribution Control)

중요하다고 인정되는 변수이면 어느 것이든 실험집단과 통제집단이 동등하게 되도록 구성한다. 이 통제의 한계는 모든 변수가 통제되는 것이 아니고 한정된 수의 변수만 통제되며, 이들 변수들은 확인 가능하고 계측 가능한 것이어야 한다. 반면 무작위 추출에 의한 방법은 발견되지 않은 모든 변수에 대해서도 통제를 하는 것이다. 어떤 요건이건 한 가지 요인의 분포나 평균으로 보아서는 동질적인 두 집단이 짝짓기를 해놓고 보면 아주 상이한 배치가 되는 단점도 있다.

② 정밀 통제(Precision Control)

이 방법은 몇 개의 중요한 변수를 개별적으로 짝을 지어 하나는 실험집단에 배치하고 다른 하나는 통제집단에 배치하여 두 집단을 동등하게 하는 짝짓기의 방법이다. 실험집단과 통제집단의 중요변수들을 1 : 1로 엄밀하게 짝짓는다.

장점은 빈도 분포 통제에 비하여 단일 변수의 분포에 입각하는 것이 아니라 여러 변수들의 통합적 분포에 따른 짝짓기를 한다. 단점은 하나 하나 짝짓기를 시도해야 한다. 이상적으로 알맞은 짝을 찾으려면 처음부터 상당히 많은 수의 실험 대상자를 상대로 짝짓기를 해야하며 또 정밀하게 하려고 하면 할수록 많은 요인들이 필요하다. 이러한 요인들 전부를 만족시키는 짝을 찾기란 매우 힘들다. 또한 어떤 변수나 요인을 짝지어야 실험에 도움이 될 것인가를 결정하는 것도 극히 어려운 경우가 많으며 주요 변수를 찾았다 하더라도 어떻게 구분 지을 것인가의 문제도 있다.

정밀통제와 빈도분포통제는 짝짓기의 과정에서 통제되지 않는 변수나 요인들에 대해서는 항상 무작위 추출을 적용하여 최대한으로 집단간의 체계적인 차이를 감소시키도록 해야 한다. 특히 실험 및 통제집단의 크기가 작아 어떤 요인이 어떠한 현상에 주요한 영향을 미치는가가 이미 알려져 있을 경우는 이들 방법을 혼용하는 것이 유리하다.

## 5 진실험 설계의 적합성 판단 준거

McMillan(1989) 등은 다음과 같이 진실험 연구 설계의 적합성 판단준거를 제시하였다.

① 연구를 반복할 수 있을 정도로 충분히 구체적으로 연구설계가 진술되었는가?

② 실험집단과 비교집단간에 통계적 동일성이 이루어진 방법이 명료하게 제시되었는가? 각 집단에 같은 모집단으로부터 피험자들이 무선적으로 배정되었는가?

③ 연구문제 탐구에 적합한 실험설계인가?

④ 독립변수에 대한 조작이 있었는가?

⑤ 외연변수와 측정오차를 최대한 통제했는가?

⑥ 기대한 대로 종속변수에 미치는 효과의 차이를 가져 올 수 있을 만큼 처치 조건이 비교조건과 확연하게 다른가?

⑦ 내적 타당도에 위협을 주는 요소들이 합리적으로 제거되었거나 언급되어 있는가?

⑧ 연구 수행 과정의 일정(시간표)이 기술되었는가?

⑨ 적합한 외적 타당도를 유지하기 위하여 너무 인위적이거나 제약되는 조건을 연구설계에서 합리적으로 고려하고 있는가?

⑩ 변수 통제와 자연적인 조건간에 적합한 균형상태를 이루고 있는가?

⑪ 적합한 추리 통계 검증기법이 사용되었는가?

위에 제시된 준거에 비추어 진실험 설계의 질을 평가하여 미약한 사항을 보강한 후에 완전한 진실험 설계를 마무리해야 할 것이다.

# 05 연 | 구 | 문 | 제

1. 진실험 연구의 특성을 실험조건 통제 방법과 관련지어 토의하시오.
2. 단순무선화 설계와 전후검사 통제집단 설계의 원리와 장・단점을 비교・설명하시오
3. 다음의 경우에서 사용될 연구법을 말하고 이 장에서 설명한 기호체계를 이용해서 설명하시오.
   1) 한 연구자가 중학교 2학년 학생들에게 3가지 교수 방법의 효율성을 실험하기를 원한다. 연구자는 기꺼이 협조하는 학교를 배정하고 한 교사는 연구자가 그의 3학급을 사용할 수 있다고 말한다. 그래서 연구자는 모든 학생들에게 사전 검사를 실시한 후, 각 학급에 2주일 동안 상이한 교수법을 적용하고 나서 연구자가 모든 학생들에게 사후 검사를 실시한다.
   2) 한 교사가 비행을 통제하기 위해서 학생들과 상벌점 제도의 사용 효과를 결정하는데 관심이 있다. 교사는 다른 학생들보다 더 많은 문제점을 가지고 있는 것으로 생각되는 소년 5명과 소녀 5명의 비행의 양을 기록하기로 결심했다. 2주일 동안 교사는 그 학생들의 비행을 기록했다. 2주가 끝날 때 교사는 소년에게 상벌점 제도를 이용하기 시작하면서 2주일 동안 더 비행을 계속 기록했다. 소녀들은 3주가 끝날 때까지는 상벌점 처치를 받지 않았다.
   3) 한 연구자가 선다형 시험의 질문의 순서가 정답 문항수에 영향을 주는가에 관심이 있다. 연구자는 3가지 형식의 검사를 제작했다: ① 쉬운 문항이 처음에 오고 어려운 문항이 끝에 오는 형식 ② 쉬운 문항이 끝에 오고 어려운 문항이 처음에 오는 형식 ③ 가장 어려운 것과 쉬운 것이 혼합되어 있어 전혀 순서가 없는 형식이다. 60명으로 된 한 학급의 학생들에게 이 시험을 보도록 한다. 그 시험은 20파일로 구성되어 있고 각 파일은 ①, ②, ③ 형식을 포함하고 있다. 그리고 20파일을 함께 묶어 학생들에게 시험을 치르게 하고 연구자는 각 형식에 따른 학생의 평균 점수를 비교한다.

CHAPTER 06

# 준 실험연구 설계

진 실험 설계와 유사하게 인과관계를 결정하고 조건을 직접 조작할 수 있지만 피험자의 무선배정이 안된다. 이것은 준실험 연구의 가장 큰 문제점이다. 그리고 내적 타당도를 위협하는 여러 변수가 작용할 수 있음으로 연구자는 이러한 점을 정확히 파악해야 한다.

비록 준실험 연구가 실험조건을 알맞게 통제하지 못하는 문제점을 지니고 있지만, 연구자가 지속적으로 실험의 타당도와 신뢰도를 높이려 하고, 어떠한 결과를 얻어낼만큼 충분한 실험을 한다면, 일상 생활장면과 같은 자연적 상황에서의 실험연구라고 볼 수 있기 때문에 그 나름대로 우리에게 유용한 정보를 제공한다.

## 1 이질집단 사후검사 설계

이질집단 사후검사 설계(Posttest Nonequivalent Group Design)를 평면군 비교설계(static group comparison design)라고도 한다.

| | | | |
|---|---|---|---|
| 집단 1 | X | $O_1$ | (1) |
| | | | (동질화하지 않은 집단) |
| 집단 2 | | $O_2$ | (2) |

X 처치의 효과를 검증하기 위하여 X를 경험한 집단과 X를 경험하지 못한 집단을 비교하는 설계다. 비교 집단(2)은 실험처치가 끝난 후, 실험집단과 비교하기 위하여 사후에 선정된 집단이다. 그러나 두 집단이 사전에 동질화되지 않았고, 또한 무선화 되었다는 전제도 없다는 약점이 있다.

이 설계가 갖는 문제점을 살피자. 먼저, $O_1$과 $O_2$ 두 집단간 출발점의 동질성이나 무선화가 보장되지 않는다. 둘째, 내적 타당도 문제를 야기하는데, 피험자 선발에서 생기는 현상이다. 피험자 선발에 따른 문제는 $O_1$과 $O_2$의 차이가 실험처치(X) 때문인지 아니면 처음부터 존재해 온 현상인지 증명할 수 없다. 실험적 도태 현상 문제로는 피험자들이 체계적으로 또는 선택적으로 떨어져 나감으로써 생길 수 있는 차이의 가능성이다.

셋째, 사전-사후 검사에서처럼 O를 제외한 다른 배경 특징으로 집단간 균형을 취하는 것은 그리 능률적이지 못되며 오도될 가능성까지 있다. 특히, 실험집단에 배정된 피험자들이 X(실험)에 노출되려고 애쓰는 경우의 문제는 경시할 수 없다.

<이질 집단 사후검사 설계의 변형>

| | | |
|---|---|---|
| 집단 1 | $X_1$ | $O_1$ |
| 집단 2 | $X_2$ | $O_2$ |

시간 →

이 설계는 두 가지 이상의 처치효과를 사전검사 없이 비교하기 위해 적용될 수 있다. 이 때에는 내적 또는 집단내의 역사문제가 발생하는데, 처치효과에 관계없는 요소가 각 집단 내에서 발생하게 되면 사후검사에 영향을 미치기 때문이다.

통계적 회귀문제는 설사 단 한번의 검사만 이루어진다 하더라도 발생한다. 검사는 문제시되지 않는 바, 사후검사만 하기 때문이다. 검사도구는 각 집단에 상이한 도구를 사용하게 될 경우에는 위협요소로 작용하게 된다. 피험자 도태문제는 각 집단에서 실험(연구)과정에서 어떠한 피험자들이 탈락될 것인지를 예측할 수 없기 때문에 예방대책이 없다.

성숙문제도 피험자 선정에 따라 위협요소로 작용할 가능성이 있다. 실험자의 왜곡과 통계적 결론의 위협요소도 작용할 가능성을 배제할 수 없다. 이질집단 사후검사 설계모형은 인과관계를 탐색하는 데에는 비교적 미약하다. 따라서, 이질집단 사후검사 설계를 사용해야 할 경우에는 선정 위협요소를 줄이기 위해서 서로 대응할 수 있는 집단선정에 최선을 다 해야 한다.

<단일집단 사후검사(One-Group Posttest-only Design)>

| | |
|---|---|
| X | O |

시간 →

처치 후 검사/관찰하여 분석한다. 주의할 일은 처치 후 관찰하기까지 어느 정도의 시간을(시간 간격) 두어야 하는지를 합리적으로 결정하는 것이다. 내적 타당도에 가해지는 모든 위협요소들이 이 설계에는 적용되지 않는데 사전검사가 없을 뿐 아니라 다른 처치결과와 비교하는 일이 없기 때문이다. 다만, 잠정적인 인과적 결론만 내려질 뿐이다. 사전검사가 없기 때문에 행동의 변화 또는 점수가 처치 때문이라고 결론 내리기가 어렵다. 비교집단이 없기 때문에 처치를 가하는 동안 동시에 다른 요인들이 영향을 미쳐서 종속변수의 변화를 가져왔는지의 여부가 명백해질 수 없다. 역사, 선정, 통계적 회귀, 성숙 및 피험자의 탈락 등 내적 타당도를 저하시키는 다섯 개의 위협요소가 이 설계에 관련되지만 앞에서 언급한 약점들이 매우 심각하여서 이 설계에 기초한 연구결과는 일반적으로 해석하기 어렵다.

이 설계가 합리적인 경우는 처치를 하기 전에 피험자들이 지닌 지식수준, 태도 또는 기능 정도를 연구자가 확실히 알고 있을 때와 역사가 위협요소가 아니라는 것이 분명할 때이다. 또한 이 설계를 사례 연구설계와 혼동해서는 안 된다. 사례 연구설계는 단일 피험자, 집단 또는 한 사태에 대한 일정시간 동안의 변화상태를 질적으로 탐색하는 데에 유용한 기법이다. 주의 깊게 가해진 처치결과는 처치되지 않았다면 발생했을 것이라고 기대되는 것과 비교를 함으로써 처치의 효과를 분석할 수 있다. 이 설계의 취약점은 가장 미약한 일반화의 기초를 제공할 뿐이라는 것이다.

## 2 단일집단 전후검사 설계

단일집단 전후검사 설계(One-group Pre-Posttest Design)를 일군 전후검사 설계라고도 한다. 연구의 피험자 집단을 한 집단만 선택하여 실험처치를 수행하는 방법이다.

| $O_1$ | X | $O_2$ |
|---|---|---|

——— 시간 ———→

먼저, 실험처치 전에 사전검사를 실시한다. 둘째, 실험처치를 일정기간 동안 수행한다. 셋째, 실험처치 효과를 사후검사에 의해 분석한다. 사전검사와 사후검사를 동형화 하도록 노력한다.

연구의 예를 들어보자. 인형놀이 훈련이 유아원생들의 공간 지각력(개념) 향상에 효과가 있는지의 연구문제를 해결하기 위하여 단일집단 사전-사후검사 설계에 따라 수행하려고 한다.

① 일정한 수(36명)의 유아원생들을 선정(무선표본)하여, 공간지각력 검사 $O_1$(사전검사)을 실시한다.

② 피험자들에게 6주일 동안 주당 3회, 1회당 30분씩 인형놀이 훈련을 시킨다(실험처치).

③ 실험 후에 공간지각력/개념 검사(사전검사에서 실시했던 검사)를 실시한다.

④ 사전검사 점수와 사후검사 점수를 통계적으로 분석한다. 이때는 지나치게 평균점수로부터 벗어난 유아가 있는지의 여부를 고려한다. 두 평균치의 의의도 검증은 t 기법을 활용할 수 있다.

이러한 연구설계는 "매우 안정된 행동유형이나 내적 과정의 변화를 시도하려고 계획할 때에 적당하다. 행동특성이나 속성이 비정상적이거나 변화를 싫어하는 피험자의 훈련성과 분석에 유용하다. 왜냐하면, 종속변수가 비교적 안정되어 독립변수의 영향이 매우 큰 경우에 사용할 수 있기 때문이다. 동일한 피험자가 전후검사에 참여했을 때 피험자의 선발이나 피험자 탈락 등 요인을 비교적 쉽게 통제할 수 있다.

이 설계의 단점은 다음과 같다.

① 역사문제 : $O_1$과 $O_2$사이에 실험처치 외에 단순히 시간의 흐름에 따라 변화했을 가능성을 배제할 수 없다(시간효과). 또한 비교(통제)집단이 없기 때문에 사전검사와 사후검사 사이에 처치 외의 다른 요인이나 사건이 발생했을 가능성을 배제할 수 없다.

② 성숙문제 : 심리학적, 생물학적 변화현상을 포괄한다. 피험자들이 특별한 외부의 영향도 받지 않았지만, 너무 조숙, 피곤, 지루함, 시장기를 느끼는 등의 문제 때문에 $O_2$결과가 변할 수도 있다. 종속변수가 성숙 문제로 인하여 불안정할 때 성숙의 위협요소는 심각하다.

③ 검사문제 : 검사-재검사의 경우, 기억력 효과, 첫 시험문제의 성공이나 실패로 인해 자극 받은 효과, 두 번째 시험에 더 잘 적응하는 효과로 인해 종속변수 검사 점수의 차이가 발생할 수도 있다. 질문지의 내용에 민감한 피험자는 구체적인 문항으로 인하여 매우 심하게 의식하는 경우가 있다. 검사의 반동현상 문제는 태도에 관한 연구에서 심각한 바, 사전검사 자체가 태도를 변화시키기 때문이다.

④ 도구사용 문제 : 측정도구의 변화나 관찰자 기준의 변동, 관찰자 자신의 학습의 영향, 관찰이나 평정기술의 발전 등으로 인한 종속변수 측정 문제 등이다. 관찰자의

기준의 변동, 관찰자 자신의 학습의 영향, 관찰이나 평정기술의 발전 등도 이런 변수에 관련된다.

⑤ 통계적 회귀 문제 : 특수집단(학습 저능아 집단 등)에 학습지도 방법 개선을 통한 성취력 신장 연구의 경우 당초에 하위성취집단을 선정했기 때문에 더 이상 떨어질 수 없는 성취도인 경우 처치를 가하지 않더라도 점수가 높아질 가능성이 있다. 즉 매우 극단적인 집단을 대상으로 연구를 수행할 때 이 문제는 심각하다.

⑥ 선정왜곡과 탈락문제 : 동일한 피험자들의 전·후검사 점수의 차이는 통제되지 않는 요인에 기인될 수도 있다. 탈락왜곡은 처음에는 양 집단을 질적으로 동일하게 하였으나 실험기간 중 피험자가 탈락하게 됨으로써 실험에 영향을 미치거나 실험결과의 차를 발생시키는 경우를 말한다.

## 3 시(간)계열 설계(Time-series experiment)

어떤 집단 또는 개인 등 연구자의 관심 대상에 대하여 주기적으로 측정하면서, 이 측정의 시간계열 속에 실험처치 변화를 실행하여 검증한다. 시간계열 중에서 기록된 측정치가 불연속성으로 표시된다.

시간계열적 측정 과정 중에 도입하여 그 전후의 변화 양상을 관찰하여 X의 효과를 결정한다.

$$O_1 \quad O_2 \quad O_3 \quad O_4 \quad X \quad O_5 \quad O_6 \quad O_7 \quad O_8$$

실험의 내적 타당도를 저해하는 요인은 역사와 도구사용이다. 역사(시간효과)문제로서, 실험기간 중 일상생활의 여러 사건에 노출되어 온 때문인지 실험처치의 효과인지 분간하기 어렵다. 「도구사용」문제의 경우, 종속변수 측정에 연구자의 판단이 개입될 가능성이 클 때에는 연구자의 「희망/바람」이 변수 측정에 작용할 가능성이 크다. 그러면 실험효과가 어느 정도인지 검증하기가 쉽지 않다.

D를 제외하고 $O_4$-$O_5$간의 획득은 모두 같고, 효과의 추리는 서로 큰 차이가 있다. A와 B가 가장 효과가 크고, F, G, H는 전반적으로 정당화하기 어렵다(김재은, 1987).

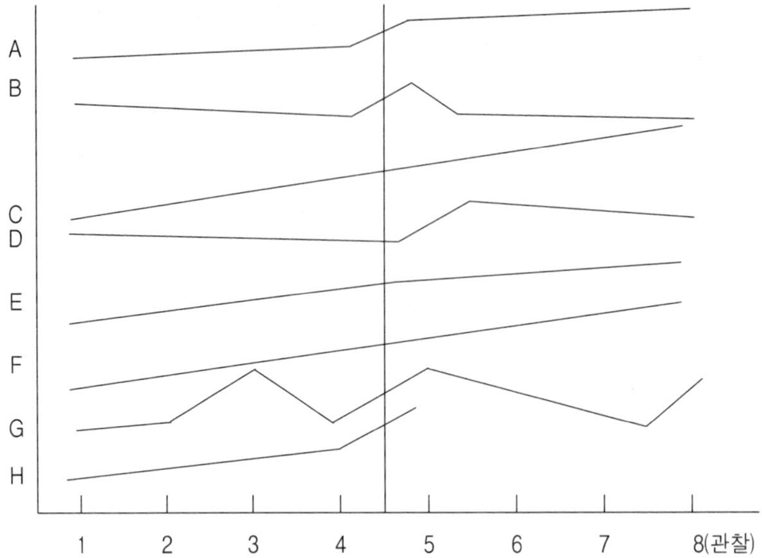


## 4 이질통제집단 전후검사 설계
(Nonrandomized Control-Group Pretest-Posttest Design Nonequivalent control group design)

현장교육연구에서 일반적으로 많이 사용한다. 기존 학급 또는 학교를 자연상태로 유지하면서 다만 사전검사($O_1$, $O_3$)에 의해 집단의 특성(특히 연구에 관련된 특성)을 검사하고 실험집단에는 처치를, 통제집단은 그대로 현 상태를 유지한다. 실험집단과 통제집단의 무선표본을 하지 않고(자연상태를 유지한 채) 현 상태의 학급·학교 환경에서 두 집단으로 나누고, 한 집단에 실험한다. $O_1$과 $O_3$ 검사결과를 공변수로 놓고 $O_2$와 $O_4$를 비교하는 공변량 분석 기법이 결과 분석에 일반적으로 적용된다.

| | | | |
|---|---|---|---|
| $O_1$ | X | $O_2$ | (실험집단) |
| | | | (동질화되지 않는 집단표시) |
| $O_3$ | | $O_4$ | (통제집단) |

——— 시간 ———→

설계절차를 보면, 사전에 구성된 집단을 단순히 사전검사만 실시한 후 실험 처치를 수행한다. 사전검사의 평균과 표준편차가 유사성(동질집단) 여부문제를 제시해 준다.

① 내적 타당도

a. 사전검사의 평균과 표준편차가 유사하다면 비교적 무난하다.

b. 통제집단 자료가 역사, 사전검사(민감성), 성숙, 도구 효과의 오류를 보완해준다.

c. 집단내의 역사와 도구문제는 주의 깊게 검토되지 않으면, 오염(오류)의 원천이 된다.

d. 피험자 도태현상 문제는 사전-사후검사를 검토하여 통제될 수 있다.

e. 주된 내적 타당도의 위협은 선정과 성숙의 상호작용, 선정과 역사의 상호작용, 선정과 검사의 상호작용 등으로 인해 생긴다.

② 외적 타당도

장점은 학교의 기존 현상이나 프로그램 운영을 방해하지 않는다는 점이다. 실험 결과를 보다 넓은 집단 또는 환경에 일반화할 가능성이 있다. 실험과정의 반동현상효과가 일반화에 해를 미칠 수 있다. 피험자들이 의식하지 않을 경우에는 자연적인 학급환경에서 실험함으로써 피험자가 무선적으로 처치집단에 배정되는 경우보다 확실한 실험(처치)효과를 검증할 수 있다.

이질통제집단 전후검사 설계에서 자주 산출되는 네 가지의 실험결과 유형을 살펴본다. 아래의 그림 네 가지 모두 사후검사에서 실험집단이 통제집단보다 월등하게 향상되었음을 알 수 있다. 그런데 이런 결과를 해석할 때에는 그 타당성을 살펴보아야 한다.

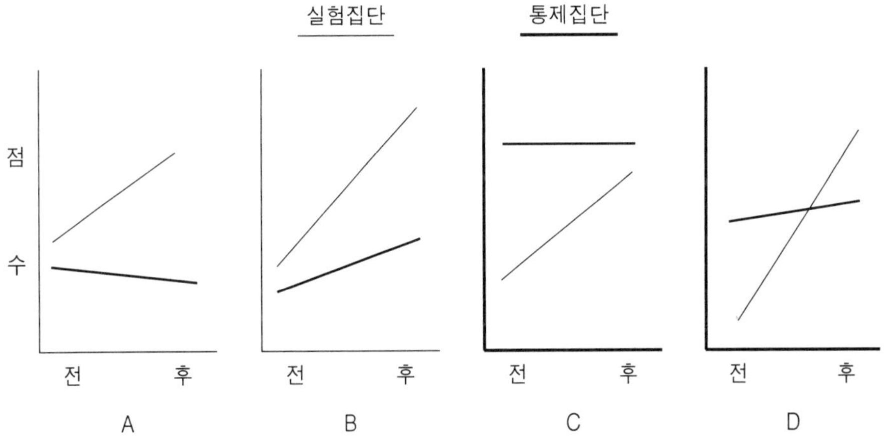


A와 B의 경우, 선발과 성숙간의 상호작용 때문에 내적 타당성이 위협받을 가능성이 있다. C의 경우, 실험집단의 결과는 통계적 회귀현상 때문일 가능성을 배제할 수 없다. D의 경우, 꽤 자신감을 가지고 실험처치 효과가 있다고 말할 수 있겠지만, 선발-성숙의 상호작용효과 또는 측정의 오차변수 등을 비판적으로 분석해보아야 한다. 실험조건을 통

제할 수 없는 자연상태에서 준 실험설계를 이용하기 위해서는 실험 전에 미리 실험결과의 위협요소들을 충분히 고려할 필요성이 있다. 이러한 약점이 있지만 자연적 상태에서 연구/실험이 수행되므로 외적타당도 특히 생태적 타당도는 별 문제가 되지 않는다. 즉 실제 생활에 쉽게 적용할 수 있다.

## 5 평형설계(Counterbalanced Design)

모든 피험자들을 모든 처치에 참여시킴으로써 실험적 통제를 달성하고 정확도를 높이려는 방법이다. 준 실험 설계의 빈약한 점을 보완하기 위하여 「무선화」, 「짝짓기」 방법 등을 이용하여 내적 타당도를 보완할 수 있다. 회전설계(Rotation design), 교차설계(Cross-over design), 또는 전환설계(Switch-over design)라고 부른다.

세 가지의 실험처치를 아주 제한된 방법으로 세 개의 자연집단이나 세 사람의 개인에게 차례 차례로 무선화 하여 실시해간다. 각 집단에 실시하는 실험처치는 동일하도록 하지만, 처치순서는 다르게 한다.

| | 1회 | 2회 | 3회 |
|---|---|---|---|
| 집단1(개인1) | $X_1O$ | $X_2O$ | $X_3O$ |
| 집단2(개인2) | $X_3O$ | $X_1O$ | $X_2O$ |
| 집단3(개인3) | $X_2O$ | $X_3O$ | $X_1O$ |

(하위 숫자는 각각 다른 처치 방법이다)

$X_1$의 효과 : 집단1의 1회 + 집단2의 2회 + 집단3의 3회

$X_2$의 효과 : 집단1의 2회 + 집단2의 3회 + 집단3의 1회

$X_3$의 효과 : 집단1의 3회 + 집단2의 1회 + 집단3의 2회

이 설계는 사후검사에만 사용하는 바, 사전검사가 부당하거나 X를 적용할 수 없을 때 이 설계를 사용하는 것이 합리적이다. 이 설계는 세 요소들, 집단, 시간 및 실험처치 요소를 포함한다. 이들 각 요소들은 다른 두 가지 요소와 교차관계에 있고, 각 처치(X)가 각 행렬에 단 한번만 나타난다. 아래처럼 설계할 수도 있다.

| | $X_1$ | $X_2$ | $X_3$ |
|---|---|---|---|
| 집단1 | $t_1O$ | $t_2O$ | $t_3O$ |
| 집단2 | $t_2O$ | $t_3O$ | $t_1O$ |
| 집단3 | $t_3O$ | $t_1O$ | $t_2O$ |

X의 각 집단 점수합계를 계산하여, 그 차이 및 차이에 대한 분산분석도 할 수 있다. 따라서 세 가지 주 효과와 상호작용효과의 분석도 가능하다. 자료의 분석은 분산분석기법으로 한정한다. 내적 타당도를 저해하는 요인은 없다. 외적 타당도를 저해하는 요인은 ① 세 형태의 전집에 관한 타당성문제, ② 많은 요소들의 상호작용문제, ③ 상관변수의 측정문제 등이다.

연구자는 한 처치가 연속하는 다른 처치의 성과(결과)에 영향을 미쳐서는 안된다는 것을 확실하게 해야 한다.

## 6 현장실험

현장실험(field experiment)은 실험실 실험과 마찬가지로 인과관계 가설 검증에 중점을 두는데 교육현장 등에서 수행하는 것이 특징이다. 사태가 허용하는 한 주의 깊게 통제된 조건하에서 독립변수들을 조작하는 연구이다. 실제 사태에서 수행하는 연구이지만 실험연구와는 통제 정도의 차이가 있을 뿐이며, 순수실험에 대비되는 개념이다.

### 1) 장점

① 현장 실험에서의 변수들은 순수 실험실 연구의 변수들보다 훨씬 강한 영향을 가지고 있다. 연구 사태가 보다 현실적일수록 그 변수들은 더욱 강해지며 더욱 타당한 일반화가 가능하다.

② 현실 장면 등 복잡한 사회적 영향, 과정, 변화 등을 연구하기에 적합하다. 교수방법, 학급경영 문제, 문제학생 지도방법 등에 관한 해답을 얻으려고 연구하는 경우가 많다(Ex-post facto : 사전 사후 연구).

## 2) 단점

① 독립변수들이 통제되지 않는 환경변수(외연변수 포함)와 혼동되는 문제가 있다. 때로는 느슨하고 이완된 사태에서 수행하게 되어 실험효과가 잘 나타나지 않을 가능성이 있다.

② 집단을 무선화하기가 어려우며, 임의적 배정을 하더라도 독립변수의 효과를 분석하기가 어렵다. 처치 효과(독립변수 효과)만 고립 분리시킬 수 없으며, 검증된 관계의 내적 타당도가 의문시된다.

③ 연구자들의 부정적 소극적 태도 - 예 : 그런 실험은 학교에서 할 수 없다는 등- 가 현장실험의 큰 방해요소가 되기도 한다.

독립변수를 조작하고 종속변수에 미치는 효과 또는 독립변수와 종속변수와의 관계에 관한 연구가 전형적인 예이다.

현장실험과 실험실 실험을 구체적으로 제시한다(김경동, 1986).

| | 실험실 실험 | 현장실험 |
|---|---|---|
| 자료수집의 상황 | 인위적, 형식적 | 인위적, 비형식적<br>(자연적 상황 속의 인위적 개입) |
| 상황에 대한 개입·조작·통제 정도와 형태 | 고도의 상황통제, 실험적 개입<br>변수 조작, 표본의 무선화 | 느슨한 상황통제, 실험적 개입 |
| 대상규모 | 소규모의 작업, 유희집단 | 소규모(소집단, 학급)<br>중규모(조직체, 지역공동체)<br>대규모(전체사회) |
| 자료의 성격과 내용 | 수량적 자료, 실험적 독립변수와 종속변수의 명시(상호작용, 집단구조, 행동 및 태도변화 등) | 주로 수량적 자료, 질적 자료로 보완, 변수의 명시(행태자료, 태도, 의식, 가치관, 의견, 정보인지도 자료) |
| 자료수집 기법 | 객관적, 직접 비참여관찰(면접, 질문서에 의한 보완적 방법 병행) | 객관적, 직접 비참여관찰, 일부간접관찰(면접, 질문서, 전문가 면담 등 병용) |
| 자료분석법 | 통계적분석(주로 인과분석, 관계분석, 비교분석) | 통계적 분석(질적분석 병용) |
| 철학적 배경과 연구목적 및 용도 | 실증주의, 행동주의, 표준과학관<br>이론적 목적(주로 가설검증, 이론의 확인과 구성에도 도움) | 표준과학관 또는 임상적 사회과학관(인간주의)<br>이론적 또는 정책적 목적(정책평가, 정책수립, 조정의 기초자료) |

# 7 현지연구

현지연구(Field study)는 실생활 사태 과정에서 사회학적, 심리학적, 교육적 변수들간의 관련성을 찾아내기 위한 사전・사후형 연구이다. 예를 들면, 사회 문제 분석, 집단내의 사태 및 그 사태 속에서 개인 행동, 집단 행동, 정의적 특성간 관계 연구 등이다.

## 1) 사실 탐색 연구에 중점을 둔다.

① 현지 사태에서 아주 중요한 변수 탐색
② 중요변수 간의 관계 탐색
③ 다음의(나중에 오는) 가설을 체계적이고 과학적으로 검증하기 위한 기초 작업의 역할을 한다. 가설을 검증하려면 방법론상의 연구와 측정연구가 수행되어야 한다.

## 2) 현지 연구의 장점

① 현실적 세계, 의의, 변수들 간의 상대적 중요성을 찾을 수 있다.
② 이론 지향적인 측면과 발견적 특징이 있다.
③ 결과의 활용이 용이하다 - 연구의 외적 타당성이 높다.

## 3) 단점

① 연구자의 연구문제 범위(한계)내에서만 연구수행이 가능할 뿐이다.
② 사전・사후적 연구이기 때문에 인과관계의 설명연구로는 미약하다.
예 : 외연변수의 통제문제가 취약점이다.
③ 변수와 변량의 過多症에 걸려있다.
④ 연구수행의 편이성, 비용, 표본 추출, 시간 등 실용성에 문제가 있다.
- 변수들을 정확히 측정할 수 있는가?
- 비용이 너무 많이 들지 않나?
- 피험자들의 협조를 구할 수 있는가?

## 8 준 실험 설계의 적합성 판단 준거

McMillan 등(1989)이 다음과 같이 준 실험 설계의 적합성 판단 준거(표준)를 제시하였다.

① 연구를 반복할 수 있을 정도로 충분히 구체적으로 연구설계가 진술되어 있는가?
② 참 실험이 가능한가?
③ 외연변수가 통제되거나 제거되는 방법이 명료하게 제시되어 있는가?
④ 내적 타당도를 위협하는 잠재적 요소들이 모두 망라되었는가?
⑤ 가능성 있는 상대가설을 제거하기 위한 설명이 합리적인가?
⑥ 상이한 준 설계가 더 바람직하지 않는지?
⑦ 이 설계의 접근방법이 진 실험 방법을 가능한 한 따르려고 했는가?
⑧ 내적 타당도와 외적 타당도를 견지하기 위한 통제 방법간의 적합한 균형을 유지했는가?
⑨ 가능한 한 동등한 집단들을 사용하려는 노력이 충분했는가?
⑩ 시계열 설계법이 사용되었다면,
  a. 결과의 유형을 제시할 수 있을 만큼 충분한 회수의 관찰이 수행되었는가?
  b. 시간적으로 정해진 시점에서 처치가 명백히 가해졌는가?
  c. 종속변수를 일관성 있게 측정했는가?
  d. 만약 비교집단이 사용되었다면, 집단들의 동질성이 어떻게 이루어졌는가?

이들 준거들은 준 실험 설계의 원칙, 기법 및 기본 가정을 충분히 인식한 후에 어떤 설계과정이나 설계결과를 판정하는 데에 도움이 될 수 있다.

# 06 연 | 구 | 문 | 제

1. 진 실험 연구와 준 실험 연구를 구별짓는데 중요하게 작용하는 요소는 무엇입니까?

2. 실험실 보다 교실 상황에서 외연 변수를 통제하기가 더 어려운 이유에 대하여 토의하시오.

3. 이질집단 사후검사 설계와 단일집단 전후검사 설계의 특성, 장점 및 단점을 설명하시오.

4. 시계열설계의 특성을 토의하시오. 이 설계의 내적 타당도 저해 요인을 통제할 수 있는 방법에 대하여 논의하시오.

5. 이질통제집단 전후검사 설계의 내적 타당도와 외적 타당도에 대하여 논의하시오. 이 설계가 어떤 경우에 적용될 수 있는지를 설명하시오.

6. 평행설계의 원리를 설명하고, 이 설계가 어느 경우에 가장 필요한 것인지를 예를 들어 설명하시오.

7. 현장연구와 현지연구의 특성을 비교하여 논의하시오.

8. 사후검사설계(ex-post facto)의 두 가지 특징을 설명하시오.

9. 현장실험과 실험실 실험의 공통점과 차이점을 비교하시오.

CHAPTER 07

# 조사연구

조사연구는 사회과학적인 연구의 한 종류로, 행동과학 연구에 중요한 영향을 미친다. 사회적, 심리학적 변수를 중심으로 하여 크고 작은 모집단의 특성 파악에 연구의 중점을 둔다. 지정학적 영역, 정책적 영역 또는 국가 전체의 사회적 환경에 존재하는 현상을 파악하고, 그 현상이 어떻게 존재하는가의 문제 등을 탐구한다.

## 1 연구내용 및 목적

연구하고자 하는 현상이나 사건에 대하여 있는 그대로의 상태에서 조사하여 분석・기술하는 것을 중요시한다. 조사연구는 한 집단의 사람, 대상, 사건, 사상 등의 성질에 관한 현재의 사실, 조건 등을 확인하여 이것들과 관련된 자료를 수집, 분류, 분석하며 해석(기술)하는 것을 목적으로 한다. 조사연구는 전집을 무선적으로 표본 하여 조사하는데, 조사 목적에 따라 사실발견 또는 기술, 가설검증 및 규준설정을 위한 조사로 나뉜다. 사실발견 조사는 객관적인 실태조사(예를 들어, 가정환경 조사, 인구실태조사 등)에 역점을 둔다. 주관적 사실조사에는 의견조사, 태도조사 등으로 지역별 정치의식 조사가 하나의 예이다.

김재은은 조사연구의 형태를 ① 사실발견 조사(Descriptive-Survey), ② 가설검증 조사(Hypothesis-testing) 및 ③ 문제해결 조사(Problem-solving)로 나눈다. 또, 다른 측면에서, 기술조사연구와 규준조사연구로 분류되기도 한다.

조사연구를 하는 목적은 다음과 같다.

① 현 사태나 현상조건에 대한 증거를 얻기 위해서

② 다음 단계의 계획수립을 위해서 현 조건과 비교할 표준 또는 규준을 확인하기 위해서

③ 현 위치와 앞으로의 방향을 결정한 후 다음 단계의 행동방법을 결정하기 위해서 등이다.

## 2 조사연구의 준거

이 조사연구가 최선의 방법인지 평가할 수 있는 준거는 다음과 같다.

① 연구보고서는 항상 독특한 형식을 갖출 것 : 이 연구의 방법론, 출처, 모집단, 연구대상의 특성, 표본의 적합성 여부

② 상대적으로 독창적인 관찰을 하되, 관찰과정의 신뢰성(일관성) 정도

③ 연구과정의 각 단계마다 주의를 기울이고, 과학적인 검증과정(객관성, 실용성 등)을 거치고 있는지의 여부, 특히 연구과정의 내적, 외적 타당성 고려 정도

④ 연구자의 배경, 경험, 감수성, 일반적인 능력 등도 중요하다. 특히 과학자로서의 태도(객관성, 검증태도)가 중요하다.

## 3 조사연구의 장점 및 단점 · 제한점

조사연구의 장점을 살펴보면(박도순, 1992) 다음과 같다.

① 많은 사람들로부터 다량의 정보를 획득할 수 있으며, 그 정보가 대체로 정확하다. 예를 들면, 어떤 전집의 신념이나 태도를 탐구하기 위하여 500-600명 정도만 무선표본 하여 분석하면 그 사람들의 특성을 대체로 정확하게 추론할 수 있다.

② 비교적 현실성 있는 자료를 획득할 수 있다. 자연상태에서 연구에 필요한 자료를 획득할 수 있기 때문에 실험연구 결과보다 자료의 현실성이 높다.

③ 정보의 양과 질적 측면을 고려할 때 경제적이다. 조사연구는 실험연구나 현장연구에 비하여 비교적 노력을 덜 들이고 다량의 자료를 수집할 수 있다.

④ 많은 사람들을 대상으로 하기 때문에 연구결과의 일반화 범위와 가능성이 높다.

조사연구의 단점은 아래와 같다.

① 응답자에게 알려져 있지 않은 정보를 조사연구 방법에 의해 획득할 수 없다.

② 응답자에게 불명료한 정보는 신뢰롭게 수집하기 어렵다.

③ 개인적인 비밀에 속하는 정보는 질문으로 적합치 않다. 또한 응답자의 정직성을 평가하는 것처럼 보이는 질문은 피하는 것이 바람직하다.

④ 지나치게 심한 표본오차가 생기는 표본자료는 적합하지 않다.

⑤ 조사연구는 문제탐색, 기술연구일 뿐 예언연구로는 부적합하다.

⑥ 1회의 조사에 의해 수집된 정보는 동일한 방법에 의해 반복적인 조사에 의해 얻는 자료보다 덜 신뢰롭다.

다른 한편, 질문지법을 통한 조사연구는 일시에 많은 정보를 수집할 수 있고 비교적 쉽지만, 조사도구의 타당도, 신뢰도 등이 충분히 고려되지 않으면 정보가 피상적일 가능성이 있다. 또한 전집을 대표할 수 있는 무선표본 방법이 절대로 필요하다.

관찰법과 면접법을 사용할 때에도 계획을 철저히 세우고 체계적으로 활용해야 한다. 특히 관찰자나 면담자의 충분한 사전지식과 준비가 절대 필요하다.

## 4 조사연구의 절차

조사연구의 절차는 조사내용이나 방법 등에 따라 다를 수 있기 때문에 독특한 전형적 절차가 있는 것은 아니다. 조사연구는 보편적으로 다음과 같은 네 단계를 거쳐서 이루어진다.

첫째, 조사의 영역(또는 범위)과 목적을 명료하게 한다. 왜 조사를 하며, 조사결과를 어떻게 사용할 것인가에 대하여 먼저 숙고해야 한다.

둘째, 조사계획을 수립한다. 조사계획에는 조사대상, 조사방법, 조사일정 및 자료분석 등에 대한 세부사항이 포함되어야 한다.

셋째, 계획에 따라 실제로 조사를 실시한다. 철저한 계획하에 조사가 실시되더라도 예기치 못한 문제나 사건의 발생 가능성은 있을 수 있다. 예기치 못한 문제가 발생할 경우, 당황하지 말고 적절히 대처할 수 있어야 한다.

예비조사를 통해서 질문지가 제대로 작성되었는지를 확인할 때 아래의 문제들을 확인해야 한다(박도순, 1992).

① 각 질문항목이 명료하게 진술되어 있는가?

② 얻어진 응답이 연구 목적에 적합하며, 충분한가?

③ 개방식 질문의 경우에 응답결과의 분석에 어려움이 없는가?

④ 응답자가 대답하기 곤란하거나 어려운 질문은 어떤 것들인가?

⑤ 질문이 너무 길거나 진부하지 않는가?

⑥ 질문과 질문 사이의 연결은 자연스럽게 되어 있는가?

넷째, 조사자료(결과)를 정리・분석하여 보고서를 작성한다. 수집된 자료를 검토하여 부실하거나 잘못된 것이 있다면 수정・보완하고 미리 정해진 기준에 따라 정리・분류・분석을 한다.

## 5 조사연구의 종류

### 1) 사실발견 조사

어떤 집단의 특성, 사건, 현상의 성질 그대로를 알아보는 연구이다. 단순한 의견, 심층적인 태도분석을 위한 조사연구도 있다. 경우에 따라서는 망라적, 표면적 조사도 필요하다. 주로 1회의 표본조사에 의해 필요한 자료를 수집・분석하는 단층적 연구(Cross-sectional 조사)방법을 사용한다. 객관적인 사실을 알아보기 위한 실태조사는 가정환경이나 교우관계 조사를, 주관적인 사실을 알아보기 위한 실태조사는 태도나 가치관 또는 생활관 조사 등을 예로 들 수 있다.

### 2) 가설검정 조사

사실발견 조사연구보다 명시도가 높고 상당한 객관성, 엄밀성, 신뢰성이 보장되어야 한다. 가설검증 조사연구는 미리 설정한 가설의 진위를 가리는 연구이다. 실험을 하지 않는 경우라도 일단의 대상들을 반복 검사하여 필요한 경향, 태도의 변화 등을 분석해야 한다. 특히 일정기간 동안 규칙적으로 조사하여 행동・태도 등의 변화정도 및 그 원인까지 규명하기도 한다.

먼저, 실험적 방법으로 통제법과 전후비교법이 있다.

둘째, 배심원법(panel method) : 배심조사란 어떤 규준으로 추출되어진 집단에 일정기간 동안 동일한 조사를 되풀이하여, 그 기간의 행동・태도 등의 변화를 조사하고, 그 변화의 여부 및 그 변화이유 등 변화과정을 조사한다. 예를 들면, 대통령 선거시 그 추이를 조사 연구하는 경우가 대표적이다.

셋째, 다중분산분석 방법(Multivariate Analysis) : 종속변수가 2개 이상일 때 종속변수간의 평균값의 차이 검증이나 독립변수 변화에 대한 종속변수들을 종합한 값의 차이 검증에 이용된다. 다양한 요인들은 공분산분석과 같은 통계적인 분석방법에 의해 밝혀지기도 한다. 관건은 응답자료의 진실성에 있고, 계산방법은 컴퓨터에 의존해야 한다.

넷째, 방사식 조사방법 : 몇몇 사람을 조사하여 '영향 주는 사람', '영향받는 사람'으로 구분하고, 이들로부터 연쇄식으로 영향을 주고, 받는 사람들을 분석해 가는 방법이다.

### 3) 문제해결 조사연구

첫째, 비교조사 : 철저한 계획을 세워서 비교하는 조사연구가 바람직하다. 단순한 비교보다는 '준거'에 의한, 비교의 근거가 명백한 연구라야 한다.

둘째, 과정추적 조사연구 : 이미 세운 계획을 실천하는 활동과정을 조사한다. 경향탐색(trend study)은 일정기간 비교적 큰 전집으로부터 여러 번 표본하여 각 표집의 자료를 비교·분석하여 변화의 경향을 알아보기도 한다.

셋째, 전문가 조사 : 해결되어야 할 문제에 대하여 전문가에게 초점적인 조사를 한다. 전문가들은 그 관련문제에 지속적으로 관여해 왔기 때문에 일반인들의 의견보다 합리적인 해결안이 나오게 된다.

넷째, 실험적 조사 : 어떤 교육활동을 전개한다면 어떤 사태가 개선되리라고 예상이 되겠고, 그 규모에 관계없이 실험을 하는 것이다.

다섯째, cohort조사 : 일정기간 중 소규모의 특정한 전집으로부터 여러 번 표집하여 이 소전집의 특성의 변화정도를 알아보는 연구이다.

### 4) 교육조사

조사연구의 방법이 교육현상의 설명, 해석 등에 사용되는 것을 교육조사라 한다. 그 대상, 주제, 목적, 기능 등에 따라 다양한 형태를 갖는다. 형태에 따라 교육조사를 네 가지로 분류할 수 있다.

먼저, 조사대상에 의한 분류방법을 보면, 사회조사, 여론조사, 학교조사 등으로 구분될 수 있다.

둘째, 조사주체에 의해서 개인조사, 사회조사, 국가조사 등으로 나눌 수 있다.

셋째, 조사방법에 따라서 면접조사, 질문지조사, 전화조사 등이 있다.

넷째, 조사 목적과 기능에 의해서 실태 기술적 조사, 가설검증 조사, 인과관계 탐색조사, 예측조사, 평가적 조사, 교육계획 입안조사 등으로 나눌 수 있다.

## 5) 종단 · 횡단적 조사연구 설계

조사연구 설계는 근본적으로 두 가지 유형, 종단적 설계 및 횡단적 설계가 있다. 이 두 가지 유형은 일반적으로 표본 연구에 의해 수행된다. 설계의 특성이 자료 수집 시점과 표본의 속성에 의해 구분된다.

### (1) 종단적 설계

종단적 설계는 시간의 흐름 및 구체적인 시점에서의 자료수집을 포함한다. 경우에 따라 시간적으로 장기간을 요하는 설계와 단시간을 요하는 설계가 있을 수 있다. 한 가지 유형의 종단적 설계가 경향분석 연구이다. 경향분석 연구에서, 일반적인 전집을 시간의 흐름에 따라 탐구한다. 경향분석 연구는 시간의 경과에 따른 태도나 의견을 탐구하는데 이용되는데, 표본은 일반적인 전집을 대표한다.

코호트(cohort) 연구도 일종의 종단적인 연구 설계방법이다. 코호트 연구에서는 일반적인 전집보다는 구체적인 전집 연구를 주로 수행한다. 전집을 포함하는 대신, 시간적으로 서로 다른 시점에서 무선표집을 한다. 경향분석과 코호트 연구의 차이점에 대하여 예를 들어 설명해보자. 연구자가 "어느 특정 지역에서 교사들이 전문 협회에 대하여 어떠한 태도를 하는가?"에 관심이 있다. 조사는 15년에 걸쳐 매 3년마다 실시된다. 조사대상인 교사들은 조사당시 전체 교사의 모집단에서 매번 무선 표집된다. 전체교사의 모집단은 시간이 흐름에 따라 부분적으로 변할 수도 있지만, 조사당시의 교사집단이 전체교사의 모집단이라고 할 수 있다(이런 경우를 일반 모집단이라고 부른다). 이러한 방식으로 행해지는 연구가 바로 추이연구의 한 예이다.

만약 연구자가 한 지역의 초임교사집단을 대상으로 하여 2007년의 교원조합에 대한 태도를 연구하려 한다면, 이 연구는 특정 모집단을 대상으로 한 연구라고 볼 수 있다. 3년 후, 즉 2010년에는 2007년 당시의 초임교사들 중에서 계속 교직에 머무르고 있는 교사들을 대상으로 무선표집을 하게 되는데, 이 때(2010년)에는 3년간의 교직경험을 가진 교사들이 표집대상이 된다. 비록 일부 초임교사들이 교직을 그만 두었겠지만, 연구는 2007년 당시 초임교사였던 교사 모집단의 태도만을 포함하게 된다. 이러한 방식으로 행해지는 연구가 코호트 연구이다.

> 코호트 연구는 시간의 경과에 따라 특정 모집단을 연구하는 종단연구이다.

추이 연구와 코호트 연구를 통해 연구자는 시간 경과에 따른 변화와 추이를 연구할 수 있다. 그러나 자료가 수집될 때마다 상이한 무선표집을 하기 때문에, 개인이 아닌 집단을 대상으로 추이가 연구된다.

종단연구의 변형인 패널 연구에서는 상이한 시기에 일군의 개인들이 포함된 표본에서 자료를 수집한다. 이때 사용되는 표본을 패널이라고 부르며, 패널은 연구 착수시 무선표집되어야 한다.

> 패널 연구는 동일한 표본을 두 번 이상 측정하는 종단연구이다.
> 표본은 특정 모집단일 수도 있고 일반 모집단일 수도 있다.

패널 연구의 장점은 연구자가 망(net) 변화를 측정할 수 있을 뿐만 아니라, 변화과상에 있는 특정 개인들의 측면에서 변화 원인을 파악할 수 있다. 또한 패널 연구는 변수들의 일시적 순위에 대한 정보를 제공한다. 이러한 정보는 연구자가 인과관계를 세우려 할 경우 매우 중요하다.

패널 연구에는 결정적인 단점이 있는데, 우선 자료 수집시기에 패널의 탈락 현상이 분명하다는 단점이다. 그러므로 패널 연구는 다른 종단 연구에 비해 단기간에 걸쳐 실시되는 경향이 있다. 또 다른 단점은 연구자가 패널들을 따라 다니면서 거주위치를 확인해야 한다는 점이다. 만약 패널이 이동하거나 변하기 쉬운 모집단에서 선정된다면, 초기의 패널은 후기의 자료 수집 때에는 더 이상 모집단을 대표할 수 없다. 따라서 패널 연구는 단기간에 걸친 정적(static) 집단을 대상으로 하는 연구에 가장 적절하다.

표집의 경우, 추이 연구는 일반 모집단에서 표집한 상이한 무선표본을 사용하고, 코호트 연구는 특정 모집단으로부터 표집한 무선표본을 사용하며, 패널 연구는 하나의 무선표본을 여러 번 측정한다.

### (2) 횡단적 설계

횡단적 설계는, 종단적 설계와는 달리, 주어진 시점에서 두 개 또는 그 이상의 전집으로부터 각 전집을 대표할 수 있는 집단을 무선표집하여 자료를 수집한다. 예를 들면, 중학생의 학년(1, 2, 3학년)별 수학 성취도 수준을 평가 연구하기 위하여 횡단적인 설계를 한다면, 동시에 각 학년 전집으로부터 무선표집하여 각 학년의 수학 성취도를 검사해서 나온 결과를 비교, 분석하게 된다. 이 설계에 따르면, 동일한 집단(1 학년)을 대상으로 하여 매년 검사하는 대신, 동시에 각 학년의 모집단으로부터 무선 표집하여 성취도를 검사하게 된다.

둘 또는 그 이상의 전집으로부터 동시에 무선 표집하여 연구문제를 탐구하는 방법을 평형-표집 설계(parallel-samples design)라고도 부른다. 이 방법은 종단적 방법에 비하여 노력과 경비 및 시간 측면에 있어서 경제적이고 효과적이다. 특히 자료수집 시간이 절약되고, 개개인에 대하여 추수조사의 어려움이 없게 된다. 그러나 학년 층마다 다른 대상으로부터 나온 자료에 의해 비교하기 때문에 동일한 학습자의 학년 수준별 특성에 관한 정보를 밝히는데 한계가 있다.

## 6) 델파이 설계

이 기법이 질문지 방법을 주로 적용하지만, 전형적인 질문지 조사방법과는 확연히 다르다. '한 사람의 의견보다 두 사람의 의견이 더 정확하다'는 계량적 객관성의 원리와 '다수의 판단이 소수의 판단보다 타당하다'는 민주적 의사 결정의 원리 하에서 패널이나 위원회와 같은 접근 방법에서의 직접적인 토론을 체계적으로 구성된 일련의 질문지를 통하여 정보와 의견을 교환할 수 있도록 대체한 것이다. 집단적 판단으로 정리하는 기법이라고 간단히 규정될 수 있다.

이 기법의 특성을 보면, 델파이 질문은 일반적으로 3-4회를 동일 대상자에게 지속적으로 실시하는데 각 질문은 개별 응답자/전문가로부터 도출된 정보와 함께 배포, 실시된다. 각각의 연속적인 질문은 전회의 질문 결과에 대한 보고와 함께 실시되므로 질문의 회수가 거듭될수록 예측이 압축되고 서로 접근하게 된다.

특성을 간단히 요약하자면 ① 토론 참여자의 익명의 반응, ② 반복과 통제된 피드백, ③ 통계적 집단 반응이라고 할 수 있다.

그 종류는 아래와 같이 분류될 수 있다. ① 델파이 연습(Delphi exercise)은 일반적인 델파이 조사 형태로서 종이와 연필을 사용하는 방법이다. ② 델파이 협의(Delphi conference)로서, 집단의 결과를 편집, 처리할 수 있도록 프로그램이 되어 있는 컴퓨터로 모니터 팀을 대치한 것이다.

### (1) 델파이 조사과정

우선 연구주제에 관련되는 그 분야의 전문가로 참가자를 구성한다. 이때 참가자의 대표성, 적절성, 전문적 지식 능력, 참여의 성실성, 참가자의 수 등을 신중하게 고려하여 한다. 특히 참가자의 선정문제는 매우 중요하므로 그 전문적 적절성 여부가 심각하게 고려되어져야 한다.

① 제 1 단계(first round) : 모니터 팀이 개발한 질문 또는 평가 진술문을 제시하여 응답하도록 한다. 질문지 작성은 원칙적으로 익명으로 하며 응답은 개방된 형태의 것을 요구한다.

② 제 2 단계(second round) : 제 1 단계 질문의 결과를 분석하여 참여자들에게 제시하여 그들의 반응을 재평가하도록 요청한다. 1차 질문지 조사 결과를 먼저 통계 처리하여 중앙치와 사분점간 범위 등을 산출해서 제 2차 질문지에 함께 표시하여 송부한다. 이때 소수 의견을 함께 보내주는 것이 바람직하며, 제 1차 질문지에서의 응답을 변경할 때에는 그 이유를 밝혀 줄 것을 요구한다.

③ 제 3 단계(third round) : 제 2 단계와 동일한 절차를 반복한다. 이 단계에서는 조사

실시를 계속할 것인지 여부를 결정해야 한다.

### (2) 적용

델파이는 1960년대 중반 이후부터 산업, 정책, 의학, 지역계획 등 그 활용 범위가 넓어지기 시작하고 교육분야의 연구에서도 널리 활용되게 되었다. 특히 고등교육 연구에서 많이 이용되고 있다. 그 이유는 교육기관의 이념과 목표의 갈등, 학문간의 연계체제 필요, 다원화된 학생들의 교육목표, 대학의 자율과 통제의 갈등과 같은 고등교육의 발전의 촉진하고 저해하는 이중적 요인을 발전의 촉진 방향으로 유도하기 위해서는 대학의 구성원인 학생, 교수, 행정가, 고등교육에 관계된 정부당국자, 학부모, 사회인사 간의 합의에 의한 협력이 절실히 요청되기 때문이다.

Weatherman과 Swenson(1974)이 밝힌 활용범위는 다음과 같다. 첫째, 예측조사 - 현재 추세에 의해서 내다볼 수 있는 미래의 여러 가지 발전 추세를 예측하는데 유용하다. 둘째, 전략조사 - 교육 등 여러 분야에서 프로그램을 계획하는데 적용될 수 있다. 일련의 목적 성취를 위한 최적의 전략을 선정하는 자료수집 방법으로서 활용할 수 있다. 비용, 실천 가능성, 성공확률 등 여러 요인에 비추어 어떠한 프로그램이 가장 유효한가를 전문적으로 판단할 수 있다. 셋째, 선호도 조사 - 미래에 어떠한 일이 일어나야만 한다. 또는 어떻게 되어야만 한다는 측면에서 미래에 대한 선호를 측정하는 데 바람직한 방법이다. 넷째, 교육적 도구로서의 활용 - 학생들에게 여러 개의 분절된 정보를 수합하여 거기에서 어떤 합리적인 결정을 내리게 하는 하나의 사고의 틀을 제공할 수 있다는 점에서 가치를 찾을 수 있다.

### (3) 델파이 방법 평가

초기에 델파이 방법은 예측의 도구로서 주로 인식되었으며 최근에는 의사소통을 증대시키고 거의 모든 형태의 복합적 문제를 해결할 때 의견의 합의를 도출해 내기 위한 과정으로서의 활용이 점점 늘어나고 있다.

의견수렴 방법으로 델파이 방법이 갖는 장점은 첫째, 부적절하다든지 편향된 토의에 쏟는 시간과 노력의 낭비를 줄이고 여러 전문가들의 초점있는 상호 작용을 증대시킨다. 둘째, 시간적 경제적으로 절약할 수 있다. 지리적으로 산재해 있는 여러 분야의 많은 전문가를 참여시킬 수 있어서 보다 다양한 의견 교환을 가능하게 해 준다. 셋째, 참여 전문가들 상호간의 의견 교환을 통한 상호작용의 시간이나 빈도에 있어서 협의회 방식보다 덜 제약을 받는다. 넷째, 여러 전문가들의 의견을 통계적인 방법을 통하여 과학적인 자료를 수합하여 피드백할 수 있다는 장점이 있다. 다섯째, 비교적 각 전문가들의 독립적이고 자유로운 솔직한 의견형성을 가능하게 하며 전체 의견 수렴 과정을 연구자가 마찰 없이 통제해 나갈 수 있다.

하지만 델파이 방법은 근본적 특징이 질문지 조사방법과 협의회 방식을 통합한 것이어서 질문조사법이 지니고 있는 결함이 있다. 구성 및 실시 절차상의 약점을 몇 가지 지적해 본다. 첫째, 참여 전문가들의 의견이 얼마나 성실하고 신뢰로운 것이냐의 문제는 익명으로 하는 한 남게 된다. 둘째, 질문지와 마찬가지로 델파이 방법에서도 회수율이 높지 않다. 더욱이 1차, 2차, 3차 반복되어 감에 따라 회수 율이 점점 낮아지는 것이 지금까지 공통된 결과이다. 셋째, 반복적 질문지 조사를 하기 때문에 전체 조사과정을 끝내는 데 비교적 긴 시간이 걸린다. 단기간에 걸쳐 어떤 현상에 대한 미래 예측을 조사 연구하고자 할 때에는 적합하지 않다. 넷째, 면대면 접촉의 협의회 방식에서는 직접 토의를 통하여 상호자극을 주고받게 되며 그런 가운데 전혀 예기치 못했던 자기의 특유한 의견을 형성하게 되는 순발적 계기가 있을 수 있다. 하지만 이 방법에서는 직접적인 상호작용을 주고받을 수 없다.

Harold A. Linstone(1975)은 델파이 방법이 범하기 쉬운 오류 여덟 가지를 설명하고 있다.

첫째, 미래에 대한 무관심 : 현재로부터 멀리 떨어져 있는 사항에 대하여는 관심이 적으므로 미래를 심하게 할인하는 경향이 있고 미지에 대한 공포는 변화에 대한 저항을 유발하고 의사결정을 힘들게 만든다.

둘째, 예측행동: 사람들은 확실한 것을 좋아하며 불확실에 대한 억제는 델파이 결과의 중요성을 위장시킬 우려가 있다.

셋째, 단순화 충동 : 한 두 개의 확신을 가지고 과거와 현재의 익숙한 환경구조 속에 상상하여 맞추어 넣어 예측을 하게 된다. 미래 전체 상황을 부분적으로 단순화 시켜 직관적으로 판단하게 한다.

넷째, 환상적 전문가 : 일반적으로 전문가에게 의지하는데 자기의 전문 분야에 과도하게 초점을 두기 때문에 체제 전체를 판단하지 못하게 된다.

다섯째, 불성실한 수행 : 분석자는 부적절한 사람을 참여자로 선발하거나 의사소통의 기술의 부족, 지나치게 전문적이거나 모호한 진술, 피상적인 분석 등 오류를 범할 수 있고 참여자도 적절히 사고하지 않고 급히 대답해 버리는 것이 있다.

여섯째, 낙관주의 및 비관주의 편견 : 인간의 두뇌는 경험적인 자료로 가득 차 있기 때문에 해결책을 탐색하는 데 있어 새로운 접근 방법을 인지하지 못하게 되어 결과적으로 지나치게 비관적이 된다.

일곱째, 부적절한 사용 : 델파이 지지자들은 실제적으로 거의 모든 문제에 이 방법을 적용할 수 있다고 주장한다. 하지만 부적절하게 사용된 예도 많다.

여덟째, 조작의 가능성 : 기만과 조작을 목적으로 사용된 가능성이 있다. 이러한 가능성을 델파이가 익명으로 실시되므로 더욱 많아진다.

# 07 연 | 구 | 문 | 제

1. 조사연구의 근본적인 목적을 진술하시오.

2. 기술적인 조사연구와 탐색적인 조사연구를 구별하여 설명하시오.

3. 사실발견 조사, 가설설정 조사, 문제해결 조사 및 교육조사 연구 각 각의 특성을 설명하시오.

4. 종단적 및 횡단적 조사연구의 원리와 각 각의 장점 및 단점을 논의하시오.

5. 코호트 연구와 패널 연구의 특징적인 차이를 논의하시오.

6. 저녁 TV 뉴스 시간에 아래와 같은 내용을 보고했다. 최근 한국의 여론조사에서 응답자의 46%가 현 정부의 교육정책을 지지하는 것으로 밝혀졌다. 이 보고서의 자료를 해석하기 전에 어떤 정보를 더 필요로 하며, 그 이유는 무엇인가?

7. 전문적인 학술 잡지에서 조사연구 결과를 찾아서 분석・비판하시오.

8. 델파이 방법의 특성을 전형적인 질문지 조사법과 비교하여, 그 특성을 기술하시오.

9. 델파이 방법의 구체적인 절차를 설명하시오.

10. 델파이 방법의 장점과 한계점을 설명하시오.

CHAPTER 08

# 평가연구

평가연구는 정책분석, 프로그램 운영관리 및 정책적 의사결정까지 포함하는 종합적인 연구이다. 평가자는 평가과정을 통해서 타당한 의사결정을 할 수 있을 정도로 광범위한 연구지식과 기법을 갖추어야 한다. 교육자는 평가보고서를 비판적이고 객관적으로 이해하고 수행할 수 있을 정도로 충분한 연구기법과 지식을 필요로 한다.

평가연구는 교육프로그램, 산출물, 과정이나 절차 또는 목적의 가치에 대한 결정 또는 특정목표를 달성하기 위하여 사용하는 다양한 접근법들의 잠재적인 유용성에 대한 결정이라고 정의될 수 있다. 일반적으로 평가연구를 수행하는 세 가지 주된 이유는 절차, 프로그램 또는 산출물에 대한 계획과정, 개선과정 및 합리화과정에 있다고 본다.

평가의 취지는 프로그램을 구성해 가는 과정에 적용되는 것으로 볼 수도 있다(Anderson & Ball, 1978). 평가는 :

① 프로그램을 시작할 때 의사결정 과정을 돕는다.
② 프로그램 수정에 대한 의사결정 과정을 돕는다.
③ 프로그램의 지속적인 수행, 확대 또는 보증하는데 있어서 의사결정을 돕는다.
④ 프로그램의 지지나 반대하는데 필요한 증거를 수집한다.
⑤ 프로그램 자체에 대한 심리적, 사회적 및 정치적 과정의 이해를 도모하고 프로그램에 미치는 외부의 영향 정도에 대한 이해 도모에 기여한다.

위와 같은 평가의 개념을 음미해 보면서 평가연구의 개념을 좀 더 살펴보자.

평가연구에서 중요시되는 개념으로 장점(merit)과 가치(worth)가 있다. 이들 두 개념은 실천과 실제의 값어치(value)를 결정하는데 기여하는 상이한 속성을 갖는다. 장점이라 함은 전문가들 및 동료집단들 간의 비교적 지속적이고 일관된 의견일치가 되고 있는 실제(practice)에 담긴 가치 있는 내재적 속성이다.

이 장에서는 교육평가의 특성, 취지, 역할, 규정, 교육평가와 교육연구의 관계, 평가연구의 질 판정준거, 평가연구의 유형 등을 알아보기로 한다.

## 1 교육평가 연구의 특성

평가활동은 교육활동의 통합적인 사업이다. 교육평가는 교육프로그램, 사업(교육), 교육자료 및 교육기법 등에 대한 장점과 가치판단을 하는 과정이다. 구체적으로 살펴보면, 교육에 관한 전문적인 판단과정은 특수한 프로그램에 학생을 참여시켜야 할지의 문제, 학생의 학습정도에 대한 판정문제, 자료선정 문제, 프로그램의 개선문제 등에 관한 질 판정까지 포괄한다.

평가활동이 정부의 주된 관심사가 되는 이유를 Borg(1983)는 다음과 같이 진술한다.

① 공직자들이 평가를 정책결정 과정과 프로그램 관리운영상 정책분석의 중요한 도구로 보고 있다.

② 정치적 과정에 관련지어 보면, 평가활동을 통해서 정치적 입법화 과정이나 예산편성의 기본자료를 수집할 수 있다.

③ 평가연구는 프로그램 관리 및 운영에 필수불가결한 도구이다.

④ 책무성 운동은 형식적인 평가연구를 중요시하고 있다. 각종 프로그램 운영효과, 문제점 등을 분석하고 있다.

## 2 교육평가와 교육연구

교육연구와 평가연구는 동일한가? 교육연구자는 프로그램 평가를 할 수 있는가? 이 질문들이 담고 있는 것은 둘 사이에 중첩된 사항이 있다는 것을 의미한다. 실제로 평가자들은 교육연구의 방법론을 구성하는 연구설계, 측정도구 및 통계적인 분석기법 등을 조심스럽게 활용한다.

한편, 교육연구와 평가연구의 차이를 다음과 같이 생각해 볼 수 있다(Borg 등, 1983).

① 평가연구는 일반적으로 정책이나 운영 전략에 관련된 의사결정을 해야 할 필요가 있을 때 추진된다. 교육연구는 보편적으로 최소한 두 개 이상의 변수간 관계에 대한 가설설정으로부터 시작되어, 그 가설의 증명과정이라고 볼 수 있다.

② 평가연구와 교육연구 간의 두 번째 차이는 발견된 결과의 일반화 정도의 차이에 있다. 평가는 일반적으로 그 취지가 매우 한정되어 있다. 교육연구는 변수들 간의 관계설명에 적용될 수 있는 광범위한 원리나 법칙발견에 관심이 모아진다.

③ 가치판정에 차이가 있다. 평가자는 교육현상의 가치, 장점 또는 값어치 등에 관련된 자료를 수집, 분석하기 위해 연구설계를 수립한다.

평가연구는 교육연구의 의도와 다르다 하더라도 교육연구자들이 사용하는 방법론을 광범위하게 원용하고 있다.

## 3 교육평가연구의 장 · 단점

평가연구는 교육개선에 필요 불가결하지만, 교육의 결점을 완전히 해결해주지는 못한다. 평가는 교육실제에 합리적이고 경험적인 관점을 제공하는 활동이다.

교육평가 연구의 내재적인 장점은 다음과 같다.

① 체계적인 기초 위에서 개선을 계획하고 수행한다.

② 비싼 값이 요구되는 프로그램과 실제의 경제성을 분석한다.

③ 학생발선에 관계되는 교육효과에 대한 미신들을 검증한다.

④ 교육프로그램의 질을 평가함으로써 전문적인 책임감을 수행, 증명한다.

⑤ 경험적인 제약이 따를 때 교육실제에 대한 불확실성을 경감한다.

⑥ 의사결정을 합리화하고 공적인 이미지를 증진시키기 위하여 필요한 외부기관의 요구조건을 만족시킨다.

평가가 갖는 단점은 다음과 같다.

① 교육실제와 교육정책을 세우기 위한 대부분의 평가연구가 실패하고 있다. 평가정보 사용에 영향을 미치는 요인을 이해하지도 못하고 평가연구를 수행하는 경우가 많다.

② 평가연구는 교육정책의 실제 및 의사결정에 영향을 미치는 많은 요인들 중 하나일 뿐이라는 사실을 인식하지 못한다.

## 4 평가연구 방법

평가연구는 교육자들 및 정책 결정자들이 인식하고 있는 요구에 대한 반응이라 할 수 있다. 평가연구의 대상이 되는 실체들을 다음과 같이 정리할 수 있다.

① 교육과정 자료

② 각종 교육용 프로그램
③ 교수방법
④ 교육자
⑤ 기관(교육관련 기관)
⑥ 교육과 관련된 지역사회
⑦ 경영, 비용 효과 등

평가연구의 중요성은 평가될 실체에 관한 의사결정에 있다. 그 실체를 구성하는 요소들 및 실체 자체에 대한 구체적인 진술을 함으로써 평가자로 하여금 어떤 요소가 중요한가를 결정하는데 도움을 준다. 경우에 따라서는 평가연구 방법을 모형(Model)이라고도 하지만, 모델은 하나의 절차이다. 그 절차를 따라 완벽하게 연구를 수행하더라도 만족할 만한 결과를 가져오기 어렵기 때문에 McMillan 등의 견해를 따라서, 평가 모델을 접근할 것이다. 그들은 대표적인 평가접근법을 아래와 같이 제시한다.

① 목표 지향적인 접근법
② 체제와 비용 지향적인 접근법
③ 소비자 지향적인 접근법
④ 전문가 지향적인 접근법
⑤ 의사결정 지향적인 접근법
⑥ 경쟁(상대)자 지향적인 접근법
⑦ 자연적 및 참여자 지향적인 접근법

이들 접근방법들 중 대표적인 것들을 살펴보기로 한다.

### 1) 목표지향 평가

이 연구에 의해 표적집단이 실제의 목표를 얼마나 달성했는지 결정된다. 즉 평가과정을 통해서 실제의 성과를 측정한다. Tyler(1940)의 교육과정 평가방법에 따르면, 교육과정은 명료한 목표에 근거하여 조직 또는 구조화되어야 하며, 교육과정 성공여부는 학생들이 목표를 달성한 정도에 따라 판정되어야 한다는 것이다. 이 경우, 실제는 교육과정이다. 표적집단은 연구의 대상으로서 학생들, 교사들, 행정가들, 또는 학부모도 될 수 있다.

목표지향평가 수행의 구체적인 단계를 다음과 같이 제시할 수 있다(Macmillan, 1989).

① 제 1 단계 : 측정할 수 있는 목표선정
② 제 2 단계 : 도구선정
③ 제 3 단계 : 평가설계 선정 또는 구안
④ 제 4 단계 : 자료수집 및 분석

⑤ 제 5 단계 : 결과해석

### (1) 측정할 수 있는 목표선정

평가연구는 추상적인 목표가 아니라 실제적인 목표를 측정하기 위하여 수행한다. 목표가 성취되었을 때의 수행능력과 목표가 달성되지 못했을 때의 수행능력에는 차이가 있다. 학생들이 성취한 결과는 행동목표로 제시될 수 있어야 한다. 행동목표는 수행력 또는 측정할 수 있는 목표와 동의어이다. 목표선정시 행동목표 또는 가시적, 가측정적인 목표선정과 함께 검증가능성을 충분히 고려해야 한다.

### (2) 도구 및 설계의 선정

도구는 검사지(평가지), 질문지, 자기보고서 양식, 척도, 관찰지, 면담방법 등이다. 전형적인 도구는 표준화된 규준지향 성취도 검사이다. 현재 쓰이는 검사자료도 평가연구에 활용하기 위하여 타당화 되어야 한다. 대부분의 표준화 규준지향 검사는 비교집단(일종의 시험 또는 실험집단) 학생들과 규준집단 학생들을 비교한 결과의 일반적인 정보만을 제공할 뿐이다. 따라서 규준집단의 특성을 치밀하게 검토하는 일도 중요하다.

준거지향 검사도구가 학생들의 성취도 평가연구에 활용될 수 있다. 이 검사도구의 특징은 미리 정해진 준거, 표준 또는 잘 규정된 행동영역과 수행력(실험집단의 능력)을 비교하는데 있다. 준거지향 검사도구는 집단 및 개별 학생들을 평가하는데 사용될 수 있다. 이 검사도구도 제작과정에서 필요로 하는 타당도, 신뢰도 검증 등이 이루어져야 한다. 특히 현장검증이 절대 필요하다.

목표에 기초한 평가의 가장 유용한 설계는 무선화 또는 짝짓는 집단 설계이다. 그러나, 경우에 따라 준 실험설계, 단일집단 사전-사후검사, 시계열검사, 평형설계 등이 이용되기도 한다. 대부분의 프로그램이 인지 및 정의적 목표를 지니고 있으므로, 만약 타당하고 신뢰로운 도구가 가능하거나 개발될 수 있다면, 종합적인 평가에 의해 서로 다른 유형의 목표를 측정하게 된다.

설계선정에 영향을 미치는 요인은 목표의 특성과 수, 목표/관심집단, 내적, 외적타당도 및 분석단위 등이다. 분석단위란 자료의 최소의 독립적인 단위, 집단이나 개인이다. 평가보고서에는 도구의 타당도, 신뢰도가 제시되는데, 이들 두 요소는 목표의 성취도를 결정하는 자료의 원천이다. 보고서에는 자료의 개발과정 및 개발된 자료의 현장검증 결과도 제시된다. 설계의 내・외적 타당도에 관련되는 요인들이 결과에 미치는 그 가능성 있는 효과와 함께 제시된다.

### (3) 결과해석

선정된 표적집단의 목표성취의 백분위를 평가한다. 어느 프로그램이 특정목표를 성취하는데 보다 효과적이었는지 비교되기도 한다. 목표에 중점을 두어 평가하다 보면 구체화의 수준이 다르게 진술되기도 하며, 모든 목표들이 평가되지 않을 수도 있다. 총괄적인 결과만 평가되므로 과정평가가 생략되기도 한다. 평가결과는 프로그램의 실제적인 수정의 필요성을 시사하지만, 다른 관점에서 실제적인 내용(프로그램)을 평가하는 데에 필요한 정보를 제공하지 못하기도 한다.

## 2) 결정지향 평가

결정지향적인 평가는 목표에 기초하고 체제 접근적인 방법보다 광범위하며, 교육적 변화에 관한 이론을 함의하고 있다. 평가자들은 개발되는 프로그램을 평가할 때에는 프로그램 개발과정의 각 단계에서 실제로 실행되는 일의 효용성, 타당성 등에 중점을 두고 평가한다. 이러한 의사결정에 필요한 정보의 선정, 수집, 분석 작업을 통해서 적합한 의사결정에 필요한 자료를 정리하여 보고한다.

결정지향적인 평가는 개발 또는 변화과정의 어느 시점에서라도 진행된다. 예를 들면, 요구분석, 프로그램 계획, 투입(실행), 성과평가가 그것이다. McMillan과 Schumacher(1989)는 평가연구 유형을 그 하위 결정요소와 함께 다음과 같이 제시하고 있다.

### (1) 요구분석(Needs assessment)

바람직한 성과에 비추어본 교육체제에 대한 현황과 가치를 비교한다. 평가를 통해서 내용을 확인하고, 어느 입장에서 성취에 필요한 기본자료를 제시하며, 충족되지 못한 요구조건을 확인한다. 요구조건들은 전체적인 체제와 관련하여 학생, 교육자, 지역사회 인사 등을 통해서 수집, 분석된다. 요구분석은 구체적인 목표를 달성하기 위한 프로그램 선정에 중점을 둔다. 예를 들면, 현 교육체제하에서 교사 1명당 학생수가 55명인데, 교사 1명당 45명의 학생 비율로 되어야 한다고 의견이 모아지면, 바로 이 상황에서 "요구조건"이 있다고 말할 수 있다.

### (2) 프로그램 계획과 투입평가

새로운 목표를 달성하기 위하여 다른 프로그램을 적용하거나 새로운 프로그램 개발까지 포함하는 단계이다. 즉 새로운 목표달성에 필요한 자료와 전략에 관한 판정에 관심있다. 연구자는 현존 프로그램의 실제적인 유용성, 경비, 재생산의 용이성 등을 집중 탐색한다. 현재 쓰고 있는 프로그램의 국지적 개발 가능성도 검토한다. 투입평가를 통해서 바람직한 프로그램 목표달성에 필요한 재원(resource) 사용방법 결정에 도움이 되는 정보를 수집할 수 있다.

(3) **수행평가**(Implementation evaluation)

프로그램이 계획대로 개발 또는 수행되는 정도를 평가하며, 프로그램의 약점을 탐색한다. 프로그램의 지속적인 개발과 수행에 필요한 변화를 예언하는 정보까지 제공한다. 수행평가를 통해서 프로그램 개발과정에서 발생한 현상을 조정하고 기록한다. 여기에서 기록된 내용은 계획상의 장, 단점 및 의사결정의 반성적인 분석에 유용하다.

(4) **과정평가**(Process evaluation)

프로그램을 구성하는 다양한 구성요소들의 상대적인 성공정도와 현재 달성되고 있는 목표와 산출물이 어느 정도인지를 밝혀주는 정보를 제공해 주는 평가이다. 직접 프로그램을 개선하는데 필요한 자료를 수집하여 분석한 결과에 기초하여 프로그램 수정작업을 하게 된다.

(5) **산출평가**(product evaluation)

당초의 목표가 어느 정도 달성되었는지를 평가한다. 수집된 자료는 목표에 기초한 평가와 이전의 평가로부터 수집된 자료를 포함한다. 이전에 수집된 정보를 통해서 목표가 왜 달성되었는지 여부를 알게 되고, 의사결정자로 하여금 그 프로그램을 보다 널리 활용하기 위하여 생략하거나, 수정하고, 또는 계속시켜야 할 부분, 경우에 따라서는 확장해야 할 요소들을 결정하는데 도움을 준다. 프로그램의 보편적인 가치는 당초의 요구조건 분석을 통하여 결정된 목표를 프로그램이 얼마나 성취했느냐의 정도에 의해 결정된다.

## 3) 자연적 및 참여-지향 평가

교육상황에서 평가활동이 너무 기법중심의 지엽적인 평가 경향을 띠게 되어, 평가장면을 포괄하는 광의의 교육현상을 평가하지 못하고 있다는 비난이 대두되고 있다. 이러한 평가환경 변화에 대응하는 평가활동이 곧 자연적이고 참여자 지향적인 평가이다. 이 평가는 참여자의 관점에서 교육실제의 다양한 가치를 이해할 수 있는 풍부한 자료를 사용하는 전체적(holistic) 접근법이다. 이 평가의 특성을 다음과 같이 진술할 수 있다(McMillan 등, 1989).

① 교육활동을 복잡한 인간 노력이라고 보는 전반적 접근법이다.
② 평가된 실제에 대한 상이한 기호를 제시하는 복수가치를 허용한다.
③ 개인, 학급, 학교, 학군, 프로그램 등의 기능에 관련된 역할을 보고한다.
④ 대중 관찰과 발견으로부터 오는 귀납적 추리에 의존한다.
⑤ 다양한 자료원에서 밝혀진 여러 종류의 자료를 사용한다.

⑥ 그 배경의 영향과 과정의 다양성 및 생활사와 함께 구체적인 실제에 대한 이해를 도모하는 설계를 이용한다.

⑦ 다양한 사실들을 기록, 보고한다.

평가의 취지를 살리기 위하여 인류학적 방법론이 적용되어 오고 있다. 평가모형은 보는 시각에 따라 대두되는 과제와 관심에 기초하여 만들어진다. 대부분의 평가연구 결과들이 사장되는 경우가 많은 것은 고객의 요구에 부응하지 못하기 때문이다. 교육평가가, 프로그램의 의도보다는 프로그램 활동에 직접 관련된다면, 바로 반응평가가 되는 것이다. 반응평가 방법은 사람들이 정보를 수집하고 이해하는 데에 노력하는 자연스러운 방법이다.

반응평가에 있어서의 현상은 연구국면으로 나타낼 수 있다.

첫째 국면에서는, 평가자가 고객, 프로그램 관련인사 및 청중과 대화를 통하여 프로그램의 다양한 관점과 가치에 대하여 인식한다. 평가를 시작하여 구조화한다. 평가자는 프로그램의 실행과정을 관찰하여 그 의미를 발견하고, 중요한 과제를 개념화한다.

두 번째 국면에서는, 평가자는 자료의 필요성을 확인하고 자료선정 방법을 정한다.

세 번째 국면에서는, 평가자는 발견된 정보들을 자연스러운 방법으로 의사 소통하는 일에 관심을 둔다.

네 번째 국면에서는, 결과보고서를 완료하고, 권고(제안)안을 제시한다.

평가자의 역할이 중요한데, 지속적인 송환작용과 더불어 반응평가의 중요한 두 측면을 이루기 때문이다. Guba와 Lincoln(1981)은 평가자가 더 이상 객관적인 방관자가 아니고, 상호 작용하는 완전한 참여자로서 적극적으로 활동한다고 제안하고 있다.

일반적으로 자연주의적이고 참여자 지향적인 평가는 사례연구이며, 다른 주관적인 접근법들처럼 신뢰성과 객관성 문제가 대두된다. 객관성과 신뢰성 문제 및 타당성 문제가 따르게 된다. 또한, 방법론적인 일관성 문제도 해결해야 할 과제이다. 마지막으로, 기능, 훈련 및 비밀자료 처리능력도 절대 필요하다.

## 5 평가계획서와 보고서의 적합성 검토

평가의 목표와 설계를 포함한 평가계획서는 분명한 입장에서 활용하는 사용자와 연구자금 관련기관이 비판적으로 검토하는 것이 일반적이다. 제안 받은 평가설계를 구안할 때는 뒤에 오는 평가보고서와 그 사용과정에 영향을 미치는 예비작업을 해야 한다.

### 1) 평가계획서 구안

두 단계를 거쳐서 평가설계를 구안한다. 첫 단계는 평가자와 의사결정자 간의 합의문 준비이다. 이 합의문서에는 평가의 중점(주제)과 몇 가지 기술적인 측면에 관한 상호간 이해사항이 명문화된다. 즉 의사결정자, 평가될 실제, 평가의 목적 및 몇 가지 평가기법이 명문화된다. 이 합의문은 설계를 구안하는데 필요한, 다음 단계의 일련의 활동을 합법화 한다. 관심과 의문해결에 필요한 자료들은 그 관련 인사들과의 면담, 참여활동 관찰과정 등을 통해서 수집하여 분석한다. 이 과정에 계획단계와 계획서 수정 및 필요한 선수 요구 분석 과정이 포함된다.

평가설계는 다음 사항이 구체화된다. : 수집될 자료유형, 자료수집에 동원될 인물, 자료 수집 시간, 모집단 또는 관찰 현상, 자료분석 방법 등이 기술된다. 설계는 평가자와 의사 결정자 사이의 합의에 의해 재조정하고 명료화되어야 한다. 합의된 사항은 양쪽(평가자와 의사결정자) 모두 준수해야 할 법적, 윤리적 책임이 있다.

평가계획서의 적합성 검토에 고려되는 일반적인 준거를 Schumacher(1989)는 다음과 같이 제시한다.

① 평가되어야 할 실제사항이 명료하게 규정되었는가?
② 평가될 실제사항은 목표와 기대되는 효과(성과)를 포함하고 있는가?
③ 평가과정에 대한 일반적인 취지가 구체화되었는가?
④ 평가과정에 관련된 모든 청중(또는 독자)들이 구체화되었는가?
⑤ 선정된 평가문항들이 교육실제의 장점이나 가치 또는 이 양자를 판정하는 청중(대상자)에게 적합한가?
⑥ 각 평가문항에 대한 자료수집 절차가 제시되었는가?
⑦ 선정된 측정기법이 이 평가활동에 타당하며 신뢰로운가?
⑧ 종합적이고 정확한 평가를 하기 위하여 또 다른 자료를 다른 원천으로부터 수집할 것을 요구하지 않는가?
⑨ 자료수집과 분석이 비공식적인 송환작용과 공식적인 보고서 작성에 유용한가?

또 다른 고려사항은 다음과 같다.

① 계획대로 보고서가 나오게 되면 청중이 그 정보를 최대한 이용할 수 있는 적정기인가?
② 보고할(서면보고 또는 대담보고, 그 외 다른 보고) 방법과 과정이 구체화되었는가?
③ 인간의 권리가 보호되는가?
④ 평가계획이 경제적 효용성을 갖는가?

⑤ 평가과정이 자료를 수집하여 모든 청중에게 균형 잡힌 보고를 할 수 있을 만큼 정치적으로 실현 가능한가?

### 2) 평가보고서의 적합성

평가보고서의 적합성을 판정하는 준거는 보고서의 두 측면을 강조한다. 평가의 중점과 설계, 발견사항, 결론, 그리고 추천(시사)이다. 아래의 항목들은 전형적인 준거이다.

① 내용, 목표, 실제의 기술, 평가의 일반적 취지, 사용된 평가접근법 등과 함께 평가의 중핵(focus)이 진술되어 있는가?

② 구체화된 자료수집, 분석절차와 더불어 평가문제가 진술되어 있는가?

③ 평가의 제약점을 포함하여 완전히 공개적인 진술과 함께 결과는 균형 잡힌 방법으로 보고되었는가?

④ 발견사항은 다양한 사실적 자료에 근거하며 객관적으로 보고되었는가?

⑤ 결론과 추천이 보장될 만큼 충분한 정보를 제시하고 있으며 합리적인가?

### 3) 교육평가연구의 장 · 단점

평가연구는 교육개선에 필요 불가결하지만, 교육의 결점을 완전히 해결해주지는 못한다. 교육은 광범위하고 복잡한 활동으로서 변화하는 상호 독립적인 사회적, 정치적 사회에서 수행된다. 평가는 교육실제에 합리적이고 경험적인 관점을 제공하는 활동이다.

교육평가 연구의 내재적인 장점은 다음과 같다.

① 체계적인 기초 위에서 개선을 계획하고 수행한다.

② 비싼 값이 요구되는 프로그램과 실제의 경제성을 분석한다.

③ 학생발전에 관계되는 교육효과에 대한 고정관념이나 편견을 검증한다.

④ 교육프로그램의 질을 평가함으로써 전문적인 책임감을 수행, 증명한다.

⑤ 경험적인 제약이 따를 때 교육실제에 대한 불확실성을 경감한다.

⑥ 의사결정을 합리화하고 공적인 이미지를 증진시키기 위하여 필요한 외부기관의 요구조건을 만족시킨다.

평가가 갖는 단점은 다음과 같다.

① 교육실제와 교육정책을 세우기 위한 대부분의 평가연구가 실패하고 있다. 평가정보 사용에 영향을 미치는 요인을 이해하지도 못하고 평가연구를 수행하는 경우가 많다.

② 평가연구는 교육정책의 실제 및 의사결정에 영향을 미치는 많은 요인들 중 하나일

뿐이라는 사실을 인식하지 못한다.

## 6 평가연구의 질 판정 준거

미국의 교육연구회와 심리학회 등 전문위원회들로 구성된 교육평가 표준위원회(The Joint Committee on Standards for Educational Evaluation)가 발족되고, 표준을 개발하여 현장검증까지 수행했다. 그 표준이 개발된 주요 이유는 다음과 같다.

① 몇 몇 평가연구의 기능적인 질이 미진했고, 어떤 연구는 평가되어야 할 실체에 견주어 미약하고 무의미했다고 점진적으로 인식되었다.
② 평가과정이 숨겨진 동기 등으로 인하여 정도를 벗어났다.
③ 이 교육평가표준 합동위원회는 표준을 발간함으로써 교육평가의 전문성이 향상되리라고 느꼈다. 이 위원회는 "양호한 평가연구는 네 가지 중요한 준거(유용성, 실행가능성, 적합성 및 정확성)를 만족시켜야 한다는 데에 의견일치를 보았다.

평가는 영향력 있는 인사에게 정보를 제공하고, 시간적으로 적당하며, 활용성(useful)이 있다면 유용성(utility)이 있는 것이다. 실행가능성(feasibility)은 먼저, 평가설계가 연구 수행되는 사태에 적합하고, 둘째, 설계가 비용 절감적(cost-effective)이어야 함을 뜻한다. 적합성(propriety)이라 함은 평가에 의해 영향받는 사람들의 권리가 보장될 때를 일컫는다. 정확성(accuracy)은 평가연구의 결과가 평가될 실체(entity)에 대비하여 타당하고, 신뢰로우며, 종합적인 정보를 줄 수 있는 정도라 할 수 있다.

각 준거별로 구체화하면 다음과 같다.

### (1) 유용성(utility)

① 청중확인(audience identification)
② 평가자 신뢰성(credibility)
③ 정보범위와 선택
④ 가치 부가적 해석
⑤ 보고서의 명료성
⑥ 보고서 보급

⑦ 보고서의 시기성(report timeliness)
⑧ 평가효과(evaluation impact)

### (2) 실행가능성(feasibility)

① 실제적 절차
② 정치적 타당성
③ 비용 절감

### (3) 적합성(propriety)

① 형식적인 책임
② 관심의 갈등
③ 완전히 진술하게 개방(공개)
④ 공공연하게 알아야 할 권리
⑤ 인간관계
⑥ 균형 있는 보고
⑦ 회계 책임

### (4) 정확성(accuracy)

① 객체 확인
② 내용분석
③ 목적과 절차기술
④ 신뢰로운 정보원
⑤ 타당한 측정
⑥ 체계적인 자료통제
⑦ 양적 정보분석
⑧ 합리화한 결론
⑨ 객관적인 보고

이 표준들은 단순한 참고서(cookbook)가 아니고, 양호한 평가실제가 갖추어야 할 바람직한 특성들을 편찬해 놓은 것이다. 이 표준에 따라 연구수행 가부를 결정하게 되고, 목표를 명료화하여 총평하며 자료수집 및 분석과 발견물의 보고서 작성까지 할 수 있다.

# 08 연 | 구 | 문 | 제

1. 교육연구와 평가연구를 비교하여 유사한 점과 차이점을 논의하시오.

2. 결정지향평가연구와 자연적 평가연구를 비교하시오.

3. 교육평가연구의 장 · 단점을 논의하시오.

4. 문제를 확인하여 아래의 평가 상황을 분석하고, 새로운 절차를 제시하시오.

   * 교육감은 고등학교 수학에 있어서 새로운 독립 연구 접근과 규칙적인 교육적 접근을 비교하기 위해시 평가하기를 원했다. 교육청 관할 지역 평가 위원들과 의견 일치된 사항을 아래와 같이 진술했다.

   1) 평가는 고등학교 수학담당 교사가 독립 연구 접근법을 전지역에 걸쳐 적용할 것인지의 여부를 결정할 수 있도록 돕는 것이다.
   2) 그 절차는 고등학교 수학 선생님들의 20%를 무선선택하고 그들이 담당하여 가르치는 모든 학생들을 포함하는 두 가지 접근법의 전 지역에 걸친 비교를 수행하는 것이다.
   3) 수학 성취도, 학생 태도 및 교사 열의가 평가된다.
   4) 교사들을 무선표본한 후 두 집단으로 분류해서 두 가지 다른 접근법을 수행토록 하여 비교한다.

장학관은 평가에 의해 적용을 위한 결정을 하는 것보다 오히려 새로운 접근을 향상시키는 피드백 제공을 나중에 결정한다. 장학관은 그 사업에 교사들과 학생들을 배치하는 절차를 변경했는데, 무선배정되지 않는 결과를 변화시켰다.

한 번 의견일치를 본 평가의 초점과 설계는 동일할 것이라고 가정한 임원진들은 초기에 계획한 바대로 자료를 수집, 분석했다. 평가자들은 학생태도가 두 가지 접근법에 비슷한 것으로 발견했지만, 학생성취와 교사 열의는 독립적인 교수 접근법 집단이 의미 있게 높은 것임을 발견했다. 보고자는 이 독립 접근법이 우수하여 채택할 것을 추천했다.

교육감은 보고가 독립 교수 접근법 향상에 도움이 되지 못했다는 것에 실망을 했다. 각 부서의 책임자들은 발견을 신뢰할 수 없다고 불평했다. 왜냐하면 독립 교수 접근법에 배정된 많은 교사들은 연구를 시작하기 전에 그것에 대해 호감을 가졌고 독립 연구 학급의 학생들은 프로그램 시작 전에 일반적으로 높은 성취 수준을 유지했기 때문이다.

5. 목표지향 평가와 결정지향평가 및 참여/자연적 지향 평가 각각의 원리를 설명하시오.
   1) 각 평가의 장점을 진술하시오.
   2) 각 평가의 단점을 논의하시오.
   3) 각 평가방법 상호간의 보완 가능성을 논의하시오.
   4) 교육 현장에서 수업과정의 질적평가에 적합한 방법을 선정하고, 그 이유를 설명하시오.

6. 평가 계획서의 질 판단 준거를 설명하시오.

7. 평가연구의 질 판정 준거에 대하여 논의하시오.

CHAPTER 09

# 기술연구

기술연구는 연구자가 탐구하고자 하는 현상을 있는 그대로 객관적으로 관찰, 측정하여 기록하는 연구이다. 기술 연구는 있는 그대로의 현상을 결정하여 보고하는데 그 목적이 있다. 기술적인 연구과정에서는 찾고자 하는 변수들간의 관계를 중요시한다. 자연적인 상태에서 변수들간의 관계를 탐색하는 일이 인과관계를 밝혀 추리하는 일의 기초가 되기도 한다. 기술연구는 피험자들의 상태에 관한 가설을 검증하거나 의문에 대한 해답을 구하기 위해서 자료를 수집하고 분석하는 일까지 포함한다. 기술연구는 다양한 교육현상 또는 교육문제를 탐색하는데 필수 불가결하다.

전형적인 기술연구는 관찰법, 의견조사 및 자기보고 방식을 사용하여 수행된다. 즉 전형적인 기술연구는 태도검사, 의견조사, 인구학적 정보조사, 조건, 절차 등에 관심을 갖는다. 기술연구 절차도 변수를 조작하지 않을 뿐, 제반절차가 실험연구와 동일하다고 본다. 피검사자 표본이 주의 깊게 이루어지고, 적합한 도구를 구안하여 검사하고, 변수들간의 관계를 밝혀 결론을 내리고 보고서를 작성하는 일 등이 실험연구과정과 거의 같다.

기술연구만이 갖는 독특한 문제중의 하나는 질문지나 검사지의 회수율이 낮을 개연성이다. 회수도니 피험자의 응답이 회수되지 않는 피험자의 응답과 다를 수 있을 가능성을 예방할 방법이 없다. 기술연구는 연구주제의 특성에 따라 그 수행과정이 달라진다. 예를 들면, 내용분석 연구를 할 때에는 피험자집단이 필요 없게 된다. 그러나, 어떤 전집(모집단)치의 특성에 대한 추리를 해야하는 경우에는, 연구가설 진술에 필수적인 이론적 고찰, 연구설계(도구제작, 표집방법, 모집단 기술, 자료수집 및 분석방법)가 구체화되어야 한다.

많은 기술연구 유형이 있으며, 그 유형을 분류하기란 쉽지 않다. 근본적으로 그 유형을 분류하는 논리적 방법은 자료가 수집되는 방법에 따라 결정될 수 있다. 일반적으로 자기보고 방법이나 관찰법을 통해서 기술연구가 수행된다. 자기보고 방법과정에서는 질문지, 면담지, 또는 표준화 검사지(태도검사 또는 흥미검사)등을 통해서 개인들로부터 정보를 수집한다. 관찰연구에서는 연구자가 피험자들을 직접 관찰하기도 하며 상황에 대한 녹화

기록을 관찰하여 정보를 수집, 분석한다. 연구의 목적이나 특성에 따라 자기보고 방법과 관찰법을 동시에 사용할 수도 있다.

이 장에서는 자기보고연구 유형을 중심으로 하여 토의하기로 한다. 대표적인 자기보고 연구유형에 조사연구가 포함되지만, 이 연구방법은 장을 달리하여 토의하고, 여기서는 발달연구, 추수연구, 사회성측정연구 등을 다루기로 한다.

## 1 발달연구

발달연구는 근본적으로 상이한 연령수준, 성장수준 또는 성숙수준에 따라 의도한 행동특성이 어떻게 변화하는가 또는 다른가의 문제에 중점을 둔다. 발달연구는 발달의 경향, 속도, 유형, 그리고 성장·발달에 작용하는 여러 변수들간의 관계의 탐색이 그 목적이다. 또한 지적발달, 신체적 발달, 정서적 발달, 사회적 발달 또는 도덕적(윤리적) 발달 등 여러 측면의 발달적 특성(경향, 속도, 정도)을 탐구하기도 한다.

발달연구방법으로는 횡단적 접근법(Cross-sectional approach)과 종단적 접근법(Longitudinal method)으로 대별되는데, 두 방법 모두 각 각 장·단점이 있다.

횡단적 접근법을 사용하게 되면, 상이한 발달단계에 있는 아동들을 대상으로 하여 필요한 행동특성을 탐색하게 된다. 종단적인 방법을 쓰면, 동일한 연구대상, 즉 동일한 발달적 단계(연령단계 또는 학년수준)의 피험자들을 대상으로 하여 일정한 기간동안 지속적으로 관찰하여 의도한 행동 특성의 발달상태를 탐구한다.

종단적 방법을 통해서 초기 경험과 후기 경험의 구체적인 차이 뿐만 아니라 인과 관계까지 구체적으로 파악할 수 있다. 이들 두 방법의 장점과 단점을 비교해 보면 다음과 같다.

먼저, 종단적 방법은 앞서 언급했듯이, 개인 또는 집단의 성장 과정상 변화의 추이까지 구체적으로 파악할 수 있다. 그러나, 동일한 집단을 장기간(연구목적이나 특성에 따라 다르겠지만) 탐구하는데서 오는 단점도 많다. 경비가 많이 들고, 노력과 시간이 많이 투입되어야 한다. 연구의 내적 타당성 저해요인 문제로는 피험자의 탈락, 반복측정(검사)으로 인한 신뢰도 문제, 연구자 자신의 객관성 유지 문제, 측정도구의 변화(개선)로 인한 문제 등이 따르게 된다. 종단적 접근법의 장점 중 하나는 피험자에 대한 과거의 자료보다는 현재의 자료(태도, 신념, 흥미, 인지 측면)를 수집할 수 있다.

다음으로 횡단적 접근법을 사용하면, 종단적 접근법에 비하여 시간, 경비, 노력이 절감

된다. 그러나, 각 연령층 또는 학년층마다 상이한 피험자들의 검사(조사) 결과를 이용하여 동일한 피험자들의 연령별 또는 학년별 차이를 탐구한 것처럼 간주되어 버릴 위험이 따른다. 피험자들을 시간에 따라 관찰하지 못한다. 발달이나 연령에 관련된 변화에 대한 과거의 영향에 어떠한 정보라도 확보하기가 어렵다. 종단적 접근법처럼 횡단적 방법은 피험자가 다른 시기에 태어났을 때 존재하는 시대적 영향을 배제할 수 없다.

횡단적 접근과 종단적 접근에서 발생하는 문제를 좀 더 논의할 필요가 있다. 초등학교 저학년(1학년부터 4학년)의 언어발달능력(어휘력)의 학년별 특성을 연구한다고 가정하자. 먼저, 종단적 연구를 하게 되면, 연구를 시작하는 첫 해에 1학년 학생들을 무선적으로 표집하여 이 아동들의 언어발달 특성을 매년 관찰, 검사 또는 조사하여 비교하게 된다. 이 연구과정에서, 이 피험자들이 매년 똑같은 배경(문화배경, 사회배경 등)의 영향을 받는다고 보장할 수 없다. 다음으로, 횡단적인 접근법을 사용한다면 동시에 1학년부터 4학년에 이르기까지 각 학년별로 모집단으로부터 무선표집된 피험자들에게 언어발달 특성검사(관찰)를 실시하여 비교하게 된다. 이 때에도 근본적인 문제는 이들 피험자들이 단순한 연령으로 인한 차이 때문에 어휘력(언어발달력)에 차이가 생긴다고 보장하기 어려운데, 이는 각 학년 집단의 문화나 역사적 차이 때문이다.

이처럼 독립적인 횡단적 접근이나 종단적 접근으로 인하여 발생하는 문제를 극복하기 위하여 Achenbach(1978)가 제시하고 있는 횡단적－계열적 설계(Cross-sectional sequential design)와 종단적－계열적 설계(Longitudinal sequential design)를 소개한다.

### 1) 횡단적- 계열적 설계

이 방법은 각각 다른 학년집단에서 표본된 피험자들을 횡단적으로 연구하는 방법이다. 앞에서 언급된 1학년부터 4학년까지의 어휘력 발달 특성을 연구한다고 하자. 첫 해에는 1학년과 2학년으로부터 무선표본하여 관찰 조사(검사)하고, 다음 해에는 2학년과 3학년 집단으로부터 수집된 자료를 분석하며, 3년째 해에는 3학년과 4학년으로부터 자료를 수집하여 분석한다. 이 연구과정에서 고려해야 할 사항으로는 매년마다 각 학년별로 관찰할 때에 전년도에 참여시킨 피험자들이 아닌 새로운 피험자들을 관찰한다는 점이다. 연구대상을 해마다 새로 표본한다. 이 접근법의 특징은 첫 관찰시기로 부터 다음 관찰 시간까지 동일한 피험자를 연구대상으로 참여시키지 않아도 된다. 이 설계법의 약점은 시간의 경과와 함께 변하는 개인내의 특성경향을 파악하기 어려운 것이다.

### 2) 종단적- 계열적 설계

각 학년 피험자 집단을 동일한 종단적 연구기간 동안 관찰·검사하여 그 결과를 비교하는 접근법이다. 1학년으로부터 4학년까지의 어휘력 발달특성을 연구한다고 하자. 1학년과 2학년 피험자 집단을 각각 무선 표본 하여 3년 동안 계속적으로 관찰·검사하여 비교·분석하는 연구방법이다. 이 방법은 종단적 방법보다는 상대적으로 짧은 연구기간이 소요되는 반면, 횡단적인 연구방법보다는 긴 기간의 발달적 특징을 분석할 수 있다. 이 연구법은 발달적 특징에 변화가 있을 경우, 환경적(문화적) 영향인지 연령의 증가 때문인지, 아니면 이 두 변수간의 상호작용 효과인지를 좀 더 명료하게 탐구할 수 있는 장점이 있다.

## 2 추수연구

추수연구는 특정한 연구의 성과나 프로그램 적용 성과를 어느 일정한 기간이 지난 후(예를 들면, 1년 또는 그 이상의 기간이 지난 후)에 그 성과의 상태가 어떤지를 결정하기 위하여 수행하는 연구라 하겠다.

처치효과나 프로그램 적용효과가 즉시 나타나지만 어느 정도의 기간이 흐른 후에도 지속된다고 하는 증거가 필요할 때에 추수연구를 수행하게 된다. 특히 경비와 노력 및 인적 자원이 동원된 국가기관이나 연구기관에서 특수한 프로그램을 고안하여 적용했을 때에 그 단기적이고 즉시적인 효과는 일반적으로 증명되기 마련이다. 그러나 그 사업의 성공여부는 결코 단기적, 즉시적인 효과검증에 의해 입증된다고 보기 힘들 경우가 있다. 즉, 중·장기적인 효과를 분석할 필요가 있다. 이때 추수연구를 수행한다.

## 3 사회성 측정 연구

사람은 근본적으로 집단, 예를 들면 가족집단, 사회집단, 국가집단 등의 생활을 영위해 왔으며 앞으로도 영위할 것이다. 이러한 특성을 「인간 = 사회적 동물」이라는 개념에서도 찾을 수 있다.

사회생활을 해야 한다는 당위성 때문에 그 생활에 필요한 지식, 기능, 태도, 정서 등을 학습과정에서 배우게 되는 것이다. 그러면, 한 사회의 성격, 구조 및 기능 결정요소는 무엇일까? 인간과 인간의 다양한 상호작용과정에서 생기는 역할, 지위, 기대 등이 중심이 되어 이루어지는 함수관계라고 할 수 있다(황정규, 1986). 이러한 관점에서 보면, 인간관계가 한 사회집단의 특성을 결정하는 일차적 요인이라 할 수 있겠다. 이렇게 결정된 인간관계는 그 집단 구성원의 인성특성, 정의적 특성(태도, 가치관 등) 및 사회적 행동 특성까지 결정한다고 볼 수 있다. 학교단위(또는 지역사회단위)를 놓고 보더라도, 학교생활을 하는 과정에서 생성되는 우인관계, 호-불호관계, 인기-비인기학생, 고립 학생 등의 문제가 그 개인뿐만 아니라 집단 전체에게도 대단히 중요함을 인식하게 된다.

사회성 측정법이란 집단의 역동성을 보다 체계적이고 합리적으로 밝히기 위해서 집단 내에서 창출되는 역할, 지위 및 기대 등을 포함한 인간관계의 선호도, 배척, 무관심 정도를 측정하는 기법이라고 할 수 있다.

사회성 측정법을 Moreno가 획기적으로 발전시켰다. Moreno(1953)에 따르면, 사회성 측정방법은 한정된 집단원 상호간의 반응을 토대로 하여 그 집단의 구조, 성질, 역동적 상호관계를 분석하는 방법이다.

이 반응에는 매력(유인), 반발 및 무관심으로 분류된다. 학교나 학급단위로 사회성을 측정할 때는 주로 학생들 스스로 가장 좋아하는 사람, 또는 고립자, 만나기를 싫어하는 사람 등을 평정하여 기입하게 하는 방법을 쓰는데, 그 결과의 타당도와 신뢰도가 매우 높다는 것으로 밝혀졌다. 따라서 집단의 역동성을 객관적이고 타당하며 신뢰롭게 측정하여 다양하게 활용할 수 있음을 시사해 주고 있다. 더 나아가, 최근에는 심리적 환경개념이 강조되면서 피험자가 지각하거나 기대하는 학급생활, 교사의 기대에 따른 학생의 자기수행 예언력, 교사의 효율성(전문성과 지도성 등) 등에 이르기까지 사회성 측정 기법과정을 통해서 탐색되는 단계에 이르고 있다.

Moreno가 창안한 사회성 측정에는 사회성 측정 검사(Sociometric test), 자발성 검사(Spontaneity test), 역할 검사(Role test), 知人 검사(Acquaintance test) 등이 있다. 황정규 교수(1987)가 설명하는 Moreno의 사회성 측정 검사의 이론은 다음과 같다.

① 인간의 자발성과 창의성은 세계의 문제 뿐만 아니라 심리학의 문제라는 가정에서 출발한다. 한 집단 성원 각 개인이 자발적이고 창의적인 특성이 있다는 전제조건에서 사회성 측정의 의미가 있다.

② 사회성 측정이론은 행위과학이다. 사회적 관계는 실존하는 사회적 활동, 즉 집단활동에 관련되어야 하며, 실제적인 선택이어야 하며, 그 결과는 학생에게 어떤 의미까지 주어진다는 것을 함축한다.

③ 행위자 상호간에 흐르는 감정을 tele(텔, 집단 성원간의 기본적인 유인단위)이라 하며, 텔은 유인, 반발, 무관심 등 다양한 형태로 나타나며 측정될 수 있다.

④ 텔을 수렴하는 핵을 사회적 원자라 한다. 누구나 사회적 원자로 존재하며, 더 이상 나뉘어질 성질이 아닌 최소의 사회단위이다.

⑤ 문화의 단위를 역할(role)이라고 한다. 인간은 태어나면서부터 역할 행위를 하며, 이 역할 행위는 측정이 가능하다.

사회성 측정법과 관련된 몇 가지 개념을 정리해 보자.

① 인기자(star) : 일반적으로 가장 빈번하게 선택받은 개인이라고 할 수 있으나 (Moreno, 1959; Gay, 1990), 우연히 기대할 수 있는 것 이상의 선택받은 개인 (Bronfenbrenner, 1951)이라고도 한다.

② 고립자(isolate; outsider; a social island) : 아무런 선택도 받지 못한 개인이다.

③ 파벌자(clique) : 똑같은 기준에 의하여 서로 선택하였지만, 그들 이외의 다른 성원들에 의해 선택되지 않는 소수의 성원으로서, 특이한 하위집단을 구성한다.

④ 격리자(neglectee) : 거의 선택받지 못한 개인(Moreno, 1959)이지만, 우연히 선택될 수 있는 빈도보다 적은 선택을 받는 개인(Bronfenbrenner, 1951)이라고도 한다.

⑤ 배척자(rejectee) : 부정적인 선택만 받는 개인이다. 부정적인 질문을 할 때에만 고립자와의 식별이 가능하다.

⑥ 상호선택(mutual choice) : 두 사람이 서로 선택한 경우이다. 그러면서도 다른 피험자의 선택을 받을 수 있는 특성 때문에 파벌과는 구별된다.

⑦ 사회성 측정 분열(sociometric cleavage) : 두개 이상의 하위집단 사이에 선택이 거의 없는 경우를 말한다.

사회성 측정검사를 실시할 때 필요조건을 Moreno(1953)는 다음과 같이 진술한다.

① 선택하는 집단의 한계가 명확해야 하고, 선택 또는 배척은 그 집단 성원내에서만 가능해야 한다. 예를 들면 「이 학급에서 가장 좋아하는 학생을 고르시오」 등이다.

② 피험자가 바라는 대로 무제한의 선택, 또는 거부(배척)를 허용해야 한다.

③ 피험자가 선택 또는 부인할 수 있는 근거를 고려할 수 있는 준거를 마련해야 한다.

④ 사회성 측정 자료는 실제로 집단을 재구성하는데 사용되어야 하며, 피험자의 선택이 본인의 나중에 전개될 생활이나 일에 도움이 되어야 한다.

⑤ 집단 내에서 자기의 선택결과에 대한 비밀이 보장되어야 한다.

⑥ 질문에 사용된 어법이나 어휘 등은 피험자가 충분히 이해할 수 있어야 한다.

이들 준거는 순수한 사회적 상호작용 또는 사회성 측정에 유용하다. 그러나, 준사회적 특성측정에서는 선택과 부인의 수를 제한하기도 한다. 이러한 제한 조건을 두게 되면 검사시간이 절약되고, 자료의 양적 분석이 수월한 장점도 있다. 그러나 선택되지 않는 사람과 고립자를 식별하기 어렵다.

사회성 측정법이 유용하게 사용될 수 있는 경우를 이종승(1989)은 다음과 같이 진술한다.

① 새로운 집단을 조직하거나 기존 집단구조를 재구성하려고 할 때 필요한 정보를 수집

할 수 있다.

② 사회적 적응과정에 도움을 필요로 하는 피험자를 찾아내고 그 원인 진단에 활용할 수 있다.

③ 한 집단의 응집력과 집단내 성원들간의 수평적 및 수직적 인간관계를 분석하고자 할 때 이용할 수 있다.

### 1) 사회성 측정도구 제작과 실시

사회성 측정도구는 주로 질문지 형태를 취한다. 피험자 집단구성원으로 하여금 어떤 준거에 비추어 선택 또는 배척하게 하는 일이 매우 중요하다. 선택이나 배척이라 함은 그 집단내의 어떤 역할과 지위에 관계된 것이다.

사회성 측정 질문지 예를 이종승(1989)과 이영덕(1955)의 예시적 자료에 기초하여 생각해 본다.

응답자의 성 명 ________________ 검사일 ________________
학교명 ________________ 제 학년 반
성 별 : 남 여 생년월일 : 년 월 일

일 러 두 기

이 조사는 선생님이 우리 학급을 지도하는데 참고하기 위한 자료를 얻기 위해서 실시합니다. 이 조사 결과는 여러분의 학교성적평가에 전혀 관련되지 않습니다. 아래의 각 질문에 솔직하게 응답하기 바랍니다. 여러분의 응답결과는 아무에게도 알리지 않고 선생님이 참고만 할 것입니다.

- 우리 학급내에서만 골라야 합니다.
- 오늘 결석한 학생도 포함하여 생각해야 합니다.
- 같은 사람의 이름이 각 질문마다 다시 기재되어도 좋습니다.
- 성과 이름을 적어야 합니다.

1. 오늘 반장 선거를 한다면, 너는 누구를 반장으로 선출하겠는가?

______________________________________________

2. 오늘이 추석이면, 한 사람만 데리고 가서 놀 수 있다면 누구를 선택하겠는가?

______________________________________________

3. 만일 그 아이가 다른 일 때문에 갈 수 없다면, 그 다음에 누구를 데리고 가겠는가?

______________________________________________

4. 같이 공부하고 싶은 사람을 선택하라고 한다면 누구를 선택하겠는가?

______________________________

5. 이 학급에서 필요로 하지 않는 학생이 있다면 누구인가?

______________________________

보편적으로 부정적인 기준을 사용하는 것은 불가피한 경우 외에는 삼가하는 것이 바람직하다. 왜냐하면, 부정적인 질문, 「…… 하지 않고 싶은 사람은 누구인가?」는 피험자의 정서나 사회성 발달에 부정적인 영향을 줄 가능성이 크기 때문이다. 여기에서 불가피한 경우라 함은 후속할 계량적인 분석이나 집단의 분위기와 집단과정 분석을 목적으로 할 때이다. 연구자(특히 교사가 연구자일 경우)의 배척학생에 대한 부정적인 기대감이나 거절하는 행동에 영향을 미칠 가능성을 항상 염두에 두고 질문지의 부정적인 형태 제작에 주의해야 할 것이다.

### 2) 사회성 측정검사의 종류

동료 지명법(peer nomination method), 동료 평정법(peer rooster and rating method), 평판 검사법(reputation test), 쌍에 의한 비교법(paired comparison measures) 및 사진을 이용한 방법 등이 있다. 보편적으로 많이 쓰이는 동료 지명법과 동료 평정법을 검토하고, 사회간격 척도법(Social- distance scale)을 소개하고자 한다.

#### (1) 동료지명법

정해진 준거에 따라 각 아동이 몇 명의 급우(친구)를 선택하도록 허용하는 방법이다. 선택 허용수가 무제한인 경우, 각 학생에 대한 선택수가 많고 적음에 따라 본인의 대인관계가 자기 확장적인지 자기 폐쇄적인지를 판단할 수 있다. 다른 구성원으로부터 선택된 빈도가 그 학생의 사회성 측정 지위점수 또는 사회적 수용정도가 된다.

별개의 두 영역으로 분리하여 채점·비교·분석하던 긍정적 선택준거와 부정적 선택준거의 피선택수(빈도)를 결합하여 사회성 측정지위개념을 명료화하는데 다음의 공식이 적용될 수 있다.

사회적 영향력 = 긍정적 피선택 빈도 + 부정적 피선택 빈도

사회적 선호도 = 긍정적 피선택 빈도 − 부정적 피선택 빈도

### (2) 동료평정법

그 집단의 전체 성원의 이름이 기록된 명부를 분배한 후, 각 성원들이 그 집단 구성원 개개인을 평정하게 하는 방법이다. 좋아하는 정도나 배척하는 정도에 따라 3단계 - 7단계 척도로 표시할 수도 있다. 이 방법의 기본 가정은 동일한 척도가 집단내의 사회적 역동관계를 심리적으로 어느 정도까지 반영한다는 것이다.

### (3) 사회적 거리감 척도(Social-distance scale)

이 방법은 Bogardus(1933)가 개발했다. 피험자가 집단 구성원들로부터 얼마나 수용 또는 배척되는가의 정도를 측정하기 위해서 고안되었다. 동료평정법과 비슷한 측정법이라 할 수 있다. 예를 들면, 특정교실(학급)상황에서, 개인에게 적용될 때 그 선택범위가 다음과 같이 될 수 있다.

나는 그의 가장 친한 벗이 되고 싶다: 완전한 수용
나는 그의 옆에 앉아도 괜찮다: 부분적 수용
나는 그가 우리반 학생이 아니기를 원한다: 배척

## 3) 사회성 측정결과 분석법

사회성 측정결과를 분석하는 방법은 크게 3가지로 나누어 볼 수 있다. 첫째, 사회성 측정 행렬(Sociometric matrix)법. 둘째, 소시오 그램(Sociogram)법. 셋째, 사회성 측정 지수(Sociometric index)법 등 세 종류이다.

### (1) 사회성 측정 행렬법

행동과학 연구자에게 중요한 가능성과 시사성을 부여하는 방법이다. 이 방법은 Forsyth와 Katz(1946)에 의해 고안되었다. n × n (n=피험자수)의 행렬이 생기며, 일반적으로 행을 선택하는 쪽, 열을 선택하는 쪽으로 사용한다.

실제로 4개의 선택문항과 1개의 배척문항으로 구성된 수용정도 검사를 6명에게 실시한 결과이다. 각 세포내의 번호는 선택문항 번호이며, x는 배척을 뜻한다.

해석방법을 생각해 보자

먼저, 행의 합계가 제한된 선택이기 때문에 유의미성을 찾기 힘들지만, 무제한의 선택을 할 수 있다면 군집지수를 나타내고, 집단성원간의 수용적 관계나 배척관계를 제시해 줄 것이다.

<표 9-1> 사회성 측정 행렬표

지명 받는 피험자

| | 번호 | 번호 | 1 | 2 | 3 | 4 | 5 | 6 | 계 | |
|---|---|---|---|---|---|---|---|---|---|---|
| | | 성명 | 김지숙 | 김지미 | 김지선 | 사명희 | 조선영 | 하영숙 | 선택 | 배척 |
| 지명하는 피험자 | 1 | 김지숙 | | | 1 | 1,3 | 4 | x | 4 | 1 |
| | 2 | 김지미 | 3 | | 4 | 2 | x | 1 | 4 | 1 |
| | 3 | 김지선 | x | 2 | | 1 | ④ | 3 | 4 | 1 |
| | 4 | 사명희 | 1 | 3 | 4 | | 2 | x | 4 | 1 |
| | 5 | 조선영 | 3 | 2 | ④ | 1 | | x | 4 | 1 |
| | 6 | 하영숙 | x | 3 | 2 | 4 | | | 4 | 1 |
| | 계 | 피선택 빈도 | 3 | 4 | 5 | 6 | 3 | 2 | | |
| | | 피배척 빈도 | 2 | | | 0 | 1 | 3 | | |

다음으로, 열의 피선택 빈도와 피배척빈도는 그 집단 내에서 그 피험자의 사회적 수용도를 나타낸다. 피선택 빈도가 많을수록 사회적 수용도가 높다. 피배척 빈도가 많을수록 거부당하는 정도가 심하다고 말할 수 있다.

셋째, 대각선상의 세포에는 선택이나 배척이 없다. 이 대각선을 기준하여 대칭위치에 있는 세포내의 선택(④로 표시된 조선영과 김지선의 경우)은 상호선택을 나타낸다. 이 상호선택은 집단구조 분석의 기초자료가 된다. 이 밖에도 일방 선택, 무선택이 있으며, 이처럼 다양한 선택유형은 집단구조분석에 중요하다.

사회성 측정행렬법을 사용할 때의 장점을 정리해 보자.

① 외현적인 방법이기 때문에 누구나 연구하더라도 동일한 행렬을 얻을 수 있으며, 반복 검증을 할 수 있다.

② 긍정적인 선택, 배척 및 무관심 등을 임의로 하나의 행렬에 포함시킬 수 있음은 물론, 제한적인 선택이건 무제한적인 선택이건 관계없이 활용할 수 있다.

③ 행렬을 이용하여 다양한 계량적 분석을 쉽게 할 수 있다.

행렬을 이용한 사회성 분석법은 소시오그램에 의한 방법의 보완적인 것으로서, 소시오그램 방법과 병용할 것을 Moreno는 추천하고 있다.

### (2) 소시오그램 방법

소시오그램은 방향도식이라고도(Kerlinger) 하며, 집단구성원의 선택, 배척을 포괄적으로 도형에 나타내는 방식이다. 집단구성원을 나타내는 기하학적인 도형과 이 도형을 연결하는 다양한 종류의 선으로 이루어진다. 따라서 연구자의 창의적인 노력에 의하여 새로운 방법을 창안할 수 있다.

소시오그램의 특징을 김재은(1987)교수는 다음과 같이 제시하고 있다.

① 원리상 매우 간단하기 때문에 누구나 사용할 수 있다.

② 직관적으로 그 집단의 구조적 특징이나 인간관계를 파악할 수 있다.

③ 특정 개인의 지위나 역할 등도 전체적 관계 속에서 파악할 수 있다.

기본유형으로, 한 사람이 집단성원의 꽤 많은 수로부터 선택되는 인기형 선택의 화살이 일방적으로만 흐르는 연쇄형, 세 사람의 선택이 연쇄형으로 되어 있거나 상호 선택으로 되어 있는 삼각형, 두 사람이 상호 선택하는 단짝형, 집단성원의 배척 선택이 많이 모이는 배척형, 본인도 선택이나 배척을 않을 뿐 아니라 어느 누구의 배척이나 선택의 대상이 못되는 고립형 등이 있다. 이들 기본 유형들은 집단의 사회성 측정 결과를 소시오그램으로 나타낼 때에 혼합되어 활용된다.

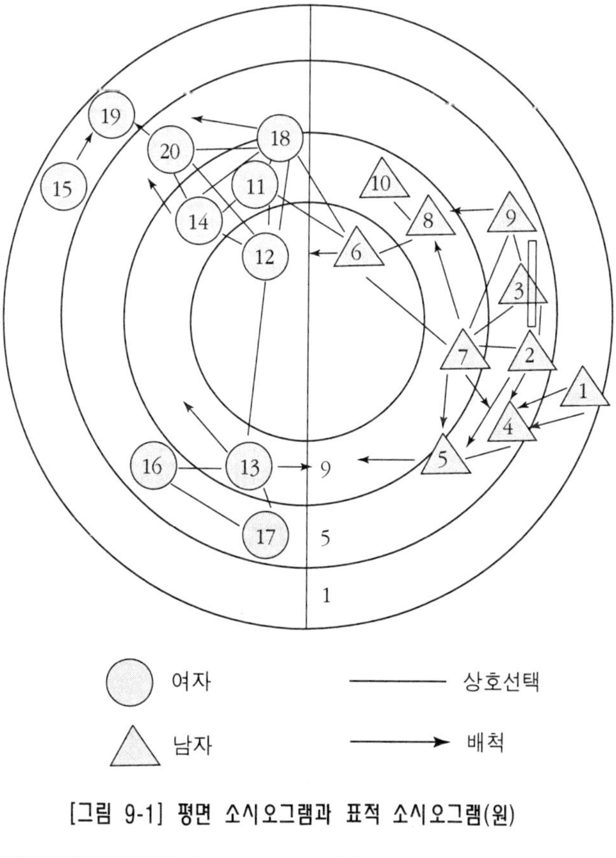


[그림 9-1] 평면 소시오그램과 표적 소시오그램(원)

Northway의 표적 소시오그램을 개관하면, 사회성 측정 결과를 입체적, 비중적으로 표시하기 위하여 이 방법을 고안해냈다. 각 개인의 선택된 빈도(수)에 따라 네 개의 동심원에 표시한다. 따라서 평면적 소시오그램에서는 뚜렷하지 않던 사회적 관계(지위, 역할 등)가 명백해지며, 집단의 응집성 등을 파악할 수 있는 장점이 있다. 표적 소시오그램의 제작 절차는 다음과 같다.

① 일반적으로 네 개의 원을 그린다(융통성 있게 증감할 수 있다).

② 반경 a의 원(가장 중심원)내에는 선택받은 빈도가 상위 25%의 대상을 그린다.

③ 반경 2a원 내에는 26-50% 대상을, 3a원 내에는 51-75%의 대상을, 나머지는 4a원 내에 표시한다.

④ 화살의 표시는 제1선택에 따라 한다.

⑤ 한 개의 표적원에는 한 두 개 정도의 진단에 유의미한 소집단만 표시하는 것이 원칙이다.

위의 소시오그램에서, 5와 19가 각 각 2명으로부터 배척받고 있다. 10은 다른 학생으로부터 선택받거나 배척받지도 않는, 도외시되는 것을 알 수 있다.

소시오그램이 갖는 약점(단점)은 다음과 같다.

① 동일한 자료라 할지라도 사람에 따라 다르기 때문에 일관성이나 객관성이 부족하다. 따라서 주관적일 위험성과 신뢰도를 저해할 가능성도 경시할 수 없다.

② 유형의 분석과 해석의 표준이 없기 때문에 집단의 사회성 특징을 파악하기 어려운 경우가 많다. 역으로 말하자면 앞으로 연구할 소지가 많다고 볼 수도 있겠다.

③ 대집단(20명 이상)인 경우와 사회성의 구체적인 분석을 목적으로 할 때는 소시오그램이 부적합하다.

### (3) 사회성 측정 지수법

지수법은 사회성 측정자료를 간명하게 요약하여 수치로 정리하는 방법이다. 지수 표시법은 소시오그램의 임의적이고 주관적인 단점을 극복하여 객관성과 일관성을 높이기 위한 시도라고도 볼 수 있다. 일반적으로 지수법은 개인의 특성분석 지수, 집단 특성분석 지수 및 하위집단 특성분석 지수로 대별할 수 있다. 개인 특징분석 지수와 집단 특성분석 지수가 실용적이다.

① 개인 특성분석 지수

한 개인이 그 집단에서 어느 정도로 선택받고 있으며 배척받는가를 가리키는 지수이다. 먼저, Proctor와 Loomis가 제안한 선택・배척지위지수 공식은 다음과 같다.

$$\text{선택지위} = \frac{C}{(n-1)} = CS$$

$$\text{배척지위} = \frac{R}{(n-1)} = RS$$

선택-배척지위 = CS - RS = CRS

C = 개인(i)을 선택한 사람의 수(빈도)
R = 개인(i)을 배척한 사람의 수(빈도)
n = 집단 구성원 수

산출된 선택지위 지수(또는 배척지위지수)가 높을수록 본인은 그 집단 내에서 수용도 또는 지위가 높다(배척정도가 심하며, 수용도가 낮다)고 말할 수 있다.

다음으로, 확산성 공식을 생각해 보자. Proctor와 Loomis(1951)는 선택의 수에 제한이 없을 때 개인이 받을 수 있는 최대한의 선택지위와 배척지위를 긍정적인 확산성과 부정적 확산성 공식에 의해 지수를 산출했다.

$$\text{긍정적 확산성 지수} = \frac{C_i}{(n-1)} = PE$$

$$\text{부정적 확산성 지수} - \frac{R_i}{(n-1)} = RE$$

$C_i$ = i를 선택한 사람 수
$R_i$ = i를 배척한 사람 수

Proctor와 Loomis의 선택지위 지수(또는 배척지수)는 집단구성원수를 결코 초과하지 않는 분자로 구성되기 때문에 그 지수가 별로 크지 않지만(그러나 사례수가 적으면서 선택수가 많으면 상대적으로 증가한다), 긍정적 확산성 지위 지수는 원리상 상대적으로 매우 클 가능성이 있음을 주의해야 한다.

② 집단 특성분석 지수

Proctor와 Loomis가 제안한 집단 확산성과 집단 응집성 분석 지수를 고찰해 본다. 집단 확산성은 집단성원이 어느 정도 화합하여 선택하는지를 나타낸다. 집단 응집성 지수는 집단생활에 대한 유인가(매력)가 어느 정도이며, 집단으로부터 이탈하려는 데 대한 저항감이 얼마나 되는지를 나타내준다. 그런데, 이들 지수는 집단에 따라 상대적으로 높고 낮은 정도만 나타낼 뿐 절대적 지수가 아니라는 것을 염두에 두어야 한다.

$$\text{집단 확산성 지수} = \frac{C_t}{N}$$

$$\text{집단 응집성 지수} = \frac{T}{C_2^n}$$

$C_t$ = 집단 성원이 선택한 총수
$T$ = 상호선택 총수
$C_2^n = \frac{n(n-1)}{2}$
n = 집단 구성원 수

지금까지 살펴본 사회성 측정결과는 보편적으로 다음과 같은 경향이 있다.

① 정적 편포 경향이다.

② 고립형이 잘 나타나지 않는 경향이 있다.

③ 이성간 상호선택이 거의 없으며, 양분되는 경향이 있다.

이 문제는 피험자들의 심리적 특성이 개방적이지 못하거나 검사 받은 결과의 쓰이는 곳에 대한 그들 자신들의 지각 또는 기대 때문에 솔직하게 표현할 수 없는 특수한 제약성 등도 관련되리라고 생각할 수 있다.

# 4 내용분석 연구

## 1) 내용분석의 정의 · 기초 · 목적

내용은 의사소통과정에서 매우 중요하며, 언어, 문자, 음악, 행동적 상징을 통한 의미들의 실체이다. 내용분석은 이처럼 다양하게 표현된 내용을 객관적 · 체계적 · 수량적으로 확인, 분석, 기술하기 위한 한 가지 연구방법이다.

내용분석의 목적의 목적은 ① 널리 행하여지고 있는 실천이나 조건 기술; ② 비교적 중요하거나 흥미 있는 제목이나 문제 발견; ③ 교과서나 다른 출판물에 제시되어 있는 곤란 정도 발견; ④ 교과서 내용의 선입견, 편견 또는 선전을 평가: ⑤ 학생 작품의 오류형태 분석; ⑥ 인물 · 정당 · 기관 · 국가 혹은 관점을 나타내는 상징의 내용 분석; 및 ⑦ 작가의 문형 · 생각 · 신념 탐색 등을 수행하는 데에 있다. 홀스티(Holsti, 1996)가 주장한 8가지 목적은 ① 과학적 가설의 검증; ② 커뮤니케이션 내용에 대한 경향성 기술; ③ 기존 자료의 특징과 커뮤니케이션에서 제시되는 메시지와 관계 검증; ④ 커뮤니케이션 내용의 표준화에 대한 검사; ⑤ 설득기법에 대한 분석; ⑥ 스타일에 대한 분석; ⑦ 청중에게 알려진 속성을 산출된 메시지와 연계; ⑧ 커뮤니케이션 패턴에 대한 설명 등이다.

## 2) 내용분석의 기능/활용

(1) 질문지나 검사 혹은 관찰 등의 방법을 통해서는 필요한 정보를 얻기 어려운 상황
- 역사적 고찰, 사망했거나 접근하기 힘든 인물에 대한 연구

(2) 어떤 정책내용이나 교육 프로그램의 내용에 관한 평가연구를 할 경우

(3) 어떤 특수한 목적을 위해서 새롭게 개발한 자료를 분석할 경우 - 어떤 특정한 상황하에서의 대화내용의 녹음, 어떤 주제에 관하여 글을 쓰도록 해서 얻은 자료를 분석하는 경우

(4) 교육분야에서는 학생들의 작문을 분석하거나 교과서 내용 · 교육 프로그램의 내용을 분석하는 경우

## 3) 내용분석의 장 · 단점

### (1) 장점

① 시간과 비용을 절감하고, 잘못 수행되었다 하더라도 다시 반복할 수 있다.

② 장기간에 걸친 종단적 연구를 수행할 수 있다.

③ 연구자가 관심의 대상이 되는 현상에 직접 참여하지 않으므로 연구자가 연구에 영향을 미치지 않는다.

### (2) 단점

① 기록으로 존재하는 자료만을 조사할 수 있다. 실제 커뮤니케이션 행위는 구어, 문어, 그래픽 등 다양한 형태로 나타날 수 있지만, 내용분석은 그 행위가 어떤 형태로든지 기록되어 있지 않으면 연구할 수가 없다.

② 타당성과 신뢰성이 결여된 직관적 사고에 의해서 이루어질 위험성이 있다.

## 4) 내용분석의 절차 및 방법

내용분석 연구계획 단계에서 먼저 고려해야 할 일은 성취해야 할 구체적 목표나 검증되어야 할 가설을 설정하는 일이다. 내용분석 연구를 통해서 성취하려는 목적은 아래에 제시된 세 가지 목표의 하나이다(Borg, 1983).

첫째, 기술적인 정보 분석: 예를 들면, 고려 여성들의 사회생활 참여정신에 관한 주제를 분석하기 위해서 역사 문헌에서 발견된 내용분석을 함으로써 고려 여성들의 사회생활 참여에 관한 정보를 더 잘 이해하게 될 것이다.

둘째, 연구결과의 교차 타당화: 내용분석법은 면접법이나 관찰법 등 상이한 방법으로 수행된 연구결과를 검토하는 데에 효과적이다. 예를 들면, 영어 교수와 면접을 통해서 수행된 대학 신입생의 서면 의사소통 능력 부족 정도에 관한 연구결과를 대학 신입생 표집의 작문에 관한 내용분석법에 의해 검토할 수 있다.

셋째, 가설 검증: 내용분석법은 관련성 탐구나 이론 검증에 적용될 수 있다.

학자들에 따라 다양한 절차를 제시하는데, 일반적으로 다음과 같이 수행된다.

### (1) 주제와 가설의 설정

분석의 궁극적인 목표를 분명히 한다.

### (2) 모집단에 대한 정의

① 연구대상의 범위와 경계를 규정하는 것이다. ② 연구주제의 범위와 연구기간이라는 두 가지 차원을 고려한다. ③ 관련된 모집단에 대해서는 적절하게 조작적 정의를 내린다. 예를 들면, '본 연구는 2002년 5월 1일부터 7월 31일까지 서울 지역의 케이블 TV 시청에 대한 연구'이다.

### (3) 표본선정

① 표집단위의 규정 : 연구에서 표집단위를 명확히 규정해야 실제의 분석대상이 되는표본을 제대로 추출할 수 있으며, 또한 적당한 표본의 사례수도 결정할 수 있게 된다. ② 표본의 사례수의 결정 : 분석대상의 크기를 얼마로 할 것이냐의 문제이다. 전집을 대표할 수 있도록 표집이 되지 않는 한, 작은 표본은 그 만큼 많은 위험성을 내포하게 된다. ③ 표집의 방법과 선택이다. ④ 다단계 표집의 전형적인 두 단계 : 내용분석의 자료원 표집, 연구의 기한 제한이다.

### (4) 유목화(類目化)

가. 유목의 개념

유목이란 대체로 변인에 해당되는 것으로서, 분석하고자 하는 내용의 전집을 분석하는 기준 또는 그 분석 항목을 말한다. 즉, 의사소통 내용을 기술하고 분류하는 체제로써 예를 들면, 여론분석에서 응답자에게 물어보는 여러 가지 항목, 즉 정치적 태도, 성별, 종교, 직업 등은 분석의 범주에 해당하는 것이다.

나. 유목화 작업에서 유의할 사항

① 유목은 연구문제 및 목적에 부합되어야 한다. ② 유목은 망라적(網羅的)이어야 한다. 분석하려는 내용의 항목이 하나도 빠짐없이 모두 특정 유목 속에 포함되도록 해야 한다. ③ 유목은 상호배타적(相互排他的)으로 설정되어야 한다. 한 가지 내용항목이 다른 유목에 동시에 중복되게 분류됨이 없이 오직 하나의 유목에만 해당되도록 해야 한다. ④ 유목은 상호독립적이 되도록 설정해야 한다. 어떤 내용자료를 한 유목에 집어넣을 때, 그것이 다른 자료의 분류에 영향을 미쳐서는 안된다. ⑤ 같은 차원의 유목은 단일기준(單一基準)에 의하여 분류되도록 만들어야 한다는 단일분류원칙이다. 이 원칙은 개념적으로 다른 분류

기준은 별도로 분리해서 다루어야 한다는 것이다. 서로 다른 수준의 내용을 같은 차원의 유목으로 분류하면 분석결과를 비교하기 곤란하고 그 의미도 모호해지기 때문이다.

### (5) 유목의 유형

가. 내용의 실체에 관한 유목 : "What is said" Category

① 주제 : 가장 널리 사용되는 것으로 커뮤니케이션의 내용을 있는 그대로 알아볼 때 사용된다.

② 방향 : 어떤 내용이 지니는 지향, 성격 또는 찬반의 태도 등을 연구할 때 적용되며, 명목척도나 등급척도가 사용된다.

③ 기준 : 내용의 방향에 대한 근거를 분석할 때, 즉 '커뮤니케이션' 내용이 어떠한 기준에 의해서 평가되고 있는가를 밝히기 위한 것으로 일반적으로 강자-약자, 도덕성-비도덕성과 같이 양분법적인 카테고리가 사용되나 이 사이에 세분된 중간적 기준들이 포함될 수 있다.

④ 가치 : 내용이 제시하는 가치관, 목적, 요구 등을 알아볼 때 사용되어 진다.

⑤ 방법 : 행위의 목적을 달성하기 위한 수단을 밝히기 위한 것으로 어떻게 목표에 도달하였는가 하는 것이 이 카테고리의 기본 문제이다.

⑥ 특징 : 개인, 제도, 정책 등의 특징을 밝히기 위한 것으로 특히 인물의 기술에 사용된 특성을 알아 볼 때 많이 사용된다.

⑦ 행위자 : 어떠한 사회적 행동을 주도하는 개인이나 집단을 밝히기 위한 분석 카테고리이다.

⑧ 권위 : 출처(source)라고도 하며, 커뮤니케이션 내용을 진술하는 사람, 집단 또는 연구대상 권위의 정도를 분석하기 위한 것으로 인용문의 출처, 비개인적 권위 등이 카테고리로 사용된다.

⑨ 기원 : 커뮤니케이션의 내용이 어디서부터 왔는가 하는 기원이 되는 출처를 밝히는 데 사용된다.

⑩ 목적(target) : 커뮤니케이션이 목표로 하는 사람 및 집단을 분석할 때 즉, 누구에게 향하고 있는가 하는 수신과정의 특성을 밝히기 위한 것으로 일반 대중 및 특수한 집단에 향하는 정도를 분석하는 데 사용한다.

나. 내용의 형식에 관한 유목 : "How it is said" Category

① 형식 : 커뮤니케이션 내용의 매체, 형식 내지는 형태상의 분류를 취급하는 것으로 출판물의 경향분석에 있어서 소설-비소설로 분류한다든가 라디오의 내용분석에 있어서 소재를 고전음악, 가요, 방송극, 뉴스, 대담물 등으로 분류하는 것이 그 예이다.

② 진술 : 커뮤니케이션 내용을 구성하는 문법적인 구문형식을 밝히려 한다.
③ 강도 : 커뮤니케이션 내용이 가지는 힘 또는 흥분가치를 보기 위한 것이다.
④ 수단 : 수사학적 또는 선전적 방법을 알아볼 때 사용된다.

### (6) 분석단위의 결정

가. 분석단위의 의미 - 단위는 기록만 하는 경우와 출현빈도만 가지고는 내용의 진의를 파악할 수 없어 맥락까지를 고려해야 하는 경우로 나눌 수 있다. 전자를 기록단위라 하고, 후자를 맥락단위라 한다. 예를 들면, 단어, 기호, 문장, 절 또는 기타 문법적 단위, 한 권의 책, 책의 특성이나 줄거리와 같이 책의 특정한 측면을 들기도 함.

나. 분석 단위 종류
① 단어(word) : 최소의 단위로써 낱말이나 기호를 분석단위로 삼으면 분석하기는 쉽고 간단하지만, 작업이 너무 방대해지고 결과의 해석에 제한을 받는 흠이 있다.
② 주제(theme) : 어떤 내용에 담긴 가치 · 태도 · 주장 등을 연구하는 경우에는 개별적 단어를 분석하는 것보다는 그 내용 전체에 흐르는 주제를 분석하는 것이 효과적이다. 그러나 이것은 단어분석에 비하여 상대적으로 어렵고 신뢰도가 낮아질 위험이 있다.
③ 인물(character) : 문학작품, 라디오나 텔레비전 프로그램, 교과서 등에 등장하는 인물의 성격과 특징을 개념화시켜 분석하는 것이다.
④ 항목(item) : 항목이란, 단행본 · 논문 · 방송 프로그램 · 영화 필름 등이 전체로서 한 개의 단위가 되는 것이다.
⑤ 시간적 · 공간적으로 차지한 양 : 인쇄물인 경우 페이지 수로 따지고, 방송 프로그램은 방송된 시간의 양으로 분석하는 것 등을 말한다.

### (7) 수량화의 원칙 결정

내용분석의 방법을 사용하는 주목적은 대개 질적인 내용을 좀더 객관적 · 체계적으로 평가하는 데 있으므로 수량화하는 것이다. 수량화의 방법으로 가장 널리 쓰이는 것은 빈도를 계산하는 것이다. 이 밖에 유목에 서열을 매기거나 강도의 평정을 하는 수도 있다. ① 명목수준에서 볼 때 각 범주의 단위 발생빈도를 계산한다. ② 동간수준에서는 코더(corder)가 특정 인물 혹은 상황의 속성을 평가할 수 있는 척도를 개발하기도 한다. ③ 비율수준에서의 측정은 보통 시간과 공간의 측정에 사용된다.

### (8) 코딩(coding)

① 내용분석의 자료를 코딩하는 것은 보통의 질문지법을 사용하는 경우보다 시간이

많이 걸린다. ② 내용분석의 코딩에서 코더(coder)들을 잘 훈련시키는 것은 분석의 신뢰도를 높이는데 매우 중요한 요인이 된다. ③ 코딩을 쉽게 할 수 있도록 코딩 양식(coding sheet)을 사용하였는데, 컴퓨터의 발달과 소프트웨어의 발달로 인해 자료를 코딩하거나 도표화하는 것이 간편해졌다.

### (9) 분석방법

주로 백분율, 평균, 최빈치, 중앙치와 같은 기술 통계치를 사용한다.

가. 등장여부분석

① 기록단위 속에 특정한 범주가 분석대상의 내용 속에 등장하였는가에 따라서 측정하고 설명하는 방법이며 가장 단순한 설명체계이다.

② 명목수준의 분류를 의미하며 질적 자료분석에 해당한다.(사건이나 현상이 존재하는지의 유무 파악)

나. 등장빈도분석

① 문서 속에 특정한 분석단위의 범주가 나타난 빈도를 측정함으로써 내용을 분석하는 방법이며 내용분석에서 가장 많이 사용하는 방법이다.

② 빈도계산은 존재의 유무에서 나아가 현상의 특성을 설명하는 기초

③ 빈도계산법은 내용 속에 등장하는 모든 범위를 동등하게 취급한다는 점에서 문서가 지닌 중요한 정보를 간과할 수 있는 문제를 지닌다.

다. 공간 또는 시간분석

① 특정한 범주가 차지하는 시간 또는 공간의 양에 비중을 두어 그 양이 크거나 많을 경우 양이 작은 경우보다 중요하게 간주하는 설명방법이다.

② 공간분석은 특정한 주제에 할당되는 칼럼의 크기에 의해 측정하는 방법으로 신문 등에서 사용된다.

③ 시간분석은 방영되는 시간의 길이에 의해서 측정하는 방법으로 라디오나 TV의 프로그램을 분석하는데 주로 사용된다.

④ 특정한 범주의 등장여부나 등장빈도에 의한 설명방법보다 더 정교하고 세밀한 정보를 제공하는 분석방법이다.

라. 강도분석

① 분석대상이 되는 내용이 지니는 의미를 강도로 표시하여 설명하는 방법이다.

② 분석의 대상이 되는 내용 속에서 특정한 범주가 어느 정도로 강조되고 있는가를 측정하기 위한 수단으로 태도나 가치들을 조사할 때 적절하다.

③ 분석의 대상이 되는 내용 속의 변인이나 범주가 정확한 가치로 수량화되어 제시된

경우는 거의 없다. 그러므로 연구자는 척도 작업을 거쳐서 내용이 지닌 의미의 크기나 정도를 숫자로 나타내야 한다.

④ 갖가지 서열적 또는 시간적 척도들을 널리 활용할 수 있는 분석법이라는 점에서 내용분석법에 있어서 가장 수량화의 수준이 높은 분석의 기법을 적용한 체계이다.

(10) **자료의 해석**

수집되고 분석된 결과를 조사연구의 초기 단계에서 수립되었던 가설과 이론에 결부시켜 해석하는 과정이다. 즉 분석결과를 가설과 이론에 맞추어 이들의 진위를 밝히는 단계이다.

## 5) 내용분석의 전망

첫째, 질적, 양적 분석방법을 혼합하여 활용하려는 경향이 높아지면 순수한 표본추출의 범위는 좁아질 것이다. 그러므로 내용분석의 발전방향은 질적 분석이 지나친 주관성의 개입을 피해야 하며 다른 하나는 넓은 범위의 표본조사를 실시해야 한다는 점이다. 이와 같이 하였을 때 내용분석에 포함된 단점을 보완할 수 있고 정확성과 효과성도 높일 수 있다. 둘째, 순수한 의사소통 내용 가운데 말을 전하는 내용을 분석할 때 신문, 잡지, TV, 그리고 라디오 등 광범위한 내용을 대상으로 해야 한다. 결국 내용분석은 행태과학연구 방법의 하나로 발전할 것이다. 셋째, 연구목적, 연구방법, 가설설정 그리고 연구결과 등에 대한 평가를 할 때 과학적 방법에 치중함으로써 보다 완전한 행태과학적 연구방법으로 끌어올려야 한다. 넷째, 자료처리 방법은 점차 컴퓨터를 이용하는 것이 더욱 정확하고 신속하다. 그러므로 내용분석에도 전산화를 위한 기술이 다양하게 도입될 것이다.

# 09 연 | 구 | 문 | 제

1. 발달연구 설계로서 횡단적 접근법과 종단적 접근법의 원리를 설명하고, 각 각의 장점과 적용과정에서 유의할 사항을 토의하시오.
2. 횡단적-계열적 설계와 종단적-계열적 설계의 상호 보완적인 특성을 논의하시오.
3. 추수연구의 필요성을 토의하시오.
4. 사회성 측정 연구의 원리와 기술적인 연구로서의 가치를 논의하시오.
5. 사회성 측정 방법과 관련된 다양한 개념을 정리하고 종합적인 공통성과 이질성을 토의하시오.
6. 사회성 측정 검사의 종류에 따른 특성을 설명하시오.
7. 사회성 측정 결과의 분석 방법을 설넝하시오.
8. 집단 특징분석 지수 계산의 원리와 그 지수 해석상의 유의점을 설명하시오.
9. 학교장이 그 학교 학생들의 외국어 점수를 예측하려 한다. 그는 지능 검사, 언어적성검사, 독해력 검사점수를 활용할 수 있다; 또한 학생들의 性을 알고 있다. 학교장이 외국어 성취도점수를 예측하려고 할 때, 어떤 방식을 추천할 수 있겠는가? 그러한 절차에 쓰이는 방법을 무엇이라 합니까?
10. 변수 사이에 어떤 인과관계도 존재하지 않도록, 아주 체계적인 방법으로 관련된 두 변수의 측정이 어떻게 가능한지 설명해 보시오.
11. 내용분석 연구의 필요성, 목적 및 주요연구영역을 진술하시오.
12. 내용분석의 일반적인 절차와 방법을 설명하시오.
13. 유목화 방법을, 구체적으로 예를 들어 설명하시오.
14. 내용분석연구의 장점과 단점을 설명하고, 단점을 보완할 수 있는 방안을 토의하시오.

CHAPTER 10

# 단일 피험자 실험설계

단일 피험자 실험설계(Single Subject Experimental Designs)는 연구 대상이 단 한 명일 때 뿐 아니라 많은 피험자들이 한 집단으로 생각될 수 있을 때 적용된다. 이 설계는 연구자가 어떤 처치나 조정을 한 결과로써 그 피험자의 행동변화를 밝히는데 사용된다. 기본적으로 피험자는 처치를 가하지 않는 조건과 처치조건 또는 처치수준을 대안으로 부과하게 되고, 반복적으로 각 단계마다 그 변화정도를 측정한다.

단일 피험자 설계는 정신병리학과 임상심리학에서 시작되었지만, 교육현장에서도 사용되고 있으며, 미국의 경우 60년대 중반 이후 점점 증가추세에 있다. 1968년도에 발행된 Journal of Applied Behavior Analysis의 주된 논제가 계기가 되어서 좀 더 개선된 방법론에 기초한 단일 피험자 설계로서 위치를 확고하게 잡기 시작했다. 일반적으로 기술연구나 사례연구 접근법과 동일하게 취급되었던 이전과는 달리, 단일 피험자 설계는 좀 더 통제가 가해지고 실험적인 접근방법을 접목시켜 발전하고 있다.

단일 피험자를 대상으로 수행하는 실험설계는 행동 수정, 개별 교수법, 개별 강화법, 변별 훈련, 상담, 심리치료, 약물중독 문제 해결 등 다양한 영역에서 사용되고 있다. 특히 사회보장제도의 발달과 함께 독특한 특성을 갖는 개인을 연구할 때 이 설계가 적용된다.

단일 피험자 설계와 사례연구가 단일 사례를 대상으로 추진하는 연구라는 표면적인 공통성이 있지만, 단일 피험자 설계는 합리적인 인과관계적 추론을 하기 위하여 외연변수 통제 절차를 가능한 한 체계적으로 활용한다.

단일 피험자 설계의 중요한 특성을 요약하면 다음과 같다(McMillan, 1989).

① 신뢰로운 측정

자료수집 기법으로서 반복 관찰을 한다. 관찰의 신뢰도를 높이기 위하여 사전에 관찰할 행동을 조작적으로 정의하고, 관찰 시간과 장소 등을 표준화하며, 구체적인 자료 수집과정을 상세화한다.

② 반복측정

연구수행과정에서 계획적으로 피험자의 행동이 반복 관찰, 측정된다. 이 반복 측정 과정은 집단 설계 연구에서 일반적으로 한 두 번의 측정만 실시하는 경우와 다른 특징이다. 반복 측정을 함으로써 짧은 시간 간격 내에 기대되는 일반적인 변화를 통제할 수 있으며, 명료하고 신뢰로운 행동변화를 진술할 수 있다.

③ 조건 진술

행동변화의 관찰 조건을 상세하고 정확하게 기술해야 한다. 이렇게 모든 관찰조건을 상세히 진술함으로써 다른 피험자를 대상으로 하여 동일한 연구를 수행하여 이 연구의 내적 및 외적 타당도를 증진시킬 수 있다.

④ 기초선 및 처치 조건

일반적으로 각 관찰 조건마다 일정하고 동일한 시간동안 동일한 횟수의 관찰을 함으로써 내적 타당도를 높여 객관적인 결과해석을 할 수 있다. 관찰시간의 길이와 횟수 및 안정성의 중요성을 충분히 고려한다. 관찰시간의 길이가 충분해야만 안정된 행동 유형을 탐색할 수 있나. 딘일 피험자 연구 수행의 첫 단계에서, 안정된 행동 유형이 이루어질 때까지 자연적 조건에서 목표로 잡은 행동이 관찰되어야 한다. 이 시산내를 기리커 기초선(Baseline)이라 한다. 처치국면은 실험조건에 따라 변할 수 있으며, 안정된 행동 유형을 이루는 데에 충분한 시간적 여유가 있어야 한다.

⑤ 단순/단일변수 원칙

단일 피험자를 연구하기 위한 처치국면에서는 단일 변수의 변화에 집중하여 그 변수의 변화상태와 과정이 정확히 기술되어야 한다. 동시에 두 개 이상의 변수들이 변화되었다면 어떤 변수의 변화에 의해 어떤 결과가 생성되었는지를 확인하기란 거의 불가능하다.

## 1 단일피험자 설계와 집단 설계의 비교

단일 피험자 설계가 더 체계화되고, 실험 타당도의 위험요소를 해결하는 방법고안과 함께, 전통적인 집단 설계를 보완/대체할 수 있는 것으로 수용되고 있다. 대부분의 실험연구 문제들이 전통적인 집단 연구설계에 의해 추진되어 탐색되어야 한다는 주장의 주된 근거는, 그 결과가 집단에 적용되기 때문이다. 물론 이 논리가 타당하지만, 그 실험결과, 집단설계에 의한 연구 결과는 어느 특정한 개인에게 적용될 수 없다.

전통적인 집단 설계가 두 가지의 주된 이유 때문에 부적합하다는 논리가 대두된다.

첫째, 집단비교 설계는 윤리적이거나 철학적인 취지나 배경과 많이 대치된다. 둘째, 집단 비교 설계는 전집의 크기 문제 때문에 많은 경우에 불가능하다.

단일 피험자 설계의 근본 취지가 치료 효과에 있고, 임상처치 사태에 더욱 비중 있게 적용되는 데 비하여 연구에 기여도는 상대적으로 약하다.

## 2 내적 타당도

적합한 통제방법이, 단일 피험자 설계적용과 관련되어, 연구설계의 내적 타당도를 높일 것이다. 반복되고 신뢰로운 측정(치), 기초선의 안전성, 단순 변수 규칙을 생각해보자.

### 1) 반복 및 신뢰로운 측정

처치를 가하기 전에 사전 검사를 실시하여 실험투입전의 수행력 또는 행동 특성 정도를 확인한다. 물론, 여러 번 반복하여 사전 검사를 실시한다. 이러한 계열적인 사전 검사 점수를 기초선(基礎線) 측정치라 한다. 어느 정도의 일정한 기간 동안 반복 수행된 검사 결과 (측정치)에 따라서, 성숙 등 타당성 저해 요인들이 시계열 설계에서처럼 통제(배제) 된다. 시계열 측정과 다른 점은, 처치가 가해지는 과정의 어느 시점에서(다양한 지점에서) 수행력이 측정된다.

대부분의 단일 피험자 설계가 갖는 내적 타당도의 실제적인 위협요소는 『도구』문제이다. 단일 피험자 설계에서, 표적/목표 행동을 반복 측정하는 일은 매우 중요한데, 주로 행동관찰을 중요시하기 때문에 관찰자 신뢰도를 신장시키는 일이 특히 요구된다. 이 때 관찰조건인 관찰위치와 관찰시간 등이 표준화되는 것이 바람직하다. 한 관찰자가 모든 장면을 관찰해야 할 때 관찰자내 신뢰도가 추정된다. 두 사람 이상이 관찰에 참여할 때는 관찰자간 신뢰도 추정이 필요하다.

처치의 특성과 조건은 반복할 수 있도록 충분히 구체화되어야 한다. 단일 피험자 설계에서 일반화의 열쇠는 반복 실험에 있기 때문에 다른 연구자라 하더라도 근본적으로 처음 연구에서 의도했던 대로 적용할 수 있도록 제반 연구(처치 검사)과정이 표준화될 수 있어야 한다.

### 2) 기초선의 안정성

단일 피험자 설계의 내적 타당도에 관련된 또 다른 측면은 기초선과 처치국면의 길이이다. "본 연구를 수행하기 전에 행동을 몇 번 정도 측정해야 안정된 기초선 자료를 확보할 수 있는가?"의 문제이다. 기초선 측정을 하는 근본 취지는 처치를 가하지 않더라도 자연스럽게 생기는 표적행동을 기술하는 데 있다. 기초선 측정치는 비교하는 준거가 된다.

행동과학에서 다루는 어떠한 특성도 고정된 것이 아니고 변화하지만, 그 변화 양상의 규칙성이 있기 마련이다. 예를 들면, 통계에서 측정치의 신뢰구간을 정하듯이, 그 목표행동의 규칙적인 변동유형을 찾을 수 있다. 이러한 규칙적인 유형이 곧 안정된 기초선이다.

처치국면의 길이와 실험처치를 하는 과정에서 실시한 측정(치)수는 기초선의 길이와 측정(치)수와 일반적으로 동일하다. 예를 들면, 만약 8번의 관찰을 실시한 후 기초선이 이루어졌다면, 처치과정을 진행하는 동안 8번의 관찰이 실시되는 것이 일반적이다.

내적 타당도, 외적 타당도 및 기초선 안정성과 더불어, 단일 피험자 설계의 한 중요한 원리는 한 번에 하나의 변수만 조작되어야 한다는 것이다. 즉, 한 국면에서 다른 국면으로 옮겨갈 때, 하나의 변수만 첨삭되던가 생략되는 등 한 가지의 측면만 변화시킨다는 원리다. 서두에서 언급한 단순(단일)변수 규칙이 곧 이 원리이다.

## 3 외연 타당도

단일 피험자 설계에 대한 심한 비판의 하나가, 그 연구결과의 일반화 가능성이 매우 희박하다. 즉, 연구성과의 외적 타당도가 극히 미약하다.

단일 피험자 설계의 중요한 열쇠는 반복가능성이다. 똑같은 단일 피험자 설계를 활용하여 단일 피험자 연구 결과를 많은 사람들에게 적용했다면, 그리고, 각 사례마다 일반적으로 동일한 결과가 나왔다면, 그 연구 성과에 대한 일반화 확신감은 증가한다.

다른 연구자들이 다른 처치 상황에서 다른 피험자를 대상으로 한 동일한 연구 결과가 본래의 단일 피험자 설계에 의한 연구결과와 근본적으로 같다고 한다면, 그 연구결과의 효용성은 더욱 강력해진다.

단일 피험자 설계의 주요한 문제의 하나는 기초선 조건의 효과가 이어지는 실험처치 효과에 영향을 미칠 가능성을 배제할 수 없으며, 처치가 반복될 경우에 기초선 조건 효과가 지속적으로 동일한 영향을 미치리라는 보장을 하지 못한다.

# 4 단일 피험자 실험설계의 종류

## 1) A－B 설계

이 설계는 가장 단순하며 최소한의 해석이 가능한 단일 피험자 설계이다. 그 절차는 연구에 필요한 피험자를 선정한다. 목표행동을 결정하여 규칙적인 경향 또는 기초선 안정성이 확보될 때까지 관찰, 측정한다. 이 안정된 행동특성 유형이 일어나는 기초선 조건이 A조건이다. 기초선 자료가 수집된 후 처치를 한다. 이 처치조건이 조건 B이다.

처치조건 B를 가한 후에 관찰된 행동 측정치가 기초선 측정치와는 유의미하고 신뢰롭게 차이가 나면 처치효과가 있다고 해석될 수 있다. 그러나, 검사, 도구, 또는 역사 등 내적 타당도의 위협요인들을 유념하여 해석해야 한다.

이 설계는 다른 적합한 설계를 찾기 힘들거나, 좀 더 엄밀한 본 연구를 실시하기 전에 수행되는 예비/시험/pilot 연구에 사용하기를 권한다.

A - B 단일 피험자 설계를 그림으로 제시하면 다음과 같다.

| 기초선 안정도(A) | 처치 자료(B) |
|---|---|
| $O_1$ $O_2$ $O_3$ $O_4$ $O_5$ | $X_1$ $X_2$ $X_3$ $X_4$ $X_5$<br>O O O O O |
| 시 | 간 |

[그림 10-1] A - B 단일 피험자 설계의 기본 모형

## 2) $A_1$－B－$A_2$ 설계

이 설계는 보다 더 일반적인 단일 피험자 설계이며, 반전설계 또는 회수설계라 부른다. 이 설계는 두 번째의 기초선 자료수집 기간(시간)이 첨가되는 것이 특징적이다. 이 두 번째의 기초선 자료는 반드시 처치(B)후에 그 처치에 따른 자료 수집이 있은 후에 수집된다. 이 설계는 일반적으로 A-B-A 설계인데, 독자의 이해를 돕기 위해 $A_1$-B-$A_2$로 표현했다.

① $A_1$조건 : 기초선 조건으로서, 피험자의 안정된 행동특성이 관찰되는 조건이다.

② B 조건 : 연구자의 의도에 따라 실험처치가 가해진 후에 처치결과를 관찰(측정)한다.

③ $A_2$조건 : 처치를 가하지 않고 기초선 조건으로 다시 되돌아와서 행동을 관찰한다. 이 두 번째의 기초선 조건에서는 처치조건을 회수한 상태에서 행동변화 상태를 관찰한다.

이 설계는 처치기간 동안 행동변화가 발생했다면 강력한 인과적 추론을 할 수 있으며, 처치조건을 철회하면 $A_1$조건에서 관찰된 동일한 행동유형으로 되돌아간다. 실험결과로 나타난 행동유형이 처치조건을 제거한 후에 기초선 조건의 행동특성으로 관찰되기가 어렵다면 해석상 어려움이 따른다. 이 설계의 또 다른 약점은, 처치가 부정적인 결과로 끝나는 경우에는 윤리적인 문제가 발생하게 된다. 왜냐하면, 처치조건을 제거해 버리고 다시 기초선 자료로 돌아가기 때문이다. 세 번째의 약점은, 관찰된 처치효과가 실험에 포함되는 특정한 기초선 조건에 너무 의존한다는 점이다. 따라서 기초선 조건을 정확히 진술할 필요가 있다.

이 설계의 장점은 내적 타당도가 높다. 목표행동이 실험의 각 조건에서 기대된 대로 변화했다면, 그 변화는 처치변수의 효과에 기인했다고 해석할 수 있다.

간단한 가설적인 연구의 예를 들어보자. 초등학교 6학년 교사가 철수의 산만하고 공부에 무관심한 행동을 강화법 사용을 통해서 수정하고자 한다. 행동 변화 목표는 공부에 임하는 시간을 늘리는 데 있다.

① 교사는 먼저 철수가 매일 공부에 실제로 투입하는 시간을 아무런 간섭도 하지 않고 조사했다. 철수의 공부에 투입한 시간이 안정될 때까지 지속했다(기초선 $A_1$).

② 교사는 철수에게 진지하게 공부에 임할 때마다 강화를 했다(처치B). 처음에는 30초 이상 공부에 임하면 강화를 했다. 점점 공부에 임한 시간의 길이를 늘려서 10분 정도까지에 이르렀다.

③ 일정한 처치기간이 지난 후에 교사는 철수에게 아무런 강화도 제공하지 않았다. 즉 다시 기초선 자료로 돌아가서 철수의 과제 수행(공부)에 투입하는 시간, 행동을 관찰했다(기초선 $A_2$).

| 기초선($A_1$) | 처치(B) | 기초선 안정도($A_2$) |
|---|---|---|
| | $X_1$ $X_2$ $X_3$ $X_4$ $X_5$ | |
| $O_1$ $O_2$ $O_3$ $O_4$ $O_5$ | O O O O O | $O_1$ $O_2$ $O_3$ $O_4$ $O_5$ |

시 간

**[그림 10-2] $A_1$-B-$A_2$ 단일 피험자 설계 기본 모형**

### 3) A−B−A−B 설계

이 설계에서는, 처치 변수의 재투입으로 실험이 종결되므로 $A_1$-B-$A_2$실험에서 나타나는 윤리적 문제를 극복할 수 있다. 또한, 처치 변수에 대한 피험자 내 반복 실험 처치가 가능하다. 이 설계에 따라 연구를 수행할 때에 네 가지 국면의 계획 수립이 요구된다.

① 연구 출발점 상의 기초선 자료 수집

② 새로운 처치/실험/독립변수 투입 효과가 명료하게 나타날 때까지 관찰

③ 처치변수의 회수, 제 2차 기초선 자료 수집

④ 처치변수의 재투입

목표행동의 측정 결과가 기대한 대로 변화한다면, 처치 변수의 효과에 대한 증명을 한 셈이다. 이러한 연구를 수행할 때에는 두 명 정도의 피험자가 한 집단으로 취급되는 경우도 단일 피험자 설계라고 간주될 수 있다.

이 설계의 장점은 연구의 내적 타당도 및 연구 결과의 일반화와 관련되는 외적 타당도가 높다. 단점으로는, 연구자의 노력과 시간 및 경비의 누수 현상을 막기가 어렵다.

| 기초선 A | 처치 B | 기초선 A | 처치 B |
|---|---|---|---|
|  | $X_1$ $X_2$ $X_3$ $X_4$ |  | $X_1$ $X_2$ $X_3$ $X_4$ |
| $O_1$ $O_2$ $O_3$ $O_4$ | O O O O | $O_1'$ $O_2'$ $O_3'$ $O_4'$ | O O O O |

시 간

**[그림 10-3] A-B-A-B 단일 피험자 설계의 기본 모형**

간단히 말해서, ABAB설계와 그 변형설계는 서로 다른 조건에서의 수행 정도를 예측하거나 검증하는 것으로 구성된다. 본질적으로, 서로 다른 단계에서의 자료는 현재 수행에 대한 정보를 제공하고, 미래 수행정도를 예측하고, 앞 단계로부터 이루어진 수행정도의 예측정확도를 검증한다.

실험조건을 되풀이하여 변화시킴으로써 단계별로 비교하고, 실험처치에 의해 변화가 이루어지는지 검증할 여러 번의 기회를 가지게 된다.

실험처치가 이루어질 때 행동이 변화하고, 실험처치가 철회되면 기초선으로 되돌아가고, 처치가 다시 이루어지면 또 다시 행동이 개선된다면, 그 결과는 행동변화의 원인이 실험처치라는 것을 시사한다.

한 단계에서의 변화를 내적 타당도가 위협받는 결과라고 할 수도 있지만, 그것이 전반적인 자료의 양상을 설명하지는 못할 것이다. 아무리 인색하게 설명하더라도, 행동변화는 실험처치와 철회의 결과라고 할 수 있다.

ABAB설계와 그 이론적인 근거는 특수교육에 참여하는 교육가능급 청소년들의 수행에 대한 교사행동의 효과를 평가하는 조사에 잘 나타나 있다(Deitz, 1977). 내담자는 소리

지르는 행동특성을 가지고 있다. 그러한 행동은 수업에 방해가 된다. 이런 행동을 감소시키기 위하여 강화프로그램이 고안되었다. 내담자의 소리 지르는 행동빈도가 낮아지면, 내담자는 교사와 별도의 시간을 함께 가질 수 있다. 그 학생이 55분 동안 3번 이하로 소리 지르면, 그는 선생님과 별도로 함께 활동할 시간을 가질 수 있다.

교란행동이 적어지면 그 결과로서 강화를 받는 것이다(저비율 식별강화).

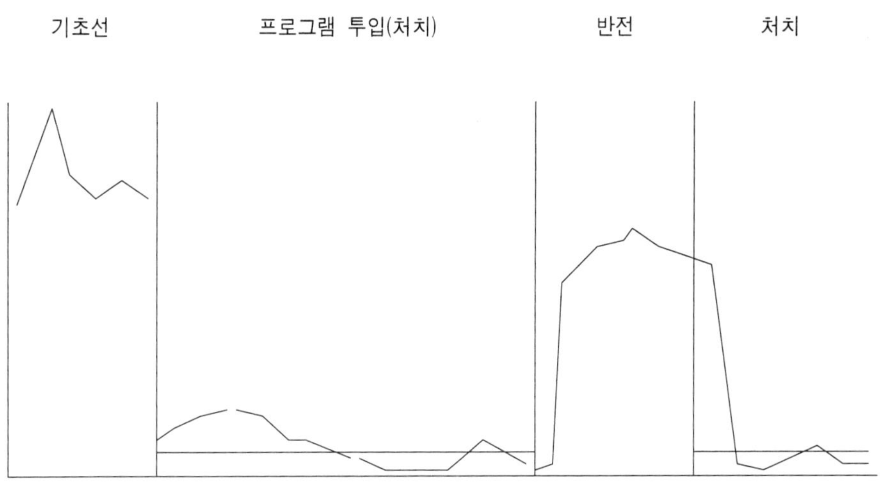


[그림 10-4] 교육가능 성인의 55 분 처치 시간 동안 소란한 말하기 빈도

[그림 10-4]에서 나타났듯이 실험처치는 ABAB설계에서 평가된다. 실험처치가 이루어질 때는 소리지르는 행동이 줄어들었다가 실험처치를 없애면 다시 기초선을 향해서 높아진다. 실험처치가 다시 이루어지면 행동은 개선된다. 전반적으로 볼 때 자료는 앞에서 기술한 양상을 따르고 있다. 그래서 실험처치가 행동변화에 기여한다는 사실을 입증하고 있다.

다른 예를 들자면, Zlutnick 등(1975)은 여러 어린이들의 발작 증세를 감소시켰다. 발작 증세에는 흔히 갑작스러운 근육긴장, 근육신축운동, 허공 응시, 씰룩거림, 동요, 찌푸림, 땅바닥에 처박기, 혼절 등의 증상이 포함된다. 치료는 발작이 일어나기 직전의 행동을 저지하는 것이다. 예를 들면, 7세 된 어떤 소년의 경우, 시선이 고정되고, 이어서 몸이 굳어지고, 격렬하게 흔들리면서 발작이 시작된다. 발작되기 전에 항상 먼저 시선이 고정되기 때문에 발작에 앞서 오는 행동을 차단해야 한다.

실험처치는 특수교육교실에서 행해지며, 직원들은 미리 발작행동을 막도록 교육받았다. 절차는 아동에게 검토하도록 하고 '아니오'라고 소리치고, 그를 붙들고, 쳐다볼 때

한 번씩 흔든다. 이러한 비교적 단순한 간섭은 [그림 10-5]에서 보는 바와 같이 ABAB설계에서 평가되었다. 간섭이 현저하게 발작을 줄였다. 1주일 동안 단계를 반복하고 방해절차가 더 이상 사용되지 않는 동안 발작빈도는 높은 기준선 수준으로 다시 되돌아간다. 간섭은 다시 시작되며 효과적으로 발작을 제거하였다.

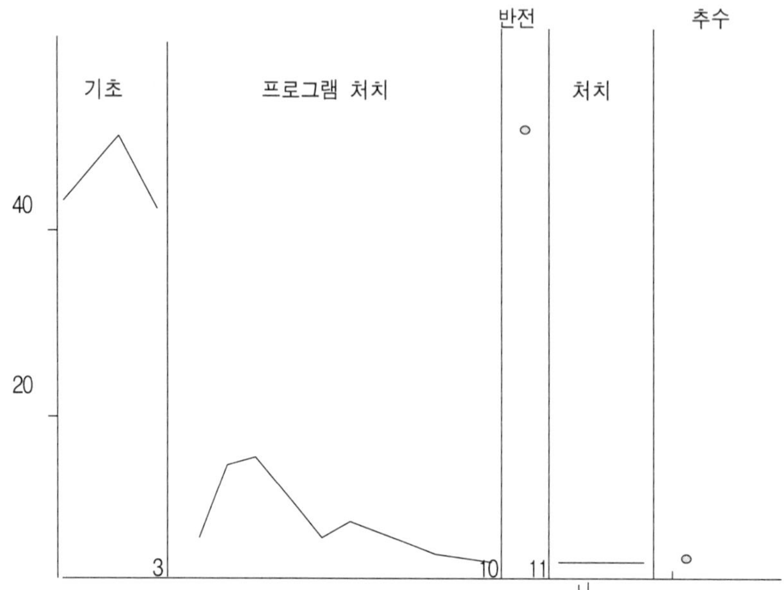


[그림 10-5] ABAB설계에서의 실험처치 과정

6개월 동안 수행한 후에 한 가지 발작만을 보였다. 전체적으로 간섭의 효과가 설계에서 분명하게 나타났다. 위의 두 가지 보기는 ABAB설계의 기본적인 적용을 예시한 것이다. 그리고 두 가지는 분명한 간섭의 효과를 시사한 것이다. 왜냐하면 실험과정 전반에서 국면의 변화에 따라 행동이 변화되었기 때문이다. 물론 ABAB설계는 기타 여러 가지 형태로 변화가 가능하다.

### 4) 다중－기초선 설계

A-B-A 설계에서는 처치 효과를 측정하기 위하여 통제 조건으로서의 목표 행동에 대한 자연 발생적인 빈도나 특성 분석에 역점을 두지만, 다중 기초선 설계에서는 처치 효과를 측정하기 위해서 인위적으로 발생시키는 목표 행동 측정에 역점을 둔다. A-B-A 설계에서 기초선 조건을 회복할 수 없을 때에 이 다중-기초선 설계법을 많이 사용한다.

이 설계에서도 A-B설계의 논리를 적용하지만, 단일 피험자와 단순한 목표 행동 처치에 중점을 두지 않고, 두 종류 이상의 행동 특성, 두 개 이상의 처치 조건 또는 그 이상의 결합에 의한 변화 상태나 속성까지 탐구하는 데에 역점을 둔다.

이 설계의 기본적인 단계(step)는 피험자의 선정, 실험 처치 수행 및 신뢰롭게 관찰하여 측정할 수 있도록 목표 행동을 조작적으로 규정하는 일 등이다. 또한 목표 행동 특징이 기초선 조건으로부터 처치 조건으로 변화되는 서열까지 결정되어야 한다. 처치 효과에 대한 몇 가지 반복 실험을 할 수 있도록 최소한 세 가지 또는 네 가지 이상의 행동 목표를 들 수 있다.

이 설계의 기본 가정은, 목표 행동들이 서로 배타적이거나 독립적이어야 한다. 독립성의 유무는 한 목표 행동이 안정된 기초선 자료 상태를 유지하는 동안 의도한 처치를 받은 목표 행동이 변화되는 정도에 의해 입증된다.

#### (1) 교차행동 다중-기초선 설계

한 피험자의 두 개 이상의 독립적인 행동 특성들을 관찰, 측정한다. 모든 행동에 대한 안정된 기초선 자료가 수집된 후, 하나의 행동에 대한 처치가 이루어진다. 그리고 나서 일정한 시간이 지난 후, 두 번째의 행동에 대한 처치가 이루어진다. 이러한 방법으로 모든 의도한 행동에 대한 처치를 순서대로 진행한다.

각 행동 목표에 의도한 처치를 가한 후에 이루어진 수행 결과가 일관성 있는 변화를 보이게 되면 처치 효과에 대한 인과적 추론을 할 수 있다. 의미 있는 비교를 하기 위해서는 각 행동 목표에 대하여 서로 다른 시간대에 처치가 가해져야 한다. 하나의 행동 특성에 변화를 가져오기 위해 처치를 가할 때에 다른 행동들은 일관성 있게 유지되어야 한다. 이 설계가 지니는 심각한 문제는 서로 비슷한 특성의 변화에까지 영향을 미치는 사실이다. 이런 현상은 처치 효과의 확산으로 인한 내적 타당도의 위협 요소가 되고 있다.

#### (2) 교차상황 다중-기초선 설계

이 설계에서는 한 피험자의 단순한 목표 행동을 두 개 이상의 조건에서 관찰, 측정한다. 예를 들면, 특정한 한 학생이 개별적인 송환작용(feedback)을 수학, 국어 및 과학 시간에도 동일한 방법으로 반응하는 지의 여부를 밝히는 일이다. 기본 설계는 앞에서 설명한 행동별 다중-기초선 설계의 경우와 그 원리가 같으며, 단지 행동 대신 상황이 대체된다.

#### (3) 개별 교차 다중-기초선 설계(Multiple-Baseline across Individuals)

두 사람 이상의 피험자들을 대상으로 하며, 행동과 상황은 일관성을 견지한다. 한 피험자에 대하여 안정된 기초선 자료가 관찰, 측정된 후, 그 피험자에게만 처치를 가한다.

어느 정도 시간이 지난 후에 두 번째 피험자에게 동일한 처치를 가한다. 이 설계는 연구에 참여한 피험자들이 서로 영향을 주고받지 않는 한 효과적인데, 피험자들 중 1명이 처치를 받기 때문이다. 이 설계에서도 처치 효과의 확산 문제가 있다.

A-B-A 설계법과 A-B-A-B 형태가 다중-기초선 설계법과 조합될 수도 있다. 단일 피험자 설계의 외적 타당도는 매우 제한적이다. 한 연구 결과의 일반화 가능성은 상이한 피험자들과 상이한 상황에서 반복함으로써 근본적으로 증가될 수 있다.

## 5 단일피험자 교차 상황 다중 기초선 설계의 실례

이 연구의 실제적인 보기는 Journal of Applied Behavior Analysis(1982, #15)에 게재된 R. Van Houton등이 저술한 "견책의 효과에 영향을 미치는 변수들에 관한 분석"을 McMillan등(1989)이 인용한 내용을 재인용한 것이며, 피험자의 이름을 한국명으로 변형시켰다.

철수와 영희 두 학생의 기초선 수행력을 관찰한 후에, 2분 간격의 시간 계획에 따라 철수가 방해적인 행동을 할 때마다 체벌을 가했다. 그 동안 영희에게는 방해적 행동을 하더라도 체벌을 가하지 않았다. 기초선 조건에 돌아온 후, 영희의 방해적 행동에 대하여 철수에게 가했던 동일한 절차와 방법으로 체벌을 가했다. 물론 영희에게 체벌 처치를 가할 때에는 철수에게 어떤 처치도 가하지 않았다.

① 기초선 $A_1$

이 조건에서는 평상시대로 교사는 행동했으며, 철수나 영희에게 상찬이나 체벌에 대하여 전혀 언급하지 않았다.

영희에게 체벌 처치(B). 이 실험 기간에는 2분 간격의 계획에 따라 영희의 방해적 행동에 대하여 5번의 체벌이 가해졌다. 체벌을 가하려고 할 때에 먼저 신호를 영희에게 보냈다. 다양한 신호 방법이 사용되었다.

② 기초선 $A_2$

두 번째의 기초선 자료 수집. 첫 번째의 기초선 자료 수집과 동일한 방법과 절차이다. 영희에게 체벌 처치(B). 첫 실험 처치에서 사용했던 방법과 절차가 그대로 이용되었다.

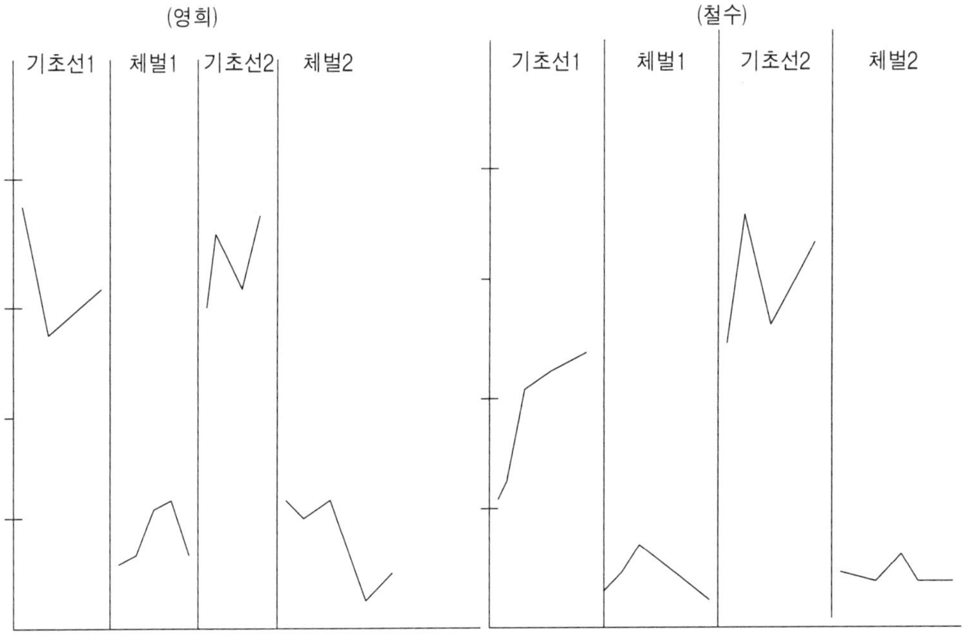


[그림 10-6] 각 실험의 장에서 영희와 철수가 방해적인 행동을 하는 동안 10초 간격으로 조사된 백분율

## 6 단일 피험자 설계의 적합성 판단 준거

McMillan 등(1989)은 단일 피험자 설계의 적합성 판단 준거를 다음과 같이 제시한다.

① 피험자가 단 한 명인가?

② 단일 피험자 설계가 가장 적합한가 또는 집단 설계가 더 나은가?

③ 관찰 조건들이 표준화되어 있는가?

- 검사(실험)시간
- 검사(실험)상황/실험조건
- 실험과제의 난이도

④ 관찰된 행동 요소들이 조작적으로 정의되어 있는가?

⑤ 측정 과정이 매우 신뢰로운가?

- 관찰자내 신뢰도
- 관찰자간 신뢰도

⑥ 충분한 회수의 반복 측정이 수행되었는가?

⑦ 연구 수행 조건이 충실하게 기술되어 있는가?

⑧ 처치가 가해지기 전의 기초선 조건이 안정을 이루고 있는가?

⑨ 관찰 횟수나 시간의 길이에 있어서 기초선 조건과 처치 조건간에 차이가 있는가?

⑩ 처치 조건을 가했을 때에 단일 변수만 변화되었는가?

⑪ 내적 타당도와 외적 타당도의 위협 요소들이 진술되어 있는가?

- 예견치 못한 사건
- 성숙
- 검사대상(실험대상) 참여 중단
- 검사대상의 불안정한 행동정도
- 실험효과 / 호돈효과

## 10 연 | 구 | 문 | 제

1. 단일 피험자 설계와 다른 실험연구 설계의 차이를 설명하시오.
2. 단일 피험자 설계의 내적 타당도와 외적 타당도를 높일 수 있는 방법을 토의하시오.
3. 단일 피험자 연구에서, $A_1-B-A_2$ 설계와 $A-B-A-B$ 설계 각 각의 원리와 특징적인 차이를 논의하시오. $A-B-A-B$ 설계는 내적 타당도의 위협 요소를 어떻게 통제합니까?
4. 다중 기초선 설계의 장・단점을 설명하시오.
5. 단일 피험자 연구 설계에서 결과의 신빙성을 갖추기 위해서 반드시 발생되어야 것은 무엇입니까?
6. 기초선이 안정된 4 단계의 관찰 후에 처치를 시작했다. 4 단계 이후의 처치 효과가 없다면 연구자는 어떠한 결정을 내려야 할까요?
7. 다음의 경우에서 사용될 연구법을 말하고 이 장에서 설명한 기호체계(notion system)를 이용해서 설명하시오.

   한 교사가 비행을 통제하기 위해서 학생들과 상벌점 제도의 사용 효과를 결정하는데 관심이 있다. 교사는 다른 학생들보다 더 많은 문제점을 가지고 있는 것으로 생각되는 소년 1명과 소녀 1명의 비행의 양을 기록하기로 결심했다. 2주일 동안 교사는 그 학생들의 비행을 기록했다. 2주가 끝날 때 교사는 소년에게 상벌점 제도를 이용하기 시작하면서 2주일 동안 더 비행을 계속 기록했다. 소녀는 3주가 끝날 때까지는 상벌점 처치를 받지 않았다.

8. 단일피험자 설계의 적합도 판단에 고려되어야 할 사항을 기술하시오.

CHAPTER 11

# 문화 기술적 연구

질적 연구의 한 방법으로서 문화 기술법(Ethnography)은 민속지, 문화 기술지, 기술적 인류학, 민속학, 민족지학, 민속방법론 등으로 다양하게 불려지고 있다.

## 1 문화 기술적 연구의 개념

문화 기술적 연구는 질적 연구방법 중 인류학적 성격이 강한 연구기법이다. 문화 기술적 연구란 어떤 특정 집단 구성원들의 문화(생활양식, 행동규범, 구성원들이 만들어 사용하는 사물 등)를 현지인의 관점에서 이해하고, 과학적으로 기술하기 위한 하나의 연구방법론이다. 어떤 특정 집단 구성원들의 생활양식과 문화에 대한 폭넓은 자료를 찾아내기 위하여, 연구자가 현지에서 장기간 머물면서 참여자의 관점에서 상황을 파악하는 연구방법이다.

교육에서의 문화 기술적 연구를 정의해 보면 교육의 특수한 상황에서 교육적 체제, 과정, 현상을 과학적으로 서술하는 과정이라고 할 수 있다. 교육에서 문화 기술적 연구를 하는 목적은 교육상황에서 참여자의 상황, 행동, 믿음 등에 대해 풍부하고 기술적인 자료를 제공하여 평가나 기술적 연구, 이론적 탐구를 위해 사용하고자 하는 데 있다.

연구자가 교육상황에 참여 관찰하여 그 상황에 내재해 있는 문화의 의미를 파악하여 기술하는 활동이라고 할 수 있다.

## 2 문화 기술적 연구의 특성

문화 기술적 연구는 사례연구, 관찰연구, 근저이론연구, 인류학적 현장연구 등과 절차나 방법론상의 유사성을 가지고 있으나, 문화 기술적 연구는 다른 연구방법에 비하여 다음과 같은 5가지 독특한 속성을 갖고 있다.

첫째, 연구자가 기본적인 연구도구가 된다. 둘째, 탐구의 초점이 한 개의 연구내용・주제 단위별로 집약화 된다. 셋째, 연구대상 단위에서 야기되는 모든 사건, 상황, 조건들을 탐색, 서술, 설명한다. 넷째, 탐색과 기술은 '면접(면담)'과 '관찰'에 의존한다. 면담은 '언어적인 질문지'로 간주되며 관찰은 '시각적인 질문지'로 간주된다. 다섯째, 연구자는 수집된 질적인 자료에 대해서만 서술, 분석, 해석하려는 경향이 강하다.

한 연구현장 대상에 관해서 현미경적으로 혹은 치밀하게 탐색 진술하는 속성이 있다. 한 연구현장 문화를 밀도와 농도가 짙게 기술함으로써 거시적인 결론을 내릴 수도 있다. 또한 연구자의 관점 주장을 보충적으로 확인해 볼 수도 있다.

## 3 문화 기술적 연구의 목적

첫째, 연구하려는 대상과 지역을 장기간 관찰함으로써 연구대상자들의 행위를 자세히 서술하고 이해・분석한다.

둘째, 연구대상자로부터 관찰된 행위를 해당 문화적 규범에 관련시켜 연구대상자의 행위를 해석한다.

셋째, 연구주제, 연구대상자의 행위를 총체적으로 이해하려고 한다. 즉, 한 개인의 행위에 대한 서술보다는 연구대상자 전원, 혹은 연구대상지 전체에 대한 이해를 우선시 한다.

넷째, 진리에 대한 사실적 추구이다. 실제를 사실화시켜 이해하려고 한다. 한 문화권에 대한 "타당하고도 신뢰로운" 서술과 이해를 시도하는 목적을 가지고 있다.

## 4 문화 기술적 연구의 유형

### 1) 대단위 연구와 소단위 연구

좁은 범위의 행동에 관한 연구는 소단위 문화 기술적 연구라 할 수 있고, 광범위한 상호작용에 관한 연구는 대단위 문화 기술적 연구라 할 수 있다. 대단위 문화 기술적 연구의 단점은 반복적인 행동의 요소에 관한 자료를 충분히 공급할 수 없다는 것이다. 또한 장점은 광범위한 상황 속에서 복잡한 상호작용을 서술해 낼 수 있다는 것이다.

### 2) Etic과 Emic

Etic은 현장 밖에서 비교학적으로 접근하며, 연구체계가 창출되어 이러한 대외적인 기준으로 연구하는 방법이다. Emic은 현장 안에서 연구하는데 한 문화를 특징적으로 연구하여 연구대상 중에서 체계를 발견해 낸다. Etic은 예비연구의, Emic은 최종연구의 성격을 갖는다.

## 5 문화 기술적 연구의 문제점

문화 기술적 연구는 극복해야 될 여러 과제를 가지고 있으며, 두 가지 방향으로 비판되고 있다.

첫째, 연구도구에 관계된 내적 타당도에 관한 비판이다. 즉 문화 기술적 연구가 동원하는 연구자 자신에 대한 "도구성"의 학문적 신뢰를 믿기 어렵다는 점이 지적되고 있다.

둘째, 연구결과의 일반화에 관계된 외적 타당도 문제도 지적되고 있다. 특히 Babbie(1983)는 문화 기술적 연구의 결론 추출에 관한 문제를 다음과 같이 지적하였다.

① 연구자 자신의 견해가 과다하게 삼투되어 있을 수 있다.
② 성급한 결론을 내릴 수도 있다. 즉 제한된 결과로 사전에 의도한 목적을 향해 미리 일정한 결론을 내릴 수 있는 위험이 있다.
③ 연구자료에 대한 분류상의 문제도 있다. 즉 연구과정에 있어서 편견이 배제되지 않은 채 분류된 자료로서 결론을 내릴 때는 타당성이 결여되기 마련이다.
④ 인과관계 설정상의 논리적 문제가 있을 수도 있다. 논리에 맞지 않는 인과관계 설정으로 내려진 결론은 일반화 될 수 없기 마련이다.
⑤ 제한된 자료를 취사선택해서 내린 결론 역시 일반화의 문제를 야기시킨다.
⑥ 허위적인 진퇴양난의 오류에 빠질 수도 있다.

## 6 문화 기술적 연구 절차

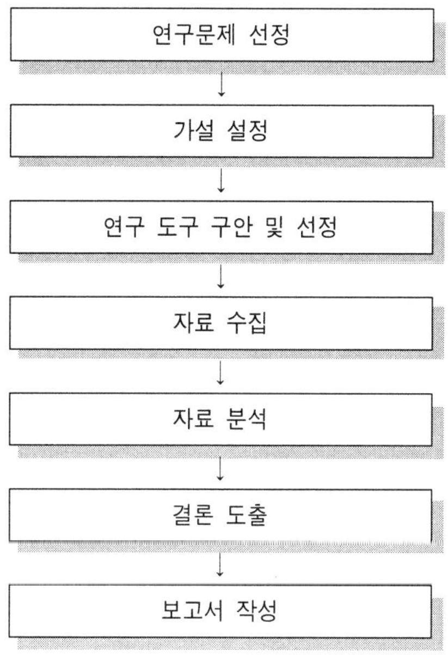


[그림 11-1] 사회과학연구에서의 선형 연구 절차

문화 기술적 연구 절차의 특징으로는 연구절차가 통합적(각 활동이 연구의 전 과정 속에서 중복되거나 함께 활동)이며, 한 사이클 후 다시 새로운 질문을 형성하는 토대가 마련된다.

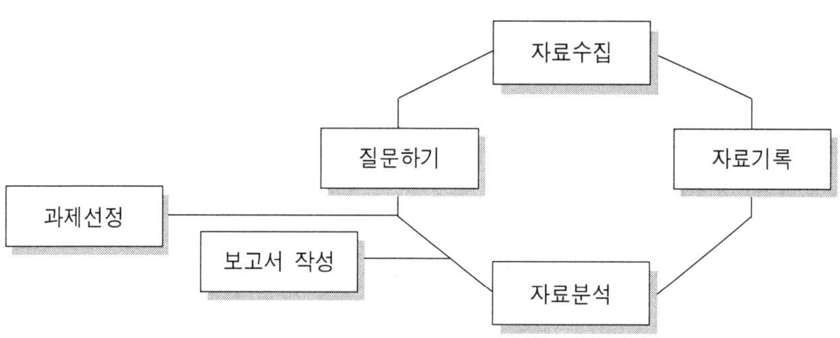


[그림 11-2] 문화기술법의 사이클형 연구절차

### 1) 연구과제 선정

① 문제에 대한 역사적, 사회적, 문화적 상황을 폭넓게 고찰
② 관련된 이론, 문헌에 나타나는 관계 확인
③ 연구의 거시적/미시적 범위 선정(사회적 상황 설정)
미시적으로 연구과제를 선정하는 기준을 다음과 같이 생각할 수 있다.
① 단순성 : 상황을 복잡한 것으로 잡을 것인가, 단순한 것으로 잡을 것인가?
② 접근가능성 : 사회적 상황에 얼마나 쉽게 들어갈 수 있는가?
③ 노출 가능성 : 연구자의 신분이 현지인에게 알려지는 정도는?
④ 허락 가능성 : 사회에서 연구의 허락을 얻어내는 어려움의 정도는?
⑤ 반복 가능성 : 반복해 일어나는 활동의 빈도는?(행동에 대한 문화적 규칙을 발견하기 위해)

### 2) 질문 및 가설형성

연구를 수행하는 과정에서 가설이 형성되고 수정된다. 가능한 질문(가설형성)과 그 해답은 연구하고자 하는 사회적 상황 속에서 찾는 것이 일반적이다.

### 3) 자료수집

#### (1) 관찰

① 비 참여 관찰
a. 노출되지 않는 방법으로 관찰 대상자의 시각을 포착・기록한다.
b. 기술관찰; 연구하고자 하는 문화에 대해 지식이 거의 없을 때, 가능한 연구문제를 인식하기 위해 사건을 있는 그대로 기록하고, 공간, 물건, 행동, 활동, 사건, 시간, 행위자, 목적 등을 기술한다.
c. 집중관찰; 모든 행동을 기록하기 어렵기 때문에 선별적 관찰이 필요할 때 적용되며, 영역 분석 결과 중요한 것으로 판단된 영역은 집중 관찰이 바람직하다.
d. 선별관찰; 집중관찰보다 더 초점을 좁힌 관찰을 뜻한다.
② 참여관찰은 연구자 자신이 직접 관찰 대상이 되는 행위에 참여・수행한다.

* Spradley의 12단계 참여관찰 과정

| | |
|---|---|
| 제 1단계 : 사회적 상황의 선정 | 제 7단계 : 분류유목 분석 |
| 제 2단계 : 참여관찰 실시 | 제 8단계 : 선별관찰 |
| 제 3단계 : 문화 기술적 기록 | 제 9단계 : 성분분석의 실시 |
| 제 4단계 : 기술적 관찰의 실시 | 제10단계 : 문화주제의 발견 |
| 제 5단계 : 영역분석 | 제11단계 : 문화목록의 작성 |
| 제 6단계 : 집중관찰 | 제12단계 : 문화기술지 작성 |

#### (2) 면담

① 관찰하는 동안 우연히 발생한 일을 좀 더 명확히 하거나 피관찰의 느낌을 포착하는 데 목적이 있다.

② 적절한 시기는 연구 중반 이후; 집중관찰이 끝나야만 면담에 필요한 질문내용이 구성된다.

③ 적절한 질문, 개방형 질문, 연구자의 용어가 아닌 정보제공자의 용어를 사용해야 한다.

### 4) 자료기록

① 수집된 자료에 해석을 가하거나 단순화시키지 말 것(자료의 왜곡 가능성)

② 정보제공자의 언어로 기술할 것(언어의 종류에 따라 문화적 의미 왜곡 가능성)

③ Spradley의 자료 기록 원칙

a. 언어 분별(확인) 원칙 - 상황을 분별하는 데 도움이 될 다양한 기호를 사용하여 기록

b. 말한 그대로 적는 원칙 - 현지인의 용어 그대로(요약, 압축하지 말 것)

c. 구체적으로 기술하는 원칙 - 일어난 일을 자세히 묘사 할 것

④ 참여관찰 기록시 필요한 것(이용숙, 1986)

a. 참여관찰 노트 : 현장에서 보고, 듣고, 느낀 것을 가능한 한 많이 기록

b. 참여관찰 일지 : 관찰한 날의 개인적인 느낌이나 연구에 대한 제언 기록

c. 참여관찰 기록지 : 기록한 자료를 정리, 예비분석의 결과 기록

⑤ 다음 단계의 참여 관찰시 무엇을 볼 것인가를 알기 위한 자료 분석

⑥ 관찰된 단순한 '사회적 상황'에서 '문화적 장면'을 발견하기 위한 문화적 의미의 '부분'을 발견한다. 그것들이 어떻게 조직되어 있는가를 탐색한다.

- 영역분석 : 문화의 중요한 기본 단위인 '문화적 영역' 탐색
- 분류분석 : 문화적 영역이 조직된 방식을 탐색

- 성분분석 : 각 영역에서의 용어가 가지는 속성을 탐색
- 주제분석 : 영역간의 관계와 문화적 장면이라는 전체에 어떻게 연결되어 있는가를 탐색

## 5) 영역분석

- 문화적 영역의 추출
- 문화적 영역 = 총괄용어(cover terms) ; 문화적 영역
  + 포함용어(included terms) ; 영역내의 보다 작은 모든 범주
  + 의미론적 관계(semantic relationship) ; 위의 둘 사이를 연결시켜주는 것
- Spradley의 영역분석의 단계

제 1 단계 : 단일한 의미론적 관계 선정

| 관계 | 형식 |
|---|---|
| 1. 완전한 포함 | X는 Y의 한 종류 |
| 2. 공간 | X는 Y의 한 장소 |
| | X는 Y의 한 부분 |
| 3. 원인-결과 | X는 Y의 결과 |
| 4. 근본 이유 | X는 Y를 행하는 이유 |
| 5. 행동의 장소 | X는 Y를 행하는 장소 |
| 6. 기능 | X는 Y를 하는 데 사용 |
| 7. 수단-결과 | X는 Y를 하는 방법 |
| 8. 순서 | X는 Y의 단계 |
| 9. 속성 | X는 Y의 속성 |

제 2 단계 : 영역분석용 작업표 마련

1. 의미론적 관계 : 완전한 포함
2. 형식 : X는 Y의 종류다
3. 예 : 주임교사는 교사의 종류다

| 포함용어 | 의미론적 관계 | 총괄용어 |
|---|---|---|
| ______ ______<br>______ ______<br>______ ______ | ————→ | ________ |
| 구조적인 질문 | | |

제 3 단계 : 현지조사 노트에서 영역분석을 하기 위한 문단 선정

제 4 단계 : 의미론적 관계에 적합한 총괄용어와 포함용어 선정

제 5 단계 : 다른 의미론적 관계를 사용하여 영역 찾기 반복

제 6 단계 : 분별한 영역 전부의 목록 작성, 찾아낸 모든 영역을 의미론적 관계별로 목록화

### (1) 분류분석

① 문화 영역의 소단위인 포함용어간의 관계식별에 사용

② 분류분석의 단계

a. 관심 있는 문화적 영역의 선택

b. 같은 의미론적 관계를 근거로 유사성 탐색

* 포함용어들 사이의 유사점 탐색

→ 유사한 포함용어를 포괄하는 더 큰 하위 범주로 묶음

→ 더 큰 하위범주에 들어갈 포함용어의 존재 여부 탐색

* 유사점 탐색 과정을 통해서 한 영역의 구성 요소 재분류 외에 더 많은 문화적 범주 발견/새로운 통찰 획득

c. 더 큰 하위범주에 추가로 포함될 포함용어를 더 탐색
(총괄용어를 사용한 구조적 질문을 통해서 그 영역 내의 포함용어들을 디 발견)

d. 연구자가 분석하는 영역을 부분집합으로 포함할 정도로 더 크고 더 포괄적인 영역이 있는지 탐색

e. 잠정적 분류표 작성: 다양한 방법이 있지만, 몇 가지만 제시한다.

* 사각형 도형

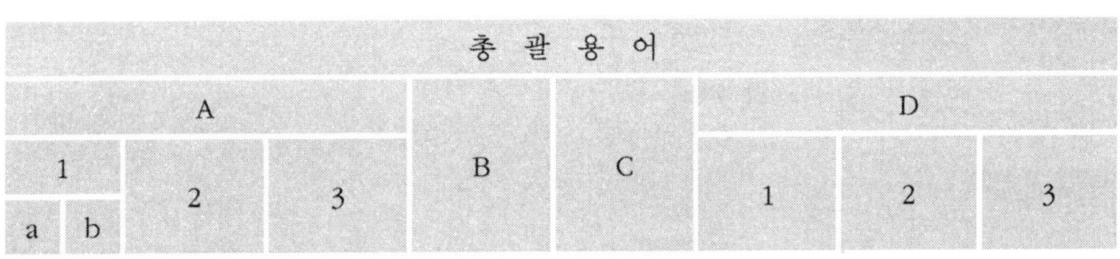


* 선과 마디

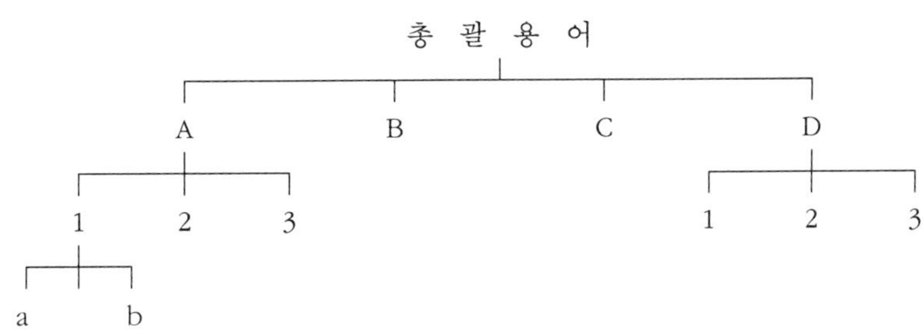

f. 분류분석을 점검하기 위한 집중 관찰 실시
g. 완성된 분류표 작성

### (2) 성분분석

① 문화적 범주와 관련된 속성을 체계적으로 찾는 작업
② 사람들이 그들의 문화적 범위에 부여하는 의미의 단위
③ 대조점을 찾아가고, 그것들을 분류해 내고, 대조의 차원으로 몇 개를 함께 묶고, 이 모든 정보를 패러다임으로 작성하는 전 과정
④ 절차
a. 분석할 영역 선정
b. 분석할 영역 내에서 모든 대조들의 목록 작성
c. 분석 작업도표 작성

| 영 역 | | 대 조 차 원 | | |
|---|---|---|---|---|
| | | 1 | 2 | 3 |
| A<br>B<br>C | | | | |

d. 양분되는 것(예, 아니오 등)으로 나눌 수 있는 대조의 차원 추출
e. 대조의 차원 중 관련되는 것을 모아 다중적 가치를 가진 것으로 작성
f. 빠진 속성과 새로운 대조의 차원을 찾기 위한 대조질문 준비
g. 누락된 정보를 발견하기 위한 선별 관찰 수행
h. 완성된 분석 작업도표 작성

### (3) 주제분석

① 영역들간의 관계를 발견하고, 각 부분들과 전체 문화간의 관계를 발견해 나가는 방법
② 보편적으로 찾아낸 잠정적 주제(Spreadly)
a. 사람들 사이에 나타날 수 있는 사회적 갈등
b. 문화적 장면에서 생기는 문화적 모순
c. 사회적 문제를 통제하는 데 사용되는 비공식적 기법
d. 불특정인들간에 나타나는 사회적 관계
e. 발생한 문제의 해결
f. 한 문화를 구성하는 신분체제의 반영

### 6) 자료목록 정리

(1) 자료의 방대함으로 정리의 필요성 대두
(2) 정리하는 과정에서 문화적 장면을 전체적으로 볼 수 있게 해줌
(3) 연구의 헛점을 분별할 수 있게 해줌
(4) 활동
① 영역분석에서 수행된 문화적 영역들의 목록 작성
② 완전한 것, 불완전한 것, 일부분만 작성된 것 분류 정리
③ 연구하는 사회적 상황에 대한 간략한 약도 작성
④ 연구자가 발견한 구체적인 사건이나 체험을 서술한 예의 목록 정리
⑤ 색인, 목차 작성
⑥ 장래에 연구할 필요성 있는 내용 목록 작성

### 7) 보고서 작성

① 인간들이 갖는 보편적인 형태나 문화, 환경 상황에 대해 진술
② 두 개나 그 이상의 사회적 상황에 대한 진술
③ 한 사회나 문화적 집단에 대해 일반적인 사실을 진술
④ 특수한 문화적 장면에서 나올 수 있는 일반적 진술
⑤ 서로 다른 문화적 영역에서 나올 수 있는 특수한 용어나 행동에 대해 진술
⑥ 특수한 사건에 대해 진술

## 7 문화 기술적 연구의 신뢰도와 타당도

연구의 신뢰도는 연구의 반복가능성 정도와 관련된다. 또한 연구의 신뢰도라는 개념은 연구의 절차와 결과 모두에 적용된다. 연구가 신뢰로우면, 다른 연구자가 동일한 절차, 변수, 검사도구와 조건으로 연구를 수행해도 동일한 결과를 얻어야 한다. 연구의 타당성은 연구결과를 확신있게 해석하고, 이를 일반화할 수 있는 것과 관련된다. 여기에서 확신을 가지고 해석하는 것은 내적 타당도, 일반화하는 것은 외적 타당도라고 부른다. 신뢰도와 타당도는 연구의 신용도와 연구결과에 대한 확신에 영향을 미친다.

질적 연구의 신뢰도와 타당도에 관한 논의가 문화 기술적 연구에도 적용될 수 있다.

다음은 문화 기술적 연구의 신뢰도와 타당도에 대한 세부적인 논의이다.

### 1) 신뢰도

Goetz와 LeCompte(1984)는 문화 기술적 연구의 신뢰도를 내적 신뢰도와 외적 신뢰도로 구분하고 있다. 외적 신뢰도란 동일하거나 유사한 환경에서 연구를 실시하는 개별 연구자들이 일관성있는 결과를 얻는 정도이고, 내적 신뢰도란 동일한 자료와 구인에 관심을 가지고 있는 연구자들이 일관성있게 이들 자료와 구인을 연결시키는 정도를 의미한다. 문화 기술적 연구는 자연적인 상황에서 실시되며 과정을 중시하기 때문에, 연구의 복제 문제에 상당히 민감한 편이다.

문화 기술적 연구는 사건이나 행동의 빈도를 도표화하기보다는 연구중인 현상을 정확하게 기술하거나 묘사하는 데 초점을 맞춘다. 연구의 내적 신뢰도는 여러 연구자가 자신이 관찰한 현상 및 이 현상에 대한 해석 방법에 대해 서로의 견해가 일치하는 정도의 문제라고 볼 수 있다.

문화 기술적 연구를 수행하는 연구자가 다른 유형의 연구를 수행할 때와 마찬가지로 많은 구체적 연구설계를 가지고 연구를 시작할 수는 없을 것이다. 그러나 연구의 상황과 전체적인 연구문제는 될 수 있는 한 구체화되어야 한다. 다음으로는 자료에 대한 접근이 중요한 요인인데, 이는 자료의 이용가능성 측면뿐만 아니라 연구자의 지위 측면에서도 중요하다. 연구자는 참여자의 입장에서 자료에 접근할 수 있도록 연구 참여자와의 관계를 잘 설정해야 한다.

삼각법(triangulation)을 포함한 다양한 자료수집 절차의 활용은 내적 신뢰도를 강화시키는 경향이 있다. 관찰, 면담, 자료 정리 등 자료의 출처가 다양해야 하며, 자료의 양은 어떤 주장을 확신 있게 펼 수 있을 정도로 충분해야 한다. 증거를 기각해야 하는 경우도 탐색해서 설명해야 한다. 비디오 녹화를 통해 연구중인 상황이나 현상을 반복해서 관찰함으로써 숨겨진 개념들을 일관성 있고 분명하게 확인할 수 있다. 또한 관찰자가 둘 이상이라면 반복 검토를 통해 관찰자간 해석의 일관성을 확인하고 견해차이를 해결할 수 있다.

문화 기술적 연구에 활용되는 광범위한 기술은 내적 신뢰도의 측면에서 볼 때도 다른 이점이 된다. 관찰자간 의견일치가 이루어지지 않을 때, 광범위한 기술을 통해 불일치의 원인을 찾아낼 수 있다. 만약 관찰자들의 견해가 일치하지 않으면, 불일치를 해결하기 위한 논의가 있어야 한다. 문화 기술적 연구는 종종 여러 사람들의 공동 연구로 이루어진다. 각자의 통찰을 나누고, 해석을 논의하고, 기술을 검토해야 한다.

외적 신뢰도는 정도의 문제이며, 어떤 이들은 연구가 똑같이 복제될 수 없다고 주장하기도 한다. 또한 많은 문화 기술적 연구자들은 다른 연구자가 자신의 연구를 복제하는 것에 대해 별로 관심을 두지 않는다. 그러나 문화 기술적 연구의 절차는 매우 다양하게 전개되기 때문에, 연구자는 사용되는 연구방법을 자세하게 기술해 두어야 한다. 연구방법을 간략하게 기술하고서 자료수집과 분석이 주의 깊게 실시되었다고 주장할 수는 없다. Goetz와 LeCompte(1984)는 이 점을 다음과 같이 요약하고 있다:

> 연구자는 자료분석 절차를 분명하게 확인해서 충분히 논의해야 하며, 자료가 검토되고 종합된 방법을 자세히 설명해야 한다. 신뢰도란 후속 연구자들이 원 연구의 절차를 재구성할 수 있는 가능성 정도에 달려있기 때문에, 자료분석 절차와 방법이 상세하게 기술된 연구만이 복제될 수 있다.

## 2) 타당도

신뢰도를 확보한다고 해서 타당도가 자동적으로 확보되는 것은 아니다. 예를 들어, 관찰자들이 어떠한 결론에 의견일치를 보더라도, 그 결론에 오류가 내재할 수 있는 법이다. 만약 충분한 확신을 가지고 결론이 내려지지 않는다면, 연구절차에 결함이 있다는 의미이며, 연구의 내적 타당도 역시 부족한 것이다. 만약 연구결과가 내적으로 일관성있고 복제할 수 있더라도 결과를 일반화할 수 없다면, 연구의 외적 타당도가 부족한 것이다. 연구의 내적, 외적 신뢰도가 있더라도, 타당도가 부족한 경우도 있다.

먼저 내적 타당도를 고려해 보자. 실험설계에서 연구자는 무선화나 독립변수 추가를 통해 가능한 범위내에서 외연변수를 통제한다. 그러나 문화 기술적 연구는 자연상황에서 실시되기 때문에, 실험설계와 같은 통제는 할 수 없다. 그럼에도 불구하고 문화 기술적 연구에서는 자료가 자연스러운 상태이기 때문에 타당도가 강화된다. Smith와 Glass(1987)는 자료의 자연스러움이 문화 기술적 연구의 한 가지 특성이라고 지적한다.

전형적으로 문화 기술적 연구는 장기간에 걸쳐 수행되기 때문에 외연변수의 개입 가능성이 증가한다. 그러나 장기간의 연구는 원인과 결과를 탐색하는 데 유익하다. 사건의 일시적인 배열, 다양한 정보원에 대한 관점, 혼동변수들의 영향 등이 내적 타당도에 영향을 주지만, 이러한 것들이 연구상황에 노출되면 더 잘 이해되는 경향이 있다. 충분한 양의 자료를 얻으려면 자료수집 기간이 길어야 한다. 문화 기술적 연구에는 정해진 연구기간이 없다. 연구에 필요한 기간은 탐색되는 현상의 범위와 복잡성에 따라 다르다. 요약하면, 내적 타당도를 얻는 과정은 귀납적이기도 하고 연역적이기도 하다. 연구자는 자료의 여러 원인들을 통해 체계적으로 추리해야 한다.

외적 타당도는 일반화에 관련된다. 연구결과가 어떤 집단, 조건, 상황에 일반화될 수 있는가?의 문제이다. Goetz와 LeCompte(1982)는 외적 타당도가 "어떤 현상의 전형성 혹은 한 현상을 다른 현상과 비교하거나 대조할 수 있는 범위"를 나타내는 문제라고 지적하고 있다. 일반화라는 개념 자체에는 어려움이 없다. 그러나 무선표집 개념이나 공식적인 수학모형을 사용하게 되면 어려움이 발생한다. 왜냐하면 문화 기술적 연구의 외적 타당도는 양적 연구의 접근법이 아닌 현상학적 접근법에 근거하고 있기 때문이다.

그렇다면, 어떻게 문화 기술적 연구의 일반화 가능성을 주장할 수 있는가? 문화 기술적 연구는 일반화할 수 없다는 극단적인 입장은 현실적이지 못하다. Polkinghorne (1991)은 매우 유용한 두 가지의 일반화 유형을 제시하고 있다:

> 집합형 일반화에서는 전체 모집단에 관한 진술만 가능하며, 어떤 사실이 어느 한 집단의 모든 개개인에게 해당된다는 주장이 성립된다.

양적 연구에서는 집합형 일반화를 사용한다. 그러나 가끔 개인적인 결과로 해석되는 경우도 있다. 문화 기술적 연구에서는 전반형 일반화를 사용한다.

전반형 일반화는 소위 단정적인 주장에 근거한다(Polkinghorne, 1983). 단정적인 주장은 그 가정과 증거가 수용할 만한 합리성에 기초한다.

외적 타당도는 단정적인 주장에 근거하는 전반형 일반화이다. 문화 기술적 연구에서 외적 타당도가 연구되는 방법의 한 예로 Harry(1992)의 진술을 아래에 제시한다. 이 진술은 Harry 연구의 자료해석 부분에 있는 것이다.

> 어느 소규모의 문화집단에서 얻은 연구결과를 다른 집단에 일반화할 수 있다고 주장할 수는 없다. 그러나 자료수집 절차의 반복적 특성과 자료에 대한 삼각법을 통해 참여자의 관점을 정확하게 그려낼 수는 있다. 따라서 유사한 조건하에 있는 유사집단에 유사한 역동이 존재한다고 기대하는 것은 합리적이다. 무엇보다 중요한 것은, 본 연구가 어느 집단에 대한 세부적인 이해보다는 문화적으로 서로 다른 배경을 지닌 부모들과 전문가들간의 상호작용 과정에 관심이 있기 때문에, 문화간 오해가 어떻게 발생하며 이런 오해를 어떻게 교정할 수 있는가에 대한 이해를 충분하게 제공할 수 있다.

문화 기술적 연구의 외적 타당도를 고려하는 또 다른 방법은 문화 기술적 연구가 사후적인 판단이라는 점이다. 여기에서 사후적 판단이란 어떤 주장이 실제 관찰에 근거한다는 의미이다. 이런 유형의 일반화에서는 연구결과가 다른 상황에 적용할 수 있는 합리적 가능성을 나타낸다고 주장한다. 따라서 적용될 수 있다고 여겨지는 상황에서 연구결과를 실제로 검정하고 나서야 결과의 일반화를 결론지을 수 있다. 이것을 일반화 검사라고 부른다. 그리고 이것은 연구의 외적 타당도를 확립하는 것이 독자의 책임이라는 문제를

제기한다. Lincoln과 Guba(1985)는 질적 연구결과의 전이에 대해 다음과 같이 논의하고 있다:

> 결과의 일반화에 대한 짐은 원 연구자에게 있기보다는 다른 곳에 적용하려는 사람(후속 연구자 혹은 독자)에게 있다. 원 연구자의 책임은 유사한 판단을 가능케 하는 충분한 양의 기술적 자료를 제공하는 것으로 끝이 난다.

따라서 질적 연구와 문화 기술적 연구의 독자나 후속 연구자에게 결과 해석과 일반화 가능성에 대한 판단의 책임이 있다. 이러한 독자의 책임은 양적 연구에 비해 크다. 그러나 연구상황과 절차의 조건을 구체화해서 비교의 근거를 세우는 것은 연구자의 책임이다.

외적 타당도는 사후적인 판단에 기초해서 이루어진다.

절차적 문제로서 외적 타당도는 여러 장소에서의 연구를 통해 강화될 수 있다. 만약 한 현상이 여러 번의 연구에서 일관성을 보인다면, 일반화 가능성은 증가한다. 모든 문화 기술적 연구가 여러 장소에서 수행될 수는 없을 것이다. 그러나 외적 타당도는 연구상황의 변화를 통해 강화된다. 예를 들어 초등학교에서의 쓰기 교수를 연구할 경우 둘 이상의 교실에서 연구를 수행하면 외적 타당도가 강화될 것이다.

절대적인 신뢰도나 타당도는 어떤 연구에서건 성취할 수 없다. 그러나 적절한 연구절차를 사용하고 주의 깊게 연구를 자료화한다면 신뢰도를 확립할 수 있다. 그리고 외적 타당도는 대부분의 경우 논리적 주장에 기초하여 확립된다.

### 3) 문화 기술적 연구의 역할

문화 기술적 연구에는 다양한 절차가 포함된다. 문화 기술적 연구는 상황을 강조한다. 그리고 이점은 상황의존도가 높은 교육문제를 탐구하는 데 특히 적합하다. McMillan과 Schumacher(1989)는 문화 기술적 연구가 교육연구에 있어서 매우 역동적인 연구라고 지적하였는데, 그 이유는 "문화 기술적 연구를 통해 연구자는 어떤 주제에 관한 중요 질문이 무엇이며 교육에서 중요한 주제가 무엇인지를 경험적인 방법을 통해 발견할 수 있기 때문이다." 따라서 문화 기술적 연구는 모든 교육연구의 근본적인 문제, 즉 "질문해야 할 주요 문제는 무엇인가?"라는 문제에 대해 중요한 공헌을 하고 있다.

한편 문화 기술적 연구에서 생기는 광범위하고 풍부한 기술은 이론적인 공헌, 예를 들어 이론발전이나 이론검정을 제공한다. 만약 현장연구가 제대로 이루어진다면 교육현상에 대한 우위 정보를 제공한다. 문화 기술적 연구는 교육 본질에 대한 대단위 연구에 적합하다.

그러나 문화 기술적 연구가 대단위 연구에만 적용할 수 있다고 추론해서는 안 된다.

연구하려는 현상은 관찰을 필요로 하는데, 교실 관찰자 역할을 할 수 있는 교사도 문화 기술적 연구를 수행할 수 있다. Kantor, Kirby와 Goetz(1981)도 이점을 교사와 연구자의 협동연구와 함께 제기하고 있다:

> 경험이 풍부한 교사는 학생과 교실환경에 대한 지식을 가지고 있기 때문에 연구자로서의 잠재력을 가지고 있다; 문화 기술적 연구를 통해 교사는 자신이 소유한 지식을 활용할 수 있으며 연구자들과의 대화 기회도 가질 수 있다. 특히 기대되는 점은 교사와 연구자가 협동하여 연구할 수 있다는 사실이다.

최근에 Cochran-Smith와 Lytle(1990)는, 문화 기술적 연구에만 제한하지는 않았으나, 교육연구에 교사를 포함시키는 것의 바람직성과 필요성을 역설하고 있다.

Wagner(1990)는 학교 경영자가 문화 기술적 연구를 교육 연구자와 협력하여 수행할 수 있는 경우를 예시하고 있다. 그는 학교 경영자들의 연구물과 학교에 대한 문화기술간에 몇 가지 병행하는 부분들을 검토하면서, 학교 경영자가 문화 기술적 연구자 역할을 한 성공적인 협동연구의 예를 들고 있다. 교사와 학교 경영자가 문화 기술적 연구에 참여한 이들 논의를 통해 문화 기술적 연구가 교육연구에 적합하다는 사실을 시사 받을 수 있다. 본래 문화 기술적 연구를 수행하려면 상당한 시간이 소요되는데, 이 부분에 대해 교사와 학교 경영자는 학교에 상주하고 있는 관계로 좋은 위치를 확보하고 있다.

그러나 다른 연구방법들이 나름의 한계를 가지고 있는 것과 마찬가지로 문화 기술적 연구도 모든 상황에 적합하다고 말할 수는 없을 것이다. Wolcott(1988)이 지적한 바와 같이, 문화 기술적 연구는 사물이 어떠한가에 초점을 맞추는 경향이 있다. 따라서 행동과정은 제대로 규정하지 못한다. 이 점은 연구자들이 더 개발해야 할 사항인데, 문화 기술적 연구가 보탬이 될지는 미지수이다. 그럼에도 불구하고 문화 기술적 연구는 교육현상의 복잡성을 밝히고 있으며, 결국에는 교육개선에 일조할 것으로 보여진다. 교육연구에서 상황의 중요성에 대해 많은 시사점을 주리라고 기대한다.

문화 기술적 연구는 사물이 어떠한가에 초점을 맞춤으로써 현상에 대한 경험적인 기술, 기본 이론의 개발과 이론검정 등을 통해 교육에 기여한다.

## 11 연 | 구 | 문 | 제

각각의 방법론적인 문제에 대해 답하시오.

1. 장학관은 문화 기술적 연구 전문가에게, 다른 학교에 교육 과정 확대 적용 여부 결정에 필요한 연구를, 초등학교가 새로운 과학 교육 과정을 어떻게 시행했는지를 알아보도록 요청했다. 민족학자는 과학 담당자, 교장과 관계를 맺고 여섯 명의 교사 중 다섯 명의 교수법을 관찰했다. 개혁에 참여하지 않은 여섯 명의 교사는 단지 자신의 경험을 새로운 교육 과정에 결부시켰다. 이 교사는 장학관이 왔을 때, 교육 과정을 능숙하게 잘 가르쳤다. 문화 기술적 연구 전문가가 무엇을 해야 하는지를 구명하시오.

2. 문화기술적 연구 전문가는 도 교육청에서 실시하는 여름학교 프로그램에 참여한 고등학생들이 사진술을 통해 어떻게 창조성을 계발하는가를 연구하기 위해 학생 기숙사에 기거하고 있다. 이 학자는 사진반 활동 관찰과 저녁 프로그램에 참여하는 것으로 연구 자료 수집은 충분하리하고 생각했지만, 실제로는 여가 시간 활동과 주말의 과외 활동이 학생들의 사진 작품 활동에 영향을 끼친다는 사실을 알아냈다. 이 학자는 이러한 비공식적인 활동을 관찰하고 기록해야 하는가? 학생의 사진 작품이 연구 자료의 출처인가?

3. 자료를 수집하는 동안, 성인 교육 프로그램 담당자는 몇몇 성인들의 부정적인 평을 듣게 되었고 문화기술 연구자들이 이러한 평을 기록하는 것을 알게 되었다. 감독자는 그런 평이 공공연히 나돌게 되면 프로그램에 부정적인 이미지를 줄 수 있다고 문화기술 연구 전문가에게 설명하였다. 감독자는 현장 기록 자료를 파기하라고 민족지 학자에게 요구하였다. 민족지 학자는 이러한 상황을 어떻게 처리하여야 하는가?

4. 다음의 질문을 질적인 연구 문제로 고쳐 진술하고, 교사들의 평가 원리를 정립함으로써 교사 스스로의 지각을 유도할 수 있도록 알맞은 차례로 배열하시오.
   1) 전문직으로서의 교사가 교장으로부터 평가받아야 한다고 생각하는가?
   2) 교장이 교사에 대한 정기적인 평가를 하기 전에 당신의 교실을 여러 번 방문, 관찰했는가?
   3) 교장이 매번 방문 관찰을 한 후에 당신과 토의를 하는가?
   4) 당신의 교수법을 교장이 평가하는 것이 공정한가?

CHAPTER 12

# 사례연구

사례연구는 개인, 집단, 기관 또는 현상에 대하여 구체적으로 탐색, 조사, 분석하여 문제해결에 중점을 두는 연구의 하나다. 특히 소수의 연구대상을 선정하여 필요한 정보나 자료를 다양한 방법으로 조사, 수집하여 연구대상이 갖는 특성이나 문제점 등을 종합적으로 진단, 기술하는 연구이다. 특정한 개체의 특성이나 문제점 등을 종합적이고 심층적으로 기술, 분석하는데 중점을 두는 질적 연구가 사례연구이다.

최근 문화인류학, 참여 관찰 연구 등 질적연구가 수행됨에 따라 이 연구가 일반화되고 있다. 경우에 따라서는 사례연구, 참여자 관찰 및 인종학 연구를 거의 같은 것으로 보기도 한다. 사례연구법은 여러 사회과학자들, 특히 사회학자, 인류학자와 역사학자), 정신과 의사들, 가족요법가들, 언론인들이 널리 사용하는 기법이다(이종재외, 1996). Freud 및 Piaget의 연구방법이 그 대표적인 예이다.

사례연구에서는 보편적인 사실이나 일반적인 원리가 어떻게 구체화되어 있는가를 밝히고, 여러 가지 관계 요인들의 유기적 작용들을 찾아내서 그 개체를 전체적이고도 역학적으로 이해하는 데에 중점을 둔다. 사례연구는 "한 피험자와 그 피험자와 환경과의 관계에 대한 정보의 종합적, 체계적 해석방안"이다.

사례연구는 실험실보다 현실상황에서 자주 사용된다. 사례연구는 실험이나 조사연구를 통한 자료가 아닌 자연상태에서 발생되는 사건의 관계들에 집중한다는 점에서 자연주의적(naturalistic)연구이다.

대부분의 사례연구가 함축하는 가정은, 그 특정 사례가 전형적인 사례의 대표적인 것이라고 보는 점이다. 단일 사례에 관한 심층적인 관찰・조사・분석과정을 통해서 그 사례가 선정된 모집단 또는 현상의 여러 측면을 통찰할 수 있다는 가정이다. 이러한 가정에 입각하여 동일한 유형의 다른 사례에도 적용할 수 있는 일반화가 가능하다(이종재외, 1996).

사례연구 결과의 일반화에 특별한 주의가 필요하며, 정확하고 타당하며, 객관적인 자료가 절대 필요하다. 왜냐하면, 사례연구는 특수한 사례를 대상으로 연구하는 것이기 때문이다. 잘 발전시키면 이론개발과 경험적으로 검증할 수 있는 가설설정을 할 수 있다.

사례연구를 누가기록, 사례사 및 Case Work과 구별해야 할 것이다. 누가기록은 각 피험자에 관하여 의미 있고 생생한 정보를 계속적으로 기록한 것이다. 사례사는 개별 피험자에 대한 보다 구체적인 정보를 정기적으로 종합한 것이라 할 수 있다. 케이스 웤은 도움을 필요로 하는 피험자에게 집중적으로 도와주는 과정이라고 보면 된다.

사례연구는 다른 연구방법이나 절차와도 관련되며, 상보적인 기능을 한다. 그 연구의 방향이 현재사태와 개인문제를 규명하는데 필요한 원인 진단에 중요성을 두는 회고적 참조 연구라 할 수 있다.

## 1 사례연구의 종류와 적용분야

### 1) 조직(기관)에 관한 역사적 사례연구

서머힐 학교 등 실험학교의 시대적 흐름과 양태분석에 중점을 둔다. 주로 면담법과 서류분석 방법을 사용한다.

### 2) 관찰 사례연구

특수한 학급을 대상으로 하여 일정한 기간동안 사회적 상호작용 사례에 대하여 참여·관찰을 통해서 탐구한다.

### 3) 상황 분석연구

모든 참여자들의 의견을 종합적으로 분석, 연구한다. 예를 들면, 문제 행동 학생에 대하여 담임교사, 부모, 동료, 학교 행정가, 소년원 담당관, 전문 판사 등과 면담하여 그 결과들을 종합적으로 분석하여 문제행동을 규명하는 연구이다.

### 4) 임상적 사례연구

문제의 진단과 치료에 중점을 둔다. 최근, 교육연구의 경향을 살펴보면, 문제아뿐만 아니라 정상아의 전인적인 발전을 위하여 한 개인을 전인적 존재로 성장시키기 위한 노력의 필요성을 인식하고 있다. 학교에서는 모든 학생들을 대상으로 성장과 발달에 대한 포괄적인 정보를 수집하여 학습지도나 생활지도를 하는데 활용한다(이종승, 1989). 특히 개인 학생의 잠재력, 인격적 특성, 정의적 특성, 사회적 활동 특성 등을 보다 면밀히 파악함으로써 효과적인 교육을 위하여 사용될 수 있다.

### 5) 사례연구의 활용

사례연구는 법률, 소년범죄, 의학, 정신의학, 심리학, 교육, 상담, 생활지도, 인류학, 사회학, 사회사업, 경제학, 기업경영, 정치학, 신문방송학 등의 분야에 널리 적용된다. 사례연구가 부적응 문제의 연구를 넘어서서, 정상적이고 우수한 아동, 성공적으로 운영되고 있는 기관이나 기업체, 잘 조직되고 움직이는 지역사회 등에 관한 연구에까지 적용되고 있다. 임상심리학에서는 성격연구 및 적응연구 등에서 널리 적용되고 있다.

### 6) 하나의 연구방법으로서 활용

일반적인 법칙이나 원리에 예외적인 사례를 제시한다거나 시범적 사례를 제시할 수도 있다.

## 2 사례연구의 특징

### 1) 종합성

사례의 어떤 측면만을 연구하는 것이 아니라 그 사례의 신체적, 심리적, 환경적인 모든 요인을 조사하고 이러한 요인들을 토대로 그 사례가 당면한 문제를 포괄적으로 고찰한다.

### 2) 다각성

사례연구에서는 면접, 관찰, 실험, 표준화검사, 자서전 등 어떠한 방법이건 문제의 해결에 도움을 준다고 생각되는 것이면 모두 이용한다. 그리고 아동을 대상으로 하는 사례연구에서는 그 아동의 부모, 친척, 담임교사, 의사 등을 찾아가 필요한 정보 등을 얻을 수도 있다.

### 3) 개별성

사례연구의 대상은 개개의 사례이며, 한 개인이 당면하고 있는 문제이다. 그러므로 이것은 특수성, 개별성을 띠고 있는 것이지 보편성을 띠고 있는 것은 아니다. 대개 다른 연구방법에서는 집단의 특성, 집단간의 차이에 관심을 두지만, 사례연구에서는 개체에게 관심의 초점을 둔다.

### 4) 교육적 및 치료적 의의

사례연구의 대상이 되고 있는 개인은 단지 학문적인 연구의 대상이나 실험물이 아니라, 그 개인이 당면한 곤란이나 부적응을 교육적으로 혹은 심리적으로 치료하여 주는 것이 일차적 목적이다. 그러므로 사례연구에서는 항상 연구자의 교육적, 인간적 이해의 태도가 요구된다.

## 3 사례연구의 장·단점 및 유의사항

### 1) 사례연구의 장점

① 특정한 대상을 다양한 측면에서 종합적으로 연구하게 되어 문제해결에 의의 있는 자료를 제공해 줄 수 있다.

② 학생들에 관하여 미리 조사, 수집한 구체적인 자료가 있을 경우, 상담의 기초를 제공해 준다.

③ 사례연구의 수행과정에서 연구자는 연구대상인 학생과 자주 접촉하게 되어 서로 친밀한 인간관계가 형성될 수 있고 서로 잘 이해하게 되어 문제해결에 도움이 될 수 있다.

④ 개인을 사회적·환경적 존재인 인간으로서의 모습 파악에 도움될 수 있는 자료를 제공해준다. 일반 교사들로 하여금 학생을 좀 더 현실적으로 이해하고 경험토록 하는데 사례연구의 자료는 큰 도움이 된다.

### 2) 사례연구의 단점

① 특수한 사례에 관한 연구이므로 연구결과를 일반화하기 어렵다. 타당도와 신뢰도 측면의 문제로서, 자료수집, 해석, 종합의 타당성 문제이다. 사례 전체에 심리학적 조건의 정확성과 진가 여부에 관련되는 신뢰도 문제가 게재된다.
② 연구대상의 외면적인 사실에 너무 치중한 나머지 연구대상의 내면적이고 본질적인 문제, 심리적, 정서적 문제를 간과할 가능성이 있다. 종단적인 측면에 치중하는 자료수집을 하다 보면 피험자의 현재 상태에 대해서는 경시할 가능성이 있다.
③ 모든 조사 대상자를 동시에 사례연구하기에는 곤란한 점이 많다. 또한 사례연구에는 비경제성과 비능률성의 문제가 항상 제기된다.

### 3) 유의사항

① 연구방법이 지나치게 단순하게 보일 가능성에 대하여 주의해야 한다. 보다 효율적으로 사례연구를 수행하기 위하여, 탐구해야 할 영역과 관련된 이론적 배경에 대하여 철저하게 탐색해야 한다.
② 객관적인 자료수집 및 분석과정에 주관적인 편협성이 개입될 위험성을 경계해야 한다. 주관적인 확신에 따라 선정된 변수와 지나치게 한정된 대상 표집으로 인해 연구자의 결론에 대한 타당성 저하 문제가 초래될 수 있다.
③ 효과 측면에서, 단순하면서도 상호 관련된 요인 정도에 불과할 뿐인데 인과관계로 잘못 해석될 위험을 철저하게 배제해야 한다.

## 4 사례연구의 절차

사례연구의 절차는 문제의 성질에 따라 다르겠으나 다음과 같은 단계가 가장 일반적이다.

### 1) 문제의 규정

사례연구의 첫 단계는 무단결석, 비행, 특수재능아, 파탄가정과 같은 행동의 어떤 측면, 생활과정의 일부면, 혹은 필요사태 등의 형태로 연구단위를 발견하는 일이다. 이런 문제 발견은 출석부에 의하거나 혹은 교사의 예리한 관찰을 통한 수업시 아동의 활동과, 가정환경 조사서를 참고함으로써 나타날 수 있다. 사례가 주목의 대상으로서의 필요사태에 보통 집중하는데 반해 내담자 중심 혹은 비 지시적 요법은 개인에게 주목을 기울이게 된다. 지식의 증가와 기술의 향상으로 새로운 영역의 사례들은 교정적 혹은 발달적 치료를 받아야 되는 것으로 인정되고 있다. 유의할 일은 연구의 대상이 이른바 "비정상인"만이 아니라 정상인도 포함시켜 적극적인 지도와 관심을 기울여야 한다는 것이다.

### 2) 자료 수집

연구할 단위를 발견하고 결정했으면 이에 관련된 자료를 수집해야 한다. 자료를 수집함으로써 보다 문제규명이 철저해질 뿐만 아니라 문제를 설명하거나 그 원인을 규명함으로써 진단의 기초자료를 제공할 수 있게 된다.

사례연구 수행과정에서 사용되는 자료수집 방법은 다양한데, 아래의 요소들을 포함한다(Best, 1986, p. 93).

① 물리적 특징, 사회적 질 또는 행동에 대한 관찰 결과

② 연구대상, 친척, 친구, 교사 상담자 등과의 면접 결과

③ 질문지법과 검사법

④ 신문이나 잡지, 법률관련 자료, 정부기관의 자료 및 기타 자료

단일 사례연구는 깊이 있게 분석하는 것을 중요시한다. 검정될 가설을 설정하는 것이 도움이 될 수도 있겠지만, 광범위한 일반화에 직접 관련되지는 않는다.

### 3) 원인과 진단

진단이란 문제행동에 영향을 준 원인 작용에 관한 이론이나 가설을 형성하는 것을 말한다. 진단과 치료는 불가분의 관계가 있다. 따라서 진단은 치료에 직결되는 것으로써 적절한 치료방안에 대한 예후적인 성격을 띠게 되므로 치료에 실패할 경우 다시 원인을 규명하고 새로운 진단이 필요하게 되는 수도 있다.

문제의 원인을 올바로 진단하려면 자료수집의 도구나 방법이 적절해야 하지만 중요한 목적을 달성할 수 있느냐 하는 기본전제를 충족시킬 수 있어야 하며 적어도 진단의 강점과 약점을 명시함과 동시에 객관성, 신뢰성, 실제성, 전문성 등이 충분히 고려되어야 한다.

### 4) 지도 및 치료/처치

진단의 목적은 효과적인 치료를 함에 있다. 치료의 목적은 개인의 잠재적 가능성의 최대한의 신장이기에 일시적 저해요인을 제거함으로써 이와 같은 제 일차적 목적을 달성할 수 있도록 최선의 노력을 하는 것이다.

근래 예방의학이 발달하고 있듯이 치료에서 중요한 것은 예방적인 고려이다. 그리고 어떤 형태의 치료에 있어서나 자조(self-help)를 중요시해야 한다. 치료나 지도의 근본원리는 사례 대상으로 하여금 자신의 노력을 북돋우고 자기이해와 자기지도의 능력을 증진시키는 일이다. 전문가, 교사, 부모의 바람직한 자세는 치료과정에서 실질적으로 공헌한다. 효율적인 치료는 환자의 복지를 위한 순수한 관심, 깊은 상호신뢰의 관계 및 이해와 편견과 정서적 반응의 통제 기반 위에서 가능하게 된다.

### 5) 추수지도

사례연구나 치료의 마지막 단계는 마치 의사가 환자의 회복기에 주의를 기울이는 것과 같이 처치의 성공여부를 면밀히 검토하는 일을 말한다. 처치 후에도 별 효과나 진보가 없으면 새로 진단하고 다른 치료나 치료방법을 모색해야 한다.

## 5 사례연구의 형식

사례연구를 하는데 일정한 형식이 있는 것은 아니고, 사례의 성질과 목적에 따라 연구자가 창의적으로 형식을 결정한다. 대표적인 양식을 다음과 같이 정리할 수 있다(김재은, 1988).

### 1) 대상

성명, 주소, 연구보고 일자, 생년월일, 출생지, 성별, 인종, 결혼 여부, 직업

### 2) 문제의 진술

① 문제 : 왜 연구하게 되었나, 부모 혹은 교사 등이 이 문제를 어떻게 보는가?

② 문제의 성질에 관한 연구자의 진술 : 연구되어야 할 문제는 과연 무엇인가, 어떤 경우에 이런 문제가 생기나?

③ 문제의 연혁 : 언제부터 시작되었나, 전에도 같은 문제가 있었나, 어떤 경우에 이런 문제의 재발이 빈번한가?

### 3) 가정 및 사회적 환경

① 가족 : 가족에 관한 연령, 교육정도, 건강, 눈에 띄는 인성적 특징, 사회적 행동 상호간의 적응, 연구대상자에 대한 태도

② 가족의 태도 : 연구대상자와 그의 문제에 대한 가족들의 직접, 간접적 태도

③ 통제와 훈육 : 부모가 어떻게 아이를 다루나? 부모간에 훈육에 관한 의견이 합치되나? 이 연구자는 가정내에서 무슨 임무를 맡고 있나?

④ 경제상태 : 경제적 수준, 경제적 상태의 변동

⑤ 문화적 상태 : 교육, 문화적 혜택에 관한 가정의 인식

⑥ 용어 : 그 질과 사투리

⑦ 이웃 : 사회적, 경제적, 문화적 상태

### 4) 신체적 조건 및 기록

① 신체검사

② 신체발달

③ 적응과 특히 관련되는 조건 : 주로 정신신경성 질환의 유무

④ 성적 발달 : 사춘기의 증상

### 5) 발달사

① 아기 및 출생 : 어머니의 임신중의 건강, 출생시의 상황

② 초기 발달상황 : 이유기, 신체균형 발달, 대소변 가리기, 독자적 행동의 발달

③ 지적 발달 : 현재의 지능검사결과, 이전에 치른 검사의 기록, 지적 결함의 유무, 특수한 소질유무

④ 언어 발달

⑤ 정서적 발달, 즉 난폭한 행동: 공포는?

a. 애정 - 부모에 대한 집착여부, 의존심은 없는가?

b. 정서적 균형 - 다감, 흥분, 침울 등 얼마나 자주 일어나나?

c. 사회적 발달 - 사회적 경험의 범위, 집단생활에 있어서의 적응여부

### 6) 교육적인 면

① 진학관계 : 입학연령, 월반이나 낙제, 과외수업, 성적의 경향
② 학업성적 : 학력검사결과, 특수능력 및 결함
③ 행동적응 : 품행 및 훈육상의 문제, 학교에 대한 태도, 출석률
④ 교육상 계획 및 희망 : 이런 계획이나 희망이 그 능력에 알맞나?

### 7) 재정에 관한 것, 즉 직업

어떤 일에 종사하였으며 보수, 성패여부, 직업에 대한 태도, 직장에서의 지위, 퇴직 이유, 직업적 희망 및 계획 - 현실적인가?

### 8) 상벌(법률적)

범법사실의 성질, 이런 사실이 본인에게 미쳤던 영향

### 9) 습관, 일반적 적응, 좋아하는 일

① 일상 습관 - 침식, 오락, 규칙적인 일, 일과 취미 - 상세하게 상상 - 소원, 백일몽
② 성적 습관 - 성지식, 경험, 흥미, 자위행동, 이성에 대한 태도, 성문제에 대한 태도
③ 사회적 습관 - 교우관계, 지도자적 자질의 유무, 주로 좋아하는 사회적 활동의 접촉 유형

## 6 사례기록의 조직과 보고서 작성

사례기록의 조직과 보고서 작성방법을 정리하면 아래와 같다(이종재외, 358-360).

### 1) 기록 조직

연구자가 문서자료, 관찰 노트, 면담기록, 통계자료 등에 대해 상당한 자료를 수집했다

고 상상할 수 있다. 남은 과제는 사례 또는 일련의 관련 사례들을 집필하는 일이다. 사례연구에 의해 생산된 이런 원자료들을 '사례기록(case record)'이라 부른다.

가능하다면 기록을 두 장 복사하는 것이 좋다. 하나는 원자료로 보존하고 다른 하나는 작업용 복사물로 사용한다.

### 2) 보고서 작성

사례연구는 과학과 역사 사이의 중간적 위치에 있다. 모범적인 사례연구에 대해 Yin은 다음과 같은 준거를 제시하고 있다.

① 사례연구는 충분한 의의가 있는 것이어야 한다.(의의도)
② 사례연구는 완성되어야 한다.(완성도)
③ 사례연구는 대안적 관점에 대한 배려를 해야 한다.
④ 사례연구는 충분한 증거를 제시해야 한다.

사례연구의 보소서 작성에 관하여서는, 해설적 보고방법, 묘사, 삽화 및 분석적 보고방법의 용도를 살펴본다.

① 해설적 보고법(narrative reporting)은 직접성과 미묘성의 큰 장점을 갖는다. 직접성은 한편으로는 독자들에게 그 관습이 친숙하다는 데서 나오며, 다른 한편으로 해설적 형식은 저자가 자신의 논리를 전개하지 못하게 하기 때문에 독자로부터 저항이 적게 생긴다. 해설기록법의 미묘성은 독자들로 하여금 대안적인 설명들에 관해 생각하게 하는 정보를 제공함으로써 원인과 결과에 관한 미묘한 표현을 전달하는 능력에 있다.
② 묘사적 보고법(portrayal reporting)은 단순한 기술적(記述的) 보고는 자연스런 이야기 노선을 결정하기 때문에, 해설기록법의 장점을 가미하려는 시도이다.
③ 삽화적 보고법(vignette reporting)은 완성된 그림과 비교하면 스케치와 같은 것이다. 삽화 주제의 선정 자체가 설명적 행위이다. 왜냐하면 삽화는 어떤 사례의 중요한 측면을 투명하게 보여 줄 수 있기 때문이다. 일반적으로 삽화는 어떤 사건을 관련시키거나 어떤 사람이나 장소에 대한 스냅 사진을 제공함으로서 분석을 구체화하는 데 사용된다.
④ 분석적 보고법(analysis reporting)은 증거를 검토해 가면서 논의할 수 있는 경우에 그 쟁점들을 명시적으로 토론해 나간다. 개념적 틀을 저자에 의해 제공되며, 대체로 사회과학 문헌에 의존한다. 분석적 보고의 언어들은 그 정의에 비추어 단호하며 지표적(denotive)인 경향을 띤다. 분석적 보고는 사용된 용어와 이론을 통하여 정확성을 추구한다.

## 12 연구문제

1. 사례연구의 특징을 논의하시오.
2. 사례연구의 적용 분야별 연구 사례를 찾아서 분석하시오.
3. 사례연구의 장점과 단점을 설명하시오.
4. 사례연구의 일반적인 절차를 진술하시오.
5. 사례연구를 수행할 때 유의해야 할 사항에 대하여 토의하시오.
6. 사례연구의 보편적인 절차를 설명하시오.
7. 교육에 관련된 사례연구 결과를 찾아서 분석하고 시사점을 토의하시오.
8. 사례보고서 작성 방법을 세 가지만 들어 설명하시오.
9. 사례연구의 평가준거를 구체적으로 기술하시오.
10. 사례연구 결과 한 편을 수집하여 아래의 항목에 따라 분석, 비판하시오.
    1) 연구 주제와 내용의 일관성
    2) 연구자료 수집의 객관성
    3) 자료와 분석방법의 합리성
    4) 결과해석의 타당성

CHAPTER 13

# 관찰연구

연구자 자신이 직접 살펴보고 그것을 기록해서 자료로 삼는 관찰연구에서 연구자가 어떻게 보고, 들으며 기록하는가에 따라 연구의 질이 결정된다. 관찰방법은 도구를 사용하지 않는 측정이며, 도구를 사용하더라도 측정자에게 영향을 미치고 피관찰자에게는 영향을 미치지 않는 방법이다. 피험자들이 관찰되고 있다는 것을 의식하지 않는 상태가 가장 객관적이고 합리적인 관찰이다. 관찰법은 시각, 청각 등 관찰자의 감각을 통해서 피험자의 행동특성을 직접 객관적, 계획적(임의적 관찰법도 있지만)으로 관찰해서 분석하는 기법으로, 직접성과 현재성의 특징이 있다.

관찰법을 활용하게 되는 주된 이유를 살펴보자. 첫째, 검사법, 조사법, 면담법 등 다른 측정방법으로는 피험자들의 사회적 상호작용 과정을 방해할 가능성이 있을 때이다. 둘째, 행위자 자신이 직접적인 정보자원일 때, 능력이나 의사소통 등의 측면에서 부적당할 경우이다.

관찰자의 역할은 관찰 결과를 명료하게 파악할 뿐만 아니라 객관적으로 활용할 수 있도록 과학적인 관찰을 하는데 있다. 관찰 결과에 의하여 많은 추론을 필요로 하는 경우에는 관찰자 자신의 주관성을 철저히 배제해야 한다. 낮은 정도의 추론을 요하는 관찰일 때는 구체적인 행동을 기록하는 것이 좋다. 관찰을 하기까지는 충분한 훈련과 준비가 요구된다. 특히 관찰목표, 내용, 방법, 심지어는 정보의 종류까지 철저하게 검토되어야 한다.

관찰연구의 유형을 비참여 관찰연구, 참여관찰연구 및 인류학적인 관찰연구 등으로 분류할 수 있다(Gay, 1990). 먼저, 비참여 관찰연구에서는 관찰자가 관찰될 상황에 직접 참여하지 않으며, 자연적 관찰, 모의관찰, 사례연구 및 내용분석 등 네 종류로 나누인다. ① 자연적 관찰연구에서 관찰 대상이나 행동이 자연스럽게 발생하는 과정 관찰에 중점을 둔다. ② 모의관찰연구에서 연구자가 관찰될 상황을 창출하여 관찰 대상에게 어떠한 활동에 참여하게 될 것인가를 말해주고 피관찰자의 행동을 관찰한다. ③ 사례연구는 개인, 집단 또는 기관에 대하여 깊이 있게 탐구하는 것이다. 교육 현장에서 전형적인 사례연구는 문제학생의 배경, 환경 및 특성을 결정하는 연구이다. ④ 내용분석은 객체의 구성에 대하여 체계적, 양적 서술이다.

둘째, 참여관찰에서 관찰자는 관찰될 상황의 일부 요소가 되거나 그 상황에 직접 참여하며 관찰한다.

셋째, 인류/인종학적 관찰연구이다. 인종학은 자연적인 상태에서 장기간에 걸쳐 많은 변수들에 관련된 자료를 심층적으로 집중하여 수집하는 과정을 포함한다. 자연발생적인 상황 또는 장면관찰에 중점을 두는 인종학적 연구의 특성 때문에 자연적 연구/탐색, 또는 현장연구라고도 한다. 어떤 연구자들은 질적 연구라 부르기도 한데, 근본적으로 방법론적 측면에서 참여관찰을 포함하기 때문이다. 자연적 관찰론자들은 참여관찰과 심층적인 면담법 등 질적인 방법론을 강력하게 주장하는 반면, 합리적인 관찰론자들은 피험자 선정, 표준화 검사도구 제작 및 검사 실시 등 양적인 방법론을 더욱 선호한다.

## 1 관찰방법

행동장면을 인위적으로 통제하고 조작하는 정도에 따라 통제적 관찰과 비통제적 관찰 방법으로, 관찰을 얼마나 조직적으로 수행하는가의 정도에 따라 자연적 관찰과 체계적 또는 조직적 관찰로 나눌 수 있다. 비통제적/자연적 관찰 대 통제적/실험적 관찰, 비체계적 관찰 대 체계적 관찰, 비구조적 관찰 대 구조적 관찰, 조건 관찰 대 임의관찰 등으로 나누어 볼 수도 있으나, 분류기초에 따라 달라진다. 여기에서는 자연적 관찰법과 조직적 관찰법을 탐구한다.

### 1) 자연적 관찰법

자연스런 행동이나 현상을 그대로 관찰하는 방법이다.

임의의 무계획적인 관찰기록보다 조직적인 관찰자료가 보다 타당할 수 있다. 자연적 관찰의 기본 취지는 정상적으로 발생하는 행동을 기록하여 탐구하는데 있다. 자연적인 관찰결과에 기초하여 통찰된 아이디어가 좀 더 통제된 연구의 기초가 될 수도 있다. 그 대표적인 예가 바로 Piaget의 연구로서, 자연적인 관찰을 통해서 아동발달에 관한 중요한 개념을 체계화했다.

관찰할 때 유의할 사항을 생각해 보자. ① 관찰해야 할 목표에 따른 문제 또는 행동영역의 한계를 명료화해야 한다. ② 관찰 목적에 적합한 장면을 선택하면 효율적이고 깊이 있는 관찰을 할 수 있다. ③ 개별적인 행동요소를 전반적인 장면과 관련지어 관찰함으로써 전체적인 장면과 명백한 관계를 맺어 그 구성요소의 의미를 주의 깊게 파악한다. ④ 가시적인 행동요소 또는 장면요소의 원인이나 조건이 탐색되어야 한다. 이는 관찰이 단순한 기술연구 방법 수준을 넘어서서 추리 작용까지 가능함을 뜻한다.

## 2) 조직적 관찰법

황정규 교수(1987)의 분류방법을 중심으로 하여 논의한다.

### (1) 전기적 관찰법

종단적 방법과 횡단적 방법으로 나누어 볼 수 있다. 먼저 종단적 방법은 한 피험자의 행동특성(정의적 행동이나 사회성 발달 등)을 장기간 동안 지속적으로 관찰하는 방법이다. 한 개인이나 소수의 피험자를 오랫동안 계속 관찰하므로 피관찰자(개인이든 소수이든)의 특징적 변화의 전체성을 치밀하게 파악할 수 있다. 그러나 경비, 시간, 노력 등은 물론, 관찰도구의 변화 등에 따른 문제도 결코 경시할 수 없다. 나음으로, 횡단적 방법은 많은 피험자들을 일정시간에 따라서 특정한 행동을 연구하는 경우이다. 이 방법을 따르면, 피험자들의 일반적인 특징의 변화나 경향을 파악할 수는 있어도 피험자 개개인의 지속적인 변화과정까지는 탐색하기 힘들다.

### (2) 행동요약법

개인의 행동을 정서,, 신체변화,, 사회성 발달 등의 측면으로 구체적으로 분류하여 각 영역의 특정 부분에 국한시켜서 비교적 장기간동안 조직적으로 관찰하고, 누가적인 관찰 자료를 토대로 해서 피험자의 전체적인 개성을 파악하려는 방법이다. 이 방법은 특정 목적을 가지고 행동특성을 관찰하려 할 때에 주로 쓰이고 있다. 비교적 오랜 시간이 소요되는 것은 전기적 관찰법과 비슷하다.

### (3) 시간표본법

임의적 또는 고정적인 계획에 따라서 특정한 행동을 관찰하기 위해서 시간대를 정하여 관찰하는 방법이다. 이 관찰방법은 지속시간 기록, 빈도기록, 간격 기록 및 지속적 관찰 방법 각각과 관련지어 사용된다. 어느 정도 표준화된 현존 관찰 계획을 활용하는 것이 좋은데, 타당도와 신뢰도가 확보되었기 때문이다.

① 지속시간 기록법 : 특정한 행동을 지속적으로 수행한 시간의 길이를 기록한다. 가끔 초시계를 사용할 수도 있다.

② 빈도 기록법 : 특별한 행동목록을 먼저 분류한 후, 일정한 시간 내에 피험자가 행한 빈도를 기록한다.

③ 간격 기록법 : 단일 피험자를 일정한 시간 간격을 두고 기록한다. 일반적으로 10초에서 1분 사이이다.

④ 지속적 관찰 : 일종의 전기적 관찰방법의 일종이다. 피험자에 대하여 종단적으로 기술한다.

### (4) 사건 표본법

장면 표본법이라고도 한다. 관찰의 대상, 예를 들면, 피험자의 사회성, 정서안정 정도 또는 협동성, 지도성 등 보다 구체적인 행동특성이 정해지면, 그런 행동이 명료하게 잘 나타날 수 있는 장면을 파악하여 관찰하는 것이 좋을 것이다.

장면 표본법의 세 가지 장점을 들어보자. 먼저, 사건이 자연적인 상황이나 생활과정에서 일어나기 때문에 본질적으로 타당하고, 그 사건의 분석결과를 일반화하기에 용이하다. 둘째, 각 사건은 통합적인 행동이기 때문에 전체성을 유지할 수 있다. 셋째, 흔히 발생하지 않는 희귀한 행동특성까지 치밀하게 관찰할 수 있다.

### (5) 참여 관찰법

관찰자가 피 관찰자의 행동상황에 직접 참여하여 필요한 행동을 관찰하는 방법이다.

참여 관찰할 때, 관찰자도 실제로 관찰대상의 일부가 된다는 점을 항상 기억해야 한다. 참여관찰의 논리는, 많은 경우에 집단 내에서 보는 견해와 집단 밖에서 보는 견해가 다를 수 있다는 점이다. 참여의 정도에 따라 관찰이 가시적일 수도 숨겨질 수도 있다. 숨겨진 관찰결과가 가시적 관찰결과보다 타당하고 필요하지만, 약점이 있다.

첫째, 연구의 성격상 불가피하게 피험자를 속인다지만, 명백히 윤리 문제가 따른다.

둘째, 그 관찰 장면에 관찰자의 직접적인 참여로 인한 영향도 간과할 수 없다.

참여관찰 연구는 탐구에 관련되는 상황의 구조 또는 조직 정도에 따라 달라질 수도 있다. 이 연구방법은 가설을 검증하거나 가설을 이끌어 내기 위해서 또는 이 양자를 한꺼번에 얻기 위해서 수행되기도 한다. 가설검증 지향적인 참여관찰 연구는 보다 구조화되어 있고, 관찰되어 기록될 행동에 집중된다. 참여관찰 연구는 분석하기 어려울 정도로 대량의 자료를 수집할 수 있는 특징이 있다.

Smith(1978)가 개발한 참여관찰법에 의해 수행되는 연구의 타당도 판정 준거를 소개한다.

① 직접적인 관찰의 질적 수준 : 개인 유기체 및 집단은 실제로 행동하는 것과는 다른 가면 쓴 모습을 관찰자에게 보이려고 하는데, 이 가면 이면의 실체 파악이 중요하다.

② 접근할 수 있는 자유 : 학교현장에서 참여 관찰을 수행할 때 광범위의 접근관찰이

중요하다.

③ 관찰의 심도 : 심층적인 관찰을 하기 위해서는 충분히 관찰할 수 있는 시간이 필수적이다. 직접 관찰할 수 있는 시간량이 증가할수록 현상에 대한 타당하고 신뢰로운 자료를 수집할 수 있다.

④ 질적 및 양적 자료 : 일반적으로 문화 기술적인 접근법이 질적인 방법을 강조하는데 특징이 있지만, 교육적인 문화 인종학적 접근법은 질적 및 양적 자료 모두를 중요시하는 경향이다.

⑤ 삼각망법과 중다방법 : 이는 단순한 문제를 탐색하기 위하여 검사, 직접 관찰, 면담 및 내용분석 등 결과와 같은 다양한 방법 사용전략이라고 할 수 있다.

⑥ 자료표집 : 참여관찰에서 자료의 전집의 대표적인 것을 표본하여 분석한다.

⑦ 방해하지 않는/비가시적 측정 : 관찰자는 관찰된 현상에 대한 통찰력을 가능케 하는 방해하지 않는 단서에 매우 민감해야 한다. 피험자들이 다른 사람(관찰자)에 의해 관찰된다는 것을 의식하지 않는 상태에서 관찰함으로써 다음에 기재되는 네 가지 오차원을 통제할 수 있다(Webb 등, 1981). 첫째, 관찰된다고 의식하여 의도적으로 다르게 행동하는 데서 오는 오차, 예를 들면, 방어성, 비진실성의 오차. 둘째, 역할 선정의 오차(관찰자가 기대하리라고 생각되는 행동을 하는데서 생기는 오차). 셋째, 검사효과와 유사한 변화를 유인하는 실체로서의 측정오차. 넷째, 측정의 본질 때문에 일정한 방법으로 반응하는 집합군.

### (6) 실험관찰법

연구자/관찰자가 장면이나 조건을 목적에 따라 조작/조절하여 동일한 행동을 보다 정확하고 엄밀한 조건에서 치밀하게 관찰하는 방법이다. 독립변수를 조정 또는 통제할 수 있기 때문에 그에 의해 발생 또는 변화하는 종속변수로서의 피험자의 행동특성을 분석하기 쉽다. 특히 실험 전후의 결과를 비교할 수도 있고, 실험을 반복 수행하여 다른 관찰결과와 비교할 수도 있다. 따라서 실험 또는 독립변수를 투입하기 전의 피험자 행동 특성도 주도면밀하게 관찰되어야 한다. 실험조건을 너무 인위적으로 조작 또는 통제하면, 실험의 정확성은 높아지겠지만, 실험장면과 실생활장면간의 괴리 때문에 일반화 가능성이 약해진다.

실험관찰을 하는 목적을 들어보자. 먼저, 변수들간의 원인과 결과의 관계를 탐색하기 위해서이다. 둘째, 가설을 검증하여 법칙과 이론을 정립할 수 있다. 셋째, 이론의 예언뿐 아니라 변수간의 관계를 예언하기 위해서 실험관찰이 필수불가결 하다.

### (7) 문화인류학적 관찰

교육·연구에서 문화인류학적 방법에 관심이 높아지는 경향이다. 그 주된 이유 중 하나가 교육문제 탐색이나 해결과정에 많이 적용되는 전통적 접근법에 대한 불만족일 가능성이 있다. 교육연구의 관심사는, 교육현상을 의의 있게 탐구하는 것과 관련지어 볼 때, 타당성 문제와 자연스런 접근 대 합리적인 접근의 선호도 문제라고 볼 수 있다. 다른 한편, 탐구 유형 및 그에 상응하는 방법론 선정은 탐구될 현상의 특성에 따른다고 보는 사람도 있다. 인종학적 접근법은 자연상태에서의 관찰을 수행한다. 교육현상에 대한 인종학적 접근에서 관찰단위는 전형적으로 학급 또는 학교이다.

문화인종학자들은 환경의 다양한 측면을 관찰하고 효과적 및 비효과적 환경과 관련된 요소들을 찾으려고 하는 귀납법적인 방법을 주로 사용한다. 문화인종학은 자연스런 상황을 보다 깊이 분석적으로 기술하는 학문이다.

문화인류학적 방법론을 검토해보자. 전형적인 문화인종학적 연구는 가시적인 수준에서 참여관찰을 통해서 수행된다. 그러나 문화인종학적 연구는 다양한 도구를 활용한 연구를 가리키며, 문화인종학자는 관찰방법과 관련된 다양한 자료수집 전략을 활용한다. 예비 참여관찰을 해봄으로써 다른 적합한 접근법을 선택할 수 있는 자료를 획득할 수도 있다. 언어적 기법은 연구자와 피험자들간의 상호작용을 함의하며, 질문지, 면담지, 각종 검사지(태도 검사, 흥미검사, 적성검사 등) 및 다른 심리학적 도구들을 포함한다. 비언어적 기법은 탐색코자 하는 행동특성에 덜 영향을 미치며, 녹음자료나 녹화자료 및 기록자료 등을 포함한다. 문화인종학적 접근법과 전통적인 접근법간의 주된 차이는 관련문헌검토에서 찾을 수도 있다.

문화인류학적 접근에서는, 선행연구와 이론을 검토한 것이 앞으로 검증과정을 거쳐야 할 가설을 설정하는 데에 직접 영향을 미치지 않을 수도 있다. 선행연구를 검토한 것은 잠정적인 가설과 전략설정에 이용될 뿐이다. 특히 탐색코자 하는 장면에서 발생하는 현상을 치밀하게 지속적으로 관찰하여 자료를 수집하고 분석하는 것이 문화인종학의 또 한가지 특징이라 하겠다. 관찰자료가 축적되어 감에 따라서 관찰된 현상을 설명하고 이해하는데 도움이 될 가설을 발전시키기 시작한다. 그렇게 설정된 가설이야말로 다른 어떤 행동과학적 연구가설 보다 실제적인 현실에 부합되어 일반화되기 용이한 가설이라고 할 수 있다.

문화인류학자들은 다른 기존 연구 방법을 적용하여 산출된 결과에 의해 전반적으로 영향받기를 원하지 않는다. 문화인종학적 접근법이 교육연구에 도입된 것은 인류학적인 방법을 훈련받은 연구자들에 의해서이다. 수정된 인류학적 접근법이 좀 더 구조화된 문화인류학적 접근이라고 말할 수 있을 것이다.

문화인종학적 접근법이 적합하게 적용되면 다른 연구방법에 의해서 획득하지 못한 통찰적 시사를 받을 수 있다. 이 문화인종학적 방법에 의해 생성된 가설은 단순히 이론에 기초한 결과보다 더 타당하다. 그러나 제대로 훈련받지 않고 어설프게 이 방법을 사용하는데서 오는 부정적인 부작용도 심각하다는 것을 상기할 필요가 있다.

문화인종학적 접근법의 장·단점을 정리해 보자(Borg & Gall, 1983).

먼저, 장점은 다음과 같다. ① 탐색될 장면 또는 상황에 대한 매우 풍부하고 거의 완전한 자료를 제시해준다. 또한 이 접근법은 짧게는 수개월동안 지속되므로, 대부분의 교육연구에서 나타나지 않는 종단적인 연구수행을 하기에 유용하다. ② 다른 어떠한 연구방법보다 새로운 통찰적 시사와 가설을 이끌어내는데 큰 도움이 된다. ③ 개발·발전된 이론이나 가설은 자연발생적인 장면에서 수집된 관찰자료에 전적으로 기초한다. ④ 관찰자가 구체적이거나 고정된 가설로부터 출발하는 것이 아니기 때문에, 본인의 기대와 상충되는 현상이라 할지라도 다른 일반적인 관찰자보다는 쉽게 간과하지 않는다.

둘째, 단점을 생각해 보자. ① 명료하고 민첩하게 기록할 수 있는 민감하고 섬세한 관찰기술이 절대로 요구된다. ② 탐색하려고 하는 환경을 이해하기 위해서는 충분한 시간동안 관찰해야 한다. ③ 관찰기록은 매우 길고, 양적으로 기술하거나 해석하기가 힘들다. ④ 주로 주관적인 관찰이고, 측정자간 신뢰도가 검증되지 않으므로, 관찰자의 왜곡 또는 관찰자의 선입견이 연구결과를 왜곡시킬 위험이 따른다. ⑤ 현장에서 발생하는 모든 현상을 관찰하여 정확히 기록하기란 거의 불가능하다. ⑥ 관찰자가 본인의 연구(관찰)장면에 능동적으로 참여하는 경우, 역할 갈등이나 정서적 참여로 인하여 수집되는 자료의 타당성을 낮출 위험이 있다.

## 2 관찰 지침

관찰활동은 관찰자의 고도의 훈련과 역량을 요구하는 특수한 활동이라 할 수 있다. 관찰의 정확성을 위해서 다음 사항을 유념해야 한다. ① 관찰을 하기 전에 관찰목표 및 내용을 분명히 밝혀야 한다. ② 한 번에 한 대상만 관찰해야 한다. ③ 관찰 준거를 구체적으로 정해야 한다. 관찰 목적에 적합한 행동특성을 관찰하는 것이 관건이다. 이 준거에 따라 관찰목적에 합당한 장면을 선정하는 일도 중요하다. ④ 관찰은 비교적 장시간에 걸쳐 실시해야 한다. 관찰의 신뢰도를 높이기 위해 충분한 시간과 빈도의 관찰이 이루어져야 한다. ⑤ 관찰은 자연스럽고 다양한 상황에서 이루어져야 한다. ⑥ 전반적인(전체) 상황의 맥락에서 관찰이 이루어져야 한다. 학생의 표출행동에 대한 전후 상황을 파악할 수 있어야 한다. ⑦ 관찰자료는 다른 자료들과 종합해서 분석되어야 한다. 피험자 개인을 이해하기 위해서는 그 피험자에 관한 모든 자료를 종합적으로 분석해야 한다. ⑧ 조건발생적으로 관찰해야 한다. 외형적인 행동이나 활동형태만 관찰하기보다는 그러한 현상을 발생시키는 조건에 관련시켜 관찰하는 것이 중요하다.

## 3 관찰연구 수행

모든 관찰 연구 수행과정에 구비해야 할 사항으로는 관찰될 변수 규정, 관찰 기록 및 관찰자의 훈련과 조정 작업이다. 물론, 비 참여 관찰, 참여관찰 및 문화인종학적 관찰 등의 방법상 특성이 있는 것은 당연하다.

### 1) 관찰변수 규정

무엇을 관찰해야 할 것인가를 연구문제 또는 가설에 기초하여 규정하는 일이 중요하다. 행동특성 단위가 규정되면 모든 관찰자들이 동일한 방법으로 헤아릴 수 있도록 수량화되어야 한다. 연구자들은 전형적으로 관찰시간 단위 즉 관찰 시간 간격을 정한다. 따라서 시간 단위의 길이는 관찰될 행동특성과 그 행동의 일반적인 발생빈도의 기능을 수행하는 셈이다. 단순히 가장 자주 발생하는 행동을 관찰하여 기록하는 일이라면, 시간단위는 10초 내외가 될 것이다. 관찰자의 입장에서 어떤 판정이나 추론을 해야 한다면, 시간 단위는 일반적으로 길어지게 되어서 30~60초가 될 경우도 있다. 중요한 것은 실제적인 빈도와 기록된 빈도가 일치되어야 한다는 점이다. 시간단위가 설정되면 관찰기간에 발생하는 행동특성을 기록한다. 만약 피험자의 행동특성(물론 이미 규정된 행동)을 20초 간격으로 나타내면 이 행동특성이 기록될 뿐이다.

변수가 규정되고, 시간단위가 결정되면, 언제 관찰할 것인가를 결정해야 한다. 예를 들면, 행동 특성이 주일의 요일에 따라, 하루의 시간대에 따라 변하게 되면, 서로 상이한 날짜와 시간대가 관찰에 충분히 반영될 수 있도록 무선적으로 관찰 시간을 선정하는 것이 보다 타당하다. 두 번째의 해결안은, 관찰시간을 구태여 정하지 않고, 단순히 모든 가능성(매일)을 관찰하는 것이다. 이 두 번째 해결안은 짧은 시간동안 한정된 수의 피험자들을 관찰할 때에 가능할 뿐이다.

### 2) 관찰기록

관찰기록의 가장 단순하며 명료한 원리는 한 번에 한 가지 행동특성을 관찰하여 기록하는 일이다. 예를 들면, 연구자의 관심이 두 가지 행동 특성(교사의 행동과 학생행동)에 있다고 하더라도, 관찰자는 한번에 한 가지의 결정사항을 해결해야 한다. 교사행동과 학생행동 두 가지를 관찰해야 할 경우, 첫 번째, 세 번째, 다섯 번째… 관찰시간대에 교사행동을 관찰하고, 두 번째, 네 번째, 여섯 번째… 관찰 시간대에는 학생행동을 관찰하는 방법이 보다 좋을 것이다. 이러한 절차는 교실 상황에서 발생하는 행동 특성을 보다 공정하고 정확하게 관찰하는데 도움이 된다.

관찰기록상 유의사항을 정리하면 아래와 같다.

① 활용하기에 편리하게 기록해야 한다.
② 가능한 한 관찰 직후에 기록하거나, 그것이 불가능하다면 되도록 빨리 기록해야 한다.
③ 관찰대상을 한정시키고 사실과 의견을 분류하여 기록할 수 있도록 기록방법을 고려해야 한다.
④ 관찰기록의 일관성과 정확성을 유지하기 위하여 관찰표를 미리 작성하는 일이 필요하다.

### (1) 체크리스트법

많이 쓰이고 가장 효과적인 관찰방법이 체크리스트법일 것이다. 피험자가 행동할 때마다 용이하게 표시(v 등)할 수 있도록 관찰되어야 할 행동단위를 미리 치밀하게 분류한다. 이렇게 분류되어 있는 행동특성이 일어날 때마다 정해진 규칙(시간 간격에 따른 단위 등)에 따라 체크를 하거나 빈도로 표시하면 된다. 이 방법에 따르면 일어나는 행동을 어떻게 기록할 것인가에 대한 생각보다는 무엇 또는 무슨 행동이 발생하는가에 대하여 생각하는 데에 시간을 활용토록 허용된다. 이 때 행동분류 과정에서 행동단위들이 서로 배타적이어야 하고, 분류의 기초가 단일해야 하며, 포괄적이어야 한다. 행동목록이 명료하게 조작적으로 규정되어 있다면 사용하는 데에 편리할 뿐만 아니라 능률적이고, 객관적이며 수량적인 분석을 하기 쉽고 경제적이다.

이 방법이 갖는 약점은 행동 단위가 조작적으로 의미 있게 분류될 수 있는가의 문제다. 그리고 선정된 사건, 행동의 종류가 관찰자에게 제약이 될 수 있으며, 다양한 행동특성 또는 사건의 상호작용이나 지속적인 특성 및 그 이면의 본질적 속성 등을 파악하는 데에는 미약하다.

Flanders의 교실에서 교사와 학생의 상호작용 분석목록을 소개하고 체크리스트 법을 사용하는 방법을 생각해보자. Flanders는 교실에서 발생할 수 있는 교사와 학생의 모든 행동 특징을 10가지로 유목화하여 번호를 부여했다.

| | | |
|---|---|---|
| 학생 의사<br>(언어) | 반 응 | 1. 학생반응 : 상황을 구조화하거나 제한하는 의미로 교사에게 반응한다. 자신의 아이디어 생각을 표현할 수 있는 자유가 제한된다. |
| | 주도적<br>활 동 | 2. 학생의사 표현 : 학생이 자율적으로 또는 교사의 요청에 대한 응답으로서 자신의 아이디어나 생각을 펴거나 표현한다. 의사를 발표할 자유가 인정된다. 현존 구조화된 상황 이상까지 전개된다. |
| 활 동 | | 3. 침묵이나 혼란 : 잠시 중단하거나 침묵상태. 관찰자가 충분히 이해할 정도로 서로 의사소통이 안되는 경우이다. |
| 교사의<br>언어<br>(의사) | 반 응 | 4. 감정을 수용함 : 비위협적인 방법으로 학생의 태도나 감정적인 음성을 수용・명료화한다.<br>5. 칭찬 또는 고무함 : 학생들을 칭찬하거나 고무해 줌 : "아, 그래, 계속해 봐." 긴장을 완화할 수 있는 농담을 함.<br>6. 학생들의 아이디어를 수용하거나 이용함 : 학생들의 대화에 고마움을 표한다. 학생들의 생각이나 아이디어에 기초하여 명료화하고, 기술하며 질문을 한다. |
| | 발 문 | 7. 질문함 : 학생들의 응답을 기대하면서 교사의 아이디어에 기초하여 절차내용에 관한 질문을 한다. |
| | 주도적<br>활 동 | 8. 강의 : 내용이나 절차에 관련된 사실이나 의견을 제시한다. 교사자신의 생각을 제시하며, 설명하고, 인용도 한다.<br>9. 지시 : 지시나 평을 하고, 학생들에게 따르도록 명령도 한다.<br>10. 학생을 비판하거나 권위를 합리화함 : 학생들의 불수용적인 행동형태를 수용적인 행동형태로 바꾸기 위한 강력한 진술이다. 극단적인 교사중심적이다. |

그림의 빈칸에 Flanders가 분류한 상호작용 유형을 정해진 시간 간격별로 V 표시하도록 한다. 다양한 코드 번호가 세로줄에 기재되고, 관찰시간이 가로줄에 기재되었다.

시간대(time line)는 관찰시간을 따라 발생하는 사건 또는 행동(상호작용) 계열을 보여준다. 「관찰 시간대 1, 2에서는 교사가 학생감정을 수용했다(4). 그 다음 3, 4, 5, 6 관찰 시간대에서는 교사가 지시를 했다」 등으로 진술할 수 있다. 위의 체크한 결과를 살펴보면, 학생들이 대부분 토의하거나 이야기하고, 교사는 학생들의 참여를 고무해 주고 지지해 주는 현상을 볼 수 있다.

| | 1 | | | | 5 | | | | | 10 | | | | | 15 | | | | | 20 | | | | | 25 | | | | | 30 |
|---|---|---|---|---|---|---|---|---|---|---|---|---|---|---|---|---|---|---|---|---|---|---|---|---|---|---|---|---|---|---|
| 1.2 | | | | | | | 2 | 2 | | | | | | | | | | | | | | | | | | | | | | |
| 3 | | | | | | | | | | | | | V | V | | | | | | | | | V | V | | | | | | |
| 9 | | | V | V | V | V | | | | V | V | V | | | V | V | V | V | | V | V | V | | | V | V | V | V | V | V |
| 4 | V | V | | | | | | | V | | | | | | | | | | | | | | | | | | | | | |
| 8 | | | | | | | | | | | | | | | | | | | | | | | | | | | | | | |
| 5 | | | | | | | | | | | | | | | | | | | | | | | | | | | | | | |
| 6.7<br>0 | | | | | | | | | | | | | | | | | | | | | | | | | | | | | | |

[그림 13-1] Flanders의 상호작용 분석 분류목에 따른 체크리스트

평정척이 가끔 이용된다. 행동 특성을 평정 형태로 평가를 하도록 되어 있다. 예를 들어보자. 학생의 발표(표현)력을 관찰자가 평정할 때에, 아주 명료하면 3점을, 명료하면 2점을, 아주 불명료하면 1점을 부여한다. 일반적으로 구체적으로 그 수준을 세목화할 수도 있겠지만, 지나치게 세목화하면 바르게 분류 평정키 어렵다.

기계적 방법, 예를 들면 카메라, 녹음기, 비디오 테이프, 컴퓨터 등을 써서 관찰하는 방법이 있다. 정밀, 간편, 신속, 정확하게 관찰하여 기록했기 때문에 철저하게 분석할 수 있다. 이 방법을 사용할 때는 피험자가 의식하지 않도록 세심한 주의를 기울여야만 피험자의 자기방어 심리에 따른 의도적이고 비자연적인 행동 특성을 예방할 수 있다.

최근에 일반화되고 있는 오디오 테이프와 비디오 테이프를 활용함으로써 오는 장점은 많다. 만약 관찰 평정되어야 할 행동 요소들이 동시에 발생하거나 연달아 발생하게 되면 관찰자는 타당성을 잃을 정도로 우왕좌왕하게 될 우려가 있다. 또한 높은 수준의 추론을 요구하는 행동 요소의 관찰을 시도할 때는 충분한 시간적 여유가 있어야 하는데, 직접 관찰하여 기록할 때는 그러한 여유를 찾을 수 없다.

이러한 상황들을 보다 체계적이고 경우에 따라서는 반복적으로 관찰 확인하기 위해서 이들 최신식 도구들(오디오나 비디오테이프)을 이용하면 매우 효과적이다.

### (2) 일화 기록법

인간의 인성, 적응 상태 등을 이해하기 위하여 구체적인 행동사례를 가능한 한 상세히 기록하는 방법이다. 일화기록을 할 때는 관찰자의 해석 없이 일어나는 행동 그대로를 객관적으로 기록하는 데에 생명이 있다. 이것을 누가 해 가면 사례연구와 비슷해지나, 과거의 기록, 발달사, 또는 가족관계 등을 기록하지 않는다는 점이 사례연구와 다르다.

일화기록에서 유의할 사항은 다음과 같다.

① 사건자체에 대한 객관적인 기록과 주석(해석) 두 가지는 엄밀하게 구별되어야 하며, 함께 구비되어야 한다.

② 구체적이고 특수한 사건 또는 행동특성을 기술해야 한다.

③ 기록자나 관찰자는 항상 감정이나 흥분을 가라앉히고 공정하고 객관적으로 관찰·기록해야 한다.

④ 지속적인 기록이 보존되어야 진단적 가치가 있다.

일화기록의 예를 들어본다.

학생명 : 김철민 (6학년 3반)　　　　관찰자 : 교사(담임) : 최완규

| 날 짜 | 장 소 | 사 건 | 진 단 |
|---|---|---|---|
| 3월 6일 | 운동장 (체육시간) | 체육시간에 간이 도지볼 게임을 지도하는 과정에서 철민이가 공을 너무 세차게 던져서 감히 받을 엄두를 내는 급우가 없었다. 협동성을 길러 주기 위해서 동료급우에게 기회를 주어야 한다고 주지시켰는데도 "예" 대답만 할 뿐 전력을 다하여 던지면서 비지땀을 흘린다. 너무 지나치게 세게 던지고, 공을 분배 또는 양보, 협조하지 않는 것을 보고 급우들이 모두 놀라고 있었다. | 철민이의 이러한 과격행동은 친구들과의 대화나 다른 데서는 찾기 힘들다. 귀국(부모와 외국 생활 후)한 지 얼마 되지 않아서 환경의 변화에 대한 잠정적인 부적응에 따른 긴장감을 해소하는 한 방법으로 공을 세차게 던지는 것 같다. |

### 3) 관찰자 신뢰도 평가

관찰자의 관찰 결과에 대한 신뢰도 결정을 하기 위해서 최소한 두 명의 관찰자가 독립적으로 동일한 상황, 행동 특성 등을 관찰해야 한다. 그래야만 두 관찰 결과가 어느 정도 일치되는지를 확인할 수 있다. 일반적으로 동간 척도에 의해 측정된 양적인 자료의 신뢰도는 두 점수간의 적률상관관계의 방법에 의해 계산된다. 그러나 전형적인 관찰 기록 결과를 보면, 동간 척도에 의한 자료보다는 현상이나 특성의 발생 빈도 등의 자료들이다.

대부분의 상황에서 두 관찰자 사이에 80% 정도만 일치하면 만족할만한 신뢰도라고 볼 수 있지만, 시간적으로 꽤 오랫동안 많은 빈도를 관찰 기록하게 되면 두 관찰자가 동일한 시간대에 동일한 행동을 관찰하지 않을 가능성도 있다(Barlow & Hersen, 1984). 이러한 문제의 합리적인 해결 방안은 가능한 한 짧은 관찰 시간과 소수의 관찰 대상을 선정하는 방법이다.

$$\text{관찰자간 신뢰도} = \frac{\text{두 관찰자간 일치}}{\text{두 관찰자간 일치} + \text{두 관찰자간 불일치}}$$

가끔 관찰자들이 동일한 상황을 동일한 시간대에 관찰하기란 쉽지 않다. 이런 문제의 해결안으로서, 관찰되어야 할 상황을 비디오나 녹음 기록과 함께 기록함으로써, 현장 기록 과정에서 놓친 상황을 재 관찰 또는 확인할 수 있다. 이러한 방법은 판단과 평가가 관찰의 일부분으로 요구될 때 매우 유용하다.

## 4 관찰자 훈련

피험자의 행동을 객관적으로, 왜곡하지 않고 정확하게 관찰하는 일이 관찰연구의 생명이다. 관찰해야 할 행동특성을 구체화함으로써 관찰의 객관성이 높아진다. 관찰자의 특이한 지각과 해석방법, 및 경험에 따라 관찰과정에 영향을 미칠 수 있다. 관찰과정의 편협성을 최소화하기 위해 관찰자를 훈련시키는 일이 중요하다. 관찰자들간의 의견 또는 관찰의 일치도를 결정하기 위하여 최소한 두 명 이상의 관찰자가 동일한 장면을 동일한 방법으로 관찰해야 한다.

어떤 행동을 관찰해야 하고, 어떻게 관찰해야 하며, 어떻게 부호화 또는 코딩해야 하고, 시간단위 등에 대한 것도 훈련받아야 한다. 관찰자는 실제적인 관찰에 임하기 전에 충분히 현장연습을 함으로써 실전에 대한 준비를 해야 한다. 훈련받고, 실전연습 후에 서로 토의해서 궁금하거나 의심나는 사항, 모호한 사항의 처리방법 등을 충분히 해소해야 한다. 관찰하기에 까다로운 장면은 녹화를 해 놓고 반복관찰, 토의 및 송환작용을 통해서 치밀하고 객관적으로 관찰할 수 있을 때까지 활용해야 한다.

관찰자들간 일치정도와 정확성이 적정 수준에 이르면 즉시 관찰에 임해야 한다. 훈련기간중, 각 훈련 회기마다 관찰자들간의 일치도를 계산함과 더불어, 관찰자간 신뢰도계수도 10회기 정도 끝난 후에 계산해 보는 것이 공통적인 조회체제의 발전에 도움이 된다. 관찰자간 신뢰도는 최소한 .7이상 되어야 한다. 적합한 훈련과 함께, 구체적인 행동요소를 관찰하면 신뢰도가 더 높아진다.

관찰자가 장면/현장에 나타나는 그 자체가 곧 피험자들에게 영향을 미친다. 연구자는 항상 관찰자 효과를 유념하고 그 효과를 제거하거나 줄일 수 있는 방법을 찾아야 한다.

① 피험자에게 영향 미치는 관찰자 효과 줄이기

관찰자의 출연 그 자체가 피험자에게 영향을 주는 효과를 줄일 수 있는 방법은 현장에 가서 처음 5분 정도는 어떠한 관찰기록도 하지 않는 것이 좋다. 가능하다면 현장 관찰을 실시하기 전에 몇 번 정도 방문하여 피험자들과의 이질감을 줄이고 피험자들이 자연스럽게 행동하도록 해야 한다

② 관찰자 편협성 줄이기

관찰자 편협성은 관찰자나 관찰상황의 특성에 따라 추적될 수 있는 체계적 오차이다. 일반적으로 무선 오차와는 달리, 편협성이 일방적으로 발생한다. 산출되는 점수가 일관성 있게 높거나 낮은 것으로 나타난다.

관찰자의 편협성은 결론을 내리거나 추론할 때에 더 크게 작용하므로 각별히 유의해야 한다. 관찰자 출현으로 인한 편협성을 통제하는 최선의 방법은 훈련받을 때에 모든 관찰자들의 관찰과정과 결과를 여러 측면에서 비교 분석해 봄으로써 모나거나 왜곡된 관찰자를 가려서 재훈련시키거나 제외시킴으로써 가능하다.

관찰자가 이 문제점을 충분히 인식해서 가능한 한 피관찰자들을 참견하거나 그들의 눈에 띄지 않도록 노력하는 것이다. 관찰자가 이러한 노력을 기울이게 되면, 관찰이 몇 번 지난 후에는 피관찰자들이 관찰자의 존재 자체를 의식하지 않게 될 것이다. 그러므로, 관찰을 몇 차례 실시한 후부터 관찰자료를 기록하는 것이 효과적이다. 또한 관찰자는 피관찰자들과 함께 관찰의 목적에 대해 논의하지 않아야 한다. 피관찰자 편견에 대한 접근법으로서 피관찰자를 제외시키는 것도 고려해볼 수 있다. 만약 다른 기록이나 물건을 관찰해도 동일한 정보를 얻을 수 있다면, 그것들을 활용하면 된다

③ 평정오차

관찰자료 또는 행동 특성을 평정할 때에 의도적 무의도적으로 바람직한 것에 응답 또는 체크를 함으로써 생기는 오차이다. 관용오차(error of leniency), 집중경향오차, 후광효과(halo effect) 등이다.

어떤 관찰자들은 피험자들간의 명백한 개인차가 있을지라도 대부분의 피험자들에게 동일한 평정 점수를 부여함으로써 생기는 오차가 관용오차이다. 관찰자가 피관찰자의 관찰측정점수를 척도의 중간점수에 치우쳐 부여함으로써 대부분의 피험자 평정점수가 평균점수에 몰리는 경향이 바로 집중경향 오차이다. 관찰자가 어느 피험자에 대한 첫인상을 깊게 받음으로써, 그 피험자의 거의 모든 행동특성에 대하여 처음 받은 인상 때문에 평정척도에 영향을 주는 경향이 곧 후광효과 오차라고 말할 수 있다.

④ 오염문제

편협성은 관찰자의 성향에 기인한 반면, 오염은 탐구하고자 하는 분야의 지식이 다른

측면에서 기록된 자료에 대한 지각과 관련되어 영향받아 변하는 문제이다.

관찰자 기대도 강력한 오염원이 된다. 이 기대 때문에 관찰 결과를 기록하고 해석하는 방법에 큰 영향을 미친다. 이러한 편파성은 관찰 상황을 녹화하여 심층적으로 객관적인 분석을 함으로써 피할 수 있다.

관찰자 편협성, 평정오차, 및 오염문제를 최소화하기 위하여 다음 사항을 주지할 필요가 있다(Gall 등, 1983).

- 가능한 객관적으로 관찰하라.
- 연구가설, 설계 및 기대 등에 대한 연구정보를 관찰자에게 가능한 한 최소한도로 제공하라.
- 피험자의 배경이나 신상, 예를 들면 가정 환경, 지능, 적성 등에 대하여 관찰자에게 알리지 말라.
- 관찰자로 하여금 신뢰도와 객관도를 높일 수 있도록 철저히 훈련시켜라.
- 기록 오차를 최소화 할 수 있도록 관찰형이나 관찰표를 구안하라.
- 관찰자를 연수(훈련) 시킬 때 편협성을 철저히 검토하여 제거하라.

지금까지 관찰자 편협성 문제를 집중적으로 다루었지만, 피험자의 왜곡성(편협성) 문제도 주의해야 한다. 피험자가 타인으로부터 관찰되고 있다는 것을 의식함으로써 평소의 정상적인 행동과 의도적으로 (또는 감정적으로) 다르게 행동하게 되는 경우가 있다. 앞에서도 언급했지만, 이러한 경우를 예방할 수 있는 방법도 충분히 고려되어야 한다.

## 5 관찰의 준거

관찰은 과학적 탐구정신과 진지한 태도를 필요로 한다. 훌륭한 관찰자와 관찰준거를 살펴보자. ① 관찰은 주의깊게 계획되고 체계적이며 지각적이다. 관찰자 자신이 찾고 관찰코자 하는 것이 무엇이며 상황에 따라 무관한 것을 식별할 줄 안다. 극적이거나 특이한 현상 때문에 혼란에 빠지는 일이 없다. ② 관찰현상(대상) 전체를 놓치지 않는다. 중요한 세부사항에 주의를 기울이지만 전체는 부분 이상의 의미가 함축된 것까지 파악한다. ③ 자신의 선입관을 인정하고, 자신의 관찰, 기록과정에 주관적 생각이나 느낌을 최소화하려고 노력한다. 객관성을 유지한다. ④ 관찰된 현상이나 사실을 기술하고, 나중에 독립적으로 해석한다. ⑤ 반복관찰 또는 동료관찰자의 관찰과 비교한다. ⑥ 관찰결과는 주의 깊고 체계적으로 기록한다. 수량화하여 보존할 수 있도록 한다. ⑦ 관찰결과의 측정학적 특징(신뢰도와 타당도 등)을 철저히 검토하여 수정・보완한다.

## 6 관찰법의 장・단점

### 1) 장점

행동이 발생한 즉시 기록할 수 있기 때문에 생생한 자료를 있는 그대로 기록할 수 있다. 다른 방법, 예를 들면 질문지법 등은 응답자의 기대나 감정, 인상, 반감, 저항감 등이 개입하여 변질된 속성으로 변하는 경우가 많지만, 관찰의 경우는 거의 그러한 위험이 수반되지 않는다.

피관찰자의 연령이나 교육정도, 언어능력, 표현력 등의 제한을 다른 어떠한 방법보다 덜 받기 때문에 유아로부터 노인층에 이르는 어떤 피험자에게도 적용될 수 있다. 관찰의 성공 여부는 관찰자의 관찰 능력에 달려 있기 때문에 철저한 훈련(연수)이 필요하다.

### 2) 단점

① 관찰 자료의 생명력은 자연 발생적 현상을 객관적으로 관찰하는 데서 찾을 수 있다지만, 연구자가 의도하고 계획한대로 그러한 현상이 발생하리라는 것을 보장받을 수 없다.

② 인간의 행동을 장기간 동안 추적할 수 없다. 특히 개개인의 사생활을 침해할 수도 있다. 이러한 사생활의 문제에 대한 자료가 꼭 필요하다면, 면담이나 질문지 등을 통해서 보완할 수 있을 것이다.

③ 행동과 내면이 다르게 나타나는 경우의 문제를 해결하기 어렵다. 인간의 심리적 행동 특성은 너무 복잡하여 실제적인 행동과 내면의 생각이 다른 경우가 없지 않다. 그 행동배경과 현재의 행동상황 등을 유추해 내는 관찰자의 기법이 무엇보다 중요하다.

④ 관찰자의 주관을 배제하기가 어렵다. 객관성을 유지할 수 있는 훈련이 절대 필요하다. 그리고 복수관찰자가 참여해서 일치도를 검토하여 관찰해야 한다.

## 13 연 | 구 | 문 | 제

1. 자연적 관찰과 조직적 관찰 방법의 원리를 구체적으로 설명하시오.
2. 전기적 관찰법, 행동요약법, 시간표본법 및 사건 표본법에 대하여 토의하시오.
3. 참여 관찰법, 실험 관찰법 및 문화 인류학적 관찰법의 특성을 비교하여 논의하시오.
4. 자연적 관찰연구, 모의관찰연구, 사례연구 및 내용분석 연구의 원리를 설명하시오.
5. 관찰기록 방법을 구체적으로 설명하시오.
6. 관찰자간 신뢰도를 높일 수 있는 방안을 토의하시오.
7. 관찰의 일반적인 준거를 설명하시오.
8. 관찰법의 장점과 단점을 설명하시오.
9. 관찰법에 의해 수행된 연구결과를 찾아서 분석하고, 준거에 따라 비판하시오.
10. 관찰자 훈련에 포함시켜야 할 중요한 요소를 기술하시오.

CHAPTER 14

# 연구보고서 작성

교육 연구는 계획하고 실험, 검증, 분석하는 일과 함께, 체제와 형식에 맞게 정리 · 보고하는 방법도 중요하다. 이 장에서는 보고서에 관한 여러 가지 문제, 즉 체제, 기술, 참고자료에 관한 사항 등을 설명한다.

## 1 연구 보고의 의의와 특성

훌륭한 연구결과는 독자에게 명료하게 전달할 수 있는 형식을 갖추고 있다. 연구 보고서는 연구자가 연구의 목적, 방법, 절차, 동원된 각종 자료, 결과, 해석, 전망 등을 독자에게 효과적으로 전달할 수 있도록 작성되어야 한다.

연구보고란 연구과정을 상세하게 보고하여 연구자가 느낀 필요성, 문제의 인식, 논리적 추리, 이에 대한 실험과 조사, 첫 번째의 확증, 및 예측가능성에 기초하여 마지막 검토를 거쳐 결론으로까지 독자를 이끌어 가야 한다.

연구 보고서를 대면한 독자의 일차적 관심사는 객관적인 자료와 실험이다. 이 일차적 관심사에 대해 서로가 해석하고 고찰해서 연구자와 협의가 이루어질 때 그 연구 보고서는 새로운 의미를 갖게 된다. 그래야 그 연구 보고서 내용의 일반화 가능성이 높아지고 관련된 연구 영역에 유의한 시사를 준다.

연구 보고서의 작성 과정에서 유의할 사항으로, 첫째, 연구 보고서는 논리적 순서에 따라서 체계적으로 구성되어야 한다. 둘째, 독자들에게 연구 내용을 효과적으로 전달할 수 있도록 명료하게 작성해야 한다. 셋째, 연구보고는 신뢰롭고 타당한 객관적 근거를 제시해야 한다. 넷째, 정확한 표현은 연구 보고서를 작성하는 데 있어서 필수적 요건이다.

## 2 연구 보고서의 체제와 작성요령

### 1) 연구 보고서의 체제

연구 내용과 연구자의 의사를 독자들에게 정확하게 전달하려면 연구 보고서를 장과 절로 적절히 나누어 조직적 · 체계적으로 작성할 필요가 있다. 연구 보고서의 일반적인 체제를 소개하고, 현장 교사들의 연구를 위해 대한 교육 연합회가 제시한 '현장 연구 보고서 작성 지침'에서 밝힌 실험연구의 체제를 중심으로 탐구한다.

#### (1) 일반적 체제

대부분의 대학교나 전문 학술잡지에서 요구하는 체제는 미국 심리학회의 공식 편람(Publication Manual of the American Psychological Association)이나 Turabian의 논문작성 편람(1982)의 체제를 따르거나, 그 체제의 특성을 살려서 독특한 「논문작성법」을 구안하여 활용하고 있다 교육심리학에 관련된 전문 학술논문을 쓸 때는 APA(미국심리학회) 유형 편람을 많이 활용하고 있으며, 점점 증가 추세에 있다.

연구보고서나 학위논문은 크게 세 부분으로 구성된다. 앞부분, 본문 및 참고문헌으로 나뉜다. 보편화된 체제를 제시하면 다음과 같다(Gay, 1990; Borg 등, 1983; Best, 1977).

앞부분

1. 제명
2. 머리말과 사의
3. 내용 목차 또는 차례
4. 표목차
5. 그림목차

본문

I. 서론

1. 연구의 필요성과 목적
2. 연구 문제/내용
3. 용어의 정의

II. 문헌고찰/이론적 배경

1. 선행연구 고찰
2. 관련문헌 검토
3. 연구가설

Ⅲ. 연구방법
1. 연구 대상
2. 연구 도구
3. 연구 설계
4. 연구 절차

Ⅳ. 결과 해석
1. 통계적 분석 결과 제시
2. 연구가설에 관련된 증거 진술
3. 다른 발견 결과 제시

Ⅴ. 요약 및 논의
1. 연구문제, 방법, 결과 요약
2. 논의 및 결론
3. 시사점

참고
1. 참고문헌
2. 부록

앞부분: 제명면 체제는 연구기관이나 대학(교)마다 다를 수 있지만, 일반적으로 다음을 포함한다. (a) 주제명, (b) 저자명, (c) 학위나 과정의 요구수준과 보고서의 관계, (d) 보고서의 인준을 받는 기관(대학)명 및 (e) 제출일자 등이다.

#### (2) 보고서 작성 요령

연구 보고서를 효과적으로 작성하는 방법의 하나는 쉬운 부분부터 먼저 쓰기 시작한다. 보고서를 쓸 때, 개념적으로 복잡하며 비구조적인 서론부터 쓰기 시작하는 대신에 덜 복잡하고 구조적인 연구 방법상의 절차 부분부터 쓰기 시작할 수도 있다. 양질의 연구 보고서에는 내용의 정확한 표현과 일관성·연속성이 요구된다.

① 정확성

연구 보고서는 정확히 작성하여야 한다. 독자가 자료에서 얻기를 원하는 것은 오해의 위험이 없도록 직접적으로 상세하고 명확하게 서술해야 한다.

② 일관성

연구 보고서의 작성에는 용어와 서술 방식의 일관성을 유지하는 것이 중요하다.

③ 연속성

잘 쓰여진 연구 보고서는 장이나 절이 바뀔 때 단절되는 느낌을 주지 않고 자연스럽게 연결되어 독자의 이해를 돕는다. 보고서를 작성할 때 연구자의 생각이나 언급하려는 내용이 바뀔 때는 변화를 알려 주는 것이 좋다.

## 3 연구 보고서의 구성

연구 보고서의 본문의 조직에 반드시 포함되는 두 가지 부분이 있는데 첫째 부분은 실제 자료를 다루지 않는 부분으로, 문헌 고찰 부분과 연구 방법이다. 다음 부분은 자료가 수집된 후의 결과에 관한 기술과 해석으로, 결과 및 논의 부분과 요약 및 결론 부분으로 나눌 수 있다.

### 1) 서론

서론에서는 연구의 목적과 내용을 소개한다. 즉, 연구하려는 문제, 연구의 필요성, 연구의 이론적 배경, 연구의 범위를 알리는 것이다.

① 연구 문제의 진술

독자에게 연구가 이루어지게 된 동기, 본 연구에서 사용된 표집과 연구 방법을 선택한 이유 등을 진술해야 한다.

② 연구의 이론적 근거 설명

연구를 조직하는데 있어서 결정적인 선행 연구나 이론을 몇 편 정도 참고하여 기술한다. 연구의 이론적 근거를 이해하는데 기초가 되는 문헌만 언급하도록 한다. 무엇을 알 필요가 있는가를 고려하여 연구를 자극했거나 문제에 흥미를 유발시킨 연구자 자신의 전문가적인 경험을 서술한다.

③ 연구의 필요성

별도로 기술할 경우에는 그 연구가 전문적인 관점에서 타당한 문제를 다룰 것이라는 점을 밝혀야 원칙이다.

④ 연구의 범위 설정

가장 간단한 방법은 일반적인 연구 문제를 특정한 하위의 연구 문제로 세분화하는 것이다. 연구의 범위와 하위 문제를 서술하는 서론 부분과 연구 결과 부분은 서로 일치하여야 한다.

### 2) 문헌고찰

문헌고찰을 통해서 가설 설정의 근거를 찾고 기존연구의 중복수행을 예방하며, 연구방법에 시사를 받으며 연구결과의 해석에 도움이 되거나 비교할 수 있는 근거를 얻는다.

문헌고찰과정에서 유의할 점으로는, ① 논문 내용 흐름의 일관성이나 논리적 구조나 조직적 특성을 염두 해야 한다. ② 인용문을 남용하지 않아야 한다. ③ 현재 연구의 맥락 안에서 문헌을 고찰해야 한다. ④ 실증적인 자료에 근거한 선행 연구와 일반적인 문헌을 탐색해야 한다.

문헌고찰의 중요한 기능은 연구의 기초를 발전시키는 것이기 때문에 현재의 연구 문제나 연구 방법 등과 직접 관련된 문헌의 내용만을 분석하여 조리 있게 기술하도록 한다.

### 3) 가설

가설은 두 개 또는 그 이상의 현상이나 변수간의 관계에 대한 추측적인 진술이며, 잠정적인 명제다(Kerlinger, 1986). 이론적 고찰에 기초하여 연구가설이 진술되어야 한다. 잘 정립된 양질의 가설, 과학적 가설은 입증될 수 있거나 반증될 수 있다.

### 4) 연구 방법

타 연구자가 원하면 반복 연구해 볼 수 있을 정도로 자세히 명확하게 기술해야 한다.

#### (1) 용어의 정의

문헌 고찰을 끝낸 후에 해당 연구에서 사용하는 특정한 용어의 정의를 공식적으로 서술하는 것이 일반적이다. 보고서에는 용어의 사전적 정의와 조작적 정의가 모두 포함되어야 한다.

#### (2) 연구 대상

연구의 대상이 되는 모집단(全集)의 특성을 분명히 규정해야 한다. 연구 대상 선정방법을 제시해야 한다.

#### (3) 측정 도구

독자가 측정 도구의 타당성과 신뢰성을 평가할 수 있을 정도로 자료 수집 도구에 관해 자세하게 써야 한다.

### (4) 연구 설계

연구 설계에 대한 진술을 읽고 제삼자가 그와 같은 연구를 다시 반복할 수 있을 정도로 충실하게 진술되어야 한다.

### (5) 자료의 수집과 분석

자료의 수집 과정에 사용한 도구의 특성, 자료 수집의 단계, 각 단계에서 사용된 도구, 실시 순서 등을 자세하게 기술하고 검사를 실시할 때의 지시를 부록에 포함시켜야 한다.

### (6) 가정과 제한점

실험 연구에서 결정적으로 중요한 것으로 일련번호를 붙인 건조체로 명료하게 서술해야 한다.

### (7) 결과

결과는 연구의 목적이나 가설의 순서에 따라 통계적 자료와 함께 제시하여 완전하고도 공정하게 진술되어야 한다.

발견된 결과를 명료하게 나타내기 위하여 표와 그림으로 제시한다. 표에는 기술 통계와 의의도 검증 결과 등이 제시된다. 문장을 맺을 때에 객관적으로 기술되거나 표현되어야 한다. 예를 들면, 「……이라고 밝혀졌다」, 「……이라고 설명된다」 등으로 맺어져야 객관적인 표현이다.

### (8) 논의

연구 보고에서 연구자의 전문적이고 주관적인 견해가 비교적 자유롭게 개입될 수 있는 부분으로서, 연구 결과를 다른 연구와 관련짓고 일반화의 한계, 문제점 등을 다룰 수 있다. 또한 연구 진행과정에서 느낀 점, 표집, 측정 도구, 연구 방법상의 문제 등을 기술하여 다음 연구자들이 참고할 수 있도록 한다. 논의에서도 연구자는 연구 결과의 모든 면을 포괄적으로 다루고, 가능한 모든 해석 가능성을 고려해야 한다.

### (9) 요약 및 결론

① 요약

요약만 읽어도 연구의 윤곽을 파악할 수 있도록 간결하면서도 포괄적이어야 한다.

② 결론

결론은 이미 기술한 연구 결과에 근거를 두고 일반적 사실이나 어떤 법칙을 진술하는 것이다.

③ 결과와 결론

결과를 기술하는 부분에서는 결과의 의미와 어떻게 그런 결과가 나왔는지를 서술한다. 이에 비하여 결론 부분에서는 연구를 자극한 원래의 문제로 되돌아가 그 문제에 관해 한정적인 진술을 하게 된다.

#### (10) 인용

직접 인용은 원문을 그대로 쓰는 것으로 짧은 글일 경우에는 인용 부호를 사용하고 5행 이상의 긴 글일 경우에는 본문에서 조금 들어가 본문보다 약간 작은 글자로 표현한다. 간접인용의 경우, 반드시 그 출처를 밝혀야 한다. 각주는 Turabian 유형의 보고서 작성에 요구되며, 본문에서 직접 진술하기 어려운 내용을 보충적으로 설명하는 경우나 인용의 출처를 밝힐 때 사용한다.

참고문헌록에는 직접 인용한 것이 아니더라도 그 연구에서 참조한 문헌을 포함시킨다. 학문 분야와 특정 기관에 따라 적용하는 양식에 다소 차이가 있다.

## 4 보고서 작성 체제

### 1) 보고서 체제상 유의점

#### (1) 표지와 주제의 표현

표지에는 연구의 제목, 연구 보고서 작성자의 성명과 근무처, 연구 보고서의 제출 부처, 연구 보고서가 쓰여진 날짜가 포함된다. 영문의 경우 제목은 대문자로 쓰지만 다른 항목은 주요 단어의 첫 글자를 대문자로 쓴다. 제목에는 연구의 범위와 본질을 간단 명료하게 설명한 핵심 단어 또는 글귀가 포함되어야 한다.

#### (2) 표제면

표지 다음에는 흰색 간지를 넣고 그 다음에 표제면에 기재한 사항을 다시 작성하여 삽입하는데 이것이 곧 표제면이다. 석사나 박사 학위 논문일 경우에는 보통 영문 제목을 국문 제목 아래에 쓰고 심사 위원의 심사란도 쪽을 바꾸어 표제면 아래 넣는다.

#### (3) 머리말

그 연구의 취지나 목적, 배경, 범위 등을 간단히 제시함으로써 독자로 하여금 이 머리말만 읽어도 연구의 중점을 대강 알 수 있도록 한다. 연구 수행과정에서 지도, 조언해 준 연구 기관이나 지도 교수, 자료 처리에 있어 도움을 준 사람들에게 감사의 말까지도 포함한다.

### (4) 목차

목차는 연구자가 밟은 사고의 과정을 체계적으로 기술한 것을 집약 표현한 것이며 연구 내용의 순서를 단계적으로 제시한 것이다. 일반적으로 한 면 정도로 잡고 세목별 항목이 너무 많을 경우에는 이를 생략해도 무방하다. 내용목차, 표목차 및 그림목차로 구성된다.

### (5) 쪽 번호 붙이기

쪽 번호는, 첫째 전문 및 논문의 개요 부분과 둘째는 본문 및 기타 부분으로 나누어 적는다. 전문 및 논문의 개요 부분과 본문 중 각 장의 첫 쪽 번호는 아래 중앙에 적는다.

### (6) 장과 절의 기재요령

① 서론

서론은 연구의 개요를 정연하게 밝혀야 한다. 연구의 동기나 필요성, 연구목적 · 내용 · 방법 등과 연구대상과 기간 등 전체적 연구의 틀이 소개되어야 한다.

② 각 장과 절

장의 표제는 새로운 페이지로 적고 장의 순서를 나타내는 숫자 다음에 마침표를 찍고 두 칸을 띄어 표제를 쓴다. 절은 장과 달리 새로운 절이 시작되더라도 그 페이지에 여백이 있으면 동일한 페이지에 계속해서 기입한다.

### (7) 자료의 제시

연구보고서의 핵심부분으로 구체적인 연구/실험의 자료를 일관성 있게 제시해야 한다.

① 자료 설명

자료의 조직과 설명 계획이 연구 보고서에는 더욱 상세하게 나타나도록 한다. 자료를 명확하게 분류해야 한다. 그림과 도표도 정보를 정확하고 효율적으로 설명하는 데 도움이 된다.

② 자료의 분석

자료의 분석은 목적이 뚜렷하고 객관적 · 논리적이어야 한다. 사실과 개인적 의견간에 명확한 구분이 필요하다

### (8) 요약 및 결론과 제언

요약과 결론의 장은 연구결과를 돌이켜 보는 것이지만, 적용 가능성의 검토, 제언, 건

의, 앞으로 필요한 연구를 시사하는 점에서는 앞을 내다보는 논의도 실리게 된다. 종장은 "전체는 부분의 총화보다 큰 것이다." 라고 하는 격언을 예증할 만큼 잘 정리가 되어야 한다.

#### (9) 참고자료

연구에 필요했던 참고문헌과 부록, 색인에 관해 유의할 사항을 간단히 밝혀 둔다.

① 참고문헌

연구보고서를 준비하는 과정에서 사용된 자료는 명료하고 철저하게 제시해야 한다.

② 부록

부록은 참고 문헌 다음에 첨부된다. 부록은 질문지, 서신, 평가지, 연구의 과정, 서류, 면담 양식 등과 같이 연구 내용을 지지하는데 필요하면서도 연구 보고서 본체에 포함시키기에는 너무 긴 것을 포함한다.

③ 색인

색인은 보통 크기의 논문이나 연구보고서에서는 필요 없으나 저서나 교재, 혹은 방대한 연구물일 때는 필요한 사항을 찾아보기 쉽도록 붙이는 것이 좋다.

### 2) 표와 도표의 제작상 유의점

조사연구나 실험연구 등에서는 수집된 자료를 표로 작성하거나 도표화하여 제시하는 것이 일반적 문장 서술보다 훨씬 더 효과적일 때가 많다.

#### (1) 표의 작성과 활용

표란 여러 자료를 어떤 분류기준에 따라 세로줄과 가로줄에 통계적인 자료를 나타내는 체계적인 전달수단이라고 볼 수 있기 때문에 표를 제작하고 활용하는 데는 어떤 형식과 기준이 있어야 한다.

① 표의 제목 붙이기

표의 내용을 집약하는 제목이 있어야 한다. 제목은 표 위에 명료하고 간단한 긍정문으로 기재하고, 표에 번호를 붙여 사용해야 한다.

② 표의 제작과 제시

표는 되도록 제한된 항목에 집약적인 표현이 되도록 단일한 변수, 결과를 간단한 형식으로 제시한다.

③ 표의 주 및 설명

다른 연구물의 표를 비교자료로 활용했거나 자기가 작성한 표에 주를 붙일 필요가 있을 때에는 표의 바로 밑에 붙인다. 주는 되도록 간단히 기술하고 특히 자료의 출처를 밝힐 때에는 저자와 저서, 년도, 페이지 정도만 쓰고 출판지명이나 출판사명 등은 생략한다.

#### (2) 도표의 작성과 활용

도표란 그래프의 형식을 통해서 통계적인 자료나 기타 참고적인 자료를 나타낸 것으로서, 그래프, 차트, 지도, 스케치, 다이어그램, 그림 등까지 포함한다.

### 3) 문장과 문체

연구보고서에서 사용하는 문장은 간결해야 한다. 연구보고서가 잘 쓰여졌다는 것은 객관적 입장에서 논리적으로 정확하게 쓰여졌다는 것을 뜻한다.

#### (1) 시제

연구보고서의 시제는 원칙적으로 과거형과 현재형을 사용한다. 그러나 가설을 진술하거나 연구의 결과를 토대로 어떤 제언을 할 경우에 미래형을 사용하는 경우가 있다.

#### (2) 인칭과 숫자

① 논문에서는 일반적으로 3인칭을 사용하지만, 가능한 한 인칭을 쓰지 않도록 하기 위하여 수동형을 쓰는 것이 좋다. 예를 들면, 「연구자는 ……를 조사하였다」를 「……이 조사되었다」로 한다.

② 특히 1인칭 복수형의 「우리」는 쓰지 않으며 1인칭을 사용할 경우 「연구자」, 「필자」, 「저자」 등의 간접적인 표현은 경우에 따라 사용할 수 있다.

③ 논문에서는 경어나 경칭을 사용하지 않는 것을 원칙으로 한다.

④ 숫자는 원칙적으로 아라비아 숫자를 사용한다.

⑤ 10 이하의 수를 사용할 경우에는 하나, 둘, 셋 ……의 표현을 사용해도 좋다.

⑥ 연, 월, 일, 고유명사로 사용된 번호일 때는 아라비아 숫자를 반드시 사용해야 한다.

#### (3) 외래어와 인명

① 가능하면 외래어는 모두 역어로 표기한다.

② 특수한 역어를 사용할 경우에는 괄호 안에 원어를 삽입한다. 괄호 속에 원어를 삽입하는 것은 맨 처음 한 번만 표시하고 반복하지 않도록 한다.

③ 원어를 쓸 때에 고유명사를 제외하고는 모두 대문자를 사용하지 않는다. 적절한

역어가 없을 때에는 원어의 음을 한글로 표기하고 괄호 속에 원어를 쓰도록 한다.

④ 인명의 표기에 있어서 한국사람의 이름은 성명을 모두 기입하고, 기타의 인명은 성만을 기입한다.

#### (4) 약어와 기호

연구보고서의 불필요한 길이를 축소시키고 표현의 간소화를 기하기 위해 약어와 기호를 사용한다.

#### (5) 구독법 인용

① 쉼표 (,)는 보통 짧은 휴식을 표시할 때, 짝을 지어 구별할 필요가 있을 때, 다음 말을 설명하지 않을 때, 구나 절을 떼어놓을 때 사용하는 것이 바람직하다.

② 그침표, 즉 콜론은 (:)만을 사용하고 보충적인 설명을 필요로 할 때만 사용한다.

③ 인용은 짧을 때에는 따옴표를 쓰고 긴 인용일 때에는 「……」를 사용한다.

### 4) 인용상의 유의점

연구논문을 쓰는 데 있어서 어떤 자료를 소개하거나 증거를 제시할 때에 인용을 한다. 인용은 직접인용과 간접인용으로 구분된다.

직접인용은 원문에 있는 그대로를 옮기는 것이다.

① 짧은 인용일 경우에는 " " 또는 「 」의 인용부호를 사용하여 인용문이라는 것이 드러나도록 한다.

② 인용할 때에는 반드시 인용원에 주를 달아 밝히고 인용은 정확성을 기하여야 한다.

③ 인용문이 약 5행 이상으로 길 경우에는 본문에서 조금 들어간 별개의 문단에 본문글자보다 작은 글자로 표현한다. 특별한 경우를 제외하고는 되도록 짧은 인용을 원칙으로 한다.

④ 글자를 고치거나 원문에 없는 점이나 선, 기타 부호를 임의로 사용해서는 안된다.

⑤ 인용문에 밑줄을 사용치 않으며, 주의를 환기시킬 부분은 '고딕체'로 표시한다.

간접인용을 할 때는 반드시 그 출처에 대해 밝혀야 한다.

### 5) 주

타인의 주장이나 의견 등을 인용할 때에 그 출처를 밝히는 것이 주의 근본 목적이다. 연구자가 주를 다는 의도는 저자에 대한 경의와 감사를 표시하고, 자기의 사상이나 견해를 비교·비판함에 있어 근거를 뒷받침도 하고 자기의 연구결과에 대한 사실이 다른 곳에도 있다는 것을 밝혀 주는 데 있다. 주를 다는 방법에는 본문 중에 다는 법, 각 쪽의 하단에 다는 법, 각 장, 절의 끝에 붙이는 법, 본문 전체의 끝에 다는 법 등이 있다.

# 5 보고서 검토

연구보고서나 논문을 완성한 다음에는 이에 대한 검토가 있어야 한다. 계획-실천-평가의 과정은 모든 분야 모든 일에 적용되는 하나의 원리이다. 따라서 교육연구 자체가 갖는 의미의 하나는 "교육적", "가치적" 및 "계획적"이란 의미를 내포함으로, 계획단계로부터 종결단계까지 평가하여 수정·보완까지도 포함한 보고서의 종합적 검토를 말한다.

## 1) 연구자의 자율 검토

연구자는 하나의 연구주제로 연구를 끝마친 후, 스스로 검토를 통해서 새로운 방법의 모색, 가치 있는 주제의 모색, 보고서 작성의 과학적인 모색을 하여 앞으로의 연구에 귀감을 삼아야 할 것이다. 이 종합적인 검토에서는 크게 네 가지 영역에 걸쳐 검목표 같은 것을 마련하여 보는 것이 바람직하다.

① 문제의식이나 문제원천, 문제의 선정 등에 관해 검토를 해야 한다.
② 연구방법에 관한 검목표를 작성하여 그에 따라 검토한다.
③ 자기의 연구 결과의 가치성에 관한 검토이다.
④ 여러 영역별 검토를 토대로 한 보고서의 검토이다.

## 2) 심사·평가 기준

일반적인 "연구심사기준"으로서 내용의 타당성이나 참신성/창의성, 연구방법, 실용성/현장 공헌도 등을 내세우기도 한다. 따라서 구체적인 심사를 하기 위해 교과별 또는 영역별기준을 구체화하는 일이 필요하다.

휘트니(F. L. Witney)의 '석사학위 논문심사기준'(Criteria for Judging the Master's Thesis)을 소개한다.

### (1) 문제(주제)의 소개와 분석

① 문제는 그보다 하위의 질문이나 논점으로써 명확히 분석하였는가?
② 이 문제분석의 논리는 정연한가?
③ 서론의 부분은 독자가 이 조사 연구 전반의 범위에 대한 분명한 생각을 갖도록 소개하고 있는가?
④ 중요한 술어나 용어 중에 일상 통용되고 있는 용어와 달리 사용된 것이 있다면 그것에 대한 정의를 하였는가?
⑤ 이 연구문제에 관한 그 이전의 조사연구에 대한 해설은 적절한가?
⑥ 문제해결에 필요한 중요한 가정은 명확히 설명되어 있는가?

### (2) 연구의 방법

① 문제해결의 방법은 논리적으로 정연한가?
② 이 연구에서 채택한 연구방법은 주제해결에 적절한가?
③ 방법을 채택한 이유를 분명하게 잘 설명했는가?
④ 채택한 방법 자체에 대한 설명도 잘 했는가?
⑤ 이 연구는 방법상으로 보아 어떤 약점에 빠진 것은 아닌가?

### (3) 자료의 수집과 처리

① 선정된 자료의 종류는 문제해결에 적절한가?
② 자료는 문제해결에 수량적으로 충분한가?
③ 자료수집에 있어서 신중하고 정확성을 기한 증거가 있는가?
④ 자료처리나 표집인원은 적절한 근거에서 이루어졌는가?
⑤ 불필요한 자료는 제외되고 있는가?
⑥ 제시된 자료는 문제의 논리적 해결에 꼭 필요한 부분으로 되어 있는가?
⑦ 주장하려는 중요 사실에 대한 설명은 그 증거에 관련시켜 확인된 것인가?
⑧ 자료의 조직과 자료처리에 있어서 통계적 내지 추리의 방법은 정확한가?
⑨ 통계방법이나 추리방법은 효과적으로 문제해결을 하도록 유도해 가고 있는가?

### (4) 요약과 결론

① 자료와 그 연구에서 밝혀진 것을 가지고 추리한 것은 합당한가?
② 모든 결론이 독자에게 이미 알려진 자료에 근거하고 있는가?
③ 요약과 결론은 의미 있는 모든 자료에 관련시켜 추리한 것인가?
④ 단순한 의견을 벗어난 결론인가?

⑤ 결론에 따른 제약이나 조건은 간단, 명료하게 표현하고 있는가?

⑥ 결과에 대한 적용과 제언이 있다면 그것은 옳은 판단에서 이루어진 것인가?

⑦ 결론은 서론에서 제기한 질문이나 논점에 대한 대답이 되는가?

### (5) 전체의 논조

① 보고서 전체가 편견이 없고 공평한 과학적 태도를 보여 주고 있는가?

② 보고서는 그 연구분야에 관한 충분한 이론적 배경이나 지식이 있음을 보여 주고 있는가?

### (6) 보고서의 구성

① 보고서는 장, 절 항목별로 나누어졌는가?

② 나누어진 항목들의 제목은 적당한가?

③ 그 제목들의 순서는 잘 되어 있는가?

④ 이 논문은 불필요한 비교, 전후참조는 하지 않고 있는가?

# 14 연 | 구 | 문 | 제

1. 연구 보고서의 유형별 체제에 대하여 논의하시오.
2. 연구 보고서에 반드시 포함되어야 할 구성요소를 서론, 이론적 배경, 연구방법, 결과 및 결론에 따라 구체적으로 나열하시오.
3. 연구 보고서에 포함시킬 표와 도표의 제작과정에 유의할 사항을 기술하시오.
4. 연구 보고서의 문장과 문체에서 시제, 인칭과 숫자, 외래어와 인명, 약어와 기호 및 인용할 때 유의 사항을 토의하시오.
5. 연구 보고서의 결과해석과 논의 부분 서술상의 근본적인 차이를 논의하시오.
6. 연구보고서 작성상의 유의할 사항을 항목별로 토의하시오.
7. 논문의 일반적 체제를 장 제목과 절 제목까지 순서대로 나열하시오.
8. 아래의 논문 제목을 간결하게 재진술하시오.
   1) 중학교 1~3학년 학생들의 성격 특성과 학기중 학교생활에 대한 태도간의 관계 탐색
   2) 고등학교 학생들의 상담 프로그램 참여가 사회생활의 다양한 측면에 관한 지각에 미치는 효과의 예비연구

# 제 2 부

# 모수통계방법

CHAPTER 15

# 검사점수

교사나 교수 등 전문직에 종사하는 사람은 자주 학생이나 고객에 관한 자료를 해석해야 한다. 그러한 자료는 전형적인 지필검사나 면접검사 등 다양한 종류의 검사점수와 심리검사 결과일 수도 있다. 이 때 최초의 검사점수를 원점수라 하며, 원점수는 합리적으로 해석될 수 있도록 변환되어야 할 경우가 많다. 여기에서는 백분위 점수와 변환점수에 대해 알아보기로 한다.

일반적으로 학교현장에서 많이 발생하는 세 가지 점수 유형인, 원점수, 정답점수의 백분점수(percentage) 및 서열점수(rank)의 단점을 지적하려고 한다. 학습자의 원점수는 충분한 정보를 제공하지 못한다. 또한 정답의 백분점수도 이 학생의 실력이 어느 정도인지를 제시해주지 못하는데, 왜냐하면 그 검사가 극단적으로 어렵거나 쉬운 정도를 보여줄 수 없기 때문이다. 학급에서의 서열도 그 학급의 크기를 모르면 쓸모가 없게 된다.

피검사자의 점수를 규준점수와 비교하여 상대적으로 해석하는 규준참조평가에서는 주로 변환점수가 필요하다. 일반적으로 규준집단은 전집을 대표할 수 있어야 하며, 모집단으로부터 무선적으로 표본되는 특징이 있다. 개인의 원점수를 규준점수와 비교하여 해석하는데 필요한 계산방법, 원리 및 특징을 토의할 것이다.

한 개인의 원점수는 소속된 집단이나 규준집단에서 어느 정도 위치에 있는지를 쉽게 비교해 볼 수 있는 새로운 점수로 변환될 필요가 있다. Z 점수, T 점수, H 점수 등 변환점수에 대해서도 탐구하게 된다.

## 1 백분점수와 백분위

백분점수는 일정한 백분위에 해당하는 원점수다. 백분위는 일정한 점수 아래에 주어진 사례수가 전체 사례수의 몇 %정도에 해당되는가를 말한다. 백분위는 수집된 양적 자료를 가장 높은 점수로부터 가장 낮은 점수로 배열하여 100 등분한 값이다. 예를 들면, 130명의 교육연구법 수강생들에게 중간고사를 실시했다고 하자. 이 때 백분위 50(또는 제 50 백분위)은 이들 130명의 점수를 최고점으로부터 최저점까지 배열하여 100등분했을 때 50번째 등분에 해당하는 점수이며, 중앙치에 해당하고, $P_{50}$으로 표기한다. 백분위는 %로 나타내기 때문에 0(영)과 100 사이의 값을 취한다.

### 1) 백분위를 알고 백분점수를 구하는 경우

일정한 백분위 $P$에 해당되는 $X_p$를 다음 공식에 의해 계산할 수 있다. "$X_{50}$에 해당되는 백분점수를 구하라" 라는 문제가 여기에 해당된다.

$$X_p = LL + i\left(\frac{cf_o - cf_a}{f_o}\right) \qquad [15.1]$$

$LL$ = $cf_o$가 들어있는 급간의 정확 하한계
$i$ = 급간 크기
$cf_0$ = 일정한 백분위 $P$에 해당되는 사례
$cf_a$ = $cf_o$가 들어있는 급간 바로 아래 급간까지 누가빈도
$f_0$ = $cf_o$가 들어있는 급간 빈도

### 2) 백분점수를 알고 백분위를 구하는 경우

백분(위)점수 87에 해당되는 백분위 $P87$은?
일정한 백분(위)점수 X에 대한 백분위 $P$를 $P_x$ 라고 하면;

$$P_x = \frac{100}{N}\left\{cf_a + \frac{X - LL}{i} f_o\right\} \qquad [15.2]$$

$N$ = 전체 사례수
$cf_a$ = 백분(위)점수 X 가 들어있는 바로 아래 급간까지 누가빈도
$X$ = 주어진 백분(위)점수
$LL$ = 주어진 백분(위)점수 X가 들어있는 급간의 정확하한계
$i$ = 급간 크기
$f_o$ = 주어진 백분(위)점수 X가 들어있는 급간 빈도

**| 예제 1 |** 다음의 묶은 자료를 이용하여 문제를 풀어 보시오.

| 급간(i) | 빈도(f) | 누가빈도(cf) | 누가백분율(cp) |
|---|---|---|---|
| 75-79 | 3 | 122 | 100.00 |
| 70-74 | 6 | 119 | 97.54 |
| 65-69 | 10 | 113 | 92.62 |
| 60-64 | 16 | 103 | 84.43 |
| 55-59 | 20 | 87 | 71.31 |
| 50-54 | 22 | 67 | 54.92 |
| 45-49 | 18 | 45 | 36.89 |
| 40-44 | 12 | 27 | 22.13 |
| 35-39 | 9 | 15 | 12.30 |
| 30-34 | 4 | 6 | 4.92 |
| 25-29 | 2 | 2 | 1.64 |

① $X_{75}$에 해당하는 백분점수를 구하라.

이 문제는 점수의 연속분포상에서 그 점수밑에 전체 사례의 75%가 놓이는 점을 구하면 된다. 그 점수 밑에 전체 사례의 75%가 놓인 점수는?

.75 × 122 = 91.5(92명) 92명이 들어있는 급간은 59.5～64.5이며, 그 급간 바로 아래까지의 사례수는 $cf$ 칸에서 보면 87명이 된다. 따라서 92-87 = 5명에 해당되는 점수만 59.5～64.5 사이에서 구하면 된다. 이 급간에 16명이 있으므로 1명에 해당되는 점수치는 5/16가 된다.

5명에 해당되는 점수는 $\frac{5}{16} \times 5 = 1.56$이다.

$X_{75} = 59.5 + \frac{5}{16} \times 5 = 61.06$이다.

② 공식 [15.1]을 이용하여 백분위 $P_{75}$에 해당되는 백분 점수 $X_p$를 구할 수 있다.

$$X_p = LL + i\frac{cf_o - cf_a}{f_o} = 59.5 + 5\frac{92 - 87}{16} = 61.06$$

$LL$ = $cf_o$가 있는 급간의 하한계 59.5

$i$ = 급간 크기 5

$cf_o$ = 일정한 백분위 P에 해당 사례 .75 × 122 ≒ 92 (91.5)

$cf_a$ = $cf_o$가 있는 급간의 바로 전 급간까지의 누가빈도 87

$f_o$ = $cf_o$가 있는 급간 빈도 20

③ 백분위 $P_{64}$에 해당하는 백분 점수를 구하시오.

백분위 64에 해당하는 사례수는 .64 × 122 = 78.09 (79명)

79명의 사례수가 포함된 누가빈도인 87을 확인한다. 이 87명(누가빈도)에 해당하는 급간의 하한계 54.5를 확인한다. 정확하한계 54.5가 속하는 급간의 빈도 20과, 이 급간의 바로 아래 급간까지의 누가빈도인 67 및 급간의 크기 5를 확인할 수 있다.

따라서 최종적으로 공식 [15.1]을 적용하여 아래와 같이 백분점수를 구한다.

$$54.5 + 5\frac{(79-67)}{20} = 57.5$$

백분위 $P_{64}$에 해당하는 백분 점수는 57.5이다.

④ 원점수 72에 해당하는 백분위 $P72$를 구하시오.

전체 사례수($N$) = 122명이다. 백분점수 72(원점수)가 포함된 급간의 바로 아래까지의 누가빈도가 113명이다. 72점이 포함된 급간(69.5～74.5)의 정확하한계는 69.5이다. 백분점수 72점이 포함된 급간의 빈도는 6이며 급간의 크기는 5이다. 따라서 공식 (15.2)를 적용하여 아래와 같이 백분위를 구한다.

$$P_{72} = \frac{100}{122}\left\{113 + \frac{72-69.5}{5} \times 6\right\} = 95.08$$

따라서, 원점수 72에 해당하는 백분위는 95.08이다.

## 2 표준화 표준점수: Z 점수

많은 심리검사에서 원점수가 표준점수로 환산되어 해석된다. 기본적인 표준점수 Z는 수학적으로 다음의 방정식에 의해 정의된다.

$$Z = \frac{X-M}{S} \quad \text{[15.3]}$$

$X$ = 개인의 원점수
$M$ = 개인이 비교되는 집단의 원점수 평균
$S$ = 집단 (점수)의 표준편차

표준화 표준점수의 범위는 이론적으로 -∞로부터 +∞에 이르지만 일반적으로 +3～-3에 이른다. 점수에 첨가되는 부호(정적 및 부적)는 개인의 점수가 집단 평균점수보다 높거나 (+) 낮은(-) 위치를 말해 준다. 예를 들면, + 3.0에 가까우면 그 집단에서 최상위에 속하며, 0이면 평균정도이고, - 3.0에 가까우면 최하위에 속한다고 말할 수 있다.

Z점수는 한 분포내의 상대적 위치를 알려주는 척도로서 유용하며 가감을 할 수 있고, 어떤 분포에서나 평균치가 0이며 동간적 단위로서 표준편차가 1이다. 그런데 Z점수는 평균치 이하의 절반에 대해서는 -(음수)부호를 쓰고 대부분 소수점으로 나오기 때문에 계산과 해석상 곤란한 점도 있다.

표준점수의 장점을 요약하면 다음과 같다.

① 원점수와 달리, 의미 있는 의거점을 갖는다.

② 백분위 점수와는 달리 능력의 동간성을 갖는다.

③ 상대적 위치도 함께 짐작할 수 있다.

④ 여러 종류의 척도나 검사에서 나온 결과를 의미있게 비교할 수 있다.

## 3 T 및 H 점수

$$T = 10z + 50 \qquad [15.4]$$

여기에서 z = 개인의 표준점수이다. 즉 T 점수는 평균치를 50, 표준편차를 10으로 하는 점수분포상에 있다. T점수의 범위는 최소 20으로부터 최대 80점까지이다.

개인의 T 점수를 계산하는 과정을 정리한다.

a. 그 개인이 소속된 집단의 평균(M)과 표준편차(s)를 구한다.

b. 그 개인의 원점수와 평균 및 표준편차를 이용하여 z점수를 계산한다.

c. 표준점수를 T = 10 z + 50 공식에 의해 T점수로 환산한다.

**| 예제 2 |** 어느 학급 평균점수가 70점이고, 표준편차가 8점이다. 원점수가 86점인 K군의 T점수를 구해보자.

a. $M = 70,\ s = 8,\ X = 86,\ s = 8$

b. $z = \dfrac{X - M}{s} = \dfrac{86 - 70}{8} = 2.0$

c. $T = 10(2) + 50 = 70$

T점수의 실질적 최하점과 최고점이 각각 20점과 80점으로 되어 있는 T 분포의 범위를 약간 넓히고 평균을 50으로, 표준편차를 14로 해서, 정규분포상에서 평균을 중심으로 하여 99.74%까지 포함하며 8점(최하)에서 92점(최고)까지 넓어지는 H점수(Hull이 제창)가 있다.

$$H = 14z + 50 \quad \text{[15.5]}$$

## 4 스테나인(Stanine) 점수

Stand + Nine의 합성어로서, 표준 9단계 점수라고도 칭한다. 원점수 분포를 평균치가 5, 표준편차가 2인 점수분포로 옮겨 놓은 것이다. 최고점수는 9점, 최하점은 1점, 중간부분이 5점이다. 각 stanine의 폭은 $\frac{1}{2}SD$로 되어 있다. 장점으로는 최고점에서 최하점까지 배열될 수 있는 자료이면 어떤 점수에도 적용될 수 있으며, 한 자리 숫자로 되어 있어서 기록, 해석에 편리하지만, 원점수가 다를지라도 동일한 stanine점수가 생겨 정밀성이 부족하다는 결점이 있다.

## 5 표준점수와 원점수의 백분위 환산

표준점수와 원점수를 백분위로 환산하는 방법을 생각해보자.

### 1) 표준점수를 백분위로 환산하는 방법

표준점수 1.24와 일치하는 백분위는 어느 정도일까? 지금 정상분포 곡선을 생각해 볼 수 있다. 점수들이 정상분포를 이룬다면 평균치 = 중앙치 = 최빈치이기도 하다. 그렇게 되면 평균치가 그 집단의 50%의 위치($X_{50}$)에 있다는 것을 알 수 있다. 그리고 표준점수가 0점일 때 바로 원점수의 평균치임을 알 수 있다. 따라서 z=0=$X_{50}$이다. 그러면 표준점수 1.24의 백분위는 통계학 책의 부록을 보면 일반적으로 .3925임을 볼 수 있다. 이 숫자는 표준점수 0점을 중심으로 한 한쪽의 면적 비율이다. 따라서 표준점수 1.24에 해당하는 백분위는 .50 + .3925 = .8925, 즉 89.25%이다.

### 2) 원점수의 백분위 발견 절차

a. 원점수를 표준점수로 환산한다.
b. 부록의 「표준정상분포곡선하의 영역비율」을 보고 표준점수에 상응하는 수치를 찾는다.

**| 예제 3 |** 어떤 집단의 평균점수가 60점이고 표준편차가 5이다. 원점수가 68점인 Y군의 백분위는?

a. $z = \frac{X - M}{S} = \frac{68 - 60}{5} = 1.6$

b. z가 1.6 이면 평균점수와 이 표준점수 (1.6)사이의 면적비율이 .4452 이다. 표준점수 1.6은 .50 + .4452, 즉 .9452이며, 백분위 94.52에 해당한다. Y군 밑으로 94.52%의 피험자가 있으며, Y군보다 높은 피험자 수는 5.48%이다.

## 6 측정치의 종류

측정은 사물, 현상 또는 행동특성을 일정한 규칙에 따라 수량으로 표시하는 것이다. 따라서 측정하여 나타난 수치가 갖는 정보의 형태는 동일하지 않다. 즉, 수치라는 尺度는 명명척도, 서열척도, 동간척도 및 비율척도로 분류된다. 그 종류에 따른 성질을 살펴보자.

### 1) 명명척도

유목으로 분류되는 가장 기본적인 척도로서, 일종의 분류척도이다. 학급에서 번호가 단순히 학생들의 이름을 뜻하는 것처럼 성원들의 분류에만 사용된다. 분류할 때 각 유목간에 상호 배타적이어야 하며 그 유목들을 모두 포괄할 수 있어야 한다. 빈도자료, 명명자료 또는 분류자료를 혼용하기도 한다.

### 2) 서열척도

순위, 즉 보다 크거나 작다, 보다 비중이 무겁거나 가볍다 등의 상대적 중요성을 표시하는 척도이다. 順位와 等價의 성질을 갖는다. 군대에서 소위, 중위, 대위로 분류하여 서열척도로 사용할 수 있다. 대위는 누구나 동일한 지위(등가)라고 여긴다. 이렇게 분류하여 수량화하는 과정에서 높은 것(또는 직위로 보아 상위직)부터 4점, 3점, 2점, 1점 등 점수를 부여할 수 있다. 서열척도는 명명척도의 성질을 포함하지만 동간성이 없다. 많은 사회과학자들은 사회과학에서 사용되는 태도척도는 서열수준의 척도라고 믿고 있음에 유의하자. 태도척도의 유목간 차이는 서열적 관련성일 뿐이지 얼마나 많은 차이 또는 동간성적 차이를 뜻하지는 않는다.

### 3) 동간척도

명명성, 서열성은 물론 동간성 정보를 갖는 척도이다. 예를 들면 성취도 검사 결과, 20점, 25점, 40점을 획득하였을 때, 동간성의 특징이 있기 때문에 40-25=15는 60-45=15와 같은 가감을 할 수 있다. 그러나 80점을 획득한 학습자의 능력이 40점을 획득한 학습자의 능력보다 두 배가 뛰어나다고 말할 수 없다. 이 척도는 동간성은 있지만, 비율특성이 없는, 즉 절대 영(0)이 없다.

### 4) 비율척도

절대영점이 있으며, 명명성, 서열성, 동간성의 특성을 갖는 척도로서, 척도치의 비율이 가능하고 가감승제도 할 수 있다. 길이, 무게, 시간 등이 모두 비율척도이다. 자연과학의 척도과정에서 쉽게 접할 수 있는 척도다. 절대영점이 있기 때문에 90Kg의 체중은 45Kg의 체중보다 2배 무겁다고 진술할 수 있다. 척도가 갖는 성질은 통계적 조작의 한계를 제공한다.

측정척도를 이해함으로써 연구자료의 분석 및 해석상의 의미있는 방법구안에 도움이 될 것이다. 교육 및 심리연구에서 주의해야할 사항이 있다. 많은 측정도구가 동간성과 절대영점을 결여하고 있다는 사실에 유의해야 한다.

척도문제는 연구결과의 해석에 어려움을 불러일으키기도 한다. 예를 들면, 새로운 쓰기 능력 지도법이 낮은 성취도의 학생들과 높은 성취도의 학생들에게 적용되었을 때, 어느 집단에 더 효과적인가를 연구한다고 생각하자. 두 집단을 각각 모집단으로부터 무선 선정하여 실험전후검사를 한다. 각 집단의 향상된 점수(평균)를 비교한다. 이 때 측정척도의 어느 한 능력지점에서 향상된 점수는, 척도의 다른 능력지점에서 동일한 점수를 획득한 결과와 동일한 능력의 향상이라고 가정할 수 있어야 한다. 획득된 점수의 의미있는 비교를 하기 위해서는 동간척도가 존재해야 하는 것을 인식해야 한다.

# 15 연 | 구 | 문 | 제

1. 다음의 자료에 기초하여 아래의 문제를 해결하시오.

| 급간(i) | 빈도(f) | 누가빈도(cf) | 누가백분율(cp) |
|---|---|---|---|
| 86-88 | 4 | | |
| 83-85 | 5 | | |
| 80-82 | 6 | | |
| 77-79 | 12 | | |
| 74-76 | 14 | | |
| 71-73 | 19 | | |
| 68-70 | 22 | | |
| 65-67 | 15 | | |
| 62-64 | 12 | | |
| 59-61 | 11 | | |
| 56-58 | 8 | | |
| 53-55 | 6 | | |
| 50-52 | 4 | | |
| 47-49 | 2 | | |

1) $X_{40}$ (제 40 백분위)에 해당하는 백분(위)점수를 구하시오.

2) $X_{75}$ (제 75 백분위)에 해당하는 백분(위)점수를 구하시오.

3) 원점수 64에 해당하는 백분위($P_{64}$)를 구하시오.

4) 원점수 85에 해당하는 백분위($P_{85}$)를 구하시오.

5) 백분위 $P30$과 백분위 $P90$ 사이의 백분점수 차이를 구하시오.

2. 백분점수와 백분위(%)의 개념간의 관계 및 각각의 적합한 용도를 설명하시오.

3. 한 집단의 평균이 12점이고, 표준편차가 4점입니다. 아래의 물음에 답하시오

| | 평균($\mu$) | 표준편차($\sigma$) | 변량($\sigma$2) |
|---|---|---|---|
| 1) 각 피험자 점수에 7.2를 더하면, | ________ | ________ | ________ |
| 2) 각 피험자 점수에서 3점을 감하면, | ________ | ________ | ________ |
| 3) 각 피험자 점수에 4.5를 곱하면, | ________ | ________ | ________ |
| 4) 각 피험자 점수를 3으로 나누면, | ________ | ________ | ________ |
| 5) 각 피험자 점수에 먼저 8을 더하고 난 후, 4로 나누면, | ________ | ________ | ________ |

4. 평균이 영이고 표준편차가 1인 표준점수(Z score)의 장점과 단점을 토의하시오.

5. 다음 각 항의 두 점수간 크기를 비교하시오.
   1) T점이 48인 경우와 Z점수가 +.24인 경우
   2) T점수가 68인 경우와 Z점수가 +.90인 경우
   3) T점수가 72인 경우와 H점수가 84인 경우
   4) T점수가 28인 경우와 H점수가 36인 경우
   5) H점수가 64인 경우와 Z점수가 .85인 경우
   6) H점수가 78인 경우와 Z 점수가 1.5인 경우
   7) T점수가 76인 경우와 원점수 60(평균은 42, 표준편차는 12)인 경우
   8) H점수가 60인 경우와 원점수 64(평균은 48, 표준편차는 8)인 경우
   9) H점수가 40인 경우와 원점수 40(평균은 45, 표준편차가 10)인 경우

6. 측정치의 종류별 특질을 기술하고, 행동과학 연구자료분석과 어떤 관계가 있는지를 설명하시오.

7. 변환점수의 기본 원리 및 적용상의 유의점을 토의하시오.

CHAPTER 16

# 집중경향치

이 장에서는 집단의 특징을 가장 잘 나타내는 하나의 수를 발견하는 방법을 탐구한다. 우리는 흔히, "이 학급 학생들의 지능 지수는 얼마나 되느냐?", 이러한 질문에 대하여, 평균적인 수치를 나타낼 수 있는 것(값)이 하나 이상 있다. 여기에서는 평균치(average)를 계산하는 세 가지 방법을 탐구한다. 평균(mean, M, $\overline{X}$), 중앙치(median, Mdn) 및 최빈치(mode, Mo)이다. 평균치(average)를 집중경향치라고도 하며, 한 집단의 측정치 분포를 하나의 값으로 요약・기술해 주는 지수이다.

## 1 평 균

모든 측정치(점수)를 합한 후 전체 사례수로 나눈 값이며, 산술평균이라고도 한다.

$$\overline{X} = \frac{X_1 + X_2 + \dots\dots\dots + X_n}{N} \quad \text{[16.1]}$$

$X_n$ =n 피험자 점수, N=전체 사례수

성취도 검사에서 점수(X) 가 79, 86, 93, 90, 및 88로 밝혀졌다.

총점($\Sigma X_i$)= 436, 평균($\overline{X}$) $= \frac{436}{5} = 87.2$

### 1) 평균치(M, $\overline{X}$)의 특성

① 평균치로부터 모든 점수 차의 합은 영이 된다.

② 평균을 중심으로 획득된 편차점수 제곱의 합은 여하한 다른 값을 기준으로 하여 획득된 편차점수 제곱의 합보다 항상 적다. 평균의 최소자승화 특성이다.

③ 평균은 측정치 분포의 균형을 이루는 점이다. 평균치는 중력의 중심이 된다. 대수적 방법으로 증명해 보자.

$$\Sigma(X - M_{\overline{X}}) = \Sigma X - nM_{\overline{X}} = \Sigma X - n\frac{\Sigma X}{n} = \Sigma X - \Sigma X = 0$$

($M_{\overline{X}}$는 표본에서 모든 값을 합할 때는 항수이다. 그래서 $\Sigma M_{\overline{X}} = nM_{\overline{X}}$이다.)

④ 세 가지 집중 경향치중 가장 정확하고 신뢰로운 값이다.

⑤ 평균치는 사례의 극단적인 측정점수들이 양쪽으로 균형을 맞추어 분포되지 않는 한, 그 극단 점수들에 매우 민감하다.

⑥ 집중경향의 측정치가 점수의 합산(총점)을 반영해야할 때는 평균이 최선의 선택(방법)인데, 이것은 평균만이 이 총점에 기초한 측정치이기 때문이다.

### 2) 간편법에 의한 평균치 계산

묶은 자료의 평균치: 여러 가지 이유 때문에 자료를 다음처럼 묶었다.

묶은 자료에서는 급간의 크기가 1보다 큰 빈도분포일 때, 그 급간의 중간점수를 사용한다.

ⓐ 평균치가 들어 있으리라고 예견되는 임의의 출발점(O.S)을 결정한다.

ⓑ 임의로 정한 급간을 0으로 놓고, 각 급간의 위로는 +1, +2, ...등의 순서로 수치를 배정하고, 그 급간 아래로는 -1, -2, ...등의 순서로 수치($\chi'$)를 배정한다.

ⓒ 배정된 수치와 각 급간 빈도와 곱하여 합한다($\Sigma f_i \chi'$).

ⓓ $\Sigma f_i \chi'$를 사례수 N으로 나눈 후 급간크기(i)로 곱해서 나온 값에 O.S(임의의 출발점)를 합한다.

간편법 공식: $\overline{X} = O.S + i\left(\frac{\Sigma fx'}{N}\right)$ ............................................ [16.2]

$$= 52 + 5\left(\frac{26}{122}\right) = 53.07$$

일반 공식: $\overline{X} = \frac{f_1X_1 + f_2X_2 + f_3X_3 + \cdots\cdots + f_kX_k}{N}$ ........................ [16.3]

$$= \frac{\Sigma_{i=1}^{k} f_i X_i}{N} = \frac{6474}{122} = 53.07$$

| 급간 | 급간중앙치($X_i$) | 빈도(f) | f$X_i$ | x′ | fx′ |
|---|---|---|---|---|---|
| 75-79 | 77 | 3 | 231 | +5 | 15 |
| 70-74 | 72 | 6 | 432 | +4 | 24 |
| 65-69 | 67 | 10 | 670 | +3 | 30 |
| 60-64 | 62 | 16 | 992 | +2 | 32 |
| 55-59 | 57 | 20 | 1140 | +1 | 20 |
| 50-54 | 52 | 22 | 1144 | 0 | 0 |
| 45-49 | 47 | 18 | 846 | -1 | -18 |
| 40-44 | 42 | 12 | 504 | -2 | -24 |
| 35-39 | 37 | 9 | 333 | -3 | -27 |
| 30-34 | 32 | 4 | 128 | -4 | -16 |
| 25-29 | 27 | 2 | 54 | -5 | -10 |
| 계 | | N = 122 | $\Sigma fX_i$ = 647 4 | | $\Sigma fx'$ = 26 |

### 3) 평균치의 계산이 필요한 경우

① 동간적, 비율적 측정치 자료일 때
② 가장 신뢰로운 집중경향을 원할 때
③ 분포가 좌우 대칭이거나 정상분포에 가까울 때
④ 변산도, 상관도, 점수차이 등의 계산이 따를 때
⑤ 한 분포의 중력 또는 力率등의 중심을 알고자 할 때

## 2 중앙치(Median: Mdn)

측정치/점수를 최고치로부터 최저치까지 순위로 배열했을 때, 중간에 위치한 점수다. 순위상의 위치를 표시하는 수치이다. 예를 들면, 5명의 피험자에게 IQ검사를 실시한 결과, 114, 134, 96, 113 및 95 라는 각 개인의 지수로 밝혀졌다. 중앙치를 알아보기 위하여 이 지수들을 순위로 배열했다.

| IQ 지수 | |
|---|---|
| 134 | |
| 114 | |
| 113 | …… 중앙치(Mdn) |
| 96 | |
| 95 | |

다음의 예를 들어보자. 사례수가 짝수인 경우이다.

| IQ 지수 | |
|---|---|
| 105 | |
| 102 | |
| 101 | …… 중앙치= (101+92)/2= 96.5 |
| 92 | |
| 91 | |
| 80 | |

아래의 경우를 생각해 보자.

| IQ 지수 | |
|---|---|
| 105 | |
| 104 | 여기에서는 102가 후보(자)적인 중앙치일 뿐이다. |
| 103 | 그 점수위로는 3개의 사례, 그 밑에는 1개의 사례뿐이다. |
| 102 | |
| 102 | |
| 102 | |
| 101 | |

이 경우의 중앙치를 구하기 전에 다음의 예를 생각해 보자. 주희의 신장을 측정한 결과 165cm로 나왔다. 이 크기는 엄밀한 의미로는 165cm라기 보다 단지 165cm에 가장 근접해 있을 따름이다. 척도가 정확하면, 주희의 신장이 165cm인 것으로 생각하면서, 그녀의 신장이 164.5cm와 165.5cm 사이의 어느 지점에 있다는 것을 알게 된다. 단위 길이(1cm)의 절반이 기록된 신장보다 위나 아래로 변할 수 있다. 주희의 신장은, 정확히 표현하면, 164.5cm와 165.5cm 사이의 어느 지점에 있다. 이 때, 164.5는 정확 하한계(lower real limits)이며, 165.5는 정확 상한계(upper real limits)이다. 훈이의 체중이 65Kg이면, 정확 하한계와 정확 상한계를 다음과 같이 나타낼 수 있다.

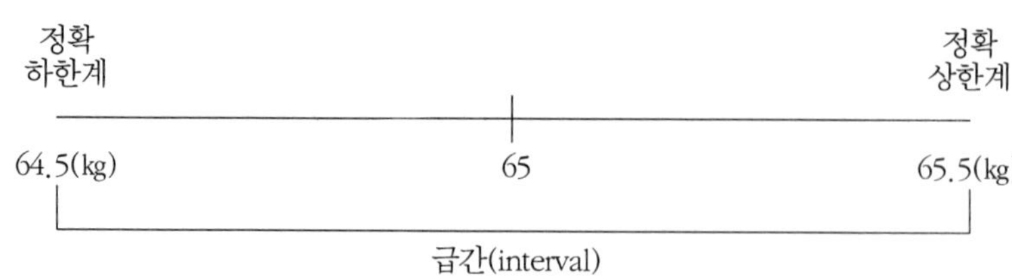


## 1) 급간

급간은 정확 하한계와 정확 상한계간의 거리이다. 이 예에서 급간의 크기는 1.0이며 변할 수 있다. 예컨대, 성민의 대학 성적 평균(GPA)이 3.60일 때 그의 정확한 성적 평균점수는 3.55 ~ 3.65 사이에 있음을 알 수 있는 바, 이때 점수 단위는 0.1이기 때문이다.

다시 앞의 예(IQ, 105, 104, 103, 102, 102, 102, 101)에서 피험자들의 IQ지수가 매우 근접해 있으며, 102를 획득한 피험자들의 참지수는 101.5~102.5 사이에 있음을 알 수 있다.

정확하게 계산하는 과정을 다음과 같은 공식으로 나타낼 수 있다.

$$Mdn = \text{하한계} + \left[\frac{(N/2) - n_b}{n_w}\right] \cdot i \quad \cdots\cdots [16.4]$$

하한계 = 중앙치가 위치한다고 판정되는 측정치 급간의 정확하한계

$N$ = 전체 사례수

$n_b$ = 중앙치가 위치하는 측정치 급간 아래까지의 누가빈도

$n_w$ = 중앙치가 위치하는 측정치 급간 내의 점수 사례수

$i$ = 급간 크기(정확 상한계-정확 하한계)

실제로 계산하면, 하한계는 예측되는 102점의 정확 하한계인 101.5이다.

$N$ = 7

$n_b$ = 102점 아래에 있는 점수사례가 1이다.

$n_w$ = 102점을 획득한 사례수 3이다.

급간 크기 = 1.00

공식에 대입하면, $Mdn = 101.5 + \left[\frac{(7/2) - 1}{3}\right] \times 1$

= 101.5 + ( .83).1= 102.33 이다.

묶은 자료에서 중앙치 계산:

① 누가빈도를 만든다. ② N/2를 구한다. 전체사례를 상.하위로 절반이 되는 반분 점수를 구한다. ③ 누가빈도 칸에서 N/2의 사례를 포함하는 급간을 찾아 그 급간의 정확한계를 구한다. ④ 보간법에 의해 앞에서 정한 정확한계에서 전체사례를 상.하위 반으로 나누는 점을 구한다.

### 2) 중앙치를 계산하는 일반 공식

$$Mdn = X_{11} + i \times \frac{[(N/2) - cf_{11}]}{f_i} \quad \cdots\cdots [16.5]$$

$X_{11}$ = 중앙치가 포함되는 급간의 정확 하한계

$i$ = 급간 크기

$N$ = 전체 사례 수

$cf_{11}$ = 중앙치를 포함하는 급간 바로 아래까지의 급간 의 누가 빈도

$f_i$ = 중앙치를 포함하는 급간의 빈도

| 예제 1 | 다음 자료를 이용하여 간편법에 의해 중앙치를 구하시오.

| 검사점수 급간 | 빈도(F) | 누가빈도(CF) |
|---|---|---|
| 95 - 99 | 2 | 40 |
| 90 - 94 | 8 | 38 |
| 85 - 89 | 16 | 30 |
| 80 - 84 | 8 | 14 |
| 75 - 79 | 6 | 6 |

$Mdn$ = 84.5 + 5(20-14)/16 = 86.375 ≒ 86.38

### 3) 중앙치 계산이 필요한 경우

① 서열적, 동간적, 비율적 측정치 자료일 때

② 평균치를 계산할 시간 여유가 없을 때

③ 극단적으로 편포된 분포일 때, 극단치의 영향을 배제하려 할 때

④ 분포의 상, 하층부에 관심이 있고 중앙점으로부터 거리에는 관심이 없을 때

⑤ 불안전한 분포일 때

⑥ 측정단위의 동간성에 의구심이 있을 때

### 4) 중앙치의 특징

① 몇 개의 극단치가 출현할 때, 중앙치가 평균치보다는 덜 민감하다. 따라서 분포가 매우 편포되어 불균형을 이루거나, 몇 개의 극단점수를 가졌을 때는, 중앙치가 평균치보다 양호한 집중경향 추정치의 역할을 한다.

② 표집과정의 변동에 저항하는 능력(힘)에 있어서는, 일반적인 상황에서 중앙치가 평균치 다음으로 강력하다.

## 3 최빈치(Mode: Mo)

가장 자주 발생하는 측정치(점수)이다.

수학성적 : 79, 86, 88, 89, 89, 89, 91, 92, 92 (이 때 최빈치는 89)

다음의 예를 들어보자.

영어성적 : 76, 77, 78, 78, 78, 80, 81, 82, 83, 83, 83

〈78점과 83점이 각각 3명씩으로 가장 많다. 최빈치가 2개인 경우는 이중최빈(Bimodal) 분포이며, 일반적으로 2개 이상의 최빈치가 있을 경우는 다중최빈(Multi-modal)분포라 칭한다.〉

### 1) 최빈치 계산이 필요한 경우

① 명명석, 서열직, 동간적, 비율적 측정치 자료일 때
② 집중 경향을 가장 빨리 추정하고자 할 때
③ 집중 경향의 대강 경향만 파악하고자 할 때
④ 가장 빈번하게 발생하는 경우를 알고자 할 때

### 2) 최빈치의 특징

① 가장 쉽게 파악할 수 있지만, 표본에 따라 안정되지 않고 변동이 심하다.
② 표본에 따라 하나 이상의 최빈치가 있을 수 있다.
③ 주로 명명척도의 특성을 가진 자료에 사용될 수 있다. 특별한 경우에는 다른 측정자료로 사용하여 최빈치를 구할 수 있다.

## 4 집중경향치(M, Mdn, Mo)의 비교

한 집단을 가장 잘 나타내는 즉, 대표치로서 언제 어떤 것을 사용해야 하는지를 판단하여 결정하기 위해서 이들 세 집중경향의 특징을 비교해 본다(임인재, 1978).

### 1) 한 전집의 추정치로서 표집오차

한 전집을 추정하기 위하여 표집치를 사용할 때 표집에 따른 오차가 가장 큰 것은 최빈치, 중앙치 및 평균치의 순이다. 따라서 세 가지 대표치의 표집오차를 비교할 때는 평균치를 사용하는 것이 가장 안정성이 있다.

### 2) 통계처리의 다양성과 계속성

대표치로서의 기능 이상의 정보를 얻기 위해서는 평균치의 계산이 필수적이다. 평균은 동간척도 이상의 측정 자료에 기초하기 때문에 고급통계분석을 할 수 있는 장점이 있다. 점수분포가 정규분포로부터 크게 벗어나지 않을 경우, 표본평균치(물론 분산이나 표준편차도 함께 이지만)를 이용하여 전집평균치를 추론할 수 있기 때문이다.

### 3) 계산의 간편성

최빈치는 분포를 보고 즉시 계산할 수 있다. 측정치의 분포가 정상분포를 이룬다면, 최빈치와 중앙치 및 평균치의 값이 거의 동일하다.

### 4) 자료의 특징

평균치는 극단적인 측정치의 영향 때문에, 극단치가 있는 경우에는 대표치로서는 부적합하다. 따라서 극단적인 측정치가 포함될 때는 중앙치가 보다 적합하다. 왜냐하면, 중앙치는 극단적 측정치의 영향을 거의 받지 않기 때문이다.

### 5) 측정척도의 수준과 목적

명명변수를 다룰 때는 최빈치가, 서열변수에는 중앙치가 동간변수와 비율변수에는 평균치가 적합하다. 그러나 측정의 목적에 따라 적절한 대표치를 적용해야 한다.

### 6) 분포상의 비교

분포곡선을 고려할 때에, 정상분포, 정적분포 및 부적분포의 경향성을 찾을 수 있다. 일반적으로, 평균치-중앙치의 값이 영에 가까우면 정상분포(좌우대칭)를 이루며, 그 값이

"−"이면 부적 편포, "+"이면 정적 편포를 이루는 것을 알 수 있다.

분포의 집중경향을 측정하는 최선의 방법은 그 목적과 자료에 따라 상대적인 차이가 있을 뿐이다. 어떤 측정방법을 사용할 것인가는 분포의 형태, 분포에 대한 의사소통의 주제에 따라 결정할 수밖에 없다.

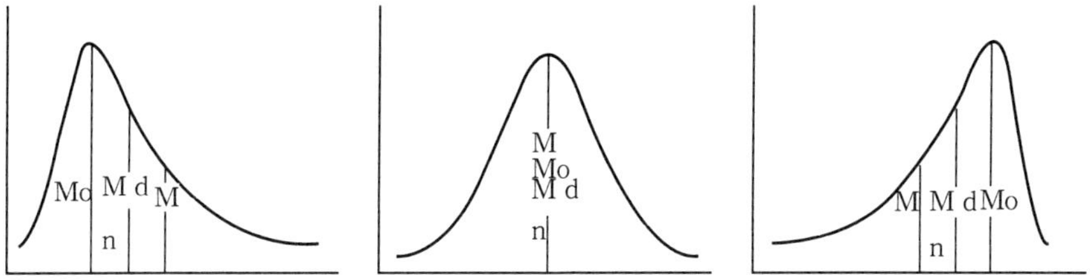


a. 정적 편포 b. 정규(대칭)분포 c. 부적 편포

[그림 16-1] 평균(M), 중앙치(Mdn) 및 최빈치(Mo)간의 관계

# 16 연 | 구 | 문 | 제

1. 다음은 한강 대학교 4학년 학생들의 통계학 원점수 자료입니다(120명).

| | | | | | | | | | | | | | | |
|---|---|---|---|---|---|---|---|---|---|---|---|---|---|---|
| 87 | 81 | 56 | 43 | 29 | 29 | 61 | 36 | 24 | 75 | 55 | 76 | 21 | 82 | 82 |
| 82 | 73 | 60 | 44 | 22 | 22 | 63 | 30 | 30 | 74 | 58 | 73 | 29 | 74 | 76 |
| 87 | 77 | 60 | 45 | 32 | 27 | 59 | 34 | 22 | 76 | 56 | 77 | 28 | 64 | 69 |
| 79 | 78 | 62 | 46 | 33 | 27 | 58 | 36 | 20 | 75 | 57 | 79 | 20 | 58 | 54 |
| 82 | 76 | 59 | 43 | 33 | 26 | 63 | 20 | 29 | 77 | 60 | 74 | 24 | 44 | 79 |
| 80 | 62 | 40 | 40 | 32 | 25 | 67 | 12 | 12 | 79 | 53 | 80 | 26 | 92 | 46 |
| 72 | 60 | 48 | 47 | 28 | 20 | 72 | 14 | 9 | 80 | 44 | 79 | 25 | 32 | 93 |
| 92 | 74 | 49 | 40 | 25 | 14 | 69 | 8 | 24 | 70 | 42 | 84 | 21 | 14 | 89 |

1) 묶지 않는 그대로 놓고, 평균과 표준편차 및 분산(변량)을 구하시오.

2) 묶지 않는 자료의 중앙치와 최빈치를 구하시오.

3) 위의 자료를 급간의 크기 5로 하여 묶은 자료로 만드시오.

① 중앙치를 일반 공식에 의하여 계산하시오.
② 간편법에 의거하여 평균치를 구하시오.
③ 일반공식에 따라 평균치를 구한 후, 간편법에 의해 구한 평균치를 비교하시오.
④ 중앙치, 최빈치 및 평균치의 크기를 비교하여 분포의 성질을 결정하시오.

4) 묶지 않는 자료의 집중경향치(Mo, Mdn, M)를 비교하여 어떻게 분포되어 있는지를 알아보시오.

2. 평균치와 중앙치의 활용상 고려해야 할 사항을 설명하시오.

CHAPTER 17

# 변산도

집중경향치($\overline{X}$, Mdn, Mo)를 계산해보면 전체 또는 집단의 점수를 가장 잘 대표할 수 있는 점수 또는 측정치를 알 수 있다. 그러나 집단의 점수를 정확히 기술하기 위해서는 집중경향치와 더불어 변화정도의 측정치가 필요하다. 변화정도는 집단의 점수가 흩어진 정도를 의미한다. 변산도는 실제로 각 점수사이에서 얼마나 차이가 나는지를 나타내기도 한다. 이 장에서는 범위, 사분편치, 평균편차, 표준편차 및 분산을 다룬다.

## 1 범 위

범위는 가장 간단한 변화정도의 측정법으로서, 최고점수에서 최저점수를 감하면 된다. A 학급의 영어 시험결과 최고점이 96점이고, 최저점수가 43점이라면, 범위는 96-43 = 53점이다. 범위는 극단적인 2개의 점수에 의해서 결정되기 때문에 모든 점수에 기초하여 계산되는 표준편차보다 불편하다.

보다 엄격히 말하면, 범위 = 최고점수 - 최저점수 + 1로 표현해야 한다. 1을 고려한 의미는 최고와 최하점수 각각의 정확한계(상한계 및 하한계)로부터의 거리가 포함되어야 하기 때문이다. 범위의 의미는 직접적이다. 따라서 범위는 연구나 작업의 준비(예비)과정으로서 정확성이 중요한 요구조건이 아닌 상황에서는 이상적이다. 범위는 분포의 전반적인 조건에 민감하지 않는데, 오로지 극대값과 극소값의 차이일 뿐, 그 사이에 있는 값의 상태를 제시하지 못하기 때문이다. 따라서 범위는 기술적인 수준외에는 거의 쓸모가 없다. 다른 어떤 측정치(중앙치나 평균치)보다 표본 변동의 영향을 더 많이 받는다. 표집의 크기에 따라 달라져서 표본이 클수록 범위도 일반적으로 증가한다.

### 1) 급간 결정

점수범위를 토대로 하여 급간의 수와 크기를 결정한다. 급간의 수는 일반적으로 10개로부터 20개 사이에 있도록 해야 하며, 급간의 크기는 1, 2, 3, 5, 7, 10 ........ 등의 단위로 정한다. 그러나 급간의 수와 크기는 절대적이 아니므로 연구수행의 편의를 고려하여 정해야 한다. 급간의 수가 20을 초과해 버리면, 빈도분포 자체의 요약 성격이 미약해져서 너절해질 우려가 있다. 급간 수가 너무 적으면(10 미만) 자료의 근본적인 성질이 손상될 우려가 있다.

급간의 크기를 기수로 하려는 것은 통계처리 과정상 더 편리하기 때문이다. 급간 수와 크기가 결정되면, 급간의 점수한계를 먼저 정해야 한다. 일반적으로 급간 점수의 하한계가 급간 크기의 배수가 되도록 한다.

### 2) 백분위점간 범위

점수분포상의 어느 일정한 위치에 있는 점수간의 거리를 말한다. 점수분포상의 양극단 점수는 아니다. 사분편차(semi-interquartile range)는 중앙부에 모여있는 사례수 50%가 차지하는 점수범위의 절반을 의미한다. 즉, 어느 분포의 아래로부터 25%의 사례가 있는 척도상의 점(Point)과 아래로부터 75%의 사례가 있는 척도상의 점 간 거리의 1/2(절반)에 해당한다.

$$Q = \frac{X_{.75} - X_{.25}}{2} = \frac{Q_3 - Q_1}{2} \quad \cdots\cdots [17.1]$$

$$= \frac{(X_{.75} - X_{.50}) + (X_{.50} - X_{.25})}{2}$$

$X_{75}$ = 그 점수 아래에 전체 사례의 75%가 놓여 있는 백분 점수($Q_3$)

$X_{25}$ = 그 점수 아래에 전체 사례의 25%가 놓여 있는 백분 점수($Q_1$)

### 3) 묶지 않는 자료에서 사분편차

묶은 자료와 묶지 않는 자료 모두 우선 $Q_1$과 $Q_3$를 먼저 계산해야 한다. $Q_1$과 $Q_3$의 계산과정은 중앙치의 계산 방법과 거의 비슷하다.

1, 2, 2, 3, 4, 4, 4, 5, 5, 6, 6, 6, 7, 7, 9, 10

사례수가 16이므로 $Q_1$은 3과 4의 경계선이 되는(3, 4의 경계선) 3.5이며 $Q_3$는 6과 7의 경계선인 6.5이다. 따라서,

$$Q = \frac{Q_3 - Q_1}{2} = \frac{6.5 - 3.5}{2} = 1.5$$

## 4) 묶은 자료의 사분편차 계산

$Q_1$과 $Q_3$를 각각 보간법에 의하여 계산해야 한다.

$$Q_1 = LL + i \times \frac{\left(\frac{N}{4} - CF\right)}{F} \quad \cdots\cdots [17.2]$$

$LL$ = $Q_1$또는 $Q_3$가 있는 급간의 정확하한계

$i$ = 급간의 크기

$F$ = $Q_1$ 또는 $Q_3$가 있는 급간의 빈도수

$CF$ = $Q_1$ 또는 $Q_3$가 있는 급간의 바로 아래 급간까지의 누가빈도

누가빈도는 등급이 상승함에 따라 빈도를 누진적으로 합산한 빈도이다 (N/4이 $Q_3$일 경우에는 3N/4이다).

| X | F | CF | |
|---|---|---|---|
| 60-64 | 1 | 60 | |
| 55-59 | 2 | 59 | |
| 50-54 | 4 | 57 | |
| 45-49 | 5 | 53 | |
| 40-44 | 7 | 48 | ⇐ $Q_3$ |
| 35-39 | 9 | 41 | |
| 30-34 | 13 | 32 | |
| 25-29 | 8 | 19 | ⇐ $Q_1$ |
| 20-24 | 5 | 11 | |
| 15-19 | 3 | 6 | |
| 10-14 | 1 | 3 | |
| 5- 9 | 2 | 2 | |
| 계 | N=60 | | |

$$Q_1 = 24.5 + 5\,\frac{15 - 11}{8} = 27.0$$

$$Q_3 = 39.5 + 5\,\frac{45 - 41}{7} = 42.4$$

$$Q = \frac{42.4 - 27.0}{2} = 7.7$$

$$Q_2 = 29.5 + 5\,\frac{30 - 19}{13} = 33.7$$

## 5) 사분점과 편포경향성

4분점간 거리도 중앙치나 평균치간 거리처럼 한 분포의 편포정도와 방향을 알려준다.

분포가 좌우 대칭이면 중앙치(또는 $Q_2$)로부터 $Q_3$, $Q_1$까지의 거리가 같고, 그 거리가 곧 4분편차($Q$)가 된다.

$(Q_3 - Q_2) > (Q_2 - Q_1)$이면 정적 편포
$(Q_3 - Q_2) < (Q_2 - Q_1)$이면 부적 편포
$(Q_3 - Q_2) = (Q_2 - Q_1)$이면 좌우대칭분포

앞의 보기에서 $[Q_3 - Q_2](8.7) > [Q_2 - Q_1](6.7)$이므로 정적 편포이다. $Q_3$, $Q_2$, $Q_1$이 한 분포의 편포도를 알려주므로, 논문이나 연구보고서 등에서 4분편차를 $Q_3$와 $Q_1$으로 기록하기도 한다.

## 6) 사분편차의 특징

사분편차는 표준편차보다 극단적인 점수의 영향을 덜 받는다. 즉 표준편차에 비하여 극단적인 점수에 덜 민감하다. 예를 들면, $Q_3$(또는 $X_{75}$)은 아래로부터 75%의 사례가 있는 지점의 척도치이므로, 사분편차 범위를 결정할 때 그 점수보다 많은 점수가 포함되는 상위의 25%에 해당하는 모든 점수에 반영하는 것이지, 어느 한 점수에 반응하는 것은 아니다.

척도의 상・하한계가 정해지지 않은 경우에는 부가적인 가정을 설정하지 않고서 표준편차나 범위를 계산할 수 없다. 이러한 경우에는 사분편차를 계산하는 것이 보다 합리적이다. 사분편차의 표본과정상 안정성은 표준편차의 경우보다 좋은 편이다. 그러나 사분편차의 유용성은 필히 기술통계에 한정된다.

## 7) 평균편차

한 집단의 산술평균으로부터 모든 점수까지의 거리의 평균이다.

$$AD = \frac{\Sigma \mid X_i - \overline{X} \mid}{N} = \frac{\Sigma \mid x_i \mid}{N} \quad \cdots\cdots [17.3]$$

여기에서 AD = 평균편차(average deviation; $x_i = X_i - \overline{X}$ )

평균으로부터 편차점수의 합이 영이 되는 것을 막고 절대적인 거리의 평균을 구하기 위해서 절대치 기호를 붙인 것이다. 평균편차는 수리적 조작과정에 한계가 있으므로 추리

통계에서는 전혀 사용하지 않는다. 정상분포에 가까운 분포일 때는 M-AD와 M+AD 사이에 전체 사례수의 68%가 놓여 있다고 보는 것이 합리적이다. 68%라는 수치는 정상곡선의 성질에서 나온 것이다.

## 2 표준편차

평균치(mean)는 집중 경향치에서 자주 사용되므로, 개개인의 점수가 집단평균치로부터 떨어진 정도, 즉 편차를 규정하는 것이 합리적이다.

$$\text{편차점수}(x_i) = X_i - \overline{X} \quad \cdots\cdots [17.4]$$

다음으로, 모든 피험자(구성원)들의 편차를 고려하는 변산도를 계산하는 일이다. 평균편차에서도 언급되었지만 $\Sigma(X_i - \overline{X}) = 0$이 되는 문제를 예방하기 위하여 $\Sigma \mid X_i - \overline{X} \mid / N$ 으로 계산되지만, 통계처리 과정상 의미가 없으므로, 편차점수를 제곱하여 모두 합한 것을 전체 사례수로 나눈 값을 사용한다. 이 변산도 추정치가 분산(변량)이다.

### 1) 분산 계산 공식

전집의 분산을 계산하는 공식은 다음 공식 [17.5]와 같다.

$$\sigma^2 = \frac{\Sigma_{i=1}^{N}(X_i - \overline{X})^2}{N} = \frac{SS}{N} = \frac{\Sigma_{i=1}^{N} x_i^2}{N}(x_i = X_i - \overline{X}) \quad \cdots\cdots [17.5]$$

위의 공식에서 $\Sigma_{i=1}^{N}(X_i - \overline{X})$2를 자승화라고 하며 SS라는 기호로 나타낼 수 있다. 연구수행 과정에서는 표본치에 의해 전집치(표본치가 추출된 모집단)를 추론하기 위해서 노력한다.

전집에 대한 분산 추정치를 계산하는 공식은 아래 [17.6]과 같다.

$$s^2 = \frac{\Sigma_{i=1}^{n}(X_i - \overline{X})^2}{n-1} = \frac{SS}{n-1} = \frac{\Sigma_{i=1}^{n} x_i^2}{n-1}(x_i = X_i - \overline{X}) \quad \cdots\cdots [17.6]$$

이 공식이 전집분산에 대한 왜곡되지 않는 추정치이다. 즉, 편포된 추정치를 수정하기 위하여 n 대신 n-1을 분모로 사용하였다.

원추정치와 똑같은 단위로 변산도를 계산하려는 경우도 있다. 이러한 경우, 분산의 제곱근을 구하면 된다. 표준편차는 평균변산도라고 할 수 있다.

$$\sigma = \sqrt{\sigma^2} = \sqrt{\frac{\Sigma_{i=1}^{N}(X_i - \overline{X})^2}{N}} = \sqrt{\frac{SS}{N}} \quad \text{[17.7]}$$

$$s = \sqrt{\sigma^2} = \frac{\sqrt{\Sigma_{i=1}^{n}(X_i - \overline{X})^2}}{n-1} = \sqrt{\frac{SS}{n-1}} \quad \text{[17.8]}$$

표본 표준편차를 다음처럼 나타내기도 한다.

$$s = \sqrt{\frac{(X_1 - \overline{X})^2 + (X_2 - \overline{X})^2 + (X_3 - \overline{X})^2 + \cdot\cdot\cdot + (X_n - \overline{X})^2}{n-1}}$$

정의와 계산공식을 사용하여 $\sigma^2$와 $\boldsymbol{\sigma}$, $s^2$과 s 구하기

| $X_i$ | $X_i$ -X= $x_i$ | $(x_i)2$ | $X_i$ | $X_i^2$ |
|---|---|---|---|---|
| 72 | 3 | 9 | 72 | 5,184 |
| 63 | -6 | 36 | 63 | 3,968 |
| 58 | -11 | 121 | 58 | 3,364 |
| 73 | 4 | 16 | 73 | 5,329 |
| 81 | 12 | 144 | 81 | 6,561 |
| 76 | 7 | 49 | 76 | 5,776 |
| 49 | -20 | 400 | 49 | 2,401 |
| 80 | 11 | 121 | 80 | 6,400 |
| $\Sigma X_i$ = 552<br>$\Sigma(X_i-\overline{X})^2$ = $\Sigma X_i^2$ = 896<br>$\overline{X}$ = 69 | | | $\Sigma X_i$ = 552 $\Sigma X_i^2$= 38,984 | |

A. 정의 공식

$$\sigma^2 = \frac{\Sigma(X_i - \overline{X})^2}{N} = \frac{896}{8} = 112.00 \qquad s^2 = \frac{\Sigma(X_i - \overline{X})^2}{n-1} = 128.00$$

$$\sigma = \sqrt{112.00} = 10.58 \qquad s = \sqrt{128.00} = 11.31$$

B. 계산 공식

$$\sigma^2 = \frac{1}{N}[\Sigma X_i^2 \frac{(\Sigma X_i)^2}{N}] \qquad s^2 = \frac{1}{n-1}[\Sigma X_i^2 - \frac{(\Sigma X_i)^2}{n}]$$

$$= \frac{1}{8}[38984 - \frac{(552)^2}{8}] \qquad = \frac{1}{7}[38984 - \frac{(552)^2}{8}]$$

$$= \frac{1}{8}(38984 - 38088) \qquad = \frac{1}{7}(896)$$

$$= 112.00 \qquad = 128.00$$

$$\sigma = \sqrt{112.00} = 10.58 \qquad s = \sqrt{128.00} = 11.31$$

정의공식은 편차점수를 이용하고, 계산공식은 원점수를 이용한다. $\sigma$와 s의 계산공식은 정의공식을 대수학적으로 조작하여 이끌어낸 것이다. 정의공식을 사용한 결과는 일치하지만, 계산공식은 손수 계산하거나 계산기를 사용하여 편리하게 계산할 수 있도록 고안되었다. 최근에는 원점수만 입력시켜도 표준편차와 분산이 자동적으로 계산되는 계산기도 일반화되어 있다.

## 2) 규칙적인 빈도분포를 이룬 자료의 표준편차 계산

| $X_i$ | $f$(빈도) | $X_i - \overline{X} = x_i$ | $x_i^2$ | $fx_i^2$ | $X_i^2$ | $fX_1$ | $fX_i^2$ |
|---|---|---|---|---|---|---|---|
| 12 | 1 | 4.4 | 19.36 | 19.36 | 144 | 12 | 144 |
| 11 | 2 | 3.4 | 11.56 | 23.12 | 121 | 22 | 242 |
| 10 | 2 | 2.4 | 5.76 | 11.52 | 100 | 20 | 200 |
| 9 | 4 | 1.4 | 1.96 | 7.84 | 81 | 36 | 324 |
| 8 | 5 | .4 | .16 | .80 | 64 | 40 | 320 |
| 7 | 6 | -.6 | .36 | 2.16 | 49 | 42 | 294 |
| 6 | 6 | -1.6 | 2.56 | 15.36 | 36 | 36 | 216 |
| 5 | 4 | -2.6 | 6.76 | 27.04 | 25 | 20 | 100 |
| $\overline{X}$ = 7.6 | $\Sigma fx_i^2$ = 107.20 | | | | $\Sigma fX_1$ = 228 | | $\Sigma fX_i^2$ = 1840 |

* 사례수에 주의하라

A. 전집의 분산

$$\sigma^2 = \frac{\Sigma f(X_i - \overline{X})^2}{N} = \frac{107.2}{30} = 3.57$$

$$\sigma = \sqrt{3.57} = 1.89$$

B. 표본의 분산

$$s^2 = \frac{1}{n-1}\left[\Sigma f X_I^2 - \frac{(\Sigma f X_I)^2}{n}\right]$$

$$= \frac{1}{30-1}\left[1840 - \frac{(228)^2}{30}\right]$$

$$= \frac{1}{29}(107.2)$$

$$= 3.70$$

$$s = \sqrt{3.70} = 1.92$$

### 3) 묶은 자료인 경우

$X_i$를 그 급간의 중간치에 의해 대체해서 계산하는 방법이 있다.

### 4) 간편법을 활용하여 묶은 자료의 표준편차 계산

사례수가 많은 경우에 자료를 급간으로 묶어서 간편법에 의해 손수 계산할 수 있다. 먼저 간편계산 공식을 보자.

$$s = \sigma = i\sqrt{\frac{\Sigma f x'^{\,2}_i}{N} - \left(\frac{\Sigma f x'_i}{N}\right)^2} \quad \cdots\cdots [17.9]$$

$$= \frac{i}{N}\sqrt{N\Sigma f x'^{\,2}_i - (\Sigma f x'_i)^2}$$

$i$ = 급간 크기

$x_i'$= 임의의 기준으로부터 각 급간 중간치의 편차점수

$$\overline{X} = O.S + i\left(\frac{\Sigma f x'_i}{N}\right) = 52 + 5\left(\frac{26}{122}\right) = 53.07$$

$$\sigma = \frac{i}{N}\sqrt{N\Sigma f x'^{2}_i - (\Sigma f x'_i)^2}$$

$$= \frac{5}{122}\sqrt{(122)(606) - (26)^2} = 11.09$$

다음의 묶은 자료를 간편법에 의해 표준편차 계산을 하시오.

| 급간 | $f$ | $x_i'$ | $fx_i'$ | $fx_i'^2$ |
|---|---|---|---|---|
| 75-79 | 3 | 5 | 15 | 75 |
| 70-74 | 6 | 4 | 24 | 96 |
| 65-69 | 10 | 3 | 30 | 90 |
| 60-64 | 16 | 2 | 32 | 64 |
| 55-59 | 20 | 1 | 20 | 20 |
| 50-54 | 22 | 0 | 0 | 0 |
| 45-49 | 18 | -1 | -18 | 18 |
| 40-44 | 12 | -2 | -24 | 48 |
| 35-39 | 9 | -3 | -27 | 81 |
| 30-34 | 4 | -4 | -16 | 64 |
| 25-29 | 2 | -5 | -10 | 50 |
| N = 122 | | | $\Sigma fx_i'$=26 | $\Sigma fx_i'^2$=606 |

모든 점수에 일정한 점수를 빼거나 더하여도 표준편차에는 영향이 없으므로, 숫자의 단위가 클 경우에는 모든 점수로부터 일정한 상수를 빼고 난 후의 편차점수에 의해 표준편차를 계산하면 편리하다.

## 3 표준편차의 특성

① 표준편차는 분포상에 있는 모든 점수의 영향을 받는다. 표준편차의 계산과정이 모든 점수를 고려하기 때문에 점수변화에 민감한 영향을 준다. 특히 극단적으로 높거나 낮은 점수의 영향을 많이 받는다. 편포된 경우에는 표준편차의 사용을 주의해야 한다. 따라서 분포에 극단적인 점수가 있거나 심하게 편포되었을 때, 표준편차는 변산도를 구하는 최선의 방법이 되지 않을 수도 있다.

② 표준편차 계산에 사용되는 평균으로부터 편차점수의 자승화는 다른 임의의 기준점수로부터 떨어진 점수의 자승화보다 작다.

$K$를 각 개인점수의 편차가 포함된 점수라고 보고 그 $K$는 평균으로부터 $d$만큼 떨어진 점수라고 규정하자. 즉 $K = M + d$.

$\Sigma(X-K)^2 = \Sigma[X-(M+d)]^2$

$$= \Sigma[X - (M - d)]^2$$
$$= \Sigma[(X - M)^2 - 2d(X - M) + d^2]$$
$$= \Sigma(X - M)^2 - 2d\Sigma(X - M) + nd^2]$$

(앞에서 $\Sigma(X - M) = 0$임을 알았다.)

따라서, $\Sigma(X - K)^2 = \Sigma(X - M)^2 + nd^2$

이 식의 오른편을 보면 $\Sigma(X - K)^2$은 d가 영(0)일 때 최소가 된다. d에 대한 정의로부터 생각해 보면, K=M일 때 곧 d=0이 될 수 있음을 알 수 있다. $\sigma = \sqrt{\Sigma(X - M)^2/n}$ 임으로, 평균치로부터 차이(편차)들이 계산될 때, $\sigma$(표준편차)는 최소가 됨을 알 수 있다.

③ 한 집단의 모든 점수에 일정한 수를 더하거나 감하더라도 표준편차는 변하지 않고 동일하다. 간편법에 의한 표준편차의 계산과정에서 입증되었다.

$$\sigma = \frac{\sqrt{\Sigma_{i=1}^{N}(X_i - \overline{X})^2}}{N} = \frac{\sqrt{\Sigma_{i=1}^{N}\left[(X_i - C) - (\overline{X} - C)]^2\right\}}}{N} \quad \cdots\cdots\cdots\cdots [17.10]$$

④ 한 집단의 모든 점수에 상수(일정한 수)를 곱하면 표준편차도 그 배수만큼 증가한다. 모든 점수에 C를 곱하면 표준편차의 계산은 다음과 같다.

$$\frac{\sqrt{\Sigma_{i=1}^{N}(CX_i - C\overline{X})^2}}{N} = \frac{\sqrt{C^2\Sigma_{i=1}^{N}(X_i - \overline{x})^2}}{N} = c \cdot \sigma \quad \cdots\cdots\cdots\cdots\cdots\cdots\cdots\cdots [17.11]$$

⑤ 표준편차와 정상분포는 일정한 체계를 갖는다. 이것은 정상분포일 경우이다. 한 집단의 분포가 정상분포일 경우, 그 집단의 평균(M)과 표준편차(SD)를 알면, 이 분포상에서 어떤 한 점수의 위치와 전체 사례와의 관계가 명료해진다[그림 17-1].

⑥ 표준편차의 사용을 선호하는 중요한 이유의 하나는 표집과정의 변동에 대한 저항력에 있다. 통계적 작업과정에서 빈번히 볼 수 있는 모집단으로부터 반복적인 무선표집을 할 때, 표준편차의 변동은 동일한 표집으로부터 계산되는 다른 추정치(예를 들면 사분편차 등)들의 변동보다 덜 심하다.

⑦ 표준편차는 기술통계 및 추리통계 처리과정에서 가장 널리 사용되고 있다. 예를 들면 평균치들간 차이검정이나 변인점수들간의 관련성(관계) 및 예언 정도 등을 밝힐 때에도 이 표준편차는 평균치와 함께 제시되는 것이 보편화되어 있다.

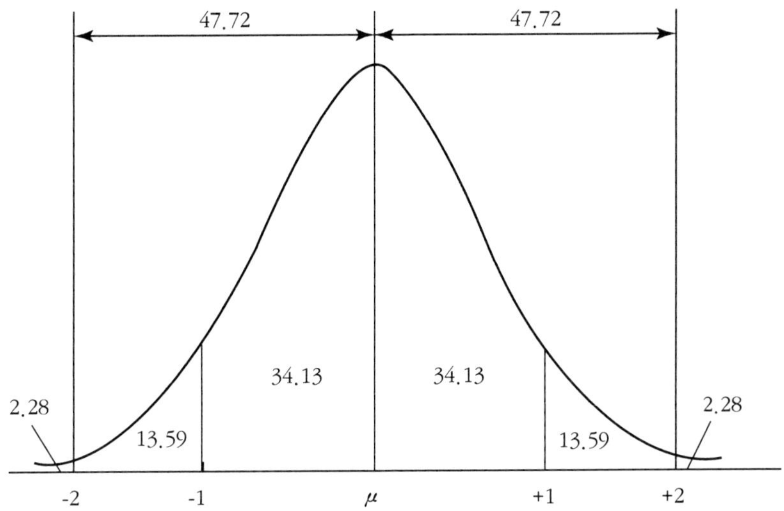


[그림 17-1] 정규분포곡선

범위, 사분편차 및 표준편차의 특성에 대하여 아래의 〈표 17-1〉처럼 요약할 수 있다.

<표 17-1> 범위, 사분편차 및 표준편차의 비교

| 특 성 | 범위 | 사분편차 | 표준편차 |
|---|---|---|---|
| 행동과학연구에서 사용빈도 | 약간 | 극히 드물다 | 거의 항상 |
| 고급통계에서 적용가능성과 수학적 치밀성 | 거의 없다 | 극히 제한적 | 매우 크다 |
| 표본과정상 안정성 | 매우 불안정 | 비교적 안정 | 매우 안정 |
| 소수의 극단점수가 있을 때 사용가능성 또는 매우 편포된 분포 | 오류 | 괜찮다 | 주의 깊은 해석 |
| 관련된 집중경향치 | 없다 | 중앙치 | 평균치 |
| 상.하관계가 없는 분포에서 사용가능성 | 불가능 | 일반적으로 가능 | 추천할 수 없다 |
| 표본크기에 의해 심하게 영향을 받는 정도 | 영향받음 | 별로 안받음 | 안받음 |
| 계산의 용이성 | 매우 쉽다 | 서열척도로 쉽게 구함 | 비교적 쉽다 |

원자료: Minium, E. W., King, B. M., & Bear, G.(1993). *Statistical reasoning in psychology and education*(p. 98). NY: John Wiley & Sons.

## 4 표준편차의 결합

둘 이상의 집단 평균과 표준편차를 결합한 전체집단의 표준편차를 구해야 할 필요가 있을 때, 결합된 집단의 표준편차를 $SD_c$라하고 그 평균을 $M_c$라 할 때, 소집단의 평균들을 $M_i$, 표준편차를 $SD_i$라 하면, $m$개의 소집단 표준편차들의 결합은 아래와 같다.

$$SD_C = \frac{\sqrt{[N_1(SD_1)^2 + N_2(SD_2)^2 + \cdot\ \cdot + N_m(SD_m)^2] + [N_1 d_1^2 + N_2 d_2^2 + N_m d_m^2]}}{N_1 + N_2 + \cdot\ \cdot\ \cdot + N_m}$$

$$= \sqrt{\frac{\Sigma_{i=1}^m N_i(SD_i)^2 + \Sigma_{i=1}^m N_i d_i^2}{\Sigma_{i=1}^m N_i}}\ (d_i = M_i - M_c\,; N_i = \text{ 각 소집단의 사례수})$$

## 5 변산계수

두 집단의 측정단위가 다르거나, 평균치가 매우 다른 경우에는 두 집단의 표준편차를 직접 비교하는 데에 어려움이 있기 때문에 평균치의 백분율로 변환시켜서 지수를 산출하여 변산의 정도를 비교할 수 있는데, 이것을 변산계수 또는 변이계수라고 한다. 이 변산계수는 상대적 변산정도를 의미하는 지수로서, 변산도를 직접 비교할 수 있다.

**| 예제 2 |** $\overline{X_1}$ = 40, $S_1$ = 12, $\overline{X_2}$ = 240, $S_2$ = 20이다. 어느 집단의 변산 정도가 심한가?

$$CV(\text{변이계수}) = \frac{S}{\overline{X}} \times 100 \text{ 또는 } \frac{\sigma}{\mu} \times 100\text{이다.}$$

$$CV_1 = \frac{12}{40} \times 100 = 30\%$$

$$CV_2 = \frac{20}{240} \times 100 = 8.33\%$$

따라서 제 1집단의 변산이 제 2집단 보다 상대적으로 심하다.

변산(변량)정도에 영향을 미치는 요소들을 살펴보자.

① 극단적인 점수 : 범위, 사분편차 및 표준편차(분산)중 범위가 극단적인 점수의 영향을 가장 크게 받는다.

② 표본의 크기 : 어느 표본에 점수를 더하면, 기존 측정치의 최고점수와 최저점수가 바뀔 가능성이 있기 때문에 범위가 변할 가능성이 개재한다. 표본의 크기를 임의로 변경하여 변산도를 바꿀 수는 없다.

③ 표본의 안정성 : 동일한 모집단으로부터 여러 번 표본하면, 각 표본의 변산도가 유사할 경우, 표본의 안정성이 확인된 셈이다. 표준편차(분산)와 사분편차는 안정성있고, 신뢰할 수 있지만, 범위는 표본의 안정성이 결여되어 있다.

④ 개방적 분포 : 분포의 최고점수나 최저점수가 정해지지 않은 경우이다. 이 때는 표준편차나 범위를 구할 수 없고, 사분편차만 가능하다.

## 17 연 | 구 | 문 | 제

(1-2) 다음은 H 대학교와 K 대학교 학생들의 교육심리학 검사 원점수 자료입니다.

| H 대학교 | | | | | | |
|---|---|---|---|---|---|---|
| 89 | 64 | 63 | 62 | 61 | 60 | 58 |
| 92 | 50 | 53 | 51 | 54 | 56 | 57 |
| 94 | 49 | 47 | 48 | 47 | 45 | 46 |
| 90 | 47 | 43 | 46 | 45 | 48 | 49 |
| 89 | 48 | 42 | 40 | 41 | 58 | 62 |
| 87 | 64 | 72 | 74 | 73 | 79 | 78 |
| 85 | 82 | 84 | 89 | 90 | 91 | 93 |
| 84 | 94 | 96 | 95 | 87 | 62 | 68 |

| K 대학교 | | | | | |
|---|---|---|---|---|---|
| 89 | 94 | 95 | 96 | 97 | 89 |
| 79 | 74 | 86 | 87 | 88 | 97 |
| 74 | 75 | 77 | 76 | 74 | 78 |
| 85 | 84 | 83 | 86 | 87 | 89 |
| 69 | 68 | 67 | 66 | 64 | 65 |
| 80 | 70 | 60 | 50 | 40 | 42 |
| 54 | 60 | 44 | 46 | 79 | 48 |

1. 급간의 크기를 5로 하여 묶은 자료를 만드시오.
   1) 두 학교 각각의 사분편차를 구하고, 그 상태에 대하여 토의하시오.
   2) 묶은 자료에 의해 각 학교별로 평균과 표준편차를 구하시오.
   3) 두 학교간 점수 변산 정도를 비교하여 해석하시오.
2. 묶지않은 원자료의 평균과 표준편차 및 분산을 구하시오.
   1) A군의 성적이 H학교에서 Z점수로 1.48인데, 상대적 서열을 평가하시오.
   2) B군의 성적이 H학교에서 H점수로 65인데, 원점수를 계산하시오.
   3) C군의 성적이 K학교에서 H점수로 70점인데, H교에서는 어느 위치일까요?
   4) D군의 성적이 K학교에서 원점수로 85점인데, 표준화 표준점수를 구하시오.
3. $N = 12$, $\Sigma X^2 = 35{,}402$, $(\Sigma X)^2 = 381{,}924$인데, 표준편차와 분산을 구하시오.
4. $M_1=60$, $S_1=15$이고 $M_2=93$, $S_2=24$이다. 두 집단의 변산도를 비교하시오.
5. 점수분포가 5.2, 8.9, 3.6, 5.5 및 7.8로 이루어졌다(계산은 소수점 이하 둘째자리에서 반올림해서 첫째자리까지 구한다).
   1) 원점수와 편차점수를 이용하여 표준편차와 분산(변량)을 구하시오.
   2) 원점수를 이용하는 것과 편차점수를 이용하는 것 중 더 용이한 이유는?
6. 어느 표집의 표준편차가 25.0이다.
   1) 각 점수에 10점씩 더하거나 감하면 이 표준편차는 어떻게 될까요?
   2) 각 점수에 5씩 곱하거나 나누면 이 표준편차는 어떻게 될까?
7. A고교생들에게 실시한 표준화 검사결과, M=88.0이고 SD=10.0이다. 규준집단 M=75.0 이고, SD=12.0 이다. A고교생들의 점수를 규준점수와 비교하시오.

CHAPTER 18

# 빈도분포와 정규분포

이 장에서는 자료를 기술하는 방법과 정상확률곡선 또는 정규분포곡선이라 불리는 곡선의 특성을 탐구한다. 또한 빈도분포, 정규분포곡선 및 편포곡선 또는 비정규곡선(non-normal curve)을 중점적으로 밝힌다.

## 1 빈도분포

대학원생 100명에게 수학의 불안 정도에 대한 검사를 실시했다고 가정하자. 이들 100명의 검사결과는 무선 순위로 아래에 제시되어 있다.

<표 18-1> 수학 불안검사 결과

| | | | | | | | | | |
|---|---|---|---|---|---|---|---|---|---|
| 51 | 48 | 50 | 49 | 49 | 47 | 47 | 49 | 50 | 47 |
| 50 | 47 | 48 | 47 | 50 | 47 | 46 | 46 | 51 | 49 |
| 46 | 46 | 46 | 47 | 46 | 48 | 50 | 48 | 48 | 45 |
| 45 | 45 | 46 | 46 | 48 | 47 | 47 | 44 | 46 | 47 |
| 49 | 47 | 44 | 48 | 48 | 48 | 47 | 45 | 46 | 44 |
| 47 | 49 | 46 | 47 | 49 | 45 | 48 | 47 | 48 | 48 |
| 44 | 48 | 48 | 49 | 46 | 47 | 49 | 46 | 45 | 48 |
| 48 | 46 | 49 | 47 | 44 | 47 | 47 | 45 | 49 | 47 |
| 47 | 45 | 45 | 45 | 43 | 46 | 46 | 46 | 46 | 47 |
| 47 | 46 | 48 | 48 | 43 | 45 | 48 | 48 | 46 | 47 |

위의 자료를 구조화하여 요약하기 위한 가장 간편한 방법은 빈도 분포를 구안하는 것이다. 빈도분포 구안 과정은 다음과 같다.

① 최고 점수로부터 최저 점수까지 순서대로 정리한다. 전체적인 점수 분포를 확인해 보면 최고 점수가 51점이고, 최저 점수가 43점이라는 것을 알 수 있다.
② 각 개인의 점수가 어디에 포함되는지를 확인하여 그 해당되는 곳에 / 표를 한다.
③ 각 점수란의 빈도를 헤아려서 빈도란에 기재하면 아래의 빈도 분포를 알게 된다.

| 수학불안 검사점수 | / 표 | 빈도(f) |
|---|---|---|
| 51 | // | 2 |
| 50 | ///// | 5 |
| 49 | ///// ///// / | 11 |
| 48 | ///// ///// ///// ///// | 20 |
| 47 | ///// ///// ///// ///// //// | 24 |
| 46 | ///// ///// ///// ///// | 20 |
| 45 | ///// ///// / | 11 |
| 44 | ///// | 5 |
| 43 | // | 2 |

이제 완전한 빈도분포의 눈짐작 분석 결과를 볼 수 있다. 이 표는 무선 순위로 기록된 앞의 결과보다 더 간편하면서도 구조화된 분포도를 보여주고 있다. 47점을 획득한 피험자 수가 24명으로 가장 많으며, 47점으로부터 멀리 떨어진 점수를 획득한 피험자 수가 점점 줄어지는 현상을 곧 파악할 수 있다.

이러한 종류의 자료가 가끔 그림 형태로 제시되기도 한다. Pie그래프, 막대그래프 등 다양한 종류의 그래프가 있다. 그러나 통계학을 연구하는데 있어서 가장 중요한 그래프는 정규분포곡선을 이해하기 위한 기초를 제공하는 빈도 다형(polygon)이다.

### 1) 빈도다형

그래프는 점근선이라고 불리우는 수평축과 수직축이 있다. 일반적으로 통계학에서는 수평축에 점수를, 수직축에 빈도를 나타낸다. 앞에 제시된 자료를 빈도분포 자료의 형태로 제시하면 다음 [그림 18-1]과 같다.

[그림 18-1]의 그래프를 좀 더 살펴보자.

① 그래프 상의 점들을 주시해 보자. 예를 들면 45점 위에는 11명(빈도수)이 있음을 알 수 있다. 또한 48점을 맞은 피험자 수가 20명임을 알 수 있다.
② 선들을 보면, 다형은 많은 측면이 있음을 알게 된다. 빈도다형을 구성할 때 모든 점들을 선분으로 이을 수 있다. 42점과 52점을 획득한 피험자는 없으나 정규분포

곡선상에서는 이론적으로 점근선적 특징이 있음을 기억해야 한다. 따라서 아래의 그래프가 생성된다.

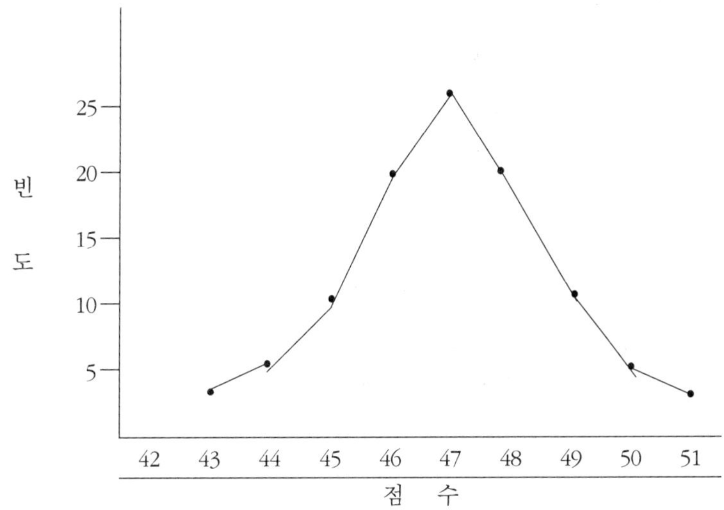


[그림 18-1] 수학 불안도 검사점수의 분포다형

지금부터는 빈도다형에 대한 지식을 정규분포곡선에 적용해 보자.

## 2) 묶은 자료의 빈도분포

양적 측정치 자료를 묶어서 정리하면 자료의 제시나 해석에 편리할 때가 많다. 특히 측정치의 범위가 클 때는 자료를 묶는 것이 더욱 효과적이다. 또한 묶은 자료의 빈도분포표를 봄으로써 어느 점수 부근에 피험자들이 많고 어느 점수 부근에 피험자들이 적은지를 파악하여 그 집단의 대략적인 측정치 경향을 파악할 수도 있다.

그러나 자료를 묶음으로써 오차가 발생하여 정보가 손실되는 경우도 있다. 묶는 급간의 크기가 클수록 잠재적인 묶음오차는 커지기 마련이다. 급간의 크기를 모두 같도록 하더라도, 최하한 점수의 기준을 어떻게 정하느냐에 따라 획득되는 정보가 달라질 수 있다. 예를 들면, 급간의 크기를 5로 정하고 그 출발 하한점수를 60부터 할 것인가(60-64, …) 또는 61부터(61-65, …)할 것인지 또는 다른 점수부터 할 것인가를 결정하기란 쉬운 일이 아니다. 이 문제는 다음과 같은 일반적인 지침을 따르면 보다 용이하게 해결된다.

① 급간들이 상호 배타적인가를 확인한다. 즉 급간이 중복이 되어서는 안 된다.

② 모든 급간들을 동일한 크기로 정한다.

③ 급간들이 전체적으로 연속적인 분포가 되도록 한다. 어느 급간내에 측정치가 없더라도 그 급간을 제외시키지 말아야 한다.

④ 가장 높은 측정치를 포함하는 급간이 최정상에 위치하도록 해야 한다.

⑤ 대부분의 자료의 경우, 급간 수를 10-20 개 정도로 한다.

⑥ 편리한 급간 크기를 결정한다. 그 크기를 일반적으로 2, 3, 5, 10, 25, 50 등으로 정하면 효과적이다.

⑦ 가능한 한 하한점수가 급간 크기의 배수가 되도록 한다.

측정치를 묶는 구체적인 방법을 생각해 보자.

단계 1. 최하 측정치와 최고 측정치를 찾는다.

단계 2. 최고 점수로부터 최저 점수를 빼서 범위를 알아본다.

단계 3. 최고 및 최저 수용 급간 크기를 결정하기 위하여 범위를 10과 20으로 각각 나누어 본다.

단계 4. 최저 급간의 출발점수를 결정한다. 최저 급간의 출발점수는 일반적으로 급간 크기의 배수이어야 한다.

단계 5. 최고 점수를 포함하는 급간을 가장 위(최정상)에 위치토록 하며 모든 급간들의 한계를 기록한다. 급간을 연속적이고 동일한 크기로 한다.

단계 6. 각 점수를 해당(상응) 급간에 표시한 후에 확인한다.

단계 7. 각 급간에 제시된 점수(표시)를 빈도로 환원한다.

**| 예제 1 |** 다음은 대학 2학년 2학기 교육학 개론 중간고사 결과이다.

| | | | | |
|---|---|---|---|---|
| 85 | 83 | 72 | 70 | 73 |
| 81 | 61 | 97 | 86 | 68 |
| 69 | 88 | 90 | 86 | 82 |
| 87 | 86 | 84 | 89 | 90 |
| 86 | 87 | 79 | 71 | 82 |
| 70 | 86 | 88 | 79 | 73 |
| 79 | 61 | 78 | 77 | 75 |
| 90 | 86 | 89 | 78 | 84 |
| 68 | 92 | 84 | 73 | 78 |
| 80 | 75 | 58 | 55 | 56 |

① 위의 자료를 묶은 빈도분포표로 재구성하시오.

단계 1. 최하점수(55)와 최고점수(97)를 확인한다.

단계 2. 97 - 55 = 42.

단계 3. 급간수를 10개에서 20개 사이에 있도록 급간크기를 정한다. 42 ÷ 10 = 4.2이고, 42 ÷ 20 = 2.1이다. 정한 크기를 4.2와 2.1사이에서 가장 효과적인 것으로 결정한다. 따라서 3과 4중에서 3으로 결정한다.

단계 4. 급간크기 3의 배수가 되는 최하위 점수의 출발점을 54점으로 결정한다.

단계 5. 점수 급간표를 아래처럼 구안한다. 단계6과 단계7도 함께 수행한다.

<표 18-2> 각 급간 점수별 빈도(교육학 개론 중간고사 결과)

| 점수급간 | 탤리(/) | 빈도 |
|---|---|---|
| 96-98 | / | 1 |
| 93-95 | | 0 |
| 90-92 | //// | 4 |
| 87-89 | //// / | 6 |
| 84-86 | //// //// | 10 |
| 81-83 | //// | 4 |
| 78-80 | //// // | 7 |
| 75-77 | /// | 3 |
| 72-74 | //// | 4 |
| 69-71 | // | 2 |
| 66-68 | //// | 4 |
| 63-65 | | 0 |
| 60-62 | // | 2 |
| 57-59 | / | 1 |
| 54-56 | // | 2 |
| 계 | | 50 |

② 위의 빈도분포표 자료에 대하여 평을 하시오.

우선 많은 사람들이 84-86점에 10명, 78-80점에 7명 분포되어 있음을 알 수 있다. 그러나 10명 중 몇 명이 84점을, 몇 명이 85점을, 그리고 몇 명이 86점을 획득했는지를 이 표에서는 찾을 수 없다. 또한 급간의 크기가 클수록 정보는 상대적으로 더 거칠어지는 경향을 알 수 있다. 왜냐하면 빈도가 0이더라도 빈도에 관계없이 급간을 표시해야 하기 때문이다.

각 급간의 중앙점을 연속선분으로 연결하면 묶은 자료의 빈도다형을 그릴 수 있다. 빈도다형을 구안하는 과정은 아래와 같다.

단계 1. 척도표에서 빈도분포를 구안한다.

단계 2. 수평선과 수직선상의 적정 척도를 결정한다.

단계 3. 수평선상을 따라 급간의 중앙점을 찾는다.

단계 4. 각 급간에 해당하는 빈도(또는 누가빈도)수를 확인하여 급간의 중앙점 위에 나타낸다.

단계 5. 각 점간을 직선으로 연결한다.

〈표 18-2〉의 자료를 이용하여 빈도 다형을 완성하면 아래와 같다.

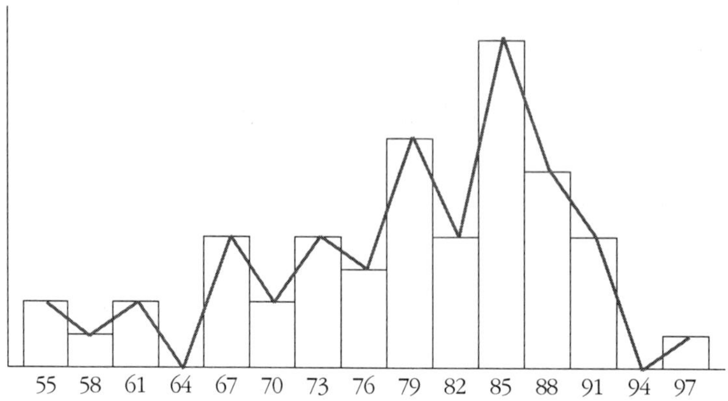


[그림 18-2] 수학교과 중간고사 결과의 빈도다형 및 히스토그램

## 3) 히스토그램[주도표]

히스토그램 원리는 다형(또는 다각형)을 구안하는 원리와 근본적으로 동일하며, 일련의 직사각형 분포로 이루어진다. 종축(Y)에는 각 급간의 빈도를, 횡축(X)에는 측정 척도치의 급간을 나타낸다. 횡축에 표시한 수치는 각 급간의 중간점 또는 한계점이다. 중간점을 중심으로 하여 하한계와 상한계를 연결하여 직사각형을 만들면 된다. 종축은 횡축 크기의 .6～.8 비율로 구성하는 것이 합리적이다.

주도형을 만드는 과정을 단계적으로 정리한다.

단계 1. 횡축과 종축을 구조화하여 빈도분포를 구안한다. 주도표는 도표화된 분포일 뿐이다. Stem-and-leaf(가지와 잎)표현법과 유사하다.

단계 2. 횡축 위에 적합한 척도 급간의 넓이를 정하고, 그 수를 결정한다.

단계 3. 각 급간에 해당하는 빈도에 따라 기둥을 그린다. 척도치 급간에 해당하는 빈도가 없는 경우를 제외하고 기둥 사이에 간격(공간)을 두지 말아야 한다.

단계 4. 실제적인 한계 또는 급간의 중간점을 이용하여 수평선을 따라 급간과 그에 대응하는 빈도를 확인한다.

실제로 〈그림 18-2〉에 주도표가 제시되어 있는데, 기둥의 양쪽에 상·하한계 점수를 이용하여 기둥을 만들었다.

다형과 주도표는 동간척도나 비율척도의 양적 자료를 그림으로 나타내어 시각효과가 큰 특징이 있다. 이 두 가지 빈도표현 방법은 비슷하다.

주도표는 불연속 변인의 묶지 않은 빈도분포를 그림으로 나타낼 때 주로 사용되며, 상대적 빈도를 나타내는데 효과적이다. 반면에, 빈도 다형은 묶은 빈도를 정리하여 나타낼 때 많이 이용되며, 둘 또는 그 이상의 분포를 비교할 때 특히 효과적이다.

## 2 정규분포곡선

1870년대에 벨기에의 수학자 퀘텔(Quetelet)과 영국의 과학자인 갈톤(Galton)은 매우 인상 깊은 현상인 개인차를 발견했다.

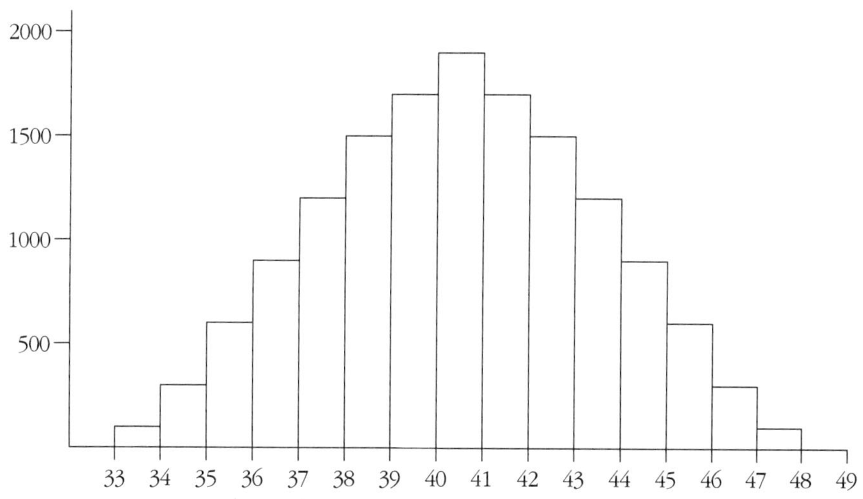


[그림 18-3] 가슴둘레(인치)

그들은 몸무게나 시력 등에 대한 개인적 특성을 발견하기 위하여 많은 수의 피험자들을 측정해서 그 결과를 빈도분포로 정리했다. 그런데, 여러 결과들에서 그들은 똑같은 유형이 반복되는 것을 발견하게 되었다. 하나의 보기로서 5800명의 군인들을 대상으로 하여 가슴둘레를 측정한 결과를 보자[그림 18-3].

이 균형 잡힌 종 모양의 곡선이 바로 인간의 특성(여기에서는 가슴둘레)을 그 크기에 대응하는 빈도분포에 따라 나타낸 정상확률곡선, 또는 정규분포곡선, 정상곡선이다. 정규분포곡선을 좀 더 설명해 보자.

### 1) 정규분포곡선의 중요성

정규분포곡선의 진가는 대부분의 자연현상에 대한 합리적인 모형이 될 수 있는데서 찾을 수 있다. 예를 들면, 전집(모집단)의 체중, 신장, IQ 등 특성을 측정하면 그 분포상태가 평균치를 정점으로 하여 양쪽의 극한값으로 갈수록 빈도가 점점 줄어드는 현상, 즉 정규분포곡선을 이룬다.

행동과학에서 전집연구보다는 표본연구를 위주로 한다는 점에서 볼 때, 일정한 전집을 무선적으로 표본하여 측정하면 표집오차에도 불구하고 정규분포를 이루게 되어 표집오차를 고려하면서 표집 통계치에 의해 전집치를 추리하는 추리통계가 가능해진다.

$$f(x) = \frac{1}{\sigma\sqrt{2\pi}} e^{-\frac{(x-\mu)^2}{2\sigma^2}}$$

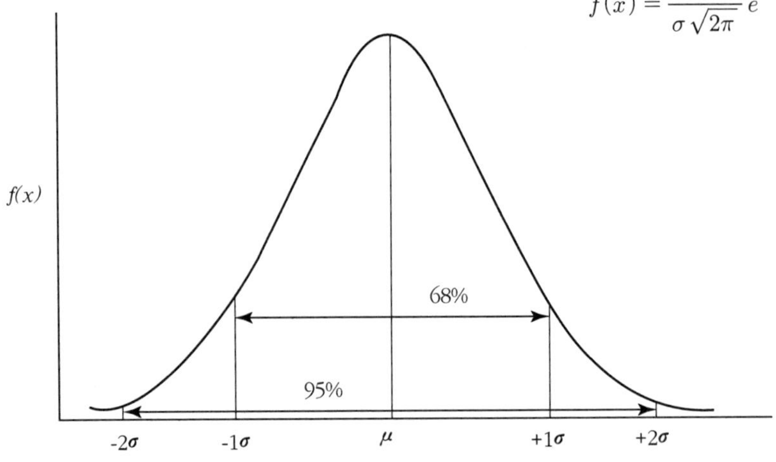


[그림 18-4] 평균으로부터 표준점수 Z의 거리 분포도

정규분포곡선은 이론적인 모형이지만, 사용되는 주요한 이유는 다음과 같다.

① 전집(모집단)분포가 정규분포라고 합리적으로 가정할 수 있다.

② 표집분포의 경우, 표집사례수가 충분하면 정규분포의 경향이 있다. 더욱이 사례수가

매우 많을 경우, 모집단의 분포가 편포되어 있더라도 그 표본분포는 정규분포를 이루는 경향이 있다(집중한계정리).

③ 정규분포를 이루지 않는 측정치일지라도 그 측정치의 척도를 변형시킴으로써 대강의 정규분포를 이끌어 낼 수 있다. 예를 들면, 측정척도의 원점수를 평방근이나 자연대수로 변환시킴으로써 정규분포를 이끌어 낼 수 있다.

④ 정규분포는 비교적 수학적으로 용이하게 작업할 수 있다. 전집이 정규분포를 이루면 통계적 분석에 유용한 결과들이 수학적으로 추출될 수 있다.

Z의 평균치는 0인데, 평균으로부터 거리가 0이기 때문이다.

## 2) 정규분포의 일반적 특징

Gauss는 정규분포가 측정오차의 확률분포라라는 사실을 수학적으로 도출해 냈다. 또한 자료를 수집해서 자료의 막대그래프화했을 때 그 높이가 처음(낮은 점수부분)에는 낮은 상태이다가 점점 높아져서 중앙점수(실제로는 평균치)부분에서 가장 높아지고, 점수가 높아질수록 그 높이(실제로는 빈도에 따른 높이)가 점점 낮아지며 중앙점수를 중심으로 대칭이 된다는 사실을 밝혔다. 마침내 생활속의 자료가 종모양의 정규분포를 이루고 있다는 사실이 입증되어 모든 자료의 일반적 특징이 정규분포를 이루는 것으로 받아들여지게 되었다.

정규분포 현상은 통계적 분석과 추리분석 과정에서 대단히 중요하다. 그러나 자료의 일반적 특징은 종모양의 밀집도를 갖는 분포를 이루는 것이 대부분이다. 정규분포는 평균치 $\mu$(전집 평균치)와 전집 표준편차 $\sigma$를 중심으로 다음과 같은 특징이 있다.

① 종모양의 분포다. 중앙이 가장 높고 양쪽으로 갈수록 낮아진다. 최고의 높이는 평균치 지점이다.

② 분포곡선의 중앙에 있는 값(주로 평균치)이 갖는 확률/빈도가 가장 높다(unimodal).

③ 평균치를 중심으로 대칭적이며 평균치, 중앙치 및 최빈치가 일치한다.

④ 예외적으로 너무 높거나 낮은 값을 갖기도 하지만 결코 극한값(abscissa)에 닿지 않는 점근선적(asymptotic) 특징이 있다. $\mu \pm 3\sigma$내에 대부분의 면적이 분포되어 있어서, 그 바깥 면적의 비율은 꽤 미소하다. 연속변수의 값이 갖는 범위의 무제한성과 관계된다.

⑤ 연속적인 변인 분포의 특징이 있다.

### 3) 표준정규분포

평균치가 0이고 표준편차가 1인 특정한 정규분포를 말한다. 이 표준정규분포를 N(0,1)로 표시하기도 한다. 이론적으로 표준정규분포의 넓이 전체는 1 또는 100%로 놓을 수 있다. 평균치로부터 일정한 정도, 떨어진 지점(특히 표준편차의 배수)까지의 넓이를 계산할 수 있다. 표준정규분포표에 넓이가 제시되어 있다. 이 표에 따르면 구체적인 표준점수(Z)값의 왼쪽에 있는 영역 넓이를 제시한다.

P[Z≤z] = z의 왼편에 있는 분포곡선 아래의 넓이, 구간 [a, b]의 확률을 다음과 같이 제시할 수 있다.

P[a≤Z≤b] = [b의 왼쪽 영역 넓이] - [a의 왼쪽 영역의 넓이]

**| 예제 1 |** P[Z≤1.26]과 P[Z〉1.26]을 구하시오.

표준정규분포곡선의 확률표를 본다. 1.26의 왼쪽영역의 넓이 또는 확률 .8962 이다. 결과적으로 P[Z ≤1.26] = .8962 이다.

P[Z〉1.26] = 1-P[Z≤1.26] = 1-.8962 = .1038

(실제로는 1 – .3962 – .5000)

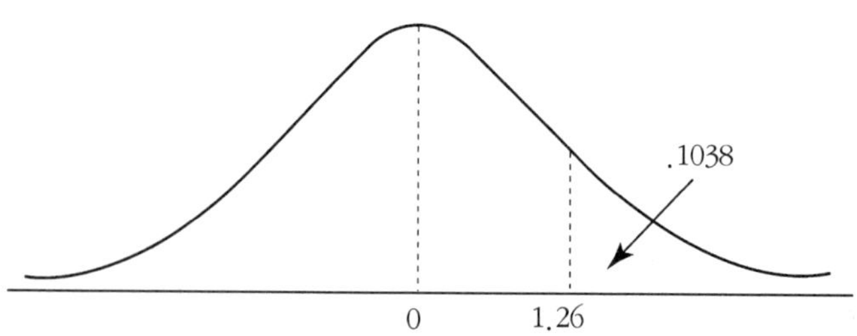


표준정규분포표를 읽는 법

| Z | .00 ―――――――――― .06 |
|---|---|
| 0 | |
| . | |
| 1.2 | ………………………… .3962 |
| . | |
| . | |
| . | |

표준점수와 표준정규분포곡선에서의 면적(또는 확률)을 구할 때, Z점수를 알고 해당되는 면적을 구하는 경우도 있으며 면적 비율을 알고 Z점수를 구할 수도 있다. 표준정규분포는 $\mu$ = 0이고, $\sigma$ = 1인 종모양의 밀도(density)분포다.

**| 예제 2 |** P[-.145 〈 Z 〈 1.65 ]를 계산하시오.

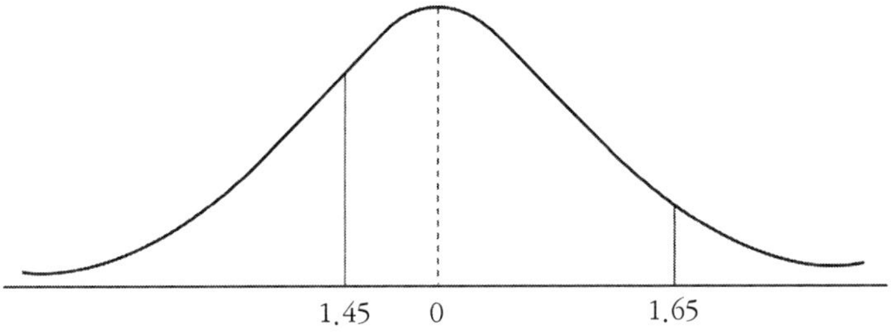


P[ Z≤1.65 ] = 1.65 의 왼쪽 영역 넓이 = .9505

P[ Z=-.14 ] = .4443 ⎫ 내간법에 의해서 P[-.145 〈Z]를 구함.

P[ Z=-.15 ] = .4404 ⎭

P[ Z≤.145 ] = -.145 의 왼쪽 영역 넓이 = .4424

따라서, P[-.145 〈 Z 〈 1.65 ] = .9505 - .4424 = .5081

**| 예제 3 |** P[Z 〈-1.85 또는 Z〉 1.96]을 구하라.

두 사건들은 비연속적(상반된) 현상이므로 두 확률을 더하면 된다.

P[Z〉 1.96]은 1.96의 오른쪽 영역 넓이 = 1 - 1.96 의 왼쪽영역넓이

= 1 - .9750 = .025

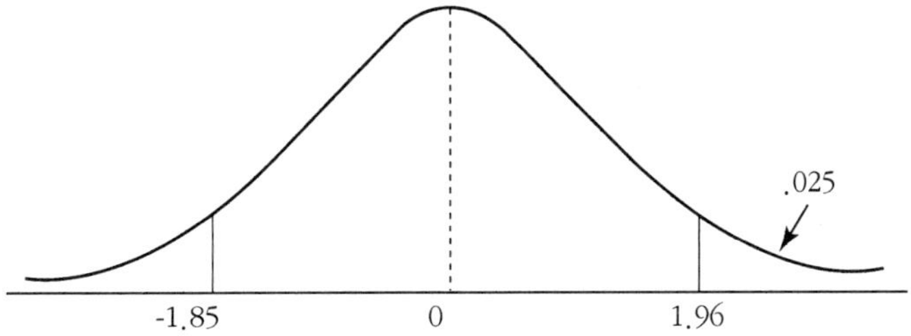


P[Z 〈-1.85]은 .0322이다.

따라서 P[Z 〈-1.85 또는 Z〉 1.96] = .025 + .0322 = .0572

### 4) 정규분포를 이용한 확률 계산

정규분포를 이루는 사건(현상)은 모두 다음과 같은 표준 정규분포에 따라 표준점수(Z)의 확률을 구할 수 있다. 만약 변인 X가 N($\mu$,$\sigma$)으로 분포되어 있다면 표준화 변인은 표준 정규분포를 이룬다.

$$Z = \frac{X-\mu}{\sigma}$$

$X$ =변인 점수, $\mu$ =변인 점수, $\sigma$ =전집 표준편차

정규분포의 이러한 특징은 X 값을 표준점수(Z)화하는 확률문제 해결방법을 제시해준다. X가 주어진 급간에 위치한 확률을 계산하기 위해서, 그 급간을 Z 척도(표준점수)로 변환하고, 정규분포를 이용하여 확률을 계산한다.

**| 예제 4 |** 변인 X가 N(70, 5)의 정규분포이다. P[62≤X≤79]를 계산하라.

표준화 변인 $Z = \frac{X-\mu}{\sigma} = \frac{X-70}{5}$ 이다.

X = 62 일 때 $Z = \frac{62-70}{5} = -1.6$, X = 79 일 때 $Z = \frac{79-70}{5} = 1.8$

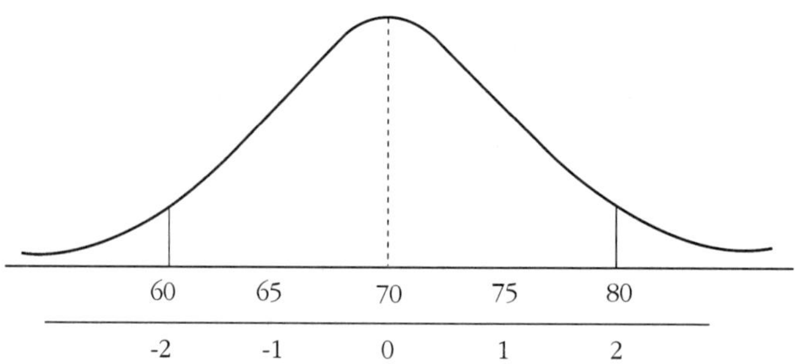


따라서 P[62≤X≤79] = P[-1.6≤Z≤1.8]

정규분포를 보면, P[Z≤1.8] = .9641 이고, P[Z≤-1.6] = .0548 이므로 필요한 확률은 .9641 - .0548 = .9093.

P[a≤X≤b] = $P\left[\frac{a-\mu}{\sigma} \leq Z \leq \frac{b-\mu}{\sigma}\right]$  Z = 표준정규분포를 이룬다.

## 5) 편포도 및 용도

정규분포 곡선상태에서는 평균치(M), 중앙치(Mdn) 및 최빈치(Mo)가 일치한다. 이 때 편포도는 0이다. 간단하게 편포도를 계산하는 방법으로는:

$$\text{편포도} = 3\frac{(M - Mdn)}{\sigma}$$ 이다.

편포가 심할수록 최빈치와 평균치의 차이는 증가하기 때문에 다음의 공식도 유용하다.

$$\text{편포도} = \frac{M - Mo}{Mo},\ M = \text{평균치},\ Mo = \text{최빈치}$$

그 값이 +로 증가할수록 정적인 편포이며, −로 변할수록 부적 편포이다. 보다 안정적이고 정확한 편포도 $g_1$을 계산할 수도 있다.

$$g_1 = \frac{U_3}{U_2\sqrt{U_2}},\ g_1 = \text{편포도},\ U_2 = \frac{\Sigma x^2}{N},\ \ U_3 = \frac{\Sigma x^3}{N} = \sigma^3$$

$U_2$를 계산할 때, $U_2$가 표본분산일지라도 분모를 (n-1) 대신 n 으로 사용하는데 유의할 필요가 있다. 정규 분포를 이루는 전집으로부터 무선적으로 표본되었다면, $g_1$은 평균치가 영이고 표준편차가 $\sqrt{\frac{6}{n}}$ 인 대강의 정규분포를 이룬다. 사례수가 150이상이라면 $g_1$이 정규분포를 이룬다고 가정할 수 있다.

용도 검정방법을 생각해 보자. 전집치의 용도 측정치는 $(X - \mu)^4 \div \sigma^4$의 평균치이다. 정규분포에서 이 비율치는 3.0이다. 이 비율($\beta_2$로 나타낸다)이 3.0을 초과하면, 그 분포곡선의 꼬리(양 옆의 가장자리)가 동일한 $\sigma$(표준편차)를 유지하는 정규분포곡선의 경우보다 더 길다. 표본치의 용도 추정치 계산공식은 아래와 같다.

$$g_2 = b_2 - 3 = \frac{u_4}{u_2^2} - 3 \text{ 이고,}$$

$$u_4 = \frac{\Sigma x^2}{n} (\text{여기에서 } x = X - \overline{X})$$

## 6) 편포성과 용도 계산과정

### (1) 기초통계

$n = 500, \Sigma fu = 86, \Sigma fu^2 = 2226$

### (2) 편포도

$$h_1 = \frac{\Sigma fu}{n} = .172,$$
$$h_2 = \frac{\Sigma fu^2}{n} = 4.452,$$
$$h_3 = \frac{\Sigma fu^3}{n} = 6.664$$

| 점수급간 | f | $u$ | $u^2$ | $u^3$ | $u^4$ |
|---|---|---|---|---|---|
| 240-249 | 1 | 8 | 64 | 512 | 4096 |
| 230-239 | 1 | 7 | 49 | 343 | 2401 |
| 220-229 | 5 | 6 | 36 | 216 | 1296 |
| 210-219 | 4 | 5 | 25 | 125 | 625 |
| 200-209 | 27 | 4 | 16 | 64 | 256 |
| 190-199 | 28 | 3 | 9 | 27 | 81 |
| 180-189 | 62 | 2 | 4 | 8 | 16 |
| 170-179 | 76 | 1 | 1 | 1 | 1 |
| 160-169 | 90 | 0 | 0 | 0 | 0 |
| 150-159 | 94 | -1 | 1 | 1 | 1 |
| 140-149 | 68 | -2 | 4 | -8 | 16 |
| 130-139 | 35 | -3 | 9 | -27 | 81 |
| 120-129 | 9 | -4 | 16 | -64 | 256 |

$$u_2 = h_2 - h_1^2 = 4.452 - (.172)^2 = 4.4224$$
$$u_3 = h_3 - 3h_1h_2 + 2h_1^3$$
$$= 6.664 - 3(.172)(4.452) + 2(.172)^3$$
$$= 4.3770$$
$$g_1 = \frac{u_3}{u_2\sqrt{u_2}}$$
$$= \frac{4.3770}{4.4224\sqrt{4.4224}}$$
$$= .4707$$

정규분포를 이루는 전집으로부터 표집된 자료이라면, $g_1$은 평균이 영(0)이고, 표준편차가 $\sqrt{6/500}$, 즉 .110인 대강의 정규분포이다. $g_1$(.4707)이 그 표준편차(0.110)의 4배에 가까우므로 정적 편포도가 확인되었다.

### (3) 용도 검정

$$h_4 = \frac{\Sigma fu^4}{n} = \frac{32046}{500} = 64.092$$

$$\begin{aligned} u_4 &= h_4 - 4h_1h_3 + 6h_1^2h_2 - 3h_1^4 \\ &= 64.092 - 4(.172)(6.664) + 6(.172)^2(4.452) - 3(.172)^4 \\ &= 60.2948 \end{aligned}$$

$$\begin{aligned} g_2 &= \frac{u_4}{u_2^2} - 3 \\ &= \frac{60.2948}{(4.4224)^2} - 3 \\ &= 3.083 - 3 = .083 \end{aligned}$$

정규분포를 이루는 전집으로부터 대표본이 되었을 때, $g_2$는 평균이 0이고 표준편차가 $\sqrt{\frac{24}{n}}$인 정규분포를 이룬다. 사례수가 500, 표준편차가 .219인 경우, $g_2$(.083)는 그 표준편차보다 훨씬 적으므로, 전집에서의 용도는 의미가 없는 것으로 판명되었다. 편차의 3자승까지 계산해야 하지만, 계산기를 이용하면 큰 무리없이 구할 수 있다. 정규분포의 용도는 첨용(lepto-kurtic)도 아니고, 평용(platy-kurtic)도 아니며, 중용이다. 용도(kurtosis)를 그림으로 나타낼 수 있다[그림 18-5].

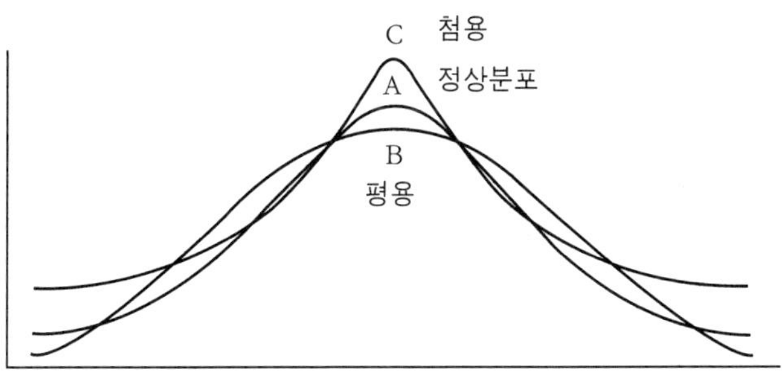


[그림 18-5] 용도 비교

# 18 연 | 구 | 문 | 제

1. 일반적인 지능검사(IQ)지수를 보면, 모집단 평균($\mu$)이 100이고, 표준편차($\sigma$)가 15입니다. 이 검사의 모집단은 정규분포를 이루고 있다.
   1) 85 이하를 획득한 전집 백분율을 구하시오.
   2) 전집의 몇 %가 90과 125 사이에 포함될까?
   3) 전집의 몇 %가 142 이상일까?
   4) 최상위 1%에 속하는 피험자들의 IQ지수는?
   5) 최하위 5%에 속하는 피험자들의 IQ지수는?
   6) 위로부터 12%, 아래로부터 88%를 나누는 위치의 IQ지수는?
   7) 최상위 2.5%에 속하는 피험자의 IQ와 최하위 2.5%에 속하는 피험자의 IQ의 차이는?

2. 대학의 신입생과 4학년 학생들의 사회성검사 결과는 아래와 같습니다. 이들 두 집단은 정규분포를 이루고 있다.

| | 신입생 | 4학년 학생 |
|---|---|---|
| n | 80 | 80 |
| M | 54 | 60 |
| SD | 25 | 30 |

   1) 한 신입생의 원 점수가 56점이다. 그의 형은 그가 신입생 집단에서 획득한 백분위보다 높다고 한다. 그의 형이 획득한 점수는 최소한 몇 점 이상일까?
   2) 신입생 집단에서 분포의 양쪽 끝 부분을 합하여 10%에 해당하는 점수의 범위는?
   3) 4학년 학생집단에서 중앙의 50%를 포함하는 점수의 범위는?
   4) 4학년인 선군의 검사점수가 65점이었다. 선군의 점수보다 낮은 점수를 맞은 학생수는?
   5) 신입생인 이군의 검사점수가 50점이었다. 이군의 점수보다 높은 점수를 맞은 학생비율은?

CHAPTER 19

# 확률과 이항분포

모집단의 특성을 파악하기 위해서는 그 모집단을 무선적으로 표본하여 수집, 분석된 자료에 근거하여 합리적으로 추리해야 한다. 이 추리 과정을 확률에 의해 전개할 수밖에 없다. 여기에서는 확률의 기본적인 개념, 원리 및 방법 등을 연구한다. 확률과 이항분포의 특성 및 정상분포에의 접근과정을 다룬다.

## 1 확률의 개념

행동과학 연구 수행과정에서 가장 어려운 측면의 하나는 연구자가 관심을 갖는 모집단의 자료수집이다. 타당하고, 신뢰로우며, 일반화할 수 있는 자료는 모집단을 대상으로 해서 수집될 수 있지만, 모집단 전체를 대상으로 하는 자료수집이란 시간, 경비, 노력 등이 많이 요구되기 때문에 거의 불가능하다. 모집단의 특성에 따라 다르겠지만, 보다 효율적이고 경제적인 자료 수집방법은 모집단을 대표할 수 있는 무선 표본방법이다.

예를 들면, 초등학교 5학년 학생들의 하계 야영훈련과정에 관한 선호도를 분석하고자 한다. 모집단은 대한민국 초등학교 5학년 학생이다. 선호 정도를 5단계 리커트방법에 의해 가장 좋아한다(5점), 좋아한다(4점), 보통으로 생각한다(3점), 별로 좋아하지 않는다(2점), 및 전혀 좋아하지 않는다(1점)의 한 항목에만 V표시를 하도록 한다. 이 때, 모집단 전체의 의견을 조사하기란 불가능하기 때문에 이 모집단을 대표할 수 있는 방법으로 일부를 표본한다. 모집단의 구성원 개개인이 뽑힐 수 있는 확률/가능성을 똑같도록 하여, 일정 수만 표본하는 과정을 무선표본과정이라 한다.

흥미있는 사실은, 전체 모집단을 분석하여 나타난 반응의 분포형태와 무선표본하여 나타낸 반응분포 형태가 모두 정상분포를 이룬다는 점이다. 앞의 예에서, 모집단이나 표본을 대상으로 한 자료는 모두 평균치 주변(보통으로 생각한다)에 반응 빈도가 가장 많고, 양쪽극단(가장 좋아한다, 전혀 좋아하지 않는다)에 반응한 빈도가 가장 적게 나타난다.

전집은 대부분 정상분포를 이루고, 표집은 정상분포에 매우 가까운 곡선이다. 즉, 전집의 곡선 형태와 표본의 곡선 형태가 약간 다르다. 왜냐하면 아무리 무선 표집된 자료라 할지라도 모집단 자료와는 다르기 때문이다. 표집치에 의해 모집단을 추리하는 과정에서 여러 가지 이유, 예를 들면, 표집의 잘못, 개인이나 채점의 잘못 등 때문에 표본치에 의해 추리된 측정치는 모집단 전체를 대상으로 계산된 측정치와 차이가 발생하는데, 이 차이를 일반적으로 표집오차라고 칭한다. 이러한 오차가 다소 발생한다고 하더라도 현실적으로 표본을 대상으로 하는 추정치가 보다 경제적이고, 노력과 시간을 아낄 수 있는 장점이 있기 때문에 행동과학에서는 표집 연구를 수행한다.

실제적인 연구 문제를 놓고 생각하자. 연구는 모집단의 일부인 표본을 대상으로 하여 수행하는 것이 일반적이다. 현장교육 실험연구의 예를 들어보자. 요즈음 학교 내외에서 빈번히 발생하는 비행청소년문제의 해결방법에 관심을 갖는 현장 연구자/교육자가 선행 연구와 교육경험을 바탕으로 하여 새로운 행동처치방법을 고안해냈다. 그 방법을 편의상 행동처치법이라 칭한다. 이 행동처치법이 대부분의 학교에서 사용해왔던 훈계법보다 더 효과가 있을까? 있다면 어떻게, 얼마나 효과가 있을까? 여기에서는 다음과 같은 연구가설을 구안할 수 있다.

① 행동처치법의 효과는 전통적인 훈계법의 효과와 차이가 없을 것이다(영가설).
② 행동처치법은 전통적인 훈계법보다 더 효과적일 것이다(상대가설).

일정한 기간동안 실험을 한 후, 그 효과를 검정하기 위하여 자료를 수집한다. 물론 실험하기 전에 실험집단과 비교집단내의 문제학생들의 전반적인 행동특성, 주위환경, 교사변인, 학교의 행정관계 변수, 가정에서의 관심도 등을 가능한 한 동질화한 후에 실험을 통해 수집된 객관적인 자료를 수집, 분석하여 영가설을 수용, 기각 여부를 결정한다.

어떠한 원리나 법칙을 적용하여 영가설 수용여부를 결정해야 할 것인가? 이러한 결정에 확률이 필요하다. 영가설을 수용하거나 대립가설을 수용하더라도 그 결정이 결코 완전하거나 확실한 것은 아니다.

확률이론은 과학적인 사고과정에 필수적인 원리인데, 자연현상을 가장 설득력 있게 설명하기 때문일 것이다. 그러나 확률적 표현에는 모두 불확실성이 내포되어 있다. 행동과학적인 연구는 표본의 관찰 결과를 전집에 일반화하려고 하기 때문에 그 추측 과정부터 불명료하다. 확률은 불확실성에 대한 수학적 언어라 할 수 있다. 확률문제는 일반적으로 세 측면, 주관적 확률, 이론적 확률 및 경험적 확률로 분류된다.

### 1) 주관적 확률

이 확률은 '경태는 선생님의 말씀을 기억하고 있을 것이다'와 같이 확률을 주관적으로 사용해서 해석하며, 장래의 어떤 사건에 대한 불확실성을 나타내고 있다. 심리적 또는 개인적 확률이라고도 한다. 과거에 비슷한 상태에서 발생한 정보를 수집했더라도 동일한 조건하에서 그 상황을 반복 관찰된 결과를 빈도의 형태로 구하기란 불가능하다.

### 2) 이론적 확률

선험적 확률이라고도 하며, 실험, 관찰 등을 시행(trial)이라 하고, 시행 결과에서 연구자가 관심 갖는 내용을 사상 또는 사건이라 한다. 이 사상이 일어나지 않는 것을 잔여사상 또는 대립결과라고 한다. 시행을 통해서 어떤 사상이 일어날 것이라고 기대되는 비율을 수치로 표현하면 확률적이다.

$$P = \frac{\text{발생한 수 있는 구체적인 사상수}}{\text{가능한 모든 사상수(전체)}}$$

예를 들면, 시행의 결과, 일어날 수 있는 모든 경우의 수가 100가지(N)가 있다. 그 중에서 사상 A가 일어날 수 있는 경우의 수는 20(n)가지다. 그러면 사상 A가 일어날 확률은 n/N = 20/100 = .20 이다. 따라서 p(A) = .20이다.

그러면 A의 잔여사상은 $\frac{N-n}{N} = \frac{80}{100} = .80$이다. $q(A) = .80$이다.

### 3) 경험적 확률

사상들의 비율을 나타내지만, 시행과정을 통해서 얻은 경험을 토대로 하여 사상의 비율이 결정된다는 점에서 이론적 확률과 구분된다. 확률(p)의 범위는 0과 1.0 사이에 있다.

① $0 \le p(A) \le 1$

② p(A) = 0 : 사상 A가 일어나지 않는다.

③ p(A) = 1.0 : 사상 A가 반드시 일어난다.

④ p(A) + q(A) = p(A) + (1 - p(A)) = 1.0

# 2 확률의 가법과 승법

복합사상의 확률은 동전 하나를 여러 번 던져서 계속하여 앞면이 나타날 확률이나 여러 개의 동전을 일시에 던져서 모두가 앞면이 나타날 확률을 생각하는 경우와 같이 여러 가지 사상들을 함께 고려했을 때의 확률을 뜻한다.

## 1) 확률의 승법 원리

사상 A와 함께 사상 B가 일어날 확률은, $p(A \cap B) = p(A) \times p(B)$가 된다.

| 예제 1 | 주사위의 2점과 3점이 동시에 나올 확률은 $p(A) \times p(B) = (1/6) \times (1/6) = 1/36 = .028$ 이다. 동전의 앞면(A)과 뒷면(B)이 각기 일어날 확률은 1/2 임으로, $p(A와\ B) = p(A) \times p(B) = 1/2 \times 1/2 = 1/4 = .25$이다.

두 사건 이상이 동시에 일어날 확률이 곧 승법 원리에 의해 계산된다. '그리고'로 연결된 복합사상의 확률이 곧 확률의 승법 원리다.

$p(A \cap B) = p(A)\ \ p(B \mid A) = p(B)\ p(A \mid B)$에서, $p(A \cap B)$ = A와 B의 결합확률, p(A) 및 p(B)는 주변확률, $p(A \mid B)$ 및 $p(B \mid A)$는 조건확률이다. $p(A \mid B)$ = B가 주어질 때 A의 확률이다. 두 가지 이상의 독립사상이 동시에 일어나는 결합확률은 각 사상의 확률의 곱(적)과 같다. 여기에서 독립사상이라 함은 어느 사상 A가 발생할 때 다른 사상 B와는 전혀 관계없을 때를 의미한다: $A \cap B = 0$.

| 예제 2 | 한 벌의 카드를 고루 섞은 후에 순서대로 에이스(ace), 킹(king) 및 퀸(queen)이 나올 확률은(한번 택하면 다시 돌려놓지 않는 경우)?

에이스가 나올 확률은 1/52, 두 번째 킹이 나올 확률은 1/(52-1) = 1/51, 세 번째 퀸이 나올 확률은 1/(52-2) = 1/50이다. 따라서 이들 세 가지가 순서대로 나올 확률은 $(1/52) \times (1/51) \times (1/50) = 1/132600$이다. 승법 확률의 예라고 할 수 있다.

## 2) 확률의 가법 원리

한 번의 시행에서 배반되는 두 가지 이상의 사상이 일어날 수 있는 경우, 이들 중 어느 것이 일어날 확률을 가름할 때는 가법원리가 성립된다. 예를 들면, 동전의 앞면(A) 아니면, 뒷면(B)이 나오며, 이들 각각의 확률은 1/2이다. 따라서 앞면(A) 또는 뒷면(B)이 나올 확률은 다음과 같다.

p(A 또는 B) = p(A) + p(B) = 1/2 + 1/2 = 1 이다.

'배반 사상(A ∩ B = 0) 중 어느 하나가 일어나는 확률은 각 사상의 확률의 合이다.' p(A 또는 B) = p(A) + p(B); p(A ∪ B) = p(A) + p(B). 이 공식을 표집공간 S의 n개 사건이 서로 배반되는 경우까지 일반화해보면, p(A1 ∪ A2 ∪ … ∪ $A_n$) = p(A1) + p(A2) + … + p(An)이다. 상호 배반적이 아닌 사상에 대해서 생각해보자.

p(A 또는 B) = p(A) + P(B) - p(A와 B) = p(A) + p(B) - p(A ∩ B).

**| 예제 3 |** 미로학습에서, 6개의 통로가 있다. 통로 1, 2, 3의 끝에는 전기충격, 통로 4, 5의 끝에는 먹이, 통로 6의 끝에는 전기충격과 먹이가 있다. 흰쥐가 한 번 달려가서 먹이가 있는 통로나 전기충격이 있는 통로를 지나갈 확률은?

먹이도 있고 전기충격도 있는 통로를 택할 확률은 제외해야 한다.

p(먹이 또는 전기충격) = p(먹이) + p(충격) - p(먹이와 충격)

= 2/6 + 3/6 - 1/6 = 4/6 = 2/3.

가법확률의 발전된 예를 들어보자. 동전 두 개를 던질 때에 가능한 사건은 HH, TT, HT, TH 넷이다. 그러면 동전 두 개를 던질 때에 앞면 둘 또는 뒷면 둘이 발생할 확률은?

앞면이 두 개 나올 확률은 1/4, 뒷면이 두 개 나올 확률은 1/4이다. 따라서 앞면 둘 또는 뒷면 둘이 발생할 확률은 1/4 + 1/4 = 1/2 이다. 확률의 덧셈(또는 가법)원리는 상호 배반되는 사건 중에서 어느 한 사건이 발생할 확률을 계산하는 원리이다. 승법원리와 가법원리가 모두 적용되는 경우는 한 번의 시행에서 두 가지 이상의 사상이 발생할 수 있고 또 여러 번의 시행을 하는 경우 문제이다.

**| 예제 4 |** 하나의 동전을 네 번 던지는데, 던질 때마다 앞면이 한 번 나올 수 있는 확률은?

① 첫 번째는 나오고 나머지는 안 나오는 경우(HTTT)

② 첫 번째는 안나오고 두 번째 나오고 세 번째, 네 번째는 안나오는 경우(THTT)

③ 첫 번째, 두 번째는 안나오고 세 번째 나오며, 네 번째는 안나오는 경우(TTHT)

④ 첫 번째, 두 번째, 세 번째는 안나오고, 네 번째에 나오는 경우(TTTH)

이 네 가지는 모두 구하는 조건을 만족시키는 것이므로 가법적 확률을 구해야 한다. 앞면이 나올 확률 = p; 잔여사상 확률(안나올 확률) = q(또는 1-p)

첫 번째 던져서 앞면이 나올 확률은 p(1/2)

두 번째 던져서 앞면이 나올 확률은 q × p = (1/2)(1/2) = 1/4

세 번째 던져서 앞면이 나올 확률은 $q \times q \times p = q^2p = (1/2)^2\ (1/2) = 1/8$

네 번째 던져서 앞면이 나올 확률은 $q \times q \times q \times p = q^3p = (1/2)^3(1/2) = 1/16$

그러므로 구하는 확률은 $p + pq + pq^2 + pq^3 = 15/16$. 중요한 사실은 시행횟수를 많이 하더라도 그 확률들의 합은 완전한 '1'이 안된다.

## 3 결합확률과 조건확률

전집사례들이 A유목, B유목 특성으로 분류되고, A는 다시 $A_1$, $A_2$, $A_3$ … 등의 세부적인 유목으로, B는 $B_1$, $B_2$, $B_3$ … 등으로 분류되어 각 유목이 동시에 속하는 경우를 생각할 수 있다. 즉, 두 개의 유목에 동시에 속하는 확률이 결합확률이다. 구체적인 예를 들어보자. 학교의 규모에 따른 학사행정의 지연이유를 조사했다.

아래의 표에 제시된 바와 같이, $A_1B_2$의 경우, $p(A_1 \cap B_2) = 10/240 = .042$이며, $p(A_4B_3) = 49/240 = .204$이다. 따라서 A와 B의 교집합 사건인 $(A \cap B)$의 결합 확률은 $n(A \cap B) / n(S)$인데, $n(A \cap B)$은 $A \cap B$ 에 포함되는 원사건의 수, $n(S)$은 표집공간에 포함된 원사건 전체수이다.

| 지연 이유 \ 학교규모(교사수) | $A_1$ 30명미만 | $A_2$ 30-50명 | $A_3$ 51-70명 | $A_4$ 71-100명 | 계 |
|---|---|---|---|---|---|
| $B_1$인력부족 | 12(.050) | 16(.067) | 10(.042) | 20(.083) | 58 (.242) |
| $B_2$시설. 설비부족 | 10(.042) | 14(.058) | 20(.083) | 30(.125) | 74 (.308) |
| $B_3$직원업무태만 | 6(.025) | 18(.075) | 35(.146) | 49(.204) | 108 (.450) |
| 계 | 28(.117) | 48(.200) | 65(.271) | 99(.412) | 240(1.000) |

(　　)은 결합확률

$A_1B_1$, $A_1B_2$, $A_1B_3$ … $A_4B_2$, $A_4B_3$ 등 기본적인 결과들은 결합결과들이며, 이러한 결합결과들에 대한 확률이 곧 결합확률이다.

$$P(A_1 \text{ 및 } B_1) = \frac{n(A_1 \cap B_1)}{n(s)} = \frac{12}{240} = .05$$

위의 표를 중심으로 해서, 교사의 수가 51～70명인 학교의 규모일 때에 직원의 업무태만으로 인한 학사행정(지원) 지연의 확률은 얼마인가? 이러한 문제는 조건확률에 관련된

다. $B_3$에 속하고 있을 때, 그것이 $A_1$, $A_2$, $A_3$, 또는 $A_4$에 속할 확률은 얼마인가? $p(A_1B_3)$ = .025, $p(A_2B_3)$ = .075, $p(A_3B_3)$ = .146, $p(A_4B_3)$ = .204와 같은 결합확률을 $p(B_3)$ = .450으로 나눈 값이다. 사건 $B_3$가 일어나는 것을 전제로 하여 사건 $A_1$이 일어날 확률을 $B_3$가 주어졌을 때 $A_1$의 조건확률이라고 말한다. 조건확률은 확률의 승법 원리보다 더 일반적인 관계를 나타낸다. 따라서 p(A와 B) = p(A) × p(B | A) 이다. 두 사상 A와 B가 상호 독립적일 때 p(B | A) = p(B)이며, p(A | B) = p(A)이다.

$p(A|B) = \dfrac{p(B \cap A)}{p(B)}$ 이며, $p(B) \neq 0$ 이다.

위의 표에서, A가 주어졌을 때 B의 조건확률을 구하면 다음과 같다.

$$p(B_1 | A_1) = \frac{n(A_1 \cap B_1)}{n(A_1)} = \frac{10}{28} = .357$$

| | $A_1$ | $A_2$ | $A_3$ | $A_4$ |
|---|---|---|---|---|
| $B_1$ | .357 | .333 | .154 | .202 |
| $B_2$ | .459 | 292 | .308 | .303 |
| $B_3$ | .214 | .375 | .538 | .495 |
| 계 | 1.000 | 1.000 | 1.000 | 1.000 |

## 4 순열과 조합

### 1) 순열

사상(물건)들을 한 줄로 나열할 때 가능한 모든 나열방법을 순열이라 한다. 서로 다른 n개의 연필들 중에서 r개를 택하여 순서 있게 열거할 수 있는 경우를 n 개 중에서 r개 택한 순열이라 한다.

예를 들면 키가 각각 다른 A, B, C, 및 D 네 학생들을 한 줄로 정렬시킨다고 하자. 먼저, 4명 중 1명을 뽑고, 다음은 남은 3명 중에서 1명을 뽑으며, 세 번째는 남은 2명 중 1명을 뽑아야 하며, 마지막으로 1명을 두어야 한다. 따라서 4 × 3 × 2 × 1 = 24 종류(가지)가 된다. 일반적으로 n개의 순열은 n! = n(n-1)(n-2)(n-3) …… (n-r+1)이다. 순열의 수는 nPr로 나타내며 n ≥ r이다. nPr은 n개중 r개를 택하여 열거하는 방법의 수이다. 순열은 순서를 붙여서 생각하는 방법이다.

$$_nP_r = \frac{n\,!}{(n-r)\,!},\ n \geq r$$

$$_nP_n = \frac{n\,!}{(n-n)\,!} = n!\ (0\,! = 1) : n\text{요인 또는 } n\text{의 계승}$$

$$_nP_0 = \frac{n\,!}{(n-0)\,!} = \frac{n\,!}{n\,!} = 1$$

## 2) 조합

사건(사상)을 취하는 방법에만 문제가 되고, 순서에는 문제되지 않는 경우의 수이다. 조합은 n개의 사건 중에서 순서에 관계없이 r개를 택할 수 있는 경우의 수이다. n개의 사건 중에서 순서를 고려하지 않고 r개를 택할 때, 이 r개로 이루어진 각각의 집합을 n개에서 r개를 택한 조합이라 한다.

$_nC_r$ 또는 $\binom{n}{r}$이 곧 n개중 r개를 택할 수 있는 조합의 수이다.

$$_nC_r = \frac{_nP_r}{r!} = \frac{\frac{n!}{(n-r)!}}{r!} = \frac{n!}{(n-r)!\,r!}$$

$$_nC_r = {_nC_{n-1}} = \frac{\frac{n!}{[n-(n-r)]!}}{(n-r)!} = \frac{n!}{(n-r)!\,r!}\ (n \geq r)$$

$$_nC_0 = \frac{\frac{n!}{(n-0)!}}{0!} = \frac{n!}{n!} = 1.0$$

다섯 개의 구슬 중에서 3개를 순서에 관계없이 취할 수 있는 방법의 수는?

$$_5C_3 = \frac{5!}{(5-3)!\,3!} = \frac{5\times4\times3\times2\times1}{2\times1\times3\times2\times1} = 10\text{가지이다.}$$

서로 다른 n개의 사건을 p개, q개, r개의 3조(p + q + r)로 나누는 방법의 수는? $_nC_p \times {_{n-p}C_q} \times {_rC_r}$ (단 p, q, r에 있어서 두 수가 같으면 2!로 세 수가 같으면 3!로 나눈다. 예를 들면 A, B, C, D, E, F를 3개, 2개, 1개의 3조로 나누는 방법은?

$$_6C_3 \times {_3C_2} \times {_1C_1} = \frac{6!}{3!\,3!} \times \frac{3!}{2!\,1!} \times 1 = 60(\text{가지이다})$$

## 5 이항분포

연구할 때, 관찰결과로 수집된 자료를 묶거나 분류하여 처리하는 경우가 많다. 자료를 분류할 때는 각 분류목을 서로 배타적으로 하여 겹치지 않도록 주의해야 한다. 따라서 변수 측정치의 일정한 범위의 값이 일어나는 빈도를 보여줄 수 있도록 자료를 배열하는 경우가 빈도분포이다. 빈도분포는 일련의 분류목이나 급간에 해당하는 빈도가 어느 정도인지를 보여준다. 자료의 빈도분포는 그 기능을 구체화해주는 세 가지 방법중 어떤 것에 의해서도 제시될 수 있다.

① 명백한 자료의 분류목에 해당하는 사례수(빈도)를 제시한다.

② 도표로 제시한다.

③ 관찰유목에 해당하는 빈도를 진술한다.

확률분포는 표본공간의 가능한 모든 사건을 나타내는 확률변인과 그에 상응하는 확률을 표로 제시하는 것이다. 이 때 사건이라 함은 단순한 요소일 수도 있으며, 실제적인 측정치나 객체에 부과된 수치일 수도 있다.

확률분포 중에서 두 개의 사건만 존재하는 확률분포가 가장 간단한 분포다. 예를 들면 성공이나 실패, 투표에서 찬성이나 반대 등을 생각할 수 있다. 두 가지의 가능한 결과 중 하나만 일어날 수 있는 확률실험을 Bernoulli 과정에서 생각해볼 수 있다.

① 확률실험에서 두 가지의 상호 배반적인 결과만 있다(양분과정).

② 각 시행은 독립적이어서 다른 시행결과에 영향을 미치지 않는다(독립시행).

③ 두 가지 결과 중 하나를 A라 하고, 다른 하나를 B라 했을 때, A(또는 B)는 시행을 할 때마다 동일한 상수다(불변과정).

두 개의 항 p와 q의 합 형식으로 이루어진 (p + q)를 이항이라 한다. 이 이항은 2승, 3승, 4승, … 등으로 확대시킬 수 있으며, p는 사상의 확률, q는 잔여사상확률이다.

이항 분포의 특성은 다음과 같다.

① 이항분포를 확대시킬 때의 이항계수는 그 항이 발생할 수 있는 종류의 수이다.

② 이항분포를 확대시킴에 따라 그 확률분포는 정상분포에 접근한다. 즉, n번의 빈도(경우의 수)를 무한대로 증가시키면 연속적인 빈도곡선 또는 빈도함수의 개념에 도달한다.

■ **Bernoulli 과정의 명제** : 계열적으로 n번 시행하는 것과 관련된 n Bernoulli 무선변수들이 $x_1$, $x_2$, $x_3$ , ...... $x_n$ 이라고 하자. 이들 n번의 시행이 다음 조건을 충족하면,

이 계열적인 시행을 Bernoulli 과정이라 한다.

① 계열내에서 Bernoulli 시행들이 통계적으로 독립적이다.

즉, $x_1$, $x_2$, $x_3$,... $x_n$ 등 Bernoulli 무선변수들이 통계적으로 독립적이다.

② 계열내에서 모든 Bernoulli 시행에 대하여 $x_i$ = 1과 $x_i$ = 0 이라는 확률이 동일하다.

P($x_i$ = 1) = P, P($x_i$ = 0) = 1 - P; i = 1, 2, … n, P = 시행성과가 1인 공통확률이다.

N번 시행하여 성공한 사례수의 분포가 이항분포이다. 이항분포의 일반적인 정의를 다음과 같이 내릴 수 있다. 아래의 공식에 의해 주어진 확률함수를 갖는 무선 변인 x는 N(사례수)과 P(확률)의 변수를 지닌 이항분포를 이룬다. 여기에서 함수는 두 변수들이 서로 관련성이 있어서 한 변수의 값이 변함에 따라 다른 변수의 값이 결정되는 경우를 뜻한다. 이론적 확률을 나타낸다.

P(X = r; N, P) = $_nC_r\ p^r\ q^{n-r}$, x = 0, 1, 2‥‥‥‥N (0 ≤ x ≤ N)

여기에서 구체화되어 있지 않는 수학적인 항수들(N과 P)은 모수들(parameters)이며, p는 종속변인이고 r은 독립변인이라 할 수 있다.

P와 N의 특정한 값을 변경시킴으로써 상이한 이항분포가 생성될 수 있다. 이 분포는 특정한 무선적 사상을 나타내는 수리적 모형이다(r번째 사건 또는 현상이 발생할 수 있는 확률이다).

이항분포는 다음의 보기처럼 제시될 수 있다. 간단한 실험을 독립적으로 5번 반복한다. 각 시행 결과는 단지 성공과 실패 중 어느 하나에 해당된다. 다섯 번의 시행 결과는 계열적으로 제시된다. 결과들의 순서에는 관심이 없지만, 다섯 번 시행한 결과의 성공에만 관심이 있다. 비연속적인 무선 변수의 성공 확률을 발견하기 위해서, N과 P가 주어지고, X = 5라는 최대치로부터 시작하자. 5번의 결과 모두가 성공할 수 있는 가능한 귀결(계열적 귀결)은 $\binom{5}{5}$ 또는 $_5C_5$ = 1이다. 이 귀결점의 확률은 $p^5q^0$ = $p^5$이므로,

$$P(X=5;\ N=5,\ p) = {}_5C_5\ p^5 = p^5$$

네 번 연속적으로 성공할 확률은:

$$P(X=4;\ N=5,\ p) = {}_5C_4 p^{5-1}q^1 = \frac{5!}{4!\ 1!}p^4q^1 = 5p^4q^1$$

이러한 방법으로 계산하면,

$$P(X=3;\ N=5,\ p) = {}_5C_3 p^{5-2}q^2 = \frac{5!}{3!\ 2!}p^3q^2 = 10p^3q^2$$

$$P(X=2;\ N=5,\ p) = {}_5C_2 p^{5-3}q^3 = \frac{5!}{3!\ 2!}p^2q^3 = 10p^2q^3$$

$$P(X=1;\ N=5,\ p) = {}_5C_1 p^{5-4} q^4 = \frac{5!}{4!\ 1!} p^1 q^4 = 5p^1 q^4$$

$$P(X=0;\ N=5,\ p) = {}_5C_0 p^0 q^5 = \frac{5!}{0!\ 5!} p^0 q^5 = q^5$$

실제적인 동전 던지기 문제를 생각하자. 동전을 다섯 번 던진다. p = 1/2이며, 머리가 나올 이항분포는 다음 표에 있다.

| 앞면수 | P(x) | | |
|---|---|---|---|
| 5 | $(1/2)^5$ | = | 1/32 |
| 4 | $5(1/2)^4\ (1/2)^1$ | = | 5/32 |
| 3 | $10(1/2)^3\ (1/2)^2$ | = | 10/32 |
| 2 | $10(1/2)^2\ (1/2)^3$ | = | 10/32 |
| 1 | $5(1/2)\ \ (1/2)^4$ | = | 5/32 |
| 0 | $(1/2)^5$ | = | 1/32 |
| 계 | | | 1.0 |

**| 예제 8 |** 진위형 문항 10문제를 오직 추측에 의해 최소한 네 문제 이상 성납할 확률은 얼마나 되는가?

N = 10, p = .5

P(X ≥ 4, N = 10, p = .5)

= P(X = 4) + P(X = 5) + ...... + P(X = 10)

= 1 - P(X 〈 4)

= 1 - {P(X = 3) + P(X = 2) + P(X = 1) + P(X = 0)}

$$= 1 - \left\{\frac{120}{1024} + \frac{45}{1024} + \frac{10}{1024} + \frac{1}{1024}\right\}$$

= 1 - .1719 = .8281

이항 분포의 특성을 좀 더 생각하자.

① 이항 분포(이항 확률분포라고도 한다)의 중요한 2개의 특성은 평균과 분산이다.

E(X) = np(기대치 X 값은 시행횟수와 확률을 곱한 값과 같다)

$\sigma$2(X) = np(1 - p) = npq

(x의 기대분산은 시행횟수 × 확률 × 잔여확률)

② 이항 분포 형태는 다양하다. p 〈.5 때는 정적으로 편포, p 〉.5 때는 부적으로 편포,

p = .5일 때는 대칭적이다.

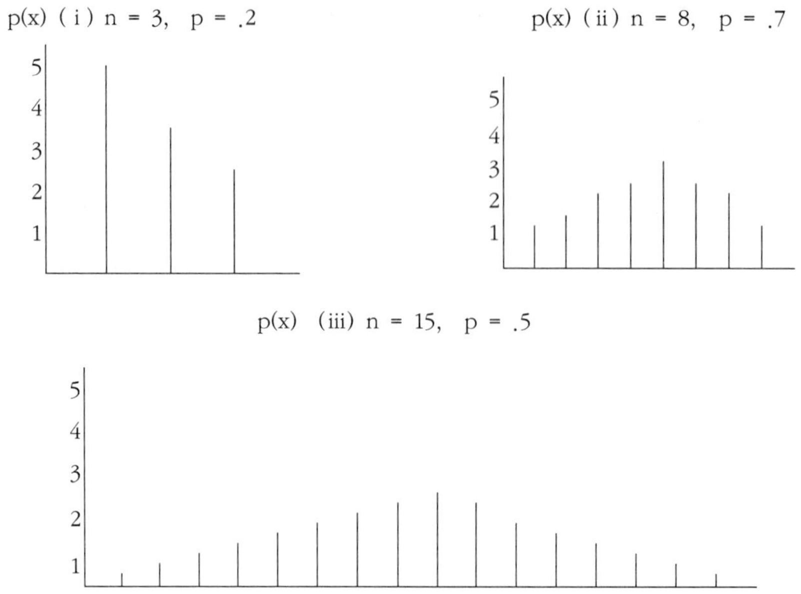


[그림 19-1] Π (p 또는 사상비율) 차이에 따른 이항분포

대수학 공식을 적용하여 이항 전개공식을 제시하면 다음과 같다.

$$(p+q)^n = {}_nC_0\, p^n + {}_nC_1\, p^{n-1} q^1 + \ldots + {}_nC_r\, p^{n-r} q^r + \ldots + {}_nC_{n-1}\, pq^{n-1} + {}_nC_n\, q^n$$

$$= P^n + \frac{n!}{(n-1)!\,1!}\, p^{n-1} q + \frac{n!}{(n-2)!\,2!}\, p^{n-2} q^2$$

$$\cdots + \frac{n!}{1!\,(n-1)!}\, pq^{n-1} + q^n$$

$$= p^n + \left(\frac{n}{n-1}\right) p^{n-1} q^1 + \left(\frac{n}{n-2}\right) p^{n-2} q^2 + \cdots + q^n$$

p + q는 1.0이 되어야 하므로 $(p + q)^n$ = 1.0이 되며, 이항 분포에서 모든 확률의 합은 1.0이어야 한다. 사상 발생 확률 분포는 시행(피험자) 수를 늘려감에 따라 측정치의 분포가 정상분포에 접근한다. n을 무한대로 늘리면 상대빈도는 이론적인 상대빈도에 접근하여 정상분포가 된다.

동전의 양쪽 면이 나올 수 있는 경우처럼(p = q = 1/2) 대칭적인 이항 분포의 평균치와 분산의 모수치는 다음과 같다.

$\mu$ (모수치 평균) = n/2　$\sigma^2$(모수치 분산) = n/4

6개의 동전을 64번 던지는 경우를 위의 공식($\mu$, $\sigma^2$)에 적용하면, 앞면이 6, 5, 4, 3, 2, 1, 0번 일어날 기대빈도는 각기 1, 6, 15, 20, 15, 6, 1이다. 이 빈도는 $(1/2 + 1/2)^6$의 이항계수이다. 그러면 $\mu = n/2 = 6/2 = 3.0$, $\sigma^2 = n/4 = 6/4 = 1.5$이다. 정상적인 동전 6개를 던졌을 때 기대할 수 있는 앞면의 평균수는 3.0이며, 분산은 1.5이다.

$$\frac{\Sigma fX}{N} = \frac{192}{64} = 3.0 \qquad \sigma^2 = \frac{\Sigma fx^2}{N} = \frac{96}{64} = 1.5$$

일반적으로 여하한 이항분포에서도 평균치와 분산 산출공식은 다음과 같다.

$$\sigma^2 = npq$$

| $X$ | $f$ | $fx$ | $x$ | $fx^2$ | $fx^3$ |
|---|---|---|---|---|---|
| 6 | 1 | 6 | 3.0 | 9.0 | 27.0 |
| 5 | 6 | 30 | 2.0 | 24.0 | 48.0 |
| 4 | 15 | 60 | 1.0 | 15.0 | 15.0 |
| 3 | 20 | 60 | 0.0 | 0.0 | 0.0 |
| 2 | 15 | 30 | -1.0 | 15.0 | -15.0 |
| 1 | 6 | 6 | 2.0 | 24.0 | -48.0 |
| 0 | 1 | 0 | -3.0 | 9.0 | -27.0 |
| 합계 | 64 | 192 | 0 | 96 | 0 |

정규분포와 이항분포의 관계를 정리하면, 첫째, 정규분포는 연속변수의 것인데 반해 이항분포는 비연속변수의 것이다. 둘째, 정규분포는 사례수가 많은 전집에 기초한 가설적이고 이론적인 확률분포인데 반해 이항분포는 이론적인 경우도 있지만 실제로는 경험적인 경우가 많다. 이항분포에서 시행의 수를 증가시키면 경험적 상대빈도는 이론적 상대빈도에 접근하게 되고, 따라서 정규분포의 원리가 적용될 수 있게 된다.

## 6 연속성을 고려하기 위한 교정

p = q 이든, p ≠ q이든 관계없이 이항분포에서 시행횟수를 충분히 늘리면 어떤 현상이 발생할 수 있는 여러 경우의 확률은 정상분포의 형태로 접근한다. 그러나 이항분포의 표본은 비연속적인 함수일 뿐이다. 이론적으로 정상분포는 무한정 작은 값이 가능한 연속 척도치이다. 따라서 비연속적인 이항분포에서 확률을 알기 위하여 정상분포곡선의 원리를 이용할 때는 비연속성을 연속성으로 교정할 필요가 있다. 이러한 교정을 하면 횡좌표(abscissa)를 연속함수로 취급할 수 있다. 예를 들면 동전 앞면이 나오는 수가 15이라면, 이 비연속성을 상하한계의 간격으로 생각하여 14.5~15.5로 여기는 것이다.

# 19 연 | 구 | 문 | 제

1. 3명의 농구선수가 있다. 슛을 하여 성공할 확률은 다음과 같다.
   p(A) = .60, p(B) = .25, p(C) = .80

   1) A와 B가 모두 슛에 성공할 확률
   2) A와 C가 모두 슛에 성공할 확률
   3) B와 C가 모두 슛에 성공할 확률
   4) A와 B가 모두 슛에 실패할 확률
   5) A와 B 및 C 모두 슛에 성공할 확률
   6) 세 명 모두 슛에 실패할 확률

2. 8개의 통로로 구성된 미로학습의 장이 있다. 통로 1, 2, 3, 및 4의 끝에는 먹이, 통로 5, 6 및 8의 끝에는 먹이대신에 전기충격, 그리고 통로 7의 끝에는 전기충격과 동시에 먹이가 있다. 흰쥐가 한 번 달려가서 먹이가 있는 통로나 전기충격이 있는 통로를 지나갈 확률을 구하시오.

3. 다음 자료를 보고 물음에 답하시오.

|  | $B_1$ | $B_2$ | $B_3$ | 계 |
|---|---|---|---|---|
| $A_1$ | 8 | 14 | 18 | 40 |
| $A_2$ | 12 | 10 | 8 | 20 |
| 계 | 20 | 24 | 26 | 60 |

   1) $A_1B_2$, 즉 $p(A_1 \cap B_2)$
   2) $A_2B_3$, 즉 $p(A_2 \cap B_3)$
   3) $p(A_2 \mid B_1)$
   4) $p(B_2 \mid A_1)$

4. A, B, C, D 및 E 다섯 가지 색깔의 연필들이 있다. 두 개를 골라서 나열하는 방법은?

5. 8개의 상이한 만년필을 중복되는 것에 관계없이 3개를 선택하여 일렬로 배열할 수 있는 경우의 수는?

6. 흰색, 붉은색, 초록색, 파란색, 노란색 및 주황색 구술이 있는데 이 중 4개를 취할 수 있는 방법은?

7. 이항분포와 정규분포의 특성을 비교하시오.

CHAPTER 20

# 통계적 검정

연구의 전략은 관찰과 자료수집의 방향을 결정지으며, 통계적 방법은 수집된 자료를 요약 · 정리하여 모수치를 추리하고 결론을 이끌어내는 수단을 제공하므로 연구방법과 통계적 기법은 병행하며, 상호보완적이다. 통계는 전집으로부터 표본된 자료를 중심으로 처리된다. 어떤 측정치가 발생할 수 있는 확률을 계산하고 그것을 어느 기준 수준과 비교하고, 그에 기초하여 측정치에 대한 결론을 이끌어내는 추리과정이 곧 통계적 검정과정이다.

통계적 검정을 할 때는 미리 설정된 가설이 필요하다. 일반적으로 통계적 가설은 영가설과 상대(대립)가설로 나누어진다.

영가설(원가설): $\mu_1 = \mu_2 = \mu_3$ (등가설: 양방 검정)

$\mu_1 > \mu_2$ 또는 $\mu_2 > \mu_3$ (부등가설: 일방 검정)

상대(대립)가설: $\mu_1 \neq \mu_2$ 또는 $\mu_1 \neq \mu_3$ or $\mu_2 \neq \mu_3$

부등 대립가설 : $\mu_1 < \mu_2$

여기에서 $\mu(M_u)$ = 모수치

동전 던지기의 예를 들어보자. 동전(100원 짜리)을 던져서 앞면(인물)이 나오면 승리하고, 뒷면이 나오면 패배하는 규칙을 만들었다. 6번 던졌는데 1번 승리하고 5번 패하였다. 지금 사용한 동전이 정상적인지 비정상적인지 의심이 생겼다. 이 때 영가설($H_0$)과 상대가설($H_a$)을 아래처럼 진술할 수 있다.

$H_0$ : 결과는 우연이다. 동전은 바르고 상대방은 정직했지만 재수가 없었을 뿐이다.

$H_a$ : 동전이 바르지 않아서 뒷면만 잘 나오게 되었다.

이 때, 동전을 몇 번 정도만 던져서 결론을 내릴 수 없고, 무한정 던져야 한다. 그러나 경비, 시간, 노력 등 현실적인 문제 때문에 동전던지기라는 모집단에서 표본을 취하게 된다. n이 많아질수록(클수록) 정규분포에 접근한다. 여기에서는 6번 던진 경우만 생각하자.

동전던지기를 일정 횟수만 하여 얻는 결과는 앞면과 뒷면이 여러 형태의 조합으로 나오게 되며, $H_0$가 맞다고 전제한다면, 1/2을 중심으로 하여 일정한 표준오차를 갖는 표집분포를 이루게 된다.

표본결과로 모집단에 대한 추론적 결론을 내릴 때 "절대적 진"은 없다. 즉 $H_0$가 진이라고 결론을 내려도 $H_a$가 진일 확률이 남게 되며, $H_a$가 진이라고 하더라도 $H_0$가 진일 가능성도 여전히 있다. 이러한 가능성이 곧 위험률이며, 통계 검정에서 유의도(의의도)를 말한다. 이 위험률을 계산할 때 표준오차 개념이 필요 불가결하다.

이미 던진 6번의 결과로만 동전이 바른지의 여부를 알아보자. 또 6번 던져서 앞면(또는 뒷면)만 나오는 확률은 흔히 일어날 수 있는가? 또는 매우 드문 일인가?

① $H_0$가 진이며, 동전은 정상적이라고 전제할 때 동전이 6번 계속하여 앞면만 나올 확률은 $(1/2)\times(1/2)\times(1/2)\times(1/2)\times(1/2)\times(1/2) = 1/64 = .0156$ 이다. P = .0156은 $H_0$가 진이라는 전제에서 앞면이 6번 계속 일어날 확률일 뿐이다. 만약 동전이 비정상적이라면 앞면이 6번 계속 일어날 확률은 .0156이 아닐 수 있다.

② 어느 정도의 확률이 흔히 일어날 수 있으며, 어느 정도의 확률이 좀처럼 일어나기 힘든 확률인가? P = .0156은 어떤가? 행동과학에서는 대개 p = .01 또는 p = .05를 기준으로 쓴다. $H_0$가 진이라고 전제하고 1% 또는 5%의 확률을 기준으로 할 때, 그 보다 더 적은 확률의 사상(event)은 "$H_0$의 기각을 정당화한다($H_a$ 수용)". 그 보다(1% or 5%) 더 큰 확률은 "$H_0$의 수용을 정당화한다($H_a$ 기각)." $p \leq .01$ 또는 $p \leq .05$ 등 판단 기준을 유의도 또는 유의도 수준이라 한다.

③ 표본 자료를 기초하여 얻어진 결론은 모집단에 관한 확률적 추론이므로, 완전한 결정(진리)을 보장한 것은 아니다. 일방검정과 양방검정의 상대적인 장점을 생각해 보자(두 평균치의 차이 검정). 연구가설을 설정한 후에 일방검정과 양방검정 여부를 결정하는 것이 바람직하다.

어느 쪽이 크건 작건 관계없이 차이의 유무에만 관심이 있을 때, 즉 절대치의 의의 있는 차이검정에만 관심이 있을 때는 주로 양방검정을 한다. 그러나 어느 한 쪽의 평균치가 높은지를 알고 싶을 때는 일방검정을 하는 것이 합리적이다.

일반적으로 사회과학 연구에서는 양방검정을 주로 적용한다. 그런데, 두 개 이상의 평균치들이 동일하다는 가설을 동시에 검정하는 분산분석은 표본분포 형태의 특성상 논리적으로 일방검정을 하게 되어 있다.

# 1 가설검정

우연한 변동으로 인한 결과를 추정한 값인 표준오차는 실험결과를 검토할 수 있게 해주는 측정치이다. 평균간 차의 표준오차를 계산하고, 이 표준오차와 평균치간 차를 비교한다. 평균치간 차가 표준오차보다 통계적으로 유의미하게 크면, 그 두 평균치간 차이는 의미 있다고 해석할 수 있다.

## 1) 절대적 크기와 상대적 크기의 문제

실제적 유의도와 통계적 유의도 문제를 고려할 필요가 있다.

예를 들면, r = .20 (p 〈 .01)는 통계적 유의도는 명백하지만, 두 변인이 단지 전체 분산의 4.0% 만을 공유케 되어 실제적인 유의성은 재고할 필요가 있다. $r^2$은 두 변수간의 공유비율을 나타내며, 결정계수라고 칭한다.

## 2) 가설검정

추리통계학의 주된 목적은 표본에서 얻은 통계치를 통하여 이에 상응하는 전집의 특성을 추정 또는 추리하는 데 있다. 즉 통계적 가설을 검정함으로써 실제 가설을 검정하는 데 있다.

연구가설(실제가설)은 2개 이상 변수의 관계에 대한 추리적 진술이다.

예: 남자와 여자의 TV시청 시간에는 차이가 있을 것이다(양방 검정).

여자가 남자보다 주당 TV 시청 시간이 많을 것이다(일방 검정).

통계가설은 실제가설로부터 연역(추리)된 관계의 진술을 통계용어로 나타낸 가설로서, 실제가설의 한 측면을 양적・통계적 용어로 나타낸다. Fisher는 "모든 실험은 단지 영가설을 논박할 수 있는 가능성을 제공하기 위해서 존재한다"고 하였다.

## 3) 통계적 검정단계

통계적 검정을 할 때는 일반적으로 다음의 단계를 거친다.

① 가설설정 및 진술 : 표집증거에 비춘 가설설정

② 표본수와 통계검정방법 결정 : 표본 통계의 구체화

③ 유의도 수준 결정 : 기각영역 결정($\alpha$=.05 또는 $\alpha$=.01)

④ 자료수집 및 통계분석

⑤ 가설검정 및 결과해석

통계적 검정과정은 기본통계치(기술통계치)에 기초한 추리통계과정을 거치게 된다. 추리통계는 표본치(평균치나 표준편차 등)에 기초하여 전집에 관한 추리를 하는 기법이다.

① 전집 모수치 추론

② 전집 급간 추정치 추론

③ 특정 전집 조건에서 특정한 표본 결과를 획득하는 확률측정 등으로 구체화된다.

통계적 유의도 결정상의 유의사항은 아래와 같다.

① 얼마만큼 차이가 있을 때 그 차이의 확실성을 입증할 수 있을까? 표집분포의 정규분포원리에 따라 전개해야 하므로 기각역과 수용역( $H_0$가 진이라고 수용)을 미리 정해야 한다(p 〈. 01 또는 p 〈. 05).

② 통계적 유의도 수준이 반드시 실제적인 유의수준을 말하는 것은 아니다. 통계적 유의도란 통계치가 통계적으로 유의미할 것이므로, 통계적 차이가 표집오차의 결과와만 다를 뿐이다. 따라서 실제적 조건을 항상 고려해야 한다.

③ 유의수준은 임의로(일반적인 합의에 의해) 1%(p 〈.01) 또는 5%(p 〈 .05)로 정해져 있을 뿐이다.

**| 예제 1 |** $\mu$ = 75 이고, $\sigma$ = 10 인 전집으로부터 25명을 무선표본하여 획득한 표본평균치 79.4는 전집평균치와 동일한지의 여부를 확인하시오.

즉, 표집평균치(79.4)와 전집평균치(75)간에 통계적으로 유의미한 차이가 있는가?

풀이: 우선 표준오차를 구한다.

$$\sigma_{\overline{X}} = \frac{\sigma}{\sqrt{n}} = \frac{10}{\sqrt{25}} = 2.0$$

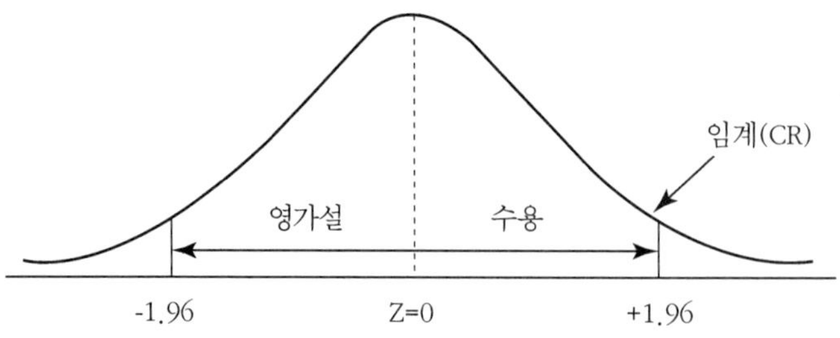


**| 풀 이 |** $Z = \frac{M - \mu}{\sigma_M} = \frac{79.4 - 75.0}{2.0} = 2.2$

계산된 Z값(2.2)이 임계치 Z값($\alpha$ =.05 수준) 1.96 보다 크기 때문에 영가설이 기각된다(P〈.05). 그러나 p〈.01 수준에서는 영가설이 수용되는데, $Z_{임계치}$ (= 2.58) 보다 계산된 Z 값이 작기 때문이다.

## 2 가설검정에서의 오류

### 1) 제 I 종 오류

수용해야할 영가설을 기각함으로써 발생하는 오류이다. 기각 한계 영역(임계영역)이 p 〈 .05로 설정되었다면, 이는 곧 제 I 종 오류를 범할 수 있는 확률이다. 영가설을 기각할 기준으로 설정한 확률 수준은 제 I 종 오류이며, 유의도 수준이라 하고, $\alpha$로 표기한다.

### 2) 제 II 종 오류

기각해야 할 영가설을 받아들임으로써 일어나는 오류를 의미한다. 영가설을 기각하고 연구가설이 진리라는 것을 전제로 한다. 영가설이 진일 때(영가설 분포곡선 아래면적) 영가설을 기각하는(임계선의 오른쪽) 오류가 제 I 종 오류이고, 연구가설이 진일 때(연구가설 쪽의 곡선면적) 영가설(임계선의 왼쪽 면적)을 받아들임으로써 일어나는 오류가 제 II 종 오류이다. $\beta$로 표기한다.

모든 다른 요소들은 변화가 없고 오직 유의수준만 변화시켰을 때 나타나는 결과를 생각하자.

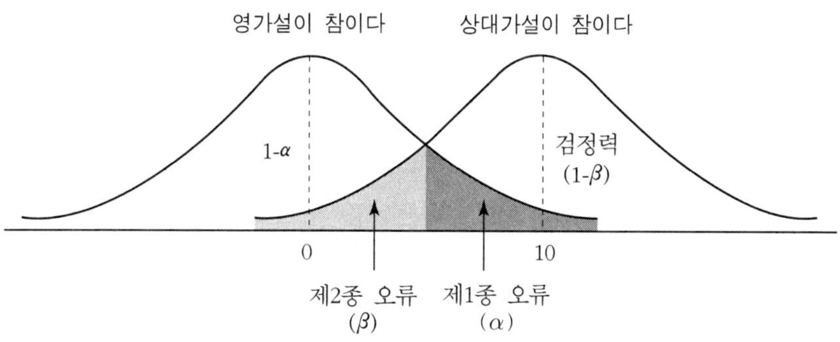


[그림 20-1] 제 I 종 및 제 II 종 오류

$p < .01$로 유의수준을 바꾸게 되면, 유의수준은 오른쪽으로 이동해 제 I 종 오류의 확률이 줄어들지만, 제 II 종 오류의 확률이 늘어날 것이다.

### 3) 검정력

제 II 종 오류에 영향을 주는 또 다른 요인은 통계적 검정력이다. 통계적 검정력은 영가설이 거짓일 때 기각할 수 있는 능력으로서, 검정력이 높을 때 영가설이 거짓임을 발견할 수 있으며 연구가설 분포내의 면적이다. 모든 다른 요인을 변화시키지 않고서 검정력을 증가시키려면 제 II 종 오류의 양을 줄여야만 한다. 검정력은 실제 상태가 영가설과 다르다는 증거를 발견하는 능력이다. $H_0$를 기각할 때 올바른 의사 결정을 할 수 있는 확률이 검정력이다.

## 3 표본분포

모수치는 상수이다. 예를 들면, 평균과 표준편차가 하나씩 고정되어 있다. 그러나 표본에서 계산된 측정치들은 측정할 때마다 다르게 나올 수 있다. 이처럼 측정치들이 다른 것은 표집오차 때문이다.

$\overline{X}$ 나 $S_i$들은 각 표본마다 다르다고 기대할 수 있다. 이러한 통계치들의 변화를 분포로 나타내면 표본분포(표집분포)가 된다. 통계치가 평균치일 때는 평균치의 표본분포, 비율일 때는 비율의 표본분포가 된다. 모수치는 거의 알 수 없으며, 통계치를 통해서 추정할 수 있을 뿐이다. 따라서 통계치가 달라진다는 것은 모수치에 대한 추정의 오차 때문이다. 이 오차를 표집오차 또는 표본오차라 한다. 이 오차들의 표준편차를 표준오차라고 부른다.

전집 분포가 1, 2, 3, 4, 5로 구성되어 있다고 하자. 이 모집단의 $N = 5$, $\mu = 3.0$이다. $\mu = 3.0$이라는 것을 모른다고 가정하고, $n = 2$인 무선표본을 하여 평균치의 분포를 계산해보자. 평균치로 $\mu$를 추리하자. 5가지에서 2가지를 뽑아내는 방법은 :

$$ {}_5C_2 = \frac{5!}{(5-2)!(2)!} = 10(\text{가지}) $$

이들을 정리해보자. 아래에 제시된 평균치들은 n = 2인 표본 평균치들로서, 어느 것이든 전집평균치 $\mu$의 추정치이다. 그러나, 그 평균치들이 1.5에서 4.5에 이르기까지 변산되어 있다. 각 평균치들이 나올 수 있는 확률도 알 수 있다. 진짜 평균치($\mu$=3.0)와 동일한 값을 얻을 확률이 2/10, 즉 0.2이며, 그 주변에 있는 2.5～3.5사이에 있을 확률이 6/10이 된다. 표본마다 평균치들이 다를 수 있으며, $\mu$에 가까울수록 일어날 확률이 높다.

다음은 1, 2, 3, 4, 5의 다섯으로 구성된 전집에서 두 가지씩만 표본하는 방법 10가지를 생각했을 뿐이다. 그러나 무선표본이란, 한 번 선정된 사례를 다시 원상으로 회복해 놓고 뽑아야 한다. 따라서 이 전집을 기초로 하여 n = 2인 표본은 무수히 많아질 수 있다. 또한 평균값도 그만큼 많아진다.

<표 20-1> 표본의 평균치 및 분포의 빈도(비)

| 표본점수 | $\overline{X_i}$ (평균치의 분포) | $f$ | $P\left(\frac{f}{n}\right)$ |
|---|---|---|---|
| 1, 2 | 1.5 | 1 | 1/10 |
| 1, 3 | 2.0 | 1 | 1/10 |
| 1, 4 | 2.5 | 2 | 2/10 |
| 1, 5 | 3.0 | 2 | 2/10 |
| 2, 3 | 2.5 | | |
| 2, 4 | 3.0 | | |
| 2, 5 | 3.5 | 2 | 2/10 |
| 3, 4 | 3.5 | | |
| 3, 5 | 4.0 | 1 | 1/10 |
| 4, 5 | 4.5 | 1 | 1/10 |

이 획득된 통계치를 보면:

① 각 평균값은 다를 수 있다.

② 어떤 평균치는 다른 평균치보다 자주 일어나며, $\mu$에 가까운 것일수록 발생할 확률이 높다.

③ 이들 평균치들은 $\mu$와 같거나 그에 가까운 평균치를 중심으로 거의 정상적으로 분포된다.

그러나 통계치는 모수치(전집치)와 다르기 마련이다. 모집단 평균치($\mu$)와 n사례에 기초한 표본평균간의 차이가 표집오차 또는 표본오차이다. 모집단은 고정되어 있기 때문에 거기에서 나오는 모수치는 일정한 상수이며 오차가 없다. 예를 들어 모집단의 평균치와 표준편차는 각각 하나씩만 있다.

## 4 표준오차

모집단(전집)의 값은 일반적으로 알 수 없으며, 단일 표본으로부터 측정된 통계치에 의해 추정된다. 예를 들면, 표본평균에 의해 모수치 평균이 추정된다. 모집단으로부터 무선 표본된 자료의 표본평균치는 그 모집단의 평균치를 정확하게 추정했다고 간주하더라도, 차이가 생기는데 이 차이는 오차에 기인한 것이다. 표준오차의 개념이 대두된다.

표준오차는 표본 통계치가 전집치(모수치=진짜값)로부터 변산된 정도를 나타내주는 지수로서, 통계적 추리에 대단히 중요하다. 통계치와 모수치간의 차이가 표본할 때마다 생기며, 이 차이점수들의 표준편차가 표준오차이다.

전집으로부터 일정한 크기의 표본을 n개 표집하여 각 표본의 평균치를 낸다. $\overline{X}_1, \overline{X}_2, \overline{X}_3, \ldots \overline{X}n$ 를 획득한다. 이들 평균치들의 평균치 $M_{\overline{x}}$를 계산할 수 있다. 이 $M_{\overline{x}}$는 $\mu$와 동일하며, 정규분포를 이룬다. 이 평균치들 표본분포의 표준편차를 평균의 표준오차라 하며 $\sigma_{\overline{x}}$로 표시한다($\sigma_{\overline{x}}$는 평균치들의 분산추정치이다).

$$\mu = M_{\overline{x}} = E(\overline{X});$$

$M_{\overline{x}}$ = 한 전집에서 얻을 수 있는 가능한 표본들로부터 계산된 평균치들의 평균;

$\mu$ = 전집평균

$$\sigma_{\overline{x}} = \frac{\sigma}{\sqrt{n}} \cdot \sqrt{\frac{N-n}{N-1}} \qquad [20.1]$$

$\sigma_{\overline{x}}$ = 평균치들 표본분포의 표준편차. 평균의 표준오차

$\sigma$ = 모집단의 표준편차

표본통계치에 의해 전집치를 추정할 때, 표본통계의 효율성을 판정하는 몇 가지의 준거가 있다. 합리적인 추정치는 불편포성, 일관성, 상대적 효율성 및 충분성을 유지해야 한다. 이들 네 가지 준거를 정리해보면 다음과 같다.

① 통계치(표본평균치)가 모수치(전집평균치)보다 크지도 작지도 않는 비체계적인 경향으로 분포되어 있는 경우를 **불편포성**이라 한다. 전집으로부터 많은 횟수의 무선 표본을 하여 그 표본평균치들을 평균한 값($M_{\overline{x}}$)은 기대치 E(M)이 되며, 결국 모평균치($\mu$)와 동일한 값이 된다.

② $|\overline{X}-\mu_{\overline{X}}|$ 값은 표본수의 증가에 따라 점점 감소한다. 따라서 연구과정에서 가능한 한 표본 수를 늘리는 원인이 되기도 함을 알 수 있다. 이러한 현상이 통계치가 모수치에 접근하는 **일관성** 원칙이다.

③ $\overline{X}_i$ (표본평균치)에 의해 $\mu$를 추정한 값은 다른 어떤 값에 의해 추정하는 것보다 표준오차가 적다. $\overline{X}_i$의 **효율성**이라 한다.

④ $\overline{X}$는 모든 표본평균치들($\overline{X}_i$)로부터 계산되어져야 한다. 그래야만 Xi를 새로 추가해도 값이 거의 항상적이고 바꾸어지지 않는다. **충분성**의 원칙이다.

이 네 가지 원리는 표본 통계치가 모수치의 좋은 추정치가 될 수 있는지를 판단하는 기준이 된다.

$\sigma_{\overline{x}}=\frac{\sigma}{\sqrt{n}}$ 인데, 실제로 전집의 표준편차($\sigma$)를 구하기 힘들다. 그 때문에 어느 한 표본에서 획득한 표준편차($S$)에 기초하여 표준오차를 추정한다. 추정한 표준오차를 $S_{\overline{x}}$로 표시한다. $S_{\overline{x}}=S\div\sqrt{n}$ 를 사용하며, S는 표본의 표준편차이나. 그런데 S는 표집 분포의 표준편차이므로 편포 위험성이 있어서 자유도를 고려해야 한다.

자유도 개념은 표본에서 평균치를 중심으로 한 편차의 합은 항상 영이 되어야 한다는 조건을 충족시켜야 한다. 이 조건을 충족시키려면, 몇 개의 측정치가 있든 간에, 그리고 몇 개가 동시에 변하더라도 나머지 하나는 편차의 합을 영으로 유도하기 위해서 제약을 받아야 한다. 이 때 제약받지 않고 자유롭게 변할 수 있는 측정치(사례수)의 합이 전체 측정치에 대한 자유도이다. 즉, 자유도는 주어진 조건하에서(사례수 N) 통계적 제한을 받지 않는 사례수이다. 일반적으로 df(degree of freedom)로 표시한다.

예를 들면, n= 50이고 M = 60이라면, 평균치가 60이 되어야 한다는 조건을 충족시키기 위해서 최소한 1개의 값은 특정한 값을 취하도록 제한을 받는다. 이 제한받는 사례수를 뺀 사례수, 즉 n - 1이며, 49가 자유도이다.

자유도를 고려한 표집치의 표준편차는,

$S=\sqrt{\frac{\Sigma x^2}{n-1}}$ 이며, 이때 $S$ = 표본의 표준편차, $\Sigma x^2$ = 편차자승화, $n$ = 표본사례수이다.

$\alpha$를 모를 때 평균치의 표준편차를 구하는 공식은 다음과 같다.

$$\sigma_{\overline{x}}=S_{\overline{x}}=\frac{\sqrt{\frac{\Sigma x^2}{n-1}}}{\sqrt{n}}=\sqrt{\frac{\Sigma x^2}{n(n-1)}} \quad \cdots\cdots [20.2]$$

## 1) Monte Carlo 검정과정

이 절차는 일반적으로 통계적 모형 등을 연구하기 위해 필요한 무선 절차를 진행할 때 컴퓨터를 통해 생성되는 무선수를 이용하여 수행하는 경험적 연구과정이다.

<표 20-2> 표준오차 검정에 필요한 기본 통계치

| 표본 | $n$ | $M$ | $\mu$ | $SD$ | $M-\mu=e$ | $e-\bar{e}$ | $(e-\bar{e})^2$ | $x$ | $x^2$ |
|---|---|---|---|---|---|---|---|---|---|
| 1 | 100 | 53.21 | 50.33 | 23.89 | 2.88 | 1.46 | 2.1316 | +1.46 | 2.1316 |
| 2 | 100 | 49.64 | 50.33 | 22.92 | -.69 | -2.11 | 4.4521 | -2.11 | 4.4521 |
| 3 | 100 | 51.37 | 50.33 | 23.81 | 1.04 | -.38 | .1444 | -.38 | .1444 |
| 4 | 100 | 49.02 | 50.33 | 22.93 | -1.31 | -2.73 | 7.4529 | -2.73 | 7.4529 |
| 5 | 100 | 55.51 | 50.33 | 23.56 | 5.18 | 3.76 | 14.1376 | 3.76 | 14.1376 |

$M_{\overline{X}} = 51.75$ $\quad \bar{e} = 1.42 \quad \Sigma e = 7.10 \quad \Sigma(e-\bar{e}) = 0$

$\Sigma(e-\bar{e})^2 = 28.3186, \ x = \overline{X} - M_{\overline{X}} \quad \Sigma x^2 = 28.3186$

컴퓨터 프로그램에 의해 0에서부터 100까지의 수가 40개의 묶음에 각각 100개씩 고루 분포되도록 4,000개의 난수를 생성한다. 4,000개의 수로 구성된 모집단이다. 이 전집의 N = 4,000, $\mu$ = 50.33, $\sigma$ = 23.84. 이 전집 평균을 무선 표본치에 의해 추정하는 일이 중요하다. 100개의 숫자로 구성된 40개의 표본 중에서 다섯 표본만 추출한다.

$M_{\overline{X}}$ = {(53.21×100)+(49.64×100)+(51.37×100)+(49.02×100)+(55.51×100)}÷500

= 51.75

평균치들 5개가 모여서 한 집단을 이룬 셈이다. 각 평균치는 하나의 사례라고 가정한다. 따라서 5개 사례의 평균치는, (53.21+49.64+51.37+49.02+55.51)÷5 = 51.75

평균 $\mu$인 전집으로부터 일정한 사례수(100)를 계속 표본하여 획득된 평균치들 $M_1$, $M_2$, ⋯, $M_n$을 계산하고, $\mu$와 표집평균 $(M_n)$간 차이$(e_1, e_2, \ldots, e_n)$을 계산한다. $M_1$부터 $M_n$까지의 평균치를 평균하면 전집평균치와 같을 것이라고 볼 수 있다. 즉 $M_{\bar{x}} \fallingdotseq \mu$ 이지만, 통계적 절차를 사용하는 근본 목적은 경제성, 노력과 경비 등을 최소화하면서 정확하게 전집치를 추론하는 데 있다.

$\sigma_{\bar{x}} = \sigma_e$, 평균치들의 표준편차 = 오차들의 표준편차 = 표준오차인데, 일정한 상수 $\mu_X$를 표본평균치로부터 감한 값은 동일하기 때문이다.

$$\sigma_e = \sqrt{\frac{\Sigma(e-\bar{e})^2}{n}} = \sqrt{\frac{28.3186}{5}} \fallingdotseq 2.38 \quad \sigma_{\bar{x}} = \sqrt{\frac{\Sigma x^2}{n}} = \sqrt{\frac{28.3186}{5}} \fallingdotseq 2.38$$

$\therefore \sigma_{\bar{x}} = \sigma_e$

앞의 표를 참고해 보면, 다섯 평균치들의 평균($M_{\overline{X}}$)은 51.75이다. 다섯 평균치들의 표준편차는 아래와 같다.

$$\sigma_e = \sqrt{\frac{\Sigma(M_i - M_M)^2}{n}} = \sqrt{\frac{\Sigma x^2}{n}} = \sqrt{\frac{23.3186}{5}} \fallingdotseq 2.38$$

(이론적인 전집치에서 표본한 40표본의 평균치들의 표준편차는 3.10이었다.)

표본평균치들의 평균으로부터 각 표본평균이 변동하는 폭은 그리 심하지 않고, 각 개인 점수의 변동이 심할 뿐이다.

흥미로운 것은 평균치들의 표준편차(표준오차)는 전집의 표준편차($\sigma$)를 $\sqrt{n}$ 으로 나눈 값과 크게 다르지 않다. 즉 $\sigma_{\bar{x}} \fallingdotseq \frac{\sigma}{\sqrt{n}}$ 이다.

또한 한 표본치의 표준편차 S를 $\sqrt{n}$ 으로 나눈 값과 유사하다.

즉 $\sigma_{\bar{x}} \fallingdotseq \frac{S}{\sqrt{n}}$ 이다. 따라서 한 집단 자료에서 획득된 이론적 추정치인 평균의 표준오차는 모집단에서 표본된 표본평균의 변산도를 정확히 추정할 수 있다.

$\sigma_{\bar{x}} \fallingdotseq \frac{S}{\sqrt{n}}$ 이 되는 경우 : $\frac{23.89}{\sqrt{100}}$ $\frac{22.92}{\sqrt{100}}$ 등이며, 각 값은 $\frac{23.84}{\sqrt{100}} = 2.38$로부터 크게 떨어져 있지 않음을 알 수 있다(여기에서 23.84 = $\sigma$).

## 2) 차의 표준오차

어떠한 표본평균도, 표본할 때에 발생하는 표본오차 때문에, 전집의 평균과 결코 똑같지는 않다. 전집으로부터 획득된 표본평균치들의 분포분산은 $S_{\bar{x}}^{\ 2}$, 그 표본평균치들의 하나($\overline{X}$)가 전집평균치($\mu$)의 추정치로서 얼마나 신뢰로운지에 대한 정보를 제공해준다. 두 개의 정규분포를 이루는 전집이 있다고 하자. 그 두 전집은 평균과 분산이 똑같다고 하자 [그림 20-2].

논리적으로 각 평균치들은 동일한 모집단으로부터 무선적으로 표본되었으므로 똑같아야 한다. 그러나 표본오차를 항상 고려해야 한다. 평균치들을 비교할 때에 이 표준오차보다 어느 정도 이상 차이가 나야만 의의있는 차이가 있다고, 즉 두 평균치의 모집단 평균이

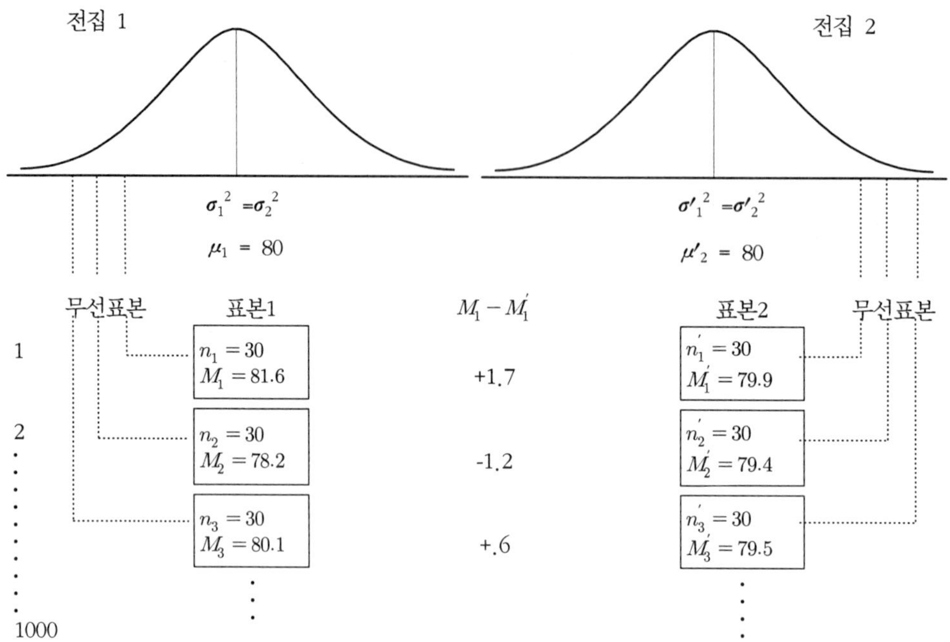


[그림 20-2] 동일한 두 전집으로부터 표본된 표본치 평균차

의의있게 다를 것이라고 생각할 수 있다. 이 때문에 통계적 검정에 표준오차가 중요하다는 사실을 인식할 필요가 있다.

**| 예제 2 |** 다음의 (　)에 적합한 용어나 단어를 채우시오.

두 전집평균치들은 똑같으므로 표본평균치간의 차이는 단지 (①　　)에 기인한다. 위의 그림에서 전집평균 $\mu_1 = \mu_2 =$(②　　)이며 각 무선표본의 크기가 (③　　)인 경우 1000개의 서로 다른 경험적 표본분포를 이루는 데에 필요한 절차를 보여주고 있다.

표본평균치들은 모두 정확한 80이 아니고, 두 전집치로부터 짝지어 표본한 평균치의 차이도 "0"이 아닌 이유는? (④　　)

차의 분포의 평균치는 $\mu_1 - \mu_2$에 비유되며(그와 같고), 결국은 (⑤　　)이다.

차의 분포편차는 실제로 $M_1 - M'_1$가 "0"(실제로 $\mu_{\text{I}} - \mu_{\text{II}} = 0$)으로부터 얼마나 떨어져 있느냐를 나타낸다. 이는 결국 단 한 번의 표본에 의해서 나온 차이가 얼마나 신빙성이 있느냐를 뜻하는 것으로, (⑥　　)이다.

**| 풀이 |** $\mu_1 = \mu_2 = 80$인 두 전집으로부터 1000개의(각 n = 30) 표본평균 짝들의 점수차에 대한 경험적 표본분포를 나타낸다. ① 표집과정의 오차, 즉 표준오차

② 80 ③ 30 ④ 표준오차 ⑤ 영(0) ⑥ 평균간 차이의 표준오차 또는 차이의 표준오차.

평균치간의 차이가 차의 표준오차보다 통계적으로 의의있게 크다면, 우리는 이 평균치들의 전집(모수치)은 서로 다르다고 추론할 수 있다. 차의 표준오차는 두 평균치의 모수치 비교에 필요불가결하다.

충분히 많은 표본을 한다면 평균간 차는 정상적으로 분포할 것이다.

$Y = M_1 - M_2$와 같은 1차 방정식(선형조합)이 성립한다. $N_1 = 100$, $N_2 = 100$, $M_1 = 60$, $M_2 = 50$, $M_1 - M_2 = 10 =$ x (표본평균간 차를 x라 한다). 차의 표본

분포의 표준편차($\sigma e$)는 표준오차이다. 만약 두 집단의 점수가 난수표에서 선택되고 실험조건이 개입되지 않으면 평균간 차이가 없다고 기대할 수 있다.

우연한 요인에 기인하는 차이가 크지 않지만 항상 존재한다(집단내 분산 또는 오차분산). 이러한 차이는 무선적인데, 평균간 차의 표준오차는 이러한 차의 분산을 추정한 값이다.

<표 20-4> 차이점수의 빈도

| $\bar{X}_1 - \bar{X}_1'$ | 표본수 (f) |
|---|---|
| +11.49 | 0 |
| +10.50 - +11.49 | 1 |
| 9.50 - 10.49 | 0 |
| 8.50 - 9.49 | 1 |
| 7.50 - 8.49 | 4 |
| 6.50 - 7.49 | 7 |
| 5.50 - 6.49 | 21 |
| 4.50 - 5.49 | 32 |
| 3.50 - 4.49 | 54 |
| 2.50 - 3.49 | 77 |
| 1.50 - 2.49 | 107 |
| .50 - 1.49 | 122 |
| - .50 - .49 | 153 |
| - 1.50 - - .51 | 114 |
| - 2.50 - - 1.51 | 95 |
| - 3.50 - - 2.51 | 82 |
| - 4.50 - - 3.51 | 60 |
| - 5.50 - - 4.51 | 31 |
| - 6.50 - - 5.51 | 22 |
| - 7.50 - - 6.51 | 10 |
| - 8.50 - - 7.51 | 4 |
| - 9.50 - - 8.51 | 1 |
| -10.50 - - 9.51 | 2 |
| -10.5 보다 작은 경우 | 0 |
| 합계 | 1000 |

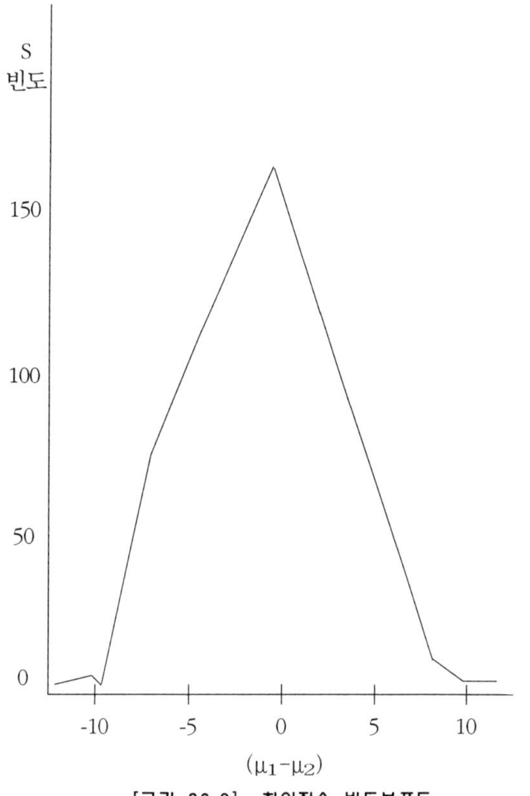


[그림 20-3] 차이점수 빈도분포도

(1) **평균간 차의 표준오차 계산공식 적용**

$$t = \frac{(\overline{X}_1 - \overline{X}_2) - (\mu_1 - \mu_2)}{S_{\bar{x}1-\bar{x}2}} \qquad (df = n_1 + n_2 - 2) \quad \cdots\cdots [20.3]$$

$$S_{\bar{x}1-\bar{x}2} = \sqrt{\frac{(n_1-1)S_1^{\ 2} + (n_2-1)S_2^{\ 2}}{n_1+n_2-2}\left(\frac{1}{n_1}+\frac{1}{n_2}\right)}$$

$n_1$과 $n_2$ 및 $s_1^2$과 $s_2^2$은 각 집단의 사례수와 분산이다.

| 예제 3 | 두 집단간 평균점수간 차이를 검정하시오.

| 실험집단 | 통제집단 |
|---|---|
| $n_1 = 25$<br>$\overline{X} = 83\ S_1^{\ 2} = 12.0$ | $n_2 = 20\ \overline{X} = 78$<br>$S_2^{\ 2} = 10.0$ |

$$S_{\bar{x}1-\bar{x}2} = \sqrt{\frac{(24)(12.0)+(19)(10)}{25+20-2}\left(\frac{1}{25}+\frac{1}{20}\right)} = 1.0$$

$$t = \frac{83-78}{1.00} = 5.00$$

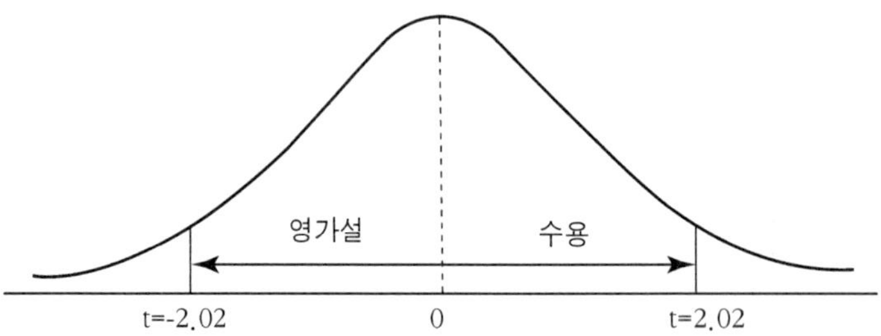


$RH_o$ ; $\mu_1 = \mu_2$, $H_1$ ; $\mu_1 \neq \mu_2$, $t_{obt} > t_{crt}$

획득된 t값이 표의 t(임계치 t)보다 크다는 것은 두 집단 평균간 차에 통계적 의의가 있다는 뜻이다.

(2) **신뢰구간과 표본수**

평균치들의 표본분포 평균치는 $M_{\bar{x}} = E(\overline{X}) = \mu$ 이며, 표준오차는 $\sigma_{\bar{x}} = \frac{\sigma}{\sqrt{n}}$ 이다($\sigma$

를 모를 때에는 표집의 S에 기초하여 $\sigma_{\bar{x}} = \frac{S}{\sqrt{n}}$ 를 사용한다). 이러한 통계치의 기본가정은, ① 모집단이 정상적으로 분포되거나, ② 표본수 n이 충분히 크면 정규분포에 가깝다.

$M_{\bar{x}}$ 와 $\sigma_{\bar{x}}$ 를 갖는 정규분포 표본치의 표본점수는 다음의 공식에 의해 계산된다.

$$Z = \frac{M_{\bar{x}} - \mu}{\sigma_{\bar{x}}}$$

$M_{\bar{x}} \pm 1.96\sigma_{\bar{x}}$ 사이에 $\overline{X}$들의 95%가 놓이며,

$M_{\bar{x}} \pm 2.58\sigma_{\bar{x}}$ 사이에 $\overline{X}$들의 99%가 놓인다.

$M_{\bar{x}}$는 n번 표본을 하여, 매번 평균치들이 산정되며($\overline{X}_1, \overline{X}_2, \overline{X}_3, \ldots \overline{X}_n$), 이들 평균치들을 평균한 값이다. $M_{\bar{x}}$는 n이 커질수록 모집단 평균치($\mu$)에 가까와진다고 가정한다. 그러면 $\overline{X}$ 는 표집오차 때문에 $M_{\bar{x}}$ 와는 항상 같지 아니하므로, $\overline{X}$ 를 가지고 모집단 평균치($\mu$)를 추정할 때 이 표본오차를 고려해야 한다.

한 평균치($X_i$)의 표준오차는$\sigma_{\bar{x}}$ 이며,

$Z = \frac{(\overline{X} - \mu)}{\sigma_{\bar{x}}}$ 로 환산되고, 이 Z 분포상태에서 평균치 = 0, 표준편차 = 1이다.

### (3) 평균치의 신뢰구간

평균치의 신뢰구간을 설정함으로써 좀 더 정확한 확률적 진술이 가능한 바, 전집이 정규분포를 이루면 그 평균치의 표본분포는 정규분포를 이루고, 전집치 분포특성에 관계없이 사례수 n이 충분히 크면 평균치의 표본분포는 정규분포를 이룬다는 두 가지 원리 때문이다.

양방 검정에서, $\overline{X} - 1.96\sigma_{\bar{x}} \le \mu < \overline{X} + 1.96\sigma_{\bar{x}}$에 $\mu$가 들어갈 가능성이 95%이다.

$\overline{X}$(표본평균치) $\pm 1.96\sigma_{\bar{x}}$ 간의 범위를 $\mu$(전집평균치)의 95% 신뢰구간이라 칭한다.

$\overline{X} \pm 2.58\sigma_{\bar{x}}$ 사이에 $\mu$ 가 포함될 가능성(확률)은 99%이다.

어느 특정한 표본으로부터 추정된 $\mu$의 구간 추정치를 모집단 평균 $\mu$의 (1-$\alpha$) · 100%의 신뢰구간 또는 신뢰한계라고 한다. $\alpha$는 유의수준 또는 위험률, 1-$\alpha$는 신뢰도, 그리고 (1-$\alpha$) · 100%는 신뢰계수라 한다.

오차의 허용한계 $(e) = Z_{\alpha/2}\left\{\frac{\sigma}{\sqrt{n}}\right\} = Z_{\alpha/2}\sigma_{\bar{x}}$이며, n(사례수)이 커지면 신뢰구간은 좁아져서 추정치의 신뢰성(확실성)이 보다 뚜렷해진다. 평균의 표준오차와 표집크기간의 관계를 보면, 전집평균치는 충분한 표본크기를 갖는 표집평균치에 의해 정확하게 추정될 수 있음을 알 수 있다. 전집치의 표준편차($\sigma$) 단위를 이용하면, 요구되는 크기의 n을 정하기 쉽다. 예를 들면, 표본 평균치가 참 평균치(전집평균치 $\mu$)의 0.1$\sigma$내에 포함될 확률이 95%정도가 되려면, 필요한 n의 크기는 얼마나 되는가?

$p\ (|\overline{X} - \mu| \le 0.1\sigma) = 0.95,$

표본분포가 정규분포라고 가정하면, 95% 신뢰구간은 $\overline{X} \pm 0.1\sigma$이며,

$0.1\sigma = 1.96\sigma_{\bar{x}}$로 변경할 수 있다.

$$0.1\sigma = 1.96\frac{\sigma}{\sqrt{n}},\quad \sqrt{n} = 19.6 \qquad \therefore\ n = 385$$

연구자가 385번의 독립적인 관찰을 하면, 피험자가 실행하여 얻은 추정치가 전집평균치로부터 0.1$\sigma$정도 벗어날 가능성이 5% 정도가 된다. 따라서 추정치의 정확성 확률을 높이기 위해서는 표본크기를 적정화해야 한다. 이 오차의 허용한계는 신뢰구간의 상하한선이 된다. $\sigma$는 전집표준편차이며 대부분 모른다. 따라서 한 표집에서 얻은 표준편차 S에 기초하여 표준오차를 추정한다. 추정된 표준오차는,

$S_{\bar{x}} = \frac{S}{\sqrt{n}}$ $S =$ 표본표준편차, $S_{\bar{x}} =$ 표준오차

$e = Z_{\alpha/2}\cdot\left\{\frac{\sigma}{\sqrt{n}}\right\}$에서 n을 중심으로 정리하여 n을 계산하는 공식을 이끌어 내면,

$$n = \left(\frac{Z_{\alpha/2}\cdot\sigma}{e}\right)^2 = \left(\frac{Z_\sigma}{e}\right)^2 \quad \text{[20.4]}$$

Z = $\alpha$수준에서 요구되는 표준점수

e = 신뢰구간 상하한선

이 때 모집단 평균이 그 사이(e)에 있으리라고 (1-$\alpha$) · 100%의 확신을 가지고 말한다. 수용한계(오차: $\alpha$=.05, $\alpha$=.01), 신뢰한계 (1-$\alpha$) · 100%, 표본크기 사이에는 함수관계가 있다. 즉 두 측면만 알게 되면 나머지는 자연히 알 수 있다.

**| 예제 4 |** 표본수 관련 문제 : $\mu$ = 100, $\sigma$ = 15이다. 신뢰계수를 99%로 하고, 신뢰구

간의 상하한 폭을 2.5(즉, e = 2.5)로 하고자 한다. 표본수는 얼마나 커야 하나?

**| 풀 이 |** $C = 99\%$일 때 $Z\alpha_{/2} = 2.58$

$$n = \left(\frac{(2.58)(15)}{2.5}\right)^2 = 239.6 \fallingdotseq 240(\text{명})$$

**| 예제 5 |** $M = 100$, $S = 10$, 신뢰계수 99%, 신뢰구간상하 3($e = 3.0$), 표본수는?

$$n = \left(\frac{(2.58)(10)}{3}\right)^2 + 1 = 75(\text{명}) \qquad n = \left(\frac{Z\sigma}{e}\right)^2$$

이 공식은 일정한 수준의 확신을 가지고 표본평균치로부터 $\mu$(모집단 평균치)가 일정한 값(e) 이내에 들 수 있도록 표본수를 결정하는 방법이다.

① 두 모집단의 평균차($\mu_1 - \mu_2$)를 추정할 때는 e와 (1-$\alpha$)・100% 신뢰구간을 정한 후, $n = 2\left(\frac{Z\sigma}{e}\right)^2$ 식으로 n을 결정한다(두 집단이 독립적인 경우, r = 0.00).

② 두 모집단이 종속적인 경우의 ($\mu_1$ - $\mu_2$)를 추정시에는 e와 (1-$\alpha$)・100%를 정한 후, $n = 2\left(\frac{Z\sigma}{e}\right)^2(1-r)$ 공식에 의해 n을 결정한다. 실제로 모집단평균치와 표본평균치간의 차이를 어느 정도 감수할 것인가를 결정할 때에 허용오차가 필요하다.

**| 예제 6 |** SD = 14, n = 400, M = 65 일 때 모집단 평균점수의 신뢰구간을 95% 한계로 정하시오.

$$\sigma_M = \frac{SD}{\sqrt{n}} = \frac{14}{\sqrt{400}} = \frac{14}{20} = .70$$

95% 신뢰구간 : $65 - (1.96)(.70) \leq \mu \leq 65 + (1.96)(.70)$

$$63.628 \leq \mu \leq 66.372$$

그러므로 이 표본의 모수치 평균은 63.628～66.372 내에 있을 가능성이 95%이다.

### 3) 유의도 준거

유의도의 준거는 일반적으로 5% 또는 1%로 정한다. 이 말은 관찰확률 .05 또는 그 이하는 일어나지 않을 것으로 보아 충분하다는 의미이다. 즉, 예를 들어보면, 어떤 영가설이 95%의 확신을 가지고 기각되었다면, 나머지 5% 정도의 기각되지 않을 가능성이 남아 있으며, 일종의 위험정도라고 볼 수 있다. 그리고 통계적 검정에 의해서 밝혀진 진리는 상대적인 진리일 뿐이며, 통계적인 유의미성만 있을 뿐이므로 실제적인 유의성도 고려할 수 있어야 한다.

사실상, 가설검정에도 일방검정과 양방검정에 따라 의의도 준거, 즉 임계치의 크기가 다르다.

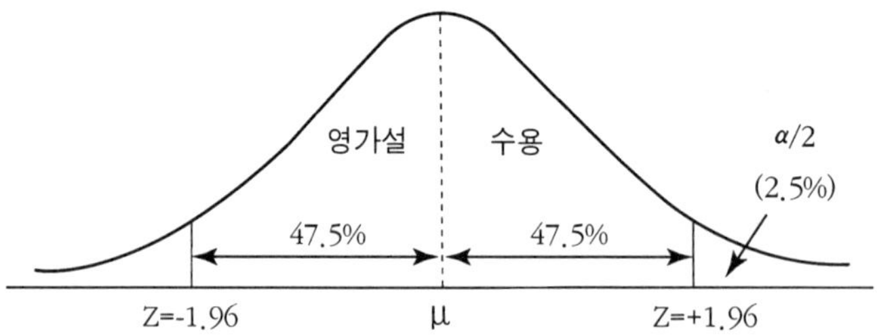


표준점수로 나타낸 표본평균(양방 검정)

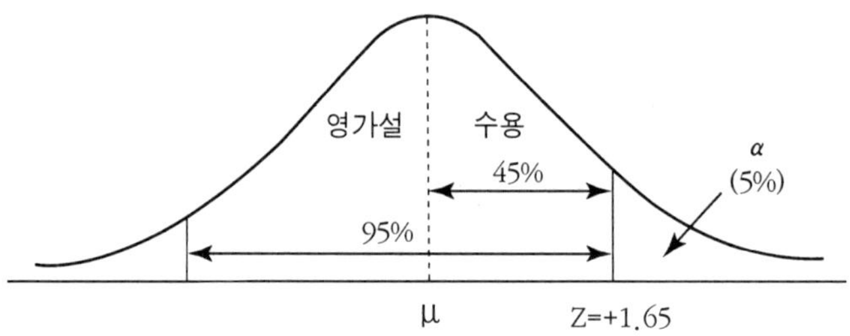


표준점수로 나타낸 표본평균(일방 검정)

### (1) σ 을 알고 있을 때 단일 모집단 평균의 통계검정

$\alpha$ = .05(양방검정), $\sigma$(전집표준편차를 알고 있다고 가정함) = 2.40

단일 모집단 평균을 추측하기 위해서 평균의 표준오차 개념이 변화정도의 측정치로 사용되어야한다.

$$Z = \frac{M - \mu}{\sigma_{\bar{x}}},$$

여기에서, **M** = 관찰된 표본 평균치, μ = 가설로 설정된 전집평균치
$\sigma_{\bar{x}}$ = $\sigma$(전집표준편차)를 알고 있을 때 평균의 표준오차

**| 예제 10 |** 다음과 같이 통계적 가설이 설정되어 있다. 정규분포라는 가정하에 95%의 신뢰구간을 설정하여 통계적 검정을 하라.

$H_o ; \mu = 17$ $\quad n = 16$ $\quad \sigma = 4.2$

$H_1 ; \mu \neq 17$ $\quad \overline{X} = 18.4$ $\quad$ df = 15(n-1)

$$\sigma_{\bar{x}} = \frac{\sigma}{\sqrt{N}} = \frac{4.2}{\sqrt{16}} = \frac{4.2}{4} = 1.05$$

$$Z = \frac{\overline{X} - \mu}{\sigma_{\bar{x}}} = \frac{1.4}{1.05} \fallingdotseq 1.333$$

95% 신뢰구간을 결정하는 임계치 z는 1.96이다. 계산된 z값이 임계치 z값보다 적으므로 영가설을 기각하지 않는다. 즉, 계산된 z값(1.333)은 영가설 수용영역에 포함된다. 따라서 평균 18.4점은 17.0과 통계적으로 의의있는 차이가 있다고 볼 수 없다.

**(2) $\sigma$를 모를 때 단일 모집단의 평균치에 대한 통계적 검정**

대부분의 경우에, 모수치 표준편차($\sigma$)를 모르기 때문에 표본의 표준편차에 기초하여 평균의 추정된 표준오차를 계산한다. 표본표준편차를 사용한 표준오차 계산공식은 다음과 같다.

$$S_{\bar{x}} = \frac{S}{\sqrt{n}} \text{이고,} \quad S = \sqrt{\frac{\Sigma x^2}{n-1}} \text{이며} \quad \Sigma x^2 = \Sigma(X_i - \overline{X})\text{이다.}$$

그런데 $\frac{X - \mu}{S_{\bar{x}}}$ 공식을 통해서 획득된 값은 정상적으로 분포되어 있지 않는데, 그 이유는 $S_{\bar{x}}$가 $\sigma_{\bar{x}}$의 추정치이기 때문이다.

따라서 $(\overline{X} - \mu)/S_{\bar{x}}$ 값을 정규분포곡선에서 얻은 표준점수로 취급하면 오류 가능성이 상존하며, 표본의 크기가 소규모일 때는 더욱 심각하다. 조회체제 또는 모형이 바르지 않기 때문이다. 결국은 t 분포표를 고려해야 한다.

## 4) 중심한계정리

평균 $\mu$와 분산 $\sigma^2$인 전집(모집단)으로부터 n개의 무선 표본된 분포는 n(사례)이 증가함에 따라 그 표본의 평균과 분산이 각 각 $\mu$와 $\sigma^2/n$이 되는 정규분포에 근접한다. 이때 n이 충분히 증가하면 그 표본분포는 표본 평균치 M을 중심으로 한 정규분포가 된다.

$$\overline{X}_{\overline{X}} = \mu_X$$

$$\sigma_{\overline{X}}^{\ 2} = \frac{\sigma_X^{\ 2}}{n}$$

$$s = \frac{\sigma_X}{\sqrt{n}}$$

중심한계정리는 우주현상의 한 예라고 볼 수 있다. 전집분포에 관계없이 표본(사례) n이 충분히 증가하면 평균의 표본분포는 정규분포에 가까워진다. 주의할 것은 단순히 사례수의 증가보다는, 표본할 때마다 사례수가 증가해야만 중심한계정리의 원리가 부합된다. 각 표본 평균치들의 평균($M_{\bar{x}}$)은 전집평균($\mu$)에 더 가까워진다는 논리와 관련성이 있음을 알 수 있다. 비교적 소표본일지라도, 표본할 때마다 그 크기가 증가하면 그 표본분포는 대칭적이 되며, 동일한 평균과 분산을 가진 정규분포의 특성을 갖게된다. 전집이 정규분포를 이루고 있을수록 거기에서 표집된 표본분포는 정규분포에 더 가까워진다.

전집이 편포되었더라도 충분한 크기의 표본을 하면, 그 표본분포는 정규분포에 가까워지는 경향이 있다. 또한, 전집으로부터 사례수(n)를 30정도만 표집 하더라도 무선표본이 되었다면, 정규분포를 이루기 때문에 사회과학 연구에서는 n=30 이상을 요구하고 있다.

중심한계정리의 역할의 중요성을 생각해보자. 표본분포는 추리통계의 의사결정을 하기 위한 이론적 분포라고 할 수 있다. 우리 나라 고교 3학년 학생의 신장이 어느 정도 되는지를 조사한다고 하자. 다음과 같이 가설을 설정하여 검정한다.

$H_0$ : $\mu = 170$cm, 유의도 수준 =.01, 양방검정

고교 3학년 학생 36 명을 무선 표본해서 조사한 결과 평균 172cm 이다. 전집의 표준편차를 24 라고 하자. $\sigma_{\bar{x}} = 24/\sqrt{144} = 2.0$. 표본분포에서 고교생의 신장이 170cm 인지를 판단해야 한다. 유의도 .01 수준에 해당하는 Z 값은 ±2.58 이므로 170± $(2.58 \times \sigma_{\overline{X}})$ = 170±(2.58×2.0) = 176.16~164.84 이다. 즉, 고교 3년생의 신장이 170cm라는 영가설이 수용되고, 모집단(고교생 전체)의 99%가 176.16~164.84의 범위에 포함된다. 따라서 172 cm는 고교생 평균신장에 포함된다고 해석할 수 있다.

표본이 모집단으로부터 무선적으로 추출되면 표본의 평균은 정상적으로 분포하는 경향이 있으며, 모집단 사례의 95%가 모집단 평균 상하로 2(정확하게 1.96)×표준오차 내 $(\mu \pm 2\sigma_{\overline{X}})$에 놓여 있다.

# 20 연 | 구 | 문 | 제

1. 어느 교육청 산하 중학교의 수리탐구력 성취도가 저조하다는 걱정이 점증하고 있다. 수리탐구력의 전국적인 표준화 검사에서 2학년 전국 평균이 72점이고 표준편차가 10점이었다. 이 교육청 산하 중학교 학생 2학년 240명을 무선표본하여 수리탐구력 표준화 검사를 실시한 결과 평균이 71점이고 표준편차가 8.0점이었다. 이 학생 집단의 성취도에 대한 영가설과 상대적 가설을 설정하시오.

2. 무선표본된 학생들의 평균치가 70점이었다. 위의(1번의) 전국 규준치와 비교하는 가설을 설정하여 결론을 이끌어 내시오.

3. $H_0$: $\mu$ = 84, $\sigma$ = 12이며 정규분포를 이루고 있다. 영철이의 학급(49명) 평균이 89점이다. 연구문제를 구안하고, 가설을 설정하여 검정하시오. 분포곡선을 그리고 $\alpha$(임계치)를 나타내시오.

4. 고등학생들의 정신건강 문제를 해결하기 위해 합리적-정서적 상담을 실시했다. 정신건강에 이상이 있는 학생집단의 처치효과를 얼마나 향상시켰느냐에 관심이 있다.

| 사례수 | 사전검사 | 사후검사 | |
|---|---|---|---|
| 121 | 135점 | 234점 | r = .72 |

1) 연구가설을 설정하시오(일반검정, $\alpha = .05$).
2) 통계적 가설을 세우시오.
3) 통계적 검정 후에 해석하시오.

5. 다음은 N = 10,000, $\mu$ = 61.32, $\sigma$ = 21.30인 전집에서 100명씩 무선표본으로 얻은 자료이다.

| $\mu$ | $\sigma$ | n | M | SD |
|---|---|---|---|---|
| 61.32 | 21.30 | 100 | 60.24 | 21.40 |
| | | 100 | 64.38 | 20.95 |
| | | 100 | 61.94 | 21.30 |
| | | 100 | 60.62 | 21.00 |
| | | 100 | 65.42 | 22.01 |

1) 평균치들의 표준편차 $\fallingdotseq \dfrac{SD}{\sqrt{n}}$ 임을 증명하시오.

2) 한 번 표본하여 얻은 자료를 통해서 전집치를 추정할 때 고려되어야 할 사항을 진술하시오.

6. 가설 검정에서, 제 I 종 오류($\alpha$)와 제 II 종 오류($\beta$)의 특성을 검정력과 관련지어 설명하시오.

7. 통계적 의의도와 실제적 의의도 간의 관계를 토의하시오.

8. 표준편차와 표준오차의 개념을 규정하고, 이 두 개념간의 관계를 토의하시오.

9. 집중한계정리를 토의하시오.

CHAPTER 21

# 적률상관관계

상관은 두 변수가 어느 정도로 함께 변하는지를 기술한다. 다시 말하면, 상관관계 모형은 두 변수간 관련성 정도와 방향을 탐색하는 데 역점을 둔다. 상관계수는 두 변수가 서로 관련되어 있는 정도를 나타내며, 한 변수의 값이 변함에 따라 다른 변수의 값이 어느 정도로 함께 변하는지를 나타내 주는 지수이다. 상관계수를 자승해 주면 결정계수가 된다. 이 결정계수는 어느 한 변수가 다른 변수를 설명 또는 예언해 주는 정도를 나타내는 비율(%)이다.

회귀모형에서는 독립변인(X)이 종속변인(Y)에 영향을 주는 정도 또는 상관이 있는 두 변수 중 어느 한 변수에 대한 정보를 가지고 다른 변수의 값을 예측, 추정한다. 또한, 종속변수는 정규분포를 이루는 무선변수이며, 독립변수는 연구자가 임의로 결정해서 고정시킨다.

정적 상관(+)은 한 변수의 값이 증가함에 따라 다른 변수의 값도 증가하고, 부적 상관(-)은 한 변수의 값이 증가함에 따라 다른 변수의 값은 감소하는 경우이다. 상관의 범위는 -1.00 에서 .00을 지나 +1.00 ($-1.00 \le r \le +1.00$)까지이다.

상관관계 계수에 대한 일반적인 해석을 아래와 같이 한다(의의도 검정은 다음에 다룬다).

.90 이상 : 상관이 매우 높다.
.70 이상 ~ .90 미만 : 상관이 높다.
.40 이상 ~ .70 미만 : 상관이 확실히 있다.
.20 이상 ~ .40 미만 : 상관이 있지만 낮다.
.00 이상 ~ .20 미만 : 상관이 거의 없다.

산포도는 두 변수간의 관계를 그래프로 나타낸 것이다[그림 21-1].

## 1 상관관계의 특성과 목적

상관관계가 인과관계를 의미하지 않는다. 상관관계는 목적에 따라 다음 세 가지로 생각할 수 있다.

먼저, 관계, 즉 관련성을 기술한다. 관계의 방향, 정도, 모양까지 밝힌다. 그래프에 의해서 나타내기도 한다. 그래프는 상관분포도(산포도), 막대그래프를 연상하는 히스토그램, 그 구간의 점수 중앙을 연결하는 다각형(polygon) 등이 있다.

둘째, 모집단의 관련성을 추론한다. 예를 들면, 정신건강 변수와 지도성 변수와의 관계를 밝힘으로써 정신건강 변수와 지도성 변수간 관계지수가 0.80 이상으로 높게 나타났다면, 그 두 변수간의 관련성이 정립된다. 즉 두 변수간의 관계에 관한 이론이 정립된 셈이다. 이처럼 상관관계 연구에 의해서도 이론 검정이 가능하다. 또한 새로운 검사를 구안하여 공인타당도나 구인타당도를 산출하는 것도 상관관계 연구에 의하여 수행된다.

셋째, 회귀성적 특성에 따른 예언을 한다. 두 변수간 상관관계가 있다는 것이 확인되면, 개인의 한 변수 측정치를 이용하여 그 변수와 관련된 다른 변수 측정치를 예언 또는 추정할 수 있다.

### 1) 피어슨(Pearson) 적률상관계수 계산

모집단 상관관계 공식은 다음과 같다.

$$\rho(\rho) = \frac{\Sigma(X-\overline{X})(Y-\overline{Y})}{N\sigma_x\sigma_y} = \frac{\Sigma xy}{N\sigma_x\sigma_y} = \sqrt{\frac{\text{설명변량}}{\text{전체변량}}} \quad \cdots\cdots [21.1]$$

여기에서 $\rho$ = 모집단 상관계수

$\sigma_x$, $\sigma_y$ = 각각 X와 Y의 표준편차

이 공식을 보면 X변수와 Y변수의 편차점수 교적합($\Sigma$xy)은 관련성의 강도와 방향에 관련된다. 짝을 이루는 편차점수 x와 y의 부호가 동일할 때, 그 교적은 양수가 되고, x와 y의 부호가 다를 때, 그 교적은 음수가 된다. 그 편차점수 x와 y의 교적화가 양수일 때는 정적 상관을, 그 교적화가 음수일 때는 부적 상관을 뜻한다. 또한 상관관계의 높고 낮은 정도는 그 짝을 이루는 x와 y의 교적화와 $N\sigma_x\sigma_y$의 비율에 따라 결정된다. 따라서 Pearson 적률상관은 두 변수 점수의 위치간 관계를 보여준다. 편차점수의 교적과 동일하게 표준점수의 교적(ZxZy)은 상관의 강도와 방향을 밝혀준다.

표준점수(Z)에 의한 상관관계(상관관계의 정의식)는 아래와 같다.

$$r_{xy} = \frac{Cov_{xy}}{\sigma_x \sigma_y} = \frac{\Sigma(Z_x Z_y)}{N} \quad \cdots\cdots [21.2]$$

적률상관계수는 표준점수를 서로 짝지어진 대로 교적하여 합한 값을 사례수(N)로 나눈 값이다.

## 2) 원점수에 의한 상관계수 계산

$$r_{xy} = \frac{n\Sigma XY - \Sigma X \Sigma Y}{\sqrt{[n\Sigma X^2 - (\Sigma X)^2][n\Sigma Y^2 - (\Sigma Y)^2]}} \quad \cdots\cdots [21.3]$$

계산공식 [21.3]에 의해 상관관계 계수를 계산하는 과정은 다음과 같다.

단계 1 사례수, X변수 점수합($\Sigma$X), Y변수 점수합($\Sigma$Y), X제곱합($\Sigma X^2$), Y제곱합($\Sigma Y^2$) 및 X와 Y의 교적합($\Sigma$XY)을 계산하여 확인한다.

단계 2 $SS_X$, $SS_Y$ 및 $\Sigma(X-\overline{X})(Y-\overline{Y})$를 아래처럼 구한다.

① $SS_X = \Sigma X^2 - \frac{(\Sigma X)^2}{n}$

② $SS_Y = \Sigma Y^2 - \frac{(\Sigma Y)^2}{n}$

③ $\Sigma(X-\overline{X})(Y-\overline{Y}) = \Sigma XY - \frac{(\Sigma X)(\Sigma Y)}{n}$

단계 3 $r = \frac{\Sigma(X-\overline{X})(Y-\overline{Y})}{\sqrt{(SS_X)(SS_Y)}}$에 대입하면 된다.

상관관계 계수가 갖는 특성은 다음과 같이 요약할 수 있다.

① 상관계수가 영(0)이라 함은 두 변수간에 선분관계가 없다는 것을 뜻한다.

② 관계 계수의 크기는 관련성의 정도를 나타낸다. 큰 절대치는 두 변수가 밀접하게 관계됨을 뜻하며, 작은 절대치는 낮은 관계를 뜻한다.

③ 계수의 부호(+ 또는 −)는 관계의 방향을 뜻한다.

④ 상관계수($r$)는 원점수의 선형 변형에 의해 영향받지 않는다. 예를 들면, 수학능력시험 점수(500점 만점)와 대학의 교과 과정(GPA, 4.5점 만점) 성취도의 상관관계를 계산한다고 하자. 이 두 변수간 점수차이를 줄이기 위하여 수학능력 성적을 5점 만점으로 환산하거나, 동일한 점수를 가감한 후 상관관계를 계산하더라도 $r$계수는 원점수에 의해 계산된 $r$계수와 동일하다.

상관관계($r$)의 기본 가정을 생각해 보자.

① 변수 X와 변수 Y가 선분적 관계에 있다.

② 상관계수의 통계적 유의도를 검정할 때, 두 변수들의 분포는 쌍분산 정상분포(bivariate normal)를 이룬다. Y변수 점수가 X의 각 값에 대하여 정상분포를 이루고, 각 Y값에 대하여 X가 정상분포를 이룬다. 그러나 자유도가 25 내지 30 이상이면, 이 가정에 부합되지 않더라도 검사의 타당성에는 별 영향이 없다.

③ X와 Y는 무선 독립표본이다.

④ X와 Y의 측정치는 최소한 동간척도 수준을 유지한다.

$$r_{xy} = \frac{\Sigma xy}{nS_xS_y} = \frac{\Sigma xy}{n\sqrt{\frac{\Sigma x^2}{n}}\sqrt{\frac{\Sigma y^2}{n}}} = \frac{\Sigma xy}{\sqrt{\Sigma x^2}\sqrt{\Sigma y^2}}$$

$$= \frac{n\Sigma XY - \Sigma X\Sigma Y}{\sqrt{\left[n\Sigma X^2 - (\Sigma X)^2\right]\left[n\Sigma Y^2 - (\Sigma Y)^2\right]}} \quad \cdots\cdots [21.4]$$

**| 예제 1 |** 영어 성적(X)과 수렴적 사고력 검사(Y)점수간의 상관관계

| 학생 | X | Y | ② x<br>$[X-\overline{X}]$ | ③ y<br>$[Y-\overline{Y}]$ | ④$xy$ | ⑥$x^2$ | ⑦$y^2$ | $X^2$ | $Y^2$ | XY |
|---|---|---|---|---|---|---|---|---|---|---|
| 1 | 52 | 60 | 1.75 | 8.5 | 14.875 | 3.0625 | 72.25 | 2704 | 3600 | 3120 |
| 2 | 57 | 52 | 6.75 | .5 | 3.375 | 45.5625 | .25 | 3249 | 2704 | 2964 |
| 3 | 53 | 54 | 2.75 | 2.5 | 6.875 | 7.5625 | 6.25 | 2809 | 2916 | 2862 |
| 4 | 30 | 34 | -20.25 | -17.5 | 354.375 | 410.0625 | 306.25 | 900 | 1156 | 1020 |
| 5 | 48 | 56 | -2.25 | 4.5 | -10.125 | 5.0625 | 20.25 | 2304 | 3136 | 2688 |
| 6 | 46 | 44 | -4.25 | -7.5 | 31.875 | 18.0625 | 56.25 | 2116 | 1936 | 2024 |
| 7 | 60 | 58 | 9.75 | 6.5 | 63.375 | 95.0625 | 42.25 | 3600 | 3364 | 3480 |
| 8 | 56 | 54 | 5.75 | 2.5 | 14.375 | 33.0625 | 6.25 | 3136 | 2916 | 3024 |
| 총점<br>($\Sigma$) | 402 | 412 | 0 | 0 | ⑤479.00 | ⑧617.50 | ⑨510.00 | 20818 | 21728 | 21182 |
| ①평균 | 50.25 | 51.5 | | | ⑩ $\sqrt{\Sigma x^2} = 24.85$ | | ⑪ $\sqrt{\Sigma y^2} = 22.58$ | | | |
| | $(\overline{X}$ | $, \overline{Y})$ | | | | | | | | |

공식 [21.4]에 의해 상관관계 계수 $r_{xy}$를 계산하는 절차는 아래와 같다.

단계 1 점수를 서로 짝지어 정리(기록)한다.

단계 2 변수 X와 변수Y의 평균치를 계산한다(①).

단계 3 원점수 X와 Y를 편차점수 ($x = X - \overline{X}$, $y = Y - \overline{Y}$)로 환산한다(②, ③).

단계 4 X와 Y의 편차점수를 교적(xy)한다④. 그리고 난 후, 그 교적합 $\Sigma xy$를 구한다(⑤). 이 교적합이 분자가 된다.

단계 5 편차점수 x와 y를 각각 제곱한다⑥, ⑦. 제곱한 편차점수를 각각 합한 후(⑧,

⑨) 제곱근을 각각 구한다. 편차점수 각각의 합한 값을 제곱근하여 곱하면 분모가 된다(⑩, ⑪).

단계 6 분자($\Sigma$xy)를 분모( $\sqrt{\Sigma x^2}\ \sqrt{\Sigma y^2}$ )에 의해 나누면 r이 구해진다.

$$r_{xy} = \frac{\Sigma xy}{\sqrt{\Sigma x^2\,\Sigma y^2}} = \frac{479}{\sqrt{(617.5)(510)}} = .853 \quad \text{(편차점수)}$$

$$r_{xy} = \frac{n\Sigma XY - \Sigma X \Sigma Y}{\sqrt{[n\Sigma X^2 - (\Sigma X)^2][n\Sigma Y^2 - (\Sigma Y)^2]}} \quad \text{(원점수)}$$

$$= \frac{8 \times 21182 - (402)(412)}{\sqrt{[8 \times 20818 - (402)^2][8 \times 21728 - (412)^2]}}$$

$$= \frac{3832}{\sqrt{(4940)(4080)}} = \frac{3832}{4489.454} \fallingdotseq .853$$

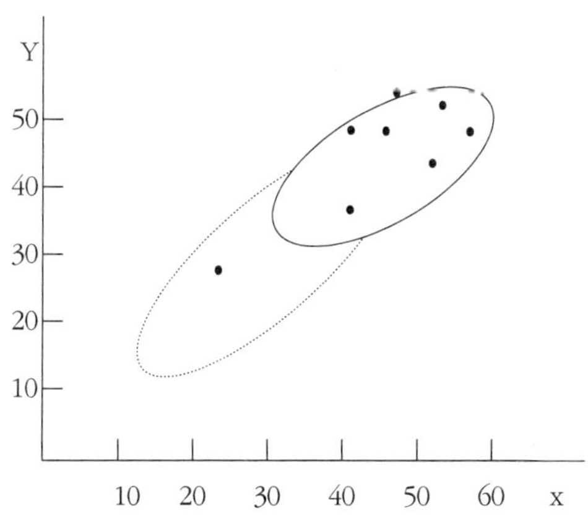


[그림 21-1] X와 Y의 분포도(산포도)

해석 : 영어성적과 수렴적 사고력간의 상관관계는 $\gamma$ = .853으로 높게 나타났다. 그 결정계수($r^2$)도 .728로서 72.8%에 이른다. 따라서 수렴적 사고력 정도는 영어성적에 의해 72.8%가 예언 또는 설명된다(여기에서는 통계적 검정과정이 생략되었다는 사실을 밝혀둔다). 특정 피험자(4번 학습자)의 검사점수 때문에 두 변수간 상관관계 계수가 .85에 이르고 있다는 현상도 주의할 필요가 있다.

그러면 상관관계분석 결과의 해석에 유의해야 할 사항을 살펴보자. 첫째, 상관은 두 변수간의 공변 관계이지, 인과관계는 아니다. 둘째, 관계의 고저를 결정하는 것 뿐만 아니라, 통계적인 유의도와 실제적인 의의도간의 차이도 고려해야 한다.

## 2 상관관계와 인과관계

상관관계는 인과관계의 필요조건일 뿐 충분조건은 아니다. 상관계수를 원인-결과의 관계로 해석하는 데에는 아래의 세 조건을 만족해야 한다(이종성, 1989).

첫째, 변수 X(독립변수)가 종속변수 Y보다 시간적으로 먼저 존재하거나 조작되어야 한다. 둘째, X와 Y는 공변(covariates) 관계이어야 한다. 셋째, X와 Y에 모두 원인이 되는 위장변수가 없어야 한다. 또한 위장변수를 통제하더라도 X와 Y간에 상관관계가 유지되어야 한다.

인과관계를 입증하기 위해서는 두 변수에 모두 영향 미치는 위장변수나 외연변수(연구자의 관심밖에 있는 독립변수)를 통제할 수 있는 실험연구의 수행이 바람직하다. 상관관계는 실험적 조작이라기보다는 전적으로 관찰에 기초한 통계분석 유형이다.

인과성은 실험조작뿐 아니라 무선배정과도 관련된다. 달리 표현하자면, 동일한 전집으로부터 실험집단과 통제집단(비교집단)을 무선적으로 선정하여 출발점을 동일하게 만든 후, 실험집단에는 실험조작을 가하고 통제집단에는 가하지 않는다. 실험결과, 두 집단간에 의도한 점수의 차이가 나오면 실험의 효과가 있다고 보는 것이다.

### 1) 영상관과 인과성

정적 상관관계가 인과성을 나타낸다고 볼 수 없듯이, 영상관이 인과관계가 없다는 것을 의미하는 것은 아니다. 예를 들면, 학습자들의 시험준비에 투입한 시간량과 시험점수간 상관관계를 연구한 결과 상관성이 없는 것으로 밝혀졌다. 그러면 학생이 시험준비하는 시간량은 시험성적에 전혀 영향 미치지 않는 것을 뜻하는가? 물론 그렇지 않다. 총명한 학습자는 별로 많이 공부하지 않더라도 평균 성적을 유지하는 반면, 뛰어나지 못한 학습자는 열심히 공부하지만 겨우 평균성적을 유지한다. 엄격한 실험연구를 통해서 독립변수(학습시간량)가 준거변수(성취도)에 미치는 영향정도를 확인할 수 있을 것이다.

### 2) 부적 상관관계와 연관성

부적 상관관계라 할지라도 정적이고 직접적인 인과관계의 가능성을 배제하지는 않는다. 예를 들면, 대학수험생을 대상으로 하여 피아노 기능능력과 농구실력이 얼마나 상관관계가 있는지를 조사한다. 일반적으로 피아노 기능능력이 뛰어나면 농구하는데 시간을 거의 투자하지 못하게 된다. 피아노 연습에 의해 발달된 손가락 협응력이 농구실력 향상에 도움을 준다고 할지라도 피아노 기능과 농구실력 사이에는 부적 상관관계가 관찰될 수 있다. 달리 표현하자면, 피아노 기능과 농구실력간의 부적 상관관계가 관찰되었다 할지라도 실험연구에 의해 피아노 연주가 농구기능의 향상에 효과가 있을 것이라는 것을 검정할 수 있다.

지금까지 논의한 것을 정리하면, 상관관계를 이용하여 인과관계를 추론할 때 주의해야 한다. 두 변수간의 영상관이나 부적 상관에 기초하여 인과관계가 없다고 성급하게 결론지어서는 안된다.

### 3) 상관계수와 변산도

X 및 Y 변수의 변산도가 작을수록 상관계수는 낮아지며, 역으로 변산도가 클수록 상관계수는 높아진다. 반분검사 신뢰도도 검사의 길이가 짧아짐에 따라 그 변산 범위도 줄어들어서 원래의 검사 점수에 의한 신뢰도보다 낮아지는 경향이 있다.

상관계수에 관하여 유의해야 할 사항을 살펴보자.

① Pearson 적률상관계수는 두 변수간 선형관계에 적합할 뿐이다. 곡선적일 때는 그에 적합한 기법을 적용해야 한다.

② 상관계수는 두 변수의 측정치 범위(변산도)에 민감하다. 상관계수와 변수의 변산도간 관계에서 논의했지만, 한 변수의 범위, 또는 두 변수들 모두의 범위가 적을수록 상관계수의 절대값은 작아진다.

③ 상관계수는 다른 통계치와 마찬가지로 표본의 변동에 의해 크게 좌우된다. 따라서 사례수가 적을 때보다 많을 때 상관계수(r)는 더 안정적이 된다.

④ 두 변수간에 꼭 '그' 상관계수만 존재하지는 않는다. 앞에서도 언급했지만, r값은 여러 요인 때문에 변한다. 먼저, 표본에 따라 r이 달라진다. 둘째, 변수를 측정하는 방법에 따라 r계수가 달라진다. 셋째, 변수가 작용하는 특수한 조건에 따라 r계수가 달라진다. 따라서 상관계수 r을 보고할 때는 적용된 측정치의 기술통계(평균, 표준편차 등)와 상관계수가 획득된 상황까지 명료하게 진술해야 한다.

## 3 상관계수의 통계적 검정

영가설($\rho_{XY} = 0$, 전집치 X와 Y간 상관관계가 영이다)의 통계적 검정을 통해서 연구자는 X와 Y 두 변수가 전집에서 선형관계에 있는지를 결정하게 된다. 그러나, 이론이나 선행연구 또는 관련 참고문헌에 기초하여 X와 Y간의 상관관계가 정적이라고 기대할 수 있다면 $\rho_{XY}$는 영(0)대신 수치(실수)가 될 수도 있다. 즉 $\rho_{XY}=0$ 대신 $\rho_{XY}=.40$ 등이 될 수 있다. 상관관계에서 영가설은 다음과 같이 나타낼 수 있다. 방향을 고려하지 않고 단지 영(0) 또는 구체적인 계수와 유의미한 차이가 있는지의 여부를 밝히는데 필요한 양방가설은 다음과 같다.

$H_0$: $\rho_{XY}=0$ 또는 $\rho_{XY}=$ 구체적 계수값

$H_a$: $\rho_{XY}\neq 0$ 또는 $\rho_{XY}\neq$ 구체적 계수값

방향이 결정된 가설, 즉 일방검정 가설은 다음과 같다.

$H_0$: $\rho_{XY}=0$ 또는 $\rho_{XY}=$ 구체적 계수값

$H_a$: $\rho_{XY}>0$ 또는 $\rho_{XY}>$ 구체적 계수값 (정적 계수)

$H_a$: $\rho_{XY}<0$ 또는 $\rho_{XY}<$ 구체적 계수값 (부적 계수 또는 작은 계수)

t분포는 $\rho_{XY}=0$ 이라는 영가설 검정을 위한 확률분포로 사용될 수 있다.

## 1) t 검정법

소표본에서는 표본오차 때문에 상관계수가 영(0)인지의 여부를 밝힐 필요가 생긴다. 이 때 사용하는 것이 t비이다.

$$t=\frac{r\sqrt{n-2}}{\sqrt{1-r^2}} \quad \cdots\cdots [21.5]$$

(여기에서 $df=n-2$)

계산된 t 값이 임계치 t 값보다 크면, 그 상관계수는 영(0)이 아닌 선형상관이 있음을 뜻한다. n이 클수록 $\gamma$은 통계적으로 유의미할 가능성이 높다. 따라서 실제적인 상관계수의 유용성을 항상 고려해야 한다.

t비에서는 두 모집단의 짝진 사례(수)간 상관계수가 영(0)이라는 영가설을 함축한다. 때문에 연구가설(대립가설)은 두 모집단의 짝진 사례간 상관관계가 영(0)보다는 의의 있게 차이 있다고 진술된다.

**| 예제 2 |** 부모의 기대감 정도와 자녀의 적극적인 학습 태도간에 상관관계가 있는지 알아보기 위해, 각 영역에 관한 검사지를 구안하여 피험자 120명의 응답을 받았다. 상관계수는 $\gamma$ = .52로 나왔다. 통계적으로 의의가 있는가?

| 풀 이 | $t = \dfrac{r\sqrt{n-2}}{\sqrt{1-r^2}}$ $\quad (df = 120 - 2 = 118)$

$$= \frac{.52\sqrt{118}}{\sqrt{1-(.52)^2}} = \frac{5.649}{.854} = 6.61$$

$$t_{crt,\ \alpha=.05} = 1.98 < t_{obt,\ \alpha=.05} = 6.61$$

따라서 영(0)과는 의의있게 다르다: 부모의 기대감 정도가 높아짐에 따라 자녀의 학습 태도도 적극적인 경향이 있음을 알 수 있다. 그러나 확실한 상관이 있을 뿐이라는 데 주의해야 한다.

## 4 두 독립표본에서 얻어진 상관계수간 차이검정

서로 독립적인 표본에서 획득된 두 상관관계 계수 $r_1$과 $r_2$기 있다. 이 두 상관계수가 우연히 차이를 보이는 것인지 아니면 서로 다른 두 모집단에서 무선표본된 것인지를 알아보려고 한다.

예를 들어보자. 최근 많이 연구되고 있는 컴퓨터 보조수업 프로그램이 학습흥미의 높고 낮은 정도에 관계없이 효과적인지를 탐색하려고 한다. 실험집단을 학습흥미가 높은 집단과 학습흥미가 낮은 집단으로 나누어 이 교수법을 실시한다. 이 때 학습흥미가 높은 집단의 경우, 실험/시험 불안점수와 성취도간의 상관관계는 영상관일 것이다.

다른 한편 학습흥미가 낮은 집단의 경우, 실험/시험 불안점수와 성취도간에 부적인 상관이 있을 텐데 이는 불안정도가 낮은 학생들이 높은 성취도를 획득할 것이기 때문이다. 이 검정의 취지는 흥미의 높고 낮은 정도에 따라 학습자들의 성취도와 불안정도간 차이가 우연한 차이인지 아니면 유의미한 차이인지를 밝히는 데 있다. 두 표본에서 각각 독립적으로 획득된 상관계수에는 의의가 있다. 따라서 상관계수간 차이 여부뿐만 아니라, 어느 상관계수가 유의미하게 높은지를 밝혀야 한다.

독립적인 표본에 의한 표본 상관관계들간 차이의 표본분포는, 관찰된 상관관계를 Fisher의 Z점수로 환산해서, 정상분포 모형에 의거해서 계산 · 검정할 수 있다.

즉, 다음의 공식에 의해 그 차이가 검정될 수 있다.

$$Z_{r_1 - r_2}(\text{관찰결과}) = \frac{Z_{r_1} - Z_{r_2}}{S_{r_1 - r_2}} \quad \cdots\cdots [21.6]$$

<표 21-1> 두 독립표본 변수들의 원점수 측정치

| | 흥미정도 | | | | |
|---|---|---|---|---|---|
| | 높은 흥미 집단 | | | 낮은 흥미 집단 | |
| 피험자 | 불안점수($X_1$) | 성취도($Y_1$) | 피험자 | 불안점수($X_2$) | 성취도($Y_2$) |
| 1 | $X_{11}$ | $Y_{11}$ | 1' | $X_{12}$ | $Y_{12}$ |
| 2 | $X_{21}$ | $Y_{21}$ | 2' | $X_{22}$ | $Y_{22}$ |
| 3 | $X_{31}$ | $Y_{31}$ | 3' | $X_{32}$ | $Y_{32}$ |
| ⋮ | ⋮ | ⋮ | ⋮ | ⋮ | ⋮ |
| n | $X_{n1}$ | $Y_{n1}$ | K | $X_{n2}$ | $Y_{n2}$ |

$H_o: \rho_1 = \rho_2 \qquad H_a: \rho_1 > \rho_2$

여기에서, $Z_{r_1}$과 $Z_{r_2}$ = 각 집단의 두 변수간 상관계수의 환산 표준 점수

$S_{r_1 - r_2}$ = 두 상관관계들간의 차이의 표준오차이며

$= \sqrt{\frac{1}{n_1 - 3}} + \sqrt{\frac{1}{n_2 - 3}}$ 이다.

■ **설계의 요건** : 다음의 조건이 구비되어야 두 독립표본에 기초한 상관관계 계수들간의 차이를 검정할 수 있다.

ⓐ 피험자들이 독립적이고 무선적으로 표본되어야 한다.

ⓑ 설계의 어느 한 세포(실험집단)에만 피험자가 참여해야 한다.

ⓒ 각 피험자를 대상으로 두 가지 측정이 가능하다.
일반적으로 독립변수(X) 및 종속변수(Y)이다.

■ **가설** : 양방검정과 일방검정의 경우, 영가설과 상대가설은 다음과 같다.

ⓐ 양방검정

$H_0: \rho_1 - \rho_2 = 0$ 또는 $\rho_1 = \rho_2 \qquad H_a: \rho_1 - \rho_2 \neq 0$ 또는 $\rho_1 \neq \rho_2$

ⓑ 일방검정

$H_0: \rho_1 - \rho_2 = 0$ 또는 $\rho_1 = \rho_2 \qquad H_a: \rho_1 - \rho_2 < 0$ 또는 $\rho_1 < \rho_2$

$H_0: \rho_1 - \rho_2 = 0$ 또는 $\rho_1 = \rho_2 \qquad H_a: \rho_1 - \rho_2 > 0$ 또는 $\rho_1 > \rho_2$

■ **기본 가정** : 영가설을 검정하는 과정에 세 가지의 기본 가정이 필요하다.

ⓐ 독립적인 표본이라고 가정할 수 있어야 한다.

ⓑ 각 표본의 모집단은 정상분포(bivariate normality)를 이루어야 한다.

ⓒ 각 집단의 표본 크기는 20명 이상이어야 한다($n_1 \geq 20$, $n_2 \geq 20$).

통계검정에 따른 결정 규칙 : 이 검정기법은 $Z_{r_1 - r_2}$(두 상관계수간 차이의 표준점수)의 표본분포 모형으로서 정상분포곡선을 이용하기 때문에, 임계치는 자유도에 구애받지 않고 구체적으로 진술될 수 있다. 즉 정상분포곡선 방식에 의해 의사결정이 될 수 있다.

<표 21-2> 통계적 의사결정 원칙

| 검정 | $\alpha$ | 영가설 수용 | 영가설 기각 |
|---|---|---|---|
| 양방 | .05 | $\vert Z_{r_1 - r_2} \vert$ (관찰치) 〈 1.96 | $\vert Z_{r_1 - r_2} \vert$ (관찰치) $\geq$ 1.96 |
| | .01 | $\vert Z_{r_1 - r_2} \vert$ (관찰치) 〈 2.58 | $\vert Z_{r_1 - r_2} \vert$ (관찰치) $\geq$ 2.58 |
| 일방 | .05 | $\vert Z_{r_1 - r_2} \vert$ (관찰치) 〈 1.65 | $\vert Z_{r_1 - r_2} \vert$ (관찰치) $\geq$ 1.65 |
| | .01 | $\vert Z_{r_1 - r_2} \vert$ (관찰치) 〈 2.33 | $\vert Z_{r_1 - r_2} \vert$ (관찰치) $\geq$ 2.33 |

**| 예제 6 |** 다음은 교수법(토의법과 개별지도법)에 따른 동기유발 정도와 성취도에 관한 자료이다. 토의법을 적용한 집단의 동기유발 정도와 성취도간 상관계수가 개별지도법을 적용한 집단의 동기유발 정도와 성취도간 상관계수와 차이가 있는지를 검정하려고 한다.

| | 교수법(처치) | | | |
|---|---|---|---|---|
| | 토의법 | | 개별지도법 | |
| 기술 통계 | 동기유발 | 성취도 | 동기유발 | 성취도 |
| M(평균) | 24 | 58 | 21 | 62 |
| SD(표준편차) | 4 | 6 | 3.5 | 5.8 |
| $r_{XY}$ | -.32 | | .45 | |
| n | 54 | | 54 | |

① 통계 가설 $H_0 : \rho_1 = \rho_2 \quad H_a : \rho_1 \neq \rho_2$

② 유의도 수준 $\alpha$ = .01

③ 통계적 검정 과정

$r_{X_1Y_1}$ = -.32 → Z = -.332

$r_{X_2Y_2}$ = .45 → Z = .485

$$Z_{r_1-r_2}(\text{관찰치}) = \frac{Z_{r_1} - Z_{r_2}}{\sqrt{\frac{1}{n_1-3} + \frac{1}{n_2-3}}}$$

$$= \frac{(-.332) - .485}{\sqrt{\frac{1}{51} + \frac{1}{51}}} = -4.126$$

$|Z_{r_1-r_2}|(\text{관찰치}) > Z_{crt}$(표준점수에 의한 산출이므로 자유도가 필요없다.)

$|-4.126| > 2.58$ 이므로 영가설이 기각되고, 두 집단에서 나온 상관계수는 통계적으로 의미있게 다르다고 말할 수 있다.

## 5 상관계수들의 평균치

한 표본 자료에서 얻은 상관계수보다는 여러 표본에서 얻은 상관계수를 평균한 경우가 더 신뢰로운 상관계수이다. 상관계수는 같은 측정단위가 아니고 하나의 지수이므로 평균하는 방법이 다양하다. 상관계수가 일반적으로 .25 이하의 낮은 계수일 때는 아래처럼 단순 산술평균으로 계산해도 무방하다.

$(r_1 + r_2 + r_3 \;\ldots\ldots\ldots\; r_k) \div k$

상관계수가 클 경우에는 Fisher의 Z함수를 많이 사용한다. 이 Z함수는 $\gamma$들이 상당히 다를 때에도 사용할 수 있다. 공식은 다음과 같다.

$$Z = \frac{1}{2} log_e \frac{1+r}{1-r}$$

$$= 1.1513 \log_{10} \frac{1+r}{1-r}$$

$$= \frac{1}{2}[\log_{10}(1+r) - \log_{10}(1-r)] \quad \cdots\cdots [21.7]$$

(여기에서 $\log_{10}$은 자연 대수)

각 상관계수를 위의 공식에 의해 Z점수로 변환해서 평균치 Z점수를 산출한다(상관계수를 Fisher Z점수로 변환한 수표를 보고 구할 수도 있다). 이 산출된 산술평균치 Z에 해당되는 상관계수를 찾으면, 이 값이 곧 상관계수들의 평균이다.

**| 예제 7 |** 여섯 표본집단을 대상으로 영어와 사회과목 성취도의 상관관계를 내었더니

결과가 다음과 같다. $r_1$ = .75, $r_2$ = .85, $r_3$ = .80, $r_4$ = .90, $r_5$ = .78, $r_6$ = .72 였다. 이들 $\gamma$의 평균치는?

이들 $\gamma$ 각각의 Fisher Z는 .973, 1.256, 1.099, 1.472, 1.045, 및 .908이다.

$$Z = \frac{.973 + 1.256 + 1.099 + 1.472 + 1.045 + 0.908}{6} \fallingdotseq 1.126$$

$Z = 1.126$을 $\gamma$로 변환하면, .808 정도가 됨을 알 수 있다.

## 6 상관관계에 영향을 미치는 요인

상관계수는 작용하는 요인에 따라 과소 추정 또는 과대 추정된다. 따라서 표본에서 산출된 상관계수의 참 정도를 확인 및 고려하기 위해서는 상관관계에 영향 미치는 요인을 이해해야 한다. 표본의 특성과 사례수, 측정도구의 신뢰도, 점수의 변산 정도와 비연속성, 묶음에 따른 오차, 제 3의 매개변수 등을 알아본다.

### 1) 표본의 특성과 사례수

표본의 근본적인 중요성은 전집(일반적으로 대규모)을 대표하는 데 있다. 그 표본 과정에서 선택적이거나 의도적인 표본을 하면 모집단을 대표하기보다는 모집단을 왜곡하여 추정하게 된다. 또한 무선적 표본과정에서 생기는 오차(표본오차) 문제도 고려해야 한다. 무선표본과 함께 표본의 크기를 적정하게 결정함으로써 전집치의 대표성을 높일 수 있다. 또한, 표본이 크면 표본상관계수는 안정적인 값을 가지게 되므로 잘 변하지 않게 된다. 반대로 표본의 크기가 작으면 표본에 따라 그 계수가 변하게 되어 모집단 상관계수와 멀어진다.

### 2) 검사도구의 신뢰도

검사과정에서는 도구의 안정성, 항상성, 합치성 정도가 높아야 한다. 신뢰도 지수는 상관계수(검사-재검사간의 상관계수, 동형검사간의 상관계수 등)로 나타낸다. 검사점수의 신뢰성이 낮아지면, 검사간 진점수의 상관계수가 낮아지기 마련이다.

행동과학 분야에서는 검사의 진점수 상관계수를 이론적으로 알아보기 위해서 축소화 교정 공식을 적용하고 있다. X변수와 Y변수의 진점수 상관계수 r 산출공식이다.

$$r_{\infty\infty} = \frac{r_{xy}}{\sqrt{r_{x1x2} \times r_{y1y2}}} \quad \cdots\cdots [21.8]$$

$r_{\infty\infty}$ = 진점수 상관관계

$r_{x1x2}$ = 검사 X의 신뢰도 계수

$r_{y1y2}$ = 검사 Y의 신뢰도 계수

$r_{xy}$ = 검사 X와 검사 Y결과의 상관계수

진점수의 상관이 완전하더라도( r = 1.00), 두 변수 검사점수의 신뢰도가 완전하지 않는 한, $r_{\infty\infty} = 1.00$을 획득하기란 실제로 불가능하다.

**| 예제 8 |** 언어능력(X)과 확산적 사고력(Y)간 상관관계를 밝히기 위해 60명의 무선 표본된 피험자를 통해서 검사를 실시했다. $r_{xy} = .62$이다. 두 검사의 재검사 신뢰도는, 각각 .72 및 .84이다. 두 검사의 신뢰도가 완전하다면 r 의 실제값은 얼마인가?

$$r = \frac{.62}{\sqrt{.72 \times .84}} = .80$$

따라서 두 검사의 신뢰도가 완전하다고 가정하면, 두 검사(진 점수간)의 신뢰도는 .80정도일 것이다(검사점수간 상관계수보다 높다).

### 3) 점수의 변산도와 비연속성

점수의 변산이 클수록 높은 상관관계를, 변산이 작을수록 낮은 상관관계를 얻는다. 예를 들면, 피험자의 학력과 창의력간의 상관관계를 밝히기 위해서 학력의 상위 10%에 해당하는 피험자들을 대상으로 실시한 점수의 상관계수는 성적에 관계없이 참여한 모든 피험자들을 대상으로 실시한 점수의 상관계수보다 낮아진다.

점수의 변산(범위)이 축소되면 r 을 교정해야 하기 때문에 반분검사의 신뢰도를 교정하여 전체검사의 신뢰도를 추정한다. 이런 경우, Spearman-Brown 공식으로 반분검사 신뢰도를 교정하여 전체검사의 신뢰도를 추정한다.

검사의 길이를 P배 했을 때 상관계수를 계산하는 공식은 다음과 같다.

$$r_p = \frac{\mathrm{P} r_s}{(P-1)r_s + 1} \quad \cdots\cdots [21.9]$$

예를 들면, 반분검사의 신뢰도가 .65일 때, 전체검사의 신뢰도는 다음과 같다.

$$r_p = \frac{2 \times .65}{(2-1)(.65)+1} \fallingdotseq .79$$

검사의 길이를 두 배로 늘린 결과 신뢰도는 .79로 올라갔다.

### 4) 자료의 묶음 크기

자료를 거칠게 묶을수록(급간수가 적을수록) 상관계수는 낮아진다. 극단적인 경우, 두 변수를 하나의 급간으로 묶어버리면 상관계수는 영이 될 수 있다는 것을 생각하면 이해하기 쉽다. 이것은 묶음에서 생기는 오차 때문이다. 묶음오차로부터 $r$을 교정하는 한 방법으로, $r = \dfrac{\Sigma xy}{Ns_X s_Y}$ 에서 $s_X$와 $s_Y$를 교정하여 상관계수를 계산한다. 거칠게 묶어서 계산한 표준편차 s는 실제보다 더 커지기 때문에 상관관계는 낮아진다. Shepard의 교정 표준편차 Sc는 다음과 같다.

$$S_c = \sqrt{s^2 - \frac{i^2}{12}}$$

$$S_c = i\sqrt{\frac{\Sigma fx'^2}{N} - \left\{\frac{\Sigma fx'}{N}\right\}^2} \quad \cdots\cdots [21.10]$$

$S$ = 묶은 자료의 표준편차

$i$ = 급간의 거리

### 5) 제3의 매개변수

두 변수간의 실제적인 상관관계는 높을지라도 제3의 변수 때문에 낮아질 수도 있다. 두 변수 X와 Y가 다른 변수 Z와 상관관계가 있고, 이 상관이 X와 Y변수의 상관관계와 반대방향일 때 X와 Y간 상관관계는 낮아진다.

제 3의 변수가 개입되어 두 변수간 상관관계가 부적합하게 높아지는 경우도 있다. 먼저, 문항이 중복되는 경우이다. 부분과 전체간 상관관계를 생각해 보면, 특정 부분에 속하는 문항은 전체에도 속하는 중복성으로 인해 상관계수가 부적당하게 높아진다. 둘째, X 변수와 Y변수 각각이 Z변수와 갖는 상관관계가 $r_{xy}$와 동일한 방향일 때는 $r_{xy}$도 부당하게 높아지게 된다.

### 6) 분포형태

변수 X나 Y가 편포되어 있어서 곡선적 관계를 가지게 되면 상관계수는 선분적 특성이 아니기 때문에 타당한 상관계수가 산출되지 않는다.

# 21 연 | 구 | 문 | 제

1. 다음은 고등학생들의 검사결과이다.

| 피험자 | IQ(X) | 불안 (Y) | 통계학(Z) |
|---|---|---|---|
| 1 | 140 | 14 | 42 |
| 2 | 130 | 20 | 44 |
| 3 | 120 | 29 | 35 |
| 4 | 119 | 6 | 30 |
| 5 | 115 | 20 | 23 |
| 6 | 114 | 27 | 27 |
| 8 | 114 | 29 | 25 |
| 7 | 113 | 30 | 20 |
| 9 | 112 | 35 | 16 |
| 10 | 111 | 40 | 12 |

1) IQ와 Y와의 상관관계 계수를 계산하고 통계적 검정을 하시오.

2) X와 Z와의 상관관계 계수를 계산하고 유의도를 확인하시오.

3) Y와 Z와의 상관관계를 계산하시오.

2. 다음은 N(사례수)과 r (상관관계)이다. .05 수준에서 유의도를 확인하시오.

1) N = 100, r = .22

2) N = 10, r = .60

3) N = 9, r = .70

4) N = 36, r = .33

5) N = 90, r = -.42

3. 사회성이 낮은 집단과 높은 집단의 IQ와 창의성에 대한 자료이다.

| 사회성 (상) | | 사회성 (하) | |
|---|---|---|---|
| IQ | 창의성 | IQ | 창의성 |
| 124 | 82 | 114 | 72 |
| 118 | 92 | 117 | 75 |
| 116 | 78 | 115 | 80 |
| 120 | 90 | 119 | 79 |
| 110 | 68 | 115 | 84 |
| 126 | 94 | 108 | 76 |
| 108 | 60 | 115 | 86 |
| 114 | 72 | 116 | 84 |

1) 가설을 세우시오.
2) 통계적 가설을 쓰시오.
3) 가설을 검정하시오(해석 및 결론).

4. $r_{ab}$ = .43, $r_{cd}$ = .62이고 각 집단의 사례수(짝의 수)는 각각 48명, 54명이다. 두 상관계수의 차이의 의의를 알아보시오.

5. $r_1$ = .48, $r_2$ = .59, $r_3$ = .72, $r_4$ = .84, $r_5$ = .64이다. 이들 다섯 r 의 평균을 구하시오.

6. 566문항으로 구성된 MMPI(미네소타 다중 인성 검사)점수와 사회적 적응검사 점수 간 상관관계가 .74이었다. MMPI 간편검사(120 문항)를 80명에게 실시했다. 그 결과 상관계수가 .62로 밝혀졌다. 이 차이는 의미가 있을까?

7. 상관관계는 두 개 혹은 그 이상의 변수들간 (        )의 크기와 방향에 관한 것이며, 회귀는 한 변수의 성취를 앎으로써, 다른 변수(물론 관련변수)의 성취를 (        )하는 것을 다룬다.

8. 다음의 변수들을 독립변수와 종속변수로 구별하고, 그렇게 결정하게 된 이유를 기술하시오.
1) 대학수학능력고사 성적　　2) 대학 성적

9. 예측하기 위하여 사용되는 변수를 (        ) (이)라 하고, 예측되는 변수를 (        ) (이)라 한다.

10. 독립변수는 좌표상 보통 (        )축을 따라 표시한다.

CHAPTER 22

# 특수상관관계

이 장에서는 두 변수가 서열척도이거나 본래는 동간척도인데 필요에 따라 서열화된 경우에 사용하는 등위상관계수, 한 개의 변수는 연속적이고 다른 한 변수는 이분변수일 때 적용되는 양류점상관계수나 양분상관계수법, 두 변수가 모두 이분유목 변수일 때 적용되는 사분상관계수, 등위변수와 이분변수간 상관성 계산에 적용되는 등위양분 상관계수법 등을 탐구한다.

## 1 스피어만(Spearman) 등위상관계수

두 변수가 등위로 제시된 서열변수일 경우에 쓰는 상관계수이다. X변수 서열의 어느 정도가 Y변수 서열과 일치하는가? 서열들간의 일치도에 관한 기술적 지수는 어떤 점수의 서열 자료에 기초하여 계산된다. 적률상관계수는 다음과 같은 방법으로 해석한다.

예를 들면, 두 상담 교사가 10명의 피상담자를 대상으로 하여, 신경불안중이 심한 정도에 대한 순위를 매겼다. 심하지 않는 경우는 1점, 가장 심한 경우는 10점으로 하였다. 두 상담자가 어느 정도로 비슷하게 피험자들의 신경불안중 순위를 정하였는가?

순위는 연속적인 점수에 비해 정보를 충분히 제공해 주지 못한다. 상담자 A는 영이에게 최하위 순위를, 상담자 B는 철수에게 최하위 순위를 줄 수 있다. 검사 점수와 같은 연속적인 점수를 사용할 경우, 피험자의 점수가 비슷한지 아니면 다른지를 바로 알 수 있다(예, 철수는 75점, 영이는 96점). 그러나 서열(순위)만을 볼 때는 두 피험자간의 차이를 파악할 수 없다.

<표 22-1> 등위상관계수 계산을 위한 기본 자료

| 피험자 명 단 | 상담자 A가 매긴 순위(X) | 상담자 B가 매긴 순위(Y) | D (X - Y) | D2 (X - Y)2 |
|---|---|---|---|---|
| 정희 | 3 | 4 | -1 | 1 |
| 철수 | 2 | 1 | 1 | 1 |
| 미원 | 5 | 6 | -1 | 1 |
| 찬수 | 9 | 7 | 2 | 4 |
| 영이 | 1 | 3 | -2 | 4 |
| 연요 | 10 | 10 | 0 | 0 |
| 복수 | 8 | 9 | -1 | 1 |
| 연수 | 4 | 2 | 2 | 4 |
| 정아 | 7 | 5 | 2 | 4 |
| 영아 | 6 | 8 | -2 | 4 |
| | | | | $\Sigma D^2$ = 24 |

## 1) 스피어만의 등위상관계수 계산공식

X와 Y가 등위로 되어 있고 동일한 등위가 없으며, 양쪽(X와 Y)분포가 동일한 평균과 동일한 분산을 유지하게 될 때, 두 변수의 값(평균과 분산)은 짝의 수(n)에 의해 좌우된다. 따라서 공식[22.1]이 성립한다.

$$\rho(\text{또는 } r_s) = 1 - \frac{6\sum_{i}^{N} D_i^2}{N(N^2-1)} \quad \text{[22.1]}$$

$D_i$ = 특정 개인에 관계된 두 순위 짝 간의 차이

$N$ = 피험자(짝 지어진 사례) 수

이 $r_s$는 적률상관계수 $r$의 특수한 경우이다. 적률상관계수 $r$은 X와 Y가 각각 동일한 등위로 겹치지 않는다면 $r_s$ 계수와 동일한 값을 갖는다. 등위가 겹칠 경우, 양쪽(X와 Y)의 평균치가 동일할지라도, 분산이 달라지기 때문에 $r$(적률상관계수)과 $r_s$(등위상관계수)는 달라진다.

$$r_s = 1 - \frac{6(24)}{10(10^2-1)} = .85$$

Spearman의 등위상관계수는 순위(서열)가 서로 다를 때는 계산하기가 매우 편리하다. $r_s$의 범위는 -1.0~+1.0 이며, 높은 $r_s(\rho)$계수는 "두 짝진 서열(순위)이 거의 같다는 것"을 의미하며, 낮은 $r_s$계수는 "두 짝진 순위가 매우 다르다는 것"을 뜻한다. 또한 -1.0은 두 짝진 서열이 정반대임을 뜻한다.

### 2) 동등한 순위 문제

만약 상담자 X의 경우 미원, 영아, 정아를 각각 5, 6, 7 순위로 정하는 대신 모두 5위(예: 5, 5, 5)로 매겼을 경우, (5+6+7)÷3인 6위의 순위를 부여하고, 그 다음(이 세 사람 다음 순위)은 8위가 된다. 동등한 순위로 나온 자료가 많을 경우 위의 계산 공식은 과대 측정될 위험이 있다.

### 3) Spearman 등위상관계수의 의의도 검정

적률상관계수와 비슷하다고는 하지만, 표본된 모집단에서 "순위가 독립적이라는 영가설"을 검정할 때는 "Spearman의 서열상관계수 임계치 표"를 보아야 한다. 위에서 계산된 $r_s$ 계수($r_s$=.85)의 통계적 유의도(의의도)를 표 E와 비교하여 찾아보면 N = 10인 경우(N = 짝지어진 사례수),

$r_{s\,crt} = .648\,(P가\ .05\ ) < r_{s\,obt} = .85$

따라서 영가설을 기각 또는 거절하고, 두 상담자가 매긴 순위의 관계가 통계적으로 의의있다고 결론내린다. 즉 두 상담자의 매긴 순위는 비슷하다고 볼 수 있다. N이 10보다 큰 경우 $r_s$의 의의도 검정 공식은 다음과 같다.

$$t = \frac{r_s\sqrt{N-2}}{\sqrt{1-r_s^2}} \qquad [22.2]$$

(t표의 df = N - 2 를 보면 된다.)

의사결정은 상대가설과 선택된 유의도 수준($\alpha$)에 의해 결정된다.

Ⅰ. $H_0 : \rho_s = 0$ $\qquad t_{obt} > t_{\alpha}\{n-2\}$ 이면 영가설 기각

Ⅱ. $H_0 : \rho_s = 0$ $\qquad |\,t_{obt}\,| > t_{\alpha/2}\{n-2\}$ 이면 영가설 기각

Ⅲ. $H_0 : \rho_s = 0$ $\qquad t_{obt} > -\,t_{\alpha/2}\{n-2\}$이면 영가설 기각

| 예제 1 | TV프로그램 6편에 대하여 교장선생님과 교감선생님이 교육적으로 바람직한 프로그램의 등위를 매겼다. 두 분의 순위 매기는 경향이 비슷한지의 여부에 대하여 가설 ($\alpha$=.05)을 세우고 검정하시오.

| 프로그램 | 교장 | 교감 |
|---|---|---|
| A | 6 | 6 |
| B | 5 | 4 |
| C | 3 | 3 |
| D | 1 | 1 |
| E | 4 | 5 |
| F | 2 | 2 |

영가설: 교장선생님과 교감선생님은 프로그램 평정을 다르게 한다.

$H_0 : \rho_s = 0 \qquad H_a : \rho_s \neq 0$

$\Sigma D^2 = 0+1+0+0+1+0 = 2$

$$r_s = 1 - \frac{6(2)}{6(6^2-1)} \fallingdotseq .943$$

$$t_{obt} = .943\sqrt{\frac{6-2}{1-.943^2}} \fallingdotseq 5.667 \quad t_{crt} = 2.776$$

$t_{obt} > t_{crt}$이므로 영가설이 기각된다.

두 분의 프로그램 평정순위 상관은 .94로서, 두 분이 비슷한 순위로 프로그램을 평징한다고 결정한다.

## 2 Kendall의 일치도 계수

교육분야나 사회과학 분야를 연구하는 과정에서 몇 명의 평정자들이 피험자를 대상으로 등위를 매기는 경우가 있다. 예를 들면, 웅변가 10명의 웅변능력에 대하여 7명의 판정관이 등위를 매겨야 하는 경우이다. 그렇다면 이들 판정자들이 매긴 등위는 어느 정도로 일치하는가? 이러한 문제는 Kendall의 W통계기법에 의해 다루어지는데, 이 W는 일치도 계수이다. W계수는 등위자료를 다음의 표처럼 정리한다(예제를 참고하시오). 7명의 판정자들이 10명의 응시자들에 대하여 등위를 아래처럼 매겼다.

$$T = \frac{m(N)(N+1)}{2}, \ m = \text{판정자 수},\ N = \text{응시자 수}$$

$$= \frac{7(10)(10+1)}{2} = 385$$

$$W = \frac{\text{서열합의 분산}}{\text{서열합에 대한 최대 분산}}$$

<표 22-2> 7명의 판정자에 의한 10명의 등위

| 판정자 \ 응시자 | 1 | 2 | 3 | 4 | 5 | 6 | 7 | 8 | 9 | 10 |
|---|---|---|---|---|---|---|---|---|---|---|
| 1 | 8 | 7 | 5 | 6 | 1 | 3 | 2 | 4 | 10 | 9 |
| 2 | 7 | 6 | 8 | 3 | 2 | 1 | 5 | 4 | 9 | 10 |
| 3 | 5 | 4 | 7 | 6 | 3 | 2 | 1 | 8 | 10 | 9 |
| 4 | 8 | 6 | 7 | 4 | 1 | 3 | 5 | 2 | 10 | 9 |
| 5 | 5 | 4 | 3 | 2 | 6 | 1 | 9 | 10 | 7 | 8 |
| 6 | 4 | 5 | 6 | 3 | 2 | 1 | 9 | 10 | 8 | 7 |
| 7 | 8 | 6 | 7 | 5 | 1 | 2 | 3 | 4 | 10 | 9 |
| Tj | 45 | 38 | 43 | 29 | 16 | 13 | 34 | 42 | 64 | 61 |

평균등위와 서열분산 각각은 N(사례수)과 m(판정자수)에 의존하므로 W공식은 다음처럼 바꿀 수 있다.

$$W=\left(\frac{12\Sigma T_j^{\,2}}{m^2N(N^2-1)}\right)-\frac{3(N+1)}{N-1} \quad \text{[22.3]}$$

〈표 22-2〉에 제시된 자료에 공식 [22.3]을 적용하여 W를 계산하면 아래와 같다.

$$W=\left\{\frac{12(45^2+38^2+\cdots\cdots+61)^2}{(7)^2(10)(10^2-1)}\right\}-\frac{3(10+1)}{10-1}$$

$$=4.285-3.667 \;=.618$$

이 계수를 보면, 판정자들간에 상당히 높은 일치도를 나타내는데, 서열화 분산이 최대치의 62.0%에 이르기 때문이다. W 계수는 음수일 수 없으며, 그 최대치가 1.0이다. 모든 가능한 서열짝을 $r_s$ 평균에 따라 해석할 수 있다.

$$\text{평균 } r_s=\frac{mW-1}{m-1} \quad \text{[22.4]}$$

공식 [22.4]에 의해 평균 $r_s$를 구하면 아래와 같다.

$$r_s=\frac{7(.618)-1}{7-1}\;=.554$$

가능한 모든 짝의 수, 7C2 또는 21쌍이고, 각 쌍에 대한 $r_s$의 평균 서열 상관계수는 .554이다. 따라서 평정자들은 평균적으로 비교적 유사한 서열을 매긴다고 볼 수 있다.

평정자들 사이에 실제로 일치된 평정결과가 없다는 영가설 검정이 가능하다.

$$\chi^2 = m(N-1)W \quad \text{[22.5]}$$

(N-1)은 자유도이다.

공식 [22.5]를 적용하여 $\chi^2$을 구하면 아래와 같다.

$$\chi^2 = 7(9)(.618) = 38.934$$

이 검정법은 평정자수(m)와 사례수(N)가 충분해야 한다.

## 3 양류점상관관계(Point biserial correlation: $r_{pb}$)

연속변수와 양분변수간의 상관관계를 계산하는 방법이다. 양분변수인 성공・실패 여부와 연속변수인 검사 성취도와의 관계를 밝힐 수도 있다. 양류점상관계수 계산공식은 아래와 같다.

$$r_{pb} = \frac{\overline{Y_1} - \overline{Y_2}}{S_y}\sqrt{pq} \quad \text{[22.6]}$$

$r_{pb} =$ 양류점상관계수

$\overline{Y_1}$ =성공자의 연속적인 점수 평균

$\overline{Y_2}$ =실패자의 연속적인 점수 평균

$s_y$ =집단 전체 점수의 표준편차

$p =$ 성공자의 비율 : $q =$ 실패자의 비율

계산공식을 다음과 같이 변형하여 적용할 수도 있다.

$$r_{pb} = \frac{\overline{Y_1} - \overline{Y_2}}{S_Y}\sqrt{\frac{n_1 . n_2}{N(N-1)}} \quad \text{[22.7]}$$

$n_1$ =정답자(X)의 수

$n_2$ =오답자의 수

$s_y$ =집단 전체 점수의 표준편차

$n_1$과 $n_2$가 크게 차이가 나는 경우외에, $\overline{Y_1}$과 $\overline{Y_2}$는 $2r_{pb}$ 표준편차 정도 차이가 난다.

$N(\text{총사례수}) = n_1 + n_2$

**| 예제 2 |** 문항정오(1, 0)와 총점간의 상관관계를 계산하시오.

| 정오* | 성취도 점수(Y) |
|---|---|
| 1 | 10 |
| 1 | 15 |
| 0 | 30 |
| 0 | 20 |
| 0 | 25 |
| 1 | 15 |
| 0 | 20 |
| 0 | 25 |
| 0 | 30 |
| 1 | 20 |
| 1 | 5 |
| 0 | 5 |
| 1 | 10 |
| 0 | 10 |
| 0 | 20 |
| 1 | 10 |
| 0 | 30 |
| 0 | 35 |
| 1 | 5 |
| 0 | 10 |

* 1 = 정답자 ; 0 = 오답자

$$\Sigma Y = 350$$

$$\sigma_y^2 = \frac{\Sigma y^2}{N} \qquad \sigma_y^2 = \left[\frac{N\Sigma Y^2 - (\Sigma Y)^2}{N}\right] \div N$$

$$(\Sigma Y)^2 = 122,500 \quad \Sigma Y^2 = 7800$$

$$\sigma_y^2 = \left[\frac{(20 \times 7800) - 122500}{20}\right] \div 20 = 83.75 \qquad \sigma_y = 9.15$$

$$p = \frac{8}{20} = .40\ ;\ q = \frac{12}{20} = .60 \qquad \sqrt{pq} = \sqrt{.40 \times .60} = \sqrt{.24} = .49$$

$$\overline{Y_1} = 11.25\ :\ \overline{Y_o} = 21.67$$

$$\gamma_{pb} = \frac{\overline{Y_1} - \overline{Y_0}}{\sigma_y}\sqrt{pq} \qquad \gamma_{pb} = \frac{11.25 - 21.67}{9.39}\sqrt{.24} = -.54$$

이 문항과 전체 점수가 역상관($\gamma_{pb}$=-.54)임을 알 수 있다. 즉 이 문항에 정답한 피험자의 검사점수가 오답한 피험자의 검사점수 보다 낮은 경향이다. 따라서 이 문항은 수정을 가해야 한다는 시사를 받을 수 있다.

양류점상관계수의 통계적 검정은 적률상관계수(r)의 방법과 같다. 이 때 자유도 df =

N-2이다. 자유도가 N-2, 즉 18인 r계수가 .05 수준에서 통계적 의의가 있으려면 r = .444 이면 된다. 획득된 r =-.54이므로 통계적인 유의도가 있다. $\gamma_{pb}$는 결코 1.0이 될 수 없는데, 그 이유는 주변(경계선 부근)분포가 결코 동일하지 않기 때문이다.

동일한 상관관계 정도에 대하여 Pearson $\gamma$보다 $\gamma_{pb}$는 과소추정되기 때문에 해석에 주의해야 한다. 두 분류 변수의 연속성 여부가 불투명하고 정규분포 여부를 결정하기 곤란할 경우에 $\gamma_{pb}$ 계산이 안전하다. 변수의 연속성과 정규분포를 가정할 수 있다면 $\gamma_b$(양분상관계수)를 산출하는 것이 보다 타당하다.

$\gamma_{pb}$의 영가설 검정은 적률상관계수 $\gamma$의 의의도 검정에 사용되는 t비를 이용한다.

$H_0 : \gamma_{pb} = 0 \quad H_a : \gamma_{pb} \neq 0$

$\gamma_{pb}$의 통계적 의의도를 검정하기 위해서 적용될 수 있는 $t$비 계산공식은 다음과 같다.

$t = r_{pb}\sqrt{\dfrac{N-2}{1-r_{pb^2}}}$ 이며, $N-2$ 자유도를 갖는 $t$분포이다.

$$-( \quad .54)\sqrt{\frac{18}{1-(.54)^2}}$$

위에서 계산된 $r_{pb}$의 통계적 의의도를 계산해 보자.

$$t = (-.54)\sqrt{\frac{20-2}{1-(.54)^2}} = -2.722$$

$t_{crt} = 2.101 \qquad t_{crt} < |\, t_{obt} \,|$ 이므로 영가설이 기각된다.

## 4 양분상관관계(Biserial correlation: $\gamma_b$)

두 연속변수 중 어느 한 변수를 두 개의 유목으로 양분해서, 두 변수간 상관을 구할 때 양분상관관계를 사용하게 된다. 물론 양분한 변수를 본래의 연속변수로 환원하여 그에 상응하는 연속변수와 Pearson 적률상관계수를 계산할 수도 있다. 양분상관계수는 연속변수의 어느 점수를 획득한 피험자가 다른 특성이나 행동에서 성공할 확률을 결정하는 변별분석과 예언연구에 많이 적용된다.

양분상관계수 공식은 다음과 같다.

$$r_b = \frac{\overline{Y_p} - \overline{Yq}}{S_t} \cdot \frac{pq}{y} \qquad [22.8]$$

$\overline{Y_p}$ = 양분된 변수에서 성공 집단의 평균치

$\overline{Y_q}$ = 실패 집단의 평균치

$S_t$ = 두 집단을 합한 전체점수(성적)의 표준편차

$p$ = 양분변수 한 하위요소의 전체에 대한 비율

$q$ = 양분변수 다른 하위요소의 전체에 대한 비율

$y$ = 양분변수 한 하위요소빈도의 비율과 다른 하위요소빈도 비율을 나누는 정규분포곡선상 지점(단위 정규분포에서 $p$와 $q$로 나누는 점의 종축치, 즉 분포의 높이)

가설을 검정해보자.

$H_0 : \hat{\gamma_b} = 0 \qquad H_a : \hat{\gamma_b} \neq 0$

$$\sigma_{r_b} = \frac{\sqrt{\frac{pq}{y} - r_b^2}}{\sqrt{N}} \qquad [22.9]$$

($\sqrt{\frac{pq}{y}}$ 는 수표에서 찾는다.)

$\gamma_b$는 $\gamma$처럼 두 변수간 상관성 정도 측정에만 사용되고 예언측정에는 사용되지 않는다. 양분 변수가 정규분포로부터 명백히 이탈되어 양봉분포(bimodal) 등을 이룰 때에 양분상관계수를 계산하는 것이 타당하다. 일반적으로 사용되는 다른 상관계수와는 달리 $\gamma_b$는 +1.0 이상 또는 -1.0 이하의 계수가 나오기도 한다. 이러한 예외적인 수치는 다음 사항을 반영한다. 첫째, X 점수의 정규분포 가정이 충족되지 않은 것이다. 둘째, 표본에 있어서 Y의 현저한 평용분포를 산출하는 표본오차이다. 일반적으로 사례수(N)가 15 이하일 때, $\gamma_b$는 1.0을 이따금 초과한다. 따라서 사례수가 소규모일 때 $\gamma_b$는 $\gamma$(적률상관계수)을 거칠게 추정한다.

$\gamma_b$에 관하여 유의해야 할 사항은 X변수가 정규분포를 이루지 않는다면, 또는 선형관계가 아니라면, $\gamma_b$와 $\gamma$간의 차이가 .2에 이른다는 사실이다. 정규분포의 기본가정이 충족되어야 할 뿐만 아니라, 사례수가 최소한 100 이상이어야 한다는 사실도 유념해야 한다.

통계검정방법으로는 Z 를 산출하여 나온 수치를 정규분포의 임계치와 비교하여 해석한다.

$$Z = \frac{\gamma_b}{\sigma_r} \qquad [22.10]$$

## 5 양분상관관계와 양류점상관관계의 관계

어느 경우이든, 양류점상관계수와 양분상관관계수는 공식 [22.11]에 의해 상호 변환될 수 있다.

$$r_b = r_{pb}\sqrt{n_1 n_0 \frac{(n_. - 1)}{y^2 n_.^3}} \quad \text{[22.11]}$$

여기에서, $n_0$ = 양분변수 하위요소 1의 사례수

$n_1$ = 양분변수 하위요소 2의 사례수

$n$ = $n_0$ + $n_1$

$y$ = 양분변수 한 하위요소빈도의 비율과 다른 하위요소빈도 비율을 나누는 정규분포곡선상 지점(단위 정규분포에서 p와 q로 나누는 점의 종축치, 즉 분포의 높이)

$r_{pb}$값과 $r_b$ 값을 비교할 때는 공식 [22.11]의 근호안의 요인이 갖는 최저값이 대강 1.25라는 것을 알아 둘 필요가 있다.

## 6 사분상관계수와 파이계수

두 개의 변수가 모두 두 개의 유목으로 각각 분류되는 이분변수일 때는 사분상관계수(Tetrachoric correlation coefficient : $\gamma_t$)와 파이(phi, $\Phi$) 계수를 사용한다. 즉 $r_t$와 $\Phi$계수는 2 × 2라는 유관표가 만들어지는 경우에 쓰는 상관계수들이다. 예를 들면, 서울 출신과 비서울 출신의 사법시험 합격・불합격 관계, 부모님의 생존 여부와 이성친구 유무의 관계, 문항 1의 정오 여부와 문항 2의 정오 여부관계 등이다.

양분되는 변수 모두가 원래는 연속적이었던 것을 임의로 양분할 때는 $\gamma_t$[사분 상관계수]를 쓴다.

$$r_t = Cos\left\{\frac{180°}{1+\sqrt{\frac{bc}{ad}}}\right\} \quad \text{[22.12]}$$

**| 예제 3 |** 문항 1과 문항2의 관련성 정도를 계산하시오.

| 문항 2 \ 문항 1 | 오 | 정 | 계 |
|---|---|---|---|
| 정 | 186<br>(a) | 424<br>(b) | 610 |
| 오 | 210<br>(c) | 168<br>(d) | 378 |
| 계 | 396 | 592 | 988 |

$$r_t = Cos\left\{\frac{180°}{1+\sqrt{\frac{424\times 210}{186\times 168}}}\right\} = Cos\ \ 66.96° \quad = .391$$

문항 1에 정답하는 것과 문항 2에 정답하는 것의 상관계수는 .391로서, 상관성은 낮은 것으로 밝혀졌다. $r_t$가 $r$계산 결과처럼 신뢰로우려면 $r$의 경우보다 N(사례수)이 두 배 이상되어야 한다. 실제로는 N = 200 이상을 권장한다.

사분상관계수 $r_t$의 적용과정상 유의해야 할 사항이다.

① 두 변수 모두 연속변수인가, 두 변수의 전집이 정규분포를 이루는가, 두 변인의 관계가 선형(선분)적인가, 동변량성($\sigma_{12} = \sigma_{22}$)을 충족시키는가의 여부가 확인되거나 가정되어야 한다.

② 사례수가 충분해야 한다. 사분비율표에서 한 변수의 첫 유목에 속하는 주변비율과 다른 변수의 첫 유목에 속하는 주변 비율이 .50에 근접할 때 $r_t$의 안정성을 보장할 수 있다.

③ 사분비율표의 어느 한 칸이라도 영(0) 빈도이거나 지나치게 소수일 경우, +1.0 또는 -1.0에 가까운 $r_t$값이 되어 버리므로 유의해야 한다.

X와 Y변수가 이분변수일 때, 자료는 두 개의 세로 줄로 정리될 수 있다. 첫째 세로줄에는 X변수가 0 또는 1로 채워지고, 둘째 세로 줄에는 Y변수가 0 또는 1로 채워진다. 예를 들면, 대학 1학년을 대상으로 하여 재수 유무(재수한 학생의 경우 1, 곧바로 입학한 학생의 경우 0)와 학사경고 유무(학사경고를 받으면 1, 경고받지 않으면 0)와의 관계를 분석하려고 한다. 이들 두 변수를 X와 Y로 명명했을 때, 두 변수가 모두 이분 변수이기 때문에 phi 계수($\varphi$ 또는 $r_\phi$)를 계산한다.

2×2(이관표)에서 계산된 파이계수는 다음과 같이 $\chi^2$(카이제곱)에 관련된다.

$$\phi = \sqrt{\frac{\chi^2}{n}} \quad \text{또는} \quad \chi^2 = n\phi^2$$

따라서 df=1에서 획득된 $\chi^2$이 임계치 $\chi^2$보다 더 크면 의미있는 $\phi$ 계수라고 해석한다. 한편 $\Phi$ 계수의 약점은 +1.00 또는 -1.00 값을 취하지 못한다. 2×2 유관표로 만드는 것이 $r_t$ 보다는 $\Phi$에서 보다 심각한 영향을 준다.

**| 예제 4 |** 재수 유무(재수1, 다른 경우 0)와 학사경고(유1, 무1)와 관련성을 검정하시오.

| 학생 | 재수유무(X) | 학사경고(Y) | |
|---|---|---|---|
| 1 | 1 | 1 | $P_x$(재수 비율) = 5/10 = .5 |
| 2 | 1 | 0 | $Q_x$(재수하지 않는 비율)= .5 |
| 3 | 0 | 1 | $P_y$(학사경고) = 6/10 = .6 |
| 4 | 1 | 1 | $Q_y$(학사경고무)=.4 |
| 5 | 0 | 0 | $P_{xy}$(X와 Y에 모두 1로 응답한 사례 비율) |
| 6 | 1 | 1 | = 4/10 = .40 |
| 7 | 0 | 0 | |
| 8 | 1 | 1 | |
| 9 | 0 | 0 | |
| 10 | 0 | 1 | |

$$\phi = \frac{P_{xy} - P_x P_y}{\sqrt{P_x Q_x P_y Q_y}} \quad \cdots\cdots [22.13]$$

$$= \frac{(.4)-(.5)(.6)}{\sqrt{(.5)(.5)(.6)(.4)}} = .408$$

따라서 재수를 한 경험 유무와 학사경고 유무와의 관련성은 .408이다.
위의 예제 문제를 다음처럼 해결할 수도 있다.

| 경고(유=1) \ 재수(유=1) | 0 | 1 | 계 |
|---|---|---|---|
| 1 | 2<br>(a) | 4<br>(b) | 6<br>(a+b) |
| 0 | 3<br>(c) | 1<br>(d) | 4<br>(c+d) |
| 계 | 5<br>(a+c) | 5<br>(b+d) | 10 |

$$\phi = \frac{bc - ad}{\sqrt{(a+c)(b+d)(a+b)(c+d)}} \quad \cdots\cdots [22.14]$$

$$= \frac{12-2}{\sqrt{(5)(5)(6)(4)}} = .408$$

$\chi^2_{obt} = 10 \times .408^2 = 1.66$ $\quad\quad$ $\chi^2_{crt} = 3.84\,(df=1)$.

$\chi^2_{obt} < \chi^2_{crt}$ 이므로 $\phi$계수는 통계적으로 유의미하지 않다.

## 7 등위-양분 상관계수

등위-양분상관계수(Rank-Biserial Correlation Coefficient: $r_{rb}$)는 이분변수 X와 등위변수 Y간의 상관관계 계수를 의미하며, Cureton(1956)과 Glass(1966)가 연구했다. 이 때 Y는 동일한 등위(겹치는 등위)가 없는 것이 보다 합리적이다.

Glass가 제안하는 등위 - 양분 상관계수는 다음과 같다.

$$r_{rb} = \frac{2}{n}(\overline{Y_1} - \overline{Y_0}) \quad \text{[22.15]}$$

$r_{rb}$ = 등위 - 양분 상관 계수

$\overline{Y_1} = X$에서 1에 해당하는 등위평균

$\overline{Y_0} = X$에서 0에 해당하는 등위평균

$n$ = 전체사례

**| 예제 5 |** X변수(1 또는 0으로 양분하는 이분변수)와 그에 해당하는 Y점수에 대한 등위 자료이다. 등위 - 양분 상관 계수를 계산하시오.

| X의 1 또는 0에 해당하는 Y의 등위 | | $r_{rb}$ 계산 |
|---|---|---|
| X = 1 | X = 0 | |
| 9<br>10<br>6<br>3<br>2 | 8<br>7<br>5<br>4<br>1 | $r_{rb}$ = (2/10)(6.0-5.0)<br>= 2/10<br>= .20 |
| $\Sigma Y_1 = 30$<br>$(n_1 = 5)$<br>$\overline{Y_1} = 6.0$ | $\Sigma Y_2 = 25$<br>$(n_2 = 5)$<br>$\overline{Y_2} = 5.0$ | |

X와 Y의 등위－양분 상관계수는 .20으로 밝혀졌다. 양분 변수(X)와 등위변수(Y)간 관계 정도를 밝히는 등위-양분 상관관계 계수가 .20으로, 상대적으로 매우 낮은 관련성을 보이고 있다.

# 22 연 | 구 | 문 | 제

1. A교사와 B교사가 학습자 10명에 대한 창작력 검사를 실시하여 순위를 매긴 결과이다. 등위상관계수를 산출, 검정하시오.

| 피험자 | A교사의 평가 | B교사의 평가 |
|---|---|---|
| C | 10 | 9 |
| D | 2 | 2 |
| E | 1 | 1 |
| F | 8 | 8 |
| G | 9 | 5 |
| H | 3 | 5 |
| I | 4 | 3 |
| J | 4 | 4 |
| K | 4 | 5 |
| L | 7 | 10 |

2. 심리측정학 과목을 수강신청한 학생중 학기말 시험에서 70%가 합격점수를, 나머지 30%는 낙제점수를 받았다. 합격생들의 IQ 평균은 124, 낙제생들의 IQ 평균은 110, 전집의 IQ 표준편차는 16이다. IQ 점수와 성취도간의 양분상관계수는?

3. 문항 1번과 3번에 응답한 결과이다. 두 문항에 대한 반응의 상관관계를 계산하시오.

| 1번 / 3번 | 오 | 정 | 계 |
|---|---|---|---|
| 정 | 110(a) | 210(b) | 320 |
| 오 | 20(c) | 80(d) | 100 |
| 계 | 130 | 290 | 420 |

4. 다음은 검사전체의 점수와 1, 2, 3 및 4번 문항의 점수이다. 검사점수와 각 문항점수와의 상관관계를 계산하시오. 또한 각 문항 점수간 사분상관계수를 구하시오(1번과 2번, 3번과 4번 및 2번과 4번간 파이계수).

| 검사 점수 | 1번 문항 | 2번 문항 | 3번 문항 | 4번 문항 |
|---|---|---|---|---|
| 84 | 1 | 1 | 0 | 1 |
| 92 | 1 | 1 | 1 | 1 |
| 78 | 0 | 1 | 1 | 1 |
| 86 | 1 | 0 | 1 | 1 |
| 72 | 1 | 0 | 1 | 1 |
| 68 | 0 | 0 | 1 | 0 |
| 58 | 0 | 1 | 0 | 0 |
| 64 | 1 | 0 | 0 | 0 |

5. 창의력 점수와 수학과목 완전학습 도달 여부간의 상관관계를 계산하시오. (수학검사점수가 85점 이상이면 완전학습에 도달한 것임)

| 창의력 | 10 | 12 | 9 | 14 | 19 | 24 | 26 | 16 | 25 | 20 |
|---|---|---|---|---|---|---|---|---|---|---|
| 수학성적 | 67 | 70 | 74 | 68 | 86 | 89 | 88 | 90 | 84 | 90 |

6. 다음은 입사시험의 합격여부와, 사회생활의 성공여부를 나타내는 자료이다. 입사시험에서 합격이면 1, 불합격이면 0이며, 사회생활에서 성공이면 1이고, 실패이면 0이다. 적합한 상관계수 계산방법을 선택하여 계산하시오.

| 합격여부 | 1 | 1 | 1 | 0 | 1 | 0 | 0 | 0 | 1 | 1 | 1 | 0 | 1 | 1 | 0 | 0 |
|---|---|---|---|---|---|---|---|---|---|---|---|---|---|---|---|---|
| 성공여부 | 1 | 1 | 0 | 0 | 1 | 1 | 1 | 0 | 0 | 0 | 1 | 1 | 1 | 0 | 1 | 1 |

7. 다음은 10개국에 대하여 15명의 피험자들이 민주화가 잘된 국가의 순위를 매긴 자료이다. 일치도 계수와 이 집단에 대한 평균 서열상관 계수를 계산하고, 일치도 계수의 통계적 검정까지 하시오.

| 판정＼국가 | A | B | C | D | E | F | G | H | I | J |
|---|---|---|---|---|---|---|---|---|---|---|
| 1 | 2 | 1 | 3 | 5 | 4 | 6 | 7 | 8 | 9 | 10 |
| 2 | 8 | 7 | 6 | 4 | 9 | 1 | 2 | 10 | 5 | 3 |
| 3 | 3 | 4 | 2 | 1 | 6 | 5 | 7 | 8 | 9 | 10 |
| 4 | 9 | 10 | 8 | 6 | 7 | 1 | 3 | 4 | 5 | 2 |
| 5 | 5 | 2 | 3 | 4 | 6 | 1 | 7 | 8 | 9 | 10 |
| 6 | 2 | 4 | 3 | 1 | 5 | 8 | 9 | 10 | 7 | 6 |
| 7 | 4 | 3 | 2 | 5 | 1 | 6 | 9 | 10 | 8 | 7 |
| 8 | 2 | 4 | 1 | 6 | 5 | 3 | 8 | 7 | 9 | 10 |

8. 12명의 학생들을 대상으로 하여, 창의성(X)이 높은지의 여부(높으면 1, 낮으면 0)와 지능지수 등위(Y, 가장 높은 지능지수는 12, 가장 낮으면 1)를 조사한 자료이다. 등위 - 양분상관계수($r_{rb}$)를 계산하시오.

| X | 1 | 0 | 1 | 1 | 0 | 1 | 1 | 1 | 0 | 0 | 1 | 0 |
|---|---|---|---|---|---|---|---|---|---|---|---|---|
| Y | 7 | 1 | 8 | 9 | 6 | 2 | 11 | 12 | 3 | 10 | 5 | 4 |

CHAPTER 23

# 두 집단평균 차이검정: t 검정

두 평균치간 차이검정에 사용되는 통계기법을 탐구한다. 정규분포와 t분포의 차이, t분포의 기본 가정, t의 검정력, 관련성 강도, 단일표본 평균치 차이 검정, 독립적인 표본평균치간 차이 검정, 상관적인 두 집단 평균치 차이 검정방법 등을 구체적으로 탐구한다.

## 1 t 분포와 정규분포

정규분포($Z_{\overline{X}}$)와 t 분포간의 근본적인 차이를 고려하면 t 분포의 특성이 명료해진다.

첫째, $Z_{\overline{X}}$비에 있어서 분자[$\overline{X}-\mu$또는 $\overline{X}-E(\overline{X})$]는 무선변수로서, 그 값은 주어진 전집의 표본특성에 따라 달라지지만, 분모($\sigma_{\overline{X}}$ )는 항상적이며 표본크기에 관계없이 동일하다. 한편 t비를 보면, 분자도 무선변수이고, 분모도 무선변수인데, 그 이유는 추정된 표준오차($\sigma_{\overline{X}}$)와 표본의 표준편차(s)가 표본치이기 때문이다. 표본크기가 다르더라도 평균치가 같으면 $Z_{\overline{X}}$값도 동일하다. 그러나 t값은 표본의 크기에 따라 변한다. t와 $Z_{\overline{X}}$값의 유사한 급간들은 상이한 발생확률이 생기게 된다. 이러한 이유 때문에 표본크기가 충분하지 않을 경우에는, t비를 $Z_{\overline{X}}$와 동일하게 취급하지 말아야 한다. 따라서 모집단 분산을 모르는 경우와 소표본일 경우에 Z 검정방법에 의해 두 모수 평균치간 차이를 검정하게 되면 문제가 발생한다.

$$Z_{\overline{X}} = \frac{\overline{X} - \mu}{\sigma_{\overline{X}}} \quad (\overline{X} = 표본평균치, \mu = 전집평균치)$$

$$= \frac{\overline{X} - E(\overline{X})}{\sigma_{\overline{X}}} \quad (E(\overline{X}) = 기대평균치)$$

둘째, $Z_{\overline{X}}$는 주로 표본이 크기 때문에 모집단의 분산을 표본치에 의해서 계산하여 정상분포를 가정해도 큰 오차가 생기지 않는다.

그러나 모집단을 모르는 소표본의 경우에는 $\sigma_{\overline{X}}$의 추정치만 알 수 있기 때문에 문제가 복잡해진다. 즉 평균치의 표준오차인 $S/\sqrt{n}$가 정확하게 $\sigma_{\overline{X}}$로 되기란 어렵다. 이것은 소표본일 때 표준오차의 추정치에 확신을 가질 수 없는데서 오는 문제이다. s는 **σ**를 과소추정하고, $s_{\overline{X}}$는$\sigma_{\overline{X}}$를 과소추정하기 때문에 $(\overline{X} - \mu)/s_{\overline{X}}$가 $(\overline{X} - \mu)/\sigma_{\overline{X}}$ 보다 더 커지며, n이 적을수록 더 심해진다. 일반적으로 df(υ) 〉 30 이면 t비와 $Z_{\overline{X}}$비는 유사해진다.

표본평균치는 전집평균치($\mu$)의 불편포 추정치이다. 즉 표본평균치들의 평균을 계속 무선적으로 표본하여, 그 평균치들을 평균하면 $\mu$와 동일하게 된다.

$$\mu = E(\overline{X}) \fallingdotseq M_{\overline{X}}$$

그런데, 표본치의 분산과 이의 평방근인 표본 표준편차는 모두 모집단 분산과 모집단 표준편차의 편포된 추정치가 된다.

$$\sigma^2(모집단\ 분산) \leq s^2(표본분산)$$

분포의 평균치로부터 편차를 자승한 값의 합은 그 분포의 다른 어느 임의의 점수로부터의 편차를 자승하여 합한 값보다 작다.

$$\Sigma(X_i - \overline{X_i})^2 < \Sigma(X_i - \overline{X_i} + C)^2$$

$$\Sigma(X_i - \overline{X_i})^2 < \Sigma(X_i - \overline{X_i} - C)^2$$

여기에서 C는 평균지점으로부터 정적 및 부적으로 떨어진 점수지점이다. C를 모집단 평균치($\overline{X}$)라고 가정할 때, $\overline{X}$로부터 취한 편차 자승화는 $\mu$로부터 취한 편차 자승화보다 항상 작기 때문에 표본치 분산인 $\Sigma(X_i - \overline{X})^2 / n$ 은 $\sigma^2$의 편포된 추정분산이 된다.

또한 표본치 분산은 표본크기에 따라 결정된다. n이 충분히 클 때는 표본평균치가 전집평균치($\mu$)에 가까워서 편포정도가 심하지 않지만, n이 작을수록 $\overline{X}$는 $\mu$와 크게 다를 가능성이 높고, 그에 따라 편포정도도 심해진다. 이러한 표본분산의 편포현상을 교정하기 위해서 n 대신 n-1(자유도)을 사용한다.

모집단 표준편차의 불편포 추정치는 다음의 공식에 의해 구한다.

$$s = \sqrt{\frac{\Sigma(X_i - \overline{X}_i)^2}{n-1}} = \sqrt{\frac{\Sigma x^2}{n-1}} \quad (\text{여기에서 } x = X_i - \overline{X}_i)$$

원점수를 사용한 계산공식

$$s = \sqrt{\frac{\Sigma X_i^2 - \frac{(\Sigma X_i)^2}{n}}{n-1}}$$

참평균치가 $\mu$인 정규분포를 이루는 전집으로부터 n 사례를 독립적으로 표본해서 평균치($\overline{X}$)와 불편포 표준편차(s)를 획득했을 때, 전집평균($\mu$)과 표본평균($\overline{X}$)의 차이가 유의미한지를 알아보기 위해 사용하는 t비의 계산공식은 다음과 같다.

$$t = \frac{\overline{X} - \mu}{\sigma_{\overline{X}}} = \frac{\overline{X} - \mu}{\frac{s}{\sqrt{n}}} = \frac{\overline{X} - \mu}{s_{\overline{X}}} \quad \cdots\cdots [23.1]$$

$$\text{여기에서} \quad s_{\overline{X}} = \frac{s}{\sqrt{n}} = \frac{\sqrt{\frac{\Sigma x^2}{n-1}}}{\sqrt{n}} = \sqrt{\frac{\Sigma x^2}{n(n-1)}}$$

$t$비는 표본할 때마다 달라지고, 그렇게 해서 얻어진 각각의 $t$비는 어느 정도의 확률밀도를 갖는다. $t$와 같은 무선변수를 검정통계치라고 부르는데, 그 이유는 표본 평균치($\overline{X}$)나 표본 표준편차(s) 등 기술통계치 또는 추정치와 구별하기 위해서이다. $t$비는 다른 표본 통계치에 의존하므로, 그 자체가 전집의 추정치는 아니다. 그럼에도 불구하고, $t$비는 일반적인 표본 통계치처럼 표본분포를 이룬다.

$t$의 정확한 분포를 알아보기 위해서는 본래의 모집단은 정규분포라고 가정해야 한다. 그래야만 $\overline{X}$와 n의 통계적 독립성을 보장받을 수 있다. 좀 더 구체적으로 생각해 보자. 먼저, 표본의 크기에 관계 없이 t의 분자의 분포를 구체화할 수 있다. 둘째, $t$비의 전집치($\mu$)가 정규분포를 이룰 때에만 분자와 분모에 있어서 기본적인 무선변수들이 통계적으로 독립적일 수 있다.

표본 평균치($\overline{X}$)와 표준편차(s)가 독립적이지 않으면, $t$의 표본분포를 정확하게 구체화하기 어렵다. 반면에, 구체적인 정규 모집단의 경우, $t$비의 분포는 명백해진다. 이 분포의 특성을 이해하기 위해서 이 무선변수와 관련된 밀도함수법칙을 살펴보자. $t$의 밀도함수는 다음의 공식(법칙)에 의해 주어진다.

$$f(t;\nu) = G(\nu)\left[1 + \frac{t^2}{\nu}\right]^{-(\nu+1)/2} \quad \cdots\cdots [23.2]$$

$$-\infty < t < \infty, \ 0 < \nu$$

G($\nu$)는 $\nu$(nu:자유도)에 의존하는 상수이기 때문에 $\nu$와 t로 구성된 부분만 검토하면 된

다. $t$분포의 특징을 정리하면 다음과 같다.

① $t$분포는 +값이든 −값이든 동일한 절대 값이 확률밀도로 할당되어야 하기 때문에 대칭적이어야 하며, $t^2$값이 이것을 나타낸다.

② 가능한 최대의 밀도치는 $t$가 영일 때이다. 즉 t=0임은 밀도최빈치이다. $t$분포는 단일최빈의 종모양을 보이는 대칭분포이다.

③ 이 규칙(함수식)에서 규정되지 않는 함수들은 $\nu$와 G($\nu$)인데, G($\nu$)는 $\nu$에 의해 좌우된다. $t$분포는 단일모수치 분포이다. 단일모수치는 $\nu$로서 자유도를 갖는다. $t$분포는 자유도에 의해 결정되며 $\nu$ = n-1이다. $\nu$가 적을수록 분산이 크며, $\nu$가 증가할수록 $t$분포는 1.0에 접근한다. 1.0은 표준화 정규분포의 분산이다. $\nu$의 여하한 값에 대하여 $t$의 평균치는 0이다.

$t$분포의 평균치는 정규분포에서처럼 영(0)이다. 그러나 t분포의 분산은 정규분포 곡선의 1.0보다 크므로 양끝이 정규분포보다 위로 뜨게 되며, 위로 뜨는 정도는 자유도가 적을수록 심해진다. 따라서 표본크기가 작을수록 기대치(전집치)로부터 극히 편포된 과소추정치를 얻을 가능성이 높다. 그러나 표본의 크기가 충분히 증가하면 $t$분포는 정규분포에 접근하게 되고, 급간의 정확확률이 정규분포 급간확률과 거의 동일해진다. 따라서 사례수가 충분히 큰 $t$분포의 $t$비는 Z비의 확률분포표를 참고할 수 있다. 그러나 실질적인 연구 수행과정에서는 사례수가 충분하지 못할 경우가 있기 때문에 $t$분포에 기초한 $t$표를 참고하는 것이 원칙이다.

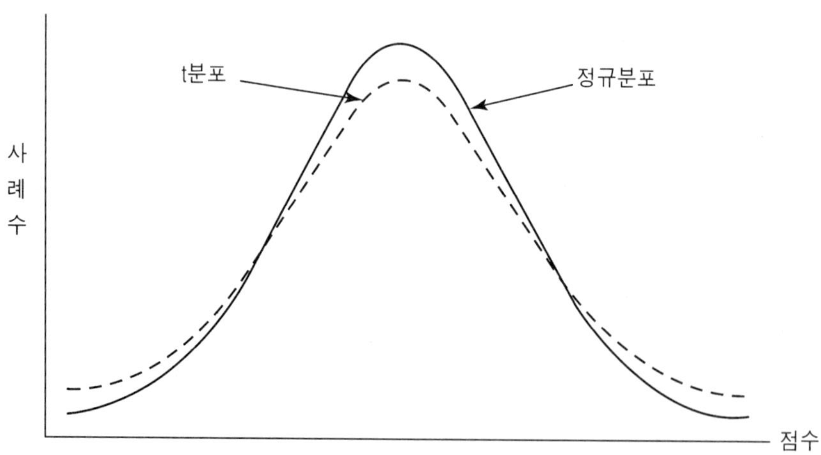


[그림 23-1] 정규분포곡선과 df(자유도)가 9인 t 분포의 비교

t비에서 $\mu$의 99% 신뢰구간; $\overline{X} \pm t_{.01} S_{\overline{X}}$ 또는 $\overline{X} \pm t_{.01} \frac{s}{\sqrt{n}}$ (s는 표준편차)

## 2 t 검정의 기본 가정

두 집단 평균치의 차이에 대한 t검정은 모집단의 정규분포, 동일한 분산 및 측정치의 동간성을 기본적으로 가정하고 있다.

첫째, 각 전집이 정규분포를 이룬다. 표본의 크기가 충분하다면 정규분포로부터 이탈되어도 크게 문제시되지 않지만, 이미 크기가 결정된 일방검정일 때 정규분포로부터 전집이 이탈되면 문제가 심각해진다. 따라서 일방검정일 때는 각 집단의 사례수가 충분해야 한다. 하지만, 정규성의 가정이 위반되더라도 t검정은 별 다른 영향을 받지 않는다. Glass, Pekham & Sanders(1972)에 의하면, 사례수가 15이상이고 $\alpha$수준이 .05 및 .01 일 때, 제 1 종 오류가 발생할 실제적인 확률은 1% 미만이기 때문에 전혀 문제시 되지 않는다.

둘째, 두 집단의 분산은 동일하다. 동분산성이 필히 요구되는 소표본의 경우, 동분산성 검정이 필수적이다. 표본크기가 동일하다면 전집분산의 차이가 크더라도 t검정 결과는 크게 영향받지 않는다. 그렇다고 하더라도 분산의 차이가 비교적 클 때 서로 다른 크기의 표본을 쓰면 t검정 결과에 상당한 영향을 미친다. 따라서 동일한 크기의 표본을 사용하는 것이 합리적이다. 불가피하게 두 전집의 동분산성을 가정할 수 없을 때에는 수정된 자유도 방법을 사용한다. 물론 표본크기가 충분하다면 동분산성 여부는 크게 문제시되지 않지만, 한 표본이 다른 표본의 1.5배를 초과하면 왜곡될 위험이 크다.

셋째, 측정치의 독립성 특성에 대한 가정이다. 두 집단의 측정치들은 서로 다른 전집으로부터 무선적으로 표본된 독립적인 측정치이어야 한다. 두 독립집단 점수를 비교할 때는 한 집단의 피험자 점수가 다른 집단의 피험자 점수와 독립성을 유지해야 한다. 또한, 각 처치과정이 독립성을 유지하려면, 한 집단에 가해지는 처치의 영향이 다른 집단에는 미치지 않아야 유지된다.

## 3 관련성 강도

상이한 처치로 인하여 종속변수에 대한 기대치가 차이를 보일 때 통계적 관련성이 있다고 볼 수 있다. 이것은 독립변수 효과로 인하여 종속변수에 차이가 생겼을 때, 두 변수간에 통계적 관계(관련성)가 있다는 의미이다. 그러나 독립변수가 종속변수에 아무런 변화나 효과를 주지 않는다면 통계적 관계가 없는 것으로 보아야 할 것이다. 이러한 통계적 관련성은 독립변수를 아는 만큼 종속변수에 관한 불확실성이 감소되는 정도라고도 말할 수 있다.

구체적으로, 관련성 강도는 독립변수 X에 의해 설명되는 종속변수 분산의 비율로서 $\omega^2$으로 표시한다. $\omega^2$은 독립변수와 종속변수간의 관련성 정도를 뜻하며 예언력을 반영한다. $\omega^2$이 영일 때는 X가 Y값을 예언하는데 전혀 기여하지 못하며, $\omega^2$ = 1.0이면 X가 Y를 정확히 예언한다는 것을 의미한다. 일반적으로 $0 \le \omega^2 \le 1.0$ 이며, $\omega^2$이 1.0에 가까울수록 예언력이 높다고 하겠다.

실제적인 표본 평균치간의 차이가 통계적으로 유의미한지를 검정한 t값에 의해 $\omega^2$을 추정하는 방법에 대하여 알아보자. 이 때는 표집치의 편포성 문제를 고려하여야 한다. 동분산인 두 전집으로부터 표본된 평균치들이 있고, $\sigma^2_{Y/X}$를 알고 있을 때 $\omega^2$의 추정치 계산공식은 다음과 같다(Hays, 1988).

$$\text{추정치 } \omega^2 = \frac{t^2 - 1}{t^2 + n_1 + n_2 - 1} \quad \cdots\cdots [23.3]$$

이 공식에서 $t^2$이 1.0보다 적을 때는 $\omega^2$추정치가 음수 값이 나올 수도 있는데, 이 때는 $\omega^2$을 영으로 처리한다.

**| 예제 1 |** 다음의 자료는 피험자 60명을 동일한 모집단으로부터 무선 표본하여 두 집단에 무선적으로 배정해서 실험한 결과이다. 통계적 검정을 하고, 관련성 강도를 계산하시오.

집단 1의 $\overline{X_1}$ = 64.8 ,$s_1^2$ = 29.47 , $n_1$ = 30

집단 2의 $\overline{X_1}$ = 61.4 ,$s_2^2$ = 21.45 , $n_2$ = 30

$$s_{\overline{X_1} - \overline{X_2}} = \sqrt{\frac{(n_1 - 1){s_1}^2 + (n_2 - 1){s_2}^2}{n_1 + n_2 - 2}\left(\frac{n_1 + n_2}{n_1 . n_2}\right)} = 1.303$$

$$t = \frac{\overline{X_1} - \overline{X_2}}{s_{\overline{X_1} - \overline{X_2}}} = 2.61 \quad (t_{.05(\text{임계치})} = 2.00)$$

이 두 평균치는 통계적으로 $\alpha$=.05 수준에서 의미있는 차이가 있다.

$$\text{그 추정치 } \omega^2 = \frac{t^2 - 1}{t^2 + n_1 + n_2 - 1} = .088$$

이 결과에 따르면 독립변수 X는 종속변수 Y분산의 9% 정도를 설명해 주는 것으로 추정된다.

**관련성 강도, 검정력 및 표본크기의 관계**

전집에서 「$\omega^2$치」와 「두 전집 평균치간 차이」 사이에는 밀접한 관계가 있음을 확인했다. 따라서 두 평균치간 차이에 대한 가설은 다음과 같다.

$H_0 \ : \ \mu_1 - \mu_2 = 0$

관련성 강도에 관한 가설은 다음과 같이 진술할 수 있다.

$H_0 \ : \ \omega^2 = 0$

상대가설은 아래와 같다.

$H_a \ : \ \mu_1 - \mu_2 \neq 0$ 또는 $H_a : \omega^2 > 0$

t-검정의 검정력을 계산하기 전에 구체화할 필요가 있는 변수 $\delta$는 $\omega^2$을 사용하여 계산할 수 있다.

$$\delta = \sqrt{\frac{2n\omega^2}{1-\omega^2}} \qquad \text{[23.4]}$$

이 공식은 매우 유용한 바, 표본을 알기 전에는$\sigma_y^2$와$\sigma_{y/x}^2$ 값을 거의 알 수 없기 때문이다. 특히 검정력을 계산할 필요가 있을 때 이 공식은 너욱 유용하다. 의의있는 결과를 확인하고 싶을 때에는 $\omega^2$치에 의해 t-검정의 검정력을 미리 정할 수 있다.

또한 표본크기를 미리 결정해야 할 경우, $\omega^2$에 대한 검정력이 확인되면, 표본크기를 대강이라도 정할 수 있다. 예를 들어보자. 표본크기가 동일한 두 실험집단이 있다.

$H_0$ ; $\mu_1 = \mu_2$ 또는 $\mu_1 - \mu_2 = 0$

$\alpha$ ; $\delta$ 가 .01 또는 .05

$\omega^2$과 유의수준 혹은 검정력(1-$\beta$)이 주어진다면, 두 집단의 표본크기는 다음 공식에 의해 구할 수 있다.

$$n \geq \frac{[Z_{(1-\beta)} - Z_{(\alpha/2)}]^2 (1-\omega^2)}{2\omega^2} \qquad \text{[23.5]}$$

여기에서, $Z_{(1-\beta)}$는 정규분포의 하위(1-$\beta$) 비율을 나타내고,

$Z_{(\alpha/2)}$ 는 $\alpha/2$ 하위비율을 나타내는 위치이다.

두 독립집단 평균치를 계산해서 $\alpha$=.01 수준으로 t-검정을 할 때, 참 $\omega^2$치가 최소한 .20이고, 검정력(1-$\beta$), 즉 영가설을 기각할 확률이 .90이기를 원한다면, 표본크기는 다음과 같이 산정된다.

$Z_{(1-\beta)}$ = Z(.90) = 1.28

$Z_{(\alpha/2)}$ = Z(.005) = -2.58

$$n \geq \frac{(1.28+2.58)^2\,(.80)}{2\;(.20)} = 29.799 \qquad n \geq 29.799$$

따라서 각 집단에 30명씩의 피험자 표본을 하면, $\omega^2$참값이 .20일 경우에 검정력이 .90이 되는 것이다. $\alpha$와 검정력 및 $\omega^2$을 조합하여 여하한 크기의 표본을 결정할 수 있다.

## 4 단일표본 평균치간 차이검정

사례수(n)의 크기에 관계없이 표본 추정치 $S_{\overline{X}}\left(=\frac{S}{\sqrt{n}}\right)$를 사용해서 단일표본 평균차이의 유의도를 검정하는 것이 t검정이다. 단일표본 평균차이의 t검정에 필요한 가정은 다음과 같다.

먼저, 모집단(전집)이 정규분포를 이룬다.

둘째, 독립적 무선표본이다.

t분포에서 전집평균(모평균)에 대한 신뢰구간은 M(평균), $S/\sqrt{n}$ (표준오차) 및 자유도($\nu$)에 따라서 결정된다. 100(1-$\alpha$)% 신뢰구간은 아래와 같다.

$$M - t_{1-\frac{\alpha}{2}}(\nu)\frac{s}{\sqrt{N}} < \mu < M + t_{1-\frac{\alpha}{2}}(\nu)\frac{s}{\sqrt{N}} \quad \cdots\cdots [23.6]$$

**| 예제 2 |** 다음 경우에 대한 기각영역을 구하라.

1) $H_0\,;\mu=\mu_o$ $\qquad H_a\,;\mu\neq\mu_o$ $\qquad \alpha$ = .05 $\qquad$ N = 36

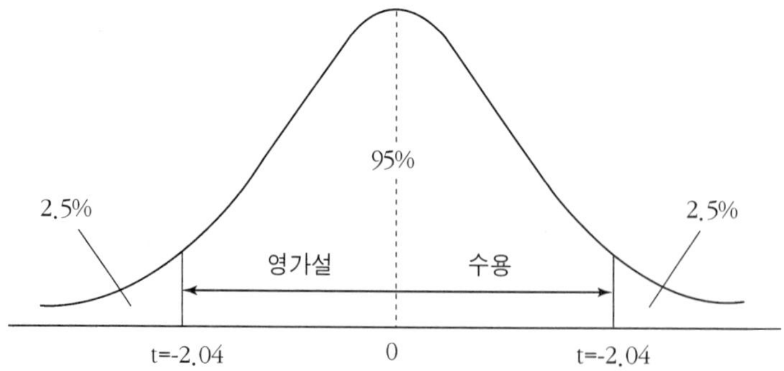


[그림 23-2] 양방검정의 기각영역 예($H_0$)

2) $H_0$ ; $\mu \leqq \mu$ , $H_a$ ; $\mu > \mu_o$ α = .01 N = 18

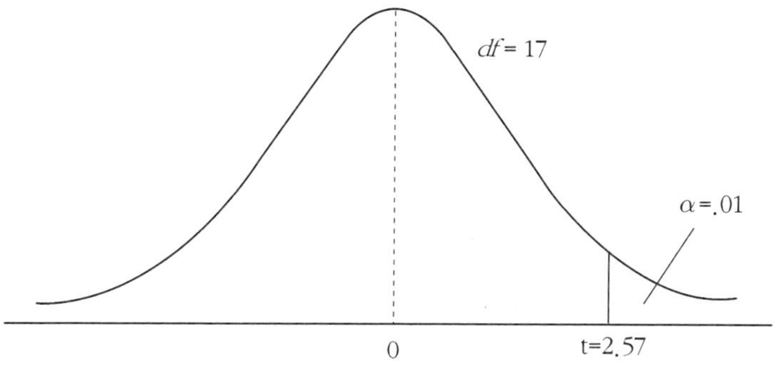


[그림 23-3] 일방검정의 $H_0$ 기각영역 예

**| 예제 3 |** 한 연구자가 전문대학 졸업반의 적성검사 점수 평균을 추정하려고 한다. 28명을 무선표본하여 검사한 결과 M = 540, $S^2$ = 10,000 이었다. μ에 대한 95% 신뢰구간을 구하라.

**| 풀 이 |** t(α=.05 ν= 27) = 2.052

$$\frac{S}{\sqrt{n}} = \frac{\sqrt{10,000}}{\sqrt{28}} = 18.90$$

$$M - t_{1-\frac{\alpha}{2}(\nu)} \frac{s}{\sqrt{N}} \quad \mu \quad M + t_{1-\frac{\alpha}{2}(\nu)} \frac{s}{\sqrt{N}}$$

540 - (2.052)(18.90) 〈 μ 〈 540 + (2.052)(18.90)

501.22 〈 μ 〈 578.78

졸업반의 평균적성은 501.22와 578.78 사이에 있다고 95% 수준에서 확신할 수 있다.

## 5 독립표본 평균치간 차이검정

t-검정법을 사용하기 위한 설계의 요구조건은 다음과 같다.

① 두 수준을 갖는 하나의 독립변수가 존재한다.

② 한 피험자는 두 집단 중 어느 한 집단에만 참여한다.

③ 독립변수의 수준은 질적 또는 양적으로 다를 수 있다. 질적 차이의 예를 들면, 개별화 독서 지도법과 전통적 독서 지도법간의 차이이다.

표본된 두 전집이 정규분포를 이룬다는 가정이 주어지면, 두 표본 평균치의 차이에 대한 가설은 표본크기에 관계없이 t-분포를 이용하여 검정할 수 있다.

영가설: 두 전집의 평균치들간 차이인 $\mu_1 - \mu_2$는 영(0)이다.

상대가설: $\mu_1 - \mu_2$는 영과 다르다.

$H_0$ ; $\mu - \mu_o = 0$ $\quad$ $H_a$ ; $\mu_1 - \mu_2 \neq 0$

■ **통계 검정치**: 영가설은 t 통계검정치에 의해 검정되는데, 일반적인 진술은 다음과 같다.

$$t = \frac{(\text{관찰된 두 통계치간 차이}) - (\text{두 모수치간 차이})}{\text{이 차이의 표준편차 추정치}}$$

$$= \frac{\text{영가설이 진인 경우의 표본 평균치간 차이}}{\text{표준오차추정치}}$$

$$t = \frac{(\overline{X_1} - \overline{X_2}) - (\mu_1 - \mu_2)}{S_{\overline{X_1} - \overline{X_2}}}$$

이 공식에서 $\mu_1 - \mu_2$는 영이라고 가정을 하기 때문에 다음과 같이 간단하게 된다.

$$t = \frac{\overline{X_1} - \overline{X_2}}{S_{\overline{X_1} - \overline{X_2}}}, \text{ 이 때, 자유도}(\nu) = n_1 + n_2 - 2$$

만약 동일한 분산을 갖는 두 모집단으로부터 표본이 이루어진다면, 평균치 차이에 관한 추정된 표준오차$\left(S_{\overline{X_1} - \overline{X_2}}\right)$는 다음과 같다.

즉 $\sigma_1 = \sigma_2 = \sigma$ 일 때,

$$S_{\overline{X_1} - \overline{X_2}} = \sqrt{\frac{\sigma^2}{n_1} + \frac{\sigma^2}{n_2}} = \sqrt{\sigma^2 \times \left(\frac{1}{n_1} + \frac{1}{n_2}\right)} \qquad \text{[23.7]}$$

일반적으로 동일한 모변수 $\sigma^2$에 관한 추정치가 두 개일 때, 어느 하나를 별도로 택하는 것보다는 두 개를 병산해서 모분산 추정치를 구한다. 공식은 아래와 같다.

$$s^2 = \frac{\text{집단내 자승화}}{\nu_1 + \nu_2} = \frac{\Sigma x_1^2 + \Sigma x_2^2}{n_1 + n_2 - 2} \qquad \text{[23.8]}$$

여기에서, $\Sigma x^2 = \Sigma(X - \overline{X})^2$

$s^2 = \sigma^2$의 불편(포)추정치

공식 [23.7]의 $\sigma^2$에 공식 [23.8]의 $s^2$을 대입하면 다음 공식 [23.9]가 유도된다.

$$S_{\overline{X_1}-\overline{X_2}} = \sqrt{\frac{\Sigma x_1^2 + \Sigma x_2^2}{(n_1+n_2-2)}\left(\frac{n_1+n_2}{n_1 \cdot n_2}\right)} \quad \cdots\cdots [23.9]$$

이 공식에 의해 계산되는 값은 두 개의 표본치에 기초한 평균치 차이에 대한 최선의 추정치(평균치간 차의 표준오차)이다.

다음으로 두 표본 각각의 분산과 자유도를 고려하여 두 평균치 차이의 편포되지 않는 표준오차를 구하는 공식은 [23.10]과 같다.

$$S_{\overline{X_1}-\overline{X_2}} = \sqrt{\frac{(n_1-1)S_1{}^2 + (n_2-1)S_2{}^2}{(n_1+n_2-2)}\left(\frac{n_1+n_2}{n_1 \cdot n_2}\right)} \quad \cdots\cdots [23.10]$$

여기에서, $S_1^2 = \dfrac{\Sigma(X_{1i} - \overline{X_1})^2}{n_1 - 1}$ $n_1$과 $n_2$는 각 집단의 사례수

원점수를 사용하여 두 평균치 차의 표준오차를 구하는 공식은 [23.11]이다.

$$S_{\overline{X_1}-\overline{X_2}} = \sqrt{\frac{\Sigma X_1{}^2 - \dfrac{(\Sigma X_1)^2}{n_1} + \Sigma X_2{}^2 - \dfrac{(\Sigma X_2)^2}{n_2}}{n_1+n_2-2}\left(\frac{n_1+n_2}{n_1 \cdot n_2}\right)} \quad \cdots\cdots [23.11]$$

그러면, $t = \dfrac{(\overline{X_1} - \overline{X_2}) - (\mu_1 - \mu_2)}{S_{\overline{X_1}-\overline{X_2}}}$ $df = n_1 + n_2 - 2$

- **신뢰구간**: 두 독립전집 평균치 차이의 100(1-$\alpha$)% 신뢰구간은 다음과 같이 정할 수 있다.

$$(\overline{X_1} - \overline{X_2}) - \left(t_{1-\frac{\alpha}{2}(\nu)} S_{\overline{X_1}-\overline{X_2}}\right) < \mu_1 - \mu_2 < (\overline{X_1} - \overline{X_2}) + \left(t_{1-\frac{\alpha}{2}(\nu)} S_{\overline{X_1}-\overline{X_2}}\right)$$

또는 $(1-\alpha)$의 신뢰구간 $= (\overline{X_1} - \overline{X_2}) \pm \left(t_{1-\frac{\alpha}{2}(\nu)} S_{\overline{X_1}-\overline{X_2}}\right)$

이 공식에서, $\nu$는 자유도이며, $\alpha$의 수준에 따라 신뢰구간이 달라진다.

**| 예제 4 |** 장독립적인 학습자와 장의존적인 학습자 집단에 대한 발견학습 지도 결과 성취도가 아래와 같다.

| | 장독립집단 | 장의존집단 |
|---|---|---|
| | 76 | 60 |
| | 62 | 54 |
| | 86 | 72 |
| | 70 | 68 |
| | 65 | 56 |
| | 90 | 76 |
| | 92 | 80 |
| | 78 | 72 |
| | 86 | 70 |
| | 84 | 72 |
| $\Sigma$ | 789 | 680 |
| $\overline{X}$ | 78.9 | 68.0 |
| $S$ | 10.48 | 8.59 |
| $S^2$ | 109.88 | 73.78 |

1) 연구가설은?

2) 통계가설($\alpha$=.01)은?

3) 통계치를 계산하시오.

4) 해석하시오.

5) 평균치 및 분산은 원자료 결과를 사용하고, 사례수는 $n_1$=32, $n_2$=30이라고 가정할 때, $\alpha$ = .01에서 검정하시오.

6) 두 평균치간 차이의 99% 신뢰구간을 계산하시오.

**| 풀 이 |**

1) 연구가설: 장독립 집단의 성취도가 장의존적 집단의 성취도 보다 높(을 것이)다.

2) 통계가설: $H_0 : \mu_1 \leq \mu_2$ $\quad H_a : \mu_1 > \mu_2$

3) $$S_{\overline{X_1} - \overline{X_2}} = \sqrt{\frac{(n_1-1)S_1{}^2 + (n_2-1)S_2{}^2}{(n_1+n_2-2)}\left(\frac{n_1+n_2}{n_1 \cdot n_2}\right)}$$

$$= \sqrt{\frac{9\times 109.88 + \ 9\times 73.78}{18}\left(\frac{20}{100}\right)} = \ 4.286$$

$$t = \frac{\overline{X_1} - \overline{X_2}}{S_{\overline{X_1}} - \overline{X_2}} = \frac{10.9}{4.286} = 2.543$$

$t_{\alpha=.01}$ = 2.552 〉 $t_{obt}$ = 2.543

4) 두 표본 평균치간 차이의 통계적 유의성은 없는 것으로 밝혀졌다.

5) 평균치 및 분산은 원자료를 그대로 사용하고 사례수만 $n_1$=32명, $n_2$=30일 경우 $\alpha = .01$ 수준에서 일방검정한다.

$$S_{\overline{X_1}-\overline{X_2}} = \sqrt{\frac{31\times 109.88+29\times 73.78}{60}\left(\frac{62}{32\times 30}\right)} = 2.443$$

$$t = \frac{10.9}{2.443} = 4.462 > t_{crt\,(\alpha=.01)} = 2.39$$

두 표본 평균치를 비교한 결과, 장독립 집단의 성취도가 장의존 집단보다 통계적으로 유의미하게 높은 것으로 밝혀졌다.

두 평균치 차의 99% 신뢰구간은 다음과 같이 구한다.

$$\overline{X_1} - \overline{X_2} \pm t_{\alpha/2}\cdot S_{\overline{X_1}-\overline{X_2}}$$

$$= 10.9 \pm (2.66)(2.443) \qquad \rightarrow 4.402 \sim 19.398$$

$\mu_1 - \mu_2$가 4.402 ~ 19.398 사이에 놓일 확률이 99%이다.

## 6 상관표본 평균치간 차이검정

두 표본이 상관관계를 이루는 경우로서, ① 두 표본에 동일한 개인이 포함될 때(전후검사나 반복측정의 경우) 또는 ② 짝지어진 표본일 때(쌍생아 비교의 경우) 평균간 차이의 통계적 유의도 검정방법이다.

### 1) 직접 차 계산법에 의한 검정

가령 가정의 쌍생아의 먼저 출생한 자녀(형 또는 누나)와 동생의 내면성 정도를 비교한다고 하자. 그들 두 전집에 관한 연구가설은 다음과 같이 세울 수 있다.

$H_0 : \mu_1 = \mu_2$

$H_a : \mu_1 \neq \mu_2$

| 짝(pair) | 첫째($X_1$) | 둘째($X_2$) | $D=(X_1-X_2)$ |
|---|---|---|---|
| 1 | 68 | 62 | 6 |
| 2 | 52 | 49 | 3 |
| 3 | 62 | 60 | 2 |
| 4 | 56 | 60 | -4 |
| 5 | 62 | 59 | 3 |
| 6 | 55 | 58 | -3 |
| 7 | 72 | 66 | 6 |
| 8 | 67 | 70 | -3 |
| $\Sigma$ | 494 | 484 | 10 |
| $\overline{X}$ | 61.75 | 60.5 | 1.25 |
| 영가설 | $\mu_D = 0$ | | |
| 연구가설 | $\mu_D \neq 0$ | | |

$$\overline{D} = \frac{\Sigma D}{N} = \frac{6+3+ \ldots +(-3)}{8} = 1.25$$

$N$ = 짝지어진 피험자 수(여기서는 실제로 8 가정의 수)

첫째 란은 각 가정의 쌍생아 중 먼저 태어난 자녀 표본이며 둘째 란은 나중에 태어난 자녀 표본이다. t 값을 구하려면, 표본평균에서 전집평균 가설치를 뺀 값을 평균의 표준편차로 나눈다. 즉 다음과 같이 계산한다.

$$t = \frac{\overline{D} - \mu_D}{\sqrt{\frac{{S_D}^2}{n}}} \qquad {S_D}^2 = \text{점수차에 관한 추정된 전집변량}$$

$${S_D}^2 = \frac{\Sigma(D-\overline{D})^2}{n-1} \quad \text{또는} \quad {S_D}^2 = \frac{\Sigma D^2 - \frac{(\Sigma D)^2}{n}}{n-1}$$

여기에서 $\mu_0$의 가설치는 0(영)이므로 이 $t$ 계산 방법은 공식 [23.12]와 같이 간소화된다.

$$t = \frac{\overline{D}}{\sqrt{\frac{S_D^2}{n}}} \quad \text{[23.12]}$$

다음의 계산공식 [23.13]에 의해 $t$를 구할 수도 있다.

$$t = \frac{\Sigma D}{\sqrt{\frac{n\Sigma D^2 - (\Sigma D)^2}{n-1}}} \quad \text{[23.13]}$$

이때, df = 짝의 수 - 1

여기에서 얻어진 $t$값이 표에 제시된 $t$값보다 작으면 영가설을 수용하고, 크면 상대가설을 수용한다($\alpha = .05$).

$\Sigma D = 10,\ \overline{D} = 1.25,\ \Sigma D^2 = 128$

$$t = \frac{10}{\sqrt{\frac{(8)(128)-(10)^2}{8-1}}} = .87 < (t_{crt} = 2.365)\ df = 8-1 = 1$$

따라서 영가설을 수용하고 첫째와 둘째 쌍생아의 내면성 검사 점수에 차이가 없다고 결론짓는다.

동등한 피험자의 사전-사후검사 점수비교 등 서로 짝지워진 자료에 대해서는 짝진 t검정방법을 사용해야 한다. 표준오차가 적으면 t값이 커지게 되며, 그에 따라 전집평균의 차이가 쉽게 확인된다. 그러나 다양한 이유 때문에 짝지워진 표본을 사용할 수 없는 경우도 있다 : 관련변수가 없거나 조건통제가 불충분할 때, 또는 동일 피험자를 세 가지 실험 조건 이상에 배치해서 학습효과가 전이될 때에는 짝진 t검정을 사용하지 않아야 한다.

## 2) 상관계수를 이용한 검정

이 때의 평균치 차의 표준오차는 다음과 같은 공식에 따른다.

$$S_{\overline{X_1}-\overline{X_2}} = \sqrt{\frac{S_1{}^2 + S_2{}^2 - 2rS_1S_2}{n}}$$

$n$은 짝의 수
$S_1$과 $S_2$는 각 집단의 표준편차
r은 두 집단 점수의 상관 계수

t비는 아래의 공식에 따른다.

$$t = \frac{\overline{X_1} - \overline{X_2}}{S_{\overline{X_1}-\overline{X_2}}} = \frac{\overline{X_1} - \overline{X_2}}{\sqrt{\frac{S_1^2 + S_2^2 - 2rS_1S_2}{n}}} \qquad df = n - 1$$

**| 예제 5 |** 다음은 직접교수법 효과를 검정하기 위한 전후검사의 결과이다.

① 사전-사후 검사 점수의 상관관계를 계산하시오.
② 연구가설을 진술하시오.
③ $\alpha$수준을 결정하시오.
④ 통계적 가설을 설정하시오.
⑤ 통계적 검정을 하시오. 관련성 정도를 계산하고 해석하시오.

| 피험자 | 사전검사 | 사후검사 |
|---|---|---|
| A | 32 | 42 |
| B | 43 | 48 |
| C | 46 | 56 |
| D | 48 | 53 |
| E | 50 | 60 |
| F | 54 | 58 |
| G | 58 | 69 |
| H | 60 | 64 |
| I | 72 | 81 |
| J | 68 | 76 |
| K | 66 | 75 |
| L | 70 | 75 |
| M | 80 | 89 |
| N | 68 | 75 |
| O | 54 | 65 |
| P | 46 | 52 |

**| 풀 이 |**

1. $r = \dfrac{n\Sigma XY - \Sigma X \Sigma Y}{\sqrt{[n\Sigma X^2 - (\Sigma X)^2][n\Sigma Y^2 - (\Sigma Y)^2]}}$

$$= \frac{(16)(61{,}824) - (915)(1{,}038)}{\sqrt{[16(54{,}793) - 915^2][16(69{,}896) - 1{,}038^2]}} = .98$$

2. * 직접 교수법은 학업성취도를 향상시킨다.
   * 직접 교수법으로 인하여 사후검사 점수가 사전검사 점수보다 높다.
   * 사전검사 점수보다 사후검사 점수가 높다.
3. $\alpha = .01$
4. $H_0 : \mu_1 \geqq \mu_2 \quad H_a : \mu_1 < \mu_2$
5. $S_1 = 12.823, \quad S_1^2 = 164.429$

   $S_2 = 13.053, \quad {S_2}^2 = 170.383$

$$S_{\overline{X_1} - \overline{X2}} = \sqrt{\frac{S_1^2 + {S_2}^2 - 2rS_1S_2}{n}}$$

$$= \sqrt{\frac{164.429 + 170.383 - 2(.98)(12.823)(13.053)}{16}}$$

$$= .650$$

$$t = \frac{\overline{X_1} - \overline{X_2}}{S_{\overline{X_1} - \overline{X_2}}} = \frac{64.875 - 57.188}{.650} = 11.826 \quad (t_{crt} = 2.602)$$

$$t_{obt} > t_{crt}$$

실험 전의 평균이 57.188점이며, 실험 후의 평균이 64.875점으로, 실험 후의 평균 점수가 실험 전의 평균 점수보다 7.687점 더 높은 것으로 밝혀졌다($p<.01$). 따라서 영가설이 기각되고 상대가설(연구가설)이 수용되어, 직접교수법의 효과가 있는 것으로 밝혀졌다.

# 23 연 | 구 | 문 | 제

1. 남자와 여자의 매월 독서시간이다. t검정하시오.

| 남자 | 여자 |
|---|---|
| 10 | 20 |
| 25 | 15 |
| 30 | 10 |
| 40 | 35 |
| 35 | 45 |
| 50 | 30 |
| 50 | 25 |
| 40 | 50 |

2. 끽연자들이 금연훈련을 받기 전과 후의 폐 건강진단점수(점수가 낮을수록 건강함)이다. t검정하시오($\alpha$ = .01).

| 훈련전 | 훈련후 |
|---|---|
| 30 | 25 |
| 45 | 32 |
| 38 | 24 |
| 52 | 26 |
| 48 | 28 |
| 56 | 24 |
| 30 | 28 |
| 64 | 48 |

3. 서울특별시의 행정직 교육자(교장, 교감, 장학직)들을 대상으로 "민주적 행정 경향성"에 관한 검사를 실시했다(점수가 많을수록 "민주적인 행정 경향성"이라고 말할 수 있다). 특히 연령별 차이를 알아보기 위하여 40대 미만, 40대 이상으로 구분하여 검사한 결과가 다음의 표에 제시되어 있다. 연구자는 40대 미만의 젊은 교육행정가들이 보다 민주적인 행정경향성이 있을 것이라고 믿었으며, 선행연구도 이러한 현상을 뒷받침해 주었다. 일방가설을 세우고, 그 점수차이를 통계분석한 후 해석하시오.

| 40대 이상 | 40대 미만 |
|---|---|
| 45 | 48 |
| 52 | 58 |
| 38 | 36 |
| 26 | 34 |
| 35 | 28 |
| 24 | 16 |
| 44 | 34 |
| 26 | 32 |
| 33 | 46 |
| 47 | 64 |

4. 산업심리학자가 남녀 각 41명과 31명에게 검사를 실시했다. 남자의 검사점수 평균과 표준편차는 48.75와 9.0로, 여자의 검사점수 평균과 표준편차는 46.07과 10.0으로 밝혀졌다. 남자집단과 여자집단간에 점수의 차이가 있는지 통계적으로 분석하시오. 먼저 영가설과 연구가설(상대가설)을 설정하시오.
   1) 영가설 :
      상대가설 :
   2) 평균간 차의 표준오차 :
   3) t값 =
   4) df =
   5) tcrt =
   6) 영가설에 대한 결정

5. 산업심리학자가 남자 81명, 여자 71명을 대상으로 직업 적성검사를 실시했다. 검사결과, 남자의 평균이 54.65, 표준편차가 10이며, 여자의 경우 평균이 49.85, 표준편차가 13이었다. 남녀간의 차이에 대한 통계적 검정을 하라. 심리학자는 어떤 결정을 해야하는가? (과정까지 쓰시오).

6. 위의 심리학자는 가정환경 배경에 따른 직업 적성검사 점수의 차이여부를 탐색하고 싶었다. A환경과 B환경에 따른 검사점수는 아래와 같다. 통계적 검정을 하고 심리학자가 어떻게 결정해야 하는지 알아보시오(일방검정).

| 환경A(X) | 환경B(Y) |
|---|---|
| 62 | 48 |
| 54 | 52 |
| 59 | 52 |
| 52 | 56 |
| 54 | 60 |

CHAPTER 24

# 단순분산분석

독립변수 X와 종속변수 Y간의 통계적인 관계는 많이 토의되는 문제로서, X는 질적 또는 양적으로 구별되는 독립변수로서 집단 수나 처치 수를 나타내며, Y는 X의 차이에 따라 변하는 종속변수를 가리킨다. 간단히 말하면 분산분석은 서로 다른 전집에서 나온 표본 평균치 사이에 의미 있는 차이가 있는지를 검정하기 위해서 사용되는 통계기법이다.

종속변수는 딘 하나이며, 동간 측정치나 비율 측정치인 수량적인 연속분포를 이룬다. X(독립변수)는 연구자가 통제 또는 조작할 수 있으나, Y는 X값에 따라 변하는 특징이 있다. X의 변화에 따라 Y가 어떻게 달라지는지를 알아볼 필요가 있다.

## 1 분산분석의 논리적 기초

처치의 효과가 없다고 가정하면, 표본과정의 변동으로 인한 분산이 평균치들 사이에 생기는 것으로 기대된다. 만약 분산이 표집오차에 의한 것이 아니라면, 영가설을 기각하고 처치효과가 있다는 상대적 가설을 수용하게 된다. 분산분석 기법은 여러 표본통계치들이 동일한 모집단으로부터 무선적으로 표집된 결과일 확률 또는 가능성이 어느 정도인가를 결정해준다.

① $H_0$ : $\mu_1 = \mu_2 = \mu_3 = \mu_4 = \cdots\cdots = \mu_k$

② 영가설이 眞이라고 가정한다.

③ 계산된 F 값이 임계치(표의 F)보다 크면 영가설을 기각하고 상대가설을 수용한다.

④ $H_a$ : $\mu_1 \neq \mu_2 = \mu_3 = \mu_4$ 또는

$\mu_1 = \mu_2 \neq \mu_3 = \mu_4$ 또는

$\mu_1 = \mu_2 = \mu_3 \neq \mu_4$ 또는

$\mu_1 \neq \mu_2 \neq \mu_3 = \mu_4$ 또는

$\mu_1 = \mu_2 \neq \mu_3 \neq \mu_4$

상대가설은 실험요소(또는 각 집단)별로 "평균이 다르다"는 의미보다는 "각 실험요소의 평균이 다 동일한 것은 아니다"를 의미한다.

$\mu_1 \neq \mu_2$, $\mu_1 \neq \mu_3$, $\mu_1 \neq \mu_4$, $\mu_2 \neq \mu_3$, $\mu_2 \neq \mu_4$

$\mu_3 \neq \mu_4 \cdots\cdots \neq \mu_4$

(K 모집단 평균치들이 모두 동일한 것은 아니다)

### 1) 분산분석의 일반적인 논리

분산분석은 표본자료에서 모집단 추정치에 대한 두 개의 독립 추정치를 끌어낼 수 있다는 수학적 증명에 기초하고 있다.

① 집단내(오차) 분산 추정치 : 무선적인 반응 변화에 의해 영향받는 추정치이다. 동일한 집단(표본)내에서 (피험자들의) 개인 점수간 차이에 기초해서 추정되는 값이다.

② 집단간 분산 추정치 : 종속 변수에 대한 집단간 분산 추정치는 총평균치로부터 각 집단 평균치가 얼마나 벗어났느냐(흩어져 있는가)에 따라 계산되는 추정치이다. 다양한 표본(처치 집단, 통제집단) 평균간 차이에 기초하여 산출하는 분산 추정치이다. 이 추정치(집단간 차이)는 처치 효과에 기인한다.

③ 집단내 분산 추정치 보다 집단간 분산 추정치가 더 크다면, 표본들은 동일한 평균치를 가진 모집단으로부터 표본된 것이 아니라, 서로 다른 모집단으로부터 표본되었다고 볼 수 있다.

④ F분포는$(k-1) = v_1$(분자의 자유도)과 $(n-k) = v_2$(분모의 자유도) 등 두 개의 자유도를 갖는데, $k$ 는 집단 수이고 $n$ 은 피험자 총 수이다.

### 2) 단순분산분석법의 기본 가정/전제

① 표본들은 정상분포를 이루는 모집단에서 표집되어야 하며, 무선적으로 표본되고, 무선배정되어야 한다.

② 표본들이 추출된 모집단들은 동분산성이어야 한다.

예: $\sigma_1^2 = \sigma_2^2 = \cdots\cdots = \sigma_i^2 = \cdots\cdots = \sigma_k^2$

③ 추정치는 전체 평균 처치 효과와 개인차에 따른 오차의 합이어야 하며, 가법적이어

야 한다. 또한 전체평균, 처치효과, 오차는 서로 독립적이고 선분적이어야 하며, 관찰이 독립적으로 이루어져야 한다.

④ 표본된 각 실험(처치) 단위별로 종속변수값이 기록되어야 한다.

연구자료가 정상성, 동분산성 및 가법성의 전제를 충족시키지 못할 때에는 개괄적으로나마 세 가지 전제를 충족시킬 수 있도록 자료를 변환시키는 것이 좋다.

요약하면 (a) 측정치는 정규분포된 전집에서 나온다. (b) 측정치는 전집으로부터 무선표본이다. (c) F비의 분자와 분모는 동일한 전집분산 $\sigma_e^2$의 추정치다. (d) F비의 분자와 분모는 독립적이다.

### 3) 단순분산분석 설계의 요건

일원 분산분석을 사용하기 위해서는 자료가 다음과 같은 설계요건이 필요하다.

① 두 개 이상의 하위 수준을 갖춘 하나의 독립변수가 필요하며, 이 독립변수의 하위 수준들은 연구자가 관심을 갖는 수준들을 가능한 한 모두 포괄해야 한다.

② 독립변수의 (하위)수준들은 양직 또는 질적으로 디를 수 있다.

③ 피험자는 특정한 모집단으로부터 무선표본되어야 하고, 어느 한 집단(독립변수의 수준)에만 참여해야 한다.

## 2 F 분포의 성질

평균치 $\mu$와 분산 $\sigma^2$인 정상분포를 이루는 모집단으로부터 두 집단을 무선 표본한다.

피험자 수 $n_1$ , 분산 $s_1^2$인 집단 1

피험자 수 $n_2$ , 분산 $s_2^2$인 집단 2. $n_1 = n_2$ 또는 $n_1 \neq n_2$

이들은 두개의 독립적인 모분산 측정치를 갖게 된다.

$F = \frac{S_1^2}{S_2^2}$ 이며, 그 분포가 곧 F 분포다.

여기에서 $S_1^2$과 $S_2^2$ 은 동일한 모집단에서 표본된 분산이라고 가정되므로, 동일한 모집단 분산 $\sigma^2$ 의 독립적인 추정치다. 그래서 $S_1^2 \div S_2^2$ = 1.00이 기대치이다. 실제로는 $s_1^2$과 $s_2^2$ 값에 따라서 F 값은 결정된다. $n_1$과 $n_2$ 표본을 반복적으로 하여 $s_1^2$ 과 $s_2^2$의 비를 계산하면, 그 분산비는 표본분산에 기초한다. 이들은 자유도 $v_1$과 $v_2$에 따라 결정되기 때문에, 자유도가 커짐에 따라 그 비는 1.00에 접근한다. 이러한 통계치의 기대분포를 R.A. Fisher의 이름을 본따서 F 분포라 한다. F 분포는$(n_1-1)=\nu_1$과 $(n_2-1)=\nu_2$ 자유도에 따라서 결정된다.

F 분포는 모집단 분산이 동일하다면, 동일한 정상분포 또는 다른 정상분포로부터 표본하여 만들 수도 있다. $\mu_1 \neq \mu_2,\ \sigma_1^2=\sigma_2^2$ 인 경우이다. $F_\alpha,\ F_{\alpha(\nu_1,\nu_2)}$ 또는 $F^{v_1}_{v_2\,(\alpha)}$로 표기한다.

F 분포는 정적 편포(L)를 보이는데, 자유도가 증가함에 따라 오른쪽으로 정적 편포된다.

F 표본분포의 중요한 특성을 다음과 같이 요약할 수 있다.

① 표본수가 증가하면 분포의(변산) 평균은 1.0에 가까워진다.

② F 분포는 단일 유형이다.

③ F 분포는 하한계가 영이므로, 표본분포는 정적 편포이다.

④ F 분포도 t 분포와 마찬가지로, 실제로 분포계보에 따른 바, 계보수가 자유도에 따라 달라지기 때문이다.

### 1) 중다 t 검정의 약점

짝지어진 평균치들을 검정하기 위하여 연속적으로 t 검정을 실시하면 문제가 발생한다. 예를 들어, 학습지도 방법이 성취도에 미치는 효과를 연구한다면, 강의법(L), 토의법(D) 및 집단참여법(P)의 효과를 검정해서 비교하게 된다. t 검정법을 쓰면 L 대 D, L 대 P 및 D 대 P를 비교한다$({}_3C_2)$. 달리 표현하면, K개의 집단 평균치들을 개별적으로 t 검정하면, K(K-1)/2번의 t 검정을 해야 한다.

이 과정에서 주된 문제는 세 가지 통계 검정이 상호 독립적이지 않다는 사실이다. 만약 D가 L보다 효과적이고, L이 P보다 효과적이라면, 우리는 D가 P보다 더 효과적이라는 것을 이미 알게 된다. 중다 t 검정에서 독립성 결핍문제는 제 I 종 오류의 확률에 반영된다. 자료군(여러 집단)을 중다 t검정에 의해 분석하면, 개별검사들의 검정력을 약화시키며, 거짓 수용의 위험이 증가된다. 두 번 이상의 t 검정을 하게 되면, 제 I 종 오류의 확률이 .05 이상 되어 버린다. 중다 t 검정결과로 생기는 제 I 종 오류확률을 계산하는 공식은 아래와 같다.

P(제 I 종 오류) = $1-(1-\alpha)^c$이며, 여기에서 C = 독립적인 t 검정 수이다.

독립적인 t 검정을 세 번 실시하면, P(제 I 종오류) = 1-(1-.05)3 = .14로서 .05보다 훨씬 커져버린다. t 검정들이 독립적이지 않다면, 복잡한 종속성 유형이 나타나기 때문에 제 I 종 오류의 확률을 구체화하기란 지극히 어렵다.

따라서 세 평균치 이상을 비교하려면 분산분석을 활용해야 한다. 분산분석 기법은 여러 집단 평균치들의 동등성을 동시에 검정할 때 $\alpha$(제 I 종 오류)를 정해진 수준으로 통제할 수 있기 때문이다. 다시 말하면, 분산분석에서는 한 평균치 또는 두 개 이상의 평균치들이 다른 평균치(또는 평균치들)로부터 의미있게 동떨어져 있는가를 알아보기 위하여, 모든 평균치 짝들간의 차이를 동시에 검정한다. 그러나 두 독립집단을 비교할 때에는 한 번의 t 검정이나 분산분석 기법을 활용해도 된다. 이 때, 두 검정 결과는 다음의 원리에서 보듯이 동일한 값을 산출한다.

$$F_{(1, df_w)} = t^2_{(df)}$$

# 3 자승화

## 1) 평균자승(MS)의 의미

각 자승화는 자유도와 관계된다. 전체 사례수는 $n_1 + n_2 + \ldots\ldots + n_k = \Sigma n_j = N$ 이다.

여기에서 j는 집단(또는 분류목) 수이다. 전체 자유도는 N-1이며, 집단내 자승화의 자유도는, $(N_1 - 1) + (N_2 - 1) + \cdots\cdots + (N_k - 1) = \sum_{j=1}^{k} N_j - K = N - K$ 이다.

또한 "전체 자유도 = 내 자유도 + 간 자유도"로서 부가적이다.

N-1 = (N-K) + (K-1)

평균 자승의 의미를 살펴보자. 동일한 분산을 가진 전집들로부터 K개의 표본집단을 무선선정했다. $\sigma_1^2 = \sigma_2^2 = \sigma_3^2 = \ldots\ldots = \sigma_k^2 = \ldots\ldots = \sigma^2$ 이라는 가정을 할 수 있다면 MSw (내평균자승)의 기대치는 $\sigma^2$이 된다. 즉 $E(MS_w)$ =$\sigma^2$이다. $MS_w$은 전집분산에 대한 불편포추정치(unbiased estimate)이다. 기대치(또는 기대값)는 가능한 모든 통계치의 평균치로서 일종의 전집평균이다. 일반적으로 표본평균치가 그에 대응하는 전집평균치의 불편포 추정치인지의 여부를 알아보기 위해서 기대치를 사용한다.

K집단에서 수집된 자료의 조합에 의해 이루어진 추정치는 다음과 같다.

$$MS_w = \frac{\sum_{j=1}^{k}\sum_{i=1}^{n_j}(\overline{X_{ij}} - \overline{X_j})^2}{n-k}$$

$$= \frac{\sum_{i=1}^{n_1}(\overline{X_{i1}} - \overline{X_1})^2 + \sum_{i=1}^{n_2}(\overline{X_{i2}} - \overline{X_2})^2 + \ldots\ldots\ldots + \sum_{i=1}^{n_k}(\overline{X_{ik}} - \overline{X_k})^2}{(n_1 + n_2 + \ldots\ldots\ldots + n_k - k)} \quad \cdots\cdots [24.1]$$

K개의 표본 평균치에 관한 자승화를 모두 합하여 내자유도로 나눈 값이 내평균자승이다.

집단간 평균자승은,

$$MS_b = \frac{n\sum_{i=1}^{k}(\overline{X_j} - \overline{X}..)^2}{k-1} \quad \cdots\cdots [24.2]$$

이 공식은 K개 평균치의 분산을 n배한 값, 즉 $nS_{\overline{X}}^2$ 이다. n의 사례에서 나온 산술평균에 대한 표본분포의 분산은 $\sigma_M^2 = \sigma^2/n$이다. 따라서 $n\sigma_M^2 = \sigma^2$이다. $ns_M^2 = n\sigma_M^2$의 추정치임과 동시에 $\sigma^2$의 추정치다. 또한 $S_b^2$는 $\sigma^2$의 불편포 추정치이다. 영가설이 허위이고, K표본 평균치들이 상이한 전집으로부터 나왔다면, $E(MS_b)$ 오른편의 두번째 값은 영(0)과는 다른, 모집단 전체 평균치($\mu$)로부터 동떨어진 처치 전집평균치($\mu$j)의 분산 추정치이다.

모수치 분산을 알 수 없으므로 불편추정분산인 간분산($S_b^2$) 및 내분산($S_W^2$)을 계산하여 F비($S_b^2/S_W^2$)를 획득한다. 집단 평균치들 사이에 차가 없다면 $Ms_b$(간평균 자승)과 $Ms_w$(내평균자승)은 동일한 전집 분산($\sigma^2$)의 추정치들이다. $\sigma^2$은 $\sigma_e^2$ 로 표기하기도 한다.

$$E(Ms_b) = \sigma^2 \quad E(Ms_w) = \sigma^2$$

영가설이 참이라면 F의 기대치는 다음과 같다.

$$F = \frac{E(MS_b)}{E(MS_w)} = \frac{\sigma^2}{\sigma^2} = 1.0$$

위의 공식을 보면, F값이 1.0 이하일 경우에는 측정치에 대한 집단간 차이를 더이상 분석할 필요가 없다는 것을 알 수 있다.

## 2) 집단내 및 집단간 분산례

집단내 분산과 집단간 분산을 아래와 같이 생각할 수 있다.

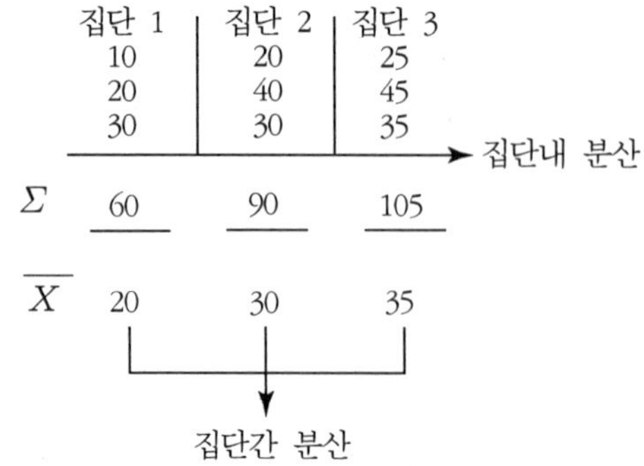

$$s^2 = \frac{\sum(X-\overline{X})^2}{n-1} \qquad S_1 = 10,\ S_2 = 10,\ S_3 = 10$$

집단내 분산의 평균 :

$$\frac{S_1^2 + S_2^2 + S_3^2}{3} = \frac{\sum_{i=1}^{k} S_i^2}{k}$$

집단내 분산이 작아야만 집단간 차이를 비교하기가 쉽다.

두가지의 특별한 경우 :

① 

| 집단 1 | 집단 2 | 집단 3 |
|---|---|---|
| 10 | 20 | 29 |
| 30 | 30 | 30 |
| 50 | 40 | 31 |
| $\overline{X_1} = 30$ | $\overline{X_2} = 30$ | $\overline{X_3} = 30$ |

모든 분산은 집단 내에서 생기는 것이며, 집단간 분산은 0이다.

② 

| 집단 1′ | 집단 2′ | 집단 3′ |
|---|---|---|
| 10 | 20 | 30 |
| 10 | 20 | 30 |
| 10 | 20 | 30 |
| $\overline{X_1}' = 10$ | $\overline{X_2}' = 20$ | $\overline{X_3}' = 30$ |

모든 분산은 집단간에 생기는 것이며, 집단내 분산은 영이다.

전체 분산 = 집단내 분산 + 집단간 분산

먼저, 집단내 분산은 오차분산, 집단내 개인차, 자연적인 변수(오차변수)로 형성된다(연구자의 의도와 동떨어진 변수).

집단간 분산은 오차분산과 처치(실험)효과 분산으로 구성된다.

$$F\text{비} = \frac{\text{집단간 분산}}{\text{집단내 분산}} = \frac{\text{처치효과} + \text{오차분산}}{\text{오차분산}}$$

F≃1.0 이하이면, 영가설이 진일 가능성이 크며, F〉1.0이면 연구가설이 眞일 가능성이 크다.

# 4 단순분산분석 계산 방법

## 1) 수리적 계산

다음에 제시된 자료는 세 실험집단($A_1$, $A_2$, $A_3$)과 비교집단($A_4$)의 자료이다. 이들 자료는 전집으로부터 무선표본되었다. 단순분산분석을 하여 해석하려고 한다.

<표 24-1> 각 하위 수준(집단)별 검사점수

| $A_1$ | $A_2$ | $A_3$ | $A_4$ | |
|---|---|---|---|---|
| 14 | 16 | 19 | 24 | $A_1$ =전제적 경영방법 |
| 13 | 18 | 22 | 25 | $A_2$ = 방임적 경영방법 |
| 12 | 19 | 23 | 26 | $A_3$ = 협상적 경영방법 |
| 16 | 20 | 26 | 27 | $A_4$ = 민주적 경영방법 |
| 17 | 17 | 28 | 29 | |
| | 15 | | 28 | |
| | | | 37 | |
| n 5 | 6 | 5 | 7 | |
| Σ 72 | 105 | 118 | 196 | N = $n_1+n_2+n_3+n_4$ = 23 |
| M 14.4 | 17.5 | 23.6 | 28.0 | |

### (1) 총자승화

$$SS_T = \sum_{p=1}^{n} X_{p_i}{}^2 - \frac{\left(\sum_{p=1} X_{pi}\right)^2}{n} = \sum_i \sum_p (X_{p_i} - \overline{X_i})^2$$

$$= \sum (X - \overline{X_t})^2 \quad (\overline{X_t} = \text{전체점수평균})$$

$$= \sum X^2 - \frac{(\sum X)^2}{n} \quad \cdots\cdots [24.3]$$

$$\sum X^2 = 14^2 + 13^2 + 12^2 + \cdots\cdots + 28^2 + 37^2 = 11,343$$

$$\frac{(\sum X)^2}{N} = \frac{(14+13+12+\cdots\cdots+28+37)^2}{23} = 10481.78$$

$$\therefore SS_T = \sum X^2 - \frac{(\sum X)^2}{N} = 861.22$$

### (2) 간자승화

$$SS_B = \sum n_i\,(\overline{X_i} - \overline{X_t})^2,\ (\overline{X_i}\text{집단 평균},\ \overline{X_t} = \text{전체평균})$$

$$= \frac{(\sum X_1)^2}{n_1} + \frac{(\sum X_2)^2}{n_2} + \ldots\ldots \frac{(\sum X_k)^2}{n_k} - \frac{(\sum X)^2}{N} \quad \cdots\cdots [24.4]$$

$$\frac{(\sum X_1)^2}{n_1} = \frac{(72)^2}{5},\ \frac{(\sum X_2)^2}{n_2} = \frac{(105)^2}{6},\ \frac{(\sum X_3)^2}{n_3} = \frac{(118)^2}{5},$$

$$\frac{(\sum X_4)^2}{n_4} = \frac{(196)^2}{7}$$

$$SS_B = \frac{(72)^2}{5} + \frac{(105)^2}{6} + \frac{(118)^2}{5} + \frac{(196)^2}{7} - \frac{(491)^2}{23} = 665.32$$

$$SS_B = \sum_{n=1}^{k} \frac{\left(\sum_{p=1}^{n} X_{pi}\right)^2}{n_i} - \frac{\left(\sum_{p=1}^{n} X_p\right)^2}{n_i}$$

### (3) 내자승화

$$SS_W = \sum(X_1 - \overline{X_1})^2 + \sum(X_2 - \overline{X_2})^2 + \sum(X_K - \overline{X_K})^2$$

$$= \sum(n_i - 1)S_1^2 \quad \cdots\cdots [24.5]$$

$$SS_W = \sum_{p=1}^{n} X_{pi}^{\,2} - \sum_{i=1}^{K} \frac{\left(\sum_{p=1}^{n} X_{pi}\right)^2}{n_i} = \sum_i \sum_p (\overline{X}_{pi} - \overline{X_i})^2$$

$$= (14-14.4)^2 + (13-14.4)^2 + \ldots\ldots + (17-14.4)^2$$

$$+ \ldots\ldots + (17-17.5)^2 + \ldots\ldots + (37-28)^2$$

$$= SS_T - SS_B = 861.22 - 665.32 = 195.90$$

(4) $df_b$ = $k$(독립변인이 갖는 수준 수 또는 집단 수) - 1

$$df_W = N - k \quad \cdots\cdots [24.6]$$

$$MS_B = \frac{SS_B}{df_b} = 221.77 \qquad MS_w = \frac{SS_W}{df_W} = 10.31$$

$$F = \frac{MS_B}{MS_W} = \frac{221.77}{10.31} = 21.51$$

| 분산원 | SS | df | MS | F |
|---|---|---|---|---|
| 집단간 | 665.32 | 3 | 221.77 | 21.51 |
| 집단내 | 195.90 | 19 | 10.31 | |
| 분산화 | 861.22 | 22 | | |

$$F_{crt_{(\alpha=.01, df=3,19)}} = 5.01 \ \langle F_{obt} = 21.51$$

영가설을 기각하고 상대가설을 수용한다. 즉, 네 집단간 평균치는 통계적으로 유의미한 차이를 보이고 있어서, 학교장의 경영방법에 따라 교사의 교직 태도가 다르다는 것이 경험적으로 입증되었다(p〈.01).

## 2) 관련성(독립변수효과) 강도(强度) 추정

관련성 강도는 독립변수가 종속변수에 미치는 효과 또는 독립변수가 종속변수를 설명해주는 정도를 의미한다. F검정에 의한 통계적 유의도는 처치효과의 강도에 대한 정보를 제공하지 않는데, F에 관련된 확률은 표본크기와 처치효과의 정도에 따라 달라지기 때문이다. 따라서 의의도 검정이 이루어지고 난 후에, 독립변수와 종속변수의 관련성 정도를 측정하는 일이 요구된다. 처치효과의 강도 측정치는 종속변수 점수의 얼마만한 분산이 처치효과(집단의 차이)에 기인한 것인지를 설명하는 정도를 나타낸다.

Epsilon[$\varepsilon$]이 강도 측정 방법의 하나다.

$$\varepsilon = \sqrt{\frac{df_B(F-1)}{df_B(F)+df_W}} \quad \cdots\cdots [24.7]$$

앞에서 획득된 자료(F=21.51, $df_B$=3, $df_W$=19)를 이용하여 $\varepsilon$을 계산해 보자.

$$\varepsilon = \sqrt{\frac{3(21.51-1)}{3(21.51)+19}} = \sqrt{.7366} \fallingdotseq .858$$

독립변수가 처치방법(학교장의 경영방법)이고, 종속변수는 교사의 교직에 대한 태도일 때, 경영방법과 교사의 교직 태도와의 관련성이 .858이며, 독립변수(교장의 경영법)가 교사의 교직 태도 분산중 73.66%를 설명한다.

각 세포(cell)내의 사례수가 동일할 때는 다음의 공식을 사용한다.

$$\omega^2_{est} = \frac{(K-1)(F-1)}{(K-1)(F-1)+Kn} \quad \cdots\cdots [24.8]$$

여기에서 K = 하위집단 수 (K-1=집단간 자유도) ; n = 각 세포내의 사례수

Shavelson(1988)은 관련성 강도 추정에 필요한 $\omega^2$ 계산 공식을 다음처럼 제시한다(세포내의 표집수에는 관계없다).

$$\hat{\omega}^2 = \frac{SS_B - (K-1)MS_W}{SS_T + MS_W} = \frac{665.32 - (4-1)10.31}{861.22 + 10.31} = .799$$

$\omega^2$은 논리적으로 .00~1.00의 범위를 취하지만, F 값이 1.00 미만일 때는 음의 값이 나온다는 사실에 유의할 필요가 있다. 또한, 행동과학연구에서는 필요한 변수의 효과외에도 불필요한 외연변수의 영향으로 인한 오차분산이 발생할 가능성이 있기 때문에 $\omega^2$ 값이 상대적으로 줄어든다. Cohen(1977)에 의하면, $\omega^2$값이 .15 이상이면 높은 효과이며, .06 에서 .14 사이에 있으면 보통정도의 효과이고, .01 이하이면 낮은 효과이다.

상관비(correlation ratio) $\eta^2$(eta 자승)은 독립변수의 효과가 종속변수의 분산을 설명하는 정도를 말하며, 그 공식은 다음과 같다.

$$\hat{\eta}^2 = \frac{SS_B - (K-1)MS_W}{SS_T}$$

$$\eta^2 = SS_B / SS_T = \frac{(K-1)F}{(K-1)F + (N-K)} \quad \text{[24.9]}$$

K=집단수, N=전체 사례수다. $\eta^2$은 표집 기술 통계인데 비하여 $\omega^2$는 전집치 $\omega^2$의 측정치이다.

독립변수와 종속변수간 관련성 강도를 에타 자승($\eta^2$)이라고 하는 비(율)형태로 아래처럼 나타낼 수 있다.

$$\eta^2_{Y.X} = \frac{\text{집단간 자승화}}{\text{전체 자승화}} = 1 - \frac{\text{내 자승화}}{\text{전체 자승화}} \quad \text{[24.10]}$$

$\eta^2$(에타자승)은 상관비(율)를 나타내며, 결정계수($r^2$)처럼 해석할 수 있다. 상관비가 영 상관비와는 의미있게 다른지를 검정하기 위한 방법은 아래와 같다.

$$F = \frac{\eta^2_{Y.X}/(K-1)}{(1-\eta^2_{Y.X})/(N-K)} \quad \text{[24.11]}$$

여기에서 K = 독립변수의 하위분류목 수

N = 전체 사례수

획득된 F값이 임계치 F값 (df = k-1 및 N-k)보다 크면, 독립변수와 종속변수간 관련성이 영과는 의미있게 다르다고 해석할 수 있다.

### 3) 사후(Post hoc)비교

전반적인 분산분석 결과, 집단간(또는 독립변수의 하위 요소를 투입한 집단간)에 의미

있는 차이가 있는 것으로 밝혀졌을 때, 구체적으로 어느 집단과 어느 집단 사이에 유의미한 차이가 있는지를 검정하는 방법이 사후 검정 또는 사후 비교법이다.

### (1) Protected t 검정법

$$t_{obt} = \frac{\overline{X_i} - \overline{X_j} - (\mu_i - \mu_j)}{\sqrt{MS_W\left(\frac{1}{n_i} + \frac{1}{n_j}\right)}} (\mu_i - \mu_j = 0\text{으로 본다.}) \quad \cdots\cdots [24.12]$$

(자유도=N-k, N=전체사례수, k=집단수)

예로써, $M_1$과 $M_2$를 비교하고, 그 의의가 있는지를 알아보자.

$$t_{obt} = \frac{3.1}{\sqrt{10.31\left(\frac{1}{5} + \frac{1}{6}\right)}} = 1.594(df = 23 - 4 = 19)$$

$t_{crt(a=0.5,\ df=19)} = 1.729 \qquad \therefore\ t_{obt} < t_{crt}$

$\therefore M_1$과 $M_2$사이에는 통계적으로 유의미한 차이가 없다.

위의 공식에 의해 〈표 24-1〉의 $\overline{X_2}$, $\overline{X_3}$, $\overline{X_4}$ 등 각 집단간 유의한 차이가 있는지를 분석한 결과는 아래와 같다.

| 집단(평균값) | II | III | IV |
|---|---|---|---|
| I (14.4) | — | 6.41*** | 7.23*** |
| II (17.5) | | 3.14** | 5.88*** |
| III (23.6) | | | 2.34* |
| IV (28.0) | | | |

*** p〈.001, ** p〈.01, * p〈.05

II집단과 IV집단간의 사후 검증 과정을 살펴보면,

$$t_{obt} = \frac{28 - 17.5}{\sqrt{10.31\left(\frac{1}{6} + \frac{1}{7}\right)}} = \frac{28 - 17.5}{\sqrt{10.31\left(\frac{13}{42}\right)}} = \frac{28 - 17.5}{\sqrt{3.19}} = 5.88$$

이 사후 검증 결과에 비추어 보면, 민주적 경영자의 장학지도(경영)를 받는 교사들의 교직 만족도가 가장 높으며, 협상적, 방임적 경영자의 경영지도를 받는 교사집단이 en 번째와 세 번째로 높으며, 전제적 경영자의 지도를 받는 교사집단의 교직 만족도가 가장 낮은 것으로 밝혀졌다(p〈.001, p〈.01 또는 p〈.05).

두 집단간 사례수가 같다면 공식은 다음과 같다.

$$t_{obt} = \frac{\overline{X_i} - \overline{X_j}}{\sqrt{\frac{2MS_W}{n}}} \quad \cdots\cdots [24.13]$$

단순한 한 쌍의 차이에 대한 신뢰구간도 다음 공식에 의해 계산될 수 있다. 처치 i와 처치 j 간 평균의 차이, $(\mu_i - \mu_j)$의 $100(1-a)\%$ 신뢰구간은 다음 공식에 의해 계산된다.

$$\overline{X_i} - \overline{X_j} \pm t \sqrt{MS_W(\frac{1}{n_i} + \frac{1}{n_j})}$$

$$\overline{X_i} - \overline{X_j} - t \sqrt{MS_W(\frac{1}{n_i} + \frac{1}{n_j})}$$ 로 부터

$$\overline{X_i} - \overline{X_j} + t \sqrt{MS_W(\frac{1}{n_i} + \frac{1}{n_j})}$$ 까지이다.

이때 t = $t_{\alpha/2}$ $\{N-K$ 자유도$\}$인데, N=전체 사례수, K=집단수이다.

**| 예제 1 |** <표 24-1>의 자료에서 $A_2$와 $A_4$의 전집 평균치 차이의 신뢰구간(95%)을 계산하시오.

$MS_W = 10.31 \quad n_2 = 6,\ n_4 = 7,\ N = 23. \quad \overline{X_2} = 17.5,\ \overline{X_4} = 28.0$

$$t_{\alpha/2}\{N - K\} = t_{.025}\{19\} = 2.093$$

$$(28.0 - 17.5) - 2.093\sqrt{10.31\left(\frac{1}{6} + \frac{1}{7}\right)} = 6.762$$

$$(28.0 - 17.5) + 2.093\sqrt{10.31\left(\frac{1}{6} + \frac{1}{7}\right)} = 14.238$$

따라서 $\overline{X_4}\,(28.0)$와 $\overline{X_2}\,(17.5)$간 차이의 95% 신뢰구간은 6.762에서 14.238까지이다.

### (2) 최소한의 유의미한 차이(LSD) 검정법

최소 유의미 차이 검정법(Least Significant Difference) 역시 사후검정의 한 방법이다. 각 하위집단의 사례수가 동일할 때$(n_i = n_j)$, 두 집단간의 유의미성을 검토하는데 편리하다.

$$LSD = t\sqrt{MS_W\left(\frac{2}{n_i}\right)} \quad \cdots\cdots [24.14]$$

$t$ = 임계 $t$ 값, $n_i$ = 하위집단의 사례수이다.

따라서 LSD치 보다 두 집단간 평균치의 차이가 더 커야 의미있는 차이가 있다고 말할 수 있다.

## 5 표본분산의 동질성 검정

분산분석에서 정규성 가정과 함께 동일한 처치분산의 가정도 중요하다. 동일한 처치분산 가정이 위배되면 그 절차는 타당성을 잃게 된다. 동일한 분산을 갖는 전집으로부터 표집분산이 성립되었다는 것이 곧 동질성 가정 또는 동일한 처치분산가정이다. 여기에서는 Hartley의 동일한 처치분산 검정 기법을 탐색한다.

두 모집단 분산이 동일하다는 가설은 표본분산비에 의해 검정할 수 있다. 표본크기 $n_1$과 $n_2$인 표본분산이 비교군 자유도 $n_1 - 1$과 $n_2 - 1$인 F분포를 결정한다. 그러나 표본치가 k개일 경우, 가능한 비교 갯수는 $kC_2$ 또는 $\begin{pmatrix} k \\ 2 \end{pmatrix} = \frac{k(k-1)}{2}$ 또는 $\frac{k!}{(k-2)!\cdot 2!}$ 이다.

표본 평균치들을 중다비교할 때 발생하는 문제와 동일한 현상이 표본분산을 중다비교할 때에도 발생한다. 따라서 유의도 수준 .05 수준에서 10번의 비교를 한다면, 모든 비교들이 정확히 맞을 확률은 .99나 .95 대신 $(1-.05)^{10}$ 또는 .599로 낮아진다.

표본분산의 모든 가능한 비교들 중에서 하나가 가장 클 가능성이 있다. 가장 큰 F 비를 $F_{\max}$로 나타낸다.

$$F_{\max} = \frac{S^2_{i(\max)}}{S^2_{i(\min)}} \quad \cdots\cdots [24.15]$$

여기에서 $S^2_{i(\max)}$는 가장 큰 표본분산, $S^2_{i(\min)}$은 가장 작은 표본분산이다. Hartley가 편찬했기 때문에 Hartley의 $F_{\max}$또는 Hartley검정이라고 불리는 $F_{\max}$통계분포의 임계치가 있다. $F_{\max}$의 임계치는 $F_{\max(\alpha)}\{k, df_{(\max)}$로 나타내며, k는 처치수, $df_{(\max)}$는 여하한 표본의 최대 자유도이다. 분석과정에서 획득된 $F_{\max}$의 표본치는 $F^*_{\max}$로 나타낸다.

Hartley검정에서는 표본들이 독립적인 무선표집이고, 전집은 정규분포를 이룬다고 가정한다. 이 검정은 정규성으로부터 위배되는 현상에 민감하므로, 정규성 가정의 확신이 없다면, 이 검정법의 사용을 자제해야 한다.

분산분석에서 사용되는 F검정은, 분산의 크기가 매우 크지 않고 처치표본크기가 대략적으로 동일하다면 분산이 다르더라도 별 영향을 받지 않는다. 따라서 전집이 합리적으로 정규분포를 이루면, Hartley검정에서 낮은 α수준(예: .01)을 사용할 수 있다. 전집분산이 모두 동일하지 않다는 결론에 도달하면(표본분산이 동질적이지 않다면), 분산분석을 중단해야 한다. 그 대신 자료의 변환이 가능하다면, 비모수 통계, 예를 들면 Kruskal-Wallis H검정법을 사용하는 것이 합리적이다.

표본분산에 대한 Hartley의 동질성 검정방법을 구체적으로 연구하자. k전집들로부터 독립적인 무선표본을 한다고 생각하자.

ⓐ 각 전집은 정규분포를 이룬다.

ⓑ 전집표본은 $\sigma_i^2$이며, i=1 , 2, 3,……, k.

ⓒ 영가설($H_0$) : $\sigma_1^2=\sigma_2^2=,\cdots\cdots,=\sigma_k^2$

가설검정에 사용되는 검정통계의 표본치는 $F^*_{\max}$ 인데,

$$F^*_{\max}=\frac{S^2_{i(\max)}}{S^2_{i(\min)}} \quad\cdots\cdots [24.16]$$

의사결정은 검정을 위해 선정된 $\alpha$수준에 의해 기술된다. 상대가설($H_a$)은 모든 $\sigma_i^2$이 동일하지 않다. $F^*_{\max} \rangle F_{\max(\alpha)}\{k, df_{(\max)}\}$이면 영가설이 기각되는데, 여기에서, k =처치갯수, $df_{(\max)}$ = 여하한 최대의 자유도이다.

**| 예제 3 |** 다음 자료를 이용하여 표본분산의 동질성 여부를 검정하시오.

| 집단 1 | 집단 2 | 집단 3 |
|---|---|---|
| 6 | 6 | 14 |
| 5 | 5 | 11 |
| 6 | 7 | 8 |
| 8 | 4 | 9 |
| 9 | 8 | 16 |
| 7 | 3 | 9 |
| 10 | 12 | 12 |
| 4 | 6 | 7 |
| 14 | 3 | 8 |
| 3 | 7 | 10 |

**| 풀 이 |** $S_i^2=\left[\Sigma X_i^2-\frac{(\Sigma X_i)^2}{n}\right]\div(n-1)$에 의해 각 집단의 표본분산을 구하면 다음과 같다.

$S_1^2$=10.400, $S_2^2$=7.211, $S_3^2$=8.267

$$F^*_{\max}=\frac{S^2_{i(\max)}}{S^2_{i(\min)}} = 1.442$$

$F_{\max(\alpha=.05)}\{3, 9\}$=5.34

$F^*_{\max} \ \langle \ F_{\max(crt\alpha=.05)}$이므로 영가설을 기각하지 않는다.

따라서 세 표본은 동질적인 분산을 유지하는 모집단으로부터 표본되었다고 말할 수 있다.

# 24 연 | 구 | 문 | 제

1. 다음과 같은 ANOVA 통계치(F비)가 산출되었다. 영가설에 대하여 어떻게 결론을 내릴 것이며, 그 이유는?

   1) F = 9.00, $df_{(집단간)}$ = 2, $df_{(집단내)} = 7$

   2) F = .04 $df_b$ = 4 $df_w$ = 19

   3) F = 4.48 $df_b$ = 5 $df_w$ = 99

   4) F = 6.57 $df_b$ = 4 $df_w$ = 48

2. 교사의 교직 경력별 전문성 검사 자료이다.

| 1년 미만 (A) | 1년 이상 5년 미만 (B) | 5년 이상 10년 미만 (C) | 10년 이상 15년 미만 (D) | 15년 이상 (E) |
|---|---|---|---|---|
| 6 | 8 | 12 | 10 | 16 |
| 7 | 9 | 14 | 8 | 18 |
| 4 | 7 | 15 | 12 | 19 |
| 3 | 10 | 10 | 16 | 17 |
| 2 | 12 | 12 | 9 | 20 |
| 5 | 14 | 18 | | 24 |
| | 10 | | | |
| | 11 | | | |

(높은 점수일수록 전문성도 높다)

   1) 연구가설을 설정하시오. 통계적으로 가설을 세우시오.
   2) 분산분석을 수행하여 ANOVA요약표로 정리 후 해석하시오.
   3) 이 자료에서 모분산에 대한 최선의 추정치는?
   4) 자료의 (B)와 (E)만 사용하여 t검정 및 F검정을 한 후, t와 F의 관계를 설명하시오.
   5) 독립변수와 종속변수간의 관련성 强度를 계산한 후, 해석하시오.
   6) 이 표본분산의 동질성여부를 검정하시오.

3. 다음은 두 실험집단과 한 비교집단의 측정치이다.

E1 : 13 14 17 16 15 18 12 15

E2 : 10 9 12 10 11 16 10 12

C : 2 3 4 6 4 3 5 7

1) 일반적인 분산분석방법으로 간자승화와 내자승화를 구하시오.
2) ANOVA표를 작성하고, 그 결과를 해석하시오.
3) 다음을 분석비교하시오.
   ① 실험집단의 총평균치와 비교집단 평균치간 차이
   ② 두 실험집단간 평균치 차이
4) 3)의 비교결과를 표로 작성하시오.
5) 일반적인 분산분석 결과와 분석비교결과를 비교하시오.
6) 이 표본분산의 동질성 여부를 검정하시오.

4. $n_1$=11, $S_1^2$=.012, $n_2$=10, $S_2^2$=.004, $n_3$=14, $S_3^2$=.072, $n_4$=12, $S_4^2$=.002, $n_5$=15, $S_5^2$=.009 이다. 표본분산이 동질적인지의 여부를 검정하시오.

5. 심리학자가 흰쥐의 미로학습 훈련 효과를 연구했다. 흰쥐들을 네 집단으로 무선분류했다. 미로학습 훈련이 다른 미로학습에 효과가 있는지를 밝히는데 역점을 두었다. I집단은 즉시 미로학습을 지도했다. II집단은 3달후에 배우고, III집단은 5달후에 미로학습을 했다. IV집단은 미로학습을 시키지 않은 통제집단이다. 6달후에 그 네 집단의 흰쥐들이 동일한 미로학습에 얼마나 시간을 소요하는지 측정했다. 다음은 각 쥐들이 최근의 미로 학습을 하는데 소요되는 시간이다.

I : 13, 11, 6, 18, 7, 15, 14, 8, 5, 2

II : 9, 13, 15, 11, 10, 6, 7, 9

III : 6, 9, 13, 10, 9, 7

IV : 16, 10, 14, 17, 9, 11, 14, 21, 28, 34

1) 어떤 실험 설계유형이 적용되었는가?
2) 연구의 요인은 무엇이며, 분류요인인가 아니면 실험요인인가?
3) 네 집단의 평균 시행점수들이 서로 다르다고 말할 수 있는가? ($\alpha$=.05).
4) 선행 훈련이 없을 때 모든 쥐들에게 필요한 평균 시행횟수의 95% 신뢰구간을 계산하시오.
5) 독립변수의 효과 강도를 계산하고 해석하시오.

CHAPTER 25

# 공분산분석

공분산분석은 분산분석과 회귀분석을 조합한 기법으로 관찰(조사)연구 및 실험연구의 결과분석에 적용될 수 있다. 공분산분석은 실험적인 통제를 할 수 없을 때 통제하지 못한 변수를 통계적으로 조정하는 방법이다. 공분산 모형은 회귀선형 모형의 특별한 경우라고 할 수 있다. 공분산분석은 분산분석에서 사용하는 오차분산을 감소시키는데 꽤 효과적인데, 공분산모형이 어떻게 오차변량을 줄일 수 있는지에 대하여 검토해 보자.

예를 들어, 학습흥미 유발 프로그램의 효과가 있는지를 탐색하고자 할 때, 3가지 프로그램 종류에 따라 계획적으로 일정한 수의 피험자를 표집하여 각 프로그램을 투입하고 실험이 종결된 후에 학습흥미 검사를 각 집단에 실시한다. 비교적 공정한 방법으로 실험을 실시하여 학교생활은 통제할 수 있지만, 가정의 과정환경 등은 통제하기 어렵다. 이러한 연구 결과의 분석에 공분산분석을 사용하면 효율적으로 오차요인을 통제할 수 있다. 실험 후에, 각 5명으로 구성된 세 집단에 학습흥미검사를 실시하여 전・후 검사 점수간 상관관계를 확인했다[그림 25-1].

[그림 25-1]은 각 실험집단 피험자들의 사전 홍미검사에 대한 사후 홍미검사 점수변산이 선형적인 것을 알 수 있다.

공분산분석 기법은 종속변수와 독립변수(들)사이에 개재되는 오차분산을 감소시킴으로써, 연구 효과를 좀 더 정확하게 분석할 수 있도록 한다. 즉, 이 예에서 보면, 종속변수(Y)인 학습흥미 점수와 가정의 과정환경 검사 점수사이의 상관성을 밝힘으로써 Y의 설명력을 높이게 되고, 결국은 오차(잔여)분산을 줄이게 되는 것이다. 따라서 가정의 과정환경 점수를 공변수라 칭한다. 이 공변수는 오차의 정도를 줄여 주게 되어 결국 예언력 또는 설명력을 높여 준다.

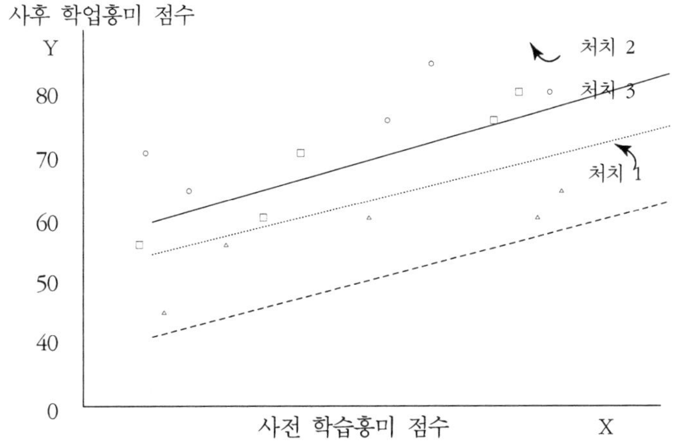


[그림 25-1] 공분산분석의 오차분산

## 1 공분산분석 고정효과 모형의 논리

일반적인 단순분산 분석의 고정효과 모형은 다음과 같다.

$$Y_{ij} = \mu + \alpha_j + e_{ij} \quad \text{[25.1]}$$

$Y_{ij}$ : j 처치집단의 i번째 피험자 점수

$\mu$ : 전집 평균치

$\alpha_j$ : j 번째 처치효과

$e_{ij}$ : 잔여(오차)

공분산분석의 고정효과 모형은 다음과 같다.

$$Y_{ij} = \mu + \alpha_j + \beta_w (X_{ij} - \mu_X) + e'_{ij} \quad \text{[25.2]}$$

$\beta_w$ : X가 Y에 관계되는 정도를 나타내는 회귀계수

$X_{ij} - \mu_X$ : 공변수 전집평균치로 부터 j 번째 처치조건에서 i 관찰치의 편차점수(피험자의 공변수 측정치 - 공변수 측정치의 총평균치)

$e'_{ij}$ : X에 관련된 분산오차가 제외된 조정오차

이 모형은 다음과 같이 이항하여 정리될 수 있다.

$$Y_{ij} - \beta_w(X_{ij} - \mu_X) = \mu + \alpha_j + e'_{ij}$$

이 식을 살펴보면, 종속변수 $Y_{ij}$가 $Y_{ij} - \beta_w(X_{ij} - \mu_X)$로 바꾸어졌다.

$\beta_w$는 처치집단 내에서 X(공변수)와 Y(종속변수)간의 관계를 나타내는 회귀계수이다.

공분산분석에서는 각 처치집단내에서 공변수와 종속변수간의 회귀정도가 동일하다고 가정한다.

즉, $E(b_1) = E(b_2) = \ldots\ldots E(b_k)$라고 본다.

각 표본처치 집단의 경우, $\beta_1 = \beta_2 = \ldots\ldots \beta_{집단내(w)} = \beta_w$이다.

$e'_{ij}$는 새로운(일종의 조정된) 오차로서, $\beta_w$=0인 경우 외에는 단순 분산분석 과정에서의 오차인 $e_{ij}$보다 일반적으로 더 작기 때문에 오차가 줄어든다. 따라서 공분산분석 결과는 단순분산분석 결과보다 더 정확하며, 강력한 검정력을 갖게 된다.

### 1) 공분산 설계의 기본요건

고정효과 분석에 단순분산분석 및 공분산분석 기법을 적용하기 위해서는 원자료가 다음의 조건을 갖추어야 한다.

① 둘 또는 그 이상의 하위수준을 갖는 독립변수가 있어야 하며 독립변수의 하위수준은 量的 또는 質的으로 다를 수 있다.

② 공변수는 처치(실험집단)와 통제(비교집단)가 가해지기 전에 미리 측정되어야 한다.

③ 피험자는 어느 한 집단(실험집단이나 비교집단)에 무선적으로 배정되어야 한다.

### 2) 통계가설

고정효과 단순분산 분석 및 공분산분석에서 설정되는 통계가설이다.

$H_o: \mu_1 = \mu_2 = \cdots\cdots = \mu_k$

$H_a: \mu_i \neq \mu_{i'}$ (i 집단과 i′ 집단은 실험집단과 통제집단 등으로 봄)

공변수의 효과도 통계적으로 검정될 수 있다. 그러나 공변수 효과검정은 별 관심거리가 안되는데, 공변수가 종속변수와 비교적 높은 상관성이 있어 선정되었기 때문이다. 공변수 효과에 대한 가설은 다음과 같다.

$H_o: \beta_w = 0 \qquad H_a: \beta_w \neq 0$

### 3) 기본가정/전제

공분산분석의 기본가정과 단순분산분석의 기본가정의 공통된 항목은 독립성, 정규성 및 분산의 동질성이다.

① 독립성 : 공변수와 종속변수에 대한 개인의 측정치들이 다른 피험자들의 측정치들과는 독립적이다.

② 정규성 : 동일한 집단에서 공변수의 동일한 측정치를 갖는 피험자들에 있어서 종속변수는 정규분포를 이룬다.

③ 동분산성 : 동일한 공변수 측정치를 유지하는 피험자들의 종속변수 측정치의 분산은 모든 집단들과 공변수 측정치들에 대하여 동일하다.

단순분산분석에 비해 공분산분석에서는 다음의 가정이 추가적으로 더 필요하다.

④ 선형성 : 전집에서 공변수에 대한 종속변수의 회귀계수가 각 집단에서 선형을 유지한다. 이 가정은 각 집단에서 공변수와 종속변수 측정치의 산포도를 검토하여 확인되어야 한다.

⑤ 회귀선 기울기의 동질성 : 전집에서 공변수에 대한 종속변수의 회귀계수가 각 집단에서 동일하다. 즉 $\beta_1 = \beta_2 - \ldots\ldots = \beta_k$. 회귀계수에 미치는 독립변수의 효과에 주의를 기울여야 한다.

⑥ 공변수와 처치간의 독립성 : 공변수에 의해 예언되는 종속변수의 변화량을 제거한다고 해서 처치효과의 일부분을 제거하는 것은 아니다. 또는 공변수가 실험처치후에 측정된다면, 공변수 그 자체는 처치효과의 영향을 받을 수도 있다. 공분산을 이용하여 종속변수의 분산량을 제거하게 되면, 처치효과의 일부분이 제거될 수도 있을 것이다. 공변수와 처치가 서로 독립적이지 않을 때 공분산분석은 부적합하다.

⑦ 오차없는 공변수 측정 : 공변수는 오차없이 측정되거나 공변수가 완전히 신뢰롭다는 가정이다. 공변수의 비신뢰성은 실험오차 추정치에 영향을 미침으로써 공분산분석의 정확성을 감소시킨다.

## 2 공분산분석의 계산과정

종속변수 측정치의 총분산량은 3개의 분산원으로 분리된다.

종속변수의 총분산량 = 처치집단들간 분산량(처치효과)<br>
+ 피험자들간 개인차에 기인한 체계적 분산량<br>
(공변수 X와 종속변수 Y 사이의 상관성)<br>
+ 집단내 오차(잔여 오차)

실험자는 피험자들을 임의로(무선적으로) 두 집단으로 나누어 한 집단에는 처치 1을, 다른 집단에는 처치 2를 실시한다. 처치를 하기 전에, 각 집단의 각 피험자는 표준 조건하에서 종속변수에 대한 검사를 받는다. 우리는 이 사전 측정치를 공분산(공변수)이라 하고, X변수로 놓는다. 처치를 한 후, 각 피험자는 종속변수에 대한 검사를 받는데, 이 사후검사 점수가 곧 Y(종속변수) 측정치이다. 실험 관심사로서 사후 측정치에 대한 두 집단 평균간의 차이이다.

<표 25-1> 처치 효과가 없는 상태에서 공변수와 종속변수 측정치

| | $T_1$ | | $T_2$ | |
|---|---|---|---|---|
| | X | Y | X | Y |
| | 5 | 6 | 2 | 1 |
| | 3 | 4 | 6 | 7 |
| | 1 | 0 | 4 | 3 |
| | 4 | 3 | 7 | 8 |
| | 6 | 7 | 3 | 2 |
| $\Sigma$ | 19 | 20 | 22 | 21 |

위의 표에는 각 처치 집단에 $n_i = 5$인 경우의, 공변수 점수(X)와 종속변수(Y)점수가 제시되어 있다. Y값은 처치효과 없이 획득된다고 기대되는 값으로서, 종속변수의 측정이 매우 신뢰로울 때 얻은 점수이다.

X와 Y간의 상관관계가 꽤 높다는 것을 알 수 있다($\gamma$ = .90이상). 이제, 처치 1이 종속변수에 실제로 영향을 미치며 그 효과가 부가적이라고 가정하자. 처치 1은 Y값을 증가시켰다고 가정하자. 동시에 처치 2가 아무런 영향을 미치지 않았으며 처치 2에 대한 Y의 측정치는 변하지 않았다.

〈표 25-2〉는 이러한 가정하에 이루어진 각 피험자의 공분산 값(X)과 종속변수(Y)값이 표시되어 있으며 [그림 25-2]는 각 집단의 X측정치에 대응하는 Y값이 표시되어 있다. 기대한 바와 같이 처치 1 조건에서 각 측정치에 함수값이 가산되는 것은 Y 절편의 값을 증가시키는 역할을 했다.

<표 25-2> X변수/공분산과 종속변수(Y)의 측정치

| | $T_1$ | | $T_2$ | |
|---|---|---|---|---|
| | X | Y | X | Y |
| | 5 | 11 | 2 | 1 |
| | 3 | 9 | 6 | 7 |
| | 1 | 5 | 4 | 3 |
| | 4 | 8 | 7 | 8 |
| | 6 | 12 | 3 | 2 |
| $\Sigma$ | 19 | 45 | 22 | 21 |
| M | 3.8 | 9.0 | 4.4 | 4.2 |

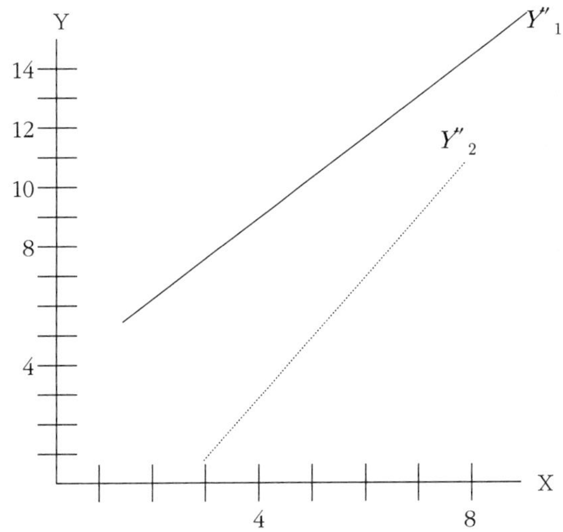


[그림 25-2] 두 집단의 Y의 예언 선분

지금부터 〈표 25-2〉의 원자료에 대한 기초 통계치를 계산한다.

① 처치 I

$\Sigma X_1 = 19$ $\Sigma Y_1 = 45$

$S_{X_1} = 1.924\,(S_{X_1}{}^2 = 3.70)$ $S_{Y_1} = 2.793\,(S_{Y_1}{}^2 = 7.50)$

$\overline{X_1} = 3.8$ $\overline{Y_1} = 9.0$

$\Sigma x_1{}^2 = \Sigma X_1{}^2 - \dfrac{(\Sigma X_1)^2}{n_1}$ $\Sigma y_1{}^2 = 30.0$

$= 14.80$

$\Sigma x_1 y_1 = \Sigma X_1 Y_1 - \dfrac{(\Sigma X_1)(\Sigma Y_1)}{n_1}$

$= 20.0$

$\therefore\ r_{x_1 y_1} = .949$

② 처치 II

$\Sigma X_2 = 22$ $\Sigma Y_2 = 21$

$S_{X_2} = 2.074\,(S_{X_2}{}^2 = 4.30)$ $S_{Y_2} = 3.114\,(S_{Y_2}{}^2 = 9.70)$

$\overline{X_2} = 4.4$ $\overline{Y_2} = 4.2$

$\Sigma {x_2}^2 = 17.2$ $\Sigma y_2^2 = 38.8$

$\Sigma x_2 y_2 = 25.6$

$\therefore r_{x_2 y_2} = .991$

③ 전체(집단 I 과 집단II의 종합)

$\Sigma X_t = 41$ $\Sigma Y_t = 66$

$S_{X_t} = 1.912 \ ({S_{X_t}}^2 = 3.656)$ $S_{Y_t} = 3.748 \ ({S_{Y_t}}^2 = 14.044)$

$\overline{X_t} = 4.1$ $\overline{Y_t} = 6.6$

$\Sigma {x^2}_t = 32.9$ $\Sigma {y_t}^2 = 126.4$

$\Sigma x_t y_t = 38.4$

$\therefore r_{x_t y_t} = .595$

④ 집단내 편차 자승화와 교적화를 구한다.

$\Sigma {y^2}_w = \Sigma {y_1}^2 + \Sigma {y_2}^2 = 30.0 + 38.8 = 68.8$

$\Sigma {x^2}_w = \Sigma {x_1}^2 + \Sigma {x_2}^2 = 14.8 + 17.2 = 32.0$

$\Sigma xy_w = \Sigma x_1 y_1 + \Sigma x_2 y_2 = 20.0 + 25.6 = 45.6$

$\therefore \ r_w = \dfrac{\Sigma xy_w}{\sqrt{(\Sigma {x^2}_w)(\Sigma {y^2}_w)}} = .972$(합병된 집단들 내 상관관계)

### 1) 전체 자승화(총자승화)와 조정 총자승화

영가설을 검정하기 위하여 공변수의 효과에 대하여 다양한 자승화가 조정되어야 한다. 변수 X로부터 변수 Y가 예언되는 비율은 ${r^2}_{XY}$임을 상기하자. 따라서 조정된 전체 자승화[$SS'_{tot}$]는 다음의 공식에 의해 가능하다.

$$SS'_{tot} = SS_{tot}(1 - {r^2}_{X_t Y_t}) \quad \cdots\cdots [25.3]$$

위의 자료에서 $SS'_{tot} = 126.4(1 - .595^2) = 81.65$

$SS_{tot}$ 는 Y변수전체 사례(위의 경우 2집단 10명)의 전체자승화이다. $r^2{}_{X_t Y_t}$는 전체 사례의 X와 Y간의 결정계수이다.

## 2) 내자승화와 조정 내자승화

조정되기 전의 내자승화 $(SS_w) = \Sigma(Y_1 - \overline{Y_1})^2 + \ldots\ldots + \Sigma(Y_k - \overline{Y_k})^2$

$$= \Sigma y_1^2 + \Sigma y_2^2 + \ldots\ldots + \Sigma y_k^2 \quad \text{[25.4]}$$

위의 실제 자료에서 $SS_w = 68.8$

조정된 내자승화$(SS'_w) = SS_w(1 - r^2{}_w)$ ························ [25.5]

위의 실제 자료에서 $SS'_w = 68.8(1 - r^2{}_w)$

$= 68.8(1 - .972^2)$

$= 3.80$

## 3) 간자승화와 조정된 간자승화

조정전의 간자승화

$$(SS_B) = \frac{(\Sigma Y_1)^2}{n_1} + \ldots\ldots + \frac{(\Sigma Y_k)^2}{n_k} - \frac{(\Sigma Y_t)^2}{N} \quad \text{[25.6]}$$

위의 실제 자료에서, $(SS_B) = \dfrac{(45)^2}{5} + \dfrac{(21)^2}{5} - \dfrac{(66)^2}{10} = 57.6$

조정된 간자승화 $(SS'_B) = SS'_{tot} - SS'_w$ ························ [25.7]

위의 실제 자료에서, $SS'_B = 81.65 - 3.80$

$= 77.85$

## 4) 자유도 공분산분석표

공분산분석에서 자유도는 하나의 예외를 제외하고는 단순분산분석의 경우와 동일하다. 하나의 예외란 공변수에 대한 내분산원으로부터 자유도가 1이 더 상실된다. 공변수가 그 (하나) 이상이면, 각 공변수에 대하여 1개의 자유도가 각각 상실된다.

만약 영가설이 진이라면, 조정된 평균자승비$(MS_b' / MS_w')$는 k-1 및 n-k-1의 자유도에서 임계치보다 작거나 그 이하가 된다.

ANCOVA표

| 분산원 | $SS'$ | $df$ | $MS'$ | $F$ |
|---|---|---|---|---|
| 집단간 | 77.85 | 1 | 77.85 | 144.17* |
| 집단내 | 3.80 | 7 | .54 | |
| 합 계 | 81.65 | 8 | | |

* $\alpha$=.05에서 ($df$=1,7) 임계치 $F$ = 5.59

$F_{obt}$ = 263.41 〉 $F_{crt}$ = 5.99 이므로 영가설 $\mu_1 = \mu_2$ 또는 $({\alpha_1}^2 = {\alpha_2}^2)$이 기각됨에 따라 처치집단 I과 II 사이에 점수차이가 통계적으로 유의미하다.

ANOVA표

| 분산원 | $SS$ | $df$ | $MS$ | $F$ |
|---|---|---|---|---|
| 집단간 | 57.6 | 1 | 57.6 | 6.70* |
| 집단내 | 68.8 | 8 | 8.6 | |
| 합 계 | 126.4 | 9 | | |

* $\alpha$=.05에서 ($df$=1,8) 임계치 $F$ = 5.32

$F_{obt} = 6.70$〉 $F_{crt} = 5.32$이므로 단순분석에서도 영가설이 기각된다(X라는 공변수는 전혀 고려하지 않고, 두 집단의 Y점수만 비교한 결과이다).

## 5) 평균치와 조정 평균치

공분산분석 결과를 보다 적절히 해석하기 위하여, 각 집단(처치) 평균치의 공변수 평균치인 $\overline{X_j}$가 공변수 전체 평균치에 동질화 된다면 각 집단 평균치가 어떻게 예언(설명)되는지를 알아야 할 필요가 있다. 이러한 의미에서 집단 j의 조정 평균치 $\overline{Y_j}$는 다음과 같이 표시된다.

$$\overline{Y}_j' = \overline{Y}_j - b_w(\overline{X}_j - \overline{X}_t) \quad \cdots\cdots [25.8]$$

여기서,

$\overline{Y}_j$ =종속변수 $Y$에서 집단 $j$의 조정전 평균치

$\overline{X}_j$ = 공변수에서 집단 $j$의 평균치

$\overline{X}_t$ = 공변수 총평균치

$b_w = \beta_{w\,(\text{회귀계수})}$ 추정치

또한, $b_w$를 다음 공식에 의해 구한다.

$$b_w = \frac{\Sigma xy_w}{\Sigma x_w^2} \quad \cdots\cdots [25.9]$$

위의 자료에서 $\Sigma xy_w = 45.6$, $\Sigma x_w^2 = 32$이다.

따라서 $b_w = \frac{45.6}{32} = 1.425$

$$\overline{Y_1}' = 9.0 - (1.425)(3.8 - 4.1) = 9.428$$

$$\overline{Y_2}' = 4.2 - (1.425)(4.4 - 4.1) = 3.773$$

처치집단 I의 종속변수의 조정평균치($\overline{Y}'_1$)는 9.428로 증가하고, II의 종속변수의 조정평균치는 3.773으로 줄어들었음을 알 수 있다.

### 6) 조정평균치의 표준오차

$$S_{\overline{Y'}} = \sqrt{MS'_W[(\frac{1}{n}) + (\overline{X}_j - \overline{X}_t)^2 / \Sigma x_w^2]} \quad \cdots\cdots [25.10]$$

$$S^2_{\overline{Y'}} = MS'_W \left[ \frac{1}{n} + \frac{(\overline{X}_j - \overline{X}_t)^2}{\Sigma x_w^2} \right]$$

$$S_{\overline{Y'}} = \sqrt{3.80[(1/5) + (3.8 - 4.1)^2 / 32]} = 0.878$$

여기서 조정 평균치의 신뢰구간을 정할 수 있다.

$$\overline{Y} \pm t_{1-\alpha/2\ (\nu = n_1 - 2)}\, S_{\overline{Y'}} \quad \cdots\cdots [25.11]$$

위에 계산한 값들을 공식 [26.11]에 대입한다(자유도 $v$ = (한 처치 집단 수)−2). 그리고 $\mu_1$의 95% 신뢰구간을 계산한다.

$9.428 \pm 3.182(0.878) = 12.222 \sim 6.634$

또한, $\mu_2$의 95% 신뢰구간을 계산한다.

$3.773 \pm 3.182(0.878) = 6.567 \sim 0.979$

처치집단 I의 참평균치는 최고 12.222, 최저 6.634 범위내에 있을 확률이 95%이다. 특히, 다중비교를 할 때에, 오차 평균자승은 J 평균치들간의 외연정도를 반영하기 위해 조정되어야 한다. $MS_W^{'}$를 사용하여 다음과 같이 조정한다.

$$MS_W^{''} = MS_W^{'}\left[1 + \frac{\Sigma x_b^2}{(J-1)\Sigma x_{w'}^2}\right] \quad \text{[25.12]}$$

여기에서

$\Sigma x_b^2 =$ 공변수 X의 집단간 자승화 $\Sigma x_W^2 =$ 공변수 X의 집단내 자승화

J 공변수 평균치가 달라지는 정도에 따라 $MS_W^{''}$는 $MS_W^{'}$ 보다 커지는 특징이 있다.

# 25 연 | 구 | 문 | 제

1. 중학교 1, 2, 및 3학년 학생들을 무선 표본하여 동일한 학습흥미유발 프로그램을 실시한 후에 조사된 학습흥미 점수(Y)와 프로그램 실시전에 조사된 가정의 과정환경 변수 측정치(X)이다(검정과정 I방법을 적용하시오).

| 집단 I | | 집단 II | | 집단 III | |
|---|---|---|---|---|---|
| X | Y | X | Y | X | Y |
| 13 | 12 | 9 | 14 | 7 | 8 |
| 9 | 11 | 12 | 24 | 6 | 9 |
| 12 | 15 | 10 | 25 | 7 | 5 |
| 10 | 13 | 18 | 28 | 8 | 6 |
| 11 | 10 | 20 | 26 | 7 | 9 |
| 13 | 16 | 15 | 23 | 6 | 4 |
| 12 | 11 | 11 | 25 | 3 | 2 |
| 10 | 10 | 15 | 21 | 4 | 3 |

1) 기본 통계치(합, 평균치, 표준편차 및 각 집단의 편차 자승화와 편차 교적화 등)를 구하시오.
2) 내편차 자승화와 교적화 및 내상관관계를 구하시오.
3) 종속변수의 총 자승화와 조정된 총 자승화, 조정전과 후의 간 자승화, 조정전과 후의 내 자승화를 구하시오.
4) 공분산분석표와 단순 분산 분석표를 작성하시오.
5) 평균치와 조정된 평균치를 구하시오.
6) 조정 평균치의 표준오차를 구하시오.
7) 조정 평균치의 95% 신뢰구간을 설정하시오.
8) 결과를 해석하시오.

2. 다음은 세 무선표집된 실험집단의 공변수(X)와 실험효과(Y)에 대한 자료이다.

| 집단 Ⅰ | | 집단 Ⅱ | | 집단 Ⅲ | |
|---|---|---|---|---|---|
| $X_1$ | $Y_1$ | $X_2$ | $Y_2$ | $X_3$ | $Y_3$ |
| 9 | 18 | 10 | 32 | 7 | 10 |
| 10 | 23 | 9 | 24 | 8 | 14 |
| 12 | 25 | 12 | 27 | 9 | 13 |
| 10 | 23 | 10 | 22 | 5 | 5 |
| 14 | 20 | 18 | 40 | 4 | 1 |
| 17 | 29 | 20 | 43 | 12 | 14 |
| 19 | 25 | 15 | 33 | 9 | 7 |
| 16 | 30 | 11 | 30 | 5 | 2 |
| 8 | 12 | 15 | 32 | 10 | 9 |
| 7 | 19 | 16 | 28 | 4 | 10 |

1) 자승화와 교적화를 구하시오.
2) 조정된 자승화와 교적화를 구하시오.
3) 공분산표를 작성하시오.
4) 각 평균치의 99% 신뢰구간을 구하시오.
5) 결과를 해석해 보시오(I과 II는 실험이고, III은 통제집단이다).

3. 공분산분석 기법을 적용할 수 있는 연구문제를 진술하였다. 합리적이고 적용가능하면 O표를, 불합리하고 적용할 수 없다면 그 이유를 진술하고 수정할 수 있다면 연구문제를 수정하시오.

1) 김 교사는 학생들의 학습효능감 신장 프로그램의 효과를 검증하려고 한다. 학습자들의 지능지수에는 관심이 없어서 배제하려고 한다. 이 프로그램의 효과가 남・여 학습자간 차이가 있는지를 함께 분석하려고 한다.
2) 이 장학관은 신규교사의 교육적성을, 지적 측면을 배제하고, 정의적 측면만 분석하려고 한다. 특히 일반 대학교를 졸업 후에 사범대와 교육대학에 입학하여 수료한 교사와 고교졸업 후 곧바로 사범대/교육대에 진학하여 졸업하고 발령받은 교사들간의 차이를 분석하려고 한다. 이 장학관은 이들 신규교사들의 가정환경, 특히 과정환경(또는 심리적 환경)을 제외하고 싶다.
3) 박 교사는 유치원 교사로서 유치원생의 주의집중력 신장 프로그램을 투입해서, 그 효과를 분석하고 싶다. 유치원생의 가정환경에는 관심이 없다.

CHAPTER 26

# 이원분산분석

이원분산분석은 가장 단순한 요인설계로서, 그 취지는 최소한 2개의 요인별 효과(주효과)와 이 두 요인의 조합에 따른 상호작용 효과를 분석하는 데 있다. 상호작용 효과가 있다는 것은 한 요인의 효과가 다른 요인의 하위 수준에 따라 유의미하게 다른 결과를 초래하는 경우를 의미한다.

각 요인을 개별적으로 검정하는 단순분산분석법을 사용하지 않고 요인설계를 사용하는 주된 이유를 생각해 보자. ① 시간과 원자료 수집의 경제성이다. ② 두 가지의 개별적인 분산분석의 경우보다 요인설계를 통해서 더 많은 정보를 수집, 처리할 수 있다. 요인 설계를 통해서 세가지 요인의 효과(두 개의 주 효과, 상호작용효과)를 검정할 수 있다.③ 단순분산분석과정보다 요인설계 과정을 통해서 오차변량을 더 정확하게 추정할 수 있다.

분산분석 기법의 F비를 결정하기 위하여 세 가지 모형, 즉 고정모형, 무선모형 및 혼합모형이 적용될 수 있다. 독립변수는 몇 가지의 수준을 갖는데, 각 수준은 곧 실험(연구)조건이 된다. 고정모형에서는 F비가 유의미한 것으로 밝혀졌을 때 그 결과를 실제 연구에 사용된 독립변수의 몇 가지 조건(수준)에만 일반화하는데 목적을 두게 됨으로 독립변수는 관심의 대상이 되는 모든 수준들을 전부 포함하게 된다. 경우에 따라 보다 많은 실험조건 중에서 몇 개의 수준만을 무선적으로 선정하여 독립변수 수준을 결정하게 된다. 이 때는 F비가 유의미한 것으로 밝혀졌을 때 그 결과를 실제의 실험에 사용한 수준뿐만 아니라 전체수준에 까지 일반화하게 된다. 이 기법이 무선모형이다. 혼합모형은 이원설계 이상의 요인설계에서 독립변수들 중 일부는 고정모형을 다른 일부는 무선모형을 적용하는 경우이다.

# 1 연구가설

## 1) 주효과에 관한 가설

두 개의 독립변인이 각각 종속변인에 미치는 효과를 진술한다. 요인의 주효과는 평균효과인데, 다른 독립변수(요인)의 각 수준에 따른 차이를 개의치 않고, 오직 한 독립변수의 수준별 차이만 고려할 뿐이다.

2 × 2 요인설계의 예

| | $A_1$ | $A_2$ | |
|---|---|---|---|
| $B_1$ | $\mu_{A_1 B_1}$ | $\mu_{A_2 B_1}$ | $\mu_{B_1}$ |
| $B_2$ | $\mu_{A_1 B_2}$ | $\mu_{A_2 B_2}$ | $\mu_{B_2}$ |
| | $\mu_{A_1}$ | $\mu_{A_2}$ | |

① 주효과 A에 관한 가설
- 연구가설($H_a$): $\mu_{A1} \neq \mu_{A2}$ - 영가설($H_o$) : $\mu_{A1} = \mu_{A2}$

② 주효과 B에 관한 가설
- 연구가설($H_a$): $\mu_{B1} \neq \mu_{B2}$ - 영가설($H_o$) : $\mu_{B1} \neq \mu_{B2}$

## 2) 상호작용 효과

독립변수가 2개이고 종속변수가 1개인 요인 설계에서의 상호작용은 "한 독립변수의 각 수준에 따른 종속변수 측정치의 차이가 다른 독립변수의 각 수준에서도 동일하게 나타날 것인가?"에 관련된다. 상호작용은 하나의 종속변수에 대한 두 독립변수의 결합효과라고 할 수 있다. 상호작용이 발생하면, 주 효과에 관한 해석을 하기 전에, 상호작용 요인의 각 수준에서 관심있는 요인의 효과를 검토해야 한다. 상호작용 효과는 각 세포 평균치들과 이들에 관한 그래프를 그려봄으로써 용이하게 분석할 수 있다.

① 비서열적 상호작용: 한 요인의 수준에 따른 효과가 다른 요인의 수준들이 변함에 따라 역으로 나타나는 경우이다. 아래의 그림의 예를 살펴보자.

A 요인의 $a_1$ 수준에서는 $b_1$수준의 결과가 $b_2$ 수준의 결과보다 높다. 그러나 $a_2$ 수준에서는 오히려 $b_2$의 성과가 $b_1$ 의 경우보다 높은 것으로 나타났다. 비서열적 상호작용의 현상이다.

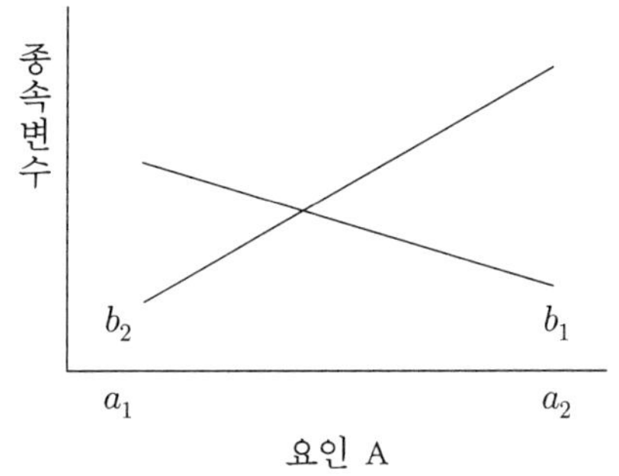


② 서열적 상호작용: 선분이 평행은 아니며, 그렇다고 직교하지도 않는 경우이다. 이런 현상은 하나의 요인의 특정수준에서 집단간 차이가 동일요인의 다른 수준에서의 차이보다 더 큰 경우이다. 아래 그림을 보면, 요인 A의 $a_1$ 수준에서 $b_2$의 효과가 $b_1$의 효과보다 더 큰 현상이 $a_2$의 수준보다 더 두드러진다.

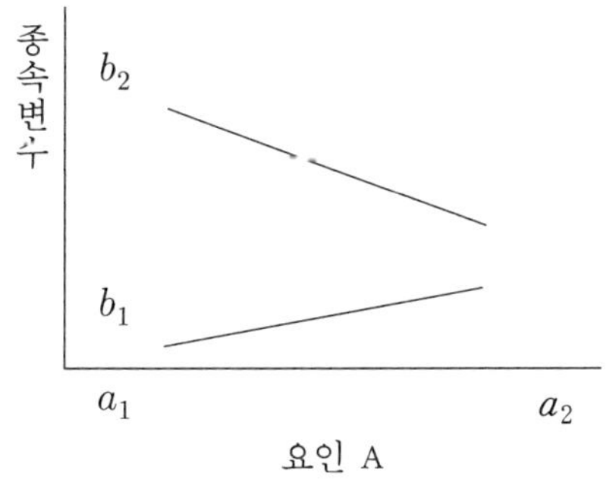


상호작용효과를 좀 더 생각해보자. 상호작용효과는 두 개의 독립변인이 동시에 종속변인에 어떻게 영향 미치는가를 알아보는 것이다.

① 연구가설($H_a$) :$\mu_{A_1B_1} - \mu_{A_1B_2} \neq \mu_{A_2B_1} - \mu_{A_2B_2}$

② 영가설($H_o$) :$\mu_{A_1B_1} - \mu_{A_1B_2} = \mu_{A_2B_1} - \mu_{A_2B_2}$

세 가지 F비$\left(\frac{MS_A}{MS_W}, \frac{MS_B}{MS_W}, \frac{MS_{AB}}{MS_W}\right)$는 모두 '효과가 없다'고 하는 영가설 검정에 사용된다. 계산된 F비가 임계적인 F비 (일반적으로 통계교과서의 뒤에 첨부된 표에 제시)보다 클 경우에는 영가설이 기각된다.

상호작용 효과는 두 가지 방법에 의해 분석될 수 있다. 우선 [그림 26-1] 윗 부분의 오른쪽에 나타낸 것과 같이, 요인설계를 하나의 단일요인실험군으로 나눈다. 설계의 각 줄은 요인 A를 고정시킨 상태(요인 A의 각 하위 요소를 구별하지 않은 상태)에서 요인 B가 조작되었을 때의 결과를 밝히기 위한 단일요인실험을 나타낸다. 이러한 실험을 요인 B의 단순효과 분석이라고 한다. 상호작용 효과는 단순효과간의 차이로 정의되며, 단순효과들의 상이한 유형을 의미한다.

상호작용 분석 방법은 [그림 26-1]의 아랫 부분과 같이, 요인설계를 일군의 작은 요인들로 전환시키는 것이다. B의 각 하위수준별로 $a_1$, $a_2$ 및 $a_3$간 차이를 나타낸다. 이러한 '소형' 요인설계들은 전반적인 상호작용에 영향을 미치는 두 독립변수의 특수한 형태를 분리(고립)시키는데 도움이 된다. 이와 같은 방법을 상호작용 비교분석이라고 부른다.

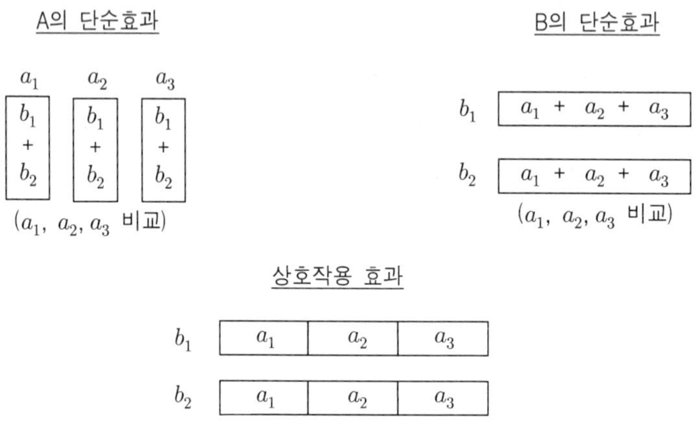


**[그림 26-1] B의 하위수준별로 A의 하위수준간 차이 비교**

이상의 두 가지 분석은 모두 요인설계를 작은 부분으로 분리하는 것이다. 단순효과 분석은 요인설계에 의해 생성된 단일요인실험에 대한 것이고, 상호작용 비교분석은 전체 요인설계를 구성하는 하위 요인실험들에 대한 것이다.

설계의 요구조건은 단순 분산 분석의 경우와 유사하다. ① 최소한 두 개의 독립변인과 각 독립변인이 최소한 두 가지 이상의 하위 수준으로 나누어진다. ② 독립변인의 수준은 질적 또는 양적으로 다를 수 있다. ③ 피험자는 설계의 각 구획(세포)에 한 번 참여하며, 그 참여한 피험자는 그 세포(구획)에 의해 규정된 모수(전집)로부터 무선표본된다. 이 설계의 기본 가정은 단순 분산분석(독립성, 정상분포성, 분산동질성)의 경우와 같다.

## 2 전체자승합의 분리

### 1) 설계와 기호법

a 요인이 2 개의 하위요소로, b요인이 3개의 하위요소로 나누어지면, a=2와 b=3으로

된 두 독립변수의 요인 배열이 되며, 처치조건 합계는 (a)(b) = (2)(3) = 6개이고, 각 처치조건에 무선적으로 배정된 상이한 연구 대상 s(각 세포내의 표집수)이다.

이 설계의 기본 관찰 점수는 $ABS_{ijk}$로 표시되는데 요인 A와 B의 수준의 독특한 조합으로 한 피험자의 점수를 나타낸다. 이 점수는 $ABS$ 행렬로 정리된다.

$\Sigma ABS_{ijk} = AB_{ij}$ ········································ [26.1]

각 종렬 세포합 : $\Sigma AB_{1j} = AB_{11} + AB_{12} + AB_{13} = A_1$

또는 $\Sigma AB_{ij} = A_i$ ········································ [26.2]

각 횡열의 세포합: $\Sigma AB_{ij} = B_j$ ········································ [26.3]

총괄적인 총합은 가장자리 총합의 각 집단을 합함으로써 얻게 된다.

T = $\Sigma$A = $\Sigma$B ········································ [26.4]

결과를 검정하여 자료를 보고하기 위해서, AB행렬에 정렬된 다양한 처치합을 평균으로 변환한다. 이것은 물론, 관찰의 적절한 사례수에 의해 합한 점수를 각각 나눔으로써 얻게 된다. 평균의 기호는 합산점수위에 바(bar)를 씌운다.

$\overline{AB} = \frac{AB}{n}; \overline{A} = \frac{A}{(b)(s)}; \overline{B} = \frac{B}{(a)(s)}; \overline{T} = \frac{T}{(a)(b)(s)}$ ························ [26.5]

## 2) 자승합의 분리

요인 A는 a=2개 하위수준과 요인 B는 b=3개 하위수준에서 처치된다고 가정하자. 그러면 총계가 대상 s명을 각각 포함하는 처치집단이 모두 (a)(b)=(2)(3)=6개로 구성된다. 첫단계로서, 단순요인 실험으로 부터 유용한 6개의 처치 평균치가 생성된다. (a)(b)(s)의 변산도는 다음과 같이 분리될 수 있다.

$SS_{총합} = SS_{간} + SS_{내}$

$SS_{간}$는 전체 평균으로부터 각 개별 처치평균 즉, $\overline{AB_{ij}} - \overline{T}$ 로 편차에 기초한다. $a_i$수준과 $b_j$ 수준의 조합으로 표현되는 독특한 처치조합의 영향을 받는 피험자 집단이 산출해 낸 편차를 고려해 보자. 이 편차는 세 가지 변산요소의 영향을 받게 된다.

$\overline{AB_{ij}} - \overline{T} = (A_i 효과) + (B_j 효과) + (A_i \times B_j 상호작용효과)$

이들 각각의 효과는 아래처럼 익숙한 수치를 포함한 편차로 나타낸다 :

$\overline{AB_{ij}} - \overline{T} = (\overline{A_i} - \overline{T}) + (\overline{B_j} - \overline{T}) + (\overline{AB_{ij}} - \overline{A_i} - \overline{B_j} + \overline{T})$

상호작용 $= (\overline{T}로부터의\ 편차) - (A_i 효과) - (B_j 효과)$

$= (\overline{AB_{ij}} - \overline{T}) - (\overline{A_i} - \overline{T}) - (\overline{B_j} - \overline{T})$

몇 가지 단순한 대수법칙을 적용하면, 다음과 같다.

상호작용 효과= $\overline{AB_{ij}} - \overline{T} - \overline{A_i} + \overline{T} - \overline{B_j} + \overline{T} = \overline{AB_{ij}} - \overline{A_i} - \overline{B_j} + \overline{T}$

전체편차의 완전한 하위세분인$(ABS_{ijk} - \overline{T})$은 다음 공식에 의해 명료해진다.

$$ABS_{ijk} - \overline{T} = (\overline{A_i} - \overline{T}) + (\overline{B_j} - \overline{T}) + (\overline{AB_{ij}} - \overline{A_i} - \overline{B_j} + \overline{T}) + (ABS_{ijk} - \overline{AB_{ij}})$$

총평균으로부터 나온 피험자 개인 점수 편차는 4가지 요소로 나눌 수 있다 : (1) $a_i$ 수준에서의 처치효과, (2) $b_j$ 수준에서의 처치효과, (3) 수준 $a_i$과 수준 $b_j$의 조합의 상호작용효과, (4) 개별 처치평균으로부터 피험자 점수의 편차.

## 3) 계산공식 체계

### (1) 분산원 확인

분산원을 구체화하는 것은 단순한 규칙이다. 이러한 분산원이 지금 어떠한 것인지에 대해서 이미 논의했으나, 친숙한 상황에 이 규칙을 어떻게 적용할 것인지에 대하여 살펴보는 것이 유의미하다. ① 집단내 요인을 포함하여 모든 요인들을 목록화(정리)한다. ② 집단내 요인은 제외하고 이들 요인들의 가능한 모든 상호작용을 구성한다. 2요인 설계에서 1단계는 A, B 그리고 S/AB의 목록으로 귀결된다. 집단내 요인 S/AB("AB집단내 피험자"라 읽는다)는 서로 비슷하게 처치되는 피험자의 변산도로 표현된다. 즉, 이 분산원은 각 (a)(b) 집단 피험자의 변산도로 구성되고, 이들 상이한 집단들에 걸쳐서 합산된다. 단계 2는 단순상호작용의 목록 A×B로 귀결된다.

### (2) 계산공식

<표 26-1> 계산공식 체계화

| (1) 요소 | (2) 자유도 | (3) 확대된 자유도 | (4) 계산공식 |
|---|---|---|---|
| A요인 | a-1 | a-1 | [A]-[T] |
| B요인 | b-1 | b-1 | [B]-[T] |
| A×B상호작용 | (a-1)(b-1) | (a)(b)-a-b+1 | [AB]-[A]-[B]+[T] |
| 집단내 | (a)(b)(s-1) | (a)(b)(s)-(a)(b) | [ABS]-[AB] |
| 전체 | (a)(b)(s)-1 | (a)(b)(s)-1 | [ABS]-[T] |

s=각 세포내의 사례수, a=A요인의 수준 수, b= B요인의 수준 수

### (3) 기본비 구성

<표 26-2> 기본비

| (1) 기본 수 | (2) 자승합 | (3) 완전한 비율 | (4) 문자기호화 |
|---|---|---|---|
| A | $\Sigma A^2$ | $\frac{\Sigma A^2}{(b)(s)}$ | [A] |
| B | $\Sigma B^2$ | $\frac{\Sigma B^2}{(a)(s)}$ | [B] |
| AB | $\Sigma (AB)^2$ | $\frac{\Sigma (AB)^2}{s}$ | [AB] |
| ABS | $\Sigma (ABS)^2$ | $\Sigma (ABS)^2$ | [ABS] |
| T | $T^2$ | $\frac{T^2}{(a)(b)(s)}$ | [T] |

### (4) 자승합과 평균자승

<표 26-3> 계산 공식

| 분산원 | 자승합계산공식 | $df$ | 평균자승(MS) | $F$ |
|---|---|---|---|---|
| A | $\frac{\Sigma A^2}{(b)(s)} - \frac{T^2}{(a)(b)(s)}$ | a-1 | $\frac{SS_A}{df_A}$ | $\frac{MS_A}{MS_{S/AB}}$ |
| B | $\frac{\Sigma B^2}{(a)(s)} - [T]$ | b-1 | $\frac{SS_B}{df_B}$ | $\frac{MS_B}{MS_{S/AB}}$ |
| A×B | $\frac{\Sigma (AB)^2}{n} - [A] - [B] + [T]$ | (a-1)(b-1) | $\frac{SS_{A\times B}}{df_{A\times B}}$ | $\frac{MS_{A\times B}}{MS_{S/AB}}$ |
| 집단내 (S/AB) | $\Sigma (ABS)^2 - [AB]$ | (a)(b)(n-1) | $\frac{SS_{S/AB}}{df_{S/AB}}$ | |
| | [ABS] - [T] | (a)(b)(s)-1 | | |

## 4) 이원분산분석의 직교성

$SS_A$, $SS_B$, $SS_{A\times B}$가 서로(상호간) 직교성이라는 것을 보여질 수 있다. 즉, 실험의 결과에 대해 독립적인 정보를 제공하는 것이다 이들 검정은 동일한 오차가 각 F비 계산에 사용되었으므로 통계적으로 독립적이 아니다. 그러나 이런 문제는 실험결과의 해석에 다시 나타나지는 않는다. 앞에서 토의한 분석에서 추출된 세 분산원은 간자승합에 관련된 자유도로 나누는 효과적인 방법을 나타낸다. 이 자승합을 다른 직교비교군으로 분리(분류)할 수 있다. 그럼에도 불구하고, 연구자들은 〈표 26-3〉에서 제시된 분산원을 추출해서 평가하려는 의도를 명백히 하는 방법으로 대부분의 요인 실험을 제시한다. 실제로, 계획

된 직교비교군을 구성하는 것으로서, 2원 요인 실험분석을 생각할 수 있다. 그러나 이들 비교에만 국한되지 않는다. 종종 주효과나 상호작용효과의 위치를 격리시키기를 원할 수 있다.

## 5) 처치크기 정도 추정

처치정도를 추정하기 위한 일반적인 정의인 $\hat{\omega}_{효과}^2$는 다음과 같은 식으로 나타낸다.

$$\hat{\omega}_{효과}^2 = \frac{SS_{효과} - (df_{효과})(MS_{내})}{SS_{총합} + MS_{내}} \quad \text{[26.6]}$$

또한, 요인 실험설계에서 $\hat{\omega}_{상호작용}^2$을 다음 공식에 의해 추정할 수 있다.

$$\hat{\omega}_{상호작용}^2 = \frac{SS_{상호작용} - (a-1)(b-1)(MS_{내})}{SS_{총합} + MS_{내}} \quad \text{[26.7]}$$

## 6) 계산 예

이원요인 실험 분석에 요구되는 모든 단계의 계산 예를 보자. 독립변인의 하나(요인 A)는 보상의 수(자유시간 5분, 15분 및 30분)인 반면, 다른 변인(요인 B)은 학습자의 제재 받는 기간수준(1일의 자유시간박탈, 3일의 자유시간박탈)이다. 4명의 학습자가 각 처치조합에 무선적으로 배당되었다. 따라서 설계는 대상 s = 4에 3×2 요인분석이다. 개별적인 ABS 점수가 위의 〈표 26-4〉에 제시되어 있다.

<표 26-4> 예비 분석

| | 1일에 5분의 자유시간 $a_1b_1$ | 1일에 15분 자유시간, $a_2b_1$ | 1일에 30분 자유시간, $a_3b_1$ | 3일에 5분의 자유시간, $a_1b_2$ | 3일에 15분 자유시간, $a_2b_2$ | 3일에 30분 자유시간, $a_3b_2$ |
|---|---|---|---|---|---|---|
| | 1 | 13 | 9 | 15 | 6 | 14 |
| | 4 | 5 | 16 | 6 | 18 | 7 |
| | 0 | 7 | 18 | 10 | 9 | 6 |
| | 7 | 15 | 13 | 13 | 15 | 13 |
| $AB_{ij}$ : | 12 | 40 | 56 | 44 | 48 | 40 |
| $\Sigma(ABS_{ijk})^2$: | 66 | 468 | 830 | 530 | 666 | 450 |
| $\overline{AB}_{ij}$ : | 3.00 | 10.00 | 14.00 | 11.00 | 12.00 | 10.00 |
| $\sigma_{ij}$ : | 3.16 | 4.76 | 3.92 | 3.92 | 5.48 | 4.08 |

### (1) 기본분석

어느 분석이든지 첫 단계는, 나중의 계산을 좀 더 수월하게 하고 결과를 훑어 보기 위해서 ABS 점수에 대한 몇 가지 기본 계산을 한다. 각 처치조합에서 점수합과 자승합을 계산한다. 집단 $a_1b_1$에서,

$$AB_{11} = \Sigma ABS_{11k} = 1 + 4 + 0 + 7 = 12,$$

$$\Sigma(ABS_{11k})^2 = 1^2 + 4^2 + 0^2 + 7^2 = 66.$$

이 합으로부터, 처치평균 $\overline{AB_{ij}}$과 표준편차 $\hat{\sigma}_{ij}$를 계산할 수 있다. 같은 집단에서,

$$\overline{AB_{11}} = \frac{AB_{11}}{s} = \frac{12}{4} = 3.00;$$

$$\hat{\sigma}_{11} = \sqrt{\frac{\Sigma(ABS_{iik})^2 - (AB_{11})^2/s}{s-1}} = \sqrt{\frac{66 \; - (12)^2/4}{4-1}}$$

$$= \sqrt{\frac{66-36}{3}} = \sqrt{\frac{30}{3}} = 3.16.$$

모든 처치집단의 평균과 표준편차는 위의 표 맨 밑 두 횡렬에 제시되었다.

처치평균은 도표에 의해 상호작용 현상을 더 쉽게 볼 수 있다. 이것은 〈그림 26-3〉에 제시되어 있다. 이 그림은 두 변인의 상호작용이 꽤 크다는 것을 보여준다. A 요인은, 학습자가 바르고 정확하게 반응하는 것에 보상체제로서 자유시간의 길이가 다르고, 학습자의 행동이 바르지 못하거나 비행에 가까울수록 자유시간박탈 기간이 길어지는 B요인의 효과를 동시에 분석하려는 것이다.

### (2) 분산분석

첫 단계는 상이한 자승합 계산을 수월하게 하기 위해서 AB 행렬에서 AB 합을 정리하는 것이다. 횡렬의 가장자리 총합이 종렬의 가장자리 총합과 일치하는지를 확인하는 과정이 필요하다.

<표 26-5> AB 행렬

| 재제 (요인 B) | 보상 양 (요인A) | | | 합 |
|---|---|---|---|---|
| | 자유시간 5분 ($a_1$) | 자유시간 15분 ($a_2$) | 자유시간 30분 ($a_3$) | |
| 1일 ($b_1$) | 12 | 40 | 56 | 108 |
| 3일 ($b_2$) | 44 | 48 | 40 | 132 |
| 합 | 56 | 88 | 96 | 240 |

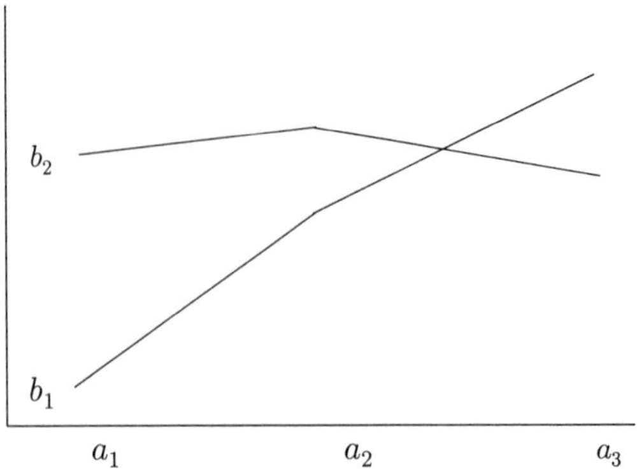


[그림 26-3] 위의 자료에 제시된 자료의 도표

다음 단계로는, 자승합 계산공식에 AB와 ABS 행렬의 유용한 정보들을 대입하는 것이다. 이 조작에는 두 단계가 있다 : (1) 기본비율의 계산과 (2) 다양한 자승합의 질적인 결정에서 이들 값들의 덧셈과 뺄셈. 이제 이들 기본 수치를 계산하고, 각 문자부호법에 의해 확인한다. AB 행렬의 첫 작업에 의해 얻을 수 있는 것은 아래와 같다.

$$[T]=\frac{T^2}{(a)(b)(\mathrm{s})}=\frac{240^2}{(3)(2)(4)}=\frac{57,600}{24}=2,400.00\ ;$$

$$[A]=\frac{\Sigma A^2}{(\mathrm{b})(\mathrm{s})}=\frac{(56)^2+(88)^2+(96)^2}{(2)(4)}=\frac{20,096}{8}=2,512.00\ ;$$

$$[B]=\frac{\Sigma B^2}{(\mathrm{a})(\mathrm{s})}=\frac{(108)^2+(132)^2}{(3)(4)}=\frac{29,088}{12}=2,424.00\ ;$$

$$[AB]=\frac{\Sigma(AB)^2}{(\mathrm{s})}=\frac{(12)^2+(44)^2+...+(56)^2+(40)^2}{4}=\frac{10,720}{4}=2,680.00.$$

마지막 계산에는 ABS 행렬에 나타난 소계를 필요로 한다 :

$$[ABS]=\Sigma(ABS)^2=66+468+830+530+666+450=3,010.$$

구체적으로 계산되어진 수를 조합함으로써 자승합을 구할 수 있다.

$$SS_A=[A]-[T]=2,512.00-2,400.00=112.00\ ;$$

$$SS_B=[B]-[T]=2,424.00-2,400.00=24.00\ ;$$

$$SS_{A\times B}=[AB]-[A]-[B]+[T]$$

$$= 2,680.00 - 2,512.00 - 2,424.00 + 2,400.00 = 144.00\ ;$$

$$SS_{(s)/AB} = [ABS] - [AB] = 3,010 - 2,680.00 = 330.00\ ;$$

$$SS_T = [ABS] - [T] = 3,010 - 2,400.00 = 610.00.$$

이들 자승합은 표준 분산분석 요약표로서 〈표 26-6〉에 제시되었다. 자승합 요소를 더하여 총합과 $SS_T$가 똑같음을 입증하여 계산오차를 확인해야한다.

자유도는 다음과 같이 공식에 대입하여 간단히 알아낼 수 있다 :

$$df_A = a - 1 = 3 - 1 = 2\ ;\ df_B = b - 1 = 2 - 1 = 1;$$

$$df_{AB} = (a-1)(b-1) = (3-1)(2-1) = 2\ ;$$

$$df_{(s)/AB} = (a)(b)(n-1) = (3)(2)(4-1) = 18\ ;$$

$$df_T = (a)(b)(s) - 1 = (3)(2)(4) - 1 = 24 - 1 = 23.$$

<표 26-6> 분석요약

| 분산원 | *SS* | *df* | *MS* | *F* |
|---|---|---|---|---|
| A | 112.00 | 2 | 56.00 | 3.06 |
| B | 24.00 | 1 | 24.00 | 1.31 |
| A×B | 144.00 | 2 | 72.00 | 3.93* |
| (s)/AB | 330.00 | 18 | 18.33 | |
| 계 | 610.00 | 23 | | |

* p〈 .05.

확인을 함으로써, 자유도의 요소의 합이 $df_T$와 같다는 것을 입증해야 한다.

평균자승은 각 자승합을 적합한 자유도로 나눔으로써 구하게 된다. 마지막으로, 다른 관심요소의 공헌을 부분적으로 반영하는 각 평균자승은 실험오차를 나타내는 집단내 평균자승 $MS_{(s)/AB}$에 대하여 검정되어진다. 관찰된 $F$비는 부록에 기록된 임계치 $F$와 비교되어진다. 이 예에서는, 상호작용 분산원만이 수용될 수 있는 유의미한 수준에 도달한다. 공식 [26.7]에 의거하여 상호작용 효과 크기를 계산하면 아래와 같다.

$$\hat{\omega}_{A\times B^2} = \frac{144 - (2)(1)(18.33)}{610 + 18.33} \fallingdotseq 0.171$$

두 독립변수의 상호작용에 의해 종속변수 분산의 17.1%가 설명된다고 말할 수 있다. 만약 순수 실험변수로서 두 독립변수가 종속변수의 원인이 된다고 전제한다면, 두 독립변수의 상호작용에 의해 종속변수 분산의 17.1%가 결정되었다고 볼 수 있다.

요인 설계가 전반적인 분산분석에서 얻는 정보보다 더 많은 정보를 제공한다는 것은 명백하다. 아래에서 상호작용 효과를 분석하는데 필요한 기법들을 요약하고자 한다. 독자들은 처치평균들의 특정 부분을 조정시키는 것이 상호작용의 성질을 분석하는데 어떠한 도움을 주는지 명확하게 이해할 필요가 있다.

단순효과 분석은 첫번째 독립변인이 두번째 독립변인의 다른 수준하에서 동일하게 작용하느냐를 확인하는 분석이라고 볼 수 있다. 만일 상호작용이 유의미하면 단순효과들은 동일하지 않을 것이며, 이들 차이를 확인하기 위해 단순효과 분석이 수행된다. 단순효과의 분석은 AB행렬표를 일련(일군)의 단일요인 실험군으로 나누어서 분석하는데, 한 셋트의 실험은 요인 B를 그대로 두고 요인 A의 변산을 반영하거나 요인 A를 그대로 두고 요인 B 요인의 변산을 반영한다.

상호작용 비교분석은 전반적인 AB 상호작용 검정 대신에 수행될 수 있는 계획 비교로서, 전체 AB 행렬표를 좀 더 세분화된 설계로 나누어서 더욱 분석적으로 상호작용을 비교하는 것이다. 두 독립 변인 중 하나(또는 모두)가 포함되는 단일-자유도 비교는 새로운 요인설계를 만들어낸다. 이렇게 전환된 요인설계는 전반적인 A×B 상호작용에 대해서 보다 새로운 관점을 제공해준다.

# 26 연 | 구 | 문 | 제

1. 아래에 기본 통계치가 제시되어 있다.

| 특성 | 성별 | 사례수 | 평균 | 표준편차 | 각 실험평균(SD) |
|---|---|---|---|---|---|
| 실험 I | 남 | 32 | 53.0 | 12.2 | |
| | 여 | 34 | 47.0 | 10.3 | 50.2(13.0) |
| 실험 II | 남 | 32 | 58.4 | 14.3 | |
| | 여 | 34 | 36.8 | 9.3 | 47.6(16.0) |
| 실험 III | 남 | 32 | 53.7 | 12.5 | |
| | 여 | 34 | 41.5 | 10.0 | 47.5(13.4) |
| 종합태도 | 남 | 96 | 55.0 | 12 9 | |
| | 여 | 102 | 41.8 | 9.9 | |

위의 자료에 관한 분산분석 결과의 요약표이다.

| 분산원 | SS | df | MS | F |
|---|---|---|---|---|
| 실험(1) | 1332.48 | 2 | (  ) | (  ) |
| 성별(2) | 842.42 | (  ) | (  ) | (  ) |
| 1 x 2 | 998.45 | (  ) | (  ) | (  ) |
| 오차(내) | 12434.25 | (  ) | (  ) | |

1) 요약표의 빈칸을 채우시오.

2) 해석을 하시오.

2. 기본자료가 아래에 제시되어 있다(수학능력 평균점수).

| | 정규교육 | 학교+과외 | 특수과외 | 자율학습 |
|---|---|---|---|---|
| 서울 | 68,78<br>88,80<br>76 | 62,76<br>88,90<br>82 | 72,68<br>48,72<br>60 | 48,54<br>60,64<br>50 |
| 광역시 | 42,38<br>54,60<br>40 | 50,60<br>62,42<br>32 | 64,78<br>48,70<br>58 | 58,64<br>80,82<br>68 |
| 소도시 | 78,88<br>92,90<br>96 | 74,86<br>92,98<br>94 | 92,98<br>96,88<br>94 | 58,68<br>70,72<br>60 |

1) 위의 자료에 근거하여 연구문제를 구안하시오.
2) 단계별 분산분석을 수행하고, 분산분석 요약표를 작성하시오.
3) 기본 통계치를 제시하시오.
4) 명료한 그림으로 이 자료를 나타내시오.
5) 결과를 해석하시오. 처치효과의 크기에 대하여 해석하는 것을 잊지 마시오.

3. 요인설계의 요건을 설명하고, 유의사항을 기술하시오.

4. 다음은 기본 영어 말하기 능력 성취도이다. 통계검정을 하시오

4학년의 남학생점수는 43, 53, 75, 49, 62점
5학년의 남학생점수는 40, 51, 64, 51, 58점
6학년의 남학생점수는 74, 82, 76, 59, 65점
4학년의 여학생점수는 45, 57, 69, 57, 67점
5학년의 여학생점수는 49, 50, 68, 54, 60점
6학년의 여학생점수는 72, 83, 79, 58, 63점

1) 점수를 구조화하여 2 × ( ) 분산분석 모형을 설명할 수 있다.
2) 단계별로 계산하시오.
3) 연구가설을 세우시오(일방 혹은 양방검정, $\alpha = .05$).
4) 가설을 검정하고, 처치효과의 크기를 계산하시오.
5) 결과를 해석하시오.
6) 상호작용 효과가 있다고 판단되면 도표에 제시하고 해석하시오.

CHAPTER 27

# 반복측정설계

반복측정설계에서는 실험 또는 검사에 참여한 피험자들이 두 번 이상 종속변수에 대한 검사를 받는다. 이 설계에서, 동일한 피험자들의 반복 검사 점수는 종속적이고, 서로 다른 피험자들의 점수는 독립적이다. 예를 들어보자. 반복측정설계에서, 혈당량이 인슐린의 투입으로 인하여 얼마나 저하되는가를 연구할 때, 처음 투입한 약의 효과를 측정한다. 처음에 투입했던 약의 효과가 완전히 제기되었다는 전제하에 두 번째로 약을 투입해야 한다. 이전에 투입된 약의 효과를 완전히 제거하려면 그 다음에 투입한 시기와 충분한 간격을 유지해야 한다.

반복측정설계에서 연가설과 상대 가설은 단순분산분석의 경우와 동일하다.

$H_0$: $\mu_1 = \mu_2 = \ldots = \mu_k$

$H_a$: $\mu_1 \neq \mu_k$

## 1 반복측정설계의 분산분석 : 2가지의 처치 경우

n=10인데, 이 피험자들을 두 번(k=2) 처치에 투입했다. 두 처치의 시행순서는 각 피험자에게 독립적으로 무선화 되었다 : $T_1$처치를 받은 피험자는 $T_2$처치를, $T_2$처치를 받은 피험자는 $T_1$처치를 받도록 한다.

전체자승화 $SS_{tot} = \sum_{k=1}^{k}\sum_{i=1}^{n} X_{ik}^2 - \frac{T^2}{N} = \Sigma X_i^2 - \frac{(\Sigma X_i)^2}{N}$

($X_i$ = 피험자의 전과 후의 점수 각 각을 뜻함)

$$SS_{tot} = 5^2 + 8^2 + \dots\dots\dots + 6^2 + 3^2 - \frac{(122)^2}{20} = 71.8$$

$$\text{시행자승화}(SS_o) = \Sigma_{k=1}\left[\frac{T_k^2}{n}\right] - \frac{T^2}{N}$$

$$= \left[\frac{(\Sigma X_1)^2}{n_1} + \frac{(\Sigma X_2)^2}{n_2} + \dots + \frac{(\Sigma X_k)^2}{n_k}\right] - \frac{(\Sigma X_t)^2}{N}$$

$$SS_o = \frac{(72)^2}{10} + \frac{(72)^2}{10} - \frac{(122)^2}{20} = 24.2$$

피험자 자승화

$$SS_s = \sum_{i=1}^{n}\left[\frac{T_i^2}{K}\right] - \frac{T^2}{N} = \Sigma\frac{(\Sigma X_i)^2}{k_i} - \frac{(\Sigma X_t)^2}{N}$$

$$= \frac{8^2}{2} + \frac{12^2}{2} + \dots + \frac{10^2}{2} + \dots + \frac{14^2}{2} + \frac{12^2}{2} - \frac{122^2}{20}$$

$$= 773.0 - 744.2 = 28.8$$

$$\text{내자승화}(SS_w) = SS_{tot} - SS_o - SS_i = 71.8 - 24.2 - 28.8 = 18.8$$

반복측정설계에서 처치 내에서 자승화는 두 부분으로 구성된다. 그 하나는 피험자 자승화이며, 다른 하나는 피험자와 처치 횟수의 상호작용 자승화이다. 피험자 자승화는 각 피험자의 Y(종속변수) 값을 먼저 합함으로써 획득할 수 있다. 피험자 자승화는 전체평균에 대한 피험자들 평균의 분산추정치이다. 처치자승화가 전체평균에 대한 처치평균의 분산추정치인 것과 동일한 원리이다. 피험자 자승화는 처치자승화 계산과 비슷한 원리로 구한다.

아래의 표는 앞장의 전체, 처치, 내자승화의 처치효과 점수를 제시한 것이다.

**두 번 처치결과 점수**

| 피험자 | $T_1$ | $T_2$ | 합계 | $T_1^2$ | $T_2^2$ | |
|---|---|---|---|---|---|---|
| 1 | 5 | 3 | 8 | 25 | 9 | |
| 2 | 8 | 4 | 12 | 64 | 16 | |
| 3 | 5 | 6 | 11 | 25 | 36 | |
| 4 | 6 | 5 | 11 | 36 | 25 | |
| 5 | 10 | 6 | 16 | 100 | 36 | df = kn-1 |
| 6 | 6 | 4 | 10 | 36 | 16 | = 19 |
| 7 | 8 | 8 | 16 | 64 | 64 | |
| 8 | 7 | 5 | 12 | 49 | 25 | |
| 9 | 8 | 6 | 14 | 64 | 36 | |
| 10 | 9 | 3 | 12 | 81 | 9 | |
| $\Sigma$ | 72 | 50 | 122 | 544 | 272 | |
| M | 7.2 | 5.0 | 6.1 | | | |

피험자와 처치 상호작용의 평균자승화는 반복측정설계의 처치 평균자승화의 의의도 검정과정에서 오차자승화의 역할을 한다.

분산분석표

| 분산원 | SS | df | MS | F |
|---|---|---|---|---|
| 피험자 | 28.8 | 9 | 2.20 | |
| 처치 | 24.2 | 1 | 24.20 | 11.584** |
| 잔여 | 18.8 | 9 | 2.089 | |
| 전체 | 71.8 | 19 | | |

해석 ; 처치효과 1과 처치효과 2의 효과는 통계적으로 의의 있게 다른 것으로 밝혀졌다(P〈.01). 점수가 낮을수록 효과가 있는 프로그램이라고 전제하면, 두 번째의 처치결과가 첫 번째의 처치 결과보다 의미 있게 높은 것으로 밝혀졌다(p〈.01).

반복측정설계 분산분석 계산과정을 요약하여 아래의 〈표 27-1〉에 제시한다.

<표 27-1> 반복측정 분산분석 계산절차

| 분산원 | SS | df | MS | F |
|---|---|---|---|---|
| 개인별 | $\Sigma_{i=1}\left[\frac{T_i^2}{K}\right]-\frac{T^2}{N}$ | (n-1) | $SS/(n-1)$ | $\frac{MS_o}{MS_{res}}$ |
| 시행횟수 | $\Sigma_{k=1}\left[\frac{T_k^2}{n}\right]-\frac{T^2}{N}$ | (k-1) | $SS_o/(k-1)$ | |
| 잔여 | $SS_T - SS_i - SS_o$ | (n-1)×(k-1) | $\frac{SS_{res}}{(n-1)(k-1)}$ | |
| 총합 | $\Sigma_{k=1}\Sigma_{i=1}X_{ik}^2-\frac{T^2}{N}$ | N-1 | | |

## 2 k=2 반복측정치 : 실험처치의 중다회귀분석

두 번의 처치를 했기 때문에, 처치효과를 나타내기 위해서는 하나의 X 벡터만 필요로 한다. 여기에서 기호를 1 과 -1을 각각 사용한다. 두 번째 X 벡터인 X2 는 두 처치효과에 대한 각 피험자의 합을 나타낸다. 각 합은 X 벡터에서 두 번 나타난다. 또한 X1과 X2 는 독립적이다.

아래의 표에 제시된 자료를 이용하여 기초 통계치를 구하여 본다.

$\Sigma X_1 = 0$이므로 $\Sigma x_1 y = \Sigma X_1 Y$이다.

$\Sigma x_1 y = \Sigma X_1 Y = \Sigma Y_1 - \Sigma Y_2 = 72-50 = 22$

$\Sigma x_1{}^2 = \Sigma(X - \overline{X})^2$ Y와 $X_1$간의 상관관계 자승은

$$r_{y1}^2 = \frac{(22)^2}{(20)(71.8)} = .337 \quad \left[ \Sigma y^2 = \Sigma Y^2 - \frac{(\Sigma Y)^2}{n} \; ; \; r_{y1}^2 = \frac{(\Sigma xy)^2}{(\Sigma y^2)(\Sigma x_1^2)} \right]$$

$$r_{y1}^2 = \frac{SS_t}{SS_{tot}} = \frac{24.2}{71.8} = .337$$

Y와 $X_2$간의 상관관계를 계산하려면 :

$\Sigma X_2 Y = (8\times5)+(12\times8)+\cdots+(14\times8)+\cdots+(12\times3) = 1546.0$

<표 27-2> 처치($X_1$)의 기호벡터와 합벡터($X_2$)를 갖는 Y값

| 피험자 | $X_1$ | $X_2$ | $Y$ |
|---|---|---|---|
| 1 | 1 | 8 | 5 |
| 2 | 1 | 12 | 8 |
| 3 | 1 | 11 | 5 |
| 4 | 1 | 11 | 6 |
| 5 | 1 | 16 | 10 |
| 6 | 1 | 10 | 6 |
| 7 | 1 | 16 | 8 |
| 8 | 1 | 12 | 7 |
| 9 | 1 | 14 | 8 |
| 10 | 1 | 12 | 9 |
| 1 | -1 | 8 | 3 |
| 2 | -1 | 12 | 4 |
| 3 | -1 | 11 | 6 |
| 4 | -1 | 11 | 5 |
| 5 | -1 | 16 | 6 |
| 6 | -1 | 10 | 4 |
| 7 | -1 | 16 | 8 |
| 8 | -1 | 12 | 5 |
| 9 | -1 | 14 | 6 |
| 10 | -1 | 12 | 3 |

$\Sigma X_2 = 2\Sigma Y = (2)(122) = 244$

$\Sigma x_2 y = \Sigma X_2 Y - (\Sigma X_2)(\Sigma Y)/20 = 1546 - (244)(122)/20 = 57.6$

$\Sigma x_2 y$= (k)(피험자 자승화) = (2)(28.8) = 57.6

$\Sigma x_k y$= $KSS_S$, K= 반복측정치(실험)수 : $SS_S$ =피험자 자승화

$\Sigma X_2 Y$= 1546.0 ; $\Sigma X_2^2$ = $2\Sigma X_2 Y$

$\Sigma x_2{}^2$= 3092 - (244)2/20 = 115.2 $\left[\Sigma x_2^2 = \Sigma X_2^2 - \frac{(\Sigma X_2)^2}{n}\right]$

$\Sigma x_2{}^2$= $K^2 \times$(피험자 점수 자승화) = $2^2 \times 28.8$ = 115.2 이와 관련하여,

$X_k$벡터의 합($\Sigma$) : 즉, $\Sigma X_k{}^2$= $K^2 SS_S$인데, K = 반복측정치(실험)수이고 $SS_S$는 피험자 자승화이다.

Y와 $X_2$간의 상관관계 자승 :

$$r_{y2}^2 = \frac{(57.6)^2}{(115.2)(71.8)} = .401$$

$$r_{y2}^2 = \frac{SS_t}{SS_{tot}} = \frac{28.8}{71.8} = .401$$

$X_1$과 $X_2$는 직각적(독립적)이므로, $r_{12}$ = 0이고, 따라서

$R_{Y12}^2$ = $r_{Y_1}^2$ + $r_{Y_2}^2$ = .337 + .401 = .738

$$\frac{SS_{st}}{SS_{tot}} = \frac{18.8}{71.8} = .262$$

전통적인 기호방법을 쓰는 반복측정설계에서, 처치효과를 검증하기 위하여 K-1의 X 벡터 수를, 피험자 효과를 검증하기 위하여 n-1의 X 벡터 수를 필요로 한다. 일반적으로 반복측정설계에서, n 피험자들과 각 피험자에 대한 K의 관찰을 하게 된다. (1-$R_{YY'}^2$)과 관련된 자유도는 (k-1)(n-1), 즉 kn - (k-1)-(n-1)-1이다.

반복측정설계의 기호방법을 주로 사용한 바, 합벡터는 n-1 피험자 벡터(전통적인 방법) 방법을 대치하고 있다. 따라서, 합벡터와 관련된 자유도는 n-1 이 된다.

$r_{Y1}^2$ 검증을 위한 F :

$$F = \frac{r_{Y1}^2}{(1-R_{y12}^2)/(k-1)(n-1)} = \frac{.33705}{(1-.73816)/9} = 11.58$$

$$F = \frac{MS_T}{MS_{ST}}$$

## 3 K=4 처치 : 반복측정설계의 분산분석

n=5이며, 시행오차 총점이 10점인 실험을 4번했으며, 각 검사간의 간격은 일정하다. 자료를 수집하기 전에, 실험자는 선형, 곡선형, 타원형적 시행자승화의 구성요소를 의의도가 있는지 검증하려는 것이다.

분산분석을 하기 위하여 각각의 자승화를 다음의 표의 자료에 근거하여 계산한다.

<표 27-3> k=4 연속시행에서 n=5(마리)에 의한 시행오차 점수

| 피험자 | 시행순위 | | | | | 평균 |
|---|---|---|---|---|---|---|
| | 1 | 2 | 3 | 4 | $\Sigma$ | |
| 1 | 8 | 8 | 7 | 5 | 28 | 7.00 |
| 2 | 7 | 7 | 5 | 4 | 23 | 5.75 |
| 3 | 9 | 4 | 4 | 4 | 21 | 5.25 |
| 4 | 6 | 4 | 3 | 3 | 16 | 4.00 |
| 5 | 5 | 3 | 2 | 2 | 12 | 3.00 |
| $\Sigma$ | 35 | 26 | 21 | 18 | 100 | |
| $\overline{X}$ | 7.0 | 5.2 | 4.2 | 3.6 | | 5.00 |

반복측정(피험자내 설계) 결과의 각 횟수에 따른 차이가 있는지를 분석하기 위하여 전체 자승화($SS_{tot}$)와 시행자승화($SS_o$) 피험자 자승화($SS_i$) 및 잔여자승화($SS_w$)를 아래에 제시한다.

전체자승화

$$SS_{Tot} = \Sigma X_i^2 - \frac{(\Sigma X_i)^2}{N} = 582 - \frac{100^2}{20}(\ ) = 82.0$$

시행자승화

$$(SS_o) = \Sigma_{k=1}\left[\frac{T_k^2}{n}\right] - \frac{T^2}{N}$$

$$= \frac{35^2}{5} + \frac{26^2}{5} + \frac{21^2}{5} + \frac{18^2}{5} - \frac{100^2}{20} = 533.2\text{-}500 = 33.2$$

피험자 자승화

$$SS_s = \Sigma\frac{(\Sigma X_i)^2}{k_i} - \frac{(\Sigma X_t)^2}{N}$$

$$= \frac{28^2}{4} + \frac{23^2}{4} + \frac{21^2}{4} + \frac{16^2}{5} + \frac{12^2}{4} - \frac{100^2}{20}$$

$= 538.5 - 500 = 38.5$

잔여자승화

$$SS_w = SS_{tot} - SS_o - SS_i$$

$$= 82.0 - 33.2 - 38.5 = 10.3$$

분산분석표

| 분산원 | SS | df | MS | F |
|---|---|---|---|---|
| 피험자 | 38.5 | 4 | 9.625 | |
| 처치 | 33.2 | 3 | 11.067 | 12.899** |
| 잔여 | 10.3 | 12 | .858 | |
| 전체 | 82.0 | 19 | | |

위의 분석 결과에 대하여 전반적인 해석을 하면, 시행 횟수에 따른 시행 오차 점수는 통계적으로 의미 있는 차이를 보인다($p < .01$).

## 4 반복측정설계의 장 · 단점

일반적으로 많이 사용되고 있는 단순 무선구획 설계(흔히 단순 분산분석 설계라고 부름)의 경우, 각 구획별로 처치조건에 무선 배치된 피험자들은 주어진 구획 변수에 있어서 매우 비슷하거나 동일하지만, 개개인의 특성에 따른 개인차 특성은 상존한다. 그 때문에 집단간에 개인차 요인에 따른 차이가 여전히 존재하며, 문제시된다.

예를 들면, 만약 동일한 피험자들이 여러 가지 처치 조건에 반복적으로 투입되면 이들 처치 조건 사이에 존재하는 오차들 중 개인차로 인한 오차는 거의 완벽하게 통제된다. 따라서 처치 집단간의 차이를 처치 효과의 차이로 해석할 수 있는 확률이 높아진다. 이론적으로는 개인차 변수의 완벽한 통제 효과를 기대할 수 있는 것이다. 그러나 실제에서 이처럼 이상적인 개인차 통제 효과는 어렵다. 왜냐면 동일한 피험자가 동일한 실험처치를 받더라도 처치를 받을 때마다 피험자의 흥미나 주의력, 동기 또는 그 처치를 받는 동안 개인의 기분이나 감정상태, 그 처치를 수용하는 태세 등이 달라질 수 있기 때문이다.

반복 측정 또는 피험자내 설계의 또 다른 장점은 피험자간 설계에서 사용되는 피험자의 수보다 더 적은 수의 피험자로 피험자간 설계에서 기대할 수 있는 정도의 실험설계 효율성을 얻을 수 있으며, 실험 처치 조건이 달라질 때마다 제시되는 동일한 실험절차를 생략할 수 있다.

완전히 무선화된(무선 구획) 설계와 비교하는 입장에서 반복측정설계의 장점은 $MS_{ST}$가 동일한 관찰회수인데도 $MS_W$보다 일반적으로 더 적다. 사실상, $MS_{ST}$가 다음과 같이 $MS_W$에 관련된다.

$$MS_{ST} = MS_W - \overline{C_{ij}}$$

여기에서 $\overline{C_{ij}}$ = 반복측정치들간의 k(k-1) 공분산의 평균이다. k=2 반복측정에서 $\overline{C_{ij}}$ = $r_{12}S_1S_2$이며, $r_{12}$는 두 반복측정치들간의 상관계수이며, $S_1$과 $S_2$는 각각 처치 1과 처치2 결과의 표준편차이다. $r_{12}S_1S_2$= $MS_W$ -$MS_{ST}$, $MS_{ST}$가 $MS_W$보다 일반적으로 더 적은 이유인 즉, 동일한 피험자들로부터 획득된 측정치들은 정적으로 상관관계를 갖게 되어 $\overline{C_{ij}}$=$\overline{r_{ij}S_iS_j}$라고 가정할 수 있기 때문이다.

반복측정설계의 단점도 결코 경시되어서는 안 된다. 우선 모든 피험자에게 동일한 순서대로 실험 처치가 가해짐에 따라 피험자의 피로나 권태로움, 더 나아가 반복 실험에서 오는 연습효과가 처치효과와 혼합되어 처치효과를 정확히 분석할 수 없게 되는 문제가 있을 수 있다. 첫 번째로 시행되는 처치 조건을 제외하고 두 번째 처치부터는 피험자의 수행에 체계적인 영향을 미치게 되어 처치효과가 오염되어 버린다. 반복측정 설계를 통해서 얻어진 자료에 이런 오염효과가 개재되면 실험의 내적 타당도가 위협받게 되어 처치변수와 종속변수간의 관계에 대한 해석의 타당성이 의심스럽게 된다.

## 5 반복 측정 설계의 가정

반복 측정 설계는 구획설계의 특별한 경우에 속하기 때문에 구획설계에서 요구되는 모든 증거가 충족되어야 한다. 다만, 반복 측정설계에서는 모든 처치조건에 동일한 피험자들이 반복적으로 노출되기 때문에 새로운 가정이 부가적으로 요구된다. 동일한 피험자가 각 실험처치 조건에 반복적으로 노출되므로 오차요인의 효과가 처치 집단간에 독립적으로 분포되리라고 기대하기가 어렵게 되어 처치 집단간의 독립성을 가정하기가 어렵다. 즉, 여러 처치조건에 동일한 피험자가 반복적으로 노출되기 때문에 처치집단간의 관련성이 발생하게 된다.

같은 처치집단내의 피험자들 사이에 존재하는 오차분산이 다른 집단에 속한 피험자들 사이에 존재하는 오차분산과 동일해야 하지만 반복측정이 이루어지면 처치집단간 존재하는 오차분산의 크기가 더 작아지게 될 것이다. 그렇게 되면 처치집단내에 존재하는 오차분산이 처치집단간에 존재하는 오차분산보다 상대적으로 더 커진다. 처치집단이 서로 독립적일 경우, 처치집단내 오차분산과 처치집단 속에 있는 오차분산의 크기는 같아야 한다(단순분산분석에서 처치집단간 독립성). 반복측정으로 인해 이 두 오차분산의 크기가 달라지기 때문에 집단내 분산으로부터 일정한 양의 분산을 제거하면 두 오차분산 크기가 동일하도록 조절될 것이다. 따라서 반복측정설계에서는 공분산 동질성의 가정이 요구된다. k〉2 반복측정치를 가질 때, 반복측정설계의 장점은 $F=\frac{MS_W}{MS_{ST}}$의 유의도 검증의 타당도에 포함되는 부수적인 가정이 있다는 사실 때문에 상쇄된다. 각 처치에 따른 Y의 독립치와 함께, 처치효과의 평균으로부터 주어진 처치값의 Y 값의 표준편차, e= $Y_i - \overline{Y_i}$는, 전집에서 동일한 분산과 독립적이고 정상적으로 분포되는 것으로 가정한다. 중다회귀분석에서 상응하는 가정은 X에 대한 각 고정치의 e = Y - Y′의 값을 포함했다. 반복측정설계의 분산분석에도 똑같은 가정이 포함된다. F =$MS_W / MS_{ST}$ 검증의 타당도에 대한 두 번째의 충분한, 그러나 필요한 것은 아닌 가정은, 두 처치 점수 i와 j간의 짝지어진 측정치간의 상관관계 계수들은 모두 전집치에서 똑같은 e 값이다. 각 처치의 Y 값이 서로간의 처치에 대한 Y 측정치들에 독립적이라면, 이는 서로 다른 피험자들이 각 처치에 무선적으로 배정될 때와 같은 경우인데, 두 처치 간 Y 값들 간의 상관관계는 0(영)과 같게 될 것이다. 반복측정설계에서는, 다양한 처치들의 Y 측정치들은 일반적으로 독립적이 아니고, 상관관계적이다. 따라서 우리는 전집에서 상관관계 계수의 동질성에 대한 부가적인 가정이 필요하다. 똑같은 분산과 똑같은 상관의 가정은 가끔 복합평형가정(Compound symmetry assumption)이라 일컫는다.

동등한 분산의 가정을 어긴 상태에서 F 검증의 건전성에 대해서는 꽤 알려진 반면, Y 측정치들이 독립적일 때, 복합평형가정이 어긋난 상태에서 반복측정설계의 경우 F 검증의 건전성에 대해서는 잘 알려져 있지 않다. 각 처치에 똑같은 수의 피험자가 참여하고, 독립적인 Y 측정치를 가질 때, F 검증은 분산의 이질성에 대비하여 꽤 건전하다. 복합평형가정이 어느 정도 어긋난 상태에 대비하여, 반복측정 F 검증이 건전하다는 것에 관한 증거가 아직도 미약하다. "어느 정도"인가를 명확히 규정하기란 어려운 문제이다. 복합평형가정으로부터 심하게 벗어난 상태에서는, 약하고, 훨씬 덜 강력한 F 검증이 이루어진다.

① 피험자들은 전집으로부터 무선적으로 표집된다.
② 종속변수는 전집에서 정규분포를 이루고 있다.
③ 검사 시행 횟수에 따른 전집 분산은 동일하다.
④ 비교의 쌍을 이루는 집단들 종속변수사이의 전집 상관계수는 동일하다.

마지막 두 가정들이 충족되지 않는다면, 제 1종 오류 비율에 심각한 영향을 줄 수도 있다. 그러나 자유도를 (k-1)과 (n-1)(k-1)로부터 1과 (n-1)로 각 각 바꾸어줌으로써 적합하게 수정할 수 있다.

# 27 연 | 구 | 문 | 제

1. 아래에는 6명의 학습자에게 학습과제를 5번씩 시행하면서, 각 시행의 결과(수행정도)를 측정한 자료가 제시되어 있습니다.

| 피험자 | 시행 횟수 | | | | |
|---|---|---|---|---|---|
| | 1 | 2 | 3 | 4 | 5 |
| A | 7 | 6 | 9 | 11 | 12 |
| B | 6 | 5 | 6 | 9 | 8 |
| C | 7 | 9 | 11 | 11 | 13 |
| D | 5 | 5 | 5 | 6 | 6 |
| E | 7 | 8 | 9 | 9 | 11 |
| F | 6 | 6 | 7 | 11 | 13 |

1) 통계가설을 설정하시오.
2) 영가설을 기각하기 위하여 준거수준을 결정하시오.
3) 분산분석을 수행하시오.
4) 그 결과를 해석하시오.

2. 아래에 제시된 표는 중학교 비만 학생들을 대상으로 연속 4주일 동안 실시한 체중 감량 훈련 결과이다. 제시된 값은 매주 마지막 날 측정하여 감소된 체중이다. 분산분석을 실시하고, $\alpha = .05$ 수준에서 통계적 검정을 하여 해석하시오.

| 피험자 | 시행 횟수 | | | |
|---|---|---|---|---|
| | 1 | 2 | 3 | 4 |
| A | 5.0 | 3.5 | 3.5 | 2.5 |
| B | 4.5 | 3.0 | 1.0 | 1.5 |
| C | 3.0 | 3.0 | 2.0 | 2.0 |
| D | 5.5 | 5.0 | 4.5 | 2.0 |
| E | 7.0 | 5.0 | 2.0 | 2.0 |
| F | 2.0 | 3.0 | 3.0 | 1.0 |
| G | 4.5 | 4.5 | 2.5 | 1.0 |
| H | 5.0 | 4.5 | 2.5 | 1.0 |
| I | 5.5 | 3.5 | 2.5 | 2.0 |
| J | 6.0 | 6.0 | 5.0 | 3.0 |

CHAPTER 28

# 단순회귀분석

일반적으로 회귀분석의 가장 단순한 형태는 하나의 종속변수($Y$)와 하나의 독립변수($X$)간의 관계문제를 다룬다. $n$명의 표본(피험자)으로부터 $Y$와 $X$의 측정자료를 수집한다. 피험자 각각으로부터 $Y$와 $X$의 변수를 동시에 측정한 결과이다.

## 1 분산과 공분산

행동과학 연구에서는 주로 개인간의 변산도, 집단간 변산도, 문화적 차이, 또는 시간과 상황에 따른 개인내의 변화 탐색에 중점을 둔다. 변수의 변산도를 설명할 때는 의례이 분산과 공분산을 다루게 된다. 분산은, 어느 집단을 예로 들어볼 때, 각 개인의 점수가 집단 평균으로부터 얼마나 일탈하고 있는지를 알려주는 중요한 정보원이다.

모수치 분산과 표본치 분산을 생각해 보자.

모수치 분산 $\sigma^2 = \Sigma\dfrac{(X-M_X)^2}{N} = \dfrac{1}{N}\left[\Sigma X^2 - \dfrac{(\Sigma X)^2}{N}\right]$

모집단 분산추정치 $s^2 = \dfrac{(\Sigma X - M_X)^2}{n-1} = \dfrac{1}{n-1}\left[\Sigma X^2 - \dfrac{(\Sigma X)^2}{n}\right] = \dfrac{\Sigma x^2}{n-1}$

여기에서 $x = (X - \overline{X})$, $n =$사례수, 모집단 분산추정치가 표본 분산이다.

공분산: 두 개 이상의 변수들이 상호작용하는, 즉 공유한 분산이다. 각 개인의 점수가 그 집단 평균으로부터 이탈된 점수들을 곱하여 합한 값을 사례수로 나눈 값이다. 이 때, 각 변수의 점수를 개인에 따라 짝맞추는 것이 요구된다.

$X$변수와 $Y$변수간의 공분산 공식은 다음과 같다.

$$\text{표본치 공분산 } s_{xy} = \frac{\Sigma(X-\overline{X})(Y-\overline{Y})}{n-1} = \frac{\Sigma xy}{n-1} = COV_{xy}$$

모수치의 사례수는 $N$, 표본치의 사례수는 $n$으로 표기하는 것이 일반적이다. 다음 자료를 이용하여 분산과 공분산을 계산해보자.

<표 28-1> GPA($X$)와 독서시간량($Y$)의 측정결과

| $M$ | $Y$ | $X-\overline{X}=x$ | $x^2$ | $Y-\overline{Y}=y$ | $y^2$ | $xy$ |
|---|---|---|---|---|---|---|
| 1 | 3 | -2 | 4 | -4 | 16 | 8 |
| 1 | 5 | -2 | 4 | -2 | 4 | 4 |
| 2 | 4 | -1 | 1 | -3 | 9 | 3 |
| 2 | 6 | -1 | 1 | -1 | 1 | 1 |
| 3 | 6 | 0 | 0 | -1 | 1 | 0 |
| 3 | 10 | 0 | 0 | 3 | 9 | 0 |
| 4 | 5 | 1 | 1 | -2 | 4 | -2 |
| 4 | 9 | 1 | 1 | 2 | 4 | 2 |
| 5 | 10 | 2 | 4 | 3 | 9 | 6 |
| 5 | 12 | 2 | 4 | 5 | 25 | 10 |
| Σ30 | 70 | 0 | 20 | 0 | 82 | 32 |
| M = 3.0 | 7.0 | | | | | |

$\Sigma X^2=110 \quad \Sigma Y^2=572 \quad \Sigma XY=242$

$s_x^2 = \frac{\Sigma x^2}{n-1} = \frac{20}{9} = 2.222$

$s_y^2 = \frac{\Sigma y^2}{n-1} = \frac{82}{9} = 9.111 \qquad s_{xy} = \frac{\Sigma xy}{n-1} = \frac{32}{9} = 3.556$

## 2 선분회귀

"학업동기유발, 특히 내적 동기유발을 더 신장시킬수록, 학업성취도는 더 많이 향상될 것이다"라는 연구문제와 "성수는 동채보다 체중이 더 무거울 것이다"는 진술은 서로 다른 관련성을 나타낸다. 전자는 원인과 결과가 분명한 인과적 또는 기능적 관계를 나타내고, 후자는 차이를 나타낼 뿐 인과성을 내포하지 않는다.

기능적 또는 인과적 관계는 "독립변수의 변화에 따라 종속변수가 어떻게 달라지는가?" 또는 "독립변수 $X$의 효과가 종속변수 $Y$에 미치는 정도는 어떤가?"를 말한다. 또한 "준거(종속)변수를 예언(독립)변수가 얼마나 예언 또는 설명하는가?"를 뜻한다. 더 나아가서, $X$와 $Y$의 관계를 알았을 때, $X$의 특정한 값으로 그에 대응하는 $Y$의 값을 예언할 수는 없을까?

연구 수행 과제의 하나는 가설적인 함수관계, 즉 가설 검증을 통해서 이론의 타당성을 확인하는 것이다. 선형회귀분석법이 이러한 문제의 체계적인 탐색에 사용된다. 하나의 독립변수와 하나의 종속변수와의 함수관계를 아래와 같이 선형 방정식으로 나타낼 수 있다.

(모집단의 경우) $Y_i = \alpha + \beta X_i + \varepsilon_i$ ………… [28.1]

$Y_i$ = 개인 $i$의 종속변인 점수

$\alpha$ = $X_i$값이 영일 때 전집 평균치(절편)

$\beta$ = 모집단의 회귀계수(회귀선의 기울기)

$\varepsilon_i$ = 개인 $i$의 오차 점수

회귀계수($\beta$)는 종속변수에 영향을 미치는 독립변수의 효과이다. 독립변수 $X$의 각 단위별 변화에 대응하여 종속변수 $Y$의 기대되는 변화량이 곧 $\beta$값이다. 각 개인점수($Y_i$)는 두 부분으로 되어 있다.

(a) 고정부분: $\alpha + BX_i$ 일정한 $X_i$ 수준에서 이루어진 개인의 $Y_i$ 점수 부분은 이 값 ($\alpha + BX_i$ )과 동일하다.

(b) 무선부분: $\varepsilon_i$는 각 개인만 갖는 독특한 값으로서, 오차부분이다.

### 1) 표본의 선형방정식

$Y = a + bX + e$ ………… [28.2]

$a = \alpha$의 추정치, $b = \beta$의 추정치, $e = \varepsilon$의 추정치

과학적 탐구의 목적은 현상을 설명 또는 예언하는데 있다고 하겠다. 물론 완전한 설명 또는 예언이 이상적이지만, 이러한 완벽성을 기할 수 없기 때문에 과학자는 예언 또는 설명의 오차를 최소화하려고 노력한다. 앞의 예를 변형하여 제시해 보면, 국어의 독해력 공부에 동일한 양의 시간을 투입한 학생들은 동일한 독해력 점수를 획득해야 한다. 그러나 실제로는 제각기 다른 점수를 획득하는 바, 많은 다른 변수들, 예를 들면, 동기유발 정도, 지능지수 또는 주의집중력 등과 함께 측정의 오차로 인하여 학생들의 점수의 변화가 있기 때문일 것이다. 따라서 $Y$의 분산 중에서 $X$에 의한 것 외의 모든 다른 분산원을 오차분산원($e$)이라 한다. 즉, 오차분산은 $X$에 의해 설명(또는 예언)되지 않는 분산이다.

과학의 근본 목적은 바로 $a$와 $b$를 밝히고, $e$를 최소화하려는 데에 있다. 그래야만 $Y$에 대한 설명이나 예언이 좀 더 정확해진다. 이러한 원리를 "최소 자승화" 방법이라 한다 ($\Sigma e^2$가 최소화 되어야 한다). 표본분포의 분산이 적을수록 모수치를 추정할 때에 오차가

줄어진다. 최소 자승추정치는 최적 예언 또는 설명을 하는 바, 표본 분포의 분산이 가장 적어서 최적의 선형추정치를 제시해주기 때문이다.

독립변수($X$)에 의해 종속변수($Y$)을 예언하는 회귀방정식은 상수인 $a$와 회귀계수인 $b$에 의해 다음과 같이 나타난다. 최소자승법은 최적의 선분, 즉 선분의 오차를 최소화하는 정도를 결정해 준다. 수학적 방정식을 사용하여 최소자승법을 아래와 같이 나타낼 수 있다. $Y'_i = \alpha + \beta X_i$인데, $\alpha$ 와 $\beta$는 최적 선분의 절편과 기울기이다. 독립변수 점수 $X$와 $Y$ 및 $Y'$간의 관련성을 자승화 원칙에 따라 수학적 방정식으로 나타낼 수 있다. 여기에서, X와 $Y'$에는 오차가 포함되지 않으며, 관찰점수 $Y_i$에는 오차점수와 진점수가 포함된다.

$\Sigma(Y - Y')^2 = \Sigma(Y - \alpha - \beta X)^2$ (독립변인이 하나인 경우)

$= \Sigma(Y - \alpha - \beta_1 X_1 - \beta_2 X_2 \ldots\ldots - \beta_k X_k)^2$ (일반적인 경우)

최소자승 해결방법은 자승화가 최소가 되기 위하여 최적의 $\alpha$와 $\beta$를 선정하는 기법이다. $\alpha$와 $\beta$의 최소자승추정치에 대응하는 최소자승화는 회귀선에 관한 자승화 또는 오차자승화 ($SSE$)라고 칭하기도 한다. 오차자승화 추정치는 선분형 적합도 측정에 대단히 중요하다.

## 2) 최적합도

최적합도 선분 결정에는 종속변수의 표본평균 $\overline{Y}$ 와 독립변수의 표본평균 $\overline{X}$ 가 필요하다. 최적합 선분의 수리적 공식은 아래와 같다.

$$a = \overline{Y} - b\overline{X} \quad \text{[28.3]}$$

$$b = \frac{\Sigma(X - \overline{X})(Y - \overline{Y})}{\Sigma(X - \overline{X})^2} \quad \text{[28.4]}$$

최소 자승 선형 방정식(계산공식): $Y' = a + bX$. 이 공식에는 오차점수(e)가 포함되지 않는다.

$Y'$ =$Y$의 예언점수; $X$=독립변수 점수;

$b = \dfrac{\Sigma xy}{\Sigma x^2}$ ; $a = \overline{Y} - b\overline{X}$ 여기에서, $x = X_i - \overline{X_i}$, $xy = (X_i - \overline{X_i})(Y_i - \overline{Y_i})$

$$\begin{aligned} Y' &= \overline{Y} - b\overline{X} + bX \quad (\because a = \overline{Y} - b\overline{X}) \\ &= \overline{Y} + bx \quad (\because x = X - \overline{X}) \end{aligned}$$

$$= \overline{Y} + r_{xy}\left(\frac{s_y}{s_x}\right)x \quad \left(\because b = r_{xy}\frac{s_y}{s_x}\right)$$

$$\text{회귀계수} \quad b = \frac{N\Sigma XY - \Sigma X\Sigma Y}{N\Sigma X^2 - (\Sigma X)^2} \quad \cdots\cdots [28.5]$$

또는 $r_{xy}\left(\frac{s_y}{s_x}\right)$로 계산할 수 있다.

예언의 오차자승 $[e^2 = (Y - Y')^2]$을 최소화하기 위하여 $X$로부터 $Y$를 예언할 때는 $a$와 $b$가 필요하다.

위의 자료에서 $b = \frac{\Sigma xy}{\Sigma x^2} = \frac{32}{20} = 1.6,\ \ a = \overline{Y} - b\overline{X} = 7 - (1.6)(3) = 2.2$

$\therefore\ Y' = 2.2 + 1.6X$

$Y' = \overline{Y} + bx$ : $Y$의 예언 점수($Y'$)는 「관찰점수 평균($\overline{Y}$)」과 「회귀계수 $b$를 $\overline{X}$로부터 벗어난(변산) 점수에 의해 곱한 점수」의 두부분으로 나누어진다. 따라서 $X$에 대한 $Y$의 회귀가 영(0)일 때($b$=0), 또는 $X$가 $Y$를 예언하지 못할 때, $X$가 $Y$에 영향을 미치지 않을 때, 회귀방정식에서 X의 각 값에 대응하여 예언되는 Y점수는, Y의 평균값과 동일하며, 이러한 경우에는 $Y' = \overline{Y}$이다. 정보(독립변수)가 없는 상태에서 종속변수 $Y$의 최선의 예언치는 통계적으로 각 개인의 $Y$의 평균점수이다.

## 회귀선 자승화의 분리

$Y' = 2.2 + 1.6X$ 에 원점수를 대입할 수 있다. 〈표 28-2〉에서, $Y' - \overline{Y}$ 는 $Y$의 평균으로부터 예언된 $Y$점수($Y'$)의 변산도이고, 회귀에 기인한 변산점수를 나타내고, $Y - Y'$는 $Y$의 예언점수($Y'$)로 부터 관찰점수 ($Y$)의 변산도로서 예언의 오차에 기인한 변산점수이다.

<표 28-2> $X$ 및 $Y$의 원점수에 따른 예언점수와 오차점수

| $X$ | $Y$ | $Y'$ | $Y'-\overline{Y}$ | $(Y'-\overline{Y})^2$ | $Y-Y'$ | $(Y-Y')^2$ |
|---|---|---|---|---|---|---|
| 1 | 3 | 3.8 | - 3.2 | 10.24 | - .8 | .64 |
| 1 | 5 | 3.8 | - 3.2 | 10.24 | +1.2 | 1.44 |
| 2 | 4 | 5.4 | - 1.6 | 2.56 | -1.4 | 1.96 |
| 2 | 6 | 5.4 | - 1.6 | 2.56 | .6 | .36 |
| 3 | 6 | 7.0 | 0 | 0 | -1.0 | 1.0 |
| 3 | 10 | 7.0 | 0 | 0 | 3.0 | 9.0 |
| 4 | 5 | 8.6 | 1.6 | 2.56 | -3.6 | 12.96 |
| 4 | 9 | 8.6 | 1.6 | 2.56 | .4 | .16 |
| 5 | 10 | 10.2 | 3.2 | 10.24 | - .2 | .04 |
| 5 | 12 | 10.2 | 3.2 | 10.24 | 1.8 | 3.24 |
| $\Sigma$ 30 | 70 | 70 | .00 | 51.2 | .00 | 30.8 |

예언점수합($\Sigma Y'$)은 관찰점수합($\Sigma Y$)과 똑 같으며, 오차점수합 $[\Sigma(Y-Y')]$ 은 항상 영인데, 최소자승화의 귀결이다. 각 $Y$점수는 $Y'-\overline{Y}$ 와 $Y-Y'$으로 양분된다. 예를 들면, $Y_2$(관찰점수)가 "5"일 때(2번째 피험자)

$$Y=\overline{Y}+(Y'-\overline{Y})+(Y-Y')$$

$E_x$. 5.0 = 7.0 + (3.8-7.0) + (5.0-3.8) = 5.0

$Y'$(예언치)는 독립변수 $X$에 의해 계산되므로 ($Y'$-$\overline{Y}$)는 $X$와 완전히 관계되며, $X$에 의해 설명되는 $Y$의 요소이다. $Y-Y'$는 독립변수에 의해 설명되지 않는 부분으로 Y의 잔여 또는 오차 부분이다.

따라서 $Y$ = $\overline{Y}$ + 설명되는 부분 + 설명되지 않는 부분, 또는

$Y$ = $\overline{Y}$ + 모형구성요소 + 오차 구성요소

회귀분석방법에 의해 어느 정도로 예언오차변수($Y-Y'$)가 줄어질 수 있느냐를 결정하게 된다.

$Y-\overline{Y}=(Y'-\overline{Y})+(Y-Y')$ 의 양쪽을 자승하여 정리해 보자.

$$\Sigma(Y-\overline{Y})^2=\Sigma\ [(Y'-\overline{Y})+(Y-Y')]^2$$

$$=\Sigma(Y'-\overline{Y})^2+\Sigma(Y-Y')^2+2\Sigma(Y'-\overline{Y})(Y-Y')$$

여기서, $\Sigma(Y'-\overline{Y})(Y-Y')=0$ 임을 위의 표에서 밝혔다:

따라서 $\Sigma(Y-\overline{Y})^2=\Sigma y^2$이므로

$$\Sigma y^2=\Sigma(Y'-\overline{Y})^2+\Sigma(Y-Y')^2=SS_{reg}+SS_{res} \quad \cdots\cdots [28.6]$$

여기서, $SS_{reg}$ = 회귀자승화, $SS_{res}$ = 오차자승화

이 회귀분석의 중심원리는 종속변수의 편차자승화($\Sigma y^2$)는 회귀자승화($SS_{reg}$)와 오차자승화($SS_{res}$)로 나누어진다. $\Sigma(Y'-\overline{Y})^2$, 즉 $SS_{reg}$가 "영"일 때, $\Sigma y^2$는 오차자승화와 동일한 값이며, 독립변수의 정보에 의해 종속변수가 전혀 예언(설명)되지 않음을 의미한다. 또한, 양변을 종속변수 편차 자승화($\Sigma y^2$)로 나누면,

$$\frac{\Sigma y^2}{\Sigma y^2}=\frac{SS_{reg}}{\Sigma y^2}+\frac{SS_{res}}{\Sigma y^2}\ ;\quad SS_{reg}=\frac{(\Sigma xy)^2}{\Sigma x^2}\ ,\quad SS_{res}=\Sigma y^2-SS_{reg}$$

$$1=\frac{SS_{reg}}{\Sigma y^2}+\frac{SS_{res}}{\Sigma y^2}$$

$$=\left[\begin{array}{c}X\text{에 의해 예언될 수}\\ \text{있는 } Y\text{의 분산 비율}\end{array}\right]+\left[\begin{array}{c}X\text{에 의해 예언될 수}\\ \text{없는 } Y\text{의 분산 비율}\end{array}\right]$$

앞에서 계산된 통계치를 보면,

$\Sigma y^2 = 82,\ \ \Sigma(Y' - \overline{Y})^2 = SS_{reg} = 51.2,\ \ \Sigma(Y - Y') = SS_{res} = 30.8$

$$\frac{\Sigma y^2}{\Sigma y^2} = \frac{SS_{reg}}{\Sigma y^2} + \frac{SS_{res}}{\Sigma y^2} = \frac{51.2}{82} + \frac{30.8}{82} = .624\ +\ .376\ =\ 1.00$$

종속변수인 $Y$의 자승화의 62.4%는 회귀에 기인하며, $Y$의 편차 자승화의 37.6%는 오차로 인해 발생한 점수 변화라고 말할 수 있다.

$SS_{reg} = \dfrac{(\Sigma xy)^2}{\Sigma x^2}$을 Y의 편차자승화에 의해 나누면 $X$와 Y의 적률 상관계수를 자승한 (즉 Y가 $X$에 의해 설명되는 분산)값이 나온다:

$$\left[\frac{(\Sigma xy)^2}{\Sigma x^2}\right] \div \Sigma y^2 = \frac{(\Sigma xy)^2}{\Sigma x^2 \Sigma y^2} = r_{xy}^2$$

$r_{xy}^2$ =회귀에 기인한 종속변수의 자승화 비율이다.

(또는 $x$와 $y$의 공유분산 비율)

$$\frac{(\Sigma xy)^2}{\Sigma x^2 \Sigma y^2} = r_{xy}^2 \rightarrow \quad SS_{reg} = r_{xy}^2 \Sigma y^2 \left(\because \frac{(\Sigma xy)^2}{\Sigma x^2} = SS_{reg}\right)$$

앞쪽 상단을 보면, $\dfrac{SS_{reg}}{\Sigma y^2} = .624$인데, 곧 $r_{xy}^2 = .624$임을 뜻한다.

그리고 $\Sigma y^2$ = 82이다.

$SS_{reg} = r_{xy}^2 \Sigma y^2 = .62439 \times 82 = 51.2$

$SS_{res} = (1 - r_{xy}^2)\Sigma y^2 = (1 - .62439)(82) = 30.8$

또한, $S_Y^2 = r_{XY}^2 S_Y^2 + (1 - r_{XY}^2)S_Y^2$ 인데, $r_{XY}^2 S_Y^2$ 은 X에의 회귀에 기인한 Y의 분산의 비율이며, $(1 - r_{xy}^2)S_y^2$은 오차분산의 비율이다.

예언/설명이 얼마나 정확할까? 설명(예언)할 때 오차는 어느 정도일까? 예언/설명된 값을 얼마나 믿을 수 있을까? 예언 오차를 어떻게 최소화할까? 예측의 정확성 정도는 표준오차, 즉 특정한 확률에서 예측의 편차(오차)량에 의해 계산된다. 독립변수의 값을 알고, 종속변수의 값을 예언하는 과정에서 회귀방정식을 이용하는 과정(절차)을 선형회귀라 한다.

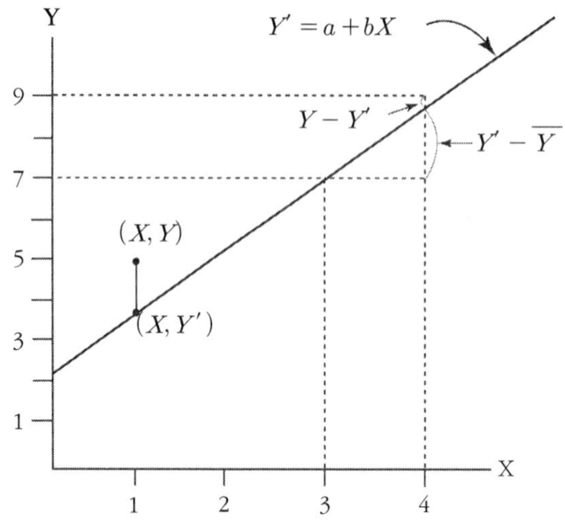


[그림 28-1] GPA($X$)와 독서 시간량($Y$)의 회귀선

위의 그림에서 점들($X$에 따른 $Y$의 대응 점수들)이 흩어져 있지만, $X$의 증가에 따라 $Y$도 증가하여 선분적인 관계가 있음을 알 수 있다. $Y' = a + bX$, 즉 $Y$의 예언 방정식에서 $Y'$은 $Y$의 예언 점수, $a$는 독립변수($X$)가 영일 때 $Y$의 절편으로서 상수이며, $b$는 회귀계수로서 종속변수에 영향을 미치는 독립변수의 효과정도를 나타내고, $X$는 예언변수(독립변인)점수다. $Y'$선분은 오차가 없으며, $X$와 $Y$의 평균들은 항상 회귀선상에 있음을 유의해야 한다.

## 3 최소자승법과 추정의 표준오차

"최소자승 선분이 결정되면, 그 선분이 실제로 종속변수를 예언하는 데 도움을 주는가?" 그렇다면, "얼마나 도움을 주는가?"의 문제를 표준오차에 의해 해결할 수 있다. 회귀분석의 가장 전형적 형태에서 선분의 오차를 최소화함으로써, 예언 또는 설명의 정확성을 높일 수 있어서 최적한 선형모형이 된다.

$X$와 $Y$의 문제에 관련된 자료가 주어졌을 때, $Y$의 절편 $a$와 회귀계수 $b$를 계산하는

가장 일반적인 절차가 최소자승법이다. $Y_i' = a + bX_i$라는 회귀선분에서 $a$와 $b$값이 해결되면, $X_i$값에 대응하는 $Y_i'$값을 계산할 수 있다. 최소자승법은 $\Sigma(Y_i - Y_i')^2$로 표현되는 편차 자승화가 최소값이 되기 위하여 $a$와 $b$를 선정하는 것까지 함축한다.

[그림 28-1]에서 $e_1$, $e_2$,……를 최소화하는 선분 $Y_i' = 2.2 + 1.6X_i$가 최소 자승법에 따른 선형 단순회귀선이다.

$$SSE = \sum_{i=1}^{N}(Y_i - Y_i')^2$$

$$= (Y_1 - Y_1')^2 + (Y_2 - Y_2')^2 + (Y_3 - Y_3')^2 \text{………} + (Y_n - Y_n')^2$$

$$= e_1^2 + e_2^2 + e_3^2 \text{………} + e_n^2 \text{ 이며, 여기에서 } i = 1,\ 2,\ 3, \text{……} n$$

$Y_i$ = 관찰점수, $Y_i'$ = 예언점수이며, 그 산출된 값은 오차자승화이다. 즉 $SSE$는 $Y$의 예언점수로부터 관찰점수의 편차점수 자승화이다. 선분의 적합도를 검토하는 기준으로 편차의 합을 사용하는 대신 편차자승화를 사용하는 것은, 편차합이 되는 선분은 여러 개 있을 수 있지만, $SSE$가 최소인 선분은 단 하나이기 때문이다. 편차자승화가 최소인 선분을 회귀선 또는 최소자승선이라 하며, 이 선분을 구하는 방법이 최소자승법이다. 오차자승이 최소화를 요하기 때문에 최소 자승 회귀 분석이라고 한다.

$SSE$가 증가하는데 영향을 미치는 2 가지 요인을 생각할 수 있다. 첫째, 자료에 매우 많은 변산원이 있을 수 있다. 따라서 $\sigma^2$이 증가할 가능성이 높아진다. 둘째, 선분모형의 가정이 부적합할 수 있다. 이 때 선형모형의 가정에 부합된다는 가정하에 $SSE$를 적용하여 전집분산 ($\sigma^2$)은 전집 관찰변수 $X$와 $Y$간의 선형관계에 대하여 통계적 추론을 하는데 필요하다. $\sigma^2$의 추정공식은 아래와 같다.

$$s_{Y|X}^2 = \frac{1}{n-2}\Sigma(Y - Y')^2 = \frac{1}{n-2}SSE$$

여기에서 $s_{Y|X}^2 =$ $SSE$ 전집분산($\sigma^2$)의 추정치이고,

$SSE = \Sigma(Y - Y')^2$

간편 공식

$$s_{Y|X}^2 = \frac{n-1}{n-2}(s_Y^2 - b^2 s_X^2) \text{인데}$$

$$s_Y^2 = \left[\Sigma Y^2 - \frac{(\Sigma Y)^2}{n}\right] / \ (n-1) \text{로서, } Y \text{의 표집분산이며,}$$

$$s_X^2 = \left[\Sigma X^2 - \frac{(\Sigma X)^2}{n}\right] / \ (n-1) \text{로서, } X \text{의 표집분산이다.}$$

**| 예제 1 |** <표 28-1>의 자료에 의해 전집분산($\sigma^2$) 추정치인 $s^2_{X|Y}$를 구하시오.

$$s^2_Y = \left[572 - \frac{(70)^2}{10}\right]/9 = 9.11,\ s^2_X = \left[110 - \frac{(30)^2}{10}\right]/9 = 2.22$$

$$b = \frac{\Sigma(X-\overline{X})(Y-\overline{Y})}{\Sigma(X-\overline{X})^2} = \frac{\Sigma xy}{\Sigma x^2} = 1.6,\ s^2_{Y|X} = \frac{9}{8}[9.11 - (1.6)^2(2.22)] = 3.86$$

$X$로부터 $Y$를 예측할 때 발생하는 "추정의 표준오차" 계산 공식을 다음과 같이 사용할 수도 있다.

$$SEE = s_y\sqrt{1 - r^2_{xy}} \quad \cdots\cdots [28.7]$$

이 추정 표준오차 공식이 갖는 특징은 첫째, $X$와 $Y$의 상관관계가 높을 수록 추정의 표준오차가 감소한다. 둘째, $Y$ 분포의 표준편차가 클수록 추정의 표준오차가 증가한다.

추정 표준오차는 개인의 진점수가 속할 가능성이 있는 예언점수 $Y'$주변의 한계 설정에 적용될 수 있다. 큰 표본에 예언방정식이 적용된다면 다음과 같은 기준이 성립될 수 있다.

① 피검자들의 68%가 예언점수 $Y'_i \pm 1S_{Y \cdot X}$ 내에 놓이게 되는 것이다.

② 약 95%는 그들의 예언점수 $Y'_i \pm 1.96S_{Y \cdot X}$ 내에 놓이게 될 것이다. 이 준거는, 양변수 정규분포를 가정할 수 있다면, 실제로 Y 점수들 분포는 여하한 X의 경우 표준편차($S_{Y \cdot X}$)로써 $a + bX_i$의 평균치를 중심으로 정규분포를 이루기 때문에 타당하다.

## 4 유의도 검정

표본 통계는 어떤 규정된 전집에 관하여 밝혀지지 않는 모수치들을 추론하기 위하여 활용된다. 통계적인 의의도의 검정은, 모집단의 변수가 일정한 값(일반적으로 영)이라는 가설을 기각하기 위하여, 추정치가 일정한 값을 획득할 확률인지의 여부를 결정하는 절차이며 기법이다. 통계적인 유의도 검정과정에서 그 통계치가 유의미하더라도 실질적인 유의미성을 동시에 고려해야 한다는 것을 유념해야 한다.

회귀분석 결과의 의의는 독립변수의 효과가 종속변수에 미치는 정도, 또는 독립변수가 종속변수를 설명 또는 예언하는 정도를 밝히는데 있다.

### 1) 영가설 검정 결과의 해석

회귀계수에 관한 가설검정의 중요성은, 계수(회귀선의 기울기)가 영(0)과는 의미있게 다른 선분모형인지의 여부, 즉 선분모형을 이용하여 $X$에 의해 $Y$를 예언하는 데에 기여하는지의 여부 확인에 있다. 물론 정규성, 독립성 및 분산의 동질성 가정이 위배되지 않아야 한다.

적합한 통계가설은 다음과 같다.

$H_o : \beta_o = 0 \qquad H_a : \beta_1 \neq 0$

항상 존재하기 마련인 제 I 종 오류나 제 II 종 오류 가능성을 배제한다면, 다음과 같은 해석이 가능하다.

① $H_o : \beta = 0$ 가설이 수용되면 다음과 같은 것을 뜻한다. 먼저, 기저의 참된 선형모형에 대하여, $X$가 $Y$를 예언하는 데에 기여하지 않는다. 둘째, $X$와 $Y$간의 참된 기저의 관련성은 선형이 아니다. 진모형은 선형인 대신, $X$의 곡선(2차방정식), 입방(3차방정식)형, 또는 보다 복잡한 함수관계일 것이다. 이 두가지 특성을 조합해보면, $\beta = 0$이라는 가설이 수용되는 것은 $X$의 선분모형이 $Y$를 예언하는 최선의 모형이 아니며, $Y$를 예언하는 데 의미있게 기여하지 않는다는 것을 함축한다.

② $H_a : \beta \neq 0$, 영가설이 수용되지 않는다면 아래와 같은 해석을 할 수 있다. 먼저, $X$가 $Y$를 예언하는데 충분한 정보를 제공한다. 즉 $\overline{Y} + b(X - \overline{X})$ 모형이 $Y$를 예언하는데 $\overline{Y}$라는 모형보다 더 큰 공헌을 한다. 둘째, 명료한 선형요소가 존재하더라도, 곡선형과 같은 더 좋은 모형이 있을 가능성을 함축한다.

### 2) $X$에 대한 $Y$의 회귀도 검정

종속변수 편차자승화($\Sigma y^2$)는 다음과 같이 양분되는 것을 앞에서 확인했다.

$$\Sigma y^2 = \Sigma(Y' - \overline{Y})^2 + \Sigma(Y - Y')^2 = \frac{(\Sigma xy)^2}{\Sigma x^2} + (\Sigma y^2 - SS_{reg})$$

$$= SS_{reg} + SS_{res} \qquad = \text{회귀자승화} + \text{오차자승화}$$

회귀자승화와 오차자승화 모두 각각의 자유도를 분모로 하여 나누면 평균자승이 된다. 회귀평균자승을 오차평균자승으로 나눈 값, 즉 회귀평균자승의 오차평균자승에 대한 비율이 곧 $F$ 분포를 이룬 값이며, 각각 자유도($df_1$과 $df_2$)를 고려한다.

$$F = \frac{SS_{reg}}{df_1} \div \frac{SS_{res}}{df_2} = \frac{SS_{reg}}{K} \div \frac{SS_{res}}{(n-K-1)} \qquad \cdots\cdots [28.8]$$

여기에서 $df_1$ = 독립변인 개수(K) $df_2$ = 표본수 - 독립변인 종류(수) - 1

앞의 보기에서 나온 통계치, $SS_{reg} = 51.2$, $SS_{res} = 30.8$,

$df_1 = 1$, $df_2 = 10 - 1 - 1 = 8$

$$F = \frac{51.2}{1} \div \frac{30.8}{8} = 13.30$$

($F$의 임계치 $F_{1,8} = 5.32 \alpha = .05$, $F = 11.26 \alpha = .01$)

$F_{crt} < F_{obt}$t 이므로, $X$에 따른 $Y$의 회귀현상은 "0"과는 의미있는 차이가 있다. $X$의 변화에 따른 $Y$의 변화정도가 "0"변화와는 의미있게 다르다.

### 3) 회귀에 의해 설명되는 분산비율의 의의도 검정

$r^2$은 독립변수에 의해 설명 또는 예언되는 종속변수 분산 비율이며, 1-$r^2$은 독립변수에 의해 설명되지 않는 종속변인 분산비율이다. 즉 1-$r^2$은 오차분산비율이다. $r^2$에 대한 의의도는 다음 공식에 따른다.

$$F = \frac{r^2 \div K}{(1 - r^2) \div (n - K - 1)} \qquad K = \text{독립변인 종류(수)}$$

앞의 예에서 보면, $r^2 = .624$, $1\text{-}r^2 = .376$, k = 1, n = 10

$$F = \frac{.624}{1} \div \frac{.376}{8} = 13.28$$

$F$의 임계치 $F_{1,8} = 5.32\ \alpha = .05$, $F = 11.26\ \alpha = .01$

∴ 회귀에 의해 설명(예언)되는 종속변인 분산 비율은 "0"과는 통계적으로 의의있게 다르다. $F$값을 다음과 같이 계산할 수도 있다.

$$F = \frac{r^2 \Sigma y^2}{K} \div \frac{(1 - r^2)\Sigma y^2}{(n - K - 1)} \qquad \text{[28.9]}$$

$\because r^2 \Sigma y^2 = SS_{reg}$, $(1 - r^2)\Sigma y^2 = SS_{res}$

### 4) 회귀계수의 의의도 검정

추정치분산이란 회귀선에 대한 점수의 분산을 의미한다. 모수치 추정분산인 $\sigma^2_{y \cdot x}$은 $X$가 주어졌을 때 $Y$의 분산을 나타낸다. $\sigma^2_{y \cdot x}$의 표본 불편포 추정치는 $s^2_{y \cdot x}$이며 다음과 같이 계산한다.

$$s_{y \cdot x}^2 = \frac{\Sigma(Y - Y')^2}{n - K - 1} = \frac{SS_{res}}{n - K - 1}$$

여기에서 $N$ = 사례수, $K$ = 독립변수 종류(수)

$Y$ = 관찰점수(종속변수), $Y'$ = 예언점수

(회귀선에 관한 점수의 변화 정도가 추정치 분산임을 알 수 있다.)

앞의 예에서, $s_{y \cdot x}^2 = \dfrac{30.8}{10 - 1 - 1} = 3.85(s_{y \cdot x} = 1.96)$

추정치의 표준오차는 추정치 분산의 평방근이다. 즉,

$$s_{y \cdot x}(\text{추정치 표준오차}) = \frac{\sqrt{\Sigma(Y - Y')^2}}{\sqrt{n - K - 1}} = \frac{\sqrt{SS_{res}}}{\sqrt{n - K - 1}}$$

회귀계수 $b$의 표준오차를 계산해보자.

$s_b = \sqrt{\dfrac{S_{y.x}^2}{\Sigma x^2}} = \dfrac{s_{y.x}}{\sqrt{\Sigma x^2}}$이며 $S_{y.x}^2$ 은 추정치의 분산이고, $\Sigma x^2$은 독립변수 편차자승합.

$b$에 대한 의의도 검정은 아래와 같다.

$$t = \frac{b}{s_b} = \frac{1.6}{.438} = 3.65 \left(s_b = \frac{1.96}{\sqrt{20}}\right)$$

$t$를 F로 환산해보자.

$F(df_1$ = 1, $df_2$ = N-K-1=8)=$t^2$ = 13.30. [$F_{1,8}$ = 5.32α=.05 ; 11.26 α=.01]

$\therefore F_{obt}$ = 13.30 〉 $F_{crt}$

따라서, b는 0(영)과 의미있게 다르다고 해석할 수 있다. b가 가설적인 값과 의미있게 다른지를 검정할 수도 있다.

$t = \dfrac{b - \beta}{s_b}$, $\beta$ =가설적인 회귀계수($df = n - 2$)

**| 예제 |** $b$ 가 모집단 회귀계수 $\beta$ ($\beta$=.5라고 하자)와 의의있게 다른지를 검정하시오.

$$t = \frac{1.60 - .50}{.438} = 2.52(F = t^2\text{이므로 } F = 6.35)$$

$F$로 환산한 값은 6.35로서 $F_{1,8}$ = 5.32 α=.05보다 크므로 의미있는 차이, 즉 $b$가 .5와는 의의있게 다르다고 해석된다.

### 5) $\alpha$에 관한 영가설 검정

$\alpha$에 관한 가설검정은 $\beta$에 관한 가설검정과 비슷하다. 먼저, 오차에 대한 가정 1을 사용하여, $a$ 는 $\alpha$의 불편 추정치라는 것을 밝힐 수 있다. 즉, $E(a)=\alpha$. 더욱이 오차에 관한 가정 2와 가정 3이 지지되면, $a$는 $\alpha$의 효율적인 추정치이다. 가정 1, 가정 2 및 가정 3은 함께 $a$가 $\alpha$의 최적선형의 불편포 추정치이다.

오차에 관한 세가지 가정을 이용하여 $a$의 표준오차 공식을 아래처럼 나타낼 수 있다.

$$\sigma_a = \sigma \sqrt{\frac{1}{n} + \frac{\overline{X}^2}{\Sigma(X_i - \overline{X})^2}} \qquad [28.10]$$

오차에 관한 네번째 가정을 이용하여 $(a-\alpha)/\sigma_a$는 표준 정규분포 특성에 따라 분포되어 있다고 진술될 수 있다. 그러나 $\sigma_a$는 측정될 수 없으므로, $a$의 추정표준편차를 사용한다.

$$S_a = S_X \sqrt{\frac{1}{n} + \frac{\overline{X^2}}{\Sigma(X_i - \overline{X})^2}} \qquad [28.11]$$

앞에서 진술된 $(a-\alpha)/\sigma_a$ 대신 $(a-\alpha)/s_a$를 사용한다. n-2의 자유도를 갖는 t검정을 하게된다. 즉 $\alpha$ = 0이라는 영가설을 $\alpha \neq 0$이라는 대립가설에 대하여 검정하기 위하여 획득된 $a$에서 $\alpha$(이 때 0)를 감한 후 $s_a$로 나눈다.

$$t = \frac{a - \alpha(=0)}{s_a} \qquad [28.12]$$

$a$의 신뢰구간은 $a \pm (t)(S_a)$이며, t는 n-2의 자유도를 갖는 임계치 t값이다.

〈표 27-1〉의 자료를 이용하여 $\alpha$에 관련된 통계적 검점을 수행한다.

$$t = \frac{2.20}{1.106} = 1.989$$

$t_{crt(a=.05)}=2.365$ 〉 $t_{obt}=1.989$. 계산된 t값이 임계치 t 값보다 작다. 따라서 $a$는 영($\beta$ =0)과 다르지 않다.

## 5 상관계수(r)와 회귀계수(b)의 차이와 활용

상관계수와 회귀계수의 특성은 다음과 같이 다르다(Darlington, 1990). ① 독립변수($X$)

와 종속변수($Y$)를 측정하는 데 사용하는 단위크기가 변함에 따라 $r$은 변하지 않는데, $b$는 변한다. 즉 $b$는 $X$와 $Y$의 측정단위 크기의 영향을 받는다. 회귀계수 $b$가 줄어드는 현상은 $b = r_{XY}\left(\frac{s_Y}{s_X}\right)$ 공식에 의해 확인될 수 있다. ② 탐색(연구)되는 변수의 범위와 함께 $r$도 증가하지만, $b$는 변하지 않다. ③ $Y$가, $X$와 관계가 없는 다른 변수들의 영향을 받을 때, $r_{XY}$는 낮아지지만 $b$는 영향을 받지 않는다.

상관계수 $r$과 회귀계수 $b$의 쓰임새(활용)를 살펴보자. 실험연구에서, 특히 $Y$(종속변수)에 영향을 미치는 $X$(독립변수)의 효과를 $b$가 더 잘 측정하는 반면, 예언력, 상대적 중요성 및 통계적 의의도를 측정할 때는 $r$이 보다 유용하다.

실험에서 $X$가 조작되면, 그 범위는 실험의 특성이지 자연세계의 특성이 아니다. $r_{XY}$는 독립변수의 범위크기에 따라 변하지만, b는 범위크기의 영향을 받지 않는다.

$r_{XY}$는 $b$보다 통계적 유의도에 보다 더 밀접하게 관계된다. 적합한 가정과 함께, $r_{XY}$의 통계적 유의미성을 검정하기 위하여 필요한 단 하나의 다른 정보가 곧 표본크기(n)이다.

## 6 회귀방정식의 정확성에 영향 미치는 요인들

회귀방정식의 의의도 검정 공식을 주의깊이 살펴보면 3요소가 영향 미치는 것을 알 수 있다: ① 표본수의 크기, ② 회귀선 산포정도(흩어진 정도): $\Sigma(Y-Y')^2$ ③ $X$변수의 편차 정도: $\Sigma x^2$이다.

$F = \frac{SS_{reg}/K}{SS_{res}/(n-K-1)}$를 살펴보자.

① 다른 조건이 같을 때, n이 클수록 분모가 작게 되며, F 비가 커진다. n을 그대로 유지한다면, 회귀선의 산포정도가 작게 되며, 회귀자승화($SS_{reg}$)가 크게 되어, 결국 F 비가 커진다. ② 다른 조건이 같을 때, $\Sigma x^2$($X$의 편차 자승화)가 클수록, $s_b$가 더 작게 되며, 결과적으로 t비가 더 커지게 된다.

예언변수의 변동과 회귀계수의 의의도와 관계를 생각해보자. 회귀분석을 통해서 두 변수간의 관련성을 추정하는 데에는 표본은 필연적으로 예언변수 측정치의 변동 점수를 포함한다. 예언변수의 변동이 없다면 예언변수가 준거변수에 어떻게 관계되는가를 결정할 수 없다. 더 나아가, 기울기인 회귀계수와 절편 $X$가 영일 때 $Y$값인 a의 표준오차는 물론 예언의 표준오차도 예언변수의 분산량에 따라 달라진다.

회귀계수의 표준오차($S_b$)가 $S \div \sqrt{\Sigma(X_i - \overline{X})^2}$ 임을 상기해야 한다. 이 공식에서 분모는, 다른 모든 것이 동일할 때, 예언변수의 변동이 클수록 회귀계수의 추정된 표준오차가 작아지는 것을 제시해 준다. 변동의 양은 표본크기에 따라 달라진다. 표본크기가 증가할수록, 예언변수에 있어서 총변동량도 증가하는 경향이 있다. 그러나 이 표준오차 공식은, 주어진 표본크기에서, 기울기의 추정표준오차는, 예언변수($X_i$)의 분산량이 증가함에 따라 줄어질 것임을 시사한다. 예언변수의 변동이 큰 자료일수록 $b$의 표준오차가 작아져서 $b$의 통계적 유의도 가능성이 높아지는 현상을 발견하게 된다.

회귀의 관련성이 정확하지 않는 이유를 생각해보자.

① 일반적으로 단순 선형모형 $Y_i = \alpha + \beta X_i + \varepsilon_i$를 적용한다. 이 모형에서 $\alpha$와 $\beta$는 표본자료를 통해서 추정될 수 있는, 밝혀지지 않는 변수들이다.

② 일반적으로 교육학, 심리학 등 사회과학에서 탐구되어야 할 대부분의 문제들은 변수들간의 복잡한 관련성들을 포함하기 때문에 두 변수간 완벽한 선형관계를 기대하는 것은 비현실적이다.

③ 비록 모든 관련된 변수들이 모형에 포함된다고 할지라도, 준거변수와 예언변수들간 관련성에 관한 함수적 형태는 연구자가 어떤 예언변수들을 선정하느냐에 따라 달라질 수 있다.

④ 준거 및 예언변수들의 측정이 부정확할 수 있다.

⑤ 연구자료는 항상 몇 가지 합쳐진 수준에서만 가능하다. 만약 관련성이 피험자들간에 서로 다르다면, 또는 그 관련성이 측정시간에 따라 변화한다면, 그 관계의 모형화과정에서 그러한 차이점을 조정해야 한다.

⑥ 연구에서 사용되는 자료가 인간행동에 기초를 두었을 때, 모형의 오차는 행동에서 무선요소를 설명할 개연성이 있다.

따라서 실제적 측면에서, 모형의 오차는, 완벽한 정확성을 기하여 인간행동을 예언할 수 없기 때문에, 부분적으로 존재한다고 보는 것이 합리적이다. 연구의 중점을 종속변수의 예언이나 설명에 둔다면, 회귀선 모형이 적합하다. 예를 들면, $X$의 조작이나 변화의 결과로 $Y$에 어떤 변화가 올 것인가에 관심이 있다면, 바로 회귀계수 $b$가 그러한 정보를 제공해 준다.

## 7 단순회귀분석의 기본가정

분석방법을 현명하게 활용하기 위해서는 합리화에 필요한 지식이 요구되는 바, 그 방법은 이면의 가정을 요구한다. 기본 가정에 위배되는 것은 곧 심각한 왜곡을 의미하며, 추정치에 대한 통계적 검정의 의미가 희박해지는 현상을 뜻하기도 하다.

① 독립($X$)변수는 고정되어 있는 것으로 가정한다. 이것은 곧 실험을 반복하면, 동일한 독립변수 값이 사용되는 것을 뜻한다.

② 독립변수 $X$가 오차없이 측정되는 것으로 가정한다. 독립변수의 각 수준에서 종속변수의 모집단 평균은 선분상에 있는 것으로 가정한다.

회귀분석 기법에 의해 통계적 가설을 검정하기 위해서는 아래의 가정이 필요하다.

① 종속변수와 독립변수군간의 관계 존재 : 독립변인들($X_1$, $X_2$,……$X_K$ )의 조합치와 구체적으로 상응하는 종속변수($Y$)는 일정한 평균치와 분산을 갖춘 확률분포를 이루는 무선변수다.

② 독립성 : 특수한 개인의 점수는 다른 피험자들의 점수와는 독립적이다. 종속변수 $Y$ 값은 각각 통계적으로 독립적이다. 참여한 피험자들은 서로 독립적이어서 점수변화에 서로 영향을 주지 않는다.

③ 정규성 : 전집에서, 독립변수의 점수들은 독립변수들의 각 하위 수준의 조합에 대하여 정상적으로 분포되어 있다. 또한 오차점수들도 정규적으로 분포되어 있다. $X$의 여하한 고정값에 대하여 $Y$는 정규분포를 이룬다.

④ 동질성 : 전집에서, 독립변수들 각 하위수준 변수들의 각 조합에 대하여 종속변수의 분산은 동일하다. 즉, 여하한 $X$값에 대하여 $Y$의 분산은 동일하다는 가정이다.

잔여 또는 오차($\varepsilon_i$)에 관한 가정을 검토해 보자.

가정 1 : $X_i$값(독립변수)이 주어지면 모든 피험자($i$)에 대한 오차의 기대치는 영(0)이다. 즉, 각 관찰치에 대한 오차의 기대치는 영(0)이다. 각 관찰치가 갖는 구체적인 오차값은 관찰할 때마다 달라지겠지만, 그 평균치는 영이라고 가정한다. 이것은, $X_i$ 값이 주어졌을 때 $Y_i$ (종속변수)의 기대치는 $\alpha + \beta X$라는 것을 함축한다.

가정 2 : $X$값이 주어지면, 모든 $i$(피험자 관찰치)에 대한 오차분산은 전집분산($\sigma^2$)과 동일하다는 가정이다. 이 분산은 관찰과 관계되는 오차값의 변화량을 의미한다.

가정 3 : $X_i$와 $X_j$가 주어졌을 때, $i \neq j$이면, $\varepsilon_i'$와 $\varepsilon_j$의 공분산은 영(0)이다. 상이한 두 관찰치의 오차들 공분산은 영(0)이라고 가정한다.

가정 4 : $X$값이 주어지면, 모든 $i$에 대하여 $\varepsilon_i$의 분포는 정규분포를 이룬다. 이 정규성의 가정은 오차의 절대치는 크지 않을 개연성을 함축한다.

오차와 잔여의 차이를 생각해보자. 오차는 전집평균치로부터의 편차를, 잔여는 표본평균치로부터의 편차를 의미한다. $Y_i = \alpha + \beta X_i + \varepsilon_i$ 모형에서 관찰될 수 없는 임의의 요소인 $\varepsilon_i$를 오차로 사용하는데, 이 $\varepsilon_i$는 $Y_i - \alpha - \beta X_i$와 동일하기 때문에 관찰될 수 없다.

추정방정식 $Y' = a + bX_i$가 주어지면, 표본에서 준거변수의 값인 $Y_i$에 대응하는 예측치인 $Y_i'$간의 차이를 계산할 수 있다. 잔여치 $\varepsilon_i'$를 $Y_i - Y_i'$라고 하자. 이러면 $\varepsilon_i'$, 잔여치가 관찰될 수 없는 오차의 추정치로 사용될 수 있겠다.

## 8 단순회귀와 분산분석

회귀분석 모형과 분산분석 모형은 비슷한 점이 있다. ① 두 모형은 모두 선형 모형이다. 전체분산은 집단간 분산과 오차분산의 합이다. ② 잔여항(오차)에 관련된 가정은 동일하다. $\Sigma e_{ij} = 0$이며, $\sigma_e^2$는 모든 독립변수 ($X$)에 대하여 동일하다. ③ 회귀분석의 결과에 대한 일반적인 요약은 분산분석표에 의해 제시될 수 있다. 분산분석과 회귀분석은 이론적으로 매우 비슷하고 논리적 체계와 계산 과정에서도 동일성을 보여주고 있다. 분산분석에서 영가설이 $H_o$: $\mu_1 = \mu_2 = \mu_3 \cdots\cdots = \mu_k$라면, 회귀분석의 영가설은 $H_o$ : $R^2 = 0$이다. 분산분석에서 Eta 자승은($\eta^2$) 회귀분석의 중다결정계수($R^2$)와 같다.

그런데, 분산분석은 독립변수들이 비수량적인 자료(분류자료)일 때 효율적으로 간단히 계산될 수 있다. 또한 회귀분석에서 요구되는 가정을 필요로 하지 않기 때문에 종속변수와 독립변수간에 통계적으로 추출할 수 있는 관계가 존재한다고 가정하지 않아도 된다. 분산분석은 집단간 평균치에 차이가 있는지의 여부를 검정하는데 중점을 둔다. 반면, 회귀분석은 집단간 종속변수 점수에 차이가 있다는 가정하에 그 차이를 독립변수를 이용하여 수식으로 표현하는 기법이다.

회귀분석과 분산분석은 동일한 사물이나 현상을 서로 다른 관점에서 보는 것이다. 이 두 기법들은 전체분산이 설명되는 부분과 설명되지 않는 부분으로 나눈 뒤 설명되는 부분이 설명되지 않는 부분보다 얼마나 클 수 있는지의 확률을 추정한다는 점에서 동일한 논리라 하겠다.

회귀분석이 분산분석보다 더 융통성있는 통계기법으로 받아들여지는 일반적인 이유는 다음과 같다. 첫째, 분산분석은 집단간 차이만 추정하는 반면(집단간 차이의 유무는 물론 어느 집단 평균이 더 많은지의 여부 추정), 회귀분석은 이러한 차이를 야기하는 변수를 찾고 이들 변수의 영향을 분석할 수 있다. 둘째, 변수가 비선형일지라도 회귀분석은 곡선형 분석 등 다중 선형 회귀방정식으로 나타낼 수 있다. 셋째, 두 변수간 상호작용을 다루는데 있어서도 회귀분석이 분산분석보다 더 융통성을 보인다. 넷째, 회귀분석은 자료의 일부가 분실되었을 때 이를 가변수가용과정에 의해 처리할 수 있으며, 비수량적 변수도 쉬이 처리할 수 있다.

## 9 통계프로그램을 적용한 회귀 분석의 기본 원리

회귀분석법에 의해 두 가지 변수들($X$들과 $Y$)사이의 관련성을 탐색하는 전략은 많지만, 단계적 회귀분석법(stepwise regression)을 소개한다. 단계적 회귀분석법은 독립변수가 될 가능성 있는 변수가 여러 개가 있을 때, 이들 중 종속변수를 전체적으로 가장 잘 설명하는 일부 변수만 선정하여 모형을 구축하는 방법으로서, 순차변수추가법(forward selection)과 순차변수제거법(backward selection) 및 단계적 변수선택법(stepwise selection) 등이 포함된다.

순차변수추가법은 단계적 회귀분석에 의한 모형구축의 한 방법으로, 처음에는 아무 독립변수도 모형에 포함시키지 않고 시작하여 독립변수 중 기여도가 가장 높은 변수로부터 모형에 포함시켜 남은 변수 중 기여도가 사전에 설정한 일정량보다 큰 것이 없을 때까지 계속 선정하여 회귀모형을 확정하는 방법이다. 먼저 투입되는 예언변수는 종속변수와 상관성이 가장 높은 변수이고 그 다음엔, 먼저 투입된 독립변수와 조합하여 나온 값이 종속변수와 높은 상관성이 있어서 두 번째의 독립변수로 선정된다. 예를 들어보자.

$Y = a + b_1X_1 + e_1$(1단계)
$Y = a + b_1X_1 + b_2X_2 + e_2$(2단계)
$Y = a + b_1X_1 + b_2X_2 + b_3X_3 + e_3$(3단계)

단계가 거듭될수록 종속변수와 일련의 독립변수군간의 회귀계수가 높아간다. 순차변수 제거법에서는 모든 독립변수를 포함시켜 모형을 추정한 후, 종속변수를 설명하는데 기여도가 가장 낮은 독립변수부터 모형에서 제거시키고 재추정하여 기여도가 사전에 설정한 일정량보다 낮은 변수가 없을 때까지 계속 제거한 후, 남아 있는 변수로 최종모형을 확정하는 방법이다. 즉, 복잡한 다항식으로부터 시작하여, 분석을 계속해감에 따라 불필요한 독립변수를 점점 제거해 가는 방법이다.

단계별 변수선택법은 순차변수 추가법에 순차변수 제거법을 가미한 방법으로서, 순차변수 추가법에 의해 독립변수들을 선정하여 모형에 포함시키되, 이미 모형에 포함된 독립변수들 중 기여도가 낮은 변수를 순차변수 제거법에 의해 제거시킨 후, 모형에 포함시킬 변수를 선정하여 최종적으로 모형을 확정하는 방법이다. 이 외에 이론이나 경험으로부터 이루어진 모형도 있다.

어떠한 모형을 사용해야 할 것인가의 문제는 연구문제의 유형과 자료에 따라 결정짓게 된다. 분석결과의 질적인 특징은 선정된 특정전략보다는 전략을 적용하는 기법에 따라 결정된다. 따라서 여러 가지 전략을 적용해보고, 종속변수와 독립변수들 간의 관계에 대한 합리적인 해석 가능성에 따라 결정하는 것이 바람직하다.

순차변수 추가법은 이해하기 쉽고, 다른 분석법에 도움이 되므로 단계별로 기술한다.

① 선분형이 최적의 모형이라고 가정하고 시작한다. 후에 이 가정의 타당성이 탐색될 수 있다.

② 가능한 한 모든 선분형들 중에서 자료와 가정 잘 부합되는 최적의 선분을 발견한다.

③ 제2단계에서 발견된 선분이 종속변수( $Y$ )를 설명하는데 의의있게 도움이 되는지를 결정한다. 기본 통계적 가정(예를 들면, 정규분포성)에 부합되는지를 검토해야 한다.

④ 선분모형의 가정이 맞는지의 여부를 검토하는 하나의 방법이 적합성 결핍 검정(testing for lack of fit)이다.

⑤ 단계 4에서, 선분가정이 타당하지 않는 것으로 판명되면 새로운 모형(예: 포물선)을 확인하여 적용해보고, 종속변수를 얼마나 잘 기술하는지에 대하여 결정한(즉, 3단계를 다시 실시한다.) 후에 새로운 모형이 적합한지를 결정한다(4단계의 반복).

⑥ 적합한 모형이 발견될 때까지 여러 가지 모형을 시행해 봐야 한다.

# 28 연 | 구 | 문 | 제

1. 다음 자료에 의거하여 아래의 문제를 해결하시오.

| $X$ | $Y$ |
|---|---|
| 9 | 12 |
| 12 | 13 |
| 6 | 9 |
| 14 | 15 |
| 10 | 9 |
| 8 | 11 |
| 9 | 12 |
| 6 | 8 |

1) $X$와 $Y$에 대한 가설(연구가설)을 설정하시오.
2) 회귀계수(또는 기울기) $b$ 및 통계검정을 하시오.
3) $Y$의 절편(또는 항수) 및 통계검정을 하시오.
4) $a$와 $b$의 95% 신뢰구간을 정하시오.
5) 회귀선 방정식을 구하여 쓰시오.
6) $X$가 3이면 $Y$의 예언점수는($Y'$) 몇입니까?
7) 회귀선을 도표에 제시하시오.
8) 회귀계수 $r^2$을 구하고 통계적 검정을 하시오.

2. 아래의 자료를 이용해서 문제를 해결하시오.

다음을 계산하시오. 공식 및 그 해결과정을 상세하고 명료하게 제시하시오.

(1) $X$, $Y$ 각각의 평균, 자승화, 교적화($\Sigma xy$), 표준편차, $X$와 $Y$의 상관관계

(2) $X$에 대한 $Y$의 회귀 방정식

(3) 회귀자승화와 오차자승화

| $X$ | $Y$ |
|---|---|
| 2 | 2 |
| 1 | 1 |
| 3 | 4 |
| 5 | 6 |
| 6 | 9 |
| 4 | 3 |
| 6 | 6 |
| 8 | 9 |
| 7 | 8 |
| 4 | 6 |

(4) $X$에 대한 $Y$ 회귀선의 의의도 검정을 위한 $F$비: 자승화($SS_{reg}$, $SS_{res}$)를 사용하시오.

(5) 추정치 표준오차

(6) 회귀계수의 표준오차

(7) 회귀계수 검정을 위한 t비, $t^2$은?

(8) 회귀방정식을 이용한 각 개인의 예언점수, 예언점수 총화 및 평균

(9) 오차 점수(개인별), 오차점수 총화 및 평균

(10) 회귀선, 예언점수에 대비한 오차점수를 그림으로 표시하라.

(11) $X$에 의해 예언되지 않는 $Y$의 비율은 어느 정도인가?

(12) $X$가 $Y$를 전혀 예언하지 못한다고 가정하면 $X$ 각 값은 어떻게 되겠는가? ($X$가 정보를 전혀 제공치 못한다면, $Y$의 최적 예언치는 얼마인가?)

(13) 분석결과를 해석하시오.

3. 연구문제를 구안해서 그에 관련된 현장자료(질문지나 검사지)를 수집하시오. 표본은 50명 정도를 하되, 그 전집의 대표성을 고려하여 무선표집 하시오. 독립변인($X$)과 종속변인($Y$)을 확인한 후에, 독립변수가 종속변수를 어느 정도로 예언 또는 설명하는지를 계산하고, 통계검정을 하시오.

CHAPTER 29

# 중다회귀분석: 2개의 독립변수

$Y = a + bX + e$ 이 식은 하나의 독립변수와 하나의 종속변수간의 회귀방정식이다.

Y : 종속변수의 원점수; $a$ : 절편; b: 회귀계수

X : 독립변수의 원점수; e : 오차 또는 잔여분

이 방정식은 아래와 같이 여러 개의 독립변수를 갖는 식으로 일반화될 수 있다.

$$Y = a + b_1X_1 + b_2X_2 + \cdots\cdots + b_kX_k + e$$

여기에서, $b_1$, $b_2$, $b_3$, ……$b_k$는 각각 독립변수$X_1$, $X_2$, $X_3$, ……$X_k$의 회귀계수이고 e는 오차이다. 회귀계수와 절편을 구하는 방법은 단순회귀 방정식에서와 동일하게 예언의 오차 자승화($\Sigma e^2$)를 최소화하는 방법으로 항수 $a$와 b를 구한다. 최소자승의 원리(principle of least squares)에 의한 해결방안은 예언이 최적화되기 위해서 각 독립변수들에게 서로 다른 비중치를 부여하여 최적의 방정식을 구안한다.

중다회귀분석의 예언방정식 :

$$Y' = a + b_1X_1 + b_2X_2 + \cdots\cdots b_kX_k$$

Y'는 Y의 예언점수이다. Y의 예언치 Y'에는 오차가 개재하지 않는 점을 상기할 필요가 있다. $a$와 b값을 사용하여 X에 의해 Y를 예언할 수 있다. b를 구하는 것이 관건이다. 독립변수가 두 개인 경우를 다루기로 한다. 이 때, $R^2_{y \cdot x_1x_2}$는 독립변수 $X_1$과 $X_2$와 Y와의 상관관계 자승이다.

$$R^2_{y \cdot x_1x_2} = R^2_{y \cdot 12}\ ;\ r^2_{yx_1} = r^2_{y1}\ ;\ r^2_{x_1x_2} = r^2_{12}$$

$R^2_{y \cdot 12}$는 독립변수 $X_1$과 $X_2$에 의해 설명되는 Y의 분산 비율을 뜻한다. 실험 연구에서는, 실험자(연구자)가 두 독립변수 간에 상관이 없도록 ($r_{12}$=0.00) 설계를 하며, 그러한 실험조건하에서 $R_{y.12}=r^2_{y1} + r_{y2}$ ($r_{12}$=0.00). $r_{12} \neq 0.00$인 경우, 두 독립변수(예언변수) 간에 상관관계가 있을 때, 중다회귀 통계를 계산하기 위해서 두 독립변수간의 상관관계를

고려해야 한다. 왜냐하면, 영상관이 아니라는 것은 두 독립변수들이 상당량의 여분의 정보를 제공해주기 때문이다.

(a) 명료하고 단순한 경우이다. $r_{y1} = .60$, $r_{y2} = .60$ 및 $r_{12} = 0.00$이다. Y변수와 두 변수, 곧 $X_1$과 $X_2$의 상관계수 자승은 $(.60)^2 + (.60)^2 = .72$이며, Y분산의 72%가 $X_1$ 및 $X_2$ 변수의 분산에 의해 설명된 바, $R^2_{y \cdot 12} = .72$이다.

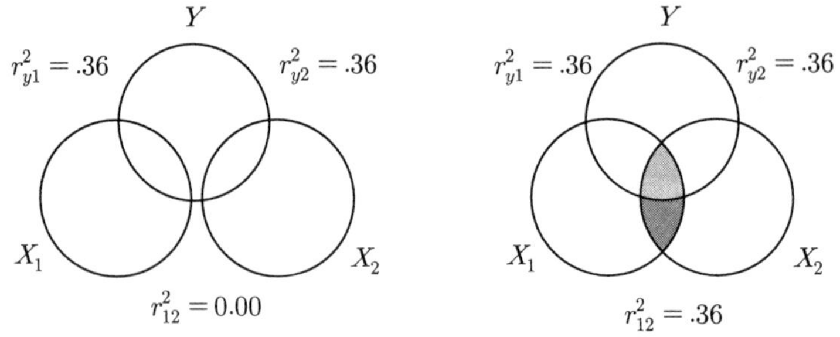


(a) (b)

(b) $r^2_{y1}$과 $r^2_{y2}$의 합은 $R^2_{y \cdot 12}$가 아닌 바, $r^2_{12} \neq 0$이기 때문이다. 짙은 빗금 부분은 $X_1$변수와 $X_2$변수에 공통적으로 관련된 Y변수의 부분이다. 따라서 $X_1$과 $X_2$에 의해 결정되는 Y부분을 계산하기 위해서는 $X_1$과 $X_2$에 공통적으로 관련된 부분을 감해야 한다. 왜냐 하면 이중으로 계산되기 때문이다.

비실험 연구에서는 독립변수들이 대부분 서로 관련되어 있으므로, 연구에 필요한 독립변수와 종속변수와의 관계를 정확히 계산하기 위해서는 불필요한 다른 독립변수와 연구에 필요한 독립변수와 관계되는 부분 또는 불필요한 독립변수와 종속변수와의 관련부분을 주의 깊게 다루어야 한다.

## 1 독립변수가 2개인 연구문제

"어휘력과 성취동기유발 정도가 국어성적과 어떻게 관계되는가?"의 문제에 관심이 있다. 10명의 학생들을 대상으로 하여 이들 세 변수에 관한 검사자료를 수집했다. 문제는 어휘력과 성취동기 유발 정도가 서로 상관성이 있는 것으로 선행연구에서 밝혀졌으므로 어휘력과 성취동기유발 간의 상관성을 고려해야 한다.

$$Y' = a + bX\text{의 경우}, b = \frac{\sum xy}{\sum x^2}; \quad a = \overline{Y} - b\overline{X}$$

$$Y' = a + b_1X_1 + b_2X_2\text{의 경우} \ (x = X - \overline{X})$$

<표 29-1> 국어성적(Y), 어휘력($X_1$) 및 성취동기유발 점수($X_2$)

| $Y$ | $X_1$ | $X_2$ | $Y'$ | $Y-Y'=e$ | $x_1$ | $x_2$ | $y$ | $x_1x_2$ | $x_1y$ | $x_2y$ |
|---|---|---|---|---|---|---|---|---|---|---|
| 2 | 3 | 3 | 3.4121 | -1.4121 | -.6 | -1.5 | -2.2 | .90 | 1.32 | 3.30 |
| 3 | 3 | 1 | 2.2715 | .7285 | -.6 | -3.5 | -1.2 | 2.10 | .72 | 4.20 |
| 2 | 4 | 4 | 3.8698 | -1.8698 | .4 | -.5 | -2.2 | -.20 | -.88 | 1.10 |
| 4 | 2 | 5 | 4.6653 | -.6653 | -1.6 | .5 | -.2 | -.80 | .32 | -.10 |
| 5 | 2 | 3 | 3.5247 | 1.4753 | -1.6 | -1.5 | .8 | 2.40 | -1.28 | -1.20 |
| 4 | 6 | 5 | 4.2149 | -.2149 | 2.4 | .5 | -.2 | 1.20 | -.48 | -.10 |
| 5 | 3 | 6 | 5.1230 | -.1230 | -.6 | 1.5 | .8 | -.90 | -.48 | 1.20 |
| 5 | 5 | 4 | 3.7572 | 1.2428 | 1.4 | -.5 | .8 | -.70 | 1.12 | -.40 |
| 5 | 4 | 6 | 5.0104 | -.0104 | .4 | 1.5 | .8 | .60 | .32 | 1.20 |
| 7 | 4 | 8 | 6.1510 | .8490 | .4 | 3.5 | 2.8 | 1.40 | 1.12 | 9.80 |

$\sum Y=42$ $\sum X_1=36$ $\sum X_2=45$ $\sum Y'=42.00$ $\sum e=0.0$

$\overline{Y_1}=4.2$ $\overline{X_1}=3.6$ $\overline{X_2}=4.5$ $\sum x_1^2=14.40$ $\sum y^2=21.6$ $\sum x_1y=1.80$

$\sum x_2^2=34.5$ $\sum x_1x_2=6.0$ $\sum x_2y=19.0$

$\sum Y^2=198$ $\sum X_1^2=144$ $\sum X_2^2=237$ Y = 국어, $X_1$ = 어휘력 $X_2$ = 동기점수

$$b_1 = \frac{(\sum x_2^2)(\sum x_1y) - (\sum x_1x_2)(\sum x_2y)}{(\sum x_1^2)(\sum x_2^2) - (\sum x_1x_2)^2} \quad \cdots\cdots [29.1]$$

$$= \frac{(34.5)(1.80) - (6.0)(19.0)}{(14.40)(34.5) - (6.0)^2} = \frac{-51.90}{460.8} = -.113$$

$$b_2 = \frac{(\sum x_1^2)(\sum x_2y) - (\sum x_1x_2)(\sum x_1y)}{(\sum x_1^2)(\sum x_2^2) - (\sum x_1x_2)^2} \quad \cdots\cdots [29.2]$$

$$= \frac{(14.40)(19.0) - (6.0)(1.80)}{(14.40)(34.5) - (6.0)^2} = \frac{262.80}{460.80} = .570$$

$$a = \overline{Y} - b_1\overline{X_1} - b_2\overline{X_2} \quad \cdots\cdots [29.3]$$

$= 4.20-(-.1126)(3.6)-(.5703)(4.5) = 2.039$

$Y' = 2.039 - .113X_1 + .570X_2$

절대값에 의해 편차 점수들의 크기를 비교해보면, | Y - Y' | e(9)가 가장 작아서 | -.010 | 이며, 가장 큰 오차값을 갖는 경우는 e(3)이 | -1.870 | 이다.

$$\sum y^2 = \sum Y^2 - \frac{(\sum Y)^2}{N} = 198 - \frac{(42)^2}{10} = 21.60$$

$$\sum x_1^2 = 14.40, \quad \sum x_2^2 = \ 34.5$$

$$\sum x_1 y = \sum X_1 Y - \frac{(\sum X_1)(\sum Y)}{n} = 153 - \frac{(36)(42)}{10} = 1.80$$

$$\sum x_2 y = \ 19.0 \qquad \sum x_1 x_2 = \sum X_1 \sum X_2 - \frac{(\sum X_1)(\sum X_2)}{n} \quad \sum x_1 x_2 = \ 6.0$$

$$S_y = \sqrt{\frac{\sum y^2}{n-1}} = \sqrt{\frac{21.6}{9}} = 1.549$$

$$S_{x_1} = \sqrt{\frac{\sum x_1^2}{n-1}} = \sqrt{\frac{14.4}{9}} = 1.265 \quad S_{x_2} = \ 1.958$$

$$r_{xy} = \frac{n\sum XY - (\sum X)(\sum Y)}{\sqrt{n\sum X^2 - (\sum X^2)}\sqrt{n\sum Y^2 - (\sum Y)^2}} = \frac{\sum xy}{\sqrt{\sum x^2 \sum y^2}} = \frac{CoV_{xy}}{\sqrt{V_x V_y}}$$

$$r_{x_1 y} = \frac{(10)(153) - (36)(42)}{\sqrt{10(144) - (36)^2}\sqrt{10(198) - (42)^2}} = \frac{18}{176.3633} = .102$$

$$r_{x_2 y} = \ .696 \quad r_{x_1 x_2} = \ .269$$

<표 29-2> 편차 자승화, 교차적, 상관계수 및 표준편차

| | $y$ | $x_1$ | $x_2$ |
|---|---|---|---|
| $y$ | 21.60($\sum y^2$) | 1.800($\sum x_1 y$) | 19.00($\sum x_2 y$) |
| $x_1$ | .1021($r_{x_1 y}$) | 14.40($\sum x_1^2$) | 6.00($\sum x_1 x_2$) |
| $x_2$ | .6960($r_{x_2 y}$) | .2690($r_{x_1 x_2}$) | 34.50($\sum x_2^2$) |
| $s$ | 1.5492 | 1.2649 | 1.9579 |

## 1) 계산의 논리

(a) 회귀방정식, $Y' = a + b_1 X_1 + b_2 X_2$ 에서, 항수($a$, $b_1$, $b_2$)를 계산함으로써 독립변수(X)를 이용하여 Y의 예언점수, $Y'$를 구한다.

(b) 설명되는 분산의 비율, $R^2_{y\cdot 12}$를 알고 싶다. 종속변수(성취도 변수)의 얼마만한 정도의 분산이 독립변수인 어휘력 및 동기유발 변수의 회귀에 기인한 것인지를 알고 싶다.

(c) 독립변수에 대한 종속변수의 회귀가 통계적으로 유의미한지의 여부 또는 회귀방정식의 회귀계수인 b가 영과는 통계적으로 의의 있게 다른지의 여부를 검정한다.
(d) 종속변수 Y를 설명하는데 다른 독립변수들의 상대적인 중요성을 결정하려 한다.

회귀자승화의 공식,

$SS_{reg} = b_1 \sum x_1 y + b_2 \sum x_2 y \cdots\cdots + b_k \sum x_k\ y,$

여기에서, K = 독립변수의 종류(수); $b_k$ = 각 독립변수의 회귀계수

$\sum x_k y$ = 독립변수와 종속변수의 편차교적화이다.

$$SS_{reg} = b_1 \sum x_1 y + \ b_2 \sum x_2 y \qquad [29.4]$$

$$SS_{reg} = (-.1126)(1.80) + (.5703)(19.0) = \ 10.633$$

$$SS_{res} = \sum y^2 - \ SS_{reg} \qquad [29.5]$$

$$SS_{res} = 21.6 - \ 10.6330 = \ 10.967$$

## 2) 회귀비중치: b와 $\beta$

b는 표본 통계치, $\beta$는 모집단치를 상징하기도 하지만, 다른 한편 b는 비표준화된 회귀계수를, $\beta$는 표준화된 회귀계수를 뜻하는 것으로 사용된다. 원점수가 이용될 때는 b가 계산되며, 회귀 방정식에서 원점수 X에 적용된다. 그러나, 종속변수(Y)와 독립변수(X)의 점수를 표준화하려 한다면, $\beta$가 계산되며, 회귀 방정식에서 표준점수에 적용된다.

단순회귀선에서, 표준점수가 사용된 회귀선은:

$$Z_y' = \beta Z_x \qquad [29.6]$$

$Z_y'$ = 종속변수(Y)의 예언된 표준점수; $\beta$ = 표준화된 회귀계수; $Z_x$ = 독립변수(X)의 표준점수이다. b의 원리와 동일하게, $\beta$도 독립변수(X)의 단위변화와 관련된 Y의 기대된 변화정도라 해석된다. 그런데 Z 점수의 표준편차가 1.00, 즉 X의 단위변화이므로, X가 표준화되는 것은 곧 X에 있어서 1.00 표준편차의 변화를 뜻한다. 독립변수가 하나인 경우에 $\beta$와 b를 계산하는 공식:

$$\beta = \frac{\sum Z_x Z_y}{\sum Z_x^2}, \ \ b = \frac{\sum xy}{\sum x^2}$$

$\beta$공식과 b공식을 비교해보면, $\beta$에서는 표준점수의 교적화와 자승화가 사용되고 있으며, b에서는 편차점수의 교적화와 자승화가 사용되고 있다. 또한 $\beta$와 b를 아래처럼 구하기도 한다.

$$\beta = b\frac{S_x}{S_y} \text{ 이고, } b = \beta\frac{S_y}{S_x} \quad \cdots\cdots [29.7]$$

$S_x$와 $S_y$는 각각 독립변수(X)와 종속변수(Y)의 표준편차이다.

$\beta$와 $r_{xy}$의 관계를 살펴보자.

$$\beta = b\frac{S_x}{S_y} = \frac{\sum xy}{\sum x^2}\cdot\frac{\frac{\sqrt{\sum x_2}}{\sqrt{n-1}}}{\frac{\sqrt{\sum y^2}}{\sqrt{n-1}}} = \frac{\sum xy}{\sum x^2}\left(\frac{\sqrt{\sum x^2}}{n-1} / \frac{\sqrt{\sum y^2}}{\sqrt{n-1}}\right)$$

$$= \frac{\sum xy}{\sum x^2}\times\frac{\sqrt{\sum x^2}}{\sqrt{n-1}}\times\frac{\sqrt{n-1}}{\sqrt{\sum y^2}} = \frac{\sum xy}{\sqrt{\sum x^2}\sqrt{\sum y^2}} = r_{xy}$$

주의할 사항은, 독립변수가 하나일 때는 $\beta = r_{xy}$이며, 표준점수를 사용할 때는 절편 $a$는 0이다. 표준화점수의 평균이 0이라는 것을 생각하면 그 이유는 명료해진다. 따라서,

$\alpha = \overline{Y} - \beta\overline{X} = 0 - \beta\ 0 = 0$

독립변수가 2개인 경우($X_1$과 $X_2$), 표준점수에 의한 회귀방정식 :

$Z_y' = \beta_1 Z_1 + \beta_2 Z_2$

$\beta_1$과 $\beta_2$는 각각 독립변수 $X_1$과 $X_2$의 표준화된 회귀계수이며, $Z_1$과 $Z_2$는 각각 $X_1$과 $X_2$의 표준점수이다. 두개의 독립변수를 갖는 회귀선의 $\beta$를 구하는 공식 :

$$\beta_1 = \frac{r_{y1} - r_{y2}\,r_{12}}{1 - r_{12}^2} \quad \cdots\cdots [29.8]$$

$$\beta_2 = \frac{r_{y2} - r_{y1}r_{12}}{1 - r_{12}^2} \quad \cdots\cdots [29.9]$$

독립변수들이 상호 독립적일 때($r_{1\,2} = 0$), $\beta_1 = r_{y\,1}$, $\beta_2 = r_{y\,2}$이다.

앞의 표에서, $r_{y\,1} = .102$, $r_{y\,2} = .696$, $r_{12} = .269$임을 밝혔다.

$$\beta_1 = \frac{.1021 - (.6960)(.2690)}{1 - (.2690)^2} = -.092 \quad \beta_2 = .721$$

그러면, 표준점수를 이용한 회귀방정식은 :

$$Z_y' = -.092\,Z_1 + .721\,Z_2$$

$\beta$를 알았으므로, 표준화되지 않는 회귀계수 b를 $b = \beta\frac{S_y}{S_x}$에 의해 구할 수 있다.

$S_x$, $S_y$는 X와 Y 각각의 표준편차이다.

$$S_y = 1.549,\ S_{x_1} = 1.264,\ S_{x_2} = 1.958$$

따라서, $b_1 = \beta_1 \dfrac{S_y}{S_{x_1}}$ ($S_{x_1}$는 $X_1$의 표준편차)

$= (-.0918)\dfrac{1.5492}{1.2649} = -.112 \quad b_2 = .570$

소수점 넷째 자리의 차이는 계산 과정상의 오차일 뿐이다.

### 3) 중다상관계수의 자승

중다회귀선의 가장 값진 통계치의 하나는 중다상관관계(R)의 회귀계수이며, $R^2$은 매우 유의미하다. $R^2$의 계산과정은 단순하며, 매우 유용하고 쉽게 해석될 수 있다.

$$R^2 = \frac{SS_{reg}}{\sum y^2} \qquad [29.10]$$

$R^2$은 독립변수들에 의해 설명되는 종속변수의 분산 비율이다.

$$R^2 = \frac{10.6330}{21.6000} = .492$$

국어 성적 분산의 49.23%가 어휘력과 성취동기유발에 의해 설명된다.

$R^2$을 구하는 다른 방법은 Y와 Y'의 적률상관계수의 자승이며 아래와 같다.

$$R_{y\cdot 12}^2 = r_{yy'}^2 = \frac{(\sum yy')^2}{\sum y^2 \sum y'^2}$$

$$\sum y'^2 = \sum Y'^2 - \frac{(\sum Y')^2}{n} = 10.633$$

$$\sum yy' = \sum YY' - \frac{(\sum Y)(\sum Y')}{n} = 10.633$$

$\sum y'^2$과 $\sum yy'$의 차이(.0002)는 반올림에 따른 오차 때문이다.

$$R^2_{y\cdot 12} = \frac{(10.6330)^2}{(21.6)(10.6328)} = .492 \quad R = .702$$

### 4) 중다상관계수자승의 계산

$R^2$을 계산하는 공식은 다양하다.

$$R^2_{y\cdot 12} = \beta_1 r_{y1} + \beta_2 r_{y2} \qquad [29.11]$$

앞의 자료를 보면, $R^2_{y\cdot12} = (-.0918)(.1021) + (.7207)(.6960) = .492$

또 다른 $R^2_{y\cdot12}$ 계산 공식 :

$$R^2_{y\cdot12} = \frac{r^2_{y1} + r^2_{y2} - 2\,r_{y1}\,r_{y2}\,r_{12}}{1 - r^2_{12}} \quad \cdots\cdots [29.12]$$

$$R^2_{y\cdot12} = \frac{(.1021)^2 + (.6960)^2 - 2(.1021)(.6960)(.2690)}{1-(.2690)^2} = .492$$

## 2 유의도 검정과 해석

### 1) R²의 유의도 검정

$$F = \frac{R^2/K}{(1-R^2)/(N-K-1)} \quad \cdots\cdots [29.13]$$

K와 N-K-1은 각각 자유도이며, K = 독립변수의 수, N = 표본수이다. 위의 자료에서 $R^2_{y\cdot12} = .4922,\ N=10,\ K=2,$ 따라서,

$$F = \frac{(.4922)/2}{(1-.4922)/(10-2-1)} = \frac{.2461}{.0725} = 3.395$$

자유도 2와 7인 경우, F표에서 $F^2_{7\ \alpha=.05} = 4.74.$

따라서 획득된 $R^2$의 F값은 영가설($R_2$=0)을 기각할 수가 없다.

$$F = \frac{SS_{reg}/df_{reg}}{SS_{res}/df_{res}} \quad \cdots\cdots [29.14]$$

$$= \frac{10.6330\ /\ 2}{10.967\ /\ 7} = 3.393$$

공식 [29.13]과 공식 [29.14]가 일치하는 것은 $SS_{reg} = R^2\sum y^2$과 $SS_{res} = (1-R^2)\sum y^2$에서도 볼 수 있다. 위에 제시된 자료의 분석 결과, $R^2_{y.12}$ = .492 이지만, 즉 국어 성취도 분산의 49.2%를 어휘력과 성취동기유발 변수가 설명해주지만, 통계적으로는 의의가 없는 것으로 밝혀졌다(p〉.05). 또한 회귀계수 $\beta_1(b_1)$과 $\beta_2(b_2)$가 영과는 의의 없는 차이라고 말할 수 있다(사례가 충분하면 의의가 있을 가능성을 찾을 수 있다).

## 2) 회귀계수의 유의도 검정

중다회귀 방정식에서 각 회귀계수(b)는 독립변수들의 단위변화에 관련된 종속변수의 기대되는 변화를 나타낸다. 이 때, 다른 독립변수들의 효과는 통제하거나 동일하게 지속적으로 유지시킨다. 따라서, 실제로 각 회귀계수는 부분적인 회귀계수다. 종속변수의 예언값을 회귀방정식의 독립변수와 관련하여 아래와 같이 간소화한다.

$Y' = a + b_{y1\cdot 2}X_1 + b_{y2\cdot 1}X_2$

$b_{y1\cdot 2}$와 $b_{y2\cdot 1}$은 부분적인 회귀계수이다. $b_{y1\cdot 2}$는 첫째 서열의 회귀계수이며, 순위는 지속적으로 유지하거나 분리해낸 변수들의 수를 의미한다.

중다회귀 분석에서 b는 각각 그와 관련된 표준오차에 의해 나눈 값이다. K개의 독립변수가 있을 때, $b_1$: 의 표준오차

$$S_{b_{y1\cdot 2\cdots k}} = \sqrt{\frac{S^2_{y\cdot 1,2\cdots\cdots k}}{\sum x_1^2(1-R^2_{1,2\cdots k})}} \quad \cdots\cdots [29.15]$$

$S_{b_{y1\cdot 2\cdots k}} = b_1$의 표준오차, $S^2_{y\cdot 1\cdot 2\cdots\cdots k}$ =추정치의 분산

$R^2_{1,2,\ldots k}$ = 독립변수 $X_1$과 독립변수 $X_2$부터 $X_k$까지와의 중다상관계수의 자승이다.

독립변수 수가 둘인 경우 각 b의 표준오차는,

$$S_{b_{y1\cdot 2}} = \sqrt{\frac{S^2_{y\cdot 12}}{\sum x_1^2(1-r^2_{12})}} \quad \cdots\cdots [29.16]$$

$$S_{b_{y2\cdot 1}} = \sqrt{\frac{S^2_{y\cdot 12}}{\sum x_2^2(1-r^2_{12})}} \quad \cdots\cdots [29.17]$$

b를 검정하는 것은 다른 독립변수들의 효과를 통제하는 가운데, b가 영과는 유의미하게 다른지의 여부를 밝히는 것이다. $R^2$이 통계적으로 유의미한 경우, 하나 또는 그 이상의 독립변수의 회귀계수가 유의미한 경우도 있지만, 유의미하지 않을 경우도 있을 수 있다. 그러나 각 회귀계수를 서로 분리하여 검정할 때, 어느 회귀계수도 유의미하지 않는 것으로 밝혀질 수 있는데, 독립변수들 상호상관계수가 높을 경우에 b의 표준오차가 커지기 때문이다. 통계적 유의도 검정을 위해서 $S^2_{y\cdot 12}$ 공식을 회상해본다.

$$S^2_{y\cdot 12} = \frac{SS_{res}}{N-K-1} \quad \cdots\cdots [29.18]$$

$S^2_{y\cdot 12}$=추정치 분산; $SS_{res}$=잔여(오차) 자승화; N=표본수; K=독립변수 수이다.

위의 자료에서, $SS_{res}$= 10.967

$$S^2_{y\cdot 12} = \frac{10.9670}{10-2-1} = 1.567$$

$\sum x_1^2$ = 14.40; $\sum x_2^2$ = 34.50; $b_1$ = -.1126; $b_2$ = .5703; $r_{12}$ = .269

$$S_{b_1} = \frac{\sqrt{S^2_{y\cdot 12}}}{\sqrt{\sum x_1^2(1-r^2_{12})}} = \frac{\sqrt{1.5667}}{\sqrt{14.40(1-.2690^2)}} = \frac{\sqrt{1.5667}}{\sqrt{13.3580}} = .343$$

$$t = \frac{b_1}{S_{b1}} = \frac{-.1126}{.3425} = -.329$$

$t_{crt}(\alpha=.05) = 1.895(df = n-K-1)$ $|t_{obt}| < t_{crt}$ 이므로 $b_1$은 유의미하지 않다.

$$S_{b_2} = \frac{\sqrt{S^2_{y\cdot 12}}}{\sqrt{\sum x_2^2(1-r^2_{12})}} = \frac{\sqrt{1.5667}}{\sqrt{34.50(1-.2690^2)}} = \frac{\sqrt{1.5667}}{\sqrt{32.0035}} = .221$$

$$t = \frac{.5703}{.2213} = 2.577 \quad (df = n-k-1), \quad t_{\alpha=.01} = 2.998$$

$$t_{\alpha=.05} = 1.895$$

$b_2$의 t 검정결과 $\alpha$=.05 수준에서 유의하다.

### 3) 설명되는 분산 비율의 증가정도 검정

중다회귀 분석에서, 주어진 변수 또는 한 묶음의 변수군에 의해 설명되는 분산의 증가가 통계적으로 유의미한지를 검정할 수 있다. 기본 원리만 소개하기로 한다. 설명되는 분산 비율의 증가 여부를 검정하는 공식은 아래와 같다.

$$F = \frac{(R^2_{y\cdot 12\cdots\cdots k_1} - R^2_{y\cdot 12\cdots k_2})/(K_1-K_2)}{(1-R^2_{y\cdot 12\cdots k_1})/(N-K_1-1)} \quad \cdots\cdots [29.19]$$

$R^2_{y\cdot 12\cdots\cdots k_1} = K_1$ 변수들에 대한 종속변수(Y)의 회귀(선)에서 중다상관계수의 자승; $R^2_{y\cdot 12\cdots\cdots k_2} = K_2$ 변수들에 대한 종속변수의 회귀 중다상관계수의 자승; $K_2$는 $K_1$수의 변수들 중에서 선정된 한 묶음의 변수들(규제된 모형이라고 칭함); N=표본수이다. F비는 분자에 대하여 $K_1 - K_2$의 자유도를, $N-K_1-1$의 분모 자유도이다.

회귀 자승화가 "전체자승화에 의해 곱해진 분산비율의 적"이라고 하면, 즉 $SS_{reg\,12\cdots k_1} = (R^2_{y\cdot 12\cdots k_1})\sum y^2$이라면 F검정은 이루어진 것이다. $X_2$에 의해 증가된 분산을 계산하면,

$$F = \frac{(R^2_{y\cdot 12} - R^2_{y\cdot 1})/(2-1)}{(1-R^2_{y\cdot 12})/(N-2-1)}, \quad N=10$$

$$r^2_{y1} = R^2_{y\cdot 1} = (.102)^2 = .010; \quad r^2_{y2} = R^2_{y\cdot 2} = (.696)^2 = .484$$

$X_1$에 의해 설명되어지는 Y의 분산은 1.04%이며, $X_2$에 의해 Y의 48.44%를 설명한다. $X_1$ 및 $X_2$ 변수가 함께($R^2_{y.12}=$) 49.22%를 설명한다.

$X_2$에 기인한 증가의 여부 검정은,

$$F = \frac{(.4922-.0104)/(2-1)}{(1-.4922)/(10-2-1)} = \frac{.4818}{.0725} = 6.646$$

이 때 자유도는 1과 7이며, 표의 $F_7$ $\alpha$=.05 = 5.59이다. $X_1$에 의해 설명되는 Y의 분산비는 1.04%에 불과 하지만(통계적 의의도 없다), $X_2$에 의해 설명되는 Y의 분산은 48.44%이며 통계적으로 의의가 있다.

이 검정과정에서 두 가지를 유의할 필요가 있다. 첫째, 단일 변수에 의해 설명되는 분산 비율의 증가를 검정하는 것은 그 변수의 회귀계수(b)의 검정과 동일하다. $b_1$ = -.1126, $b_2$ = .5703이며, $b_2$의 경우, t = 2.577 (df-7)로 $\alpha$=.05수준에서 의의 있다. 분자의 자유도가 1일 때, $t=\sqrt{F}$다. 둘째, 주어진 변수에 의해 설명되는 분산 비율의 증가는 그 자체가 설명하는 분산의 비율과 다를 수가 있는데, 그 차이는 방정식에서 그 변수가 다른 변수들과의 상관관계가 갖는 기능 때문이다.

## 3 변수들의 상대적 중요성

### 1) b와 $\beta$의 문제

b의 크기는 그 관련 변수를 측정할 때 사용되는 측정 척도에 의해 부분적으로 영향받는다. 예를 들면 체중을 측정할 때, 측정척도 단위를 kg으로 할 것인가 또는 pound로 하느냐에 따라 b의 의의도 검정에는 변화가 없다. 그러나 b의 크기에는 차이가 생긴다.

① 비교적 큰 b는 실질적으로 또는 통계적으로 의의가 없을 수도 있지만, 역으로 비교적 작은 b는 실질적으로 뿐만 아니라 통계적으로 의의가 있을 수도 있다.

② 중다회귀분석에서, 변수들의 상대적인 중요성을 결정하려고 할 때는, 상이한 독립변수들에 관련된 b의(크기)정도를 비교해서는 안된다. 앞의 자료의 예를 살펴보면, 어휘력 측정 척도와 성취동기 유발 정도의 측정척도가 다르므로, 단순히 b(회귀계수)만으로 그 영향 정도에 대한 비교를 삼가해야 한다.

### 2) 설명되는 분산비율의 증가

독립변수들이 서로 관계가 있을 때, 변수들에 의해 증가되는 분산비율은, 다른 많은 요소들 가운데, 회귀방정식 계산과정에 투입되는 관점에 달려있다. 모든 독립변수들 간에 정적인 상관관계가 있을 때에, 종속변수에 더 많은 영향을 미치는 변수부터 투입되는 경우(forward) 또는 그 역의 경우(backward)가 있을 수 있다.

### 3) 결과해석

① 중다회귀분석 결과를 해석할 때, 설명의 경우와 예언의 경우가 다르다. 종속변수에 독립변수가 미치는 영향을 분명히 검정할 수 있는 실험연구에서는 독립변수에 의해 종속변수의 변화가 일어나는 정도 등을 설명할 수 있다. 그러나 독립변수와 종속변수가 불분명할 때, 또는 하나의 변수에 의해 다른 변수를 예견할 수 있을 때는 "예언연구"가 된다.

② 중다상관계수의 자승값이 유의하다고 밝혀진 것은 종속변수(Y)와 「$X_1$과 $X_2$ 등 독립변수들의 선분 최소자승조합」의 관계가 우연히 일어날 가능성이 1% 또는 5% 미만이라는 뜻이다. 상관계수(R)의 자승($R^2$)은 관계의 정도를 말해준다. 앞에서 R=.702($R^2$=.492)임을 계산했다. $R^2$=.492는 종속변수(국어성적 : Y) 분산의 49% 정도가 $X_1$(어휘력)및 $X_2$(동기유발변수)의 조합(선형조합)에 의해 설명될 수 있다($R^2$은 결정계수이다).

③ Y에 대한 두 독립변수들의 공헌도의 비중(상대적인 공헌정도)의 의미를 알아본다.

회귀계수(b's)는 중다회귀분석에서 결코 간단한 것이 아니다. 단순회귀계수를 생각해보자. Y = 6 + .75X라고 한다면, X가 1정도 변함에 따라 Y는 .75변한다고 볼 수 있다. 그러나 독립변수가 두 개 이상의 중다회귀선일 경우는 다르다. 일반적으로, $X_1$과 $X_2$값의 척도가 1에서 9까지 이루어짐에 따라, Y(종속변수)를 예언하는데 있어서, 상이한 변수들의 상대적인 중요성을 거칠게나마 보여주는 가중치, b(회귀계수)가 성립되게 된다. 회귀방정식, Y′ = 2.0390 - .1126$X_1$ + .5703$X_2$에서 $X_2$(성취동기유발 변수)는 $X_1$(어휘력 변수)보다 좀 더 큰 비중으로 성취도에 관계된다.

### 4) $b_2$의 계산 · 분석 · 해석

회귀방정식에 $X_2$를 첨가함으로써 Y의 예언에 의의 있게 부가되는가? 위의 연구문제에 관련하여 진술해보면 $X_2$, 즉 가정의 과정변수를 첨가함으로써 성취도 예언의 정확성을 얼마나 높일 수 있는가? 독립변수들을 첨가하는 주된 목적은 예언의 정확도를 증가시키는 데 있다.

$$b_2 = \frac{\sum x_2 y}{\sum x^2} = \frac{19.0}{34.5} = .551 \qquad SS_{reg\,2} = \frac{(\sum x_2 y)^2}{\sum x_2^2} = 10.464$$

$$SS_{res} = \sum y_t^2 - SS_{reg} = 21.6 - 10.4688 = 11.136$$

$$R^2_{y \cdot 2} = \frac{SS_{reg}}{SS_t} = \frac{10.4638}{21.6} = .484 \quad R_{y \cdot 2} = \sqrt{R^2_{y \cdot 2}} = .696$$

$$F = \frac{R^2_{y \cdot 2}/K}{(1 - R^2_{y \cdot 2})/N - K - 1} = \frac{.4844/1}{(1 - .4844)/(10 - 1 - 1)} = 7.52$$

$$F = \frac{SS_{reg}/df_{reg}}{SS_{res}/df_{res}} = \frac{10.4638/1}{11.1362/8} \fallingdotseq 7.517 \; > \; F_{\alpha = .05} = 5.32$$

F비는 .05수준에서 유의하다. 따라서 $X_2$에 대한 Y의 회귀계수는 통계적으로 유의미하다. $R^2_{y.2}$=.484이므로 $X_2$(동기유발변수)에 의해 국어성적(Y)의 48%가 결정된다. $X_2$와 Y와의 단순 상관관계는 .696 ($r = Cov_{xy}/V_x V_y$)이며, $R^2_{y.2}$=.484이다.

일반적으로 두 변수 간 상관관계와 두 변수 간의 회귀계수는 중다상관관계와 중다회귀계수의 특수한 예다. 그러나 $r_{y.1}$ = .102 ($r^2_{y.1}$ = .010)로 매우 낮으며, 통계적으로 의의가 없었다. 그러면 $R^2_{y.12}$ = .492 (R=.702)로 약간 높아졌으나, $X_1$의 기여도가 낮기 때문에 $R^2_{y.2}$과 큰 차이가 나지 않는다. 따라서 중다회귀분석을 할 때, 예언(독립)변수의 선정이 중요함을 일깨워준다.

## 4 회귀계수의 분산분석

Y를 예언할 때, $X_1$과 $X_2$를 각각 독립적으로 사용하여 단순 회귀방정식을 계산하고, $X_1$과 $X_2$를 선형결합(조합)하여 Y의 예언 공식을 사용해서 실제적인 예언 방정식을 구할 수 있다.

먼저, $X_1$과 Y의 단순 회귀방정식 과정을 생각해보자.

$Y_1{}' = a + b_1 X_1$ (여기에서 $a = \overline{Y} - b_1 \overline{X_1}$; $b_1 = \sum x_1 y / \sum x_1^2$)

그러면, $a$ = 4.2 - (.125)(3.6) = 3.75; b1 = 1.8 / 14.4 = .125.

따라서 $Y_1{}' = 3.75 + .125X_1$

둘째, $X_2$와 Y와의 예언 방정식은;

$Y_2{}' = a + b_2X_2$ (여기에서 $a = \overline{Y} - b_2\overline{X_2}$; $b_2 = \sum x_2y / \sum x_2^2$)

그러면, $a$ = 4.2 - (.5507)(4.5) = 1.722; b2 = 19.0 / 34.5 = .551

따라서 $Y_2{}' = 1.722 + .5507X_2$

셋째, $Y_{12}{}' = 2.0390 - .1126X_1 + .5703X_2$

중다회귀분석을 통해서 이루어진 대부분의 추론은 단순 선형 회귀분석에서 사용되는 절차의 확장일 뿐이다. F검정을 실시하여 예언 선분으로서의 중다 회귀방정식의 유용성을 검정할 수 있다. 또한 $\sigma^2$을 추정하기 위하여 오차평균자승(MSE: Mean Square of Error)을 사용할 수 있다. 신뢰구간 및 예언구간을 결정할 수 있고, 오차(잔여)산포도에 의해 가정을 검정할 수도 있다.

이들 목표들을 달성하기 위하여 반응변수의 전체자승화($SS_{tot}$ : Total Sum of Squares)를 회귀에 의한 자승화(SS : Sum of Squares due to Regression)와 오차에 의한 자승화(SS: Sum of Squares due to Error)로 분리할 수 있다.

$$SS_{tot} = \sum(Y - \overline{Y})^2 \qquad SS_{reg} = \sum(Y' - \overline{Y})^2$$

$$SS_{res} = \sum(Y - Y')^2$$

단순회귀분석(분산분석을 포함함)의 경우와 동일한 원리에 의해 전체 자승화($SS_{tot}$)의 자유도는 n-1이고, 회귀자승화($SS_{reg}$)의 자유도는 k(독립변수의 갯수), 오차자승화($SS_{res}$)의 자유도는 n-k-1이다. 원점수와 항수(a 또는 Y의 절편) 및 회귀계수($b_k$)를 활용하여 이들 전체자승화, 회귀자승화 및 오차자승화의 계산절차를 살펴보자.

$$SS_{tot} = \sum Y^2 - \frac{(\sum Y)^2}{N}$$

$$SS_{reg} = a\sum Y + b_1\sum X_1Y + b_2\sum X_2Y + \cdots + b_k\sum X_kY - \frac{(\sum Y)^2}{n}$$

$$SS_{res} = SS_t - SS_{reg}$$

$$= \sum Y^2 - a\sum Y - b_1\sum X_1Y - b_2\sum X_2Y - \cdots - b_k\sum X_kY$$

평균자승은 회귀평균자승(MSR)과 잔여평균자승(MSE)으로서 다음의 표에 있다. 예언변수(독립변수)들 중 최소한 하나와 반응변수(종속변수)간의 관련성이 있는지의 여부에 대한 가설을 검정하기 위하여 F 검정법을 적용한다. 관련성에 관련된 가설은 $\beta_j$ $(j > 0)$들중 최소한 하나가 영(0)과는 다르다는 진술이다. 만약 모든 $\beta_j$가 영이라면 예언(독립)변수들의 변화가 종속변수에 영향을 미치지 않는다는 뜻이다.

중다회귀의 ANOVA표

| 분산원 | df | SS | MS | F |
|---|---|---|---|---|
| 회귀 | k | $SS_{reg}$ | $SS_{reg}\ /\ k$ | MSR / MSE |
| 잔여 | n-k-1 | $SS_{res}$ | $SS_{res}/(n-k-1)$ | |

이 F검정을 전반적인 F검정이라고 하는데, 각 $\beta_j$가 영이라는 가설을 동시에 검정하기 때문이다.

회귀방정식 $Y' = a + b_1X_1 + b_2X_2 + \cdots + b_kX_k$가 있을 때, 아래처럼 영가설, 상대가설 및 의사결정 준거가 정립된다.

$H_o : b_1 = b_2 = b_3 = \cdots = b_k = 0$

$H_a$ : 모든 b가 영은 아니다(어느 한 b라도 영이 아니다).

의사결정: $F_{obt}\ >\ F_{\alpha}\{k,\ n-k-1\}$ 이면 영가설이 기각된다.

**| 예제 |** <표 29-1>의 자료를 이용하여, 독립변수가 $X_1$하나인 경우, $X_2$인 경우, 그리고 $X_1$과 $X_2$ 두 개인 경우 회귀 오차자승 합 및 평균자승을 구하고 F를 구하시오.

① $X_1$과 $Y$간 단순회귀분석 과정

$$a = \overline{Y} - b\overline{X}$$

$$b = \frac{\sum(X-\overline{X})(Y-\overline{Y})}{\sum(X-\overline{X})^2} = \frac{\sum xy}{\sum x^2}$$

$$\sum xy = \sum XY - \frac{(\sum X)(\sum Y)}{N} = 1.80$$

$$\sum x^2 = \sum X^2 - \frac{(\sum X)^2}{n} = 14.4$$

$$b = \frac{1.80}{14.4} = .125,\quad \overline{Y} = 4.2,\quad \overline{X} = 3.6$$

$$a = 4.2 - (.125)(3.6) = 3.75$$

$$SS_{reg} = a\sum Y + b\sum XY - \frac{(\sum Y)^2}{N} = .225$$

$$SS_{res} = \sum Y^2 - a\sum Y - b\sum XY = 21.375$$

② $X_2$와 $Y$간의 단순회귀

$$\sum xy = 208 - \frac{(45 \times 42)}{10} = 19.0$$

$$\sum x^2 = 237 - \frac{(45)^2}{10} = 34.5$$

$$b = \frac{19.0}{34.5} = .5507 \qquad a = 4.2 - (.5507)(4.5) = 1.722$$

$$SS_{reg} = (1.722)(42) + (.5507)(208) - \frac{(42)^2}{10} = 10.470$$

$$SS_{res} = 198 - (1.722)(42) - (.5507)(208) = 11.130$$

③ $X_1$ 및 $X_2$와 $Y$간의 중다회귀분석

$$a = \overline{Y} - b_1\overline{X_1} - b_2\overline{X_2} = 2.039$$

$$b_1 = -.1126 \qquad b_2 = .5703$$

$$SS_{tot} = \sum(Y - \overline{Y})^2 = \sum Y^2 - \frac{(\sum Y)^2}{N} = 21.6$$

$$SS_{reg} = \sum(Y' - \overline{Y})^2$$

$$= a\sum Y + b_1\sum X_1 Y + b_2\sum X_2 Y + \cdots + b_k\sum X_k Y - \frac{(\sum Y)^2}{N}$$

$$SS_{res} = \sum(Y - Y')^2$$

$$= \sum Y^2 - a\sum Y - b_1\sum X_1 Y - b_2\sum X_2 Y - \cdots - b_k\sum X_k Y$$

$$SS_{reg} = 10.633 \quad SS_{res} = 10.967$$

이 결과를 〈표 29-3〉와 〈표 29-4〉에 제시했다. 〈표 29-4〉에서, 영가설($b_1 = b_2 = 0$)을 설정하기 위하여 F=3.393을 계산하였다. $F_{.05}\{2, 7\} = 4.74$이다. 따라서 $X_1$과 $X_2$에 의해 $Y$를 결정하는 중다결정계수는 통계적으로 유의미하지 않는 것으로 밝혀졌다.

<표 29-3> $X_1$, $X_2$ 및 $X_1X_2$ 회귀분석(의 잔여화에 있어서) 전체자승화와 감소량

| X | $SS_y$ | $SS_{reg}$ | $SS_{res}$ | 감소량 |
|---|---|---|---|---|
| 1 | 21.6 | .225 | 21.375 | |
| 2 | 21.6 | 10.463 | 11.137 | |
| 1+2 | 21.6 | 10.633 | 10.967 | $SS_{res1} - SS_{res1\times2} = 10.408$ |
| | | | | $SS_{res2} - SS_{res1\times2} = .170$ |

<표 29-4> 분산분석표

| 분산원 | SS | df | Ms | F | p | $R^2(SS_{reg}/\sum y^2)$ |
|---|---|---|---|---|---|---|
| $X_1X_2$ | 10.633 | 2 | 5.317 | 3.393 | NS | .492 |
| 오차 | 10.967 | 7 | 1.567 | | | |
| $X_1$ | .225 | 1 | .225 | | | |
| 오차 | 21.375 | 8 | 2.672 | | | |
| $X_2$ | 10.463 | 1 | 10.463 | 7.516 | .05 | .484 |
| 오차 | 11.137 | 8 | 1.392 | | | |
| 전체 | 21.6 | 9 | | | | |

위에서 Y와 별개의 독립변수 및 선형조합($X_1X_2$)의 회귀분석을 함으로써, 내자승화(또는 잔여자승화 또는 편차 자승화)가 줄어지고, 회귀 자승화(간자승화, 집단자승화)가 증가하는 것을 볼 수 있다. 즉 Y와 $X_1$과의 회귀(단순)분석시에는 잔여자승화가 21.375이고, Y와 $X_2$와 단순 회귀분석에서 11.137이었다. 그러나 $X_1$과 $X_2$를 동시에 선형조합적으로 Y에 관련시킬 때 잔여자승화는 10.967로 줄어졌다. 또한, 회귀자승화는, Y와 $X_1$과는 .225로, Y와 $X_2$와의 관계일 때는 10.467로, 그리고 Y와 $X_1X_2$와는 10.633으로 증가되는 현상을 볼 수 있다. 이것은 Y를 예언(설명)하기 위해서는 $X_1$과 $X_2$가 선형조합되어 사용될 때 오차가 가장 적으며, 다음으로 어느 한 독립변수만을 사용해야 할 때에는 $X_2$보다는 $X_1$이 보다 예언(설명)오차가 크다는 것을 말해준다. 여기에서는 단지 종속변수(Y)를 예언 또는 설명하기 위하여 오직 $X_1$과 $X_2$의 두 개만 독립변수로 사용했기 때문에 오차 자승화가 비교적 크다.

종속변수를 예언(설명)하기 위하여 필요한 독립변수를 찾는 방법으로: a. 관련된 분야의 선행연구 결과를 철저히 분석한다. b. 필요에 따라 조사(검사)결과에 의해 입증과정을 되풀이하여 수행한다. c. 실험과정을 통하여 자료를 분석한다. d. 전문가의 의견과 평을 비판적으로 수용한다. e. 독립변수와 독립변수의 관계가 낮거나 없으면서, 각 독립변수와 종속변수와의 상관관계가 높은 변수를 선정한다.

## 5 중다회귀분석의 기본 가정

① 회귀분석에서는, 종속변수 점수가 독립변수의 각 값에 대하여 정상적으로 분포되어 있다고 가정한다. 그러나 X 독립변수에 대한 정상분포의 가정은 없다. 이 가정은 결과의 통계적인 의의도 검정에 필요하다. F검정의 타당도는 종속변수 점수가 전집치로는 정상적으로 분포된다는 가정에 따라 좌우된다. 이 가정은 표본통계치로 모수치를 추론할 때 필요하다.

② Y점수들은 각 X점수 지점에서 동분산성을 유지해야 한다. 그렇게 되면, Y점수들은 각 X점수에 대하여 정상적으로 분포되고, 동분산성을 갖는 것으로 가정된다.

$$Y = a + b_1X_1 + b_2X_2 + \ldots\ldots + b_KX_K + e$$

e = 오차 또는 잔여이며, 이들 오차들은 무선적이며, 각 X 지점에서 동분산성을 가지고 정상적으로 분포된다고 가정된다.

## 6 구체화오류

검정될 모형을 구체화할 때, 또는 모형기저에 함축되어 있는 가정이 위배될 때 발생하는 오류를 의미한다. 모형이 이론적 조회체제에 근거하지 않을 때 발생하기도 한다. 즉 구체화된 모형이 현실(실제)을 바르지 않게 표현하면, 그 결과는 구체화의 오류로 귀결된다. 여기에서는 이 구체화 오류 개념을 좀 더 체계화하고, 하나의 관련된 독립변수가 생략되었을 때 회귀선(기울기) 모변수 추정에 생기는 문제를 설명하려고 한다. 물론 관련되지 않는 예언변수가 모형에 포함될 때의 문제도 밝힐 것이다. 아래의 모형이 바르다고 가정한다.

$$Y = a + b_1X_1 + b_2X_2 + e \quad \text{[29.20]}$$

실제로는 다음의 모형을 사용한다.

$$Y = a + b_1X_1 + e' \quad \text{[29.21]}$$

원점수를 이용한 회귀계수($b_1$)를 구한다.

$$b_1 = \frac{\Sigma X_1Y - \frac{\Sigma X_1 \Sigma Y}{n}}{\Sigma X_1^2 - \frac{(\Sigma X_1)^2}{n}} \quad \text{[29.22]}$$

만약 바른 모형이 $X_2$를 포함한다면 아래와 같을 것이다.

$$E(b_1) = b_1 + b_2 \frac{\sum X_1 X_2 - \frac{\sum X_1 \sum X_2}{n}}{\sum X_1^2 - \frac{(\sum X_1)^2}{n}} = b_1 + b_2 C_1$$

$$C_1 = \frac{\sum X_1 X_2 - \frac{\sum X_1 \sum X_2}{n}}{\sum X_1^2 - \frac{(\sum X_1)^2}{n}}$$

$C_1$은 $X_1$함수로서 $X_2$의 단순회귀분석 기울기 계수이다.

$\widehat{X_2} = C_0 + C_1 X_1$

만약, $X_2$가 문제라면, $\beta_2$는 0(영)이 아니다. 그리고, $C_1 \neq 0$이 되는 바, 그렇지 않으면 $X_1$과 $X_2$간의 단순상관은 꼭 영이 된다. 따라서, 모형으로부터 $X_2$를 잘못 생략 또는 제거한다면, 추정치 $b_1$(단순회귀로부터)은 왜곡된 것이 된다.

회귀분석 기저의 가정을 따르면, 모형에 포함되지 않는 변수와 오차라고 규정된 변수는 모형에 포함되는 변수와 상관성이 없다. 이러한 상태에서는, 모형에 있는 변수들에 내한 회귀계수의 추정은 왜곡되지 않는다.

$$b_{y1} = b_{y1\cdot 2} + b_{y2\cdot 1} b_{21} \quad \text{[29.23]}$$

이 공식에서 $b_{y1}$은 단지 $X_1$에 대한 회귀된 Y로부터 획득된 회귀계수이고, $b_{y1\cdot 2}$와 $b_{y2\cdot 1}$은 $X_1$과 $X_2$에 대한 Y의 회귀로부터 획득된 부분회귀 계수들이다($b_{y1\cdot 2}$는 y와 $X_1$로부터 $X_2$의 효과를 제외하고 난 후에 계산된 y와 $X_1$과의 회귀계수). 또, $b_{21}$은 $X_1$에 회귀하는 $X_2$의 회귀계수이다.

$$b_{21} = r_{21}(S_2 \div S_1) \quad \text{[29.24]}$$

이 공식에서 $r_{21}$은 $X_1$과 $X_2$의 상관관계, $S_2$와 $S_1$은 $X_2$와 $X_1$의 표준편차이다. 위의 두 공식을 대입하면,

$$b_{y1} = b_{y1\cdot 2} + b_{y2\cdot 1} r_{21}(S_2 \div S_1) \quad \text{[29.25]}$$

이제, $b_{y1}$ 추정과정에 개재하는 왜곡의 근원은 $r_{21}$이라는 사실이 밝혀졌다. $r_{21}$이 영이라면 $b_{y1}$은 왜곡되지 않는다. $X_2$가 $X_1$과 상관성이 있음에도 불구하고. 모형에서 생략된다면, 그 모형이 왜곡되는 정도와 방향은 $r_{21}$ 및 $b_{y2\cdot 1}$의 정도와 부호함수이다.

<표 29-5> Y와 X변수들의 기본 자료

| | Y | $X_1$ | $X_2$ | $X_3$ |
|---|---|---|---|---|
| | 1 | 2 | 1 | 3 |
| | 2 | 3 | 3 | 6 |
| | 3 | 4 | 5 | 6 |
| | 4 | 3 | 2 | 2 |
| | 5 | 6 | 5 | 3 |
| Σ | 15 | 18 | 16 | 20 |
| M | 3.0 | 3.6 | 3.2 | 4.0 |
| S | 1.58 | 1.52 | 1.79 | 1.87 |

<표 29-6> 각 변수 간 상관관계계수 행렬

| | Y | $X_1$ | $X_2$ | $X_3$ |
|---|---|---|---|---|
| Y | 1.0 | .843 | .619 | -.338 |
| $X_1$ | | 1.0 | .866 | 0 |
| $X_2$ | | | 1.0 | .448 |
| $X_3$ | | | | 1.0 |

연구자는 $X_2$ 변수를 생략하고 $Y = a + b_1X_1 + e$의 회귀선분 모형을 채택했다고 보자. $b_{y1}$과 $b_{21}$을 위에 제시된 공식에 의해 계산한다.

$b_{y1} = r_{y1}(S_y \div S_1) = .834(1.58 \div 1.52) = .867$

$b_{21} = r_{21}(S_2 \div S_1) = .866(1.79 \div 1.52) = 1.020$

공식 [29.7]과 [29.8] 및 [29.9]에 의해 $b_{y1\cdot 2}$와 $b_{y2\cdot 1}$을 계산한다.

$$b_{y1\cdot 2} = \frac{r_{y1} - r_{y2}r_{12}}{1 - r_{12}^2}\left(\frac{s_y}{s_1}\right) = \frac{.834 - (.619)(.866)}{1 - (.866)^2}\left(\frac{1.58}{1.52}\right) = 1.239$$

$$b_{y2\cdot 1} = \frac{r_{y2} - r_{y1}r_{12}}{1 - r_{12}^2}\left(\frac{s_y}{s_1}\right) = \frac{.619 - (.834)(.866)}{1 - (.866)^2}\left(\frac{1.58}{1.79}\right) = -.364$$

적합한 모형공식 [29.20] 대신 부적합한 모형 방정식 [29.21]을 적용했기 때문에 $X_1$의 회귀계수 추정은 1.239로부터 .867로 잘못 계산된 것이다.

앞에서 계산된 자료들을 공식 [29.23]에 대입하면 :

$b_{y1}$ = 1.239 + (-.364)(1.020) = .868

$X_1$에 대한 Y의 회귀를 탐색하는데, 이번에는 $X_3$ 변수가 생략되는 경우이다.

$b_{y1} = .868$

$$b_{31} = r_{31}\frac{s_3}{s_1} = .00\left(\frac{1.87}{1.52}\right) = 0.00$$

$$b_{y1\cdot 3} = \frac{r_{y1} - r_{y3}r_{13}}{1 - r_{13}^2}\left(\frac{s_y}{s_1}\right) = \frac{.843 - (.-338)(0)}{1-(0)}\left(\frac{1.58}{1.52}\right) = .867$$

$$b_{y3\cdot 1} = \frac{r_{y3} - r_{y1}r_{13}}{1 - r_{13}^2}\left(\frac{s_y}{s_3}\right) = \frac{(-.338) - (.834)(0)}{1-(0)}\left(\frac{1.58}{1.87}\right) = -.286$$

$b_{y1}$의 추정치는 왜곡되지 않는 것이 명백하다. 공식 [29.23]을 적용하면,

$b_{y1} = .868 + (-.286)(0) = .868$ ($r_{31}$이 0이기 때문이다.)

생략된 변수가 모형에 포함된 변수와 상관관계가 없을 때, 추정의 왜곡이 없다고 해서, 상관관계가 없는 그 변수를 생략하는 것은 성급하다. 방정식에 포함된 변수들의 표준오차들이 상승하는 방향으로 왜곡되고, 통계적 의의도의 민감성을 감소시키며, 그 신뢰구간을 증가시키게 된다. 이러한 현상은 생략된 변수들이 오차로 취급되기 때문이며, 측정의 표준오차를 증가시키게 되고, b의 표준오차가 증가하게 된다.

〈표 29.5〉와 〈표 29.6〉의 자료에서, Y, $X_1$ 및 $X_3$ 변수의 적용을 통해서 생략된 변수와 b의 표준오차 및 b의 신뢰구간 정도변화 등을 예시할 수 있다. $X_1$과 $X_3$과의 상관관계가 영이므로, $X_1$의 회귀계수는, Y가 $X_1$ 하나에만 회귀되든 $X_1$과 $X_3$에 회귀되든 관계없이 동일하다.

$$b_{y1} = b_{y1\cdot 3} = .867$$

Y가 $X_1$ 하나에만 회귀될 때의 회귀계수 표준오차는, Y가 $X_1$과 $X_3$ 두 변수에 대하여 회귀될 때의 회귀계수 표준오차보다 더 증가하게 되어, 독립변수가 하나일 경우보다 독립변수가 둘 일 경우의 F 또는 t값이 증가하게 되어서(설사 $X_1$과 $X_3$이 상관관계가 없더라도), 통계적 유의성 확률이 높아질 수 있다.

이제, 모형에 관련성이 없는 변수를 포함시켰다고 하자.

$Y = \alpha + \beta_1 X_1 + \varepsilon_i$가 바른 모형이다.

그런데, 실제로 아래와 같이 모형을 사용한다고 하자.

$Y = \alpha + \beta_1 X_1 + \beta_2 X_2 + \varepsilon_i$

중다회귀원리에 기초하여, 편차점수를 사용하여 $b_1$을 [29.1]의 공식(아래 공식)처럼 계산한다.

$$b_1 = \frac{(\sum x_1 y)(\sum x_2^2) - (\sum x_1 x_2)(\sum x_2 y)}{(\sum x_1^2)(\sum x_2^2) - (\sum x_1 x_2)^2}$$

바른 모형이 $X_2$ 변수를 포함하지 않아야 한다면, $X_1$에 대한 기울기 기대값은 관계있는

모수와 동일할 것이다. 즉 $E(b_{1)} = \beta_1$이다. 그러므로 $\beta_1$의 기대값은 여전히, 설사 그 모형에 불필요한 예언변수들이 포함되더라도, 왜곡되지 않는다. 그러나, 중다회귀는 최소한의 분산추정치를 제공하지 않지만, 단순회귀에서 생성된 추정치는 최소한의 분산추정치이다. 그럼에도 불구하고, 불필요한 변수를 포함시키는 경우가 필요한 변수를 빠뜨리는 모형의 경우보다 더 낫다. 물론, $X_2$가 관련이 없다면, $b_2$의 기대값은 영(0)이 된다. 따라서, $X_2$의 기울기 계수에 대한 t비는 줄어진다. $X_2$가 진정으로 관련성이 없다면, 그 의의 있는 t비 때문에 방정식에서 그 변수를 제외시켜 마땅하다.

구체화 오류의 종류를 정리면, 첫째, 모형(방정식)에서 필요한(관계된) 변수가 포함되지 않을 때. 둘째, 모형(방정식)에 관계없는 변수를 포함시켰을 때. 방정식에 관계없는 변수를 포함시킬 때 생기는 현상을 두 가지로 요약해볼 수 있다. ① 회귀계수의 추정치는 왜곡되지 않지만, 자유도가 줄어지고, 그에 따라 추정의 표준오차가 증가하게 된다. ② 그 무관한 변수가 다른 관련성이 있는 변수와 상관관계가 어느 정도냐에 따라, 그 관련성 있는 변수의 회귀계수의 표준오차가, 그 무관한 변수가 제외되는 경우의 표준오차보다 증가할 수도 있다. 따라서 관련변수들의 회귀계수에 대한 통계적 유의도 검정의 효율성을 저하시킬 수도 있다. 셋째, 실제로는 곡선적 (예를 들면 3차식이나 4차식 등) 모형을 선분적인 회귀모형으로 사용할 때 오류가 생긴다.

## 7 최선 모형 결정

독립변수들에 의해 종속변수를 예언하는 회귀분석에서는 많은 회귀모형이 가능하다. K개의 독립(예언)변수들이 있다면, 각 예언변수는 두 가지의 가능성, 즉 모형에 포함되거나 모형에서 제외되는 현상을 들 수 있다. 각 예언변수들일 경우, $2^k$ 경우의 수이다. 모든 변수가 제외되는 경우, 가능한 모형이 없는 경우까지 고려한다면, K개의 독립변수들에 의해 성립될 선형모형의 수는 $2^k$-1 개이다.

일련의 자료에 대한 최선의 모형선정준거는 여러 가지이다. 최소자승의 원리에 합당한 모형은 최소의 평균오차자승을 갖는 모형이다. 경제성이나 다른 실질적인 요인 때문에 이 최소평균 오차자승값을 갖는 모형이 항상 최선이 된다고는 볼 수 없지만, 이론적 측면에서 볼 때 여러 모형 중에서 최선이 될 가능성이 크다.

단계적 회귀(stepwise regression) 기법은 여러 가지 중다회귀모형들 중 최적모형을 결정하는 보다 나은 접근법의 하나이다. 포함된 모든 변수들을 사용하여 유의도 수준(일반적으로 $\alpha$=.05)을 선정한다. 회귀분석을 수행하여 그 결과를 검토한다. 모든 예언변수들이 선정된 유의도 수준에서 의미 있다면, 바로 그 모형이 최선의 모형이다. 하나 또는 그 이상의 변수들이 선정된 수준에서 유의미하지 않다면, 가장 높은 유의도 수준에서 그 변수를 제거하고(획득된 t비가 가장 작은 것이 일반적으로 제거된다) 회귀분석을 다시 수행한다. 분석결과에서 평균오차자승이 그 이전(앞)의 모형의 평균오차자승보다 더 작지 않다면, 그 첫 모형이 최선의 것이 된다. 평균오차자승이 더 작고, 모든 변수들이 유의미하면, 그 모형이 최선의 것이다. 따라서 4개의 예언변수들이 있다면, $2^4$-1개, 즉 15개의 모형이 나올 수 있다. 또 다른, 널리 사용되는 준거는 조정된 $R^2$ 준거이다. 중다결정계수($R^2$)는 예언의 취지로 중다회귀모형을 사용하여 획득된 오차분산에서의 향상정도의 측정이다. 각 예언변수가 증가할 때마다 $R^2$이 증가하는데, 오차자승화는, 유효한 예언변수의 개수가 늘어남에 따라, 더 줄어드는데, 총자승화($SS_{tot}$)는 동일하기 때문이다. 따라서 최선의 모형을 결정하기 위해서 가장 큰 $R^2$값을 갖는 모형만을 사용할 수 없는 사실도 인식되어야 한다(변수 증가에 따른 시간, 노력, 경비, 분석기법의 복잡성 등도 고려되어야 한다). 그러나 모형에서 예언변수들의 개수를 조절하여 조정된 중다결정계수($R_a^2$)를 산출할 수 있다.

조정된 중다결정계수는 아래의 공식에 의해 규정된다.

$$R^2 = 1 - \left(\frac{n-1}{n-k}\right)\frac{SS_{res}}{SS_{tot}}$$

**| 예제 2 |** 한 회귀분석 결과, $R^2$ = .484, $SS_{reg}$ = 10.464, $df_{reg}$ = 1, $SS_{res}$ = 11.136, $df_{res}$ = 8 이었다. $R_a^2$(조정된 중다회귀결정계수)을 구하시오(독립변수는 2개이고, 단계적 선택법에 의해 분석한 결과, 한 변수의 회귀계수는 통계적인 유의미성이 없으며, 사례 수는 10이다).

$$Ra^2 = 1 - \left(\frac{10-1}{10-2}\right)\frac{11.1362}{(10.4638+11.1362)} = .41999 ≒ .420$$

K에는 분석에 포함시킨 독립변수의 수이며, 분석에서 유의미하지 않아도 포함시켜 계산한다.

## 8 통계적 통제: 부분 및 준부분 상관관계

부분과 준부분 상관관계기법은 중다회귀분석기법의 통합적인 부분으로서의 중요성이 있다. 따라서 이들 두 상관관계 기법을 터득하므로써 중다회귀분석의 원리를 보다 잘 이해하게 될 것이다.

### 1) 변수의 통계적 통제

변수들 간의 관계를 탐색하는 데 있어서 가장 심각한 어려움은 "내가 탐색하는 이 관계는 내가 진정으로 생각하는 관계인가?"의 질문으로 나타낼 수 있다. 또한 관계의 타당성 문제라 할 수 있다. 연구를 통해서 발견된 종속변수와 독립변수와의 관계의 타당성에 어느 정도 확신을 갖기 위해서는 P가 다른 변수, 예를 들면, r이나 s 또는 t에 관계되지 않고 q에 정말로 관련되는 정도에 달려있게 된다.

과학적인 연구 활동에서, 통제한다는 의미는 분산을 통제하는 경우이다. 연구설계를 구안하는 일은 곧 분산의 통제형태를 갖추는 일이다. 일반적으로 체계적인 변수분산을 극대화하고, 오차분산을 극소화하며, 외연분산(불필요한 독립변수의 분산)을 통제하기 위해서 연구설계를 한다. 분산통제의 다른 방법으로 피험자를 짝 맞추는 방법과 무선 배정하는 방법이다. 그러나 현실적으로, 특히 교육 현장에서 학습자나 교육관련 인사들을 대상으로 하는 연구에서 무선표본에 의한 통제란 거의 불가능하다.

통계적으로 통제한다는 것은 연구자의 의도에는 없지만, 연구 수행결과에 반드시 영향을 미쳐서 종속변수에 끼치는 분산(외연 변수들의 분산)을 합치시키거나 고립시키고, 또는 무력화시켜 의도한 독립변수의 효과를 검정하는 것을 의미한다. 이때 외연변수의 분산을 합치, 고립, 무력화시키는 통제적 기법을 통계적으로 수행한다.

### 2) 의사상관관계

두 개의 변수가 동일한 원인에 의해서 영향을 받았기 때문에 단순히 서로 상관관계가 있을 때에, 이 상관관계를 의사 상관관계라 한다. 그 두 변수로부터 동일한 원인의 효과를 통제하거나 제거하면, 그 두 변수간의 상관관계는 줄어지거나 희석될 것이다. B와 C 변수 간의 의사상관관계가 아래에 제시되었다. 두 변수에 동시에 영향을 미치는 A의 효과를 그 두 변수로부터 제거하면, 그 두 변수 간에는 영순위 상관관계가 성립된다.

B와 C로부터 똑같은 A의 영향효과를 동시에 제거한 후의 B와 C간 상관관계를 부분상관관계(Partial correlation)라 칭한다. A변수와 동시에 관련되는 B와 C로부터 동시에 A의 효과를 제거한 후에 B와 C의 상관관계가 획득될 때, 부분상관관계가 이루어진다.

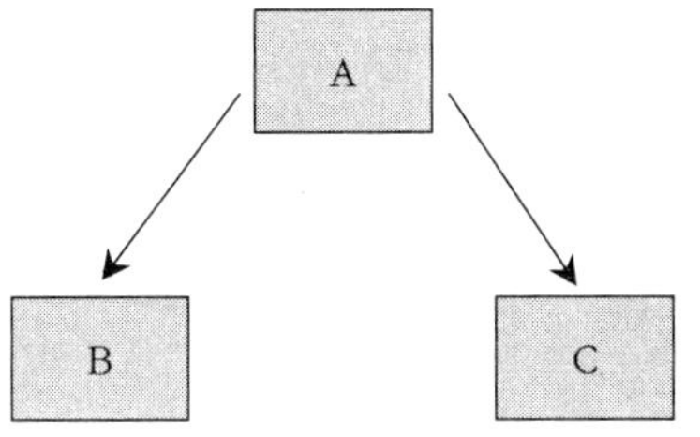


### 3) 제거(분리)에 의한 통제의 특성

제3의 변수의 효과를 제거한 후 첫째와 둘째 변수간의 상관관계 $r_{12\cdot3}$가 획득된다. $r_{xy\cdot z}$는 z 변수효과를 제거한 후에 x와 y간의 부분상관관계가 획득된다. 부분상관관계의 기본 아이디어는 처음의 두 변수와 동시에 선분상관을 갖거나 효과를 주는 제3의 변수효과를 제거/통제한 후에 그 두 변수간의 상관관계를 획득한다는 것이다. 부분상관관계와 회귀분석의 관계를 탐색해보자.

<표 29-7> 세 변수의 예시 자료, 두 변수의 잔여

| | $X_1$ | $x_1$ | $X_2$ | $x_2$ | $X_3$ | $x_3$ | $X'_1$ | $e_1 = X_1 - X'_1$ | $X'_2$ | $e_2 = X_2 - X'_2$ |
|---|---|---|---|---|---|---|---|---|---|---|
| | 1 | -2 | 3 | 0 | 3 | 0 | 3.0 | -2 | 3 | 0 |
| | 2 | -1 | 2 | -1 | 1 | -2 | 1.5 | .5 | 2 | 0 |
| | 3 | 0 | 2 | -1 | 3 | 0 | 3.0 | 0 | 3 | -1 |
| | 4 | 1 | 4 | 1 | 3 | 0 | 3.0 | 1 | 3 | 1 |
| | 5 | 2 | 4 | 1 | 5 | 2 | 4.5 | .5 | 4 | 0 |
| $\Sigma$ | 15 | 0 | 15 | 0 | 15 | 0 | 15.0 | 0 | 15.0 | 0 |
| M | 3.0 | | 3.0 | | 3.0 | | 3.0 | | 3.0 | |

$X_3$으로 부터 $X_1$을 예언한다고 하자. $X_1' = .75 + .75X_3$

$$b = \frac{\sum xy}{\sum x^2};\quad a = \overline{Y} - b\overline{X}\ \ (\text{또는, } b = \frac{\sum x_1 x_2}{\sum x_3^2};\ a = \overline{X_1} - b\overline{X_3}\ )$$

$$r_{12} = \frac{\sum x_1 x_2}{\sqrt{\sum x_1^2 \sum x_2^2}} \qquad [29.26]$$

$$r_{12} = \frac{4}{\sqrt{(10)(4)}} = .633;\ r_{13} = .671 \quad r_{23} = .707$$

$X_3$으로부터 $X_2$를 예언한다고 하자.

$$b_2 = \frac{\sum x_2 x_3}{\sum x_3^2} = \frac{4}{8} = .50\ ;\quad a = \overline{X} - (.5)(\overline{X_3}) = 1.5$$

$$X_2' = 1.5 + .50X_3$$

각 변수의 오차(잔여)는 $X_1 - X_1' = e_1, \quad e_2 = X_2 - X_2'$

적합한 교적화와 자승화를 이용하여 오차와 각 변수의 상관관계를 계산하면 :

$$r_{3e_1} = \frac{\sum x_{3e_1}}{\sqrt{\sum x_3^2 \sum e_1^2}} = \frac{0}{\sqrt{(8)(5.5)}} = .00 \quad r_{x_3e_2} = .00$$

각 경우의 교적화는 영이므로, 각 변수와 그 오차간의 상관관계는 영이다. 위의 표에서 $e_1$과 $e_2$는 $X_3$와 공유하지 않는 $X_1$과 $X_2$의 부분들이다. 즉 $e_1$과 $e_2$는 $X_1$과 $X_2$ 변수들 중 $X_3$과 함께 하지 않는 부분이다.

따라서 $e_1$과 $e_2$간의 상관관계를 계산하는 것은 두 오차 변수간의 상관관계를 결정하는 것과 같다. 이처럼, $X_3$으로부터 $X_1$을 예언하고, $X_3$으로부터 $X_2$를 예언할 때, 두 측정오차들($e_1$과 $e_2$)간의 상관관계가 부분상관관계 계수이다. 그 과정의 공식은 아래와 같다.

$$r_{x_1x_2 \cdot x_3} = r_{e_1e_2} = \frac{\sum e_1 e_2}{\sqrt{\sum e_1^2 \sum e_2^2}} \quad \text{[29.27]}$$

$$= \frac{1}{\sqrt{(5.5)(2)}} = \frac{1}{\sqrt{11}} = .302$$

$$r_{12 \cdot 3} = \frac{r_{12} - r_{13}r_{23}}{\sqrt{1 - r_{13}^2}\sqrt{1 - r_{23}^2}} \quad \text{[29.28]}$$

$$= \frac{.6325 - (.6708)(.7071)}{\sqrt{1 - (.6708)^2}\sqrt{1 - (.7071)}} = .302$$

앞에서 $r_{12 \cdot 3} = r_{e_1e_2}$ 임을 입증했다.

### 4) 억제변수

$X_2$변수가 $X_1$변수의 오차원을 잘 측정한다면, $X_2$변수에 부적 가중치를 줌으로써($X_1$이나 $X_2$ 홀로 Y를 잘못 예언하더라도) Y를 보다 정확하게 예언할 수도 있다. $X_1$의 오차원을 줄이거나 수정 또는 억제하기 위해서 $X_2$를 사용한다. 이 때 $X_2$를 억제변수라고 부른다.

극단적인 경우, $X_1$은 매우 큰 오차원을 가질 수 있지만, $X_2$가 그 오차원을 완전히 측정한다면, $X_1$이나 $X_2$가 Y와 결코 높은 상관성이 없더라도, 우리는 그 오차원을 완전히 수정해서 완전한 예언을 할 수 있다. 따라서 불필요한 오차원을 완전히 억제하게 된다. 부분상관관계가 변수 각각의 영순위 상관관계보다 더 클 때의 특별한 경우가 있는데, 이 부분상관관계는 억제변수라고 불리는 변수를 포함한다. 억제변수는 준거변수와는 상관관계가 거의 또는 전혀 없으나(상관관계가 0), 하나 또는 그 이상의 예언 변수와는 상관관계가 있는 변수이다. 분석에서 억제변수를 포함함으로써, 부분상관관계가 증가하는데, 억제변수가 관계없는 분산을 억제 또는 통제하기 때문이다. 그런데, 관계없는 분산은 예언변수와 함께하고, 준거변수와는 함께하지 않는 바, 무관한 변동의 분석을 조장하는 경우가 된다.

예를 들자.

$r_{12} = .40,\ r_{13} = 0,\ r_{23} = .60$

만약 제1변수가 준거변수라면, 변수 3과 공유한 정도는 영이다($r_{13}$=0). 그러나 변수 3이 변수 2와 관련되며, 변수 2는 변수 1과 상관관계가 있다. 그러면, 변수 1과 변수 2로부터 변수 3의 효과를 제거한 후, 변수 1과 2의 상관관계를 계산해 보자.

$$r_{12\cdot 3} = \frac{r_{12} - r_{13}r_{23}}{\sqrt{1-r_{13}^2}\sqrt{1-r_{23}^2}} = \frac{.40}{.80} = .50$$

변수 3의 효과를 제거한 후, 변수 1과 변수 2의 부분상관관계는, 변수 1과 2의 영 순위의 상관관계보다 높게 나오는데, 어느 정도의 무관한 분산이 억제되기 때문이다.

지금부터 $R_{Y.12}^2$, 즉 독립변수1과 2가 종속변수 y에 관계되는 분산공식을 생각하며, 실제적인 독립변수 1과 2에 의해 설명(또는 예언)되는 분산의 비율을 계산해 보자.

$$R_{y\cdot 12}^2 = \frac{(\Sigma yy')^2}{\Sigma y^2 \Sigma y'^2}, \qquad \Sigma y'^2 = \Sigma Y'^2 - \frac{(\Sigma Y')^2}{N}$$

$$\Sigma yy' = \Sigma YY' - \frac{(\Sigma Y)(\Sigma Y')}{N}$$

$$= \frac{r_{y1}^2 + r_{y2}^2 - 2r_{y1}r_{y2}r_{12}}{1-r_{12}^2} \quad \text{[29.29]}$$

중다상관관계에 미치는 억제변수의 효과를 생각해 볼 필요가 있다.

$$R_{Y.12}^2 = \frac{.40^2 + 0^2 + 2(.40)(.00)(.60)}{1-.60^2} = \frac{.16}{.64} = .25$$

독립변수1이 변수 Y의 분산의 16%($r_{12}^2$ = .402 =.16)를 설명하며, 변수 2가 (실제로 변수 2와 변수 Y의 영순위 상관관계가 영이다) 더해져서 변수 Y를 설명하는 분산에 9%가 증가되어 변수 1과 변수 2에 의해 변수 Y를 설명하는 비율이 25%가 된 것이다. 이것은, 그 두 독립변수가 종속변수를 예언 또는 설명하기 위해서 동시에 사용될 때 영순위 상관관계를 탐색하는 것이 그 변수들(독립)의 잠재적인 유용성을 밝히기에 불충분한 잉여분으로서 기여하게 되는 것이다.

변수 1과 변수 2의 표준화 회귀계수($\beta$'s)를 계산해 보자.

$$\beta_1 = \frac{r_{y1} - r_{y2}r_{12}}{1 - r_{12}^2} \quad \beta_2 = \frac{r_{y2} - r_{y1}r_{12}}{1 - r_{12}^2} = .625 \quad \beta_3 = -.375$$

억제변수가 부적인 회귀계수를 갖게 되고 있음을 주의해 보자. 표준 점수를 다룰 때에, 회귀 방정식에서 억제변수가 작동하는 방법이 명료하게 나타난다. 억제변수(변수 3)의 점수가 평균이상인 피험자들은 정적인 표준점수를 갖으며, 평균이하인 경우는 부적인 표준점수를 갖는다. 결과적으로, 회귀방정식이 적용될 때에, 억제 변수에 있어서 예언된 점수가 평균보다 높은 사람들은, 부적인 회귀계수와 정적인 표준 점수를 승한 결과로서, 낮아지게 된다. 또한 역으로, 억제 변수의 예언점수가 평균보다 낮은 사람들은 부적인 회귀계수와 부적인 표준점수를 승함으로써, 높아지게 되는 것이다.

### 5) 인과관계 가정

부분상관관계는 통제의 모든 유목적적인 방법이 아니다. 그 타당한 적용에는 건전한 이론적인 모형을 전제해야 한다. 변수들의 관련성 유형에 관한 이론적인 고려를 하지 않고 변수를 통제한다는 것은 사실(실체)을 왜곡하게 되고, 잘못되거나 의미 없는 결과를 낳게 된다.

일단의 자료를 토대로 한 더 높은 순위(서열) 부분상관관계를 제시한 경우를 보면, 고려되어야 할 모든 변수들 간의 관계를 설명하는 이론이 체계화되어 있지 않은 잘못이 있다. 단순한 세 개의 변수를 중심으로 하는 경우에도 인과 모형 가능성을 전혀 배제하기도 한다. 서로 다른 두 개의 연구모형을 제시해보자.

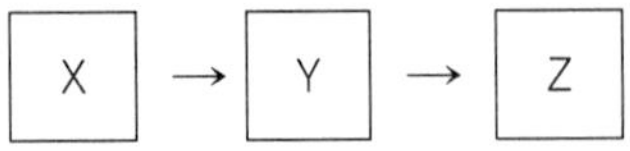


(a)

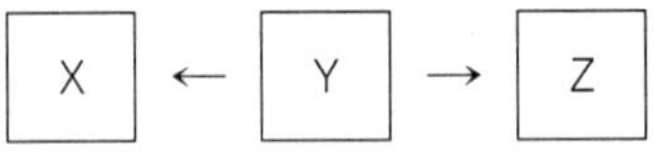


(b)

(a) Y 변수는 X의 효과를 Z에 중개하는 기능을 한다.

(b) Y 변수는 X와 Z간의 유사상관으로 유도하는 공통원인이 된다. 사용될 수 있는 적합한 분석적 방법을 지시해 주는 것이 이론이다.

또 다른 예를 살펴보자.

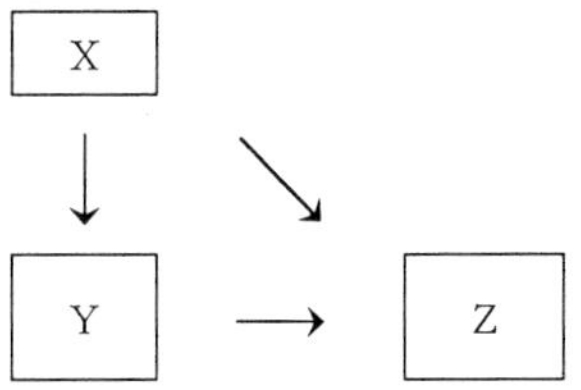


(c)

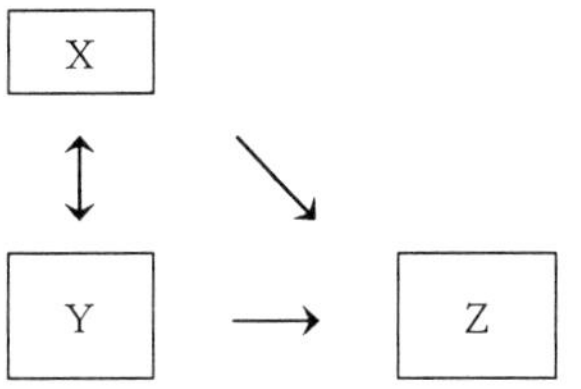


(d)

(c) X가 Z에 직접 영향을 미치고 Y를 통해서 간접적으로도 Z에 영향을 미치고 있다.

(d) X와 Y가 상관적으로 Z의 원인이 되고 있다.

(c)와 (d)의 경우에는 모두 너무 많은 상관성을 추출하는 결과가 되므로 부분상관관계는 부적합하다. 연구의 목적이 정신능력과 성취도간의 관계를 결정하는 데 있다면, 정신능력에 관한 다른 측정치와 성취도간의 관계를 탐색하는데 반하여 정신능력의 또 다른 추정치를 통제하는 것은 의미가 없는 일이다.

## 6) 측정오차

측정오차는 영순위 및 부분상관 계수의 왜곡된 추정치를 초래한다. $X_1$과 $X_2$ 변수 측정상의 오류가 개재될 때, 두 변수간의 상관관계는 줄어든다. 양 변수 또는 어느 한 변수 측정상 완전한 신뢰도에 도달하지 못하면, 두 변수간의 상관관계는 줄어든다. 행동과학에서 측정오차가 나타나는 것은 일반적이다. 두 변수간의 상관관계상 오차가 있는지의 여부를 알아보기 위하여 상관성 감소 현상 수정 공식을 사용할 수도 있다.

$$r_{12}^{*} = \frac{r_{12}}{\sqrt{r_{11}}\sqrt{r_{22}}} \qquad [29.30]$$

$r_{12}^{*}$=낮아지는 상관성을 수정한 $X_1$과 $X_2$간의 상관관계; $r_{12} = X_1$과 $X_2$간 상관관계; $r_{11}$과 $r_{22}$는 각각 $X_1$과 $X_2$의 신뢰도 계수, 위의 공식을 보면, $r_{11}$=$r_{22}$=1.00일 때에야 $r_{12}^{*}$=$r_{12}$가 성립될 수 있다. $X_1$과 $X_2$ 신뢰도 계수가 1.00보다 낮으면, $r_{12}$는 항상 $r_{12}^{*}$를 과소 추정한다. 중요한 것은 부분상관계수 계산과정에서 통제되는 변수 추정치의 비신뢰성을 수정하는 일이다.

$$r_{12\cdot 3}^{**} = \frac{r_{33}r_{12} - r_{13}r_{23}}{\sqrt{r_{33} - r_{13}^2}\sqrt{r_{33} - r_{23}^2}} \qquad [29.31]$$

$r_{12\cdot 3}^{**} = X_3$의 비신뢰성이 수정되었을 때 추정된 부분상관계수 :

$r_{33} = X_3$의 신뢰도 계수. 측정오차가 나타날 때 상관관계를 과소 추정하는 영순위 상관관계와는 달리, 측정오차를 수정하지 않는 부분상관관계 계수는 과대 또는 과소 측정된다.

예를 들어 보자. $r_{12} = .6$ $r_{13} = .5$ $r_{23} = .5$

$$r_{12\cdot3} = \frac{r_{12} - r_{13}r_{23}}{\sqrt{1-r_{13}^2}\sqrt{1-r_{23}^2}} = \frac{.35}{\sqrt{.75}\sqrt{.75}} = .467$$

$X_3$의 신뢰도 계수가 .85라고 하자.

$$r_{12\cdot3}^{**} = \frac{r_{33}r_{12} - r_{13}r_{23}}{\sqrt{r_{33}-r_{13}^2}\sqrt{r_{33}-r_{23}^2}} = \frac{(.85)(.6)-(.5)(.5)}{\sqrt{.85-.5^2}\sqrt{.85-.5^2}} = .43$$

위의 경우엔, $r_{12\cdot3}$($X_1$과 $X_2$로부터 $X_3$의 효과를 제거한 후 $X_1$과 $X_2$와의 상관관계)은 $r_{12\cdot3}^{**}$을 과대 측정하는 것이다.

또 다른 예를 들어보자. $r_{12}=.6$; $r_{13}=.7$; $r_{23}=.6$; $r_{33}=.7$

$$r_{12.3} = \frac{r_{12} - r_{13}r_{23}}{\sqrt{1-r_{13}^2}\sqrt{1-r_{23}^2}} = \frac{(.6)-(.7)(.6)}{\sqrt{.51}\sqrt{.64}} = .315$$

$$r_{12\cdot3}^{**} = \frac{r_{33}r_{12} - r_{13}r_{23}}{\sqrt{r_{33}-r_{13}^2}\sqrt{r_{33}-r_{23}^2}} = \frac{0}{\sqrt{.21}\sqrt{.34}} = .00$$

$X_3$에 대한 비신뢰성을 수정했을 때, $X_1$과 $X_2$의 상관관계는 의사상관이 된다. $X_3$는 $X_2$에 대한 $X_1$의 효과를 매개하는 것이다.

$X_3$에 대한 비신뢰성을 수정하지 않을 경우에는 꽤 다른 결과가 나타난다.

이번에는 $r_{12} = .6$; $r_{13} = .7$; $r_{23} = .6$인데 $r_{33} = .65$이다.

$$r_{12\cdot3}^{**} = \frac{r_{33}r_{12} - r_{13}r_{23}}{\sqrt{r_{33}-r_{13}^2}\sqrt{r_{33}-r_{23}^2}} = \frac{-.03}{\sqrt{.16}\sqrt{.29}} = \frac{-.03}{.2154} = -.139$$

이번에는, 두 측정치가 그 정도와 방향에 있어서까지 다르다. 이 예는 배제(제거)된 변수의 비신뢰성을 수정하는 것이 얼마나 중요한가를 나타내 주고 있다. 부분상관관계 계수 계산에서 사용되는 모든 추정치의 비신뢰성을 수정할 수 있다. 공식인즉,

$$r_{12\cdot3}^{***} = \frac{r_{33}r_{12} - r_{13}r_{23}}{\sqrt{r_{11}r_{33}-r_{13}^2}\sqrt{r_{22}r_{33}-r_{23}^2}} \quad \text{[29.32]}$$

여기에서 $r_{12\cdot3}^{***}$ = 수정된 부분 상관관계 계수: $r_{11}$, $r_{22}$ 및 $r_{33}$은 $X_1$, $X_2$ 및 $X_3$의

신뢰도 계수이다. $r_{12 \cdot 3}^{***}$ 공식의 특성을 정리하면, 기본적인 변수들의 비신뢰성을 수정하고, 더불어 통제변수 추정치의 비신뢰성을 수정할 때에 분모들이 변한다. 변수들 간의 상호상관관계의 유형과 사용된 추정치들의 신뢰도들에 따라, 수정되지 않는 $r_{12 \cdot 3}$은 $r_{12 \cdot 3}^{***}$을 과소 또는 과대 추정할 수 있다.

## 7) 준부분 상관관계

변수들 중 관련된 변수를 제거해야 바람직한 상황도 있다. 예를 들면, 대학 당국이 입학생들의 학과 성적과 적성검사 성적과 어떻게 관련되는지를 연구한다. 대학학과성적 변수(학점: G변수), 적성검사성적 변수(A변수) 및 지능지수 변수(I변수)등 세 변수가 있다. 학점과 적성변수와의 관계에 관심이 있을 뿐, 지능변수에는 관심이 없다. 그러나, 일반적으로 지능은 적성과 정적 상관이 있는 것으로 알려졌으며, 그렇게 기대도 된다. 따라서 대학 당국에서는 적성과 관계된 지능만을 통제한 후의, 적성과 학점과의 상관관계를 계산하는 $r_{1(2.3)}$ 정보를 택하려 한다. 지능은 적성검사성적으로부터 배제되지만, 지능이 포함되는 학과성적으로부터는 배제되지 않는 정보는 순부분상관관계 자승을 계산하여 획득할 수 있다.

준부분상관관계는 수정되지 않는 변수와 잔여화된(제3변수의 관련성을 제외한) 변수와의 관계이다. 제1순위 준부분상관관계는 $r_{1(2.3)}$로 나타내며, 수정되지 않는 변수(1)과, 변수 3이 변수 2로 부터 제외되고 난 후(즉 잔여화된 변수) 변수(2)와의 상관관계다. 위의 대학 당국의 관심영역을 놓고 볼 때, 학과성적(G)은 그대로 사용하고, 적성변수로부터 지능변수를 배제한(잔여화된) 적성변수(A)와의 준부분 상관관계는 $r_{G(A.I)}$로 나타낼 수 있다.

앞에서 제시된 자료를 사용하여 준부분상관관계의 의미를 밝혀보기로 하자. $e_1$과 $e_2$는 각각 $X_1$과 $X_2$의 잔여(오차)점수다. 그러면, 「수정되지 않는 변수 $X_1$」과, 「$X_3$이 제외된 $X_2$」와의 준부분상관관계(즉, $X_1$과 $e_2$와의 상관관계)를 계산하자.

$\Sigma x_1^2 = 10,\ \Sigma e_2^2 = \Sigma(X_2 - X_2')^2 = 2.0 : x_3$로부터 $x_1$을 예언할 때

$X_1' = a + bX_3 = \overline{X_1} + b(X_3 - \overline{X_3}),\ b = \Sigma x_3 x_1 / \Sigma x_3^2,\ \Sigma x_1 e_2 = 1.0.$

따라서

$$r_{x_1 e_2} = r_{1(2.3)} = \frac{\sum x_1 e_2}{\sqrt{\sum x_1^2 \sum e_2^2}} = \frac{1}{\sqrt{(10)(2)}} = .224$$

유사하게, $\Sigma x_2^2 = 4.0, \quad \Sigma e_1^2 = 5.5, \ \Sigma x_2 e_1 = 1$이므로,

$$r_{x_1 e_1} = r_{2(1 \cdot 3)} = \frac{\sum x_2 e_1}{\sqrt{\sum x_2^2 \sum e_1^2}} = \frac{1}{\sqrt{(4)(5.5)}} = .213$$

지금까지 준부분상관관계의 의미를 설명하기 위하여 계산과정을 제시했다. 실제로는 다음과 같은 편리한 공식을 많이 이용한다.

$$r_{1(2 \cdot 3)} = \frac{r_{12} - r_{13} r_{23}}{\sqrt{1 - r_{23}^2}} \quad \text{[29.33]}$$

준부분상관관계의 분자들은 부분상관관계의 분자들에 상응하여 동일하지만, 분모를 구성하는 요소들이 다르다: 준부분상관관계의 분모는 하나의 표준오차로 되어 있다.

부분상관 및 준부분상관 공식들의 분모들을 보면, $r_{12.3}$(변수 1과 2로부터 변수 3의 관계(효과)를 제거한 후에 획득된 변수 1과 2간의 상관관계: 부분상관관계)는, $r_{13}$ 또는 $r_{23}$이 영상관이 아닌 한, $r_{1(2.3)}$(변수 2로부터 변수 3의 효과를 제거한 후에 변수 1과 변수 2의 상관관계: 준부분상관관계) 또는 $r_{2(1.3)}$ 보다 크다. $r_{13}$이나 $r_{23}$이 각각 영상관일 경우엔 부분상관계수와 준부분상관계수의 크기가 동일하다.

앞의 실제적인 상관계수들($r_{12}$ = .633, $r_{13}$ = .671, $r_{23}$ = .707)을 간편 공식에 대입한다.

$$a. \quad r_{1(2.3)} = \frac{r_{12} - r_{13} r_{23}}{\sqrt{1 - r_{23}^2}} = \frac{.633 - (.671)(.707)}{\sqrt{1 - (.707)^2}} = .224$$

$$b. \quad r_{2(1.3)} = \frac{r_{12} - r_{13} r_{23}}{\sqrt{1 - r_{13}^2}} = \frac{.633 - (.671)(.707)}{\sqrt{1 - (.671)^2}} = .213$$

$$c. \quad r_{3(1.2)} = \frac{r_{13} - r_{12} r_{23}}{\sqrt{1 - r_{12}^2}} = \frac{.671 - (.671)(.7071)}{\sqrt{1 - (.633)^2}} = .289$$

그러면, 이들 자료들($r_{12}$ = .6325 ; $r_{13}$ = .6708 ; $r_{23}$ = .7071)을 사용하여 부분상관관계 계수를 계산해 보면 어떤 준부분상관관계 계수보다 크다는 것을 알 수 있다.

$$r_{12.3} = \frac{r_{12} - r_{13} r_{23}}{\sqrt{1 - r_{13}^2}\sqrt{1 - r_{23}^2}} = \frac{.633 - (.671)(.707)}{\sqrt{1 - (.671)^2}\sqrt{1 - (.707)^2}}$$

$$= \frac{.15818}{\sqrt{1 - .19648}\sqrt{1 - .50}} = .302$$

$r_{12.3}$는 $r_{1(2.3)}$, $r_{2(1.3)}$ 또는 $r_{3(1.2)}$의 어느 것보다 크다 . 중요한 문제는 언제 부분상관관계를, 언제 준부분상관관계를 사용하는 것이 보다 적합한가를 결정하는 것이다. 더 나아가, 준부분상관관계를 사용해야 할 때, 두 가지 또는 세 가지 방법 중 어느 것을 사용해

야 하는 문제이다. 그런 질문에 대한 답은 연구의 기저에 담긴 이론과 인과적 가정에 따라 달라진다(Werts & Linn, 1969). 준부분상관관계의 자승은 종속변수 분산을 구분하는 데 사용하는 학자들도 있다. 분석적인 접근방법의 타당도는 연구의 취지와 그 기저에 있는 이론적인 모형의 건전성에 따라 결정된다.

### 8) 중다상관관계를 통한 준부분상관관계

준부분상관관계의 자승은 주어진 독립변수로부터 다른 독립변수효과를 제거하고 남은 독립변수(일종의 잔여변수)에 의하여 설명되는 종속변수의 분산 부분의 비율을 나타낸다. 즉, 준부분상관관계의 자승은 두 중다상관관계 자승간의 차이에 의해서 설명될 수 있다.

$$r^2_{1(2.3)} = R^2_{1.23} - R^2_{1.3} \quad \cdots\cdots [29.34]$$

여기에서 $r^2_{1(2.3)}$ = $X_2$로부터 $X_3$의 효과를 제거하고 남은 $X_2$와 $X_1$의 준부분상관관계 자승이다.

$$r^2_{1(2.34)} = R^2_{1\cdot 234} - R^2_{1\cdot 34}$$

$$r^2_{1(3.24)} = R^2_{1\cdot 234} - R^2_{1\cdot 24} \quad \text{제2순위 준부분상관관계} \quad \cdots\cdots [29.35]$$

$$r^2_{3(1.245)} = R^2_{3\cdot 1245} - R^2_{3\cdot 245} \quad \text{제3순위 준부분상관관계} \quad \cdots\cdots [29.36]$$

어떠한 순위의 준부분상관계수 자승을 계산하기 위하여 (1) 종속변수와 여하한 수의 독립변수와의 중다상관계수의 자승을 구해야 하고, (2) 종속변수와 제거될 독립변수들과의 중다상관계수의 자승을 구해야 하며, (3) 첫째 순위의 $R^2$(1)에서 제2단계의 $R^2$(2)를 빼면 준부분상관관계 계수를 구할 수 있다. 준부분상관관계의 부호는 그에 대응하는 회귀계수(b 또는 $\beta$)의 부호와 동일하다.

### 9) 유의도 검정

독립변수들에 의해 설명되는 종속변수 분산비율 증가에 관한 의의도 검정 공식은:

$$F = \frac{(R^2_{y\cdot 1,2\cdots k_1} - R^2_{y\cdot 1,2\cdots k_2})/(k_1 - k_2)}{(1 - R^2_{y\cdot 1,2\cdots k_1})/(N - K_1 - 1)} \quad \cdots\cdots [29.37]$$

여기에서 $R^2_{y\cdot 1,2\cdots k_1} = k_1$ 독립변수들에 대한 y회귀의 중다상관 계수 자승

$R^2_{y\cdot 1,2\cdots k_2} = k_2$ 독립변수들에 대한 y회귀의 중다상관 계수 자승

$k_2$ = $k_1$ 변수들 중 선정된 변수들($k_1 \rangle k_2$)

N = 사례수,　　자유도: $K_1 - K_2$ 및 $N - K_1 - 1$

준부분상관관계 자승은 다른 독립변수를 통제한 후에 주어진 독립변수에 의해 설명되는 종속변수 분산의 증가여부를 나타내는 것처럼, 그 통계적 의의도 산출 공식은 공식 [29.38]의 특별한 경우이다. 준부분상관관계 자승에 대하여, $K_1$ = 전체독립변수의 갯수인 반면, $K_2 = K_1$ 변수들로 부터 선정된 소규모의 변수군이다. 따라서 F비는 $k_1$-$k_2$개의 분자자유도와, N-$k_1$-1의 분모 자유도에 의해 결정된다.

$r^2_{1(2.3)}$에 대하여 $F = \dfrac{(R^2_{1.23} - R^2_{1.3})/(k_1 - 1)}{(1 - R^2_{1.23})/(N - k_1 - 1)}$,

$r^2_{1(3.2)}$에 대하여 $F = \dfrac{(R^2_{1\cdot23} - R^2_{1\cdot2})/(k_1 - 1)}{(1 - R^2_{1\cdot23})/(N - k_1 - 1)}$,

$r^2_{1(2.34)}$에 대하여 $F = \dfrac{(R^2_{1\cdot234} - R^2_{1\cdot34})/(k_1 - 1)}{(1 - R^2_{1\cdot234})/(N - k_1 - 1)}$,

$r^2_{1(4.23)}$에 대하여 $F = \dfrac{(R^2_{1\cdot234} - R^2_{1\cdot23})/(k_1 - 1)}{(1 - R^2_{1\cdot234})/(N - k_1 - 1)}$이다.

이들 F의 자유도는 분자의 경우는 1, 분모의 경우는 N-$k_1$-1이다.

준부분상관관계의 유의도 검정은 그것에 관련된 회귀계수(b 또는 $\beta$)의 유의도 검정과 일치한다. 따라서 $r^2_{1(2.3)}$의 유의도 검정은 $b_{12\cdot3}$의 유의도 검정과 똑같다. 비슷하게, $r^2_{1(2.34)}$ 의 유의도 검정은 $X_2$, $X_3$ 및 $X_4$ 위에서 $X_1$이 회귀한 방정식에서 $b_{12\cdot34}$를 검정하는 것과 동일하다.

## 10) 중다회귀 및 준부분상관관계

중다회귀분석의 개념적이고 계산적인 복잡성과 어려움은 독립변수들 간의 상호상관계수들 때문이다. 독립변수들 간의 상관관계(들)가 모두 영일 때, 그 해결 및 해석방법은 간단하다. 중다상관관계의 자승은 각 독립변수와 종속변수와의 영순위 상관관계 자승을 합한 것이다.

$$R^2_{y\cdot123\cdots k} = r^2_{y1} + r^2_{y2} + r^2_{y3} + \cdots\cdots + r^2_{yk} \quad \cdots\cdots [29.38]$$

이 때, 각 변수(독립변수)는 다른 독립변수들과 공유하지 않는 유일한 정보를 제공한다. 중다회귀분석은, 독립변수들이 서로 상관되지 않도록 하기 위하여, 서로 관련되는 변수들

집합을 조종하는 방법이라고 할 수 있다. 이것은 준부분상관관계를 사용하면 가능하다.

네 개의 독립변수인 경우 :

$$R^2_{y\cdot 1234} = r^2_{y1} + r^2_{y(2\cdot 1)} + r^2_{y(3\cdot 12)} + r^2_{y(4\cdot 123)} \quad \text{[29.39]}$$

공식 [29.39]는 공식 [29.40]의 특별한 경우라 할 수 있다. 독립변수들 간의 상관관계가 모두 영이라면, 공식 [29.40]은 공식 [29.39]처럼 간소화될 수 있다. 공식 [29.40]을 살펴보자. 처음의 독립변수 $X_1$의 경우, 공식에서 가장 먼저 투입되었으므로, 변수 y와 $X_1$이 공유되는 분산을 나타낸다. 그 다음에 오는 항 $r^2_{y(2.1)}$은 첫째 변수가 관련되는 분산과 중복되지 않고 더해지는 변수의 분산을 나타낼 것이다. 따라서 $r^2_{y(2.1)}$은 변수 $X_2$로부터 변수 $X_1$의 영향을 분리한 후의 $X_2$와 y와의 상관관계를 자승한 값(준부분상관관계 자승)이다. 셋째 항인 $r^2_{y(3.12)}$은 제2순위 준부분상관관계이다. $X_3$이 개입될 때, $X_3$이 $X_1$ 및 $X_2$와 공유하면, 그러한 부분을 $X_3$으로부터 분리하고 난 후에 남은 $X_3$효과와 y의 상관관계를 계산함으로서 순수한 $X_3$과 y와의 관계가 설명된다. 마지막 항인 $r^2_{y(4.123)}$은 변수 $X_1$, $X_2$ 및 $X_3$의 영향을 제거하고 나서, $X_4$와 y와의 공유한 분산을 뜻한다. 공식 [29.40]은 뒤에 투입되는 독립변수에 앞서 투입된 독립변수를 연속적으로 분리(제거)하여 잔여화하는 과정을 나타낸다. 즉 다른 독립변수와 상관성이 없는 새로운 변수를 만들어 내는 것과 비슷하다. 준부분상관관계의 자승은 두 개의 중다회귀 상관계수 자승간의 차이라고 말할 수 있다.

$$\begin{aligned} R^2_{y\cdot 1234} &= R^2_{y\cdot 1} + (R^2_{y\cdot 12} - R^2_{y\cdot 1}) + (R^2_{y\cdot 123} - R^2_{y\cdot 12}) + (R^2_{y\cdot 1234} - R^2_{y\cdot 123}) \\ &= r^2_{y1} + r^2_{y(2.1)} + r^2_{y(3.12)} + r^2_{y(4.123)} \end{aligned}$$

$R^2$계산에 관심이 있다면, 공식에 독립변수들의 투입순서가 어떻게 되든 그 결과는 동일하다. 즉, $R^2_{y\cdot 123} = R^2_{y\cdot 213} = R^2_{y\cdot 321} = R^2_{y\cdot 312}$ 이다. 그러나 독립변수들이 종속변수와 상관관계를 맺는, 즉 방정식에 투입되는 순서는 각 변수에 의해 증가되는 분산의 량에 큰 차이를 가져온다. 하나의 변수가 방정식에 가장 먼저 투입되게 되면, 두 번째나 세 번째 투입되는 경우보다 분산의 더 큰 비율을 설명하게 된다. 일반적으로, 독립변수들이 상호 관련될 때, 그들이 더 많이 상관관계를 맺고 있을 때와 방정식에 더 나중에 투입될수록, 그들이 설명하는 분산 정도는 줄어든다.

**| 예제 |** 다음 자료를 이용하여 준부분상관관계 결정계수 $r^2_{1(2.3)}$을 구하고 검정하시오.

| $X_1$ | $X_2$ | $X_3$ |
|---|---|---|
| 30 | 40 | 36 |
| 36 | 42 | 45 |
| 38 | 46 | 35 |
| 32 | 44 | 36 |
| 30 | 42 | 42 |
| 38 | 46 | 46 |
| 36 | 44 | 54 |
| 40 | 48 | 36 |
| 28 | 38 | 34 |
| 28 | 36 | 30 |

부분상관과 준부분상관 계수를 계산하기 위하여 단순상관 행렬표가 필요하다.

| 변수 | M | SD | $X_2$ | $X_3$ |
|---|---|---|---|---|
| $X_1$ | 33.4 | 4.82 | .927 | .889 |
| $X_2$ | 42.6 | 3.78 | | .775 |
| $X_3$ | 40.7 | 6.45 | | - |

$$r^2_{1(2\cdot3)} = R^2_{1\cdot23} - R^2_{1\cdot3},\ R^2_{1\cdot23} = \frac{r^2_{12} + r^2_{13} - 2r_{12}r_{13}r_{23}}{1 - r^2_{23}}$$

$$R^2_{1\cdot3} = r^2_{13}$$

$$r^2_{1(2\cdot3)} = \frac{.927^2 + \ .889^2 - \ 2(.927)(.889)(.775)}{1 \ - \ .775^2} - (.889)^2$$

$$= .923 \ - .790 = .142$$

$$r^2_{1(2\cdot3)} = \frac{(r_{12} - \ r_{13}r_{23})^2}{1 \ - \ r^2_{23}} = \frac{[.927 \ - \ (.889)(.775)]^2}{1 \ - \ .775^2} = .142$$

유의도 검정 :

$$F = \frac{(R^2_{1\cdot23} - \ R^2_{1\cdot3})/(K-1)}{(1 \ - \ R^2_{1\cdot23})/(N-K-1)} = \frac{(.923)/1}{(.399)/(10-2-1)} = 16.351$$

$$F_{crt(df=1,7)} = 12.25$$

$F_{obt} > \ F_{crt}$ 이므로 $r^2_{1(2\cdot3)}$ =.142는 통계적으로 유의미하다.

따라서 $X_2$로 부터 $X_3$의 효과를 통제한 후, $X_2$에 의해 $X_1$을 설명하는 비율이 14.2%이다.

## 9 중다회귀분석 기법을 적용할 수 있는 연구문제

중다회귀분석의 기본 취지 또는 의도는 하나의 종속변수와 두 개 이상의 독립변수들 간의 관련성 탐색에 있다.

### 1) 관련성 정도

회귀방정식이 얼마나 합리적인가? 회귀방정식은 우연한 예언보다 더 나은 진실로 유의미한 예언을 하고 있는가? 중다상관관계는 영상관과 의미 있게 다른가? 등의 문제를 분석할 수 있다.

### 2) 독립변수들의 중요성

중다상관관계가 영상관과 다르다면, 어떤 독립변수가 더 중요하며, 그 방정식에서 의미가 없는 독립변수는 없는지의 문제를 탐색할 수 있다. 어떠한 독립변수들이 종속변수를 기술 또는 예언하는 데 중요한가 여부도 알아낼 수 있다.

### 3) 독립변수 수의 증가

독립변수의 수를 하나 또는 그 이상 첨가함으로써 예언력을 향상시킬 수는 없는가의 문제탐색을 할 수 있다. 하나의 종속변수에 대하여 두 개 또는 그 이상의 독립변수들의 상호작용효과를 추정할 수 있다.

### 4) 독립변수를 변경

회귀방정식이 선형방정식이더라도, 어떤 연구자는 독립변수를 재정의함으로써 비선형관계를 방정식에 포함시킬 위험이 있다.

### 5) 독립변수군의 비교

어느 특정한 독립변수군에 의해 종속변수를 예언하는 것이 다른 독립변수군에 의해 예언하는 것보다 더 합리적일 수 있다. 예들 들면, 지각과 운동기능발달 상태 및 성(性)에 의해 독서력을 예언하는 것보다 가족수입과 부모의 교육정도에 의해 독서력을 예언하는 것이 더 나을까? 이러한 문제의 해결에 중다회귀분석 기법이 활용될 수 있다.

### 6) 인과모형

회로분석은 회귀분석의 특별한 경우로서, 변수들 간의 관련성 정도의 원인 및 결과를 밝혀준다. 이 때 인과관계를 선행연구나 이론적 배경을 기초하여 가설이나 연구내용으로 진술된 것을 경험적 자료분석에 의해 확인하는 것이다.

### 7) 변수 통제 후 관련성 구축

종속변수와 중요한 관계를 맺고 있는 것으로 여겨지는 다른 변수들(예를 들면, $C_1$, $C_2$, $C_{3,}$ .... $C_p$)의 효과를 제거하고(통계적 통제), 독립변수들($X_{1,}$ $X_2$, $X_3$, .....$X_k$)과 종속변수(Y)와의 관련성을 양적 또는 질적으로 기술하려고 할 때 회귀분석법이 사용된다.

### 8) 회귀계수 추정

주어진 모형에서 큰 일련의 회귀계수들로부터, 타당하고 정확한 하나 또는 그 이상의 회귀계수들의 추정치를 계산할 수 있다. 예를 들면 사회적 성공상태(Y), 양분응답변수 $X_1$(독립변수) 및 다른 통제변수들(연령, 학력 등)을 관련짓는 회귀모형에서, 노력 정도($X_1$)를 측정하는 변수의 회귀계수에 대한 정확한 추정치를 계산할 수 있다.

# 29 연 | 구 | 문 | 제

1. 다음 자료를 이용하여 문제를 해결하시오.

| Y | $X_1$ | $X_2$ |
|---|---|---|
| 2 | 1 | 3 |
| 3 | 2 | 2 |
| 4 | 3 | 3 |
| 5 | 2 | 5 |
| 5 | 4 | 4 |

1) 각 변수 간 단순상관계수와 기본 통계치(평균, 표준편차 등)를 계산하시오.
2) $b_1$, $b_2$, $\beta_1$, $\beta_2$ 및 각각의 표준오차를 계산하고, 통계적 검증을 수행하시오. $(\alpha = .05)$.
3) 항수 a를 구하시오.
4) $R^2_{y\cdot 12}$ 를 구하고 $(\alpha = .05)$ 수준에서 통계검정을 수행하시오.
5) $r_{y1.2}$와 $r_{y2.1}$를 계산하시오.
6) $r_{y(1.2)}$와 $r_{y(2.1)}$를 구하시오.

2. 다음 자료를 이용하여 관련 문제를 해결하시오.

| Y | $X_1$ | $X_2$ | $X_3$ |
|---|---|---|---|
| 30 | 40 | 36 | 50 |
| 36 | 42 | 38 | 56 |
| 38 | 46 | 42 | 54 |
| 32 | 44 | 38 | 58 |
| 30 | 42 | 36 | 54 |
| 38 | 46 | 34 | 60 |
| 36 | 44 | 36 | 62 |
| 40 | 48 | 44 | 64 |
| 28 | 38 | 36 | 54 |
| 26 | 36 | 38 | 52 |

1) 위의 자료에 기초한 단순상관관계 행렬표를 작성하시오.
2) $X_1$ 및 $X_2$와 Y를 이용하여 아래의 문제를 해결하시오.

① $\beta_{1,} \beta_2$ 및 그 통계적 유의도

② $R^2_{y.12}$ 및 통계적 유의도

③ $r_{y.12,}\ r_{y(1.2)}$ 및 통계적 유의도

3) Y, $X_{1,}\ X_2$ 및 $X_3$ 자료를 이용해서 아래의 문제를 해결하시오.

① $r_{y1.23}$, $r_{y2.13}$, $r_{y3.12}$ 및 통계적 유의도

② $r_{y.123}$ 및 통계적 유의도

③ $r_{y(1.23)}$ 및 통계적 유의도

3. 아래의 자료를 이용해서 문제를 해결하시오.

| X | Y |
|---|---|
| 2 | 2 |
| 2 | 1 |
| 1 | 1 |
| 1 | 1 |
| 3 | 4 |
| 4 | 4 |
| 5 | 7 |
| 5 | 6 |
| 7 | 7 |
| 6 | 9 |
| 4 | 3 |
| 3 | 3 |
| 6 | 6 |
| 6 | 6 |
| 8 | 9 |
| 9 | 9 |
| 10 | 6 |
| 9 | 6 |
| 4 | 9 |
| 4 | 9 |

1) X, Y 각각에 대한 평균, 자승화, 교적화($\Sigma$XY), 표준편차, X와 Y의 상관관계

2) X에 대한 Y의 회귀방정식

3) 회귀자승화와 회귀방정식

4) X에 대한 Y 회귀선의 의의도 검증을 위한 F비 :

자승화($SS_{reg}$, $SS_{res}$)를 사용하시오.

5) 추정치 분산과 추정치 표준오차

6) 회귀계수의 표준오차

7) 회귀계수 검증을 위한 t비, $t^2$은?

# 제 3 부

# 비모수 통계방법

CHAPTER 30

# 카이자승($x^2$) 검정

전집의 무선표본 및 정상분포를 중요시하는 모수통계는 전집에 대한 추론을 강조하지만, 비모수 통계는 전집의 모수치에 관한 가설검정에 역점을 두지 않는다. 비모수 통계의 하나인 카이자승법(chi-square statistic) 역시 전집 추론보다는 분포의 형태, 중앙경향치 또는 분류변수들간의 관계에 관한 가설검정에 역점을 둔다. 카이자승법은 동간추정치와 동분산성의 정상분포를 다루는 모수통계와는 달리, 특정 범주에 속하는 피험자 빈도의 차이에 관심을 갖는다. 1900년 Karl Pearson에 의해 소개된 카이자승법은 관찰된 빈도가 기대되는 빈도와 의의 있게 다른지의 여부를 검정하기 위하여 사용되며, 그 특징은 다음과 같다.

① $\chi^2$(카이자승법)은 관찰빈도와 기대빈도간의 차이가 유의미한지를 측정하는데 이용된다.

② $\chi^2$ 적용에 필요한 자료는 빈도 또는 비율의 형태로 이루어진다. 따라서 카이자승법은 빈도자료, 비율자료(f/N) 및 퍼센트 자료(비율×100)를 사용할 수도 있다.

③ $\chi^2$ 설계에서는 독립변수들이 불연속적 범주의 형태로 이루어져야 각 범주에 대한 빈도자료를 수집할 수 있다.

④ 자료는 단순설계 또는 요인설계의 형태로 수집될 수 있다. 단순설계에서는 하나의 변수가 둘 이상의 하위 수준으로 분류된다. 2원 요인설계에서는 독립변수가 두 개이며, 각 변수는 둘 이상의 하위수준으로 구별된다.

⑤ 피험자들의 반응은 어느 하나의 세포에만 속한다.

$\chi^2$은 적합도 검정과 독립성 검정의 두 유형으로 분류되며, 두 유형 모두 관찰빈도와 기대빈도를 비교한다. 단일변수를 분석하는 적합도 검정에서는 일군의 관찰빈도가 그에 대응하는 일군의 기대빈도 또는 이론빈도와 비교된다. 적합도 검정에서 가설은 “변수의 분포가 이항분포나 정규분포와 동일하다”로 설정된다. 어떤 전집의 표본이 그 전집을 대

표하고 있는지를 검정하는 데 사용되는 것이 적합도 검정이다.

변수가 두 개 이상일 때에는 독립성 검정이 사용되며, 관찰빈도와 기대빈도의 비교는 적합도 검정과 동일하다. 독립성 검정에서 기대빈도는 "두 변수가 서로 상관이 없고 독립적"이라고 기대하는 것을 함축하며 관찰빈도와의 차이에 의해 기대빈도의 진위여부를 밝힌다.

## 1 단순 $\chi^2$ 설계

단순 카이자승 설계법에서는 독립변수가 하나이고 이 독립변수는 둘 또는 그 이상의 하위수준으로 분류된다. 이 설계를 적합도 검정(goodness-of-fit-test)이라고 한다. 예를 들어, 국민의 정치유형 선호도(독립변수)를 알아보기 위하여 민주주의 선호자, 사회주의 선호자 및 보수적 사회주의 선호자 등 세 가지 정치유형 선호형태로 나눌 수 있다. 피험자는 설계의 어느 한 세포에만 포함되어야 하며, 독립변수는 빈도, 비율, 확률 및 백분률 형태로 계산된다. 단순 $\chi^2$설계의 목적, 논리와 가설은 다음과 같다.

① 목적: 관찰된 빈도가 이론적으로 기대되는 빈도와 체계적으로 다른지 또는 그 차이가 우연한 것인지를 결정하기 위해 설계된다. 일원 카이자승법은 자주 적합도 검정법이라 하는데, 관찰된 빈도가 이론적으로 기대되는 빈도에 적합한지를 검정하기 때문이다. 따라서 이론적으로 기대되는 빈도를 먼저 구체화할 필요가 있다.

② 논리: 영가설을 기각하려면 관찰된 카이자승이 얼마나 커야 하는가? 카이자승법에서 사용되는 자유도(df)는 하위수준(분류목)수에서 1을 뺀 수이다.

③ 가설: 일방검정인 경우의 전형적인 가설은 다음과 같다.

$H_0$: 관찰된 빈도는 각 범주(하위수준) 내에서 기대된 빈도보다 적거나 같다.

$H_a$: 관찰된 빈도(분포)는 각 범주 내에서 기대된 빈도(분포)보다 많다.

피험자 수 및 경험적으로 관찰된 빈도자료는 특정한 가설에 기초하여 기대되는 빈도와 비교된다. 또는 관찰된 피험자 비율을 특정 가설에 근거한 기대비율과 비교하기도 한다. 그러므로 $\chi^2$ 검정은 미리 정해진 기대치에 관한 가설검정이라고 말할 수 있다.

만약 영가설이 진이라면, 관찰된 빈도($f_o$)와 기대되는 빈도($f_e$)간의 차이는 무선표본오차에 기인하는 것이다.

### 1) $\chi^2$ 계산방법

$$\chi^2 = \sum_{i}^{k} \frac{(f_o - f_e)^2}{f_e} \qquad [30.1]$$

$f_o$ = 관찰된 빈도, $f_e$ = 기대(영가설)빈도(이론 빈도)

이 공식을 보면, $\chi^2$은 관찰빈도와 기대/이론 빈도 사이에 얼마나 차이가 있는가에 대한 기술 측정치임을 알 수 있다. 관찰빈도와 기대빈도의 차이가 클수록 $\chi^2$치는 커진다. 관찰치와 기대치간의 차이가 크면, 영가설을 기각하고 관찰빈도와 기대빈도간의 차이가 유의미하다고 해석한다. 기대빈도는 $\chi^2$이 결정되기 전에 진술되어야 한다.

**| 예제 1 |** 출판업자가 남성독자들의 잡지(특히 월간지)—Reader's Digest, The Times 및 시사저널—선호도가 동일한지를 알아보려고 한다. 가설 검정을 위해 남성 독자 189명을 무선적으로 표집하였다. 출판업자는 Reader's Digest를 69명이, The Times를 65명이 그리고 시사저널을 55명이 선호한다는 사실을 알았다. 이 결과는 남성독자들의 잡지 선호도가 동일하다는 영가설을 지지하는가?

**| 풀 이 |** 남성독자들의 잡지 선호도가 동일한지를 검정하기 때문에, 189 ÷ 3 = 63명이다. 따라서 기대치는 모두 63명씩이다.

| 잡지명 | 관찰된 빈도($f_o$) | 기대된 빈도($f_e$) | $f_o - f_e$ | $(f_o - f_e)^2$ | $\frac{(f_o - f_e)^2}{f_e}$ |
|---|---|---|---|---|---|
| Reader's D | 69 | 63 | 6 | 36 | .5714 |
| The Times | 65 | 63 | 2 | 4 | .0635 |
| 시사저널 | 55 | 63 | -8 | 64 | 1.0159 |

$$\chi^2 = \Sigma \frac{(f_o - f_e)^2}{f_e} = 1.6508$$

$\chi^2_{crt(df=2)} = 5.99 \quad (df = 3\text{-}1 = 2)$

변수가 하나인 경우, 자유도는 분류목(categories)수로부터 1을 감한 수이다.

$\chi^2$치가 .05 수준에서 유의미하려면 획득된 $\chi^2$이 5.99 이상이어야 한다.

$\chi^2_{obt} < \chi^2_{crt}$ 이므로, 영가설을 기각할 수 없다. 따라서 각 잡지를 선호하는 빈도가 동일하다는 영가설을 수용한다.

### 2) $\chi^2$ 활용과정상 유의사항 및 가정

① 위에서 기술한 $\chi^2$검정은 독립적인 관찰을 했을 때에만 의의가 있다. 어떠한 반응도 다른 반응에 관련되거나 의존해서는 안된다(반응의 독립성).

② 모든 피험자의 반응은 단 하나의 세포(분류목)에만 포함되어야 한다.

③ 관찰된 빈도는 기대된 빈도와 그 합이 같아야 한다.

④ $\chi^2$ 검정은 모든 분류목내의 관찰빈도가 정상분포한다는 기대에 기초한다. 기대빈도가 큰 경우에는 정상분포의 기대가 문제시되지 않지만, 기대빈도가 적을 때에는 $\chi^2$ 검정 결과의 타당성이 줄어든다.

### 3) $\chi^2$의 특징

① $\chi^2$은 결코 음의 수치가 될 수 없는데, 모든 차이점들이 제곱되기 때문이다. 양의 차이이든 음의 차이이든 $\chi^2$치로 환산하면 양의 수가 된다.

② 관찰빈도가 기대빈도와 정확하게 일치하면 $\chi^2$은 영이 된다. 이러한 경우는 지극히 드물지만 이론상으로는 영(0)이 될 수 있다.

③ 다른 조건이 동일한 경우 기대빈도와 그에 대응하는 관찰빈도간의 차이가 클수록 $\chi^2$값은 더 증가한다.

④ $\chi^2$치는 관찰빈도와 기대빈도간의 차이에 의해서만 설명되는 것은 아니다. 오히려 기대빈도의 정도에 관련되는 상대적인 차이의 크기에 기인한다. 예를 들면, 동전을 20번 던져서 10번 앞면이 나오고, 1000번 던져서 500번 앞면이 나오면 10번과 500번이 각각의 기대빈도이다. 그러나 20번 던져서 16번 앞면이 나오면 기대빈도와의 차이가 매우 큰 경우지만, 1000번 던졌는데 506번 앞면이 나오면 그 차이는 똑같이 6번이지만 큰 차이라고 볼 수 없다.

⑤ $\chi^2$치는 계산에 포함된 차이의 수에 따라 결정된다. 예를 들면, 분류목수를 6개로 하는 경우와 3개로 하는 경우는 그 차이의 수에 있어서 전자가 후자보다 3개 더 있으므로 더 큰 $\chi^2$치가 나올 수 있게 된다.

## 2 자유도가 1인 $\chi^2$의 연속성 교정

카이자승법은 정상분포곡선과 같이 원만하고 연속적인 곡선이다. 그러나, 관찰빈도는 불연속적으로, 예를 들면 1에서 2로, 3에서 4로 변한다. 따라서 차이는 이론적인 카이자승 분포의 원만한 곡선과 관찰된 값의 울퉁불퉁한 분포간에 발생하는 차이일 수 있다. 이론적인 분포와 실제적인 표본분포간의 불일치는 자유도가 1인 검정결과에 영향을 주기 쉽다. 이러한 경우, 관찰된 빈도를 원만하게 교정하는 작업이 필요하다.

카이자승에서 이론적인 분포와 실제적인 표본분포간의 불일치는 Yates의 연속성 교정법으로 교정한다. 자유도가 1인 경우에만 적용된다. Yates의 교정법을 적용할 때에 사용되는 전략은 다음과 같다.

① 관찰된 빈도가 기대빈도보다 크다면, 관찰빈도에 .5를 감한다.

② 관찰된 빈도가 기대빈도보다 적다면, 관찰빈도에 .5를 더한다.

이렇게 교정하면 자료가 원만해지고, $\chi^2$의 관찰치가 약간 축소된다.

**| 예제 2 |** 행동과학 연구법 강의에 등록한 학생수가 40명이다. 영가설은 남학생수와 여학생수가 같다는 것이다. 그러나 실제로(관찰) 남학생수가 25명이고 여학생수가 15명이었다.

| 분류 | 관찰 빈도(O) | 기대 비율 | 기대 빈도($E$) | 연속성 교정치($O^*$) | $O^*-E$ | $(O^*-E)^2$ | $(O^*-E)^2$ |
|---|---|---|---|---|---|---|---|
| 남자 | 25 | .50 | 20 | 24.5 | 4.5 | 20.25 | 1.0125 |
| 여자 | 15 | .50 | 20 | 15.5 | - 4.5 | 20.25 | 1.0125 |
| $\Sigma$ | 40 | 1.00 | 40 | 40 | 0 | $\chi^2_{obt}$ = 2.025 | |

| | $A_1$ | $A_2$ | |
|---|---|---|---|
| $B_1$ | 3 A | B 5 | 8 |
| $B_2$ | 5 C | D 3 | 8 |
| | 8 | 8 | 16 |

$\chi^2_{crt(.05,1)} = 3.84146 > \chi^2_{obt} = 2.025$

$\chi^2$ 관찰치(2.025)가 표의$\chi^2_{crt}$ 기대치인 3.841을 초과하지 못하므로 영가설이 기각되지 않는다. 남학생들이 여학생들보다 더 많이 "행동과학 연구법" 강의에 등록했다고 결론을 내릴 만한 충분한 증거가 없다.

자유도가 1일 때 연속성을 위한 교정공식은,

$$\chi^2 = \sum_i^k \frac{(|f_o - f_e| - .5)^2}{f_e} \quad \cdots\cdots [30.2]$$

의의도 검정에 사용되는 이론상의 $\chi^2$ 분포는 연속적인 빈도곡선이다. 그러나 기대빈도가 적을 때 관찰된 $\chi^2$의 실질적인 표본분포는 불연속적일 수도 있다. 그래서 사례수가 소규모일 때 연속적인 정규분포곡선을 불연속적인 이항분포곡선으로 대용하는데, 그만큼 적합도는 떨어진다.

2 × 2 분할표에서 Yate의 연속성 교정방법을 생각해보자. 그 원리는 자유도가 1인 경우와 동일하다. 기대빈도보다 관찰빈도가 클 때는 .5를 감하고, 관찰빈도가 기대빈도보다 적을 때는 .5를 더해줌으로써 관찰빈도와 기대빈도가 더 근접하게 되어 $\chi^2$값이 줄어진다. 일반적으로 기대빈도가 5 이하일 때 Yate 교정법을 사용하는 것이 권장된다. 이 교정법은 무선모형과 혼합모형에 관련된 분석에서 상대적으로 보수적이다(Camilli & Hopkins, 1979). 다시 말해서, 교정식을 사용함으로써 통계적으로 의미있는 결과가 나오기 어렵다. 따라서 Camilli와 Hopkins는 2 × 2 분할표의 분석과정에서(무선 및 혼합모형) 사례수가 8 이상이 되어야 합리적으로 정확한 $\alpha$ 추정이 가능하다고 본다.

Yate 연속성 교정공식은 다음과 같다.

$$\chi^2 = \frac{N(|AD - BC| - N/2)^2}{(A+B)(C+D)(A+C)(B+D)} \quad \text{[30.3]}$$

**| 예제 3 |** 위의 자료를 Yate 교정공식에 의해 $x^2$을 계산하시오.

$$\chi^2 = \frac{16(|9-25|-8)^2}{(3+5)(5+3)(3+5)(5+3)} = 2.25$$

## 3 이원설계의 카이자승법

이원설계의 카이자승검정에서는 두 개의 독립변수가 있어야 하며, 각 변수는 둘 또는 그 이상의 하위수준으로 나누어진다. 그리고 종속변수는 빈도형태이다(빈도, 비율, 확률 또는 백분률). 검정의 목적은 두 변수(독립변수)가 서로 독립적인지의 여부를 결정하는 것이다. 이원 카이자승 계산공식은 일원카이자승 계산 공식과 같고 단지 자유도만 다르다. 여기에서 자유도는 각 독립 변수의 하위수준의 수에 달려 있다:

$df$ = (한 독립변수 하위수준수-1)(다른 독립변수 하위수준수-1)

가설: $H_0$; 변수 1과 변수 2는 상호독립적이다.

$H_a$; 변수 1과 변수 2는 상호상관적이다.

### 1) 가정과 요구조건

① 모든 관찰치는 설계의 어느 한 세포에만 포함된다.

② 관찰은 서로 독립성을 유지해야 한다.

③ 관찰은 원칙적으로 빈도로 측정된다.

④ 각 세포의 기대관찰치는 df ≥ 2 인 경우 최소한 5 이상이어야 하며, df = 1인 경우엔 10명 이상이어야 한다.

⑤ 자유도가 1인 카이자승의 관찰치는 표의 카이자승치($\chi^2$ 임계치)를 사용하기 위해서 연속성 교정을 해야 한다.

### 2) 계산 과정

$$Erc = \frac{f_r f_c}{N} \quad \cdots\cdots [30.4]$$

$Erc$ = 가로(r)와 세로(c) 세포내의 기대빈도(r과 c는 각 독립변수 하위수준수)
$fr$ = 가로(한 독립변수) 각 세포내의 빈도수
$fc$ = 세로(다른 독립변수) 각 세포내의 빈도수
$N$ = 전체 표본수

영가설을 기각 또는 수용하기 위한 의사결정에 필요한 계산 과정은 다음과 같다.

① 영가설을 기각할 것인지의 여부를 결정하기 위하여 획득된 $\chi^2$과 임계$\chi^2_{(a,\ df)}$을 비교한다.

② 자유도 $df$ = (r-1)(c-1), $\alpha$(제1종 오류)를 결정한다.

③ 획득된 $\chi^2 \geq$ 임계$\chi^2_{(a,\ df)}$이면, 영가설을 기각하고, 두 독립변수가 관련되는 것으로 해석한다.

④ 획득된 $\chi^2 <$ 임계$\chi^2_{(a,\ df)}$이면, 영가설이 수용되고, 두 변인이 독립적이라고 해석한다.

**| 예제 4 |** 3×4 이원설계 카이자승 분석 모형이다.

$H_0$: 인종과 선호하는 정치유형은 독립적이다.

$H_a$: 인종과 선호하는 정치유형은 관련이 있다.

| 인종 | 선호하는 정치유형 | | | | 합계 |
|---|---|---|---|---|---|
| | 자유민주주의 | 사회민주주의 | 보수주의 | 자유방임주의 | |
| 흑인 | 20(.18) | 20(.18) | 30(.27) | 40(.36) | 110 |
| 백인 | 90(.45) | 80(.40) | 20(.10) | 10(.05) | 200 |
| 동양인 | 50(.26) | 50(.26) | 60(.32) | 30(.16) | 190 |
| 합계 | 160(.32) | 150(.30) | 110(.22) | 80(.16) | 500 |

$$f_e = \frac{(\text{가로합계})(\text{세로합계})}{\text{전체사례수}(N)}$$

| $f_o$ | $fe$ = (가로Σ)(세로Σ)/$N$ | $f_o - f_e$ | $(f_o - f_e)^2$ | $(f_o - f_e)^2/f_e$ |
|---|---|---|---|---|
| 20 | (110)(160)/500 = 35.2 | -15.2 | 231.04 | 6.564 |
| 20 | (110)(150)/500 = 33.0 | -13.0 | 169.00 | 5.121 |
| 30 | (110)(110)/500 = 24.2 | 5.8 | 33.64 | 1.390 |
| 40 | (110)( 80)/500 = 17.6 | 22.4 | 501.76 | 28.510 |
| 90 | (200)(160)/500 = 64.0 | 26.0 | 676.00 | 10.563 |
| 80 | (200)(150)/500 = 60.0 | 20.0 | 400.00 | 6.667 |
| 20 | (200)(110)/500 = 44.0 | -24.0 | 576.00 | 13.091 |
| 10 | (200)( 80)/500 = 32.0 | -22.0 | 484.00 | 15.125 |
| 50 | (190)(160)/500 = 60.8 | -10.8 | 116.64 | 1.918 |
| 50 | (190)(150)/500 = 57.0 | -7.0 | 49.00 | .860 |
| 60 | (190)(110)/500 = 41.8 | 18.2 | 331.24 | 7.924 |
| 30 | (190)( 80)/500 = 30.4 | -.4 | .16 | .005 |

$$\chi^2_{obt} = \Sigma \frac{(f_0 - f_e)^2}{f_e} = 97.598$$

$$df = (4\text{-}1)(3\text{-}1) = 6 \quad \chi^2_{crt} = 12.59$$

해석: 두 변수가 독립적이라는 영가설을 기각하고, 인종과 선호하는 정치유형은 관련성이 있다고 해석한다. 구체적으로 말하면, 흑인은 자유방임주의를 선호하며, 보수주의도 두번째로 많이 선호한다; 백인은 자유민주주의를 가장 많이 선호하고, 그 다음으로 사회민주주의를 선호하는 경향이다; 동양인은 보수주의를 가장 많이 선호하며, 자유민주주의와 사회민주주의를 그 다음으로 많이 선호하는 경향을 볼 수 있다. 전체적으로 보면, 자유민주주의를 가장 선호하고 그 다음으로는 사회민주주의이다.

## 4 2 × 2 표의 계산 방법

독립성 검정에서는 두 독립변수가 포함된다는 것을 앞에서 진술했다. 두 독립변수는 일반적으로 명명변수이다. 연구문제는 두 변수가 서로 독립적인가의 여부에 관한 것이며, 자료는 이관표에 정리한다.

| | $A_1$ | $A_2$ | 계 |
|---|---|---|---|
| $B_1$ | A 60 | B 90 | 150 |
| $B_2$ | C 80 | D 50 | 130 |
| 계 | 140 | 140 | 280 |

자료는 관찰빈도 자료이며, A변수와 B변수가 서로 독립적인가의 문제를 검정한다. 우선 기대빈도가 계산되어야 한다. A와 B가 서로 독립적이라면, 각 세포의 기대빈도는 확률곱셈 원칙으로 계산한다. A1 속성을 가진 피험자를 무선적으로 선정할 확률은 140/280, 즉 .500이고, B1 속성을 가진 피험자를 무선적으로 선정할 확률은 150/280, 즉 .536이다. 따라서, 만약 A와 B가 독립적이라면, 피험자를 무선적으로 선정해서 A1과 B1이 동시에 될 수 있는 확률은 .500×.536, 즉 .268이다. 이러한 방법으로 위의 자료에 대한 기대빈도를 구하면 다음과 같다.

| | $A_1$ | $A_2$ |
|---|---|---|
| $B_1$ | 75 | 75 |
| $B_2$ | 65 | 65 |

각 세포의 기대빈도는 그 세포의 가로합산 빈도에 그 세포의 세로합산 빈도를 곱하여 전체빈도로 나눈 값이다. 예를 들면, $A_1B_2$ 세포의 기대빈도는 (140)×(130)÷(280) = 65가 된다.

그 다음에 일반적인 $\chi^2$ 계산공식에 의해 $\chi^2$ 값을 계산한다.

$$\chi^2_{obt} = \Sigma\frac{(f_0 - f_e)^2}{f_e}$$

$$= \frac{(60-75)^2}{75} + \frac{(90-75)^2}{75} + \frac{(80-65)^2}{65} + \frac{(50-65)^2}{65}$$

$$= 12.923 \ [df = (C-1)(R-1) = 1]$$

$$\chi^2_{crt\,(a\,=\,0.5)} = 12.706$$

획득된 $\chi^2$이 임계치 $\chi^2$보다 크므로, 영가설이 기각된다. 즉 관찰빈도와 기대빈도가 통계적으로 유의미한 차이를 보이고 있다. 좀더 구체적으로 해석하면, ① $A_1$과 $A_2$에 응답하는 피험자 수에 차이가 없지만, B의 경우, $B_1$에 응답하는 피험자 수가 $B_2$에 응답한 피험자 수보다 많다. ② $A_1$에서는 $B_2$ 응답자가 $B_1$ 응답자보다 많지만, $A_2$에서는 $B_1$에 응답한 피험자 수가 $B_2$에 응답한 피험자 수보다 더 많다.

$\chi^2$ 계산을 다음과 같이 할 수도 있다.

$$\chi^2 = \frac{N(AD-BC)^2}{(A+B)(C+D)(A+C)(B+D)}$$

$$= \frac{N(|AD-BC|-N/2)^2}{(A+B)(C+D)(A+C)(B+D)}$$

$$= \frac{280(3000-7200)^2}{(140)(140)(150)(130)} = 12.923$$

## 5 관련성 의의도 검정

$\chi^2$ 검정은 빈도자료를 활용하여 두 변수간의 관계에 대하여 의사결정을 하는 검정이기도 하므로, 영가설이 기각되면 두 변수들간의 관계가 통계적으로 의의 있다고 결론을 내릴 수 있다. 중요한 것은 "통계적인 의의가 있다는 것이 관계 또는 관련성의 강도 또는 정도를 나타내는 것은 아니다." 의의있는 결과는 단지 독립변수간에 있어서 관련성이 "영"과는 다르다는 것을 말해줄 뿐이다.

### 1) 2 × 2 표의 파이계수(Phi Coefficient; $\phi$)

$\chi^2$ = 5.124 가 ($df$ = 1) .05 수준에서 통계적으로 유의하다고 나왔지만, 찬성이 2/3가 안된다는 것을 그 "강도"로 표시해 보면;

$$\phi = \sqrt{\frac{\chi^2}{N}} \quad \text{[30.5]}$$

$$\phi = \sqrt{\frac{5.124}{100}} = .226 \quad \text{(사례수=100)}$$

$\phi$ 계수는 피어슨 상관계수처럼 해석할 수 있다(0～1.0 사이).

$\phi$ 계수의 통계적 의의는 계산할 필요가 없다.

### 2) 분할계수 C 또는 유관계수(Contingency Coefficient; C)

2 × 2 보다 더 규모가 큰 경우에는 $\phi$ 계수 대신 분할계수, C(또는 Cramer의 φ)를 계산한다.

$$C = \sqrt{\frac{\chi^2}{N+\chi^2}} \quad \cdots\cdots [30.6]$$

$\chi^2 = 42.035$이고 $N = 500$이라면,

$$C = \sqrt{\frac{42.035}{500+42.03}} = .278$$

C값의 범위는 0～1.0이다. C의 최대 값은 $\chi^2$ 표의 변수 분류목 수의 크기에 따라 영향을 받는다. 세로 세포 수와 가로 세포수가 같을 때,

$$C_{최대값} = \sqrt{\frac{K-1}{K}} \quad \cdots\cdots [30.7]$$

또한 K는 세로세포와 가로세포 수 중 더 작은 수의 세포 수와 같다. 따라서 유관계수 C의 최대 값은 변수들의 분류목 수에 따라 변하게 된다. 가령, r = 3, c= 4이면, K=3이다.

또한 2×2 빈도분포 설계에서 유관계수 최대치는 $\sqrt{(2-1)/2} = .707$이다. 3×3 빈도분포 설계에서 유관계수 최대치는 $\sqrt{2/3} = .816$이 된다. 따라서 유관계수의 크기는 세로세포와 가로세포 수가 동일한 표에서 계산되지 않는 한 직접 비교될 수 없다.

## 6 카이자승분포

### 1) 카이자승분포의 표

t 분포의 경우와 마찬가지로, 카이자승분포는 자유도 $\upsilon$에 따라 달라진다. 표의 숫자들은 $\upsilon$ 자유도를 갖는 분포에서 카이자승치를 나타낸다. 이 카이자승치는 표본의 크기 또는 이보다 더 큰 카이자승치를 가질 확률이 Q라는 의미인 바, [그림 30-1]에 제시되어 있다.

예를 들어보자. 자유도 7을 갖는 카이자승분포를 다룬다고 하자. 세로열 위쪽의 .05에서 가로열 자유도 7에 해당하는 수치, 14.067을 찾을 수 있다. 획득된 카이자승치가 14.067 이상인 무선표본의 통계치는 많은 횟수를 반복하여 보면 5% 정도 발생하게 되며, 이는 통계적으로 의의 있는 카이자승통계치라 할 수 있다.

[그림 30-1] $\upsilon$ 라는 자유도를 갖는 $\chi^2$ 분포 (오른편 빗금부분)

## 2) $\chi^2$ 법에 의한 일방검정과 양방검정

통계적 유의도 검정에 사용되는 $\chi^2$ 임계치표는 $\chi^2$ 표본분포의 오른쪽에만 기초한다. 부록에 제시된 $\chi^2$ 분포 임계치표에서 자유도가 1이고 $p<.05$ 수준의 임계치는 3.84이고, $p<.01$ 수준의 임계치는 6.63이다. 이들 수치들은 일방검정의 임계치가 아니다. $\chi^2$ 표본분포는 오른쪽(한 쪽)만 사용하지만, 임계치표의 수치는 방향에 관계없이 차이가 있는지의 여부만을 밝히는 양방검정에 필요한 값이다.

대부분의 경우, 일방검정 $\chi^2$은 별 의미가 없다. 적합도 검정과 독립성 검정에서, 연구자들은 관찰된 차이의 방향에 별 관심을 두지 않는다. 일방검정이 요구되면, $\chi^2$ 임계치의 넓이를 절반으로 나누어야 한다. 예를 들면, 유의도 .05 수준에서 자유도 1일 때, 양방검정에서는 $\chi^2$이 3.84이지만, 일방검정에서는 (.05)×2인 .10 수준에서 $\chi^2$이 2.71이라는 것을 알 수 있다.

**| 예제 5 |** 자유도가 17인데 $p<.01$ 수준에서 일방검정에 의해 통계적으로 유의미한 차이를 확인하는 데 필요한 $\chi^2$ 값은 얼마나 될까?

**| 풀 이 |** df가 17이고 $p<.01$에서 임계값 $\chi^2$을 보는 대신, $p<.02$ (.01×2)에서 찾으면 $\chi^2$이 31.0이라는 것을 알 수 있다.

## 7 $\chi^2$의 용례

다음은 부친의 교육수준에 따른 자녀의 학교생활에 대한 부친의 관심 정도에 관한 $\chi^2$ 분석 결과이다.

전체집단으로 보면 자녀의 학교생활에 대한 부친의 관심은 '약간 있다(34.0%) 및 많다(56.5%)'고 하는 긍정적 반응이 지배적이다. 부의 교육수준별로 보면 대학(원) 졸업자의 95.8%$\left(\frac{106+257}{379}\times 100\right)$, 전문대퇴・졸 및 대학중퇴가 90%, 고퇴・졸이 91.6%, 중퇴・졸이 90.3%, 국졸이하가 85.2%로서 부의 교육수준이 높으면 자녀의 학교생활에 관한 관심도 높아지는 경향이다. 부의 교육수준과 부의 자녀 학교생활에 대한 유관계수는 .41로서 상관이 확실히 있음을 알 수 있다. $\gamma$(gamma)로 미루어보아 부의 교육수준이 부모의 학교에 대한 관심도를 약 20% 정도 결정할 가능성을 볼 수 있다. 한 가지 제약점은 빈도에 의한 $\chi^2$ 결과(유의도)를 백분률로 바꾸어 해석한 점이다.

| 교육수준 | 자녀의 학교생활에 대한 부친의 관심 정도 | | | | | 계 |
|---|---|---|---|---|---|---|
| | 전혀없다 | 별로없다 | 덤덤하다 | 약간있다 | 많다 | |
| 국졸이하 | 8<br>(1.6;3.65) | 30<br>(6.9;14.82) | 27<br>(6.2;23.03) | 165<br>(37.9;14.9) | 209<br>(47.6;24.8) | 439<br>(100%) |
| 중퇴, 졸 | 4<br>(.9;3.68) | 11<br>(2.5;14.96) | 28<br>(6.3;23.24) | 168<br>(37.9;15.1) | 232<br>(52.4;25.1) | 443<br>(100%) |
| 고퇴, 졸 | 3<br>(.6;4.27) | 14<br>(2.7;17.36) | 26<br>(5.1;26.97) | 168<br>(32.7;17.5) | 303<br>(58.9;29.1) | 514<br>(100%) |
| 전문대퇴, 졸<br>대중퇴 | · | 7<br>(4.7;5.06) | 8<br>(5.3;7.87) | 48<br>(32.0;51.0) | 87<br>(58.0;85.0) | 150<br>(100%) |
| 대학(원)졸 | 1<br>(.3;3.15) | 3<br>(.8;12.80) | 12<br>(3.2;19.89) | 106<br>(28.0;12.9) | 257<br>(67.8;21.4) | 379<br>(100%) |
| 계 | 16<br>(.8) | 65<br>(3.4) | 101<br>(5.2) | 655<br>(34.0) | 1089<br>(56.6) | 1925<br>(100%) |

$\chi^2_{16=df} = 384.13 (p < .001)$　　　( )는 백분율 ___은 기대빈도

$$C = \sqrt{\frac{\chi^2}{N+\chi^2}} = .41, \qquad r = .20$$

# 30 연 | 구 | 문 | 제

1. 자동차 제조회사에서 무선적으로 60명의 성인을 표본하여 자동차 색깔에 대한 선호도를 조사했다. 27명이 파란색의 승용차를, 19명이 붉은 색의 차를, 14명이 회색의 차를 선호하는 것으로 나타났다. $\chi^2$ 기법을 사용하여, 자동차 색상 선호도(빈도)가 동일하다는 영가설을 검정하시오.

2. 심리학자가 대학생의 성별에 따라 문제해결과제 수행에 차이가 있는지를 밝히려고 한다. 다음과 같은 자료가 수집되었다. 연구가설은 남학생이 여학생보다 문제해결과제를 더 잘 수행한다는 것이다.

| | 문제해결 학습과제 수행 | |
|---|---|---|
| | 성 공 | 실 패 |
| 남 자 | 24 | 36 |
| 여 자 | 20 | 22 |

통계가설을 세우고 검정, 해석하시오. 관련성 강도는?

3. $\chi^2$ 치가 주어질 경우, 표본크기가 증가할 때, C와 크레머의 파이($\phi$)는 어떻게 변하는가?

4. 세 가지 실험에 참여한 피험자들의 취미활동 자료이다.

| | 실험 1 | 실험 2 | 실험 3 |
|---|---|---|---|
| 정 구 | 20 | 18 | 16 |
| 바 둑 | 8 | 8 | 30 |
| 등 산 | 6 | 19 | 18 |

연구가설, 통계가설을 설정하고, 검정하시오. 의미있는 결과이면 관련성 강도는?

5. 인지유형과 성취도 수준별로 나타나는 동기유발 점수를 비교한 자료이다.

| | 상 | 중 | 하 |
|---|---|---|---|
| 장독립 | 18 | 12 | 14 |
| 장의존 | 12 | 20 | 12 |

통계적 검정을 하시오. 통계적으로 의의있다면 관련성의 강도는?

6. 수험생들의 과제 수행능력과 최종합격여부에 대한 자료이다. 수행력과 시험결과가 독립적인지를 검정하시오.

| | 상 | 중 | 하 |
|---|---|---|---|
| 성공 | 35 | 23 | 10 |
| 실패 | 9 | 10 | 13 |

7. 다음 자료에 대하여 연속성 교정공식을 이용하여 $\chi^2$ 검정을 하시오.

1)

| | $A_1$ | $A_2$ |
|---|---|---|
| $B_1$ | 4 | 3 |
| $B_2$ | 3 | 5 |

2)

| | $A_1$ | $A_2$ | $A_3$ |
|---|---|---|---|
| $B_1$ | 2 | 6 | 1 |
| $B_2$ | 5 | 3 | 2 |

8. 6개의 동전묶음 던지기를 384번 했다. 앞면이 나온 빈도가 다음과 같다. 이론적인 이항분포를 구하시오. 이론적 빈도에 대한 관찰빈도의 적합도를 검정하시오.

| 머릿수 | 빈도(관찰) |
|---|---|
| 0 | 10 |
| 1 | 62 |
| 2 | 130 |
| 3 | 110 |
| 4 | 50 |
| 5 | 10 |
| 6 | 12 |

9. 주사위를 360번 던져서 1, 2, 3, 4, 5 및 6이 각각 40, 50, 65, 80, 40 및 85번씩 나왔다. 이 빈도분포에 왜곡(편포)성이 있는지의 여부를 $\chi^2$검정에 의해 확인하시오.

10. 남녀 성인을 각각 80명씩 표본하여 학교에서의 체벌에 대한 찬성 여부를 조사한 결과 남성 25명, 여성 16명이 찬성하는 것으로 나타났다. 체벌에 대한 찬성여부에 성별간 차이가 있는지를 검정하시오.

# 제 4 부

# 연구도구의 양호도

CHAPTER 31

# 타당도와 신뢰도

도구가 측정하고자 하는 목표를 제대로 재고 있는지를 확인하는 일은 매우 중요하다. 여기에서는 목표를 얼마나 정확하게 재고 있는지를 확인하는 타당도, 그 도구가 피험자를 얼마나 일관성 있게 재느냐의 정도를 확인하는 신뢰도, 채점자가 얼마나 일관성 있게 채점하는지의 정도를 확인하는 객관도 및 도구의 실용도에 대해서 탐구한다.

## 1 타당도

### 1) 타당도의 개념

측정도구의 타당도란 측정하려는 것을 얼마나 충실하게 측정하느냐를 뜻하는 것으로, 타당도의 개념은 '무엇' 또는 '준거'에 비추어서 설명된다. 어떤 도구가 측정하고자 의도한 것을 측정했다면, 그 도구는 타당한 것이다.

### 2) 타당도 측정방법

#### (1) 내용타당도

내용타당도는 교수-학습과정에서 설정한 교육목표를 검사도구가 어느 정도로 충실하게 재고 있느냐를 결정하기 위하여 사용되는 개념이다. 이 내용타당도를 결정하는 요인을 보면 첫째, 의도했던 목표에 비추어 보아 평가도구가 적합한가의 정도, 둘째, 문항내용이 내용의 중요한 요소들을 포괄하는 정도, 셋째, 학생집단의 특성에 비추어 본 문항곤란도의 적절성 정도, 넷째, 문항표본이 내용 모집단을 대표하는 정도라고 할 수 있다. 내용타당도는 검사의 내용에 대하여 합리적인 분석을 통해서 이루어지며, 그 타당성의 결정은 개인적, 주관적 판단에 따른다.

내용 타당도는 두 가지가 있다. 첫째, 안면 타당도로서, 이는 관념적 타당도라고도 하며, 내용 전문가가 한 검사를 검토하고, 그 검사가 관련된 내용특성을 측정한다고 결론을 내리면 그 검사의 안면 타당도는 성립된다. 둘째, 논리적 또는 표집 타당도가 있는데, 이는 안면 타당도보다 더 섬세하다. 내용 타당도는 주관적인 판단에 기초하므로 이러한 유형의 타당도 결정에는 다른 어떠한 유형의 타당도보다 착오나 편견에 따라 결정되는 경우가 많다.

내용타당도를 높일 수 있는 방법으로 다음과 같은 사항을 고려할 수 있다. ㉠ 측정하려는 학습결과와 내용을 확인한다. ㉡ 제작하려는 문항이 어떤 것인가를 구체적으로 명시하는 목표 이원분류표를 작성해서 활용한다. ㉢ 목표 이원분류표에 적합한 검사문항을 제작한다.

### (2) 준거관련타당도

준거관련타당도는 확인된 준거를 나타내는 측정점수와 확인되지 않은 검사점수간의 관련성 정도를 함축하고 있다. 이 타당도는 검사 점수가 준거에 관련될 수 있을 때 사용될 수 있다. 전형적으로 준거관련 타당도는 검사점수와 준거점수간의 상관계수로 제시된다.

① 예언타당도

장래의 행동이나 학습결과를 예언하기 위하여 특정한 검사를 실시하고, 일정한 시간이 지난 후 준거검사를 실시한다. 먼저 실시한 검사점수와 준거점수간 상관관계가 높으면 예언타당도는 높다고 할 수 있다. 예언타당도는 어떤 직업의 성공 정도나 장래의 학습효과 등을 예언하는 데 많이 이용된다.

② 공인타당도

이 타당도는 예언검사와 준거검사가 동시에 실시되며, 이 두 검사 점수간의 상관관계에 의해서 검증되어진다. 공인타당도의 특징은 준거가 예언보다는 공통적인 요인의 유무 여부에 있다는 점이다.

### (3) 구인타당도

그 검사가 이론적인 구인이나 특성을 측정하는 정도로, 아직 조작적으로 정의되지 않고, 과학적으로 이론이 제대로 정립되지 아니한 새로운 개념 혹은 구인을 측정하는 검사에 과학적 이론과 타당성을 부여하는 과정이다.

구인 타당도의 주된 유형의 하나가 수렴타당도와 변별타당도인데, 수렴타당도는 동일한 특성에 대하여 상이한 방법에 의한 측정치들 간의 높은 상관관계에 의해 입증되고, 변별타당도는 상이한 특성을 동일한 방법으로 측정한 점수들 간의 낮은 상관관계에 의하여 증명된다. 구인타당도의 방법으로 중다특성-중다방법 타당도와 요인타당도를 소개한다(Allen & Yen, 1979).

(가) 중다특성-중다방법 타당도

이 방법은 최소한 2 가지 특성을 두 가지 이상의 방법으로 측정할 때 사용할 수 있다. 예를 들면, 내향성과 신경성을 진위법과 다중선택법에 의해 측정하는 경우, 이 네 검사를 동일한 피험자들에게 실시하여 분석된 결과를 아래의 표에 제시한다. 이때, 타당도 행렬이 상관관계 행렬과 비슷한데, 상관관계가 대각선으로 제시된다. 가로와 세로에 모두 각각 다른 방법으로 측정된 특성이 제시된다.

<표 31-1> 이상적인 2×2 다중특성-다중방법 타당도 행렬

| | $A_1$ 내향성 (진위형) | $B_1$ 신경성 (진위형) | $A_2$ 내향성 (다중선택형) | $B_2$ 신경성 (다중선택형) |
|---|---|---|---|---|
| $A_1$ 내향성 (진위형) | .80(고) | .20(저) | .75(고) | .17(저) |
| $B_1$ 신경성 (진위형) | .20(저) | .85(고) | .15(저) | .71(고) |
| $A_2$ 내향성 (다중선택형) | .75(고) | .15(저) | .83(고) | .21(저) |
| $B_2$ 신경성 (다중선택형) | .17(저) | .71(고) | .21(저) | .91(고) |

〈표 31-1〉은 2 가지 유형의 중다특성-중다방법 타당도 행렬로서, 수렴 타당도와 변별 타당도 행렬이다. 수렴 타당도는 상이한 방법에 의해 측정된 동일한 특성 점수간의 높은 상관관계에 의해 확인된다. 예를 들면, $r_{A1A2}$ 과 $r_{B1B2}$가 곧 수렴타당도이다. 높은 상관관계에 의해 2 검사가 하나의 특성으로 수렴된 것을 알 수 있다.

변별 타당도는 동일한 측정방법에 의해 측정된 상이한 두 특성점수 간의 낮은 상관관계에 의해 확인된다. 예를 들면 $r_{A1B1}$과 $r_{A1B2}$, $r_{A2B1}$ 및 $r_{A2B2}$가 변별 타당도이다. 특히, 동일한 방법을 사용한 $r_{A1B1}$과 $r_{A1B2}$가 전형적인 변별 타당도이다. 낮은 상관관계는 검사가 상이한 특성 간의 변별을 나타내는 것이다.

상관관계 유형은 높은 신뢰도와 높은 동일특성 내 상관관계이어야 하지만, 서로 다른 특성들 간의 낮은 상관관계와 방법에 기인한 왜곡이 없다는 것을 보여주는 상관관계, 즉 방법이 동일하더라도 다른 두 특성점수간의 낮은 상관관계이여야 한다. 특성들 측정에 상이한 방법을 사용하는 경우보다 서로 다른 두 특성들을 측정하기 위하여 동일한 방법을 사용할 때 서로 다른 특성 점수간의 높은 상관관계가 나타나면 방법의 왜곡성이 드러나는 것이다.

(나) 요인타당도

이 타당도는 요인분석을 통해서 이루어지는 일종의 구인타당도 형태이다. 요인분석은 다수의 변수들 간의 상호상관관계를 분석하기 위한 수학적 절차를 의미하는데, 이들 많은 변수들 간의 관계를 소위 요인이라고 불리는 소수의 변수들에 의해 설명하려는 절차라고 할 수 있다. 이때 요인이란 하나 또는 그 이상의 관찰 변수들에 영향을 미치는 가설적 변수라 할 수 있다.

요인분석은 ㉠ 자료 요약 ㉡ 변수의 구조파악 ㉢ 필수적인 변수 선정-불필요한 변수 제거 ㉣ 측정도구의 타당성 검증 ㉤ 회귀분석이나 판별분석 등 추가적인 분석 방법에 요인 점수 활용 ㉥ 대상을 묶는데 활용한다.

상관관계 행렬을 이용하여 요인분석을 할 때, 어느 한 요인에 의해 영향을 받을 때, 높은 요인 부하량을 갖는다고 말한다. 요인 부하는 크기나 의미상 상관관계 계수와 매우 유사하다. 요인들 간의 상관이 없을 때 부하는 검사들과 요인들 간의 상관관계이다.

요인 타당도의 예를 들어보자. 6개의 하위 언어유창성 검사 변수로 구성되어 있다. 처음 세 검사는 언어 유창성 검사(v-1, v-2, v-3)이고, 뒤의 세 검사는 다른 언어능력(s-1, s-2, 및 s-3) 검사이다〈표 31-2〉.

<표 31-2> 공간력 검사의 하위검사 간 상관관계 행렬

| | v-1 | v-2 | v-3 | s-1 | s-2 | s-3 |
|---|---|---|---|---|---|---|
| v-1 | 1.00 | .51 | .57 | .52 | .29 | .49 |
| v-2 | .51 | 1.00 | .91 | .40 | .43 | .49 |
| v-3 | .57 | .91 | 1.00 | .50 | .33 | .53 |
| s-1 | .52 | .40 | .50 | 1.00 | .32 | .59 |
| s-2 | .29 | .43 | .33 | .32 | 1.00 | .79 |
| s-3 | .49 | .49 | .53 | .59 | .79 | 1.00 |

<표 31-3> 위 공간지각력 하위검사 요인 부하

| | 요 인 | |
|---|---|---|
| | 1 | 2 |
| v-1 | .46 | .04 |
| v-2 | .56 | .02 |
| v-3 | .62 | -.03 |
| s-1 | .29 | .24 |
| s-2 | -.14 | .74 |
| s-3 | .05 | .63 |

위의 〈표 31-2〉와 〈표 31-3〉을 보면, 동일한 특성인 유창성을 측정하는 하위검사가 제1요인으로 부하되고, 다른 특성(다른 언어능력)을 측정하는 하위검사가 제2요인으로 부하되는 것을 알 수 있다. 다만, s-1하위검사를 살펴보면 낮은 상관관계 계수를 나타내는데, 이는 유창성 요인에 .29로, 다른 언어능력검사에는 .24로 부하되어 어느 한 검사로 분류하기가 어렵다. 따라서 이 하위검사는 수정, 또는 제외시키는 방법 이외의 다른 방법을 찾기가 쉽지 않다.

## 2 신뢰도

### 1) 신뢰도의 개념

신뢰도는 검사도구가 재고자 하는 것을 얼마나 오차 없이 일관성 있게 측정하느냐의 문제로 측정의 일관성, 안전성 및 내적 합치성 정도가 모두 포함된다.

### 2) 신뢰도 측정방법

#### (1) 검사-재검사 신뢰도

하나의 검사에 피험자가 얼마나 일관성 있는, 또는 안정된 반응을 하느냐의 정도를 나타내는 것으로 동일한 피험자에게 일정한 시간간격을 두고 같은 검사를 반복 실시하여 두 점수간의 상관관계를 살펴봄으로써 신뢰도를 검증하는 방법이다. 이 방법은 측정치가 시간이 지나더라도 안정성을 유지할 수 있을 때에는 유용한 반면, 피험자의 건강, 피로, 기억력, 구체적인 검사내용의 이해 정도 등에 따라 신뢰도가 변할 수 있는 단점이 있다.

### (2) 동형검사 신뢰도

두 개의 동형검사를 구안해서 동일한 피험자들에게 동시에 실시하여 얻은 점수간의 상관관계를 계산하여 추정한다. 동형검사란 문항의 난이도, 변별도 등이 동질적이고, 동일한 내용과 목표를 측정하면서도 독립적으로 제작되어야 한다. 동형검사를 제작하기가 어렵지만, 이 방법은 기억, 연습, 건강, 피로 등의 영향을 통제할 수 있는 장점이 있다.

### (3) 내적 합치도법

내적일관성신뢰도라고도 하며, 검사를 구성하는 부분검사 또는 문항 간 일관성이 어느 정도인가를 의미한다. 검사를 구성하는 부분 검사나 문항들이 측정하려는 내용을 일관성 있게 측정할수록 이 신뢰도는 높아지게 된다. 이 신뢰도는 검사를 구성하는 두 검사 간의 유사성에 의해 추정되는 반분검사신뢰도와, 각 문항을 독립된 검사로 취급하여 문항들 간 측정의 일관성을 추정하는 문항내적일관성신뢰도 측정 방법이 있다(성태제, 시기자, 2006).

① 반분검사신뢰도

반분검사신뢰도는 한 검사의 문항들을 기우반분, 또는 전후반분의 방법에 의해 두 검사로 나누어서 그 두 검사 점수 간의 유사성 정도를 상관계수법에 의해 산출하는 방법이다.

$$r_{xy}= \frac{n\Sigma XY - \Sigma X\Sigma Y}{\sqrt{[n\Sigma X^2 - (\Sigma X)^2][n\Sigma Y^2 - (\Sigma Y)^2]}}$$

$$r_{xy}= \frac{8(31) - (19)(11)}{\sqrt{[8(61) - 19^2][8(21) - 11^2]}} = \frac{39}{\sqrt{[127][47]}} = .505$$

$$r_n = \frac{nr_0}{1+(n-1)r_0}$$

여기에서, $r_n$ =검사의 길이를 n배 했을 때의 신뢰도 계수

$r_0$ = 본검사의 신뢰도 계수

$n$ = 증가한 검사 길이의 배수

예를 들면, 아래의 자료를 이용하여 반분신뢰도를 구한다고 생각해 보자. 먼저, 8문항으로 구성된 검사를 앞 4문항과 뒤의 4문항으로 나누었다. 이때, r = .505는 각 4문항으로 구성된 검사점수간의 상관계수이다. 이 상관계수를 반분신뢰도 지수 계산 공식에 대입하

여 .671이라는 비교적 높은 신뢰도지수를 확인했다.

<표 31-4> 문항점수와 총점

| 학습자 | 1 | 2 | 3 | 4 | 5 | 6 | 7 | 8 | 총점 |
|---|---|---|---|---|---|---|---|---|---|
| A | 1 | 1 | 1 | 1 | 1 | 1 | 0 | 1 | 7 |
| B | 1 | 1 | 1 | 1 | 1 | 1 | 0 | 0 | 6 |
| C | 1 | 1 | 1 | 1 | 0 | 0 | 0 | 1 | 5 |
| D | 1 | 1 | 0 | 1 | 0 | 1 | 0 | 0 | 4 |
| E | 1 | 0 | 0 | 0 | 1 | 0 | 1 | 0 | 3 |
| F | 0 | 0 | 1 | 0 | 0 | 1 | 0 | 0 | 2 |
| G | 1 | 0 | 0 | 0 | 0 | 0 | 0 | 0 | 1 |
| H | 1 | 0 | 0 | 0 | 1 | 0 | 0 | 0 | 2 |

<표 31-5> 반분신뢰도 계산을 위한 기본 자료

| 학습자 | 앞 4문항(X) | 뒤4문항(Y) | $X^2$ | $Y^2$ | XY |
|---|---|---|---|---|---|
| A | 4 | 3 | 16 | 9 | 12 |
| B | 4 | 2 | 16 | 4 | 8 |
| C | 4 | 1 | 16 | 1 | 4 |
| D | 3 | 1 | 9 | 1 | 3 |
| E | 1 | 2 | 1 | 4 | 2 |
| F | 1 | 1 | 1 | 1 | 1 |
| G | 1 | 0 | 1 | 0 | 0 |
| H | 1 | 1 | 1 | 1 | 1 |
| | $\Sigma X$=19 | $\Sigma Y$=11 | $\Sigma X^2$=61 | $\Sigma Y^2$=21 | $\Sigma XY$=31 |

$$\rho_{xx'} = \frac{2\rho_{yy'}}{1+\rho_{yy'}}$$

여기서, $\rho_{xx'}$ =반분검사 신뢰도

$\rho_{YY'}$=반분된 검사점수의 상관계수

$$\rho_{xx'} = \frac{2(.505)}{1+.505} = .671$$

② 문항내적일관성

이 신뢰도 추정방법은 진점수의 분산을 관찰점수 분산에 의해 나눈 비율에 기초하는 것으로, 대표적인 추정 방법으로는 KR-20, KR-21, Cronbach-$\alpha$가 있다. 이러한 방법들은 다음과 같은 특성을 가진다.

첫째, Kuder-Richardson 공식 20(KR-20)은 하나의 검사를 가능한 수의 작은 검사들로 나누었을 때, 가능한 모든 반분 신뢰도의 평균값이다. 둘째, Kuder-Richardson 공식 21(KR-21)은 KR-20의 유사치를 구할 수 있는 보다 간편한 방법이지만, 문항 곤란도가 심하게 차이가 나면 KR-20 결과보다 낮은 신뢰도 지수가 산출된다.

셋째, $\alpha$계수법(또는 Cronbach $\alpha$)은 서답형 검사에서와 같이, 문항에 따라 다양한 부분 점수로 채점될 경우(KR-20이나 KR-21이 신뢰도 측정방법으로 적합하지 않은 경우) 사용된다. 이러한 문제를 해결하기 위하여 개발된 $\alpha$계수법은 한 검사를 독립적인 검사들로 나누어서, 나누어진 검사점수들의 분산합과 나누어지기 전의 검사(본 검사)점수의 분산을 고려하여 신뢰도를 산출하는 방법이다.

$$r_a = \frac{k}{k-1}\left(1 - \frac{\Sigma s_k^2}{s_t^2}\right)$$

여기에, $k$= 문항수(또는 세별된 검사수)

$s_k^2$ = k번째 구체적인 작은 검사의 문항수

$s_t^2$ = 본래의 (큰) 검사점수의 분산

이상 살펴본 내적 합치도법은 다음과 같은 문제점을 안고 있다. 첫째, 이 방법은 하나의 단일 개념이나 단일 요소를 측정하는 문항들로만 구성되는 검사에 적합하다. 예를 들면, 쓰기, 읽기 및 작문 영역 등을 측정하는 언어능력 검사보다는 쓰기 능력만 측정하는 문항으로 구성된 쓰기 능력 검사의 신뢰도 측정에 적합하다. 둘째, 이 기법이 속도 검사의 신뢰도를 측정하는 데 적용되면 과장 또는 확대된 신뢰도 지수가 나온다.

### 3) 주관식 검사점수의 신뢰도

주관식 검사점수나 여러 평정자들의 채점결과에 대한 신뢰도의 추정법은 Cronbach $\alpha$ 계수 계산법과 동일하다. 피험자들의 주관식 검사점수 분산이 크고 각 문항에 걸친 개인들의 점수가 비슷할 때 높은 신뢰도 계수가 산출된다.

### 4) 신뢰도 계수의 증감에 영향을 미치는 요인

① 집단의 변산도가 신뢰도 계수의 크기에 영향을 미친다. 높은 신뢰도 계수는 검사가 재고 있는 특성에 대해 동질적인 집단보다는 이질적인 집단의 검사에서 나온다.

② 채점의 신뢰도는 검사신뢰도를 제약 또는 한정시킨다. 채점과정이 신뢰롭지 않다면,

오차(채점에 의한 오차)가 발생하게 되어 검사의 신뢰도를 감소시킨다.

③ 신뢰도에 영향을 미치는 다른 요인들이 동등하다면, 문항수가 많은 검사의 신뢰도가 문항수가 적은 검사의 신뢰도보다 높다.

④ 검사가 너무 쉽거나 너무 어려운 문항들로만 구성되면, 신뢰도가 감소하는 경향이 있다.

⑤ 추측요인을 제거할 수 있어야 한다.

⑥ 물리적 조건도 신뢰도에 영향을 미친다. 수검 장소의 통풍, 온도, 밝기, 소음, 착석위치에 대한 만족도 등은 수검자의 점수변화에 영향을 미친다.

### 5) 타당도와 신뢰도의 관계

타당도는 평가도구의 필수적인 요건이다. 검사도구가 타당하기 위해서는 신뢰로워야 하므로 신뢰도는 타당도를 높이기 위한 필요조건이다. 그러나 신뢰도가 높더라도 타당도가 높지 않을 수도 있다는 사실을 상기해야 할 것이다.

## 3 객관도

객관도는 채점자 또는 평가자의 신뢰도로서, 채점자가 얼마나 일관성 있게 채점하는가의 정도라고 할 수 있다. 신뢰도가 검사도구의 변동 가능성에 따라 결정된다면, 객관도는 채점자의 변덕에 따라 결정되는 신뢰도라고 볼 수 있다.

채점의 객관성을 높이는 방법은 다음과 같다.

① 평가도구의 채점기준(준거)이 객관적이고 명료해야 한다.

② 평가자(채점자)가 평가(채점) 소양을 충분히 갖추어야 한다.

③ 주관식 문항을 채점할 때는 문항별로 채점을 해야 하고, 가능한 한 많은 채점자들이 독립적으로 채점하여, 그 결과를 종합하는 것이 합리적이다.

## 4 실용도

실용도는 측정도구의 실용적인 가치 정도를 의미하는 것으로, 측정도구가 경비, 시간 및 노력을 적게 들여서 측정의 목표를 충실하게 달성할 수 있을 때 실용성이 있다고 할 수 있다. 실용도를 높일 수 있는 조건을 제시하면 다음과 같다.

① 실시의 용이성

지시사항은 간단명료해야 하고, 하위 검사점수는 상대적으로 적어야 하며, 검사조건이 너무 까다롭지 않아야 한다.

② 실시시간

언어적성과 같은 영역에서 일반적인 수치를 원한다면, 30분에서 40분 내에 믿을 만한 결과를 얻을 수 있으며, 출판된 검사의 경우는 20분에서 60분 정도 사이의 시간이면 적당할 것이다.

③ 채점의 용이성

채점을 위한 지시가 명확하고, 채점 답안지를 간단하게 만들며, 답안지를 문제지와 분리해서 사용하고 채점기계를 사용한다. 주관식 문항을 출제할 경우, 문항과 함께 모범답안을 반드시 먼저 준비해야 한다.

④ 해석과 사용의 용이성

원점수가 의미 있는 점수로 변환되고, 규준표가 명확히 제시되며, 결과를 교육문제에 사용할 때 종합적으로 제안하는 것 등의 측면에서 용이해야 한다.

⑤ 동형 또는 비교형의 가능성

동형검사는 목표와 내용이 동일하며, 비슷한 수준의 곤란도와 다른 중요한 특징을 함축한 검사문항으로 구성된다. 따라서 이 동형검사를 사용함으로써 동일한 행동 측면을 측정하기 때문에 한 검사는 다른 검사를 대신할 수 있다.

⑥ 검사비용

유의할 사항은 타당도와 신뢰도 등의 자료가 제시되지 않는 검사지는 그 비용이 저렴하더라도 결코 경제성이 있는 것이 아니다.

# 31 연 | 구 | 문 | 제

1. 타당도의 개념을 실제 학교 교과교육과 관련지어 설명하시오.
2. 내용타당도와 경험적 타당도의 원리를 기술하고, 이 두 타당도간의 상호보완적인 특징을 설명하시오.
3. 예언타당도와 공인타당도를 구체적인 예를 들어 기술하시오.
4. 중다특성-중다방법 타당도와 요인타당도 각각의 원리를 설명하시오.
5. 신뢰도의 개념을 실제적인 학교생활과 관련지어 기술하시오.
6. 검사-재검사 신뢰도와 동형검사 신뢰도 및 내적 합치도에 대하여 기술하시오.
7. 아래는 점수결과가 제시되어 있다.

| | | 문항번호 | | | | | | | | | | |
|---|---|---|---|---|---|---|---|---|---|---|---|---|
| | | 1 | 2 | 3 | 4 | 5 | 6 | 7 | 8 | 9 | 10 | 계 |
| 피험자 | A | 1 | 1 | 1 | 1 | 1 | 1 | 1 | 0 | 1 | 1 | 9 |
| | B | 1 | 1 | 1 | 1 | 1 | 1 | 1 | 0 | 0 | 0 | 7 |
| | C | 1 | 0 | 1 | 1 | 1 | 1 | 1 | 0 | 0 | 0 | 6 |
| | D | 1 | 1 | 1 | 1 | 1 | 1 | 0 | 0 | 1 | 0 | 7 |
| | E | 1 | 1 | 1 | 0 | 1 | 0 | 0 | 0 | 0 | 0 | 4 |
| | F | 1 | 1 | 1 | 1 | 0 | 0 | 0 | 0 | 0 | 0 | 4 |
| | G | 1 | 1 | 0 | 1 | 0 | 0 | 0 | 1 | 0 | 0 | 4 |
| | H | 0 | 1 | 1 | 0 | 0 | 0 | 0 | 0 | 0 | 0 | 2 |
| | I | 1 | 0 | 0 | 0 | 0 | 0 | 0 | 0 | 0 | 0 | 1 |
| | J | 1 | 1 | 0 | 0 | 0 | 0 | 0 | 1 | 0 | 0 | 3 |
| 계 | | 9 | 8 | 7 | 6 | 5 | 4 | 3 | 2 | 2 | 1 | 47 |

1) 5번까지가 하나의 검사이고, 6번부터 10번까지 다른 또 하나의 검사이다. 반분 신뢰도를 계산하고 결과를 해석하시오.
2) KR-20과 KR-21을 이용하여 이검사의 신뢰도를 계산하여 해석하시오.
3) Chronbach방법으로 반분검사 신뢰도를 계산하고, 해석하시오.

7. 신뢰도와 타당도의 밀접한 관련성을 설명하시오.
8. 객관도와 실용도를 구체적인 예를 들어 설명하시오.

## 참고문헌


교육연구평가회(1987). 교육연구 및 통계. 서울: 교육출판사.

권순달(2000). 교육연구의 이해. 서울: 양서원.

김경동(1986). 사회조사연구방법. 서울: 박영사.

김란수(1985). 교육연구의 방법. 서울 : 종각출판사.

김영채(1988). 행동과학 연구를 위한 통계학. 중앙적성출판사.

김재은(1987). 연구방법. 서울: 교육과학사.

김종서(1987). 교육연구의 방법. 서울: 배영사.

김종서, 최정숙(2000). 교육연구법. 서울: 한국방송대학교 출판부.

김정환(1994). 행동과학 연구를 위한 통계학. 청주: 협신사.

김정환 외(1997). 현대교육평가의 이론과 실제. 서울: 양서원.

김종서(1989). 교육연구의 방법. 서울: 배영사.

김현수(1997). 현장교육연구법. 서울: 영원문화사.

김효남(1988). 자연현상의 현상학적 탐구법. 미출간 강의록.

박도순(1993). 교육연구방법론. 서울: 문음사.

박도정(1992). 교육연구방법론. 서울: 문음사.

박영배 외(1998). 평가방법탐구-열린 교과교육적 접근. 형설출판사.

변창진 외(1996). 교육평가. 서울: 학지사.

송인섭(1997). 연구방법론. 도서출판 尙潮社.

양병화・강경원(2001). 사회조사 분석사: 조사 방법론. 서울: 성안당.

여태전(1994). 교직사회화과정의 문화 기술적 연구: 상고 교사를 중심으로. 고려대학교 석사학위논문.

이관우(1986). 신조사방법론. 서울: 형설출판사.

이소현・박은혜・김영태(2000). 교육 및 임상현장 적용을 위한 단일 대상연구. 학지사.

이용숙(1986). 문화기술지와 간학문적 공동연구. 교육개발 8(3).

이종승(1988), 메타분석의 방법'. 한국교육개발원 연구방법론 연수자료.

이종승(1989). 교육연구법. 서울: 배영사.

이종재 등(1996). 교육행정연구법. 서울: 도서출판 하우.

이지훈(1993). 사회과학의 메타분석방법론. 충북: 충북대학교출판부.

임인재(1979). 통계방법. 서울: 박영사.

장상호(1976). 행동과학의 연구이론. 교육과학신서 17. 교육과학사.

조용환(1999). 질적 연구 -방법과 사례-. 서울: 교육과학사.

황정규(1987). 학교학습과 교육평가. 서울: 교육과학사.

황정규(1988). 메타분석의 이론과 방법론. 성곡논총 제19집.

Ary, D., Jacobs, L. C., & Razavieh. (1979). *Introduction to research in education.* Holt, Rinehart, & Winston.

Anderson, S. B., & Ball, S.(1978). *The Profession and practice of program evaluation.* San Francisco: Jossey-Bass, Inc., Publishers.

Barlow, H., & hersen, M.(1984). *Single-case experimental designs*(2nd ed.). N.Y. Pergamon Press.

Best, J. W., & Kann, J. V.(1988). *Research in education* (5th ed.). Englewood Cliffs: Prentice-Hall.

Borg, W. R.(1987). *Applying educational research: A practical guide for teachers* (2nd ed.). Longman.

Bogdan, R. C., & Biklen, S. K. (1992). *Qualitative research for education: An introduction to theory and methods* (2nd ed.). Allyn & Bacon.

Borg, W, R., & Gall, M, D.(1983). *Educational Research.* Longman. New York.

Byrkit, D. R.(1987). Statistics today: *A comprehensive introduction.* The Benjamin Commings.

Campbell, D. T., & Stanley, J. C.(1963). *Experimental and quasi-experimental designs for research.* Chicago: Rand, Mcnally & Co.

Cates(1985).

Cochran-Smith, M., & Lytle, S. L.(1990). *Research on Teacher and Teacher Research.* Educational Researcher, 19(2).

Cooper, H. M(1984). *The Integrative Research Review.* Beverly Hills : Sage.

Cuba, G. E., & Lincoln, S. Y.(1981). *Effective Evaluation.* San Francisco: Jossey-Bass, Inc., Publishers.

Daniel W. W(1978). *Applied Nonparametric Statistics.* Houghton Mifflin Co.

Darlington, R. B.(1990). *Regression and linear models.* McGraw-Hill series in psychology.

Erickson, F.(1986). Qualitative Methods in Teaching. In R. C. Bogdan, *Qualitative Research in Education.* Allyn & Bacon.

Ferguson, G. A., & Tkane(1989). *Statistical analysis in psychology and education* (6th ed.). McGraw-Hill.

Flanders, N. A.(1987). Human Interaction Models In M. J. Dunkin(Ed.), *International Encyclopedia of Teaching and Teacher Education*, Oxford: Pergamon Press.

Fox, D. J.(1969). *The Research Process of Education*. N.Y. Holt Rinehart Winston Inc.

Gates(1985). An Experimental Study of the nature of improvement resulting from practice. *Journal of Educational Psychology*. 85(2).

Gay, L. R.(1990). *Educational research: Competencies for analysis and application* (3rd ed.). Maxwell Macmillan International Editions.

Glantz, S. A., & Slinker, B. K. (1990). *Primer of applied regression and analysis of variance*. McGraw-Hill.

Glass, G. V., & Barry. M.(1981). *Meta-Analysis in Social Research*. Beverly Hills: Sage Publications.

Glass, G. V., & Hopkins, K. D.(1984). *Statistical methods in education and psychology* (2nd ed.). Prentice-Hall.

Glense, C., & Peshkin, A.(1992). *Becoming qualitative researchers: An introduction*. Longman.

Goetz, J. P., & LeCompte, M. D.(1984). *Ethnography and Qualitative Design in Educational Research*. N.Y.: Academic Press.

Harry, B.(1992). An Ethnographic Study of Cross-Cultural Communication with Puerto Rican-Americak Families in the Special Education. *American Educational Research Journal*, 29(3).

Harrison, N. S.(1979). *Understanding behavioral research*. Wadsworth.

Hays, W. L.(1988). *Statistics* (4th ed.). Holt, Rinehart, & Winston.

Jackson, G.(1980). Methods for Integrative Reviews, *Review of Educational Research*. 50 : 438~460.

Johnson, D.(1994). *Research methods in educational management*. Educational Management Development Unit, University of Leicester.

Kanji, g. K.(1993). *100 statistical tests*. Sage Pub.

Kanto, K. J., Kirby, D. R., & Goetz, J. P.(1981). *Research in Context*. *Research in the Teaching of English*, 15(4).

Keppel, G., & Zedick, S. (1989). *Data analysis for research designs*. NY: Freeman.

Kerlinger, F. N. (1986). *Foundations of behavioral research* (3rd ed.). Holt, Rinehart, & Winston.

Kirt, R. E.(1982). *Experimental design: Procedures for the behavioral science* (2nd ed.). Brooks/Cole.

Lincoln, Y. S. & Guba, E. G.(1985). *Naturalistic inquiry*. Bevrly Hills. Sage Pub.

Linstone, H. A.(1975). "Delphi Jechnique," in *Handbook of Future Research*, J. Fowles. ed.: Greenwood Press.

McMillan, J. H., & Schumacher, S.(1989). *Research in eeducation: A conceptual introduction* (2nd ed.). Scott & Foresman.

Minium. E. W., King, B. M., & Bear, G. (1993). *Statistical reasoning in psychology and education* (3rd ed.). John, Wiley, & Sons.

Moreno, J. L.(1953). *Who Shall Survive?*. N.Y.: Beacon.

Neter, J., Wasserman, W., & Kutner, M. H. (1990). *Applied statistical models: Regression, analysis of variance and experimental designs* (3rd ed.). Irwin.

Neter, J., Wasserman, W., & Whitemore, G. A. (1988). *Applied statistics* (3rd ed.). Allyn & Bacon.

Noether, G. E(1967). *Elements of Nonparametric Statistics*. N.Y.: Wiley.

Odeh, R. E.(1972). Generalized Mann-Whitney U Sttistic, *Applied Statistics*, 21.

Polkinghorne, D. E.(1991). *Generalization and Qualitative Research*. Paper presented ar the Annual Meeting of the American Educational Research Association.

Protoctor, C. H., & Loomis, C. P.(1951). Analysis of Sociometric data, in M. Jahoda, M. Deutch, & S. W. Cook(Eds), *Research Methods in Social Relations*, N.Y.: Dryden.

Rosenthal, R., & Rosnow, R.(1991). *Essentials of behavioral research: Methods and data analysis* (2nd ed.). McGraw-Hill Series in Psychology.

Scriven, M.(1972). Pros and Cons about goal-free Evaluation. *Evaluation Comment*, 3(4).

Shavelson, R. J.(1988). *Statistical reasoning for the behavioral science* (2nd ed.). Allyn & Bacon.

Sherman, R. R., & Webb, R. B. (Eds.)(1988). *Qualitative research in education: Focus and models*. The Falmer Press.

Spradley, J. P.(1980). *Participant Observation*. New York: Holt, Rinehart Winston.

Travers, R, M. W.(1983). *How Research has changed American Schools*. Kalamazoo, MI: Mythos Press.

Wagner, J.(1990). *Administrators as Ethnographers*. Enthropology and Education Qaarterly, 21(3).

Wiersma, W.(1995). *Research methods in education* (6th ed.). Allyn & Bacon.

Wilcox, R. R.(1996). *Statistics for the social science*. Academic.

Wolf, F.(1986), Meta-Analysis : *Quantative Methods for Research Synthesis*. Beverly Hills : Sage.

Wolcott, H. F.(1988). *Wrighting up Qualitative Research*. CA: Sage Publication.

부 록

# 부 록

## <부록 1> 정규분포곡선 수표(평균과 Z사이의 면적)

| z | .00 | .01 | .02 | .03 | .04 | .05 | .06 | .07 | .08 | .09 |
|---|---|---|---|---|---|---|---|---|---|---|
| 0.0 | 00.00 | 00.40 | 00.80 | 01.20 | 01.60 | 01.99 | 02.39 | 02.79 | 03.19 | 03.59 |
| 0.1 | 03.98 | 04.38 | 04.78 | 05.17 | 05.57 | 05.96 | 06.36 | 06.75 | 07.14 | 07.53 |
| 0.2 | 07.93 | 08.32 | 08.71 | 09.10 | 09.48 | 09.87 | 10.26 | 10.64 | 11.03 | 11.41 |
| 0.3 | 11.79 | 12.17 | 12.55 | 12.93 | 13.31 | 13.68 | 14.06 | 14.43 | 14.80 | 15.17 |
| 0.4 | 15.54 | 15.91 | 16.28 | 16.64 | 17.00 | 17.36 | 17.72 | 18.08 | 18.44 | 18.79 |
| 0.5 | 19.15 | 19.50 | 19.85 | 20.19 | 20.54 | 20.88 | 21.23 | 21.57 | 21.90 | 22.24 |
| 0.6 | 22.57 | 22.91 | 23.24 | 23.57 | 23.89 | 24.22 | 24.54 | 24.86 | 25.17 | 25.49 |
| 0.7 | 25.80 | 26.11 | 26.42 | 26.73 | 27.04 | 27.34 | 27.64 | 27.94 | 28.23 | 28.52 |
| 0.8 | 28.81 | 29.10 | 29.39 | 29.67 | 29.95 | 30.23 | 30.51 | 30.78 | 31.06 | 31.33 |
| 0.9 | 31.59 | 31.86 | 32.12 | 32.38 | 32.64 | 32.89 | 33.15 | 33.40 | 33.65 | 33.89 |
| 1.0 | 34.13 | 34.38 | 34.61 | 34.85 | 35.08 | 35.31 | 35.54 | 35.77 | 35.99 | 36.21 |
| 1.1 | 36.43 | 36.65 | 36.86 | 37.08 | 37.29 | 37.49 | 37.70 | 37.90 | 38.10 | 38.30 |
| 1.2 | 38.49 | 38.69 | 38.88 | 39.07 | 39.25 | 39.44 | 39.62 | 39.80 | 39.97 | 40.15 |
| 1.3 | 40.32 | 40.49 | 40.66 | 40.82 | 40.99 | 41.15 | 41.31 | 41.47 | 41.62 | 41.77 |
| 1.4 | 41.92 | 42.07 | 42.22 | 42.36 | 42.51 | 42.65 | 42.79 | 42.92 | 43.06 | 43.19 |
| 1.5 | 43.32 | 43.45 | 43.57 | 43.70 | 43.82 | 43.94 | 44.06 | 44.18 | 44.29 | 44.41 |
| 1.6 | 44.52 | 44.63 | 44.74 | 44.84 | 44.95 | 45.05 | 45.15 | 45.25 | 45.35 | 45.45 |
| 1.7 | 45.54 | 45.64 | 45.73 | 45.82 | 45.91 | 45.99 | 46.08 | 46.16 | 46.25 | 46.33 |
| 1.8 | 46.41 | 46.49 | 46.56 | 46.64 | 46.71 | 46.78 | 46.86 | 46.93 | 46.99 | 47.06 |
| 1.9 | 47.13 | 47.19 | 47.26 | 47.32 | 47.38 | 47.44 | 47.50 | 47.56 | 47.61 | 47.67 |
| 2.0 | 47.72 | 47.78 | 47.83 | 47.88 | 47.93 | 47.98 | 48.03 | 48.08 | 48.12 | 48.17 |
| 2.1 | 48.21 | 48.26 | 48.30 | 48.34 | 48.38 | 48.42 | 48.46 | 48.50 | 48.54 | 48.57 |
| 2.2 | 48.61 | 48.64 | 48.68 | 48.71 | 48.75 | 48.78 | 48.81 | 48.84 | 48.87 | 48.90 |
| 2.3 | 48.93 | 48.96 | 48.98 | 49.01 | 49.04 | 49.06 | 49.09 | 49.11 | 49.13 | 49.16 |
| 2.4 | 49.18 | 49.20 | 49.22 | 49.25 | 49.27 | 49.29 | 49.31 | 49.32 | 49.34 | 49.36 |
| 2.5 | 49.38 | 49.40 | 49.41 | 49.43 | 49.45 | 49.46 | 49.48 | 49.49 | 49.51 | 49.52 |
| 2.6 | 49.53 | 49.55 | 49.56 | 49.57 | 49.59 | 49.60 | 49.61 | 49.62 | 49.63 | 49.64 |
| 2.7 | 49.65 | 49.66 | 49.67 | 49.68 | 49.69 | 49.70 | 49.71 | 49.72 | 49.73 | 49.74 |
| 2.8 | 49.74 | 49.75 | 49.76 | 49.77 | 49.77 | 49.78 | 49.79 | 49.79 | 49.80 | 49.81 |
| 2.9 | 49.81 | 49.82 | 49.82 | 49.83 | 49.84 | 49.84 | 49.85 | 49.85 | 49.86 | 49.86 |
| 3.0 | 49.87 | | | | | | | | | |
| 3.5 | 49.98 | | | | | | | | | |
| 4.0 | 49.997 | | | | | | | | | |
| 5.0 | 49.99997 | | | | | | | | | |

## <부록 2> 단위정규분포에서 Z점수 이하의 면적 비율

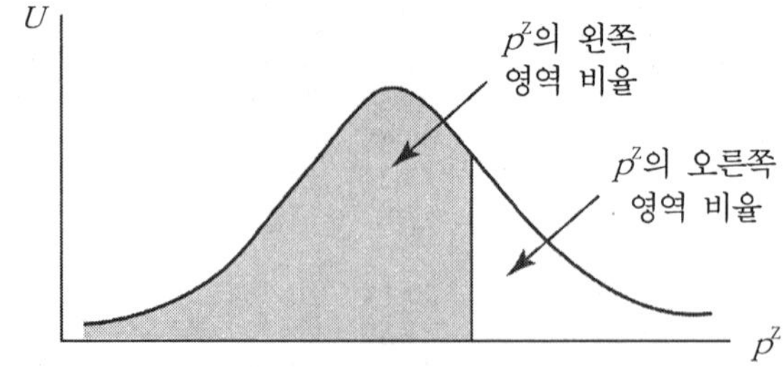


| 영역비율 | | | |
|---|---|---|---|
| Z(a) | Z(b) | Z(c) | 종축좌표u |
| 0.000 | .5000 | .5000 | .3989 |
| 0.01 | .5040 | .4960 | .3989 |
| 0.02 | .5080 | .4920 | .3989 |
| 0.03 | .5120 | .4880 | .3988 |
| 0.04 | .5160 | .4840 | .3986 |
| 0.05 | .5199 | .4801 | .3984 |
| 0.06 | .5239 | .4761 | .3982 |
| 0.07 | .5279 | .4721 | .3980 |
| 0.08 | .5319 | .4631 | .3977 |
| 0.09 | .5359 | .4641 | .3973 |
| 0.10 | .5398 | .4602 | .3970 |
| 0.11 | .5438 | .4562 | .3965 |
| 0.12 | .5478 | .4522 | .3961 |
| 0.126 | .5500 | .4500 | .3958 |
| 0.13 | .5517 | .4483 | .3956 |
| 0.14 | .5557 | .4443 | .3951 |
| 0.15 | .5596 | .4404 | .3945 |
| 0.16 | .5636 | .4364 | .3939 |
| 0.17 | .5675 | .4325 | .3932 |
| 0.18 | .5714 | .4286 | .3925 |
| 0.19 | .5753 | .4247 | .3918 |
| 0.20 | .5793 | .4207 | .3910 |
| 0.21 | .5832 | .4168 | .3902 |
| 0.22 | .5871 | .4129 | .3894 |
| 0.23 | .5910 | .4090 | .3885 |
| 0.24 | .5948 | .4052 | .3876 |
| 0.25 | .5987 | .4013 | .3867 |
| 0.253 | .6000 | .4000 | .3863 |
| 0.26 | .6026 | .3974 | .3857 |
| 0.27 | .6064 | .3936 | .3847 |
| 0.28 | .6103 | .3897 | .3836 |
| 0.29 | .6141 | .3859 | .3825 |
| 0.30 | .6179 | .3821 | .3814 |
| 0.31 | .6217 | .3783 | .3802 |
| 0.32 | .6255 | .3745 | .3790 |
| 0.33 | .6293 | .3707 | .3778 |
| 0.34 | .6331 | .3669 | .3765 |
| 0.35 | .6368 | .3632 | .3752 |
| 0.36 | .6406 | .3594 | .3739 |
| 0.37 | .6443 | .3557 | .3725 |
| 0.38 | .6480 | .3520 | .3712 |
| 0.385 | .6500 | .3500 | .3704 |
| 0.39 | .6517 | .3483 | .3697 |
| 0.40 | .6554 | .3446 | .3683 |
| 0.41 | .6591 | .3409 | .3668 |
| 0.42 | .6628 | .3372 | .3653 |
| 0.43 | .6664 | .3336 | .3637 |
| 0.44 | .6700 | .3300 | .3621 |
| 0.45 | .6736 | .3264 | .3605 |
| 0.46 | .6772 | .3228 | .3589 |
| 0.47 | .6808 | .3192 | .3572 |
| 0.48 | .6844 | .3156 | .3555 |
| 0.49 | .6879 | .3121 | .3538 |
| 0.50 | .6915 | .3085 | .3521 |
| 0.51 | .6950 | .3050 | .3503 |
| 0.52 | .6985 | .3015 | .3485 |
| 0.524 | .7000 | .3000 | .3477 |
| 0.53 | .7019 | .2981 | .3467 |
| 0.54 | .7054 | .2946 | .3448 |
| 0.55 | .7088 | .2912 | .3429 |
| 0.56 | .7123 | .2877 | .3410 |
| 0.57 | .7157 | .2843 | .3391 |
| 0.58 | .7190 | .2810 | .3372 |
| 0.59 | .7224 | .2776 | .3352 |
| 0.60 | .7257 | .2743 | .3332 |

a. Z가 부적이면 Z(Z=0)의 왼편영역이다. 예를 들면, Z= - .15이면, 면적 .4364는 그 Z의 왼편에 있는 부분의 넓이이다.

b. Pz의 왼편(위 그래프의 실선부분)의 넓이비율이다.

c. Pz의 오른편(흰부분)의 넓이비율이다.

## <부록 2>의 계속

| 영역비율 | | | | | | | |
|---|---|---|---|---|---|---|---|
| Z(a) | Z(b) | Z(c) | 종축좌표u | Z(a) | Z(b) | Z(c) | 종축좌표u |
| 0.61 | .7291 | .2709 | .3312 | 1.06 | .8554 | .1446 | .2275 |
| 0.62 | .7324 | .2676 | .3292 | 1.07 | .8577 | .1423 | .2251 |
| 0.63 | .7357 | .2643 | .3271 | 1.08 | .8599 | .1401 | .2227 |
| 0.64 | .7389 | .2611 | .3251 | 1.09 | .8621 | .1379 | .2203 |
| 0.65 | .7422 | .2578 | .3230 | 1.10 | .8643 | .1357 | .2179 |
| 0.66 | .7454 | .2546 | .3209 | 1.11 | .8665 | .1335 | .2155 |
| 0.67 | .7486 | .2514 | .3187 | 1.12 | .8686 | .1314 | .2131 |
| 0.674 | .7500 | .2500 | .3179 | 1.13 | .8708 | .1292 | .2107 |
| 0.68 | .7517 | .2483 | .3166 | 1.14 | .8729 | .1271 | .2083 |
| 0.69 | .7549 | .2451 | .3144 | 1.15 | .8749 | .1251 | .2059 |
| 0.70 | .7580 | .2420 | .3123 | 1.16 | .8770 | .1230 | .2036 |
| 0.71 | .7611 | .2389 | .3101 | 1.17 | .8790 | .1210 | .2012 |
| 0.72 | .7642 | .2358 | .3079 | 1.18 | .8810 | .1190 | .1989 |
| 0.73 | .7673 | .2327 | .3056 | 1.19 | .8830 | .1170 | .1965 |
| 0.74 | .7704 | .2296 | .3034 | 1.20 | .8849 | .1151 | .1942 |
| 0.75 | .7734 | .2266 | .3011 | 1.21 | .8869 | .1131 | .1919 |
| 0.76 | .7764 | .2236 | .2989 | 1.22 | .8888 | .1112 | .1895 |
| 0.77 | .7794 | .2206 | .2966 | 1.23 | .8907 | .1093 | .1872 |
| 0.78 | .7823 | .2177 | .2943 | 1.24 | .8925 | .1075 | .1849 |
| 0.79 | .7852 | .2148 | .2920 | 1.25 | .8944 | .1056 | .1826 |
| 0.80 | .7881 | .2119 | .2897 | 1.26 | .8962 | .1038 | .1804 |
| 0.81 | .7910 | .2090 | .2874 | 1.27 | .8980 | .1020 | .1781 |
| 0.82 | .7939 | .2061 | .2850 | 1.28 | .8997 | .1003 | .1758 |
| 0.83 | .7967 | .2033 | .2827 | 1.282 | .9000 | .1000 | .1754 |
| 0.84 | .7995 | .2005 | .2803 | 1.29 | .9015 | .0985 | .1736 |
| 0.842 | .8000 | .2000 | .2799 | 1.30 | .9032 | .0968 | .1714 |
| 0.85 | .8023 | .1977 | .2780 | 1.31 | .9049 | .0951 | .1691 |
| 0.86 | .8051 | .1949 | .2756 | 1.32 | .9066 | .0934 | .1669 |
| 0.87 | .8078 | .1922 | .2732 | 1.33 | .9082 | .0918 | .1647 |
| 0.88 | .8106 | .1894 | .2709 | 1.34 | .9099 | .0901 | .1626 |
| 0.89 | .8133 | .1867 | .2685 | 1.341 | .9100 | .0900 | .1623 |
| 0.90 | .8159 | .1841 | .2661 | 1.35 | .9115 | .0885 | .1604 |
| 0.91 | .8186 | .1814 | .2637 | 1.36 | .9131 | .0869 | .1582 |
| 0.92 | .8212 | .1788 | .2613 | 1.37 | .9147 | .0853 | .1561 |
| 0.93 | .8238 | .1762 | .2589 | 1.38 | .9162 | .0838 | .1539 |
| 0.94 | .8264 | .1736 | .2565 | 1.39 | .9177 | .0823 | .1518 |
| 0.95 | .8289 | .1711 | .2541 | 1.40 | .9192 | .0808 | .1497 |
| 0.96 | .8315 | .1685 | .2516 | 1.405 | .9200 | .0800 | .1487 |
| 0.97 | .8340 | .1660 | .2492 | 1.41 | .9207 | .0793 | .1476 |
| 0.98 | .8365 | .1635 | .2468 | 1.42 | .9222 | .0778 | .1456 |
| 0.99 | .8389 | .1611 | .2444 | 1.43 | .9236 | .0764 | .1435 |
| 1.00 | .8413 | .1587 | .2420 | 1.44 | .9251 | .0749 | .1415 |
| 1.01 | .8438 | .1562 | .2396 | 1.45 | .9265 | .0735 | .1394 |
| 1.02 | .8461 | .1539 | .2371 | 1.46 | .9279 | .0721 | .1374 |
| 1.03 | .8485 | .1515 | .2347 | 1.47 | .9292 | .0708 | .1354 |
| 1.036 | .8500 | .1500 | .2333 | 1.476 | .9300 | .0700 | .1342 |
| 1.04 | .8508 | .1492 | .2323 | 1.48 | .9306 | .0694 | .1334 |
| 1.05 | .8531 | .1469 | .2299 | | | | |

## <부록 2>의 계속

| 영역비율 | | | | | | | |
|---|---|---|---|---|---|---|---|
| $Z^{(a)}$ | $Z^{(b)}$ | $Z^{(c)}$ | 종축좌표u | $Z^{(a)}$ | $Z^{(b)}$ | $Z^{(c)}$ | 종축좌표u |
| 1.49 | .9319 | .0681 | .1315 | 1.91 | .9719 | .0281 | .0644 |
| 1.50 | .9332 | .0668 | .1295 | 1.92 | .9726 | .0274 | .0632 |
| 1.51 | .9345 | .0655 | .1276 | 1.93 | .9732 | .0268 | .0620 |
| 1.52 | .9357 | .0643 | .1257 | 1.94 | .9738 | .0262 | .0608 |
| 1.53 | .0370 | .0630 | .1238 | 1.95 | .9744 | .0256 | .0596 |
| 1.54 | .9382 | .0618 | .1219 | 1.960 | .9750 | .0250 | .0584 |
| 1.55 | .9394 | .0606 | .1200 | 1.97 | .9756 | .0244 | .0573 |
| 1.555 | .9400 | .0600 | .1191 | 1.98 | .9761 | .0239 | .0562 |
| 1.56 | .9406 | .0594 | .1182 | 1.99 | .9767 | .0233 | .0551 |
| 1.57 | .9418 | .0582 | .1163 | 2.00 | .9772 | .0228 | .0540 |
| 1.58 | .9429 | .0571 | .1145 | 2.01 | .9778 | .0222 | .0529 |
| 1.59 | .9441 | .0559 | .1127 | 2.02 | .9783 | .0217 | .0519 |
| 1.60 | .9452 | .0548 | .1109 | 2.03 | .9788 | .0212 | .0508 |
| 1.61 | .9463 | .0537 | .1092 | 2.04 | .9793 | .0207 | .0498 |
| 1.62 | .9474 | .0526 | .1074 | 2.05 | .9798 | .0202 | .0488 |
| 1.63 | .9484 | .0516 | .1057 | 2.054 | .9800 | .0200 | .0484 |
| 1.64 | .9495 | .0505 | .1040 | 2.06 | .9803 | .0197 | .0478 |
| 1.645 | .9500 | .0500 | .1031 | 2.07 | .9808 | .0192 | .0468 |
| 1.65 | .9505 | .0495 | .1023 | 2.08 | .9812 | .0188 | .0459 |
| 1.66 | .9515 | .0485 | .1006 | 2.09 | .9817 | .0183 | .0449 |
| 1.67 | .9525 | .0475 | .0989 | 2.10 | .9821 | .0179 | .0440 |
| 1.68 | .9535 | .0465 | .0973 | 2.11 | .9826 | .0174 | .0431 |
| 1.69 | .9545 | .0455 | .0957 | 2.12 | .9830 | .0170 | .0422 |
| 1.70 | .9554 | .0446 | .0940 | 2.13 | .9834 | .0166 | .0413 |
| 1.71 | .9564 | .0436 | .0925 | 2.14 | .9838 | .0162 | .0404 |
| 1.72 | .9573 | .0427 | .0909 | 2.15 | .9842 | .0158 | .0396 |
| 1.73 | .9582 | .0418 | .0893 | 2.16 | .9846 | .0154 | .0387 |
| 1.74 | .9591 | .0409 | .0878 | 2.17 | .9850 | .0150 | .0379 |
| 1.75 | .9599 | .0401 | .0863 | 2.18 | .9854 | .0146 | .0371 |
| 1.751 | .9600 | 0.400 | .0861 | 2.19 | .9857 | .0143 | .0363 |
| 1.76 | .9608 | .0392 | .0848 | 2.20 | .9861 | .0139 | .0355 |
| 1.77 | .9616 | .0384 | .0833 | 2.21 | .9864 | .0136 | .0347 |
| 1.78 | .9625 | .0375 | .0818 | 2.22 | .9868 | .0132 | .0339 |
| 1.79 | .9633 | .0367 | .0804 | 2.23 | .9871 | .0129 | .0332 |
| 1.80 | .9641 | .0359 | .0790 | 2.24 | .9875 | .0125 | .0325 |
| 1.81 | .9649 | .0351 | .0775 | 2.25 | .9878 | .0122 | .0317 |
| 1.82 | .9656 | .0344 | .0761 | 2.26 | .9881 | .0119 | .0310 |
| 1.83 | .9664 | .0338 | .0748 | 2.27 | .9884 | .0116 | .0303 |
| 1.84 | .9671 | .0329 | .0734 | 2.28 | .9887 | .0113 | .0297 |
| 1.85 | .9678 | .0322 | .0721 | 2.29 | .9890 | .0110 | .0290 |
| 1.86 | .9686 | .0314 | .0707 | 2.30 | .9893 | .0107 | .0283 |
| 1.87 | .9693 | .0307 | .0694 | 2.31 | .9896 | .0104 | .0277 |
| 1.88 | .9699 | .0301 | .0681 | 2.32 | .9898 | .0102 | .0270 |
| 1.881 | .9700 | .0300 | .0680 | 2.326 | .9900 | .0100 | .0267 |
| 1.89 | .9706 | .0294 | .0669 | 2.33 | .9901 | .0099 | .0264 |
| 1.90 | .9713 | .0287 | .0656 | | | | |

## <부록 2>의 계속

| 영역비율 | | | | | | | |
|---|---|---|---|---|---|---|---|
| $Z^{(a)}$ | $Z^{(b)}$ | $Z^{(c)}$ | 종축좌표u | $Z^{(a)}$ | $Z^{(b)}$ | $Z^{(c)}$ | 종축좌표u |
| 2.34 | .9904 | .0096 | .0258 | 2.79 | .9974 | .0026 | .0081 |
| 2.35 | .9906 | .0094 | .0252 | 2.80 | .9974 | .0026 | .0079 |
| 2.36 | .9909 | .0091 | .0246 | 2.81 | .9975 | .0025 | .0077 |
| 2.37 | .9911 | .0089 | .0241 | 2.82 | .9976 | .0024 | .0075 |
| 2.38 | .9913 | .0087 | .0235 | 2.83 | .9977 | .0023 | .0073 |
| 2.39 | .9916 | .0084 | .0229 | 2.84 | .9977 | .0023 | .0071 |
| 2.40 | .9918 | .0082 | .0224 | 2.85 | .9978 | .0022 | .0069 |
| 2.41 | .9920 | .0080 | .0219 | 2.86 | .9979 | .0021 | .0067 |
| 2.42 | .9922 | .0078 | .0213 | 2.87 | .9979 | .0021 | .0065 |
| 2.43 | .9925 | .0075 | .0208 | 2.88 | .9980 | .0020 | .0063 |
| 2.44 | .9927 | .0073 | .0203 | 2.89 | .9981 | .0019 | .0061 |
| 2.45 | .9929 | .0071 | .0198 | 2.90 | .9981 | .0019 | .0060 |
| 2.46 | .9931 | .0069 | .0194 | 2.91 | .9982 | .0018 | .0058 |
| 2.47 | .9932 | .0068 | .0189 | 2.92 | .9982 | .0018 | .0056 |
| 2.48 | .9934 | .0066 | .0184 | 2.93 | .9983 | .0017 | .0055 |
| 2.49 | .9936 | .0064 | .0180 | 2.94 | .9984 | .0016 | .0053 |
| 2.50 | .9938 | .0062 | .0175 | 2.95 | .9984 | .0016 | .0051 |
| 2.51 | .9940 | .0060 | .0171 | 2.96 | .9985 | .0015 | .0050 |
| 2.52 | .9941 | .0059 | .0167 | 2.97 | .9985 | .0015 | .0048 |
| 2.53 | .9943 | .0057 | .0163 | 2.98 | .9986 | .0014 | .0047 |
| 2.54 | .9945 | .0055 | .0158 | 2.99 | .9986 | .0014 | .0046 |
| 2.55 | .9946 | .0054 | .0154 | 3.00 | .99865 | .00135 | .0044 |
| 2.56 | .9948 | .0052 | .0151 | 3.01 | .99869 | .00131 | .00430 |
| 2.57 | .9949 | .0051 | .0147 | 3.02 | .99874 | .00126 | .00417 |
| 2.576 | .9950 | .0050 | .0145 | 3.03 | .99878 | .00122 | .00405 |
| 2.58 | .9951 | .0049 | .0143 | 3.04 | .99882 | .00118 | .00393 |
| 2.59 | .9952 | .0048 | .0139 | 3.05 | .99886 | .00114 | .00381 |
| 2.60 | .9953 | .0047 | .0136 | 3.06 | .99889 | .00111 | .00370 |
| 2.61 | .9955 | .0045 | .0132 | 3.07 | .99893 | .00107 | .00358 |
| 2.62 | .9956 | .0044 | .0129 | 3.08 | .99896 | .00104 | .00348 |
| 2.63 | .9957 | .0043 | .0126 | 3.09 | .99900 | .00100 | .00337 |
| 2.64 | .9959 | .0041 | .0122 | 3.0902 | .999000 | .001000 | .00337 |
| 2.65 | .9960 | .0040 | .0119 | 3.10 | .99903 | .00097 | .00327 |
| 2.66 | .9961 | .0039 | .0116 | 3.11 | .99906 | .00094 | .00317 |
| 2.67 | .9962 | .0038 | .0113 | 3.12 | .99910 | .00090 | .00307 |
| 2.68 | .9963 | .0037 | .0110 | 3.13 | .99913 | .00087 | .00298 |
| 2.69 | .9964 | .0036 | .0107 | 3.14 | .99916 | .00084 | .00288 |
| 2.70 | .9965 | .0035 | .0104 | 3.15 | .99918 | .00082 | .00279 |
| 2.71 | .9966 | .0034 | .0101 | 3.16 | .99921 | .00079 | .00271 |
| 2.72 | .9967 | .0033 | .0099 | 3.17 | .99924 | .00076 | .00262 |
| 2.73 | .9968 | .0032 | .0096 | 3.18 | .99926 | .00074 | .00254 |
| 2.74 | .9969 | .0031 | .0093 | 3.19 | .99929 | .00071 | .00246 |
| 2.75 | .9970 | .0030 | .0091 | 3.20 | .99931 | .00069 | .00238 |
| 2.76 | .9971 | .0029 | .0088 | 3.21 | .99934 | .00066 | .00231 |
| 2.77 | .9972 | .0028 | .0086 | 3.22 | .99936 | .00064 | .00224 |
| 2.78 | .9973 | .0027 | .0084 | | | | |

<부록 2>의 계속

| 영역비율 | | | | | | | |
|---|---|---|---|---|---|---|---|
| $Z^{(a)}$ | $Z^{(b)}$ | $Z^{(c)}$ | 종축좌표u | $Z^{(a)}$ | $Z^{(b)}$ | $Z^{(c)}$ | 종축좌표u |
| 3.23 | .99938 | .00062 | .00216 | 3.66 | .999873 | .000126 | .00049 |
| 3.24 | .99940 | .00060 | .00210 | 3.67 | .999879 | .000121 | .00047 |
| 3.25 | .99942 | .00058 | .00203 | 3.68 | .999883 | .000117 | .00046 |
| 3.26 | .99944 | .00056 | .00196 | 3.69 | .999888 | .000112 | .00044 |
| 3.27 | .99946 | .00054 | .00190 | 3.70 | .999892 | .000108 | .00042 |
| 3.28 | .99948 | .00050 | .00184 | 3.71 | .999896 | .000104 | .00041 |
| 3.29 | .99950 | .00050 | .00178 | 3.719 | .9999000 | .000100 | .00040 |
| 3.2905 | .999500 | .000500 | .00178 | 3.72 | .999900 | .000100 | .00039 |
| 3.30 | .99951 | .00048 | .00172 | 3.73 | .999904 | .000096 | .00038 |
| 3.31 | .99953 | .00047 | .00167 | 3.74 | .999908 | .000092 | .00037 |
| 3.32 | .99955 | .00045 | .00161 | 3.75 | .999912 | .000088 | .00036 |
| 3.33 | .99957 | .00043 | .00156 | 3.76 | .999915 | .000085 | .00034 |
| 3.34 | .99958 | .00042 | .00151 | 3.77 | .999918 | .000082 | .00033 |
| 3.35 | .99960 | .00040 | .00146 | 3.78 | .999922 | .000078 | .00031 |
| 3.36 | .99961 | .00039 | .00141 | 3.79 | .999925 | .000075 | .00030 |
| 3.37 | .99962 | .00038 | .00136 | 3.80 | .999928 | .000072 | .00029 |
| 3.38 | .99964 | .00036 | .00132 | 3.81 | .999931 | .000070 | .00028 |
| 3.39 | .99965 | .00035 | .00127 | 3.82 | .999933 | .000067 | .00027 |
| 3.40 | .99966 | .00034 | .00123 | 3.83 | .999936 | .000064 | .00026 |
| 3.41 | .99968 | .00032 | .00119 | 3.84 | .999939 | .000062 | .00025 |
| 3.42 | .99969 | .00031 | .00115 | 3.85 | .999941 | .000059 | .00024 |
| 3.43 | .99970 | .00030 | .00111 | 3.86 | .999943 | .000057 | .00023 |
| 3.44 | .99971 | .00029 | .00107 | 3.87 | .999946 | .000054 | .00022 |
| 3.45 | .99972 | .00028 | .00104 | 3.88 | .999948 | .000052 | .00021 |
| 3.46 | .99973 | .00027 | .00100 | 3.89 | .999950 | .000050 | .00021 |
| 3.47 | .99974 | .00026 | .00097 | 3.891 | .9999500 | .000050 | .00021 |
| 3.48 | .99975 | .00025 | .00094 | 3.90 | .999952 | .000048 | .00020 |
| 3.49 | .99976 | .00024 | .00090 | 3.91 | .999954 | .000046 | .00019 |
| 3.50 | .99977 | .00023 | .00087 | 3.92 | .999956 | .000044 | .00018 |
| 3.51 | .99978 | .00022 | .00084 | 3.93 | .999958 | .000043 | .00018 |
| 3.52 | .99978 | .00022 | .00081 | 3.94 | .999959 | .000041 | .00017 |
| 3.53 | .99979 | .00021 | .00079 | 3.95 | .999961 | .000039 | .00016 |
| 3.54 | .99980 | .00020 | .00076 | 3.96 | .999963 | .000038 | .00016 |
| 3.55 | .99981 | .00019 | .00073 | 3.97 | .999964 | .000036 | .00015 |
| 3.56 | .99981 | .00019 | .00071 | 3.98 | .999966 | .000035 | .00014 |
| 3.57 | .99982 | .00018 | .00068 | 3.99 | .999967 | .000033 | .00014 |
| 3.58 | .99983 | .00017 | .00066 | 4.00 | .999968 | .000032 | .00013 |
| 3.59 | .99983 | .00017 | .00063 | 4.265 | .9999900 | .0000100 | .0000448 |
| 3.60 | .99984 | .00016 | .00061 | 4.417 | .9999950 | .0000050 | .0000231 |
| 3.61 | .99985 | .00015 | .00059 | 4.50 | .9999966023 | .0000033977 | .0000160 |
| 3.62 | .99985 | .00015 | .00057 | 5.00 | .9999997133 | .0000002867 | .00000149 |
| 3.63 | .99986 | .00014 | .00055 | 5.327 | .9999995000 | .0000005000 | .00000027 |
| 3.64 | .99986 | .00014 | .00053 | 5.50 | .9999999810 | .0000000190 | .00000011 |
| 3.65 | .99987 | .00013 | .00051 | 6.00 | .9999999990 | .0000000010 | .000000006 |

## <부록 3> $r$에 대한 Fisher's Z계수 $^{*}|Z| = \frac{1}{2}\ \ln\left(\frac{1+|r|}{1-|r|}\right)$

| r | Z | r | Z | r | Z | r | Z | r | Z |
|---|---|---|---|---|---|---|---|---|---|
| .000 | .000 | .200 | .203 | .400 | .424 | .600 | .693 | .800 | 1.099 |
| .005 | .005 | .205 | .208 | .405 | .430 | .605 | .701 | .805 | 1.113 |
| .010 | .010 | .210 | .213 | .410 | .436 | .610 | .709 | .810 | 1.127 |
| .015 | .015 | .215 | .218 | .415 | .442 | .615 | .717 | .815 | 1.142 |
| .020 | .020 | .220 | .224 | .420 | .448 | .620 | .725 | .820 | 1.157 |
| .025 | .025 | .225 | .229 | .425 | .454 | .625 | .733 | .825 | 1.172 |
| .030 | .030 | .230 | .234 | .430 | .460 | .630 | .741 | .830 | 1.188 |
| .035 | .035 | .235 | .239 | .435 | .466 | .635 | .750 | .835 | 1.204 |
| .040 | .040 | .240 | .245 | .440 | .472 | .640 | .758 | .840 | 1.221 |
| .045 | .045 | .245 | .250 | .445 | .478 | .645 | .767 | .845 | 1.238 |
| .050 | .050 | .250 | .255 | .450 | .485 | .650 | .775 | .850 | 1.256 |
| .055 | .055 | .255 | .261 | .455 | .491 | .655 | .784 | .855 | 1.274 |
| .060 | .060 | .260 | .266 | .460 | .497 | .660 | .793 | .860 | 1.293 |
| .065 | .065 | .265 | .271 | .465 | .504 | .665 | .802 | .865 | 1.313 |
| .070 | .070 | .270 | .277 | .470 | .510 | .670 | .811 | .870 | 1.333 |
| .075 | .075 | .275 | .282 | .475 | .517 | .675 | .820 | .875 | 1.354 |
| .080 | .080 | .280 | .288 | .480 | .523 | .680 | .829 | .880 | 1.376 |
| .085 | .085 | .285 | .293 | .485 | .530 | .685 | .838 | .885 | 1.398 |
| .090 | .090 | .290 | .299 | .490 | .536 | .690 | .848 | .890 | 1.422 |
| .095 | .095 | .295 | .304 | .495 | .543 | .695 | .858 | .895 | 1.447 |
| .100 | .100 | .300 | .310 | .500 | .549 | .700 | .867 | .900 | 1.472 |
| .105 | .105 | .305 | .315 | .505 | .556 | .705 | .877 | .905 | 1.499 |
| .110 | .110 | .310 | .321 | .510 | .563 | .710 | .887 | .910 | 1.528 |
| .115 | .116 | .315 | .326 | .515 | .570 | .715 | .897 | .915 | 1.557 |
| .120 | .121 | .320 | .332 | .520 | .576 | .720 | .908 | .920 | 1.589 |
| .125 | .126 | .325 | .337 | .525 | .583 | .725 | .918 | .925 | 1.623 |
| .130 | .131 | .330 | .343 | .530 | .590 | .730 | .929 | .930 | 1.658 |
| .135 | .136 | .335 | .348 | .535 | .597 | .735 | .940 | .935 | 1.697 |
| .140 | .141 | .340 | .354 | .540 | .604 | .740 | .950 | .940 | 1.738 |
| .145 | .146 | .345 | .360 | .545 | .611 | .745 | .962 | .945 | 1.783 |
| .150 | .151 | .350 | .365 | .550 | .618 | .750 | .973 | .950 | 1.832 |
| .155 | .156 | .355 | .371 | .555 | .626 | .755 | .984 | .955 | 1.886 |
| .160 | .161 | .360 | .377 | .560 | .633 | .760 | .996 | .960 | 1.946 |
| .165 | .167 | .365 | .383 | .565 | .640 | .765 | 1.008 | .965 | 2.014 |
| .170 | .172 | .370 | .388 | .570 | .648 | .770 | 1.020 | .970 | 2.092 |
| .175 | .177 | .375 | .394 | .575 | .655 | .775 | 1.033 | .975 | 2.185 |
| .180 | .182 | .380 | .400 | .580 | .662 | .780 | 1.045 | .980 | 2.298 |
| .185 | .187 | .385 | .406 | .585 | .670 | .785 | 1.058 | .985 | 2.443 |
| .190 | .192 | .390 | .412 | .590 | .678 | .790 | 1.071 | .990 | 2.647 |
| .195 | .198 | .395 | .418 | .595 | .685 | .795 | 1.085 | .995 | 2.994 |

$^{*}|Z| = 1.151 \log\left(\frac{1+|r|}{1-|r|}\right)$

<부록 4> 단위정규분포내에서 정해진 영역비율 ($p$)에 상응하는 종축치 $y$와 $pq/y$의 값

| $p$ | $q$ | $y$ | $pq/y$ | $p$ | $q$ | $y$ | $pq/y$ |
|---|---|---|---|---|---|---|---|
| .01 | .99 | .027 | .372 | .26 | .74 | .324 | .593 |
| .02 | .98 | .048 | .405 | .27 | .73 | .331 | .596 |
| .03 | .97 | .068 | .428 | .28 | .72 | .337 | .599 |
| .04 | .96 | .086 | .446 | .29 | .71 | .342 | .602 |
| .05 | .95 | .103 | .461 | .30 | .70 | .348 | .604 |
| .06 | .94 | .119 | .474 | .31 | .69 | .353 | .606 |
| .07 | .93 | .134 | .485 | .32 | .68 | .358 | .609 |
| .08 | .92 | .149 | .495 | .33 | .67 | .362 | .612 |
| .09 | .91 | .162 | .504 | .34 | .66 | .366 | .612 |
| .10 | .90 | .176 | .513 | .35 | .65 | .370 | .614 |
| .11 | .89 | .188 | .521 | .36 | .64 | .374 | .616 |
| .12 | .88 | .200 | .528 | .37 | .63 | .378 | .617 |
| .13 | .87 | .212 | .535 | .38 | .62 | .381 | .619 |
| .14 | .86 | .223 | .541 | .39 | .61 | .384 | .620 |
| .15 | .85 | .233 | .547 | .40 | .60 | .386 | .621 |
| .16 | .84 | .243 | .552 | .41 | .59 | .389 | .622 |
| .17 | .83 | .253 | .558 | .42 | .58 | .391 | .623 |
| .18 | .82 | .262 | .563 | .43 | .57 | .393 | .624 |
| .19 | .81 | .271 | .567 | .44 | .56 | .394 | .625 |
| .20 | .80 | .280 | .572 | .45 | .55 | .396 | .625 |
| .21 | .79 | .288 | .576 | .46 | .54 | .397 | .626 |
| .22 | .78 | .296 | .580 | .47 | .53 | .398 | .626 |
| .23 | .77 | .304 | .583 | .48 | .52 | .398 | .626 |
| .24 | .76 | .311 | .587 | .49 | .51 | .399 | .627 |
| .25 | .75 | .318 | .590 | .50 | .50 | .399 | .627 |

### <부록 5> Pearson $r$의 임계치

| df (= N − 2; N = 짝의 수) | 일방검증(α) | | | |
|---|---|---|---|---|
| | .05 | .025 | .01 | .005 |
| | 양방검증(α) | | | |
| | .10 | .05 | .02 | .01 |
| 1 | .988 | .997 | .9995 | .9999 |
| 2 | .900 | .950 | .980 | .990 |
| 3 | .805 | .878 | .934 | .959 |
| 4 | .729 | .811 | .882 | .917 |
| 5 | .669 | .754 | .833 | .874 |
| 6 | .622 | .707 | .789 | .834 |
| 7 | .582 | .666 | .750 | .798 |
| 8 | .549 | .632 | .716 | .765 |
| 9 | .521 | .602 | .685 | .735 |
| 10 | .497 | .576 | .658 | .708 |
| 11 | .476 | .553 | .634 | .684 |
| 12 | .458 | .532 | .612 | .661 |
| 13 | .441 | .514 | .592 | .641 |
| 14 | .426 | .497 | .574 | .623 |
| 15 | .412 | .482 | .558 | .606 |
| 16 | .400 | .468 | .542 | .590 |
| 17 | .389 | .456 | .528 | .575 |
| 18 | .378 | .444 | .516 | .561 |
| 19 | .369 | .433 | .503 | .549 |
| 20 | .360 | .423 | .492 | .537 |
| 21 | .352 | .413 | .482 | .526 |
| 22 | .344 | .404 | .472 | .515 |
| 23 | .337 | .396 | .462 | .505 |
| 24 | .330 | .388 | .453 | .496 |
| 25 | .323 | .381 | .445 | .487 |
| 26 | .317 | .374 | .437 | .479 |
| 27 | .311 | .367 | .430 | .471 |
| 28 | .306 | .361 | .423 | .463 |
| 29 | .301 | .355 | .416 | .456 |
| 30 | .296 | .349 | .409 | .449 |
| 35 | .275 | .325 | .381 | .418 |
| 40 | .257 | .304 | .358 | .393 |
| 45 | .243 | .288 | .338 | .372 |
| 50 | .231 | .273 | .322 | .354 |
| 60 | .211 | .250 | .295 | .325 |
| 70 | .195 | .232 | .274 | .302 |
| 80 | .183 | .217 | .256 | .283 |
| 90 | .173 | .205 | .242 | .267 |
| 100 | .164 | .195 | .230 | .254 |

## <부록 6> $r_s$의 임계치(Spearman의 서열상관계수)

| 짝의 수 (N) | 일방검증(α) | | | |
|---|---|---|---|---|
| | .05 | .025 | .01 | .005 |
| | 양방검증(α) | | | |
| | .10 | .05 | .02 | .01 |
| 5 | .900 | 1.000 | 1.000 | — |
| 6 | .829 | .886 | .943 | 1.000 |
| 7 | .714 | .786 | .893 | .929 |
| 8 | .643 | .738 | .833 | .881 |
| 9 | .600 | .683 | .783 | .833 |
| 10 | .564 | .648 | .746 | .794 |
| 12 | .506 | .591 | .712 | .777 |
| 14 | .456 | .544 | .645 | .715 |
| 16 | .425 | .506 | .601 | .665 |
| 18 | .399 | .475 | .564 | .625 |
| 20 | .377 | .450 | .534 | .591 |
| 22 | .359 | .428 | .508 | .562 |
| 24 | .343 | .409 | .485 | .537 |
| 26 | .329 | .392 | .465 | .515 |
| 28 | .317 | .377 | .448 | .496 |
| 30 | .306 | .364 | .432 | .478 |

## <부록 7> 이항분포계수

| n/項 | 1 | 2 | 3 | 4 | 5 | 6 | 7 | 8 | 9 | 10 | 11 | 12 | 13 | 14 | 15 | 16 |
|---|---|---|---|---|---|---|---|---|---|---|---|---|---|---|---|---|
| 1 | 1 | 1 | | | | | | | | | | | | | | |
| 2 | 1 | 2 | 1 | | | | | | | | | | | | | |
| 3 | 1 | 3 | 3 | 1 | | | | | | | | | | | | |
| 4 | 1 | 4 | 6 | 4 | 1 | | | | | | | | | | | |
| 5 | 1 | 5 | 10 | 10 | 5 | 1 | | | | | | | | | | |
| 6 | 1 | 6 | 15 | 20 | 15 | 6 | 1 | | | | | | | | | |
| 7 | 1 | 7 | 21 | 35 | 35 | 21 | 7 | 1 | | | | | | | | |
| 8 | 1 | 8 | 28 | 56 | 70 | 56 | 28 | 8 | 1 | | | | | | | |
| 9 | 1 | 9 | 36 | 84 | 126 | 126 | 84 | 36 | 9 | 1 | | | | | | |
| 10 | 1 | 10 | 45 | 120 | 210 | 252 | 210 | 120 | 45 | 10 | 1 | | | | | |
| 11 | 1 | 11 | 55 | 165 | 330 | 462 | 462 | 330 | 165 | 55 | 11 | 1 | | | | |
| 12 | 1 | 12 | 66 | 220 | 495 | 792 | 924 | 792 | 495 | 220 | 66 | 21 | 1 | | | |
| 13 | 1 | 13 | 78 | 286 | 715 | 1287 | 1716 | 1716 | 1287 | 715 | 286 | 78 | 13 | 1 | | |
| 14 | 1 | 14 | 91 | 364 | 1001 | 2002 | 3003 | 3432 | 3003 | 2002 | 1001 | 364 | 91 | 14 | 1 | |
| 15 | 1 | 15 | 105 | 455 | 1365 | 3003 | 5005 | 6435 | 6435 | 5005 | 3003 | 1365 | 455 | 105 | 15 | 1 |

<부록 8> t의 임계치

| | 일방검증(α) | | | | | |
|---|---|---|---|---|---|---|
| | .10 | .05 | .025 | .01 | .005 | .0005 |
| | 양방검증(α) | | | | | |
| df | .20 | .10 | .05 | .02 | .01 | .001 |
| 1 | 3.078 | 6.314 | 12.706 | 31.821 | 63.657 | 636.619 |
| 2 | 1.886 | 2.920 | 4.303 | 6.965 | 9.925 | 31.598 |
| 3 | 1.638 | 2.353 | 3.182 | 4.541 | 5.841 | 12.941 |
| 4 | 1.533 | 2.132 | 2.776 | 3.747 | 4.604 | 8.610 |
| 5 | 1.476 | 2.015 | 2.571 | 3.365 | 4.032 | 6.859 |
| 6 | 1.440 | 1.943 | 2.447 | 3.143 | 3.707 | 5.959 |
| 7 | 1.415 | 1.895 | 2.365 | 2.998 | 3.449 | 5.405 |
| 8 | 1.397 | 1.860 | 2.306 | 2.896 | 3.355 | 5.041 |
| 9 | 1.383 | 1.833 | 2.262 | 2.821 | 3.250 | 4.781 |
| 10 | 1.372 | 1.812 | 2.228 | 2.764 | 3.169 | 4.587 |
| 11 | 1.363 | 1.796 | 2.201 | 2.718 | 3.106 | 4.437 |
| 12 | 1.356 | 1.782 | 2.179 | 2.681 | 3.055 | 4.318 |
| 13 | 1.350 | 1.771 | 2.160 | 2.650 | 3.012 | 4.221 |
| 14 | 1.345 | 1.761 | 2.145 | 2.624 | 2.977 | 4.140 |
| 15 | 1.341 | 1.753 | 2.131 | 2.602 | 2.947 | 4.073 |
| 16 | 1.337 | 1.746 | 2.120 | 2.583 | 2.921 | 4.015 |
| 17 | 1.333 | 1.740 | 2.110 | 2.567 | 2.898 | 3.965 |
| 18 | 1.330 | 1.734 | 2.101 | 2.552 | 2.878 | 3.922 |
| 19 | 1.328 | 1.729 | 2.093 | 2.539 | 2.861 | 3.883 |
| 20 | 1.325 | 1.725 | 2.086 | 2.528 | 2.845 | 3.850 |
| 21 | 1.323 | 1.721 | 2.080 | 2.518 | 2.831 | 3.819 |
| 22 | 1.321 | 1.717 | 2.074 | 2.508 | 2.819 | 3.792 |
| 23 | 1.319 | 1.714 | 2.069 | 2.500 | 2.807 | 3.767 |
| 24 | 1.318 | 1.711 | 2.064 | 2.492 | 2.797 | 3.745 |
| 25 | 1.316 | 1.708 | 2.060 | 2.485 | 2.787 | 3.725 |
| 26 | 1.315 | 1.706 | 2.056 | 2.479 | 2.779 | 3.707 |
| 27 | 1.314 | 1.703 | 2.052 | 2.473 | 2.771 | 3.690 |
| 28 | 1.313 | 1.701 | 2.048 | 2.467 | 2.763 | 3.674 |
| 29 | 1.311 | 1.699 | 2.045 | 2.462 | 2.756 | 3.659 |
| 30 | 1.310 | 1.697 | 2.042 | 2.457 | 2.750 | 3.646 |
| 40 | 1.303 | 1.684 | 2.021 | 2.423 | 2.704 | 3.551 |
| 60 | 1.296 | 1.671 | 2.000 | 2.390 | 2.660 | 3.460 |
| 120 | 1.289 | 1.658 | 1.980 | 2.358 | 2.617 | 3.373 |
| ∞ | 1.282 | 1.645 | 1.960 | 2.326 | 2.576 | 3.291 |

<부록 9> F의 임계치(윗부분 $\alpha=.05$, 아랫부분 $\alpha=.01$)

| $n_2$ | $n_1$(분자의 자유도) | | | | | | | | | | | |
|---|---|---|---|---|---|---|---|---|---|---|---|---|
| | 1 | 2 | 3 | 4 | 5 | 6 | 7 | 8 | 9 | 10 | 11 | 12 |
| 1 | 161 | 200 | 216 | 225 | 230 | 234 | 237 | 239 | 241 | 242 | 243 | 244 |
| | 4,052 | 4,999 | 5,403 | 5,625 | 5,764 | 5,859 | 5,928 | 5,981 | 6,022 | 6,056 | 6,082 | 6,106 |
| 2 | 18.51 | 19.00 | 19.16 | 19.25 | 19.30 | 19.33 | 19.36 | 19.37 | 19.38 | 19.39 | 19.40 | 19.41 |
| | 98.49 | 99.00 | 99.17 | 99.25 | 99.30 | 99.33 | 99.34 | 99.36 | 99.38 | 99.40 | 99.41 | 99.42 |
| 3 | 10.13 | 9.55 | 9.28 | 9.12 | 9.01 | 8.94 | 8.88 | 8.84 | 8.81 | 8.78 | 8.76 | 8.74 |
| | 34.12 | 30.82 | 29.46 | 28.71 | 28.24 | 27.91 | 27.67 | 27.49 | 27.34 | 27.23 | 27.13 | 27.05 |
| 4 | 7.71 | 6.94 | 6.59 | 6.39 | 6.26 | 6.16 | 6.09 | 6.04 | 6.00 | 5.96 | 5.93 | 5.91 |
| | 21.20 | 18.00 | 16.69 | 15.98 | 15.52 | 15.21 | 14.98 | 14.80 | 14.66 | 14.54 | 14.45 | 14.37 |
| 5 | 6.61 | 5.79 | 5.41 | 5.19 | 5.05 | 4.95 | 4.88 | 4.82 | 4.78 | 4.74 | 4.70 | 4.68 |
| | 16.26 | 13.27 | 12.06 | 11.39 | 10.97 | 10.67 | 10.45 | 10.27 | 10.15 | 10.05 | 9.96 | 9.89 |
| 6 | 5.99 | 5.14 | 4.76 | 4.53 | 4.39 | 4.28 | 4.21 | 4.15 | 4.10 | 4.06 | 4.03 | 4.00 |
| | 13.74 | 10.92 | 9.78 | 9.15 | 8.75 | 8.47 | 8.26 | 8.10 | 7.98 | 7.87 | 7.79 | 7.72 |
| 7 | 5.59 | 4.74 | 4.35 | 4.12 | 3.97 | 3.87 | 3.79 | 3.73 | 3.68 | 3.63 | 3.60 | 3.57 |
| | 12.25 | 9.55 | 8.45 | 7.85 | 7.46 | 7.19 | 7.00 | 6.84 | 6.71 | 6.62 | 6.54 | 6.47 |
| 8 | 5.32 | 4.46 | 4.07 | 3.84 | 3.69 | 3.58 | 3.50 | 3.44 | 3.39 | 3.34 | 3.31 | 3.28 |
| | 11.26 | 8.65 | 7.59 | 7.01 | 6.63 | 6.37 | 6.19 | 6.03 | 5.91 | 5.82 | 5.74 | 5.67 |
| 9 | 5.12 | 4.26 | 3.86 | 3.63 | 3.48 | 3.37 | 3.29 | 3.23 | 3.18 | 3.13 | 3.10 | 3.07 |
| | 10.56 | 8.02 | 6.99 | 6.42 | 6.06 | 5.80 | 5.62 | 5.47 | 5.35 | 5.26 | 5.18 | 5.11 |
| 10 | 4.96 | 4.10 | 3.71 | 3.48 | 3.33 | 3.22 | 3.14 | 3.07 | 3.02 | 2.97 | 2.94 | 2.91 |
| | 10.04 | 7.56 | 6.55 | 5.99 | 5.64 | 5.39 | 5.21 | 5.06 | 4.95 | 4.85 | 4.78 | 4.71 |
| 11 | 4.84 | 3.98 | 3.59 | 3.36 | 3.20 | 3.09 | 3.01 | 2.95 | 2.90 | 2.86 | 2.82 | 2.79 |
| | 9.65 | 7.20 | 6.22 | 5.67 | 5.32 | 5.07 | 4.88 | 4.74 | 4.63 | 4.54 | 4.46 | 4.40 |
| 12 | 4.75 | 3.88 | 3.49 | 3.26 | 3.11 | 3.00 | 2.92 | 2.85 | 2.80 | 2.76 | 2.72 | 2.69 |
| | 9.33 | 6.93 | 5.95 | 5.41 | 5.06 | 4.82 | 4.65 | 4.50 | 4.39 | 4.30 | 4.22 | 4.16 |
| 13 | 4.67 | 3.80 | 3.41 | 3.18 | 3.02 | 2.92 | 2.84 | 2.77 | 2.72 | 2.67 | 2.63 | 2.60 |
| | 9.07 | 6.70 | 5.74 | 5.20 | 4.86 | 4.62 | 4.44 | 4.30 | 4.19 | 4.10 | 4.02 | 3.96 |

<부록 9>의 계속

| $n_1$(분자의 자유도) | | | | | | | | | | | |
|---|---|---|---|---|---|---|---|---|---|---|---|
| 14 | 16 | 20 | 24 | 30 | 40 | 50 | 75 | 100 | 200 | 500 | ∞ |
| 245 | 246 | 248 | 249 | 250 | 251 | 252 | 253 | 253 | 254 | 254 | 254 |
| **6,142** | **6,169** | **6,208** | **6,234** | **6,258** | **6,286** | **6,302** | **6,323** | **6,334** | **6,352** | **6,361** | **6,366** |
| 19.42 | 19.43 | 19.44 | 19.45 | 19.46 | 19.47 | 19.47 | 19.48 | 19.49 | 19.49 | 19.50 | 19.50 |
| **99.43** | **99.44** | **99.45** | **99.46** | **99.47** | **99.48** | **99.48** | **99.49** | **99.49** | **99.49** | **99.50** | **99.50** |
| 8.71 | 8.69 | 8.66 | 8.64 | 8.62 | 8.60 | 8.58 | 8.57 | 8.56 | 8.54 | 8.54 | 8.53 |
| **26.92** | **26.83** | **26.69** | **26.60** | **26.50** | **26.41** | **26.35** | **26.27** | **26.23** | **26.18** | **26.14** | **26.12** |
| 5.87 | 5.84 | 5.80 | 5.77 | 5.74 | 5.71 | 5.70 | 5.68 | 5.66 | 5.65 | 5.64 | 5.63 |
| **14.24** | **14.15** | **14.02** | **13.93** | **13.83** | **13.74** | **13.69** | **13.61** | **13.57** | **13.52** | **13.48** | **13.46** |
| 4.64 | 4.60 | 4.56 | 4.53 | 4.50 | 4.46 | 4.44 | 4.42 | 4.40 | 4.38 | 4.37 | 4.36 |
| **9.77** | **9.68** | **9.55** | **9.47** | **9.38** | **9.29** | **9.24** | **9.17** | **9.13** | **9.07** | **9.04** | **9.02** |
| 3.96 | 3.92 | 3.87 | 3.84 | 3.81 | 3.77 | 3.75 | 3.72 | 3.71 | 3.69 | 3.68 | 3.67 |
| **7.60** | **7.52** | **7.39** | **7.31** | **7.23** | **7.14** | **7.09** | **7.02** | **6.99** | **6.94** | **6.90** | **6.88** |
| 3.52 | 3.49 | 3.44 | 3.41 | 3.38 | 3.34 | 3.32 | 3.29 | 3.28 | 3.25 | 3.24 | 3.23 |
| **6.35** | **6.27** | **6.15** | **6.07** | **5.98** | **5.90** | **5.85** | **5.78** | **5.75** | **5.70** | **5.67** | **5.65** |
| 3.23 | 3.20 | 3.15 | 3.12 | 3.08 | 3.05 | 3.03 | 3.00 | 2.98 | 2.96 | 2.94 | 2.93 |
| **5.56** | **5.48** | **5.36** | **5.28** | **5.20** | **5.11** | **5.06** | **5.00** | **4.96** | **4.91** | **4.88** | **4.86** |
| 3.02 | 2.98 | 2.93 | 2.90 | 2.86 | 2.82 | 2.80 | 2.77 | 2.76 | 2.73 | 2.72 | 2.71 |
| **5.00** | **4.92** | **4.80** | **4.73** | **4.64** | **4.56** | **4.51** | **4.45** | **4.41** | **4.36** | **4.33** | **4.31** |
| 2.86 | 2.82 | 2.77 | 2.74 | 2.70 | 2.67 | 2.64 | 2.61 | 2.59 | 2.56 | 2.55 | 2.54 |
| **4.60** | **4.52** | **4.41** | **4.33** | **4.25** | **4.17** | **4.12** | **4.05** | **4.01** | **3.96** | **3.93** | **3.91** |
| 2.74 | 2.70 | 2.65 | 2.61 | 2.57 | 2.53 | 2.50 | 2.47 | 2.45 | 2.42 | 2.41 | 2.40 |
| **4.29** | **4.21** | **4.10** | **4.02** | **3.94** | **3.86** | **3.80** | **3.74** | **3.70** | **3.66** | **3.62** | **3.60** |
| 2.64 | 2.60 | 2.54 | 2.50 | 2.46 | 2.42 | 2.40 | 2.36 | 2.35 | 2.32 | 2.31 | 2.30 |
| **4.05** | **3.98** | **3.86** | **3.78** | **3.70** | **3.61** | **3.56** | **3.49** | **3.46** | **3.41** | **3.38** | **3.36** |
| 2.55 | 2.51 | 2.46 | 2.42 | 2.38 | 2.34 | 2.32 | 2.28 | 2.26 | 2.24 | 2.22 | 2.21 |
| **3.85** | **3.78** | **3.67** | **3.59** | **3.51** | **3.42** | **3.37** | **3.30** | **3.27** | **3.21** | **3.18** | **3.16** |

<부록 9>의 계속

| $n_2$ | $n_1$(분자의 자유도) | | | | | | | | | | | |
|---|---|---|---|---|---|---|---|---|---|---|---|---|
| | 1 | 2 | 3 | 4 | 5 | 6 | 7 | 8 | 9 | 10 | 11 | 12 |
| 14 | 4.60 | 3.74 | 3.34 | 3.11 | 2.96 | 2.85 | 2.77 | 2.70 | 2.65 | 2.60 | 2.56 | 2.53 |
| | **8.86** | **6.51** | **5.56** | **5.03** | **4.69** | **4.46** | **4.28** | **4.14** | **4.03** | **3.94** | **3.86** | **3.80** |
| 15 | 4.54 | 3.68 | 3.29 | 3.06 | 2.90 | 2.79 | 2.70 | 2.64 | 2.59 | 2.55 | 2.51 | 2.48 |
| | **8.68** | **6.36** | **5.42** | **4.89** | **4.56** | **4.32** | **4.14** | **4.00** | **3.89** | **3.80** | **3.73** | **3.67** |
| 16 | 4.49 | 3.63 | 3.24 | 3.01 | 2.85 | 2.74 | 2.66 | 2.59 | 2.54 | 2.49 | 2.45 | 2.42 |
| | **8.53** | **6.23** | **5.29** | **4.77** | **4.44** | **4.20** | **4.03** | **3.89** | **3.78** | **3.69** | **3.61** | **3.55** |
| 17 | 4.45 | 3.59 | 3.20 | 2.96 | 2.81 | 2.70 | 2.62 | 2.55 | 2.50 | 2.45 | 2.41 | 2.38 |
| | **8.40** | **6.11** | **5.18** | **4.67** | **4.34** | **4.10** | **3.93** | **3.79** | **3.68** | **3.59** | **3.52** | **3.45** |
| 18 | 4.41 | 3.55 | 3.16 | 2.93 | 2.77 | 2.66 | 2.58 | 2.51 | 2.46 | 2.41 | 2.37 | 2.34 |
| | **8.28** | **6.01** | **5.09** | **4.58** | **4.25** | **4.01** | **3.85** | **3.71** | **3.60** | **3.51** | **3.44** | **3.37** |
| 19 | 4.38 | 3.52 | 3.13 | 2.90 | 2.74 | 2.63 | 2.55 | 2.48 | 2.43 | 2.38 | 2.34 | 2.31 |
| | **8.18** | **5.93** | **5.01** | **4.50** | **4.17** | **3.94** | **3.77** | **3.63** | **3.52** | **3.43** | **3.36** | **3.30** |
| 20 | 4.35 | 3.49 | 3.10 | 2.87 | 2.71 | 2.60 | 2.52 | 2.45 | 2.40 | 2.35 | 2.31 | 2.28 |
| | **8.10** | **5.85** | **4.94** | **4.43** | **4.10** | **3.87** | **3.71** | **3.56** | **3.45** | **3.37** | **3.30** | **3.23** |
| 21 | 4.32 | 3.47 | 3.07 | 2.84 | 2.68 | 2.57 | 2.49 | 2.42 | 2.37 | 2.32 | 2.28 | 2.25 |
| | **8.02** | **5.78** | **4.87** | **4.37** | **4.04** | **3.81** | **3.65** | **3.51** | **3.40** | **3.31** | **3.24** | **3.17** |
| 22 | 4.30 | 3.44 | 3.05 | 2.82 | 2.66 | 2.55 | 2.47 | 2.40 | 2.35 | 2.30 | 2.26 | 2.23 |
| | **7.94** | **5.72** | **4.82** | **4.31** | **3.99** | **3.76** | **3.59** | **3.45** | **3.35** | **3.26** | **3.18** | **3.12** |
| 23 | 4.28 | 3.42 | 3.03 | 2.80 | 2.64 | 2.53 | 2.45 | 2.38 | 2.32 | 2.28 | 2.24 | 2.20 |
| | **7.88** | **5.66** | **4.76** | **4.26** | **3.94** | **3.71** | **3.54** | **3.41** | **3.30** | **3.21** | **3.14** | **3.07** |
| 24 | 4.26 | 3.40 | 3.01 | 2.78 | 2.62 | 2.51 | 2.43 | 2.36 | 2.30 | 2.26 | 2.22 | 2.18 |
| | **7.82** | **5.61** | **4.72** | **4.22** | **3.90** | **3.67** | **3.50** | **3.36** | **3.25** | **3.17** | **3.09** | **3.03** |
| 25 | 4.24 | 3.38 | 2.99 | 2.76 | 2.60 | 2.49 | 2.41 | 2.34 | 2.28 | 2.24 | 2.20 | 2.16 |
| | **7.77** | **5.57** | **4.68** | **4.18** | **3.86** | **3.63** | **3.46** | **3.32** | **3.21** | **3.13** | **3.05** | **2.99** |
| 26 | 4.22 | 3.37 | 2.98 | 2.74 | 2.59 | 2.47 | 2.39 | 2.32 | 2.27 | 2.22 | 2.18 | 2.15 |
| | **7.72** | **5.53** | **4.64** | **4.14** | **3.82** | **3.59** | **3.42** | **3.29** | **3.17** | **3.09** | **3.02** | **2.96** |

<부록 9>의 계속

| $n_1$(분자의 자유도) | | | | | | | | | | | |
|---|---|---|---|---|---|---|---|---|---|---|---|
| *14* | *16* | *20* | *24* | *30* | *40* | *50* | *75* | *100* | *200* | *500* | ∞ |
| 2.48 | 2.44 | 2.39 | 2.35 | 2.31 | 2.27 | 2.24 | 2.21 | 2.19 | 2.16 | 2.14 | 2.13 |
| **3.70** | **3.62** | **3.51** | **3.43** | **3.34** | **3.26** | **3.21** | **3.14** | **3.11** | **3.06** | **3.02** | **3.00** |
| 2.43 | 2.39 | 2.33 | 2.29 | 2.25 | 2.21 | 2.18 | 2.15 | 2.12 | 2.10 | 2.08 | 2.07 |
| **3.56** | **3.48** | **3.36** | **3.29** | **3.20** | **3.12** | **3.07** | **3.00** | **2.97** | **2.92** | **2.89** | **2.87** |
| 2.37 | 2.33 | 2.28 | 2.24 | 2.20 | 2.16 | 2.13 | 2.09 | 2.07 | 2.04 | 2.02 | 2.01 |
| **3.45** | **3.37** | **3.25** | **3.18** | **3.10** | **3.01** | **2.96** | **2.89** | **2.86** | **2.80** | **2.77** | **2.75** |
| 2.33 | 2.29 | 2.23 | 2.19 | 2.15 | 2.11 | 2.08 | 2.04 | 2.02 | 1.99 | 1.97 | 1.96 |
| **3.35** | **3.27** | **3.16** | **3.08** | **3.00** | **2.92** | **2.86** | **2.79** | **2.76** | **2.70** | **2.67** | **2.65** |
| 2.29 | 2.25 | 2.19 | 2.15 | 2.11 | 2.07 | 2.04 | 2.00 | 1.98 | 1.95 | 1.93 | 1.92 |
| **3.27** | **3.19** | **3.07** | **3.00** | **2.91** | **2.83** | **2.78** | **2.71** | **2.68** | **2.62** | **2.59** | **2.57** |
| 2.26 | 2.21 | 2.15 | 2.11 | 2.07 | 2.02 | 2.00 | 1.96 | 1.94 | 1.91 | 1.90 | 1.88 |
| **3.19** | **3.12** | **3.00** | **2.92** | **2.84** | **2.76** | **2.70** | **2.63** | **2.60** | **2.54** | **2.51** | **2.49** |
| 2.23 | 2.18 | 2.12 | 2.08 | 2.04 | 1.99 | 1.96 | 1.92 | 1.90 | 1.87 | 1.85 | 1.84 |
| **3.13** | **3.05** | **2.94** | **2.86** | **2.77** | **2.69** | **2.63** | **2.56** | **2.53** | **2.47** | **2.44** | **2.42** |
| 2.20 | 2.15 | 2.09 | 2.05 | 2.00 | 1.96 | 1.93 | 1.89 | 1.87 | 1.84 | 1.82 | 1.81 |
| **3.07** | **2.99** | **2.88** | **2.80** | **2.72** | **2.63** | **2.58** | **2.51** | **2.47** | **2.42** | **2.38** | **2.36** |
| 2.18 | 2.13 | 2.07 | 2.03 | 1.98 | 1.93 | 1.91 | 1.87 | 1.84 | 1.81 | 1.80 | 1.78 |
| **3.02** | **2.94** | **2.83** | **2.75** | **2.67** | **2.58** | **2.53** | **2.46** | **2.42** | **2.37** | **2.33** | **2.31** |
| 2.14 | 2.10 | 2.04 | 2.00 | 1.96 | 1.91 | 1.88 | 1.84 | 1.82 | 1.79 | 1.77 | 1.76 |
| **2.97** | **2.89** | **2.78** | **2.70** | **2.62** | **2.53** | **2.48** | **2.41** | **2.37** | **2.32** | **2.28** | **2.26** |
| 2.13 | 2.09 | 2.02 | 1.98 | 1.94 | 1.89 | 1.86 | 1.82 | 1.80 | 1.76 | 1.74 | 1.73 |
| **2.93** | **2.85** | **2.74** | **2.66** | **2.58** | **2.49** | **2.44** | **2.36** | **2.33** | **2.27** | **2.23** | **2.21** |
| 2.11 | 2.06 | 2.00 | 1.96 | 1.92 | 1.87 | 1.84 | 1.80 | 1.77 | 1.74 | 1.72 | 1.71 |
| **2.89** | **2.81** | **2.70** | **2.62** | **2.54** | **2.45** | **2.40** | **2.32** | **2.29** | **2.23** | **2.19** | **2.17** |
| 2.10 | 2.05 | 1.99 | 1.95 | 1.90 | 1.85 | 1.82 | 1.78 | 1.76 | 1.72 | 1.70 | 1.69 |
| **2.86** | **2.77** | **2.66** | **2.58** | **2.50** | **2.41** | **2.36** | **2.28** | **2.25** | **2.19** | **2.15** | **2.13** |

<부록 9>의 계속

| $n_2$ | $n_1$(분자의 자유도) | | | | | | | | | | | |
|---|---|---|---|---|---|---|---|---|---|---|---|---|
| | 1 | 2 | 3 | 4 | 5 | 6 | 7 | 8 | 9 | 10 | 11 | 12 |
| 27 | 4.21 | 3.35 | 2.96 | 2.73 | 2.57 | 2.46 | 2.37 | 2.30 | 2.25 | 2.20 | 2.16 | 2.13 |
| | **7.68** | **5.49** | **4.60** | **4.11** | **3.79** | **3.56** | **3.39** | **3.26** | **3.14** | **3.06** | **2.98** | **2.93** |
| 28 | 4.20 | 3.34 | 2.95 | 2.71 | 2.56 | 2.44 | 2.36 | 2.29 | 2.24 | 2.19 | 2.15 | 2.12 |
| | **7.64** | **5.45** | **4.57** | **4.07** | **3.76** | **3.53** | **3.36** | **3.23** | **3.11** | **3.03** | **2.95** | **2.90** |
| 29 | 4.18 | 3.33 | 2.93 | 2.70 | 2.54 | 2.43 | 2.35 | 2.28 | 2.22 | 2.18 | 2.14 | 2.10 |
| | **7.60** | **5.42** | **4.54** | **4.04** | **3.73** | **3.50** | **3.33** | **3.20** | **3.08** | **3.00** | **2.92** | **2.87** |
| 30 | 4.17 | 3.32 | 2.92 | 2.69 | 2.53 | 2.42 | 2.34 | 2.27 | 2.21 | 2.16 | 2.12 | 2.09 |
| | **7.56** | **5.39** | **4.51** | **4.02** | **3.70** | **3.47** | **3.30** | **3.17** | **3.06** | **2.98** | **2.90** | **2.84** |
| 32 | 4.15 | 3.30 | 2.90 | 2.67 | 2.51 | 2.40 | 2.32 | 2.25 | 2.19 | 2.14 | 2.10 | 2.07 |
| | **7.50** | **5.34** | **4.46** | **3.97** | **3.66** | **3.42** | **3.25** | **3.12** | **3.01** | **2.94** | **2.86** | **2.80** |
| 34 | 4.13 | 3.28 | 2.88 | 2.65 | 2.49 | 2.38 | 2.30 | 2.23 | 2.17 | 2.12 | 2.08 | 2.05 |
| | **7.44** | **5.29** | **4.42** | **3.93** | **3.61** | **3.38** | **3.21** | **3.08** | **2.97** | **2.89** | **2.82** | **2.76** |
| 36 | 4.11 | 3.26 | 2.86 | 2.63 | 2.48 | 2.36 | 2.28 | 2.21 | 2.15 | 2.10 | 2.06 | 2.03 |
| | **7.39** | **5.25** | **4.38** | **3.89** | **3.58** | **3.35** | **3.18** | **3.04** | **2.94** | **2.86** | **2.78** | **2.72** |
| 38 | 4.10 | 3.25 | 2.85 | 2.62 | 2.46 | 2.35 | 2.26 | 2.19 | 2.14 | 2.09 | 2.05 | 2.02 |
| | **7.35** | **5.21** | **4.34** | **3.86** | **3.54** | **3.32** | **3.15** | **3.02** | **2.91** | **2.82** | **2.75** | **2.69** |
| 40 | 4.08 | 3.23 | 2.84 | 2.61 | 2.45 | 2.34 | 2.25 | 2.18 | 2.12 | 2.07 | 2.04 | 2.00 |
| | **7.31** | **5.18** | **4.31** | **3.83** | **3.51** | **3.29** | **3.12** | **2.99** | **2.88** | **2.80** | **2.73** | **2.66** |
| 42 | 4.07 | 3.22 | 2.83 | 2.59 | 2.44 | 2.32 | 2.24 | 2.17 | 2.11 | 2.06 | 2.02 | 1.99 |
| | **7.27** | **5.15** | **4.29** | **3.80** | **3.49** | **3.26** | **3.10** | **2.96** | **2.86** | **2.77** | **2.70** | **2.64** |
| 44 | 4.06 | 3.21 | 2.82 | 2.58 | 2.43 | 2.31 | 2.23 | 2.16 | 2.10 | 2.05 | 2.01 | 1.98 |
| | **7.24** | **5.12** | **4.26** | **3.78** | **3.46** | **3.24** | **3.07** | **2.94** | **2.84** | **2.75** | **2.68** | **2.62** |
| 46 | 4.05 | 3.20 | 2.81 | 2.57 | 2.42 | 2.30 | 2.22 | 2.14 | 2.09 | 2.04 | 2.00 | 1.97 |
| | **7.21** | **5.10** | **4.24** | **3.76** | **3.44** | **3.22** | **3.05** | **2.92** | **2.82** | **2.73** | **2.66** | **2.60** |
| 48 | 4.04 | 3.19 | 2.80 | 2.56 | 2.41 | 2.30 | 2.21 | 2.14 | 2.08 | 2.03 | 1.99 | 1.96 |
| | **7.19** | **5.08** | **4.22** | **3.74** | **3.42** | **3.20** | **3.04** | **2.90** | **2.80** | **2.71** | **2.64** | **2.58** |

<부록 9>의 계속

| $n_1$(분자의 자유도) | | | | | | | | | | | |
|---|---|---|---|---|---|---|---|---|---|---|---|
| *14* | *16* | *20* | *24* | *30* | *40* | *50* | *75* | *100* | *200* | *500* | *∞* |
| 2.08 | 2.03 | 1.97 | 1.93 | 1.88 | 1.84 | 1.80 | 1.76 | 1.74 | 1.71 | 1.68 | 1.67 |
| **2.83** | **2.74** | **2.63** | **2.55** | **2.47** | **2.38** | **2.33** | **2.25** | **2.21** | **2.16** | **2.12** | **2.10** |
| 2.06 | 2.02 | 1.96 | 1.91 | 1.87 | 1.81 | 1.78 | 1.75 | 1.72 | 1.69 | 1.67 | 1.65 |
| **2.80** | **2.71** | **2.60** | **2.52** | **2.44** | **2.35** | **2.30** | **2.22** | **2.18** | **2.13** | **2.09** | **2.06** |
| 2.05 | 2.00 | 1.94 | 1.90 | 1.85 | 1.80 | 1.77 | 1.73 | 1.71 | 1.68 | 1.65 | 1.64 |
| **2.77** | **2.68** | **2.57** | **2.49** | **2.41** | **2.32** | **2.27** | **2.19** | **2.15** | **2.10** | **2.06** | **2.03** |
| 2.04 | 1.99 | 1.93 | 1.89 | 1.84 | 1.79 | 1.76 | 1.72 | 1.69 | 1.66 | 1.64 | 1.62 |
| **2.74** | **2.66** | **2.55** | **2.47** | **2.38** | **2.29** | **2.24** | **2.16** | **2.13** | **2.07** | **2.03** | **2.01** |
| 2.02 | 1.97 | 1.91 | 1.86 | 1.82 | 1.76 | 1.74 | 1.69 | 1.67 | 1.64 | 1.61 | 1.59 |
| **2.70** | **2.62** | **2.51** | **2.42** | **2.34** | **2.25** | **2.20** | **2.12** | **2.08** | **2.02** | **1.98** | **1.96** |
| 2.00 | 1.95 | 1.89 | 1.84 | 1.80 | 1.74 | 1.71 | 1.67 | 1.64 | 1.61 | 1.59 | 1.57 |
| **2.66** | **2.58** | **2.47** | **2.38** | **2.30** | **2.21** | **2.15** | **2.08** | **2.04** | **1.98** | **1.94** | **1.91** |
| 1.98 | 1.93 | 1.87 | 1.82 | 1.78 | 1.72 | 1.69 | 1.65 | 1.62 | 1.59 | 1.56 | 1.55 |
| **2.62** | **2.54** | **2.43** | **2.35** | **2.26** | **2.17** | **2.12** | **2.04** | **2.00** | **1.94** | **1.90** | **1.87** |
| 1.96 | 1.92 | 1.85 | 1.80 | 1.76 | 1.71 | 1.67 | 1.63 | 1.60 | 1.57 | 1.54 | 1.53 |
| **2.59** | **2.51** | **2.40** | **2.32** | **2.22** | **2.14** | **2.08** | **2.00** | **1.97** | **1.90** | **1.86** | **1.84** |
| 1.95 | 1.90 | 1.84 | 1.79 | 1.74 | 1.69 | 1.66 | 1.61 | 1.59 | 1.55 | 1.53 | 1.51 |
| **2.56** | **2.49** | **2.37** | **2.29** | **2.20** | **2.11** | **2.05** | **1.97** | **1.94** | **1.88** | **1.84** | **1.81** |
| 1.94 | 1.89 | 1.82 | 1.78 | 1.73 | 1.68 | 1.64 | 1.60 | 1.57 | 1.54 | 1.51 | 1.49 |
| **2.54** | **2.46** | **2.35** | **2.26** | **2.17** | **2.08** | **2.02** | **1.94** | **1.91** | **1.85** | **1.80** | **1.78** |
| 1.92 | 1.88 | 1.81 | 1.76 | 1.72 | 1.66 | 1.63 | 1.58 | 1.56 | 1.52 | 1.50 | 1.48 |
| **2.52** | **2.44** | **2.32** | **2.24** | **2.15** | **2.06** | **2.00** | **1.92** | **1.88** | **1.82** | **1.78** | **1.75** |
| 1.91 | 1.87 | 1.80 | 1.75 | 1.71 | 1.65 | 1.62 | 1.57 | 1.54 | 1.51 | 1.48 | 1.46 |
| **2.50** | **2.42** | **2.30** | **2.22** | **2.13** | **2.04** | **1.98** | **1.90** | **1.86** | **1.80** | **1.76** | **1.72** |
| 1.90 | 1.86 | 1.79 | 1.74 | 1.70 | 1.64 | 1.61 | 1.56 | 1.53 | 1.50 | 1.47 | 1.45 |
| **2.48** | **2.40** | **2.28** | **2.20** | **2.11** | **2.02** | **1.96** | **1.88** | **1.84** | **1.78** | **1.73** | **1.70** |

<부록 9>의 계속

| $n_2$ | $n_1$(분자의 자유도) | | | | | | | | | | | |
|---|---|---|---|---|---|---|---|---|---|---|---|---|
| | 1 | 2 | 3 | 4 | 5 | 6 | 7 | 8 | 9 | 10 | 11 | 12 |
| 50 | 4.03 | 3.18 | 2.79 | 2.56 | 2.40 | 2.29 | 2.20 | 2.13 | 2.07 | 2.02 | 1.98 | 1.95 |
| | **7.17** | **5.06** | **4.20** | **3.72** | **3.41** | **3.18** | **3.02** | **2.88** | **2.78** | **2.70** | **2.62** | **2.56** |
| 55 | 4.02 | 3.17 | 2.78 | 2.54 | 2.38 | 2.27 | 2.18 | 2.11 | 2.05 | 2.00 | 1.97 | 1.93 |
| | **7.12** | **5.01** | **4.16** | **3.68** | **3.37** | **3.15** | **2.98** | **2.85** | **2.75** | **2.66** | **2.59** | **2.53** |
| 60 | 4.00 | 3.15 | 2.76 | 2.52 | 2.37 | 2.25 | 2.17 | 2.10 | 2.04 | 1.99 | 1.95 | 1.92 |
| | **7.08** | **4.98** | **4.13** | **3.65** | **3.34** | **3.12** | **2.95** | **2.82** | **2.72** | **2.63** | **2.56** | **2.50** |
| 65 | 3.99 | 3.14 | 2.75 | 2.51 | 2.36 | 2.24 | 2.15 | 2.08 | 2.02 | 1.98 | 1.94 | 1.90 |
| | **7.04** | **4.95** | **4.10** | **3.62** | **3.31** | **3.09** | **2.93** | **2.79** | **2.70** | **2.61** | **2.54** | **2.47** |
| 70 | 3.98 | 3.13 | 2.74 | 2.50 | 2.35 | 2.23 | 2.14 | 2.07 | 2.01 | 1.97 | 1.93 | 1.89 |
| | **7.01** | **4.92** | **4.08** | **3.60** | **3.29** | **3.07** | **2.91** | **2.77** | **2.67** | **2.59** | **2.51** | **2.45** |
| 80 | 3.96 | 3.11 | 2.72 | 2.48 | 2.33 | 2.21 | 2.12 | 2.05 | 1.99 | 1.95 | 1.91 | 1.88 |
| | **6.96** | **4.88** | **4.04** | **3.56** | **3.25** | **3.04** | **2.87** | **2.74** | **2.64** | **2.55** | **2.48** | **2.41** |
| 100 | 3.94 | 3.09 | 2.70 | 2.46 | 2.30 | 2.19 | 2.10 | 2.03 | 1.97 | 1.92 | 1.88 | 1.85 |
| | **6.90** | **4.82** | **3.98** | **3.51** | **3.20** | **2.99** | **2.82** | **2.69** | **2.59** | **2.51** | **2.43** | **2.36** |
| 125 | 3.92 | 3.07 | 2.68 | 2.44 | 2.29 | 2.17 | 2.08 | 2.01 | 1.95 | 1.90 | 1.86 | 1.83 |
| | **6.84** | **4.78** | **3.94** | **3.47** | **3.17** | **2.95** | **2.79** | **2.65** | **2.56** | **2.47** | **2.40** | **2.33** |
| 150 | 3.91 | 3.06 | 2.67 | 2.43 | 2.27 | 2.16 | 2.07 | 2.00 | 1.94 | 1.89 | 1.85 | 1.82 |
| | **6.81** | **4.75** | **3.91** | **3.44** | **3.14** | **2.92** | **2.76** | **2.62** | **2.53** | **2.44** | **2.37** | **2.30** |
| 200 | 3.89 | 3.04 | 2.65 | 2.41 | 2.26 | 2.14 | 2.05 | 1.98 | 1.92 | 1.87 | 1.83 | 1.80 |
| | **6.76** | **4.71** | **3.88** | **3.41** | **3.11** | **2.90** | **2.73** | **2.60** | **2.50** | **2.41** | **2.34** | **2.28** |
| 400 | 3.86 | 3.02 | 2.62 | 2.39 | 2.23 | 2.12 | 2.03 | 1.96 | 1.90 | 1.85 | 1.81 | 1.78 |
| | **6.70** | **4.66** | **3.83** | **3.36** | **3.06** | **2.85** | **2.69** | **2.55** | **2.46** | **2.37** | **2.29** | **2.23** |
| 1000 | 3.85 | 3.00 | 2.61 | 2.38 | 2.22 | 2.10 | 2.02 | 1.95 | 1.89 | 1.84 | 1.80 | 1.76 |
| | **6.66** | **4.62** | **3.80** | **3.34** | **3.04** | **2.82** | **2.66** | **2.53** | **2.43** | **2.34** | **2.26** | **2.20** |
| ∞ | 3.84 | 2.99 | 2.60 | 2.37 | 2.21 | 2.09 | 2.01 | 1.94 | 1.88 | 1.83 | 1.79 | 1.75 |
| | **6.64** | **4.60** | **3.78** | **3.32** | **3.02** | **2.80** | **2.64** | **2.51** | **2.41** | **2.32** | **2.24** | **2.18** |

<부록 9>의 계속

| $n_1$(분자의 자유도) | | | | | | | | | | | |
|---|---|---|---|---|---|---|---|---|---|---|---|
| *14* | *16* | *20* | *24* | *30* | *40* | *50* | *75* | *100* | *200* | *500* | *∞* |
| 1.90 | 1.85 | 1.78 | 1.74 | 1.69 | 1.63 | 1.60 | 1.55 | 1.52 | 1.48 | 1.46 | 1.44 |
| **2.46** | **2.39** | **2.26** | **2.18** | **2.10** | **2.00** | **1.94** | **1.86** | **1.82** | **1.76** | **1.71** | **1.68** |
| 1.88 | 1.83 | 1.76 | 1.72 | 1.67 | 1.61 | 1.58 | 1.52 | 1.50 | 1.46 | 1.43 | 1.41 |
| **2.43** | **2.35** | **2.23** | **2.15** | **2.06** | **1.96** | **1.90** | **1.82** | **1.78** | **1.71** | **1.66** | **1.64** |
| 1.86 | 1.81 | 1.75 | 1.70 | 1.65 | 1.59 | 1.56 | 1.50 | 1.48 | 1.44 | 1.41 | 1.39 |
| **2.40** | **2.32** | **2.20** | **2.12** | **2.03** | **1.93** | **1.87** | **1.79** | **1.74** | **1.68** | **1.63** | **1.60** |
| 1.85 | 1.80 | 1.73 | 1.68 | 1.63 | 1.57 | 1.54 | 1.49 | 1.46 | 1.42 | 1.39 | 1.37 |
| **2.37** | **2.30** | **2.18** | **2.09** | **2.00** | **1.90** | **1.84** | **1.76** | **1.71** | **1.64** | **1.60** | **1.56** |
| 1.84 | 1.79 | 1.72 | 1.67 | 1.62 | 1.56 | 1.53 | 1.47 | 1.45 | 1.40 | 1.37 | 1.35 |
| **2.35** | **2.28** | **2.15** | **2.07** | **1.98** | **1.88** | **1.82** | **1.74** | **1.69** | **1.62** | **1.56** | **1.53** |
| 1.82 | 1.77 | 1.70 | 1.65 | 1.60 | 1.54 | 1.51 | 1.45 | 1.42 | 1.38 | 1.35 | 1.32 |
| **2.32** | **2.24** | **2.11** | **2.03** | **1.94** | **1.84** | **1.78** | **1.70** | **1.65** | **1.57** | **1.52** | **1.49** |
| 1.79 | 1.75 | 1.68 | 1.63 | 1.57 | 1.51 | 1.48 | 1.42 | 1.39 | 1.34 | 1.30 | 1.28 |
| **2.26** | **2.19** | **2.06** | **1.98** | **1.89** | **1.79** | **1.73** | **1.64** | **1.59** | **1.51** | **1.46** | **1.43** |
| 1.77 | 1.72 | 1.65 | 1.60 | 1.55 | 1.49 | 1.45 | 1.39 | 1.36 | 1.31 | 1.27 | 1.25 |
| **2.23** | **2.15** | **2.03** | **1.94** | **1.85** | **1.75** | **1.68** | **1.59** | **1.54** | **1.46** | **1.40** | **1.37** |
| 1.76 | 1.71 | 1.64 | 1.59 | 1.54 | 1.47 | 1.44 | 1.37 | 1.34 | 1.29 | 1.25 | 1.22 |
| **2.20** | **2.12** | **2.00** | **1.91** | **1.83** | **1.72** | **1.66** | **1.56** | **1.51** | **1.43** | **1.37** | **1.33** |
| 1.74 | 1.69 | 1.62 | 1.57 | 1.52 | 1.45 | 1.42 | 1.35 | 1.32 | 1.26 | 1.22 | 1.19 |
| **2.17** | **2.09** | **1.97** | **1.88** | **1.79** | **1.69** | **1.62** | **1.53** | **1.48** | **1.39** | **1.33** | **1.28** |
| 1.72 | 1.67 | 1.60 | 1.54 | 1.49 | 1.42 | 1.38 | 1.32 | 1.28 | 1.22 | 1.16 | 1.13 |
| **2.12** | **2.04** | **1.92** | **1.84** | **1.74** | **1.64** | **1.57** | **1.47** | **1.42** | **1.32** | **1.24** | **1.19** |
| 1.70 | 1.65 | 1.58 | 1.53 | 1.47 | 1.41 | 1.36 | 1.30 | 1.26 | 1.19 | 1.13 | 1.08 |
| **2.09** | **2.01** | **1.89** | **1.81** | **1.71** | **1.61** | **1.54** | **1.44** | **1.38** | **1.28** | **1.19** | **1.11** |
| 1.69 | 1.64 | 1.57 | 1.52 | 1.46 | 1.40 | 1.35 | 1.28 | 1.24 | 1.17 | 1.11 | 1.00 |
| **2.07** | **1.99** | **1.87** | **1.79** | **1.69** | **1.59** | **1.52** | **1.41** | **1.36** | **1.25** | **1.15** | **1.00** |

<부록 10> $x^2$분포의 임계치

| | 유의도 | | | | | |
|---|---|---|---|---|---|---|
| df** | .20 | .10 | .05 | .02 | .01 | .001 |
| 1 | 1.64 | 2.71 | 3.84 | 5.41 | 6.63 | 10.83 |
| 2 | 3.22 | 4.61 | 5.99 | 7.82 | 9.21 | 13.82 |
| 3 | 4.64 | 6.25 | 7.82 | 9.84 | 11.34 | 16.27 |
| 4 | 5.99 | 7.78 | 9.49 | 11.67 | 13.28 | 18.46 |
| 5 | 7.29 | 9.24 | 11.07 | 13.39 | 15.09 | 20.52 |
| 6 | 8.56 | 10.64 | 12.59 | 15.03 | 16.81 | 22.46 |
| 7 | 9.80 | 12.02 | 14.07 | 16.62 | 18.48 | 24.32 |
| 8 | 11.03 | 13.36 | 15.51 | 18.17 | 20.09 | 26.12 |
| 9 | 12.24 | 14.68 | 16.92 | 19.68 | 21.67 | 27.88 |
| 10 | 13.44 | 15.99 | 18.31 | 21.16 | 23.21 | 29.59 |
| 11 | 14.63 | 17.28 | 19.68 | 22.62 | 24.72 | 31.26 |
| 12 | 15.81 | 18.55 | 21.03 | 24.05 | 26.22 | 32.91 |
| 13 | 16.98 | 19.81 | 22.36 | 25.47 | 27.69 | 34.53 |
| 14 | 18.15 | 21.06 | 23.68 | 26.87 | 29.14 | 36.12 |
| 15 | 19.31 | 22.31 | 25.00 | 28.26 | 30.58 | 37.70 |
| 16 | 20.46 | 23.54 | 26.30 | 29.63 | 32.00 | 39.25 |
| 17 | 21.62 | 24.77 | 27.59 | 31.00 | 33.41 | 40.79 |
| 18 | 22.76 | 25.99 | 28.87 | 32.35 | 34.81 | 42.31 |
| 19 | 23.90 | 27.20 | 30.14 | 33.69 | 36.19 | 43.82 |
| 20 | 25.04 | 28.41 | 31.41 | 35.02 | 37.57 | 45.32 |
| 21 | 26.17 | 29.62 | 32.67 | 36.34 | 38.93 | 46.80 |
| 22 | 27.30 | 30.81 | 33.92 | 37.66 | 40.29 | 48.27 |
| 23 | 28.43 | 32.01 | 35.17 | 38.97 | 41.64 | 49.73 |
| 24 | 29.55 | 33.20 | 36.42 | 40.27 | 42.98 | 51.18 |
| 25 | 30.68 | 34.38 | 37.65 | 41.57 | 44.31 | 52.62 |
| 26 | 31.80 | 35.56 | 38.89 | 42.86 | 45.64 | 54.05 |
| 27 | 32.91 | 36.74 | 40.11 | 44.14 | 46.96 | 55.48 |
| 28 | 34.03 | 37.92 | 41.34 | 45.42 | 48.28 | 56.89 |
| 29 | 35.14 | 39.09 | 42.56 | 46.69 | 49.59 | 58.30 |
| 30 | 36.25 | 40.26 | 43.77 | 47.96 | 50.89 | 59.70 |

## <부록 11> Kendall의 등위상관계수에서 정해진 $S$나 그 이상의 값을 얻을 수 있는 확률

| $S$ | $N$ | | | | $S$ | $N$ | | |
|---|---|---|---|---|---|---|---|---|
| | 4 | 5 | 8 | 9 | | 6 | 7 | 10 |
| 0 | .625 | .592 | .548 | .540 | 1 | .500 | .500 | .500 |
| 2 | .375 | .408 | .452 | .460 | 3 | .360 | .386 | .431 |
| 4 | .167 | .242 | .360 | .381 | 5 | .235 | .281 | .364 |
| 6 | .042 | .117 | .274 | .306 | 7 | .136 | .191 | .300 |
| 8 | | .042 | .199 | .238 | 9 | .068 | .119 | .242 |
| 10 | | .0083 | .138 | .179 | 11 | .028 | .068 | .190 |
| 12 | | | .089 | .130 | 13 | .0083 | .035 | .146 |
| 14 | | | .054 | .090 | 15 | .0014 | .015 | .108 |
| 16 | | | .031 | .060 | 17 | | .0054 | .078 |
| 18 | | | .016 | .038 | 19 | | .0014 | .054 |
| 20 | | | .0071 | .022 | 21 | | .00020 | .036 |
| 22 | | | .0028 | .012 | 23 | | | .023 |
| 24 | | | .00037 | .0063 | 25 | | | .014 |
| 26 | | | .00019 | .0029 | 27 | | | .0083 |
| 28 | | | .000025 | .0012 | 29 | | | .0046 |
| 30 | | | | .00043 | 31 | | | .0023 |
| 32 | | | | .00012 | 33 | | | .0011 |
| 34 | | | | .000025 | 35 | | | .00047 |
| 36 | | | | .0000028 | 37 | | | .00018 |
| | | | | | 39 | | | .000058 |
| | | | | | 41 | | | .000015 |
| | | | | | 43 | | | .0000028 |
| | | | | | 45 | | | .00000028 |

## <부록 12> $F_{MAX}$ 통계치의 의의도 수준

[윗부분(가는 숫자) = 5% , **아랫부분(고딕 숫자) 1%**]

| n-1 | 2 | 3 | 4 | 5 | 6 | 7 | 8 | 9 | 10 | 11 | 12 |
|---|---|---|---|---|---|---|---|---|---|---|---|
| 4 | 9.60 | 15.5 | 20.6 | 25.2 | 29.5 | 33.6 | 37.5 | 41.4 | 44.6 | 48.0 | 51.4 |
| | **23.2** | **37.0** | **49.0** | **59.0** | **69.0** | **79.0** | **89.0** | **97.0** | **106.0** | **113.0** | **120.0** |
| 5 | 7.15 | 10.8 | 13.7 | 16.3 | 18.7 | 20.8 | 22.9 | 24.7 | 26.5 | 28.2 | 29.9 |
| | **14.9** | **22.0** | **28.0** | **33.0** | **38.0** | **42.0** | **46.0** | **50.0** | **54.0** | **57.0** | **60.0** |
| 6 | 5.82 | 8.38 | 10.4 | 12.1 | 13.7 | 15.0 | 16.3 | 17.5 | 18.6 | 19.7 | 20.7 |
| | **11.1** | **15.5** | **19.1** | **22.0** | **25.0** | **27.0** | **30.0** | **32.0** | **34.0** | **36.0** | **37.0** |
| 7 | 4.99 | 6.94 | 8.44 | 9.70 | 10.8 | 11.8 | 12.7 | 13.5 | 14.3 | 15.1 | 15.8 |
| | **8.89** | **12.1** | **14.5** | **16.5** | **18.4** | **20.0** | **22.0** | **23.0** | **24.0** | **26.0** | **27.0** |
| 8 | 4.43 | 6.00 | 7.18 | 8.12 | 9.03 | 9.78 | 10.5 | 11.1 | 11.7 | 12.2 | 12.7 |
| | **7.50** | **9.9** | **11.7** | **13.2** | **14.5** | **15.8** | **16.9** | **17.9** | **18.9** | **19.8** | **21.0** |
| 9 | 4.03 | 5.34 | 6.31 | 7.11 | 7.80 | 8.41 | 8.95 | 9.45 | 9.91 | 10.3 | 10.7 |
| | **6.54** | **8.5** | **9.9** | **11.1** | **12.1** | **13.1** | **13.9** | **14.7** | **15.3** | **16.0** | **16.6** |
| 10 | 3.72 | 4.85 | 5.67 | 6.34 | 6.92 | 7.42 | 7.87 | 8.28 | 8.66 | 9.01 | 9.34 |
| | **5.85** | **7.4** | **8.6** | **9.6** | **10.4** | **11.1** | **11.8** | **12.4** | **12.9** | **13.4** | **13.9** |
| 12 | 3.28 | 4.16 | 4.79 | 5.30 | 5.72 | 6.09 | 6.42 | 6.72 | 7.00 | 7.25 | 7.48 |
| | **4.91** | **6.1** | **6.9** | **7.6** | **8.2** | **8.7** | **9.1** | **9.5** | **9.9** | **10.2** | **10.6** |
| 15 | 2.86 | 3.54 | 4.01 | 4.37 | 4.68 | 4.95 | 5.19 | 5.40 | 5.59 | 5.77 | 5.93 |
| | **4.07** | **4.9** | **5.5** | **6.0** | **6.4** | **6.7** | **7.1** | **7.3** | **7.5** | **7.8** | **8.0** |
| 20 | 2.46 | 2.95 | 3.29 | 3.54 | 3.76 | 3.94 | 4.10 | 4.24 | 4.37 | 4.49 | 4.59 |
| | **3.32** | **3.8** | **4.3** | **4.6** | **4.9** | **5.1** | **5.3** | **5.5** | **5.6** | **5.8** | **5.9** |
| 30 | 2.07 | 2.40 | 2.61 | 2.78 | 2.91 | 3.02 | 3.12 | 3.21 | 3.29 | 3.36 | 3.39 |
| | **2.63** | **3.0** | **3.3** | **3.4** | **3.6** | **3.7** | **3.8** | **3.9** | **4.0** | **4.1** | **4.2** |
| 60 | 1.67 | 1.85 | 1.96 | 2.04 | 2.11 | 2.17 | 2.22 | 2.26 | 2.30 | 2.33 | 2.36 |
| | **1.96** | **2.2** | **2.3** | **2.4** | **2.4** | **2.5** | **2.5** | **2.6** | **2.6** | **2.7** | **2.7** |

## 저자 소개

김 정 환


**학력 및 경력**

University of Oregon 대학원 교육심리학과 졸업(철학박사)
고려대학교 대학원 졸업(문학석사)
공주사범대학 교육학과 졸업(교육학사)
한국교육개발원 연구원 및 책임연구원
The Pennsylvania State University 교환교수
수능시험평가부위원장 역임
한국교원대학교 교육과학계열 교수(현재)

**저서**

An Investigation of Item Selection Techniques for the Criterion-referenced Test(University of Oregon 박사학위논문)
분산분석의 이해(교육과학사, 2001)
현대 교육평가의 이론과 실제(공저, 양서원, 1996)
행동과학 연구를 위한 통계하(협신사, 1993)
교육측정 및 평가(협신사, 1992)
교육학 총론(공저, 양서원, 1992)


저자와의 협의하에 인지 생략

**교육연구 및 통계방법(개정신판)**

2008년 3월 27일 인쇄
2008년 4월 7일 발행

저 자 **김 정환**
발행자 **박 준식**

발행처 도서출판 원미사
서울 성북구 장위동 65-192호 우남빌딩 202호
전화 : 02) 919-9630, 942-1276
등록 : 1994년 1월 18일(제6-192호)
E-mail : wonmisa@unitel.co.kr

※ 잘못된 책은 교환해 드립니다.

정가 25,000원

ISBN : 978-89-5544-131-4